中国科学院教材建设专家委员会规划教材
全国高等医学院校规划教材

儿 科 学

双语版

主 编 谭建新 柳国胜
副主编 黄宇戈 马 廉
编 委 (按姓氏笔画排序)
马 廉 深圳大学
王 优 广东医科大学
李 涛 湖北医药学院
杨作成 中南大学湘雅医学院
吴小川 中南大学湘雅医学院
何志旭 贵州医科大学
宋元宗 暨南大学医学院
张慧琼 广东医科大学
陈日玲 广东医科大学
林永文 广东医科大学
郑贵浪(兼秘书) 广东医科大学
柳国胜 暨南大学医学院
贺谷雨 汕头大学医学院
敖 当 广东医科大学
殷小成 南华大学医学院
黄宇戈 广东医科大学
章小雷 广东医科大学
黑明燕 中南大学湘雅医学院
谭建新 广东医科大学
谭举方 长江大学
谭跃球 中南大学生殖与干细胞研究所

科 学 出 版 社
北 京

内 容 简 介

本书根据教育部制定的教学大纲,结合多年来医学生教学的实践现状而编写。全书共十八章,涵盖了儿童保健、常见各系统疾病,新生儿疾病、遗传代谢疾病及儿童重症医学等内容。另外,每个疾病均附带一个典型病例,便于学生和老师结合案例进行自学和教学。

每章书的后面为对应的英文版内容,英文版内容力求简洁,突出教学重点,便于学生对照中文阅读和学习,力求在不增加学生压力的情况下掌握医学英语。

本书适用于五年制医学专业以及预防医学等专业的本科生和研究生使用,尤其适用开展双语教学的学生和老师使用。

图书在版编目(CIP)数据

儿科学:汉英对照 / 谭建新,柳国胜主编.—北京:科学出版社,2016.2
中国科学院教材建设专家委员会规划教材·全国高等医学院校规划教材

ISBN 978-7-03-046906-9

Ⅰ.①儿…　Ⅱ.①谭…　②柳…　Ⅲ.①儿科学-医学院校-教材-汉、英　Ⅳ.①R72

中国版本图书馆 CIP 数据核字(2016)第 004107 号

责任编辑:王　颖 / 责任校对:胡小洁
责任印制:赵　博 / 封面设计:陈　敬

科学出版社 出版
北京东黄城根北街 16 号
邮政编码:100717
http://www.sciencep.com
新科印刷有限公司 印刷
科学出版社发行　各地新华书店经销
*
2016 年 2 月第　一　版　　开本:850×1168　1/16
2021 年 1 月第七次印刷　　印张:25
字数:834 000
定价:79.80 元
(如有印装质量问题,我社负责调换)

前　　言

本教材遵循教育部和国家卫计委颁布的临床医学教育综合改革暨教材建设工作会议精神，五年制临床医学专业本科学生的教学属于基础教学的理念，主要教学内容包括三基（基础理论、基本知识、基本技能）和五性（思想性、科学性、先进性、启发性和实用性）。全书共十八章，涵盖了儿科学教学大纲和培养目标所要求的内容。同时也增加了儿科学热点内容，如“手足口病”。在教材中增加临床真实病例或标准化病例，设立思考题，方便老师和学生针对问题进行教学或自学，将基本知识、基本理论和基本技能融进案例分析中，旨在提高学生的“三基”水平，并达到启迪临床思维的目的，并增加学生学习的趣味性。

随着对外开放的不断深入，医学领域与国外交流将日益频繁。目前国内各医学院校都尝试开设双语教学，或增加英语教学成分。而国内用于医学教学的英语有关教材多采用国外原版医学教材，而这些教材与国内现有教材不完全配套，学生难以适应，不利于推广。基于此，我们拟根据国内教材模式和教学重点要求，配套编写简式英语教材，与各章节对应，让学生在用中文学习医学时，能掌握专业英语。亦可在用英语教学同时，有对应的中文教材做参考。

本教材的编写凝聚了全体编委的智慧和心血。为了保证英文的准确性，邀请了美国儿科同道给予校正。

由于编者水平有限，本教材难免存在缺点和不当之处，敬请读者批评指正。

谭建新　柳国胜

2015 年 9 月

前言

目　　录

第一章　绪　论

第一节　儿科学的范围和任务

儿科学是临床医学范畴中的二级学科，其研究对象是自胎儿至青春期的儿童，是一门研究儿童生长发育规律、疾病诊断、治疗和预防及促进身心健康的医学科学。儿科学研究内容主要分为以下三个领域。

1. 发育儿科学　研究儿童正常体格与心理发育的规律及其影响因素，以促进儿童正常发育、及时处理发育异常与相关疾病，不断提高儿童体格、智力发育水平和社会适应性能力。是儿科学中最具特色的亚专业。

2. 预防儿科学　研究儿童各种疾病的预防措施，突出预防为主的方针。内容包括预防接种、防止意外事故、先天性遗传性疾病的预防和筛查、科学知识普及和教育等，旨在不断降低各种疾病的发生率。儿童保健学是其重要组成部分。

3. 临床儿科学　研究各种疾病的发生发展规律、临床诊断与治疗、疾病康复，旨在提高疾病治愈率，降低儿童病死率。随着儿科学的发展，临床儿科学又分为呼吸、消化、心血管、血液、神经、肾脏、内分泌、传染病、急救医学和康复医学等三级学科。小儿外科学则为外科学范畴内的三级学科。

因为小儿生长发育具有一定阶段性特点，近年形成以年龄为特征的三级学科，包括胎儿医学、新生儿医学、围生期医学及青春期医学等。随着围生期医学和新生儿期医学的快速发展，我国新生儿期死亡率明显降低。

保障儿童健康，还需要与产科学、社会学、教育学、心理学、护理学、流行病学和医学统计学等多学科密切配合。另外，近代分子生物学、遗传学、胚胎学、营养学、心理行为学的发展促进了儿科学的发展。

第二节　儿科学的特点

儿科学研究的对象是儿童，儿童时期是机体处于不断生长发育的阶段，故具有自身特点，并非成人的缩影。与其他临床学科相比，儿科学的主要特点表现如下。

（一）解剖

随着儿童年龄的不断增长，身体各部位逐渐长大，头、躯干和四肢的比例也发生改变，内脏的大小及位置也随年龄增长而不同，并且这种变化不是恒定的，而是遵循一定规律。所以在体格检查时必须熟悉各年龄儿童的体格生长发育状态，才能做好儿童保健，正确判断和处理各种临床问题。

（二）生理生化

儿童各器官功能处于发育之中，不同年龄儿童的心率、呼吸频率、血压等生理正常值各自不同，血清和其他体液的生化检验值也不同；此外，某年龄阶段的功能不成熟常是疾病发生的内在因素，如婴儿肾功能不成熟，容易发生水、电解质代谢紊乱；婴幼儿的代谢旺盛，营养的需求量相对较高，但是此时期胃肠的消化吸收功能尚不完善，易发生消化不良。因此，掌握儿童不同年龄段的生理生化特点，正确判断儿童的各器官系统的功能状态，是对儿科工作者的基本要求。

（三）病理

对同一致病因素，儿童的病理反应与成人有相当大的差异，如维生素D缺乏在婴儿表现为佝偻病，而在成人表现为骨软化病；小儿肺部结核病多为原发综合征，而成人则不然；肺炎球菌所致肺部感染在婴幼儿期主要表现为支气管肺炎，而在年长儿和成人则主要表现为大叶性肺炎病变。

（四）免疫

年幼儿童的非特异性免疫、体液免疫和细胞免疫功能均不成熟，3～5个月婴儿从母体获得的IgG亦逐渐消失，故容易发生呼吸道和消化道等各种感染。儿童免疫功能在6～7岁时达到成人水平，机体抵抗力逐渐提高。

（五）心理和行为

儿童时期是心理、行为形成的关键阶段，根据不同年龄儿童的心理特点，提供合适的环境和正确的教育，可以培养儿童良好的个性和行为习惯。加强儿童心理、行为的监测和辅导，及时发现和干预各种心理、行为的异常。

（六）疾病谱

儿童疾病谱与成人有非常大的差别。儿童心血管疾病中主要以先天性心脏病为主，而成人则以冠心病为多；儿童白血病中以急性淋巴细胞性白血病占多数，而成人则以粒细胞性白血病居多。此外，不同年龄儿童的疾病种类也有很大差异，如各种先天畸形和遗传代谢性疾病多在婴幼儿期发病；风湿热主要见于5岁以上儿童；川崎病主要发生在婴幼儿和学龄前儿童，而学龄儿童少见。掌握各种疾病与年龄的关系对临床诊断有重要意义。

（七）临床表现

儿童疾病的临床表现最突出的特点是病情变化快、不典型，尤其在婴幼儿。例如，年幼体弱儿发生感染时容易在短时间内发生败血症，新生儿和婴儿发生化脓性脑膜炎可无呕吐、抽搐等颅内高压的典型临床表现。因此要求儿科医护人员具有更强的责任心，必须密切观察病情，随时注意细微变化，再根据各种疾病的不典型表现，仔细诊断，避免误诊和漏诊。

（八）诊断

儿童自身对病情不能表述或表述不准确，详细倾听家长或看护人陈述病史是作出诊断的首要环节。观察儿童精神状态，进行全面准确的体格检查是作出临床诊断的关键环节。因儿童不合作，需要反复体格检查。另外，诊断时应注意结合儿童的特殊疾病谱。

（九）治疗

儿童药物治疗对剂量要求极为严格，首先小儿的药物剂量必须按体重或体表面积计算，其次应注意药物的年龄使用范围，很多药物因对不成熟的肝肾或骨骼等有副作用而禁用或慎用，如喹诺酮类抗生素。小儿缺少独立生活能力，患病时更需要精心的护理，尤应注意对患儿及其家长进行心理支持。

（十）预后

小儿处在不断生长时期，各脏器的修复能力较强，所以儿童疾病虽然来势凶猛，如能及时处理，度过危重期后，恢复也较快，且较少转成慢性或留下后遗症。但是，因儿童年幼体弱，免疫力差，若诊断或处理不及时，病情恶化亦迅速。

（十一）预防

预防工作是整个儿科工作的一个重要部分。计划免疫的实施有效减少急性传染病对儿童的威胁；许多遗传性疾病通过遗传咨询可防止其发生和发展，如先天性甲状腺功能低下、苯丙酮尿症通过早期筛查、早期诊断得到有效治疗；近年，许多成人疾病或老年性疾病的发病原因或诱因可追溯到儿童，如动脉粥样硬化引起的冠心病、高血压和糖尿病等被证明与儿童时期的饮食有关，所以关注饮食，预防儿童肥胖、高血压将有利于预防成人相关疾病。因此加强儿童时期各种预防保健工作，不仅可预防儿童时期疾病，还可以保障成年期健康。

第三节 儿科学的发展与展望

（一）我国儿科学的发展

中医儿科学的历史源远流长。与西方医学相比，我国的中医儿科起源要早得多。根据发展历史，可以将其分为三个时期：古代儿科学、近代儿科学和现代儿科学。自商朝开始，即有专指小儿疾病的记载；据《史记·扁鹊仓公列传》记载，扁鹊"为小儿医"以来已有2400余年；自宋代钱乙在《小儿药证直诀》提出四诊要领和五脏辨证体系以来也有近900年。古代中医儿科医药方面的著作丰富，如张仲景的《伤寒杂病论》、孙思邈的《千金要方》、陈文中的《小儿痘疹方论》、李时珍的《本草纲目》等。

20世纪初期，是近代儿科学的崛起时期。辛亥革命以后，西方医学开始传入我国，国内开始兴办医学院校。20世纪30年代开始西医儿科学在我国受到重视，1937年中华医学会儿科学会在上海成立。至20世纪40年代各大城市医院开始普遍设立儿科，儿科临床已经初具规模。由于儿科人才日趋紧缺，儿科学教育应运而生。1943年，我国儿科学的奠基人诸福棠院士主编的《实用儿科学》首版问世，成为我国第一部较完整的儿科医学参考书。尽管如此，儿科学发展缓慢，儿科工作者面临的最大挑战仍然是儿童生存问题。

中华人民共和国成立以后，城乡各地建立和完善了儿科的医疗机构，并且按照预防为主的方针在全国大多数地区建立起儿童保健机构，同时普遍办起了各种形式的托幼机构。20世纪50年代，《中华儿科杂志》创刊，卫生部开创了中西医结合儿科新领域，北京、上海、重庆等地开始设立了儿科系。60年代，全国第一版高等医药院校通用教材《儿科学》出版。70年代，中华儿科学会相继成立了各专业学科组，1974年，我国恢复了国际儿科学会（International Pediatric Association，IPA）会员资格，1978年后逐步恢复了儿科学硕士、博士、博士后的培养体制。20世纪80年代，全国各省市陆续建立了儿童医院，部分省市和医学院还设立了儿科研究所，儿科监护病房和新生儿监护病房也陆续在大医院出现。20世纪80年代后，基因诊断与基因治疗问世，极大地推动了儿科学的发展。

中华人民共和国成立之初，婴儿死亡率约为200‰，农村则更高。中华人民共和国成立后10年，婴儿死亡率已降至70‰，至20世纪90年代后期，已降至50.2‰。2001年，国务院首次颁布了儿童发展纲要，随后，我国儿童生存等方面得到明显改善，儿童发展取得了巨大成就，纳入国家免疫规划的疫苗接种率达到90%以上。儿童健康、营养状况持续改善，新生儿、婴儿及5岁以下儿童死亡率分别从1991年的33.1‰、50.2‰及61‰下降到2011年的7.8‰、12.1‰及15.6‰（图1-1，图1-2）。2011年国务院再次发布了《中国儿童发展纲要（2011-2020年）》（以下简称"纲要"），指出坚持儿童优先原则，保障儿童生存、发展、受保护和参与的权利，缩小儿童发展的城乡区域差距，提升儿童福利水平，提高儿童整体素质，促进儿童健康、全面发展。儿科学的发展迎来了前所未有的机会。

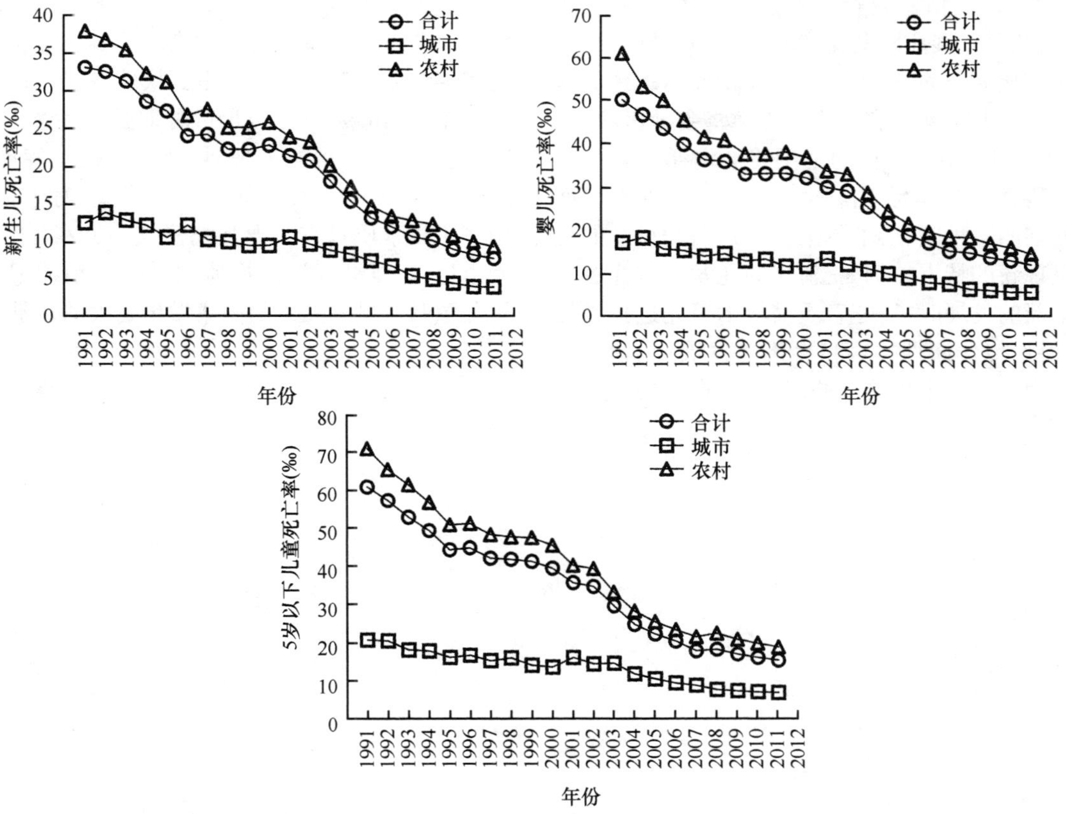

图 1-1 1991～2011 年我国监测地区的新生儿死亡率、婴儿死亡率和 5 岁以下儿童死亡率

资料来自卫生计划生育委员会《2012 年中国卫生统计年鉴》

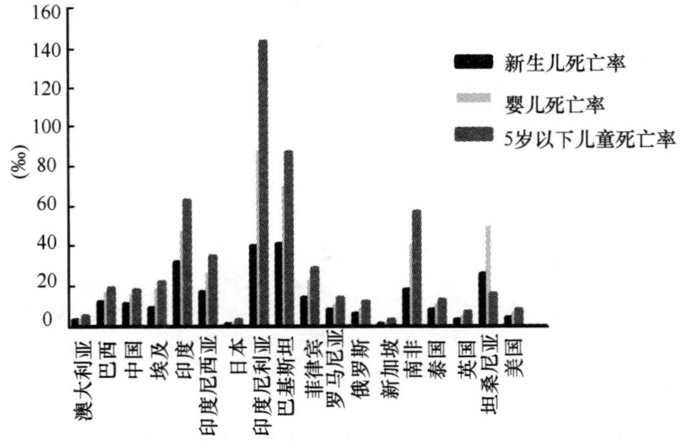

图 1-2 2010 年我国新生儿死亡率、婴儿死亡率和 5 岁以下儿童死亡率与其他国家的比较

资料来自卫生计划生育委员会《2012 年中国卫生统计年鉴》

（二）我国儿科学的展望

随着 21 世纪的到来，经济发展全球化，社会发展信息化，科学技术迅速发展已经成为先进生产力的鲜明特征。信息技术、生物技术等新技术浪潮的兴起，为医学发展提供了源源不尽的动力。分子生物工程学的突飞猛进促使人们对疾病的认识深入到了分子水平；生物医药的进步开始为某些棘手疾病的治疗提供了新的方法。基因组学和蛋白质组学的研究必将在遗传性、代谢性疾病的治疗和预防方面产生重大突破。

与 20 世纪相比，21 世纪儿科疾病谱发生了变化。既往严重的营养不良和传染病发病率明显下降，小儿的体质普遍增强。但是，感染性疾病仍然是威胁儿童健康的主要问题。今后儿科学的任务不仅要着重降低发病率和死亡率，更应着重于保障儿童健康，提高生命质量。儿童保健服务的范围要从大城市普及到中小城市和农村社区，从单纯的躯体保健扩展到智能发育、气质、行为、情感及社会适应等方面。“纲要”明确指出，儿科发展应降低儿童心理行为问题发生率和儿童精神疾病患病率、提高适龄儿童性与生殖健康知识普及率。儿童保健和儿童心理学将会迅速发展。

在21世纪，儿科学科的范围将会向胎儿科学和青春期儿科学延伸；学科内容会越来越关注儿童全面发展所面临的各种问题，不单限于疾病。儿科学的发展将会呈现新的特点。例如，新兴的儿童危重症医学将迎来全新的发展时机；随着质谱技术等先进技术的推广，儿科遗传代谢性疾病将会迅速发展；儿童精神卫生将成为人们越来越关注的问题；儿童期的意外损伤将成为儿科学和儿科保健领域里的前沿课题；环境污染对儿童的健康危害将越来越受到关注；儿科疾病的基因诊断与基因治疗将得到快速发展。

正如“纲要”所言，儿童时期是人生发展的关键时期；儿童是人类的未来，是社会可持续发展的重要资源。维护儿童健康、促进儿童发展，对于全面提高中华民族素质具有重要战略意义。儿科工作者任重而道远，需要继续发扬拼搏和奉献的精神，为提高中国儿童乃至世界儿童的健康做出更大的贡献。

（谭建新）

Chapter Ⅰ The Field of Pediatrics

Overview of Pediatrics

Pediatrics is a specialty emerged from clinical medicine in response to increasing awareness that the health problem of children differ from those of adult and that a child' s response to the stress and illness. It is concerned with the health of infant, children and adolescent, their growth and development, and their opportunity to achieve full potential as adult. It includes three domains as follows.

- Developmental Pediatrics.
- Preventive Pediatrics.
- Clinical Pediatrics.

Characteristics of Pediatrics

Childhood is a stage of continuously growing and developing, and has its unique characteristics in almost aspects. "The child is not a little man."

Anatomy

The ratios among body parts keep changing, for example, the size of the head, the volume of the brain to the whole body and the velocity of their growth vary in different age groups.

Physiology and biochemistry

Normal biochemistry values vary due to physiology change as growth. For example, creatinine normal range are different in different age groups.

Pathology

Same pathogenic factors may have different pathological reaction due to age difference.

Immunology

Immunity is naive at birth and undergoes development as the body interacting with environment, and achieves the level of adult at the age of 6-7 years.

The spectrum of disease

The spectrum children's disease is significantly different from adults', even in different ages group of children.

Clinical manifestation

The most prominent feature of clinical manifestation is nonspecific symptoms and complaints, especially in infants and toddlers. The disease could be rapidly progressing.

Diagnosis

Listening to the parents or caregiver is the key to assess children' s conditions and to work out correct diagnoses.

Treatment

Medication dosing should be based on weight and age group due to its unique pharmacokinetic feature.

Prognosis

Children's diseases are although quick recovery, and less turn into chronic or leave sequelae. But it can deteriorate quickly when the diagnosis or treatment is not timely.

Psychology and behavior

Age appropriate environment and education are important factors to promote proper behavior and nurture healthy personality.

Prevention

It includes planned immunization and early screening for some genetic diseases.

History of Pediatrics

Ancient Pediatrics

Chinese pediatrics developed much earlier than western pediatrics. The earliest record showed pediatrics developed in China 2000 years ago. Many ancient medicine books recorded Chinese medicine on experiences treating child diseases.

Early Modern Pediatrics

Pediatrics became a specialized subject in the early stage

of 20th century. At that time western medicine propagated to our country and promoted pediatric development. ZhuFuTong and his book named <*Practical Pediatrics*> made outstanding contribution to early modern pediatrics in China.

Modern pediatrics

Modern pediatrics began after the middle stage of 20th century. Many children's hospitals and pediatric science research centers have been established in many cities. Biochemistry, molecular biology, and gene diagnosis have made contributions to modern pediatrics.

Accomplishments of Pediatrics in China

- 90% of children have received various vaccines from the national planned vaccination project.
- Mortalities of neonates, infants and children under 5 years of age have decreased significantly to 7.8‰、12.1‰、15.6‰, respectively.

Goals of Pediatrics in the Future

- To advocate health policy to provide proper environment and education to all infants, children and youth, to promote their physical, mental and social well-being.
- To develop full spectrum specialties in pediatrics as well as apply new technologies to disease diagnosis and treatment.

（谭建新）

第二章　生长发育

生长发育贯穿从受精卵结合到青春期结束的全部过程。儿童时期的生长是指儿童身体各器官、系统的长大和形态变化,可以用测量方法表示其量的变化;发育是指细胞、组织、器官的分化与功能成熟。生长和发育两者紧密相关。从初生到青年这个时期是一个人出生后生长发育最重要的阶段,通过定期生长发育评估可发现儿童生长过程中的问题,积极预防并采取综合措施进行干预,促进儿童健康生长。

第一节　生长发育规律

小儿各器官、系统生长发育的速度和顺序都遵循一定的规律,熟悉这些规律有助于儿科医师对儿童生长发育状况的正确评价与指导。

1. 生长发育是连续的、有阶段性的过程　生长发育在整个儿童时期不断进行,但不同年龄阶段生长速度不同。儿童生长发育阶段有两个生长高峰:婴儿期及青春期。儿童心理发育在不同阶段也有侧重,如幼婴用哭声表示需要,而学龄儿童可通过语言与精细运动表达自我意识。

2. 各系统、器官生长发育不平衡　人体各器官、系统的发育顺序遵循一定规律,但其发育速度并不相同。有些先快后慢,如神经系统和淋巴系统。脑发育在出生后2年内发育较快。有些系统则先慢后快,如生殖系统。其他如心、肝、肾、肌肉等系统的发育基本与体格生长相平行(图2-1)。

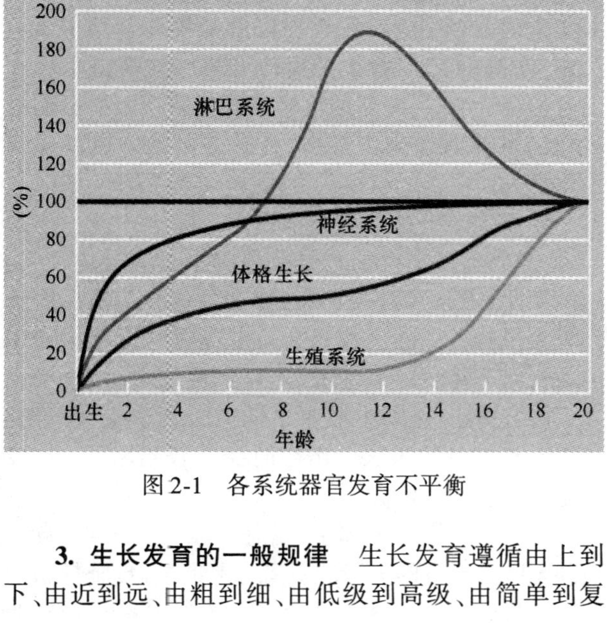

图2-1　各系统器官发育不平衡

3. 生长发育的一般规律　生长发育遵循由上到下、由近到远、由粗到细、由低级到高级、由简单到复杂的规律。例如,出生后运动发育的规律是:先抬头,后抬胸,再会坐、立、行(从上到下);从臂到手,从腿到脚的活动(由近到远);从全掌抓握到手指拾取(从粗到细);先画直线后画圈、图形(由简单到复杂);先会看、听、感觉事物,认识事物,发展到有记忆、思维、分析、判断(由低级到高级)。

4. 生长发育的个体差异　生长发育与社会条件、地理位置、营养、疾病等有密切关系。受遗传、环境的影响,儿童生长发育存在着相当大的个体差异。因此,对儿童的生长发育水平评价时只有充分考虑影响个体的不同因素,才能作出正确的判断。

第二节　影响生长发育的因素

一、遗传因素

细胞染色体所载基因是决定遗传的物质基础。父母双方的遗传因素决定小儿生长发育的"轨道",从某种程度上作为内因对儿童的健康成长起着决定性作用。种族、家族的遗传信息影响深远,如皮肤和头发的颜色、面型特征、身材高矮、性成熟的迟早、对营养素的需要量、对传染病的易感性等。在异常情况下,严重影响生长的遗传代谢缺陷病、内分泌障碍、染色体畸形等,更直接与遗传有关。

二、环境因素

(一)大环境

1. 社会条件　上海市儿科研究所WHO儿童生长发育合作中心1986年在山东、江苏、上海、浙江、福建、海南城市与农村大样本婴幼儿生长发育的调查显示:城市儿童发育状况明显优于农村儿童。从世界范围来看,文化和社会制度对儿童发育起较重要的作用。

2. 地理位置　不同的地理环境下对儿童生长发育有不同的影响,可呈现地域性特点。例如,地方性先天性甲状腺功能减退症多见于甲状腺肿大流行的地区,该地区水、土和食物中缺乏碘,导致该地区儿童的生长发育障碍。

3. 生活环境　生活环境对儿童健康的重要作用易被家长和儿科医师忽视。良好的居住环境,如阳光充足、空气新鲜、水源清洁、无噪声、居住条件舒适,配合良好的生活习惯、科学护理、良好教养、体育锻炼、完善的医疗保健服务等,是促进儿童生长发育达到最佳状态的重要因素。

(二)家庭环境

家庭社会经济地位、家庭结构、家庭和睦情况、物质条件、生活方式、母亲健康情况、所受教育、性格特点等影响儿童的生长发育。其中,母亲因素起重要作用。胎儿在宫内的发育受孕母生活环境、营养、情绪、疾病等各种因素的影响。妊娠早期的病毒性感染可导致胎儿先天畸形;妊娠期严重营养不良可引起流产、早产和胎儿体格生长及脑的发育迟缓;妊娠早期某些药物、X线照射、环境毒物和精神创伤均可影响胎儿的发育。

(三)儿童健康状况

1. 营养 儿童的生长发育,包括宫内胎儿生长发育,需充足的营养素供给。当营养素供给比例恰当,加之适宜的生活环境,可使生长潜力得到充分的发挥。宫内营养不良的胎儿不仅体格生长落后,严重时还影响脑的发育;出生后营养不良,急性起病者常伴内环境紊乱,慢性起病者伴有各种微量元素及维生素缺乏,出生后第1~2年的严重营养不良,可影响体重、身高及智能的发育,使机体的免疫、内分泌、神经等调节功能低下。

2. 疾病 疾病对生长发育的阻挠作用十分明显。急性重症疾病常使体重减轻;长期慢性疾病则影响体重和身高的增长;内分泌疾病常引起骨骼生长和神经系统发育迟缓;先天性疾病,如先天性心脏病、21-三体综合征、甲状腺功能低下等可造成生长迟缓;神经系统疾病后遗症将影响儿童的脑发育。

综上所述,遗传决定了生长发育的潜力,这种潜力从受精卵开始就受到环境因素的作用与调节,表现出个人的生长发育模式。因此,生长发育水平是遗传与环境共同作用的结果。

第三节 体格生长

一、体格生长常用指标

体格生长应选择易于测量、有较大人群代表性的指标来表示。用于临床和研究工作的指标主要有体重、身高(长)、坐高(顶臀长)、头围、胸围、上臂围、皮下脂肪等。

二、出生至青春前期的体格生长规律

(一)体重

体重为各器官、系统、体液的总重量,其中骨骼、肌肉、内脏、体脂、体液为主要成分。因体脂与体液变化较大,体重在体格生长指标中最易波动。体重易于准确测量,是衡量体格发育和营养状况最重要的指标。

新生儿出生体重与胎次、胎龄、性别及宫内营养状况有关。我国正常新生儿的平均体重为3.20~3.30kg,一般男婴比女婴重100g。出生后体重增长应为胎儿宫内体重生长的延续。出生后一周内由于摄入不足,加之水分丢失、胎粪排出,可出现暂时性体重下降或称生理性体重下降,在出生后第3~4日达最低点,下降(3%~9%),以后逐渐回升,至出生后第7~10日应恢复到出生时的体重。如果体重下降超过10%或至第10日还未恢复到出生时的体重,则为病理状态,应分析其原因。

随年龄的增加儿童体重的增长逐渐减慢。我国1975年、1985年、1995年调查资料显示,正常足月婴儿生后第一个月体重增加可达1~1.5kg,生后3个月体重约等于出生时的体重的2倍(6kg);第1年内婴儿前3个月体重的增加值约等于后9个月内体重的增加值,即12个月龄时婴儿体重约为出生时的3倍(10kg),是生后体重增长最快的时期,系第一个体重增长高峰;生后第2年体重增加2.5~3.5kg,2岁时体重约为出生时的4倍(12kg);2岁至青春前期体重增长减慢,年增长值约为2kg(计算公式=年龄×2+8)。

(二)身材

1. 身高(长) 身高指从头顶到足底的长度。3岁以下儿童立位测量不易准确,常仰卧位测量,称为身长。立位测量值比仰卧位少1~2cm。

身高(长)的增长规律与体重相似。年龄越小增长越快,也出现婴儿期和青春期两个生长高峰。出生时身长平均为50cm,以出生半年内增长最快,出生后第一个3个月平均每月增长3.5cm,第二个3个月平均每月增长2cm,后半年平均每月增长为1~1.5cm,出生后第一年身长增长最快,约为25cm,1岁时身长约75cm;第二年身长增长速度减慢,增长11~12cm,即2岁时身长约87cm;2岁以后身高每年增长6~7cm。身高(长)的增长受遗传、内分泌、宫内生长水平的影响较明显,短期的疾病与营养波动不易影响身高(长)的生长。应当指出,身高方面的个体差异要比体重大。

2. 与身长有关的测量指标

(1)坐高(顶臀长):是头顶到坐骨结节的长度。3岁以下儿童取仰卧位测量,称为顶臀长。坐高增长代表头颅与脊柱的生长。坐高占身高的百分比随年龄增长而下降。

(2)指距:是两上肢水平伸展时两中指尖距离,代表上肢长骨的生长。出生时身长较指距长,至12岁左右两者约相等。

(3)上部量与下部量:以耻骨联合为分界,自头顶部至耻骨联合的上缘的距离为上部量,自耻骨联合上缘至足底的距离为下部量。上部量关系到脊柱的生长，下部量关系到下肢长骨的生长。儿童下部量的增长一般较上部量为速，直至12～13岁进入青春期后，上部量的增长才相对地加快。

上下部量比例或指距在先天性骨发育异常与内分泌疾病等情况下可显示异常。例如，下部量特短或指距远小于身长，多见于先天性甲状腺功能减退症及软骨发育不全等；下部量过长或指距远大于身长，往往是生殖腺功能不全的症状。

（三）头围

经眉弓上缘、枕骨结节左右对称环绕头一周的长度为头围。头围的增长与脑和颅骨的生长有关。胎儿期脑发育居全身各系统的领先地位，出生时头围相对较大，为33～34cm；1岁以内头围增长较快，生后第一年前3个月和后9个月头围均增长约6cm，3个月时头围约40cm，6个月时约44cm，1岁时约46cm；1岁后头围增长减慢，2岁时头围约48cm；5岁时头围约50cm；15岁时头围接近成人，为54～58cm。头围的测量在2岁以内最有价值，连续追踪测量头围比一次测量更重要。头围大小与双亲的头围有关；较小的头围常提示脑发育不良、小头畸形；头围增长过速常提示脑积水。

（四）胸围

沿乳头下缘水平绕胸一周的长度为胸围。胸围的大小与肺和胸廓的发育有关。出生时胸围约32cm，1岁左右胸围等于头围约46cm，1岁至青春前期胸围应大于头围（约为头围+年龄-1cm）。营养不良、佝偻病、胸廓锻炼不足的小儿胸围超过头围的时间可推迟到1岁半以后。

（五）上臂围

沿肩峰与鹰嘴连线中点水平绕臂一周为上臂围。上臂围的数值代表上臂肌肉、骨骼、皮下脂肪和皮肤的发育水平。1岁以内上臂围增长迅速，1～5岁期间增长缓慢，为1～2cm。可用测量左上臂围来筛查5岁以下儿童的营养状况：>13.5cm为营养良好；12.5～13.5cm，营养中等；<12.5cm为营养不良。

（六）身体比例与匀称性

在生长过程中，身体的比例与匀称性生长有一定规律。

1. 头与身长比例　在宫内与婴幼儿期，头领先生长，而躯干、下肢生长则较晚。年龄越小，肢体比躯干越短，而头长相对较大。头长占身长（高）的比例在婴幼儿为1/4，2周岁时为1/5，6周岁为1/6，到成人后为1/8。

2. 体型匀称　表示体型（形态）生长的比例关系，如身高/体重（Weight-for height，W/H），胸围/身高（身高胸围指数），体重（kg）/身高（cm）×1000（Quetelet指数），体重（kg）/[身高（cm）]^2×10^4（Kaup指数），年龄的体块指数（BMI/age）等。

3. 身材匀称　以坐高（顶臀长）与身高（长）的比例表示，反映下肢的生长情况。坐高（顶臀长）占身高（长）的比例由出生时的0.67下降到14岁时的0.53。

4. 指距与身高　正常时，指距略小于身高（长）。若指距大于身高1～2cm，对诊断长骨的异常生长有参考价值，如蜘蛛样指（趾）（马方综合征）。

（七）追赶生长

当营养不良、疾病或激素缺乏时，儿童的生长会逐渐偏离其生长轨迹，生长落后，一旦阻碍生长的因素被去除，儿童将以超过相应年龄正常的速度加速生长，以恢复到原有的生长轨道上，这一现象称追赶生长。追赶生长是2岁前小儿的正常现象，最佳时期为生后第一年。由于疾病或激素缺乏所致的生长障碍，治疗开始的越早，追赶生长的效果越好。

三、青春期的体格生长规律

青春期是儿童到成人的过渡期，约占人生生长时期的一半或更多一些。受性激素等因素的影响，体格生长出现生后的第二个高峰，男女儿童发生了各自特异性的变化，有明显的性别差异。青春期的年龄范围一般定为10～20岁，女童的青春期开始年龄和结束年龄均比男童早2年左右。

身高在进入青春期出现生长突增，其增长速度达儿童期的2倍，持续2～3年。男孩的身高增长高峰约晚于女孩2年，且每年身高的增长值大于女孩，因此男孩比女孩高。女孩在乳房发育后（9～11岁），男孩在睾丸增大后（11～13岁）身高开始加速生长。一般来说男孩骨龄15岁，女孩骨龄13岁时，身高生长达最终身高的95%。在第二生长高峰期，身高增加值约为最终身高的15%。生长高峰提前者，身高的停止增长较早。

青春期体重的增长与身高平行，同时内脏器官增长。进入青春期后，体重猛增达4～5 kg/年，持续2～3年，是继婴儿期后的第二个体重增长高峰。女性耻骨与髂骨下部的生长与脂肪堆积使臀围加大。男性则有肩部增宽，下肢较长，肌肉增强的不同体型特点。

第四节　与体格生长有关的其他系统的发育

一、骨　　骼

1. 头颅骨　婴儿出生时经过产道，颅骨缝稍有重叠，生后不久重叠现象消失。矢状缝及其他骨缝大都在6月时骨化。出生时后囟很小或已闭合，最迟6~8周龄闭合。前囟出生时为1~2cm，以后随颅骨生长而增大，6月龄左右逐渐骨化而变小，最迟于2岁闭合。前囟大小以两个对边中点连线的长短表示。前囟检查在儿科临床很重要，如脑发育不良时头围小、前囟小或关闭早；甲状腺功能低下、佝偻病及脑积水等疾病时前囟闭合延迟；颅内压增高时前囟饱满；脱水或极度消瘦时前囟凹陷（图2-2）。

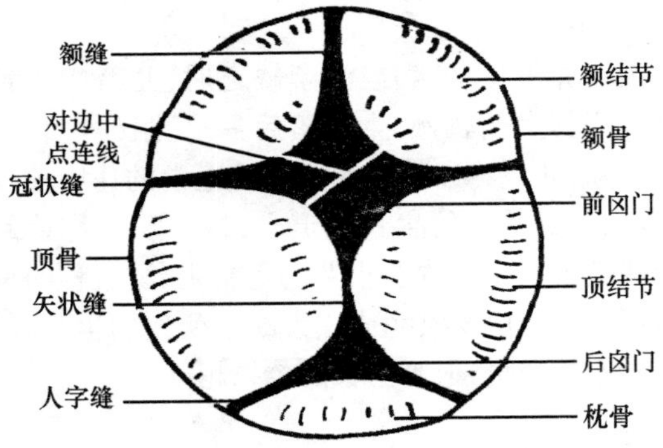

图2-2　颅骨、前囟、后囟的发育

2. 脊柱　脊柱的增长反映脊椎骨的生长。生后第1年脊柱生长快于四肢，以后四肢生长快于脊柱。出生时脊柱无弯曲，仅呈轻微后凸。3个月左右抬头动作的出现使颈椎前凸；6个月后能坐，出现胸椎后凸；1岁左右开始行走，出现腰椎前凸；至6~7岁时这3个自然弯曲才为韧带所固定。

3. 长骨　长骨主要由长骨干骺端的软骨逐步骨化而成，骨化的过程较长，从胎儿期开始，直至成年期才告结束。随年龄的增加，长骨干骺端的软骨次级骨化中心按一定顺序及骨解剖部位有规律地出现，可反映长骨的生长发育成熟程度。用X线检查测定不同年龄儿童长骨干骺端骨化中心出现的时间、数目、形态变化及融合时间，并将其标准化，即为骨龄，以判断骨骼发育情况。出生时腕部尚无骨化中心，股骨远端及胫骨近端已出现骨化中心。因此，判断长骨的生长，婴儿早期应摄膝部X线骨片，年长儿摄腕部X线骨片。骨生长与生长激素、甲状腺素、性激素有关。甲状腺功能低下症、生长激素缺乏症骨龄明显延后，真性性早熟、先天性肾上腺皮质增生症骨龄超前。但正常骨化中心出现的年龄差异较大，诊断骨龄延迟时一定要慎重。1~9岁腕骨骨化中心的数目约为其年龄加1。

二、牙　　齿

牙齿生长与骨骼有一定关系，但因胚胎来源不完全相同，牙齿与骨骼的生长不完全平行。人一生有乳牙（20个）和恒牙（28~32个）两副牙齿。生后4~10个月乳牙开始萌出，13个月后未萌出者为乳牙萌出延迟。乳牙萌出顺序一般为下颌先于上颌、自前向后，约于3岁前乳牙出齐。乳牙萌出时间个体差异较大，与遗传、内分泌、食物性状有关。出生时乳牙已骨化；恒牙的骨化从新生儿期开始。6岁左右萌出第一颗恒牙（第一恒磨牙，在第二乳磨牙之后）；6~12岁阶段乳牙逐个被同位恒牙替换，其中第1、2前磨牙代替第1、2乳磨牙，此期为混合牙列期；12岁萌出第二恒磨牙；约在18岁萌出第三恒磨牙（智齿），也有终生第三恒磨牙不萌出者。乳牙和恒牙替换有一定的时间和顺序，如果乳牙不能按时脱落，就会影响恒牙，使之不能正常萌出或造成萌出错位。

出牙为生理现象，出牙时个别婴儿可有低热、唾液增多、发生流涎及睡眠不安、烦躁等症状，这可能与牙齿接近萌出压迫牙龈神经所引起的反射作用或异常感觉造成的。恒牙萌出时通常无症状，可能与机体抵抗力增加有关。出牙时需注意口腔清洁。健康的牙齿生长与蛋白质、钙、磷、氟、维生素C、维生素D等营养素和甲状腺激素有关。在牙齿发育期间，机体的营养、代谢、严重全身病患、遗传及环境因素均可影响牙齿的发育。

三、肌　　肉

胎儿期肌肉组织生长较差，出生后随小儿躯体和四肢活动的增加才逐渐发育，基本与体重增加平行。儿童肌肉纤维较细，间质组织较多。生后肌肉的生长主要是肌纤维增粗，而肌纤维数目很少增加。男孩肌肉占体重比例明显大于女孩。出生时新生儿肌肉发育较差，婴儿肌紧张度较高，以四肢屈肌为著。随大脑皮层的发育，1~2个月后肌张力逐渐减退，一般上肢到2~2.5月龄，下肢3~4月龄肌张力正常，肢体可自由伸屈活动。

蛋白质营养与肌肉发育直接相关。缺乏适合年龄的体育锻炼、长期患骨关节疾病及消耗性疾病等均可致全身肌肉发育不良，甚至萎缩。应利用一切机会让婴儿经常进行被动或主动性的运动，可促进肌肉纤维增粗，肌肉活动能力和耐力增强。肌肉生长异常可见于重度营养不良、进行性肌萎缩等病症。肌紧张度异常常见于外周及中枢神经系统疾病患者。

四、生殖系统发育

生殖系统的发育通过下丘脑-垂体促性腺激素-性腺轴（HPGA）调节。从出生到青春前期性腺轴处于甚低水平，进入青春期，性腺和性征才开始发育。青春期开始生长的年龄与第二性征出现顺序有很大个体差异。青春期持续6~7年，分为三个阶段：青春前期，通常女孩10~12岁开始，男孩则在12~14岁开始，较女孩迟2年，性器官及第二性征开始发育；青春中期，为14～16岁，第二性征全部出现；青春后期，为17～20岁，生殖系统发育在此期内全部完成。性早熟指女孩在8岁以前、男孩9岁以前出现第二性征，即青春期提前出现；女孩14岁以后、男孩16岁以后无第二性征出现为性发育延迟。

第五节 神经心理发育

在儿童成长过程中，神经心理的正常发育与体格生长具有同等重要的意义。神经心理发育是在神经系统的发育和成熟的基础上进行的，包括感知、运动、语言、情感、思维、判断和意志性格等方面。

（一）神经系统的发育

在胎儿期，神经系统的发育领先于其他各系统，新生儿脑重已达成人脑重25%左右，此时神经细胞数目已与成人相同，但其树突与轴突少而短。出生后脑重的增加主要由于神经细胞体积增大和树突的增多、加长，以及神经髓鞘的形成和发育。神经髓鞘的形成和发育约在4岁完成，在此之前，神经髓鞘形成不完善，由于无髓鞘的隔离，当外界刺激传至大脑时，兴奋可传于邻近的纤维，未能在大脑皮层形成一个明确的兴奋灶，且无髓鞘的神经传导也较慢，故婴儿期对外来刺激反应较缓慢，且易于泛化，易疲劳而进入睡眠状态。

脊髓随年龄而增长。在胎儿期，脊髓下端在第2腰椎下缘，4岁时上移至第1腰椎，在进行腰椎穿刺时应注意。婴儿肌腱反射较弱，腹壁反射和提睾反射也不易引出，到1岁时才稳定。3～4个月前的婴儿肌张力较高，Kernig征可为阳性，2岁以下儿童Babinski征阳性亦可为生理现象。

（二）感知的发育

1. 视感知发育 新生儿已有视觉感应功能，瞳孔有对光反射，在安静清醒状态下可短暂注视物体，但只能看清15～20cm内的事物。新生儿期后视感知发育迅速，1个月后可凝视光源，开始有头眼协调；3～4个月时喜看自己的手，头眼协调较好；6～7个月时目光可随上下移动的物体垂直方向转动；8～9个月时开始出现视深度感觉，能看到小物体；18个月时已能区别各种形状；2岁时可区别垂直线与横线；5岁时已可区别各种颜色；6岁时视深度已充分发育。儿童视觉障碍的高危因素主要有母亲TORCH感染及早产儿吸氧过度，如有上述危险因素，需定期进行眼科检查及随访。

2. 听感知发育 出生时鼓室无空气，听力差；生后3～7日随外耳道液体被吸收，听觉已相当良好；3～4个月时头可转向声源，听到悦耳声时会微笑；7～9个月时能确定声源，区别语言的意义；13～16个月时可寻找不同响度的声源；4岁时听觉发育已经完善。听感知发育和儿童的语言发育直接相关，对有耳聋家族史、母亲TORCH感染、有新生儿高胆红素血症病史及耳毒性抗生素治疗者需定期进行听力筛查，在语言发育的关键期内（6个月内）或之前确诊和干预，否则可能因聋致哑。

3. 味觉和嗅觉发育

（1）味觉：出生时味觉发育已很完善，新生儿对甜味表示喜悦，常伴吸吮动作；4～5个月甚至对食物轻微的味道改变已很敏感，为味觉发育关键期，此期应适时引入各类食物。

（2）嗅觉：出生时嗅觉中枢与神经末梢已发育成熟；3～4个月时能区别愉快与不愉快的气味；7～8个月开始对芳香气味有反应。

4. 皮肤感觉的发育 皮肤是人体最大的感觉器官，皮肤感觉包括触觉、痛觉、温度觉及深感觉等。触觉是引起某些反射的基础。新生儿眼、口周、手掌、足底等部位的触觉已很灵敏，而前臂、大腿、躯干的触觉则较迟钝。新生儿已有痛觉，但较迟钝；第2个月起才逐渐改善。出生时温度觉就很灵敏。

（三）运动的发育

运动发育可分为大运动（包括平衡）和细运动两大类。运动功能的发育表现一些共同的规律性：①随意活动之前有关的原始反射必先消失或为在原始反射基础上的完善化；②自上而下（先抬头、后会坐、最后会走）；③从中央到末梢（从手臂、手再到指）；④从泛化到协调；⑤先取后舍（先能握物后能扔掉）。

1. 大运动

（1）抬头：新生儿俯卧时能抬头1～2秒；3个月时抬头较稳；4个月时抬头很稳。

（2）坐：6个月时能双手向前撑住独坐；8个月时能坐稳，11个月左右拉床栏从卧位坐起。

（3）翻身：7个月是能有意识地从仰卧位翻身至俯卧位或从俯卧位至仰卧位。

（4）爬：8～9个月可用双上肢向前爬；约1岁时用手和膝“四脚爬”；约1.5岁时能爬上低台阶。

（5）站、走、跳：11个月时可独自站立片刻；15个月可独自走稳；24个月时可双足并跳；30个月时会独足跳。

2. 细动作 3～4个月时握持反射消失，喜扒桌上或悬挂的物体；4～5个月握物用手掌尺侧；6～7个月时用桡侧一把抓，出现换手与捏、敲等探索性动作；7～9个月用整个拇指及示指掌面；9～10个月时可用拇、示指拾物，喜撕纸；12～15个月时学会用匙，乱涂画；18个月时能叠2～3块方积木；2岁时可叠6～7块方积木，会翻书。

（四）语言的发育

语言的发育要经过发音、理解和表达3个阶段。新生儿已会哭叫，3～4个月咿呀发音；6月龄时能听懂自己的名字；12 月龄时能说简单的单词，如“再见”、“没了”。18 月龄时能用 15～20 个字，指认并说出家庭主要成员的称谓；24 月龄时能指出简单的人、物名和图片，而到 3 岁时几乎能指认许多物品名，并说有 2～3 个字组成的短句；4 岁时能讲述简单的故事情节。

（五）心理活动的发展

1. 早期的社会行为 2～3 个月时小儿以笑、停止啼哭等行为，以眼神和发音表示认识父母；3～4 个月的婴儿开始出现社会反应性的大笑；7～8 个月的小儿可表现出认生、对发声玩具感兴趣等；9～12 个月时是认生的高峰；12～13 个月小儿喜欢玩变戏法和躲猫猫游戏；18 个月的儿童逐渐有自我控制能力，成人在附近时可独自玩很久；2 岁时不再认生，易与父母分开；3 岁后可与小朋友做游戏。

2. 注意的发展 婴儿期以无意注意为主，随着年龄的增长逐渐出现有意注意。小儿注意的稳定性较差，容易分散，注意的范围不大，注意力易于转移。5～6 岁后儿童能较好控制自己的注意力。

3. 记忆的发展 记忆是将所学得的信息贮存和“读出”的神经活动过程，可分为感觉、短暂记忆和长久记忆 3 个不同的系统。长久记忆又分为再认和重现两种，再认是以前感知的事物在眼前出现时能被认识，重现是以前感知的事物虽不在眼前重现，但可在脑中重现。新生儿生后第 2 周出现哺乳姿势的条件反射是最早的记忆。1 岁内婴儿只有再认而无重现，随年龄的增长，重现能力亦增强。幼年儿童只按事物的表面特性记忆信息，以机械记忆为主。随着年龄的增加，生活内容扩大，经验的丰富，理解、语言思维能力的加强，无意识的记忆、机械记忆逐渐被有意识的记忆、逻辑记忆所代替。

4. 思维的发展 思维过程的发展经过直觉行动思维、具体形象思维和抽象改变思维三个阶段，教育、学习、训练可加速这一过程。1 岁以后的儿童开始产生思维，在 3 岁以前只有最初级的形象思维；3 岁以后开始有初步抽象思维；6～11 岁以后儿童逐渐学会综合分析、分类比较等抽象思维方法，具有进一步独立思考的能力。

5. 想象的发展 新生儿无想象能力；1～2 岁儿童仅有想象的萌芽。学龄前期儿童仍以无意想象为主，有意想象和创造性想象到学龄期才迅速发展。培养小儿具有一定的想象能力，还要注意培养想象的基本技能。

6. 意志的发展 出生时没有意志；年龄渐长，语言思维发展愈深入，社会交往愈多，在成年人教育影响下，意志形成与发展。婴幼儿在有意行动或抑制某些行动的时候，就出现了意志的最初形态。3 岁左右，孩子出现“自己来”的行动时，是意志行动开始发展的标志。

7. 情绪、情感的发展 新生儿因生后不易适应宫外环境，较多处于消极情绪中，表现不安、啼哭，而哺乳、抱、摇、抚摸等则可使其情绪愉快。婴幼儿情绪表现特点是时间短暂、反应强烈、容易变化、外显而真实。随着年龄的增长，儿童对不愉快因素的耐受性逐渐增加，能够有意识地控制自己，使情绪趋向稳定，与社会的接触增多，逐渐发展社会性情感，因而产生了道德感、美感和责任感。

8. 个性和性格的发展 婴儿期由于一切生理需要均依赖成人，逐渐建立对亲人的依赖性和信任感。幼儿时期饮食、大小便有一定自理能力，可听懂一些成人语言，说出自己的需要，故有一定自主感。学龄前期小儿生活基本能自理，主动性增强，但主动行为失败时易出现失望和内疚，如不能建立正确的性别角色，也会产生过度的内疚。学龄期开始正规学习生活，重视自己勤奋学习的成就，如不能发现自己学习潜力将产生自卑。青春期体格生长和性发育开始成熟，认为已达到个人身份的确立，如在感情问题、伙伴问题、职业选择、道德评价和人生观等问题上处理不当时易发生性格变化。性格一旦形成即相对稳定（表 2-1）。

表 2-1 小儿神经精神发育进程

年龄	粗、细动作	语言	适应周围人物的能力与行为
新生儿	无规律、不协调；紧握拳	能哭叫	铃声使全身活动减少
2 个月	直立及俯卧位时能抬头	发出和谐的喉音	能微笑，有面部表情；眼随物转动
3 个月	仰卧位变为侧卧位；用手摸东西	咿呀发音	头可随看到的物品或听到的声音转动 180°；注意自己的手
4 个月	扶着髋部时能坐；可在俯卧位时用两手支持抬起胸部；手能握持玩具	笑出声	抓面前物体；自己玩弄手，见食物表示喜悦；较有意识的哭和笑
5 个月	扶腋下能站得直；两手各握一玩具	能喃喃地发出单词音节	伸手取物；能辨别别人声；望镜中人笑
6 个月	能独坐一会；用手摇玩具		能认识熟人和陌生人；自拉衣服；自握足玩
7 个月	会翻身；自己独坐很久；将玩具从一手换入另一手	能发“爸爸”、“妈妈”等复音，但无意识	能听懂自己的名字；自握饼干吃

续表

年龄	粗、细动作	语言	适应周围人物的能力与行为
8个月	会爬；会自己坐起来、躺下去；会扶着栏杆站起来；会拍手	重复大人所发简单音节	注意观察大人的行动；开始认识物体；两手会传递玩具
9个月	试独站；会从抽屉中取出玩具	能懂几个较复杂的词句，如“再见”等	看见熟人会伸出手来要人抱；或与人合作游戏
10～11个月	能独站片刻；扶椅或推车能走几步；拇、示指对指拿东西	开始用单词，一个单词表示很多意义	能模仿成人的动作；招手、“再见”；抱奶瓶自食
12个月	独走；弯腰拾东西；会将圆圈套在木棍上	能叫出物品的名字，如灯、碗；指出自己的手、眼	对人和事物有喜憎之分；穿衣能合作，用杯喝水
15个月	走得好；能蹲着玩；能叠一块方木	能说出几个词和自己的名字	能表示同意、不同意
18个月	能爬台阶；有目标地扔皮球	能认识和指出身体各部分	会表示大小便；懂命令；会自己进食
2岁	能双脚跳；手的动作更准确；会用勺子吃饭	会说2～3个字构成的句子	能完成简单的动作，如拾起地上的物品；能表达喜、怒、怕、懂
3岁	能跑；会骑三轮车；会洗手、洗脸；脱、穿简单衣服	能说短歌谣，数几个数	能认识画上的东西；认识男、女；自称“我”；表现自尊心、同情心、害羞
4岁	能爬梯子；会穿鞋	能唱歌	能画人像；初步思考问题；记忆力强、好发问
5岁	能单足跳；会系鞋带	开始识字	能分辨颜色；数10个数；知物品用途及性能
6～7岁	参加简单劳动，如扫地、擦桌子、剪纸、泥塑、结绳等	能讲故事；开始写字	能数几十个数；可简单加减；喜独立自主

第六节　儿童神经心理发育的评价

儿童神经心理发育的水平表现在儿童在感知、运动、语言和心理等过程中的各种能力及性格方面，对这些能力及性格特点的检查统称为心理测试。心理测试仅能判断儿童神经心理发育的水平，没有诊断疾病的意义。心理测试需由经专门训练的专业人员根据实际需要选用，不可滥用。

（一）能力测验

1. 筛查性测验

（1）丹佛发育筛查法（DDST）：主要用于6岁以下儿童的发育筛查，实际应用时对5岁以下的儿童较为适用。测试内容分为大运动、细运动、语言和个人适应性行为四个能区。可对高危儿进行发育监测，可筛查出一些发育上可能有问题，但临床上尚无症状的小儿。

（2）绘人测试：适用于5～9.5岁儿童。要求被测儿童依据自己的想象绘一全身正面人像，以身体部位、各部比例和表达方式的合理性计分。本试验能反映被试者的视觉、听觉、动作协调、观察思维、理解记忆、空间能力、运筹认知发育等方面的情况，与推理、空间概念、感知能力的相关性更显著。该法可个别测试，也可进行集体测试。

（3）图片词汇测试（PPVT）：适用于4～9岁儿童的一般智能筛查。PPVT的工具是120张图片，每张有黑白线条画四幅，测试者说一个词汇，要求儿童指出其中相应的一幅画。方法简单，尤适用于语言或运动障碍者，特别适于胆小、注意力易分散的儿童。

2. 诊断测验

（1）Gesell发育量表：适用于4周至3岁的婴幼儿，从大运动、细动作、个人-社会、语言和适应性行为五个方面测试，结果以发育商（DQ）表示，而不是测量其智商，该量表的设计着眼于判断小儿神经系统的完善和功能的成熟。

（2）Bayley婴儿发育量表：适用于2～30个月婴幼儿，包括精神发育量表、运动量表和婴儿行为记录。

（3）Standford-Binet智能量表：适用2～18岁儿童。测试内容包括幼儿的具体智能（感知、认知、记忆）和年长儿的抽象智能（思维、逻辑、数量、词汇），用以评价儿童学习能力及对智能发育迟缓者进行诊断及程度分类，结果以智商（IQ）表示。

（4）Wechsler学前及初小儿童智能量表（WPPSI）：适用于4～6.5岁儿童。通过编制一整套不同测试题，分别衡量不同性质的能力，将得分综合后可获得儿童多方面能力的信息，较客观地反映学前儿童的智能水平。测试内容包括词语类及操作类两大部分。

（5）Wechsler儿童智能量表修订版（WISC-R）：适用于6～16岁儿童，内容与评分方法同WPPSI。

（二）适应性行为测试

智力低下的诊断与分级必须结合适应性行为的评定结果。国内现多采用日本S-M社会生活能力检查,即婴儿-初中学生社会生活能力量表。此量表适用于6个月至15岁儿童社会生活能力的评定。主要测定:①个人独立的程度;②满足个人和社会义务和要求的程度。

第七节 心理行为异常

一、儿童行为问题

儿童在发育过程中出现的行为问题较为常见,对儿童身心健康的影响很大。近年调查资料表明,我国少年儿童的行为问题检出率为8.3% ~12.9% 。儿童行为问题表现在儿童日常生活中,容易被家长忽略,或被过分严重估计。因此,区别正常的和异常的儿童行为非常必要,目前有多种衡量儿童行为的量表可用于帮助区分儿童异常的行为问题。

依据ICD-10,儿童和青少年精神和行为障碍分类如下。①精神发育迟滞;②心理发育障碍:包括特定性言语与语言发育障碍、特定性学校技能发育障碍和孤独症等;③通常起病于童年和少年期行为和情绪障碍:包括多动障碍、品行障碍、品行和情绪混合障碍,抽动障碍,社会功能障碍及其他行为情绪障碍。男孩的行为问题常多于女孩,男孩多表现运动与社会行为问题;女孩多表现性格行为问题。儿童行为问题的发生与父母对子女的期望、教养方式、父母的文化、学习环境等显著相关。多数儿童的行为问题可在发育过程中自行消失。

(一) 儿童孤独症

孤独症谱系障碍,是以孤独症为代表的一组异质性疾病的总称。典型孤独症的临床特征主要表现为不同程度的语言障碍、社会交流障碍、兴趣狭窄及重复刻板行为方式等。①语言障碍(就诊主要原因):25% ~50% 的孤独症患儿可能终身失语或只能说极有限的字词。部分患儿具备语言能力,甚至语言多,但缺乏交流性质,为无意义、重复刻板语言,或自言自语,内容单调。②社会交流障碍(核心症状):绝大多数患儿在儿童早期不会认生,约2% 孤独症患儿无法与母亲分开;回避与人的视线是孤独症婴幼儿的另一特征。独自玩耍,不能参加合作性游戏,表现明显的自我中心;缺乏与亲人目光对视;对父母的指令多数充耳不闻,但能执行他所感兴趣的指令。③狭隘的兴趣和重复刻板行为:对多数儿童喜爱的活动和东西不感兴趣,但对某种特别的物件或活动似乎超出寻常的兴趣,并因此表现出重复刻板动作和行为,如转圈、嗅味、玩弄开关、来回奔走、排列物品等;有些患儿不能接受日常生活的细微改变,如饮食,只吃固定的饮食。④智力异常:70% 左右的孤独症儿童智力落后,20% 智力在正常范围,约10% 智力超常,其中操作性智商较语言性智商高。⑤感觉异常:表现为各种感知觉过弱、过强或不寻常。对痛觉感受迟钝;触觉敏感和异常;听觉上对特定的声音很敏感,尤其音乐方面;视觉上常喜欢旋转物件;味觉上偏食明显;嗅觉上喜欢用鼻子来探索事物。孤独症的病因至今尚不明确,也没有特效药物治疗,但早期筛查、早期干预效果较好,主要采用综合性教育和行为训练,使孤独症症状得到不同程度的改善。

(二) 儿童行为障碍

1. 注意力缺陷多动障碍 是一种常见的慢性儿童神经行为障碍,核心症状为注意缺陷、多动和冲动,常伴有学习困难,社交困难,但智能正常或接近正常。男孩发生率明显高于女孩。临床症状以学龄儿童较为突出:上课时动作多,易激动;行为目的不明确;不合群;对困难采取回避态度,随年龄增长,出现学习困难。治疗应包括药物治疗和行为治疗的综合干预治疗措施,由医生、儿童、家长及教师共同参与。

2. 抽动障碍 为不自主的、反复的、快速的一个或多个部位肌肉抽动,或伴有发声。通常首发于眼部、面部、头部,而后发展至颈、肩、肢体、躯干,常由简单到复杂。于紧张、激动、疲劳时加重,睡眠时消失。可同时伴有注意力不集中、多动、强迫性动作或其他行为异常。

3. 刻板动作障碍

(1) 吮拇指癖、咬指甲癖:3 ~4 个月后的婴儿生理上有吮吸要求,常自吮手指尤其是拇指以自慰。这种行为常发生在饥饿时和睡前,多随年龄增长而消失。但如持续过久不易戒除,要及时注意。该行为实际是一种最常见的缓解焦虑的行为方式,系情绪紧张、感情需求得不到满足而产生的不良行为。长期吮手指可影响牙齿、牙龈及下颌发育,致下颌前突、齿列不齐,妨碍咀嚼。咬指甲癖的形成过程与吮拇指癖相似,多见于学龄前期和学龄期儿童。对这类孩子要多加爱护和关心,找到与此动作相关的社会心理因素,消除其抑郁孤独心理;当其吮拇指或咬指甲时应将其注意力分散到其他事物上;鼓励儿童建立改正坏习惯的信心,切勿打骂讽刺,使之产生自卑心理。

(2) 儿童擦腿综合征:是儿童通过擦腿引起兴奋的一种运动行为障碍。在儿童中并不少见,女孩与幼儿更多见。发生擦腿综合征的儿童智力正常,发作时神志清醒,多在入睡前、醒后或玩耍时发作,可被分散注意力而终止。发作时,女孩喜坐硬物,手按腿或下腹部,双下肢伸直交叉夹紧,手握拳或抓住东西使劲;男孩多表现伏卧在床上、来回蹭,或与女孩类似表现。女孩发作后外阴充血,分泌物增多或阴唇色素加深;男孩阴茎勃起,尿道口稍充血,有轻度水肿。如果强行制止,会引起儿童的不满甚至反对。对于偶然发作,家属应采取忽视的态度,分散其注意力即可纠正;

对于频繁的发作，可给予心理咨询或治疗。使患儿平时生活轻松愉快，解除心理压力，鼓励其参与各种游戏活动等心理行为治疗是公认的必要措施。儿童擦腿综合征多随年龄增长而逐渐自行缓解。

（三）与生理功能有关的心理行为障碍

遗尿症：正常幼儿在2～3岁时已能控制排尿，如在5岁后仍发生不随意排尿即为遗尿症，大多数发生在夜间熟睡时，称夜间遗尿症。遗尿症可分为原发性和继发性两类：原发性遗尿症较多见，多半有家族史，男多于女[（2～3）：1]，无器质性病变，多因控制排尿的能力迟滞所致；继发性遗尿症大多由于全身性或泌尿系疾病如糖尿病、尿崩症等引起，其他如智力低下、神经精神创伤、泌尿道畸形、感染，尤其是膀胱炎、尿道炎、会阴部炎症等也可引起继发性遗尿现象。继发性遗尿症在处理原发疾病后症状多可消失。

原发性遗尿占大多数，发生在夜间为多，偶见白天午睡时或清醒时。发生频率不一，健康状况欠佳、疲倦、过度兴奋紧张、情绪波动等都可使症状加重，有时会自动减轻或消失，亦可复发。约50%患儿可于3～4年内发作次数逐渐减少而自愈，也有一部分患儿持续遗尿直至青春期，往往造成严重的心理负担，影响正常生活与学习。遗尿症患儿常常伴有夜惊、梦游、多动等其他行为障碍。

对遗尿症患儿必须首先除外能引起继发性遗尿的全身或局部疾病。原发性遗尿症的治疗应强调综合性治疗，包括心理行为治疗和药物治疗。首先要对患儿和家属提供适当的心理支持和健康教育，对患儿进行排尿功能训练，绝对不能在小儿发生遗尿时加以责骂、讽刺、处罚等，否则会加重患儿心理负担。应训练患儿将排尿间隔逐渐延长，每次排尿务必排尽；晚餐后应控制入水量，睡前排尿不宜过度兴奋；睡熟后父母可在其经常遗尿时间之前唤醒，使其习惯于觉醒时主动排尿。行为治疗是最为安全可靠的方法，如可采用警报器协助训练。药物治疗效果约80%左右，常用者为去氨加压素（desmopeHin，DDAVP），为抗利尿药，以减少泌尿量，剂量20～40μg，晚饭前口服，连用4～6周，逐步减量。亦可应用盐酸丙咪嗪治疗，每晚25～75mg，可减少夜间遗尿，但6岁以下儿童不宜使用。

（四）其他心理行为障碍

屏气发作：为表现为呼吸运动暂停的一种异常性格行为问题，多发于6～18个月婴幼儿，5岁前会逐渐自然消失，6岁以后罕见。呼吸暂停发作常在情绪急剧变化时，常有换气过度，使呼吸中枢受抑制，哭喊时屏气，脑血管扩张，脑缺氧时可有昏厥、丧失意识、口唇发绀，躯干、四肢挺直，甚至四肢抽动，可有角弓反张，持续0.5～1分钟后呼吸恢复，症状缓解，口唇返红，全身肌肉松弛而清醒，一日可发作数次。脑电图提示正常。发作在开始时不频繁，大多随年龄的增长而频繁发作。这种婴儿性格多暴躁、任性、好发脾气。对此类儿童应加强家庭教养，遇矛盾冲突时应耐心说理解释，避免粗暴打骂，解除引起情绪紧张的因素。

二、学习障碍

学习障碍属特殊发育障碍，是指在获得和运用听、说、读、写、计算、推理等特殊技能上有明显困难，并表现出相应的多种障碍综合征。学龄期儿童发生学习障碍者较多，小学2～3年级为发病的高峰；男孩多于女孩。学习障碍可有学习能力的偏异（如操作或语言能力）；协调运动障碍，如眼手协调差、影响绘图等精细运动技能的获得；分不清近似音，影响听、说与理解；理解与语言表达缺乏平衡，听与阅读时易遗漏或替换，不能正确诵读，构音障碍，交流困难；知觉转换障碍，如听到“狗”时不能就想到“狗”，立即写出“狗”字；视觉-空间知觉障碍，辨别能力差，常分不清6与9，b与d等，影响阅读能力等。学习障碍的儿童不一定智力低下，但由于其认知特性导致患儿不能适应学校学习和日常生活。在拒绝上学的儿童中有相当部分是学习障碍儿童，对他们应仔细了解、分析原因，采取特殊教育对策。

（章小雷）

Chapter Ⅱ Growth & Development

Principles of Growth & Development

Child physical growth is the changes in physical size and appearance which are a visible manifestation of the complex morphologic, biochemical, and physiological changes taking place during children. Child development applies to somatic, psychological, and cognitive growth and to behavior. There are four basic principles.

- A continual and periodical process: The change is a continuous process, and the rate of child's growth is not constant. There are. two periods of rapid growth: during infancy and puberty.
- Imbalance of development in systems and organs: The growth of most organs and systems parallels the above process. Brain growth remains rapid during the first 2 years of life. Lymphoid system matures rapidly before puberty. Growth of the reproductive organs remains slow until puberty.
- It complies to certain rules: From up to down, from proximal to distant, from gross to fine, from basic to advance, and from simple to complicated.
- Individual difference: Genetic and environmental factors determine the individual difference.

Factors affecting growth and development

Child growth and development are influenced by biologic and environmental factors. Genetic factor from parents is the main factor which determines the personnel, appearance, etc. Environmental factors, including nutrition, diseases, living condition and maternal condition, can delay child development.

Pediatricians need to understand growth and development in three ways:

- Understanding the normative patterns of physical growth and the emergence of motor, cognitive, and emotional competence allows pediatricians to monitor children's progress and to identify delay or deviance.
- Understanding how biologic and environmental forces interact to shape development allows pediatricians to target factors that increase or decrease risk.
- Understanding how parents conceptualize development facilitates anticipatory guidance andremedial intervention. This chapter only discusses normal development.

Child's Physical Growth

Weight

Weight is an easily gained parameter for evaluating a child development and nutrition status. The velocity of weight gain is not even and varies according to age, sex and nutrition status. See Table 2-1.

Table 2-1 Formula for approximate average weight of normal infants and children

Age	Weight(kg)
At birth	3.2
At 1yr	10
1-12 yr	age(yr)×2+8

Height

Growth in height is rapid in the first year of life, coming to 75 centimeters on average. Among all development-related factors, genetic factor influence height mostly. The next is endocrine. Malnutrition also plays a role. See Table 2-2.

Table 2-2 Formula for approximate average height of normal infants and children

Age	Height(cm)
At birth	50
At 1yr	75
At 2 yr	85
2-12 yr	age(yr)×7+75

Head circumference

The growth of head circumference is rapid in the first two years. It is related to the brain development. A smaller(lower than 2 standard deviation) head circumference or dropping off growth curve more than 2 lines suggests cerebral dysplasia. An enlarged one or rapid growth (jumping up on growth curve more than 2 lines) may suggests hydrocephalus. See Table 2-3.

Table 2-3 Average head circumference of normal infants and children

Age	Head Circumference(cm)
At birth	34
At 3 mo	40
At 1yr	46
At 2 yr	48
Adult	54

Skeleton

Growth and development of skeleton mainly include skull bone, long bone, vertebrae. Skull bone and long bone growth are discussed here.

At birth anterior fontanel and posterior fontanel are open. The former is 1-2 cm in diameter at birth, and close between age 9-18 months. The later is very small at birth and close at 6-8 weeks. Delayed closure suggests delayed growth of skull bone such as rickets, or other diseases in brain such as hydrocephalus and meningitis or hypothyroidism. Early fontanel closure may suggest cerebral dysplasia, if not isolated.

Appearance of ossification centers in roentgenograms shows maturity of long bone. Bone age is characterized by the shape and number of ossification centers in roentgenograms at different age. The number of ossification center is calculated by a formula: age(year)+1. Bone age is an important parameter to suggest a diagnosis of hypothyroidism and growth hormone deficiency.

Eruption of primary teeth is at 6-8 months. It usually starts with the mandibular central incisors. Tooth development also reflects, in part, skeletal maturation and bone age. Eruption of secondary teeth is at 7-8 years.

Child Development

Neurologic development

Neurological system develops rapidly in the first year. The brain weight at 1 year comes to 900 gram, accounting for 60% of adult's brain weight. Differentiation of nerve cells almost finishes at age of 3 years, achieves to the level of adult at age of 8 years.

Newborn and infant have weak muscle tendon reflex, abdominal reflex and cremasteric reflex. Kernig sign may be positive before age of three or four months. Babinski sign may be physiological before age of two years.

Spinal cord locates at the second lumber vertebrate at birth, shift to the first lumber vertebrate at the age of 4 years.

Perceptional development

Tactile sensation

Tactile sensation occurs at birth, more sensible at eye, mouth, palmar, and thenar , and less sensible at forearms, trunk and legs. Newborn has pain sensation, but not sensible. Sensation of temperature at birth is sensible.

Visual sensation

Visual development begins at birth. Newborn has visual sense, subsequent development are as followings in Table 2-4.

Table 2-4 Visual development

milestones	age
Sees objects 15-30cm away	newborn
Stares at light	1 mo
Looks at objects and turns head around	6 mo
Sees small objects	8 mo
Distinguishes various shapes	18 mo
Distinguishes various colors	5 yr
Well developed	6 yr

Olfactory sensation

The olfactory sensational center and its nervous endings mature at birth. A 3-month old infant can distinguish odor from pleasure smell. A 7-month old infant responds to aromatic smell.

Auditory sensation

See Table 2-5.

Table 2-5 Auditory development

milestones	age
Turns to sound origin	3 mo
Fix on sound origin	7 mo
Search for different sound origin	14 mo
Well developed auditory sensation	4 yr

Taste sensation

It is well developed at birth. A 4-month old infant is very sensible to slight taste change.

Motor and language development

The milestones of motor and language development are

listed in Table 2-6. A delay of these milestones indicates an abnormality of development.

Table 2-6 Developmental milestones

Milestones	Age(mo)
Gross motor	
Steady, turns around	3
Sits without support	6
Rolls back to stomach	7
Crawls	8
Stands alone	11
Walks independently	15
Jumps with two feet	24
Jumps with one foot	30
Fine motor	
Palmar grasp gone, reaches for objects	4
Transfers objects hand to hand	5
Thumb-finger grasp	9
Uses spoon, turns pages of book	12
Builds tower of two cubes	18
Builds tower of six cubes	22-24
Language	
Smiles in response to face and voice	1.5
Understands own name, monosyllabic babble	6
Follows one-step command without gesture (e. g. "give it to me")	10
Speaks first real word. e. g. "bye-bye; no"	12
Speaks 15-20 words	18
Points out one's name and picture's name	24
Tells a simple story	4 yr

Cognitive development

Four-month-old infants are interested in a wider world, no longer focus on the mothers, but becoming distracted. At age of nine months, a major milestone is the achievement of object constancy, the understanding that objects continue to exit even when not seen. At age of 15 months, imitation, creation and expressing desires are milestones.

Behavioral and Psychological Disorders

Behavioral disorders

Breath-holding spells

It is a situation that a child falls silent in the expiratory phase of respiration when he or she is provoked or surprised in response to anger or injury. The spell may resolve spontaneously, or lose consciousness. It usually starts during the first year of life and disappears before five years of age. There is no specific treatment for it.

Enuresis

It is defined as the repeated voiding of urine into clothes or bed in a child who is at least five years of age. Nocturnal enuresis is the most common. It is classified as two subtypes: primary enuresis and secondary enuresis. Parent-child education for primary enuresis is the first choice to help child control voiding at night. Pharmacotherapy is second-line treatment. Desmopressin acetate (DDAVP) is a choice by decreasing nighttime urine production.

Child Masturbation

It manifested as direct stimulation of genitalia with the hands pressing lower abdomen, repeating adduction of the thighs, twiching or moving one or more limbs for several minutes at a time. Any seizures should be differentiated from it.

Attention deficit hyperactivity disorder

Three major symptoms are impulsivity, inattention and hyperactivity. It affects about 2%-10% of school-age children.

Autism

It is a disorder of neural development characterized by impaired social interaction, verbal and non-verbal communication, and by restricted, repetitive or stereotyped behavior. The etiology is still unknown. Early diagnosis leading to early intervention is the key to maximize the child's potential.

Learning disorders

Learning disorders belong to neurodevelopmental dysfunction mainly affecting school-aged children. It includes deficiency in one or more of the area of reading comprehension, written expression, oral expression and mathematic reasoning without recognized cause.

Specific learning disorders are diagnosed when the individual's achievement on standardized tests in a given area is substantially below that expected for age, schooling, and level of intelligence.

(谭建新)

第三章 儿童保健原则及青春期疾病

第一节 儿童年龄分期及保健重点

儿童保健的目的是研究儿童各年龄期生长发育的规律及其影响因素，采取有效措施，加强有利条件，防止不利因素，促进和保证儿童健康成长。内容包括：儿童的体格生长和社会心理发育、儿童营养、儿童健康促进和儿科疾病的管理等。

为了便于保健和医疗，一般将小儿人为地划分为7个不同的年龄时期，即胎儿期、新生儿期、婴儿期、幼儿期、学龄前期、学龄期和青春期。由于解剖、生理、体格、神经和心理发育在不同时期有不同特点，因此保健措施和工作重点应有所不同。有针对性的采取措施才能有效降低儿童的发病率、死亡率，促进健康成长。

一、胎儿期及保健重点

（一）胎儿期特点

从精子和卵子结合到小儿出生（约40周）统称为胎儿期。

1. 胚胎期 又称致畸敏感期，指从受精至第8周末。胚胎细胞高度分化，是器官形成的阶段。此期易受环境不良因素的干扰和影响导致发育缺陷与畸形。

2. 胎儿期 从受孕后第9周起到胎儿出生。这一期内组织与器官迅速生长和功能渐趋成熟。

（二）胎儿期保健重点

胎儿的发育与孕母的健康、营养状况、疾病、生活环境和情绪等密切相关，故胎儿期保健亦是孕母的保健。重点为预防宫内发育迟缓、宫内感染、畸形、脑发育不全、窒息、遗传性疾病与先天畸形。

1. 预防遗传性疾病及先天性畸形 父母婚前应常规完成遗传咨询，对有确诊或疑诊遗传性疾病患者的家庭，或有与遗传相关先天畸形、智能低下患者的家庭是遗传咨询的重点对象。预防宫内感染（TORCH等）所致的先天性畸形。

2. 避免接触放射线、化学毒物 孕母应尽可能避免接触各类放射线、化学毒物（如烟、酒、毒品），特别在妊娠早期。慎用药物。

3. 保证充足营养 孕母后3月的营养应膳食平衡，应加强铁、锌、钙、维生素D等重要营养素的摄入。每日主要营养素需要量为：能量2500kcal，蛋白质60～70g，钙1.2g，铁18mg，维生素C 80～100mg，维生素A 1800μg（6000U），维生素D 15μg（600U）。注意避免营养摄入过多而导致胎儿体重过重，影响分娩。

4. 保证孕母良好的生活环境 注意劳逸结合、减少精神负担和心理压力，避免妊娠期发生并发症，预防流产、早产和异常产的发生。

5. 预防产时感染 对早产儿、低体重儿、宫内感染、产时异常等高危儿应予以特殊监护。

6. 预防并及时处理围生期疾病 包括围生期缺氧、窒息、低体温、低血糖、低血钙、ABO血型或Rh血型不合和颅内出血等疾病。

二、新生儿期及保健重点

（一）新生儿期特点

新生儿期即自出生后脐带结扎时起至出生后刚满28日为止。为婴儿期的特殊时期，此期生长发育和疾病具有非常明显的特殊性，故将其单独列出。新生儿各系统均有自身的特点，详细内容见新生儿疾病相关章节。新生儿期发病率和死亡率极高，故该期是儿童保健的重点。

（二）新生儿期保健重点

新生儿期是从完全依赖母体生活的宫内环境到宫外环境生活的过渡期，对外界的适应能力差，抵抗力弱，发病率和死亡率极高，特别是出生后一周内的新生儿。故新生儿保健是儿童保健的重点。

1. 出生时保健 ①保持产房室温25～28℃。②新生儿娩出后迅速清理口腔内黏液，保持呼吸道通畅。③严格消毒、结扎脐带。④及时点眼药水，防治分娩时的感染性眼病。⑤记录出生时APGAR评分、体温、呼吸、心率，体重与身长。⑥设立新生儿观察室，正常者与母亲同室，发现高危儿要及时送入新生儿重症监护室。

2. 新生儿日常保健

（1）保暖：应随气候温度变化调节新生儿居室的温度与湿度，室温保持在20～22℃，湿度以55%为宜，衣服要松软保暖。

（2）喂养：尽早吸吮母乳，鼓励母乳喂养，指导母亲正确的哺乳方法，母乳确实不足或无法进行母乳喂养的婴儿，指导母亲使用科学的人工喂养方法。

（3）皮肤护理：新生儿皮肤娇嫩，应每日洗澡保持皮肤清洁，应特别注意保持脐带残端清洁和干燥；选择合适的衣服与尿布，尿布勤洗勤换，预防红臀；

"马牙"、"上皮珠"、乳房肿大、"假月经"、红斑、粟粒疹不需特别处理，有问题及时看医生。

(4) 促进新生儿感知觉、运动发育：父母应多与新生儿说话，轻柔的抚摸、摇、抱新生儿，促进视觉、听觉、触觉发育。

(5) 预防感染：居室保持空气新鲜；谢绝探视，家人患呼吸道疾病接触新生儿时戴口罩；新生儿的用具每日煮沸消毒。尽早接种卡介苗、乙肝疫苗。

3. 新生儿疾病筛查 出生后即筛查，包括听力筛查，遗传代谢性疾病筛查，我国目前主要开展的是苯丙酮尿症(PKU)和先天性甲状腺功能低下症(CH)。

4. 新生儿家庭访视 新生儿家庭访视是降低新生儿发病率、死亡率的一个重要保健措施。由社区妇幼保健人员于新生儿出生28日内家访3～4次，高危儿应适当增加家访次数。家访的目的是早期发现问题包括生活能力、病理性黄疸、感染、神经系统损伤、先天畸形(眼、耳、口腔、心脏、四肢)、腹部肿块等，及时指导处理。

三、婴儿期及保健重点

(一) 婴儿期特点

1. 体格生长 正常足月婴儿生后第一年体重、身长增长最快，出现第一个生长高峰。

2. 消化道功能发育不成熟，营养需要多，消化道负担重 婴儿期生长速度快，需要营养素丰富的食物，但其消化功能尚未成熟，易患消化紊乱、腹泻、营养不良等疾病。4～6个月婴儿咀嚼动作发育，是学习吞咽、咀嚼敏感期。婴儿出生时的铁储备能维持到生后4～6个月，如果不及时补充易缺乏铁元素。

3. 感知觉、行为发育快速期 婴儿期是感知觉、情感、语言发育的关键期。

4. 睡眠周期短 婴儿的睡眠周期短，约60分钟。因此大多数婴儿出生后前3个月晚上要醒几次。多数3～6个月的婴儿开始建立自己的睡眠规律，晚上醒1～2次；白天醒的时间长些。

5. 主动免疫功能不成熟 婴儿出生6个月后从母体获得的被动免疫抗体逐渐消失，而主动免疫功能尚未成熟，易患各种感染性疾病。

(二) 婴儿期保健重点

促进儿童早期发育是婴儿期保健重点，包括婴儿营养、卫生保健、情感关爱、生活技能培养和智力开发。

1. 高能量、高蛋白的乳类营养 母乳是婴儿过渡到独立摄取营养最好的食物，提倡纯母乳喂养；部分母乳喂养或人工喂养婴儿则应正确选择配方奶；4～6个月的婴儿应开始添加辅食。婴儿食物以高能量、高蛋白的乳类为主，即使在婴儿期末(10～12个月)每日乳类供能仍不应低于总能量的1/2(45～50kcal/kg)。注意维生素D的补充。

2. 定期进行健康检查 定期进行健康检查可早期发现问题，早期干预。坚持每日户外活动1小时，进行空气浴、日光浴和被动体操，增强体质，降低维生素D缺乏性佝偻病的发生。

3. 促进情感、感知觉、语言和运动发育 按月龄结合婴儿能力训练，可促进婴儿感知觉、行为发育，提高婴儿神经心理的发育水平。如2个月龄后经常训练婴儿俯卧抬头，婴儿可提前1～2个月学会爬行，有利于四肢肌肉协调、胸部及臂力发育。

4. 生活技能培训 从婴儿期开始培养婴儿良好生活能力，如独立睡眠习惯、进食技能、控制大小便的能力，有益于独立能力、控制情绪能力和适应社会能力的发展，是重要的早期发展内容。

5. 口腔保健 婴儿用奶瓶时避免将奶头抵压上颌，影响颌骨发育；经常含乳头入睡可影响乳牙发育，可发生"奶瓶龋齿"。乳牙萌出后开始用指套牙刷或小牙刷给婴儿刷牙，每晚一次。

6. 预防感染 按计划免疫程序完成预防接种；提倡母乳喂养，降低呼吸道及肠道感染的发生；培养良好的卫生习惯，避免泌尿系感染。

7. 疾病筛查 健康检查时注意有无先天性髋关节发育不良、缺铁性贫血、智力发育异常、视力及听力异常、维生素D缺乏性佝偻病可能。

四、幼儿期及保健重点

(一) 幼儿期特点

1. 神经心理发育迅速 幼儿脑功能发育已较成熟，可自由行走、跑、跳、上下楼；注意力持续约10分钟，能听完短小的故事；可重复听过的故事、唱短歌谣，是语言表达关键期。幼儿期也是个性形成的关键期，自我意识形成，出现第一个违拗期。

2. 体格生长 体格生长速度较第一年缓慢。

3. 消化道、肾功能发育逐渐成熟 2岁左右胃蛋白酶、胰脂酶、胰淀粉酶达成人水平；1岁后肾小球滤过率、尿素清除率、最大肾小管清除率达成人水平。

(二) 幼儿期保健重点

运动与语言基本能力的发育，扩大了幼儿活动范围，使幼儿能主动观察、认知、进行社交活动。幼儿期个性的发展是学龄期儿童的自信、勤奋或依赖、退缩心理状态的基础。

1. 促进幼儿语言发育与大运动能力的发展 重视与幼儿的语言交流，通过游戏、讲故事、唱歌等活动学习语言；选择适当玩具促进小肌肉动作协调和想象、思维能力发育。

2. 培养自我生活能力 2～3岁大脑皮质的控制功能发育较完善，幼儿可逐渐自己控制排便。安排规律生活，培养幼儿独立生活能力和养成良好的生活习惯。

3. 合理营养 供给丰富的平衡营养素，每日5～6餐适合幼儿生长需要和消化道功能水平。发展独立进食行为；避免过多液体量或零食摄入影响进食。

4. 预防疾病、事故 3岁以下儿童预防异物吸入引起窒息及烫伤、跌伤、溺水、触电等意外事故。

5. 定期健康检查 每3～6个月应进行体格检查一次，预防营养不良、单纯肥胖。如发现儿童身高增长速度有下降的趋势，应到专科作骨龄和内分泌检查。注意保护儿童隐私，如检查女童外生殖器需得到家长许可。

6. 口腔保健 家长用指套牙刷或小牙刷帮助幼儿刷牙，每晚一次，预防龋齿；1岁后应断离奶瓶，预防错颌畸形和“奶瓶龋齿”。

7. 疾病筛查

（1）缺铁性贫血：每年健康检查时作1～2次Hb筛查，Hb<110mg/L，应治疗。

（2）视力：每年一次视力筛查，异常者转专科诊治。

（3）泌尿系感染和寄生虫感染：每年一次小便、大便常规检查，除外泌尿系感染和寄生虫感染；结果异常者转专科诊治。

（4）外生殖器：检查2岁后的男童外生殖器发育有无包茎、小阴茎，异常者转专科诊治。

（5）遗传代谢性骨病：幼儿如出现进行性骨骼畸形，疑似维生素D缺乏性佝偻病临床表现，通过骨X线和血生化检查与低血磷抗维生素D佝偻病和其他原因骨骼畸形鉴别。

五、学龄前期及保健重点

（一）学龄前期特点

1. 性格形成的关键时期 学龄前期儿童脑发育接近成人，动作发育协调，语言、思维、想象力成熟；情绪开始符合社会规范，社会情感发展；理性意志萌芽（自觉、坚持，自制力等）；个性形成，但有一定可塑性；性格内、外向及情绪稳定性进一步分化；当主动行为失败会产生失望和内疚。

2. 体格生长速度较平稳 每年体重增长2kg，身高增长5～7cm。学龄前期儿童体格生长发育主要受遗传、内分泌因素的影响。眼功能发育基本完成，视深度逐渐发育成熟。

3. 免疫活跃 学龄前期儿童淋巴系统发育很快，青春期前达到高峰，以后逐渐消退达成人水平，易出现免疫性疾病。

（二）学龄前期保健重点

学龄前期儿童智力发展快、独立活动范围扩大。良好的学习兴趣、习惯与在校学习状况有关。

1. 加强入学前期教育 培养学习习惯，注意发展儿童想象与思维能力，使之具有良好的心理素质。通过游戏、体育活动增强体质，在游戏中学习遵守规则和与人交往。

2. 保证充足营养 膳食结构接近成人，每日4～5餐，适合学龄前期儿童生长需要和消化道功能水平；每日摄入优质蛋白质占总蛋白的1/2，其中乳类供能占总能量的1/3（约25kcal/kg）。

3. 预防感染与事故 集体机构儿童特别注意预防传染性疾病，如肝炎、麻疹、痢疾等疾病；预防儿童外伤、溺水、误服药物、食物中毒、触电等事故。

4. 合理安排生活 不仅可保证儿童身体健康，还可培养儿童的集体主义精神、控制情绪和遵守规则的能力。

5. 体格检查 每年1～2次，记录结果，了解生长速度。如身高增长低于每年5cm，为生长速度下降，应寻找原因。注意儿童正确坐、走姿势，预防脊柱畸形。视力筛查和眼的全面检查，指导科学用眼；口腔检查，帮助儿童纠正不良口腔习惯，包括吸吮手指、咬唇或物，预防错颌畸形，预防龋齿。

6. 疾病筛查

（1）缺铁性贫血：每年健康检查时作1～2次Hb筛查，Hb<110mg/L，应治疗。

（2）小便、大便检查：每年健康检查时作一次小便和大便常规检查，除外泌尿系感染、肾疾病、寄生虫感染。

（3）遗尿症：5岁后仍发生不随意排尿即为遗尿症。转专科进一步治疗。

六、学龄期、青春期特点及保健重点

（一）学龄期、青春期特点

1. 体格生长 青春期前学龄儿童体格生长稳定增长。青春期出现第二生长高峰，青春期以性发育为标志。青春期发育的年龄个体差异大。

2. 心理发育成熟 逻辑思维发育成熟，求知欲强。青春期青少年出现第二个违拗期。

（二）学龄期保健重点

此期儿童的主要活动是学习，学习的成功或失误、被成人的肯定与批评，成为儿童获得自信、勤奋或自卑、懒惰的重要影响因素。

1. 提供适宜的学习条件 培养良好学习兴趣、习惯，正面积极教育为主，加强素质教育；开展体育锻炼,增强体质同时也培养了儿童毅力和奋斗精神。

2. 平衡膳食 加强营养,每日摄入优质蛋白质占总蛋白的 1/2;多食富含钙的食物,如牛乳(500ml)、豆制品,加强运动,使骨量发育达最佳状态,减少成年期后骨质疏松、骨折的发生。预防缺铁性贫血、营养不足等常见病;同时应避免营养摄入过多导致的肥胖症。

3. 体格检查 至少每年体格检查一次,监测生长发育,及时发现体格生长偏离及异常并及早干预。

4. 眼、口腔保健 每年作眼、口腔检查一次,预防屈光不正、龋齿的发生。

5. 预防感染与事故 学习交通安全规则和事故的防范知识,减少伤残发生。

6. 性知识教育 按不同年龄进行教育,包括对自身的保护,正确认识性发育对青少年心理生理的影响,学习有关性病、艾滋病危险因素科普知识。

7. 法制教育 增加儿童法律知识,认识家庭与自己遵纪守法的重要性。

8. 疾病筛查

(1) 骨骼畸形:注意检查脊柱,除外脊柱侧弯、后突畸形。

(2) 学习困难:学业困难可能因多动、情绪和行为问题、特殊发育障碍(学习障碍)所引起,转专科诊治。

(3) 单纯肥胖症:让儿童学会计算自己的体质指数(BMI),当超过上限应到专科检查。

(4) 性发育异常:性早熟,女孩<8 岁,男孩<9 岁第二性征出现;性发育延迟,女孩>14 岁,男孩>16 岁无第二性征出现。

(三) 青春期保健重点

青春期是儿童到成人的过渡期。体格发育出现第二个生长高峰,性功能发育,而心理和社会适应能力发展相对滞后,形成青春期复杂的精神卫生问题,使青春期青少年常常产生感情困惑和心理冲突。

1. 心理教育 在集体活动与体育锻炼中培养意志,学习与人相处,礼貌待人,遵守规则;家庭与教师注意培养青少年具备承受压力与失败的良好心理状态;帮助青少年正确认识社会的不良现象,提高识别是非能力,把握自己的行为,远离烟、酒、毒品、偷窃、斗殴、说谎等恶习。

2. 性教育 应进行正确的性教育以使其在生理和心理上有正确健康认识。

3. 疾病筛查

(1) 矮小:女孩性发育落后,或男孩睾丸小伴矮小应到专科检查,除外卵巢发育异常(XO),睾丸发育不良(XXY)。

(2) 月经不调:女孩如果出现月经周期紊乱、量多少不一、腹痛等内分泌不稳定现象,需专科诊疗。

(3) 心理行为障碍:多数青少年在青春期发育阶段可出现暂时的情绪或行为问题,如焦虑、抑郁、紧张、易怒等,如持续时间长,症状变得复杂、严重,可发展为心理行为障碍,需专科诊断治疗。

第二节 儿童保健的具体措施

1. 建立儿童保健网络系统 定期收集本地区儿童健康资料,储存本地区儿童历年健康状况,包括常见病病死率、发病率;能基本分析本地区儿童健康状况,发现影响本地区儿童健康的主要因素,上报上级单位,为地区有关领导制定政策提供依据。

2. 散居儿童管理 由辖区医院负责

(1) 建立三表制:每个儿童就诊、入托有三表[体检表、发育筛查表、新生儿筛查表(听力、新生儿疾病)]。

(2) 生长发育监测:按操作常规定期进行儿童体格测量,跟踪儿童生长;能用参数基本正确解释儿童生长水平、生长速度、生长匀称(体型、身材)。连续纵向观察可获得个体儿童生长趋势变化及心理发育的信息,以早期发现问题,正确指导。

(3) 营养、喂养指导:及时对家长和有关人员进行有关母乳喂养、断乳期婴儿食物引入、幼儿期正确进食行为培养、学前及学龄期儿童的膳食安排等内容的宣教和指导。

(4) 疾病的筛查、诊治:常见病的筛查,如肺炎、结核、髋关节发育不良、脑积水、脑瘫、矮小、宫内营养不良、骨骼畸形、视力异常、口腔疾病等转诊上级医院,并协助上级专科随访;常见病的诊疗,如上呼吸道感染、骨折、营养不良、单纯性肥胖、贫血、佝偻病、维生素 A 缺乏症及其他维生素缺乏症、寄生虫感染等。

(5) 开展儿童心理行为问题、智力筛查:疑诊智力低下、遗尿症、学习困难、睡眠障碍、多动症、行为异常儿童及时转诊,并能协助随访。

(6) 新生儿访视:社区妇幼保健人员应于新生儿出院返家至28 日内家访 3 ~ 4 次,高危儿应适当增加家访次数。重点应注意有无产伤、黄疸、畸形、皮肤与脐部感染以及视、听觉检查。访视中发现严重问题应立即转医院诊治处理。

3. 计划免疫 根据对传染病疫情监测和人群免疫水平的分析,按照科学的免疫程序,有计划地利用疫苗进行接种,以提高人群的免疫抗病能力,达到控制、乃至最终消灭相应传染病的目的。按照我国卫生部规定的计划免疫程序,1 岁内必须完成基础免疫接种(表 3-1)。

表 3-1　1 岁以内婴儿各种预防接种实施程序表

预防疾病	结核病	脊髓灰质炎	麻疹	百日咳、白喉、破伤风	乙型肝炎
免疫原	卡介苗(减毒活结核菌混悬液)	脊髓灰质炎减毒丸活疫苗	麻疹减毒活疫苗	百日咳菌液、白喉类毒素、破伤风类毒素的混合制剂	乙肝疫苗
接种方法	皮内注射	口服	皮下注射	皮下注射	肌内注射
接种部位	左上臂三角肌上端		上臂外侧	上臂外侧	上臂三角肌
初种次数	1	3	1	3	3
每次剂量	0.1ml	1 丸三价型混合疫苗	0.2ml	0.2~0.5ml	5μg
初种年龄	生后至 2 个月内	2 个月 3 个月 4 个月或 2 个月以上	8 个月以上 易感儿	3 个月 4 个月 5 个月或 3 个月以上	出生时 1 个月 6 个月
复种		4 岁	7 岁	1.5~2 岁、7 岁;白破二联类毒素	

预防接种制剂对人体来说是一种外源性刺激，会有不同程度的局部或全身反应。例如，卡介苗接种后，少数婴儿在 2 周左右局部出现红肿，部分化脓形成小溃疡，腋下淋巴结肿大；脊髓灰质炎疫苗接种后极少数婴儿发生一过性腹泻；百白破混合制剂接种后局部可出现红肿热痛，偶见过敏反应；麻疹疫苗接种后，个别婴儿可出现轻型麻疹；乙肝疫苗接种后，个别婴儿出现低热。对于疫苗接种出现的不良反应，多数情况症状轻，对症处理即可，但严重者须到医院抢救。

第三节　青春期发育有关问题

青春期(adolescence;puberty)是儿童到成人的过渡阶段，也是儿童发育过程的特殊时期。这一时期生理变化的特点是第二性征开始出现到体格发育完全及性成熟。在此年龄阶段所发生的一系列形态、生理、生化及心理和行为的改变程度，对每一个体来说，都是一生中其他年龄阶段所不能比拟的。由于生理与心理、行为和社会学方面的发育不相一致，造成青春期发育过程中一些特有的问题。认识青春期发育规律，研究青春期常见的问题，对保证青春期儿童的健康生长、社会稳定和发展都具有重要意义。

(一) 体格发育相关问题及常见疾病

1. 体格发育的性别差异　儿童进入青春期后，受内分泌等因素的影响，生长发育明显加速，体格生长出现出生后的第二个高峰，体格发育在起止早晚、突增幅度和变化的侧重部位都有明显的性别差异。一般女性发育的突增期在 9~11 岁，先于男性；而男性的突增期在 14~16 岁，此后男女间的距离拉开。女性在 9~10 岁时身高、体重、肩宽、骨盆宽的发育水平都超过同龄男性，15 岁左右男性各项发育水平的指标又超过同龄女性。到 18 岁时男性在上述四项指标的绝对值上都较女性达到更高水平。青春早期男女儿童的脂肪含量都有增加。由于雌激素有促进脂肪组织沉积的作用，故女孩体内的脂肪在整个青春期均持续增加。男孩在雄性激素的作用下以肌肉等瘦体质增加为主，青春中期体脂是负增长，直至青春晚期或进入成人期后，体脂才逐步增加。最后形成男子身体较高、肩部较宽、女子身体丰满、髋部较宽的不同性别体态特点。

青春期开始后，各种脏器的功能出现了明显的变化，机体的功能日趋成熟。至青春期末，心肺容积都有明显的增加，如心脏的重量、容积增加了 1~1.5 倍，心排血量也相应增加。肺活量随年龄的增加而增高。男生的肺活量在整个生长期始终是超过女生，随年龄的增长两者之差别越来越大。此外，造血系统功能也有变化。青春期后，血红蛋白和红细胞总数，在男孩有明显的增加，而女性则不明显。可能是男性体内雄激素水平较高，有明显的刺激骨髓造血的功能，而且女性随着月经的出现，有周期性的失血。

2. 青春期常见疾病　在青春期，生长激素、促肾上腺皮质激素、促甲状腺素、促性腺素等的分泌都达到新的水平。这些激素水平的高低主要是受下丘脑-垂体系统的调节，并直接与青春期的改变有关，同时可能导致如下一些青春期常见的生理或病理变化。

(1) 青春期甲状腺肿大：甲状腺的发育在青春期达到一生中之高峰。甲状腺分泌甲状腺素，有兴奋神经、调节新陈代谢、促进生长发育的功能。青春期间，为了满足生长发育的需要，机体需要摄入充足的碘来合成甲状腺素，若摄取量不足，可发生甲状腺代偿性肥大。因此在非缺碘地区的青春期少男少女，也可能出现不同程度的甲状腺肿大，以女孩多见。表现为两侧甲状腺腺体弥漫性肿大，质地柔软，一般摸不到结节。在过了青春期以后甲状腺肿大可以自行消退。防治青春期甲状腺肿大的措施主要是补碘。多吃含碘丰富的食物，如海带、海蜇皮、紫菜及各种海鱼等，食用碘盐也是补碘的一种途径。

（2）痤疮（acne）：又称粉刺，是青春期常见的毛囊皮脂腺的慢性炎症性皮肤病。痤疮有多种发病因素，其发病机制目前还不十分明了。内分泌因素、皮脂的作用、毛囊内微生物痤疮丙酸杆菌是痤疮发病的主要因素。近年来有人认为本病与免疫有关，其患者的体液免疫中，血清 IgG 水平较高，并随病情加重而增高。此外，遗传也是本病发生的一个重要因素。除上述因素外，多吃动物脂肪及糖类食物，消化不良或便秘等胃肠障碍，某些微量元素如锌缺乏，精神紧张，湿热气候等因素对痤疮患者可以有不利的影响，矿物油类的接触或碘化物、溴化物及某些其他药的内服也可加剧痤疮的恶化。痤疮的皮损主要发生于面部，也可发生在胸背上部及肩部，偶尔发生于其他部位。开始时多有黑头粉刺及油性皮脂溢出，还常有丘疹、结节、脓疱、脓肿、窦道或瘢痕。各种损害的大小深浅不等，往往以其中一两种损害为主。病程长，多无自觉症状，如炎症明显时，则可引起疼痛和触痛，症状时轻时重。青春期后大多数患者均能自然痊愈或症状减轻。治疗方面，可以减轻皮损，但很难完全消退。而多吃富含纤维和维生素的食物，少吃动物性脂肪、甜食和刺激性食物有助于防治痤疮。要常用温水或其他去脂消炎的香皂洗涤以保持皮肤清洁是防治痤疮的有效措施。不要用手抠或挤压，不要用油脂类化妆品擦脸，以免阻塞毛囊口和皮脂腺开口，加重症状。以感染为主的痤疮应选用抗生素，也可选用复合维生素 B、维生素 A、锌制剂等，或进行局部理疗，减轻皮损。

（3）青春期高血压：特点是收缩压升高，可达 140 ~ 150mmHg（18.7 ~ 20kPa），而舒张压不高或升高不明显。平时没有什么不良感觉，仅在过度疲劳或剧烈运动时才有头晕、胸闷等症状。引起青春期高血压的主要原因是由于青春期身体各器官系统迅速发育，心脏也随着发育，心收缩力大大提高，但此时血管发育却往往落后于心脏，导致血压增高。另外，青春发育时期内分泌腺发育增强，激素分泌增多，神经系统兴奋性提高，植物性神经调节功能不平衡，也会产生血压增高现象。青春期高血压的发生是暂时性的，过了青春期，心血管系统发育迅速趋于平衡，血压就会恢复正常。因此一般不主张过早应用降压药物，但必须通过建立良好健康的生活方式来达到使血压恢复正常的目的。养成良好的饮食习惯，少吃咸食、甜食及含脂肪高的食物，多吃新鲜蔬菜和水果，不吸烟、不酗酒，保持情绪愉快，减少心理紧张和心理压力。定期测量血压及检查其他症状，以便及时发现，进一步确诊，并查明原因，及时治疗。

（二）常见的性发育问题

1. 生殖系统和性征发育特点

（1）青春期女性：此期由于丘脑下部-垂体-性器官的发育渐趋成熟，女孩体中雌激素的水平增高，雌激素主要来自卵巢。雌激素中，以雌二醇的生物活性最强。雌激素的生理功能主要是促进女性内外生殖器及乳房的发育，促进月经初潮来临。雌激素也有促进体格生长、促进骨骺愈合的作用。青春期的女性身体会出现以下变化：身体及内、外生殖器（即第一性征）发育极快，第一性征的发育包括卵巢增大、子宫增大、输卵管变粗、阴道长度及宽度增加等；第二性征显著，包括声调变高，腋毛、阴毛出现，乳房丰满而隆起，骨盆进一步宽大，皮下脂肪增多等；月经开始来潮。青春期后，卵巢功能逐步完善，它分泌雌激素、孕激素和少量雄激素。卵巢的周期性变化，导致了月经周期，对女性心理、情绪和身体各系统生理功能都有影响。

（2）青春期男性：直接促使男性性成熟的主要器官是睾丸。睾丸可分泌雄激素，其中以睾酮作用最强。睾酮的作用主要是促进蛋白质的合成，使骨骼发育，肌肉力量增加。青春期男性随着生殖器官发育，出现第二性征如毛发（阴毛、腋毛及胡须）生长、变声及出现喉结等。外生殖器在睾酮的作用下迅速发育，并产生了遗精。男性首次遗精年龄平均为 14 ~ 16 岁，比女性月经初潮平均年龄约晚 2 年。初期的精液里可能没有成熟的精子。首次遗精发生后体格发育渐趋缓慢，而睾丸、附睾及阴茎却在迅速发育，接近成人水平。青春期由于阴茎迅速增大增粗，包皮渐渐向后退而露出龟头。如果青春发育后包皮仍然包着龟头，需要翻动后才能露出者，称为包皮过长；若不能翻出来的，叫做包茎，需要手术治疗。

2. 性早熟 详见第十七章第四节。

3. 性发育延迟（delayed puberty） 是指女孩 13 岁，男孩 14 岁尚无青春发育性征的表现。如果开始有青春发育期的性征出现但发育缓慢或停滞，女孩从乳房开始发育经过 5 年还未月经初潮或男孩睾丸开始增大后 5 年内不能发育成熟达正常成年男性水平也应考虑为性发育延迟。

青春期性发育延迟均伴有躯体发育障碍的问题，病因有体质性和病理性的两种。最常见为体质性的，具有家族倾向，在农村和贫困落后地区常见。属病理性的原因可来自下丘脑、垂体或性腺本身的缺陷；另外某些慢性疾患因严重营养缺乏也可影响性发育。

对于性发育延迟的诊断关键是鉴别为体质性发育延迟或为病理性发育延迟。家族史的了解、骨龄的测定及实验室检查对于正确的诊断都是必不可少的。

体质性的发育延迟除确有营养缺乏而需要补充以外，无须特殊治疗。病理性的发育延迟应针对病因给予特殊的治疗。例如，利用甲状腺素治疗甲状腺功能低下症；生长激素用于单纯生长激素缺乏者；周期性的雌、孕激素治疗可作为原发性性腺功能不全的替代疗法以促进第二性征的发育和成熟。属慢性疾病造成的发育延迟如慢性腹泻、神经性厌食等,则在积极治疗原发病的同时进行营养的补充,可促进发育延迟的改善。

4. 其他

(1)月经不调和经前期综合征:月经不调是青春期女性的一种常见疾病,表现为月经周期紊乱,出血期延长或缩短,出血量增多或减少,甚至月经闭止。卵巢功能失调、全身性疾病或其他内分泌腺体疾病影响卵巢功能者都可能引起月经失调。月经失调主要是心理原因造成的,如果精神压力过重,引起情绪上的忧思焦虑,就会造成月经失调,甚至闭经。在经前期,约有1/3的女生会出现经前期综合征,其主要表现是头痛、眩晕、恶心、呕吐、心悸等。此外,还有些人感到乳房胀痛、失眠、记忆力减退、注意力涣散等。这些症状也会引起心理变化。例如,有的女孩子易怒、好攻击、对周围的人苛求、易与人发生口角;有些人烦躁、事事不如意、坐卧不安;有些人孤僻、多愁善感、多疑、好哭。经前期综合征是由于神经-内分泌功能失调造成的,心理因素在发病中占有重要地位。因此,保持乐观而稳定的情绪,将有助于减少和消除经前期综合征。

(2)乳房发育问题:乳房在发育过程中,有可能出现过小或过大、双侧发育不均、不发育、畸形及包块等现象。若发现这些情况,一是可通过健美运动促进胸肌发达,使乳房显得丰满;二是在医生指导下进行适当治疗。少女要到身体发育定型,性完全成熟才能确定乳房是否发育不良,不要过早下结论。

(3)遗精(spermatorrhoea):在没有性交或手淫的情况下射精,称为遗精。遗精多发生于夜间睡眠中,也可在清醒状态下发生。遗精是男性中学生中常见的一种正常生理现象。一个月遗精在7~8次内均属正常,但是它的间隔日期没有规律。遗精次数过于频繁,尤其是梦遗,可能会扰乱睡眠,引起心理紧张、头痛头晕、无精打采、胃纳不佳、浑身无力等症状。

(4)手淫(masturbation):手淫问题在青春期是一个极为普遍的性行为问题,是指通过自我抚弄或刺激性器官而产生性兴奋或性高潮的一种行为,这种刺激可以通过手或是某种物体,甚至两腿夹挤生殖器产生。手淫在青春期男、女均可发生,以男性更多见。许多研究资料表明,手淫可以起到缓解性心理和性生理紧张的作用。但青少年对手淫问题有许多不正确的看法,这些看法在不同程度上影响了他们的身心健康。有过手淫经验的青少年常常对此感到内疚,手淫后感到情绪低落、担心、困惑、害怕、痛苦。因此,手淫并不是值得提倡的行为,应当设法引导学生将这方面的精力转移到学习或其他活动中去,端正认识,加强意志锻炼,多参与有益活动,即可消除手淫行为。

(5)性传播疾病(sexually transmitted diseases, STDs):近几年来,性传播疾病和艾滋病病毒感染速度呈迅速上升趋势。青春期的行为和生理特点预示着性活跃期的青少年更容易发生性传播疾病。在美国,每年1200万性传播疾病患者中25岁以下的年轻人占2/3,而在我国艾滋病也正在儿童和青少年中迅速蔓延。高危因素主要有:不洁性行为;物质滥用;青春期心理使得青少年对性好奇、爱冒险;而生理因素也使青少年容易患生殖器感染。受感染的青少年可以没有任何临床症状表现,许多性病的早期症状和体征难以觉察,以致被忽视而造成更严重的损害。男性则表现为尿道炎、附睾炎、生殖器溃疡、生殖器病变等,女性则可导致成人期一系列严重的问题,如盆腔炎、不孕症、宫外孕及下一代的先天缺陷。因此,应足够重视青少年的性传播疾病。预防和控制这些疾病的途径在于开展健康教育、筛查、早期诊断和治疗。

第四节 青春期常见心理行为问题

由于青春期身体处于加速发育阶段,尤其是生殖系统在此期迅速发育而达到性成熟,而心理和社会适应能力发展的相对滞后,容易在心理上引起困扰和波动,形成复杂的青春期精神卫生问题。大多数青少年在青春期发育的某个阶段和某个方面会经历一些情绪或行为上的困难,被称为心理社会发展失调(disturbed psychosocial development),如焦虑、抑郁、不良习惯等。这些问题绝大多数是暂时现象,只要得到适当的引导和帮助便能得到解决;但若不及时解决,持续时间长,问题可能会变得复杂、严重,造成心理缺陷,甚至影响一生的健康、学习、工作和行为,严重者还可能危及家庭和社会。

(一)青春期综合征

青春期综合征是青少年特有的生理失衡和由此引发的心理失衡病症。

1. 病因 青春期生理与心理发育不同步,心理发育相对滞后及过度用脑和不良习惯是形成青春期综合征的重要原因。

2. 临床表现

(1)脑神经功能失衡:记忆力下降,注意力涣散,上课听不进,学习成绩下降;白天大脑昏沉,精神萎靡,上课易瞌睡;夜晚大脑兴奋,浮想联翩,难以入眠,乱梦纷纭,醒后大脑特别疲困,提不起精神。

(2)性神经功能失衡:性冲动频繁,形成不良性习惯,过度手淫,并且难以用毅力克服,由于频繁手淫,卫生不洁使生殖器出现红、肿、痒、臭等炎症,甚至性器官发育不良。

(3)心理功能失衡:由于上述种种生理失衡症状困扰着青少年,造成青少年心理失衡,表现为心理状态欠佳,自卑自责、忧虑抑郁、烦躁消极、敏感多疑、缺乏学习兴趣、冷漠;忧伤、恐惧、自暴自弃、厌学、逃学、离家出走,甚至自虐、轻生。

3. 诊断 主要根据年龄结合上述症状，排除器质性疾病后进行诊断。

4. 治疗 尽管青春期综合征不属于严重的心理异常范畴，可其对青少年心理的良好发展和人格的健全却是十分有害的，如果不能迅速地走出这种心理误区，则有可能导致较为严重的心理障碍。因此要引起足够重视，应引导和教育青少年正确对待并正确评价自我，了解生理卫生知识，正确处理性方面可能出现的问题。用理智战胜情感，用顽强的意志力去克服自己的不良行为，使自己健康平稳地度过青春期。

（二）青春期焦虑症

焦虑症（anxiety disorder）即焦虑性神经症，是由一组情绪反应组成的综合征，患者以焦虑情绪反应为主要症状，同时伴有明显的自主神经系统功能紊乱。

1. 病因 青春期是焦虑症的易发期，随着第二性征的出现，个体对自己在体态、生理和心理等方面的变化，会产生一种神秘感，甚至不知所措。诸如女孩由于乳房发育而不敢挺胸、月经初潮而紧张不安；男孩出现性冲动、遗精、手淫后的追悔自责等，这些都将对青少年的心理、情绪及行为带来很大影响。

2. 临床表现 往往由于好奇和不理解会出现恐惧、紧张、羞涩、孤独、自卑和烦恼，还可能伴发头晕头痛、失眠多梦、眩晕乏力、口干厌食、心慌气促、神经过敏、情绪不稳、体重下降和焦虑不安等症状。患者常因此而长期辗转于内科、神经科求诊，而经反复检查并没有发现任何器质性病变，这类病症在精神科常被诊断为青春期焦虑症。

3. 诊断 焦虑症的焦虑和担心持续六个月以上，其具体症状包括以下四类：身体紧张、自主神经系统反应性过强、对未来无名的担心、过分机警。这些症状可以是单独出现，也可以是一起出现。

（1）精神性焦虑，其表现为心神不宁，坐立不安，恐慌、精神紧张。

（2）躯体性焦虑，其表现为查不出原因的各种身体不适感、心慌、手抖、多汗、口干、胸闷、尿频等多种自主神经失调的症状。

4. 治疗 青春期焦虑症会严重危害青少年的身心健康，长期处于焦虑状态，还会诱发神经衰弱症，因此必须及时予以合理治疗。一般是以心理治疗为主，配合抗焦虑药物治疗，对同时伴有抑郁症状的患者，可以单独或合并使用多氯噻平。

（三）青春期抑郁症

1. 病因 青春期的情绪改变是对身体改变、社会角色和各种关系变化的一种适应，其特点是反应强度大且易变化，情感变化复杂，容易狂喜、愤怒，也容易极度悲伤和恐惧。因外界不利环境如家长和老师的忽视、压制和不公平，学习压力和对性发育的困惑等而引起烦恼、焦虑和抑郁等情绪不稳现象并不少见。尤其是在遇到挫折和烦恼的情况下，神经系统的功能很容易失调，如果反应异乎寻常的强烈和低落，可以出现持续性的紧张、焦虑、抑郁、内疚、恐慌等状态，以致发生抑郁症（depression）。

2. 临床表现 青春期抑郁症的表现多种多样，主要有以下几种。

（1）自暴自弃：自责，自怨自艾；认为自己笨拙、愚蠢、丑陋和无价值。

（2）多动：男性多见，表面淡漠，但内心孤独和空虚。有的则用多动、挑衅斗殴、逃学、破坏公物等方式发泄情感郁闷。

（3）冷漠：整天心情不畅、郁郁寡欢，感觉周围一切都是灰暗的。

各种类型的抑郁症均有轻重程度不同。青春期轻者占大多数，严重的抑郁症对身心健康的影响明显，对学习毫无热情，注意力不能集中，学习成绩急剧下降；对前途和未来悲观失望，有轻生念头；人际关系差；对病无自知力，不愿求治。

3. 诊断 抑郁是指情绪低落、思维迟钝、动作和语言减少，伴有焦虑、躯体不适和睡眠障碍。情绪抑郁如果每星期发生3次，每次持续至少3小时或更多者被认为是持续性抑郁。

4. 治疗 防治青春期抑郁症是青少年保健工作的重要内容，关键在于对病例的早期发现，及时转入精神卫生专科予以家庭干预和药物治疗。

（谭举方）

Chapter Ⅲ Principles of Child Health Care

Stages in Growth and Development

We divide children's growth and development into seven stages (periods), including fetal period, neonatal period, infant period, toddler's age, preschool age, school age, adolescence.

The Fetus

Fetal period

From the fertilized egg to birth. The first 8 weeks of gestational age are defined as embryo stage, also called critical period, in which embryo is susceptible to adverse factors from environment. The rest weeks are considered fetal period. Fetus grows and develops rapidly during this period.

Care during the fetal period

The major emphasis in fetal medicine involves:

- Identification of fetal genetic diseases or anomalies.
- Evaluation of the effects of drugs, radiations administered to the mother on the fetus.
- Adequate nutrition.
- Assessment of fetal growth and maturity.
- Evaluation of fetal well-being or distress.

Neonatal infant

Neonatal period

The first 28 days of life are usually considered the neonatal period.

Perinatal period

It is the period between 28 weeks of gestational age and 7 days after birth (WHO definition).

Characteristics of the neonatal period

- Each system or organ especially the immune system is not well developed,
- High mortality reaches two-thirds of infant mortality, because of infections, asphyxiation at birth, congenital malformations, etc.

Care of well neonatal infant at birth

Keep warm and maintain respiratory pathway patency by clean mouth, prevent eyes infection, monitor the vital life signs.

Routine care during neonatal period

A constant and suitable room temperature and humidity are very important for neonates.

Feeding should be encouraged as early as possible after birth. Feeding difficulties often occur due to congenital digestive malformations, severe diseases, or improper feeding methods.

Keep child's skin intact and proper skin care to prevent infection because the skin is the easiest route for infection.

Gentle touch, grasp and verbal communication can promote the development of sensation of vision, auditory and touch.

Screening of congenital malformations

Neonatal period is the critical time to screen some congenital disease, such as phenylketonuria, hypothyroidism, G-6-PD.

Follow up visit is important to promptly identify pathological jaundice, umbilicus infection, etc and ensure neonatal well being.

Infant

Infant period

The first year of life is usually considered the infant period.

Characteristics of infant period

The child triples his or her birth weight and height within the first year of life. It is the first phase of rapid growth.

Adequate nutrition is important for a child to meet the need of rapid growth and development.

Rapid development in physically, emotionally and socially also occurs in the first year of life.

Regular sleep pattern is not established until 6 months after birth. Transplacental immunoglobulins from mother disappear gradually 6 months after birth.

Care of infant

- Nutrients with high calories and protein are necessary. Breast milk is the best food for early infant.
- Routine physical examination.
- Interaction with caregiver and age appropriate toys will promote growth and development.
- Proper oral hygiene prevents dental diseases.

Toddler

Toddler age

The second and third year of life are usually considered the toddler age.

Characteristics of toddler

Slow down in physical growth but become more mature neurologically and in cognition. Toddlers can walk, speak, and communicate with their parents with simple words.

Digestive system and renal function almost reach the level of adult.

Care of toddler

Parents should promote the neurological and linguistic development of toddlers through spending more time to communicate with toddlers. It is a critical period for behavior regulation, such as discipline, temper tantrums, toilet habit, and changing feeding behaviors.

Toddler's ability to wander out of sight increases the risks of injury such as foreign body aspiration, drug ingestion, drowning, etc. and thus should be supervision all the time.

Routine well child visit is important to screen for some diseases at this age such as iron-deficiency anemia, rickets, malnutrition, urinary infection, etc.

Appropriate nutrition meets the demand of physical growth, but prevents obesity. Early literacy can promote language development.

Preschooler

Preschool age

Aged from 3 to 6 years.

Characteristics of preschool age

Physical development reaches a slow growing plateau; Immune system reaches a mature status.

Language, cognition, emotion developments occur most rapidly at this age. Language is linked to both cognitive and emotional development.

Care of preschoolers

- Education through reading , games to promote children's abilities of language, cognition, imagination, and social skill development and school readiness.
- Appropriate nutrition to meet the demand of preschoolers.
- Prevent infectious disease and injury.
- Routine well child visit to monitor physical growth and screen for iron-deficiency anemia, decayed tooth, and other behavior problem.

School age and adolescence

School age and adolescence

- Children between 6 to 11years of age refers to as school age.
- Children between 11 to 18 years of age refers to as adolescence.

Characteristics of school age and adolescence

Physical growth increases steadily at school age, but increase rapidly at adolescence which is the second phase of rapid growth.

Psychological development becomes more mature. It is the period during which children increasingly separate from parents and seek acceptance from teachers, other adults, and peers.

Care of school children

Children should be asked about regular physical activity and school performance.

Appropriate nutrition to meet the demand of preschoolers and prevent either malnutrition or obesity.

Annual well child visit to screen for diseases such as myopia, dental caries, and learning disorders, abnormal sexual development, etc.

Care of adolescence

Psychological education, peer pressure and cyber bulliness.

Family planning and sexual transmitted diseases.

Screening for diseases such as short in statue, irregular menstruation. psychological and behavioral disorders, etc.

Planned Immunization

Immunization is used to improve the individual's ability to battle with infectious diseases. Planned immunization in China includes vaccines outlined in Table-3-1 and follows a planned schedule.

Vaccine administration may cause some adverse effects. Vaccines should be administered in the facilities where resuscitation is equipped, although severe adverse effects such as shock are rare. There are some common adverse reactions such as swelling and reddish at the site of inoculation, fever, diarrhea, and rash ,etc.

Table 3-1 Recommend childhood immunization schedule

Recommended Ages		vaccine	
Birth	BCG		Hepatitis B
1mo			Hepatitis B
2mos	Inactivated polio		
3mos	Inactivated polio	DTaP	
4months	Inactivated polio	DTaP	
5months		DTaP	
6months			Hepatitis B
8months	Measles		
1.5-2years		DTaP	
4years	Inactivated polio		
6years	Measles	DTaP	

DTaP: diphtheria, tetanus and pertussis

(谭建新)

第四章 儿童疾病诊治原则

第一节 儿科病史采集和体格检查

儿科的病史采集、体格检查和记录在内容、程序、方法及分析判断等方面具有自身的特点，故在要求上与成人有差别。熟练掌握与此有关的方法和技巧，是开展儿科临床诊疗工作的基础，也是每个医学生必须掌握的一项基本技能。

临床实验室的发展和医疗诊断设备的更新，为疾病的诊断提供了更多、更精确的手段，但准确的病史资料采集和体格检查永远是正确诊断疾病的重要基础，准确而完整的病历记录则是最重要的医疗证据。

一、病史询问和记录

病史采集要准确。儿童均由成人陪同就诊并代诉病情，首先明确代诉人是否可提供可靠的病情。在病史询问过程中要注重与代诉人的沟通，让其提供真实而详尽的病史，切不可先入为主，尤其不能用暗示的语言或语气诱导代诉人主观期望的回答。年长儿童应鼓励他自己叙述病情。病史采集的内容包括以下几方面。

1. 一般内容 儿童病史采集的一般内容关键在年龄，新生儿记录天数甚至时分，婴儿记录月数，1岁以上记录几岁几个月。另需记录病史叙述者与患儿的关系以及病史的可靠程度。

2. 主诉 患儿主要症状或体征及其时间。例如，“腹泻3日”、“持续发热6日”。

3. 现病史 为病历的主要部分。详细描述此次患病的情况，包括主要症状、病情演变和诊治经过。要特别注意以下几点：①主要症状要仔细询问，婴幼儿常不会叙述自己的症状而以特殊行为表示，应询问代诉人是否观察到特殊行为，如头痛时打头，腹痛时是否弯腰捧腹或拒按、阵发性哭闹不止等；②有鉴别意义的有关症状包括阴性症状，也要询问并记录在病史中；③起病后小儿的一般情况，如精神状态、吃奶或食欲情况、大小便、睡眠等及其他系统的症状；④已经做过的检查及结果；⑤已经进行治疗的患者要询问用药的情况，如药物名称、剂量、给药方法、时间、治疗的效果及有无不良反应等。

4. 个人史 包括出生史、喂养史、生长发育史，根据不同的年龄和不同的疾病在询问时各有侧重详略。3岁以内小儿应详细询问出生史、生长发育史和喂养史。

（1）出生史：母孕期的情况；第几胎第几产，出生体重，分娩时是否足月、早产或过期产，生产方式，出生时有无窒息或产伤，Apgar评分情况等。新生儿和小婴儿疑有中枢神经系统发育不良不全或智能发育迟缓等患儿，更应详细了解围生期的有关情况。新生儿病历应将出生史写在现病史的开始部分。

（2）喂养史：母乳喂养还是人工喂养或混合喂养，以何种乳品为主，配制方法，喂哺次数及量，断奶时间，添加辅食的时间、品种及数量，进食及大小便情况。年长儿应注意了解有无挑食、偏食及吃零食的习惯。

（3）生长发育史：常用的生长发育指标有体重和身高及增长情况，前囟关闭及乳牙萌出的时间等；发育过程何时能抬头、会笑、独坐、站立和走路；何时会有意识地叫爸爸、妈妈。学龄儿童还应询问在校学习成绩和行为表现等。

5. 既往史

（1）既往患病史：需详细询问既往患过的疾病、患病时间和治疗结果。应着重了解传染病史，与此次疾病相关的病史。对于年长儿或病程较长的疑难病例，应对各系统进行系统回顾。

（2）预防接种史：对常规接种的疫苗均应逐一询问。何时进行过何种预防接种，具体次数，有无反应。接种非常规的疫苗也应记录。

6. 家族史 家族中有无遗传性、过敏性或急、慢性传染病患者；特别是与患儿疾病相关的病史，如癫痫、哮喘及过敏体质等。父母是否近亲结婚、母亲分娩情况、同胞的健康状况（死亡者应了解原因和死亡年龄）。必要时要询问家庭成员及亲戚的健康状况、家庭经济情况、居住环境、父母对患儿的关爱程度和对患儿所患疾病的认识等。

7. 传染病接触史 疑为传染性疾病者，应详细了解可疑的接触史，包括患儿与疑诊或确诊传染病者的关系、该患者的治疗经过和转归、患儿与该患者的接触方式和时间等。

二、体格检查

为了获得准确无误的体格检查资料，检查时要创造一种自然轻松的氛围，以尽可能取得患儿的合作。

（一）体格检查的注意事项

（1）询问病史时就应该开始和患儿建立良好的关系。检查时态度和蔼，微笑呼患儿的名字或小名、乳名,用表扬语言鼓励患儿或用手轻轻抚摸他,可以使患儿消除紧张心理;也可用听诊器或其他玩具逗患儿玩耍,以消除或减少患儿的恐惧,取得患儿的信任与合作;并同时观察患儿的精神状态、对外界的反应及智能情况。

(2)为增加患儿的安全感,检查时应尽量让患儿与亲人在一起,婴幼儿可坐或躺在家长的怀里检查,检查者顺应患儿的体位。

(3)检查的顺序可根据患儿当时的情况灵活掌握。安静时先检查心肺听诊、心率、呼吸次数或腹部触诊等易受哭闹影响的项目;容易观察的部位随时检查,如四肢、躯干、骨骼、全身浅表淋巴结等;对患儿有刺激而患儿不易接受的部位最后检查,如口腔、咽部等,有疼痛的部位也应放在最后检查。检查过程中既要全面仔细,还要注意保暖,不要过多暴露身体部位以免着凉。对年长儿还要照顾他(她)们的害羞心理和自尊心。

(4)对急症或危重抢救病例,应先重点检查生命体征或与疾病有关的部位,全面的体格检查最好在病情稍稳定后进行,也可边抢救边检查。

(5)小儿免疫功能差,为防止交叉感染,每看一个患者前应先清洗双手,使用一次性或消毒后压舌板;检查者的工作衣服和听诊器要勤消毒。有条件时应做到感染患者和非感染患者分开就诊或诊疗区间。

(二)检查方法

1. 一般状况 在接触患者时即注意观察小儿的神志、表情、对周围事物的反应、皮肤颜色、体位、行走姿势和孩子的语言能力等,可为进一步分析提供真实的资料。

2. 一般测量 包括体温、呼吸、脉搏、血压,还有身长、体重、头围、胸围等。

(1)体温:可根据小儿的年龄和病情选用测温方法。① 腋下测温法:最常用,也最安全、方便,但测量的时间偏长。将消毒的体温表水银头放在小儿腋窝中,用上臂紧压腋窝,保持5~10分钟,36~37℃为正常。②肛门内测温法:测温时间短,准确。主要用于昏迷、休克的患儿。小儿取侧卧位,下肢屈曲,将已涂满润滑油的肛表水银头轻轻插入肛门内3~4cm,测温3~5分钟,36.5~37.5℃为正常。③口腔测温法:准确、方便,保持3分钟,37℃为正常,用于神志清楚而且配合的6岁以上小儿。④耳内测温法:准确、快速,不会造成交叉感染,但仪器贵。

(2)呼吸、脉搏:应在小儿安静时进行。小儿呼吸频率可通过听诊或观察腹部起伏而得,也可将棉花少许置于小儿鼻孔边缘,观察棉花纤维的摆动而得。要同时观察呼吸的节律和深浅。对年长儿一般选择较浅的动脉,如桡动脉来检查脉搏,婴幼儿亦可检查股动脉或通过心脏听诊来对比检测。要注意脉搏的速率、节律、强弱及紧张度。各年龄组小儿呼吸脉搏正常值见表4-1。

表4-1 各年龄小儿呼吸、脉搏

年龄	呼吸(次/分)	脉搏(次/分)	呼吸:脉搏
新生儿	40~45	120~140	1:3
<1岁	30~40	110~130	(1:3)~(1:4)
1~3岁	25~30	100~120	(1:3)~(1:4)
4~7岁	20~25	80~100	1:4
8~14岁	18~20	70~90	1:4

(3)血压:测量血压时应根据不同的年龄选择不同宽度的袖带,袖带的宽度通常应为上臂长度的1/2~2/3。新生儿多采用心电监护仪测定血压。年龄越小,血压越低。不同年龄小儿血压正常值可用公式推算:收缩压(mmHg)=80+(年龄×2);舒张压应该为收缩压的2/3。mmHg与kPa的换算为:mmHg测定值÷7.5=kPa值。

3. 皮肤和皮下组织 应在自然光线下观察才准确。在保暖的前提下仔细观察身体各部位皮肤的颜色,有无苍白、黄染、发绀、潮红、皮疹、瘀点(斑)、脱屑、色素沉着,毛发有无异常,触摸皮肤的弹性、皮下组织及脂肪的厚度,有无水肿及水肿的性质。

4. 淋巴结 包括淋巴结的大小、数目、活动度、质地、有无粘连和(或)压痛等。正常情况下在颈部、耳后、枕部、腹股沟等部位可触及单个质软的黄豆大小的淋巴结,活动,无压痛。

5. 头部

(1)头颅:观察大小、形状,必要时测量头围;前囟大小及紧张度、有无凹陷或隆起;小婴儿要观察有无枕秃和颅骨软化、血肿或颅骨缺损等。

(2)面部:有无特殊面容,眼距宽窄,鼻梁高低,注意双耳位置和形状等。

(3)眼、耳、鼻:观察有无眼睑水肿、眼睑下垂、眼球突出、斜视、角膜混浊及瞳孔大小、形状、对光反射,检查双外耳道有无分泌物、局部红肿及外耳牵拉痛;若怀疑有中耳炎时应用耳镜检查鼓膜情况。观察鼻形,注意有无鼻翼扇动、鼻腔分泌物及通气情况。

(4)口腔:特别注意有无口唇苍白、鹅口疮、牙齿数目及龋齿数。咽部检查放在体格检查的最后进行,医师一手固定小儿头部使其面对光源,一手持压舌板,压住舌后根部,观察双侧扁桃体是否肿大和充血,表面有无分泌物、脓点、伪膜,咽部有无溃疡、充血、滤泡增生、咽后壁脓肿等情况。

6. 颈部 是否颈软,有无斜颈、短颈或颈蹼等畸形,颈椎活动情况;甲状腺有无肿大、气管位置;颈静脉充盈及搏动情况,有无颈肌张力增高或弛缓等。

7. 胸部

（1）胸廓：注意有无鸡胸、漏斗胸、肋骨串珠、肋膈肌、肋缘外翻等佝偻病的体征；胸廓两侧是否对称，心前区有无隆起，有无桶状胸、肋间隙饱满、凹陷、增宽或变窄等。

（2）肺：视诊应注意呼吸频率和节律有无异常，有无呼吸困难和呼吸深浅改变，呼气性呼吸困难时可出现呼气延长；触诊在年幼儿可利用啼哭或说话时进行；因小儿胸壁薄，故叩诊时用力要轻或可用直接叩诊法，即用两个手指直接叩击胸壁；听诊时正常小儿呼吸音较成人响，呈支气管肺泡呼吸音，应注意听腋下、肩胛间区及肩胛下区有无异常，因肺炎时这些部位较易听到湿性啰音。听诊时尽量使小儿保持安静，小儿啼哭后深吸气时容易闻及细湿啰音。

（3）心：正常小儿心尖搏动范围在 2～3cm^2 之内，肥胖小儿不易看到心尖搏动。小儿胸壁较薄，叩诊心界时用力要轻才易分辨清、浊音界线，3 岁以内婴幼儿一般只叩心脏左右界，各年龄小儿心界参考表 4-2。小儿心脏听诊应在安静环境中进行，听诊器的胸件要小，小婴儿第一心音与第二心音响度几乎相等；随年龄的增加，心尖部第一心音较第二心音响，而心底部第二心音超过第一心音。小儿时期肺动脉瓣区第二心音比主动脉瓣区第二心音响（$P_2>A_2$），有时可出现吸气性第二心音分裂。学龄前期及学龄期儿童常于肺动脉瓣区或心尖部听到生理性收缩期杂音或窦性心律不齐。

表 4-2　各年龄小儿心界

年龄	左界	右界
<1 岁	左乳线外 1～2cm	沿右胸骨旁线
1～4 岁	左乳线外 1cm	右胸骨旁线与右胸骨线之间
5～11 岁	左乳线上或乳线内 0.5～1cm	接近右胸骨线
>12 岁	左乳线内 0.5～1cm	右胸骨线

8. 腹部　新生儿视诊是应注意脐部有无分泌物、出血、炎症、脐疝大小；触诊应尽量争取小儿的合作，可以让其躺在母亲怀里或在哺乳时进行，检查者的手应温暖、动作轻柔，如小儿哭闹不止，可利用其吸气时作快速触诊。检查有无压痛时主要观察小儿表情反应，不能完全依靠小儿回答。正常婴幼儿肝可在肋缘下 1～2cm 处触及，柔软无压痛；6～7 岁后于肋下不可触及。小婴儿偶可触及脾边缘。叩诊可采用直接叩诊法或间接叩诊法，其检查内容与成人相同。小儿腹部听诊有时可闻及肠鸣音亢进，如有血管杂音时应注意杂音的性质、强弱及部位。

9. 脊柱和四肢　注意有无畸形、躯干与四肢的比例和佝偻病体征如"O"形腿或"X"形腿，手镯、脚镯样变，脊柱侧弯等；观察手、足有无杵状指（趾）、多指（趾）畸形等。

10. 会阴、肛门和外生殖器　观察有无畸形（如先天性无肛、尿道下裂、两性畸形）、肛裂；女孩有无阴道分泌物、畸形；男孩有无隐睾，包皮过长、过紧，鞘膜积液和腹股沟包块等。

11. 神经系统　根据病种、病情、年龄等选择必要的检查。

（1）一般检查：观察小儿的神志、精神状态、面部表情、反应灵敏度、动作语言能力、有无异常行为等。

（2）神经反射：新生儿期特有的反射，如吸吮反射、拥抱反射、握持发射是否存在。部分神经反射有其年龄特点，如新生儿和小婴儿期提睾反射、腹壁反射较弱或不能引出，但跟腱反射亢进，并可出引出踝阵挛；2 岁以下的小儿 Babinski 征可呈阳性，但一侧阳性，另一侧阴性则有临床意义。

（3）脑膜刺激征：包括颈部抵抗、克式征和布氏征，检查方法同成人，由于小儿不配合，要反复检查才能正确判定。正常小婴儿由于在胎内时屈肌占优势，生后头几个月克式征和布氏征也可阳性。因此，在解释检查结果的意义时一定要根据病情和年龄特点全面考虑。

（三）体格检查记录方法

体格检查项目虽然在检查时无一定顺序，但结果记录应按上述顺序书写；不仅阳性体征应记录，重要的阴性体征结果也要记录。

第二节　儿科疾病治疗原则

儿童生长发育是一个连续的过程，不同年龄阶段的小儿生理、病理和心理特点各异，因此在疾病的治疗和处理时必须充分考虑年龄因素。另外，儿童较成年人更需要爱心、耐心和精湛的医术，任何一个不恰当的处理方法或方式都可能对小儿生理和心理等方面产生较长久甚至终生的不良影响，要求儿科临床工作者必须熟练掌握护理、饮食、用药和心理等各方面的治疗技术，使患儿身心顺利康复。

一、护理原则

1. 细致的临床观察　婴幼儿不能诉说，细致的观察可提供许多对疾病诊断有价值的信息，如婴儿哭闹可以是正常的生理要求，也可能是疾病的表现，细致的观察是鉴别两者的关键。

2. 合理的病室安排　可按年龄、病种、病情轻重和护理要求合理安排病房及病区。① 按年龄分病区：如新生儿和早产儿病室、年长儿病室、小婴儿病室等；② 按病种分病区：将同类患儿集中管理，传染病则按病种隔离；③ 按病情分病房；危重者收住抢救监护病室，恢复期患儿转入普通病区。

3. 规律的病房生活 保证充足的睡眠和休息很重要，观察病情应尽量不影响其他患儿的睡眠，尽可能集中时间进行治疗和诊断操作，定时进餐。

4. 预防医源性疾病等 儿童免疫力低，防止交叉感染和医源性感染至关重要，还要防止意外的发生。

二、饮食治疗原则

根据病情选择适当的饮食有助于治疗和康复；不当的饮食可使病情加重，甚至危及生命。提倡母乳喂养。

1. 乳品 为不同年龄、疾病的患儿提供不同的奶品，如长期腹泻有乳糖不耐受的婴儿应使用无乳糖奶粉（不含乳糖，含蔗糖、葡萄糖聚合体、麦芽糖糊精、玉米糖浆）；牛奶蛋白过敏者可使用水解蛋白奶粉；低苯丙氨酸奶粉用于确诊为苯丙酮尿症的婴儿。

2. 膳食 婴幼儿应按照生长发育规律实时添加辅食，应根据不同疾病特点选择不同膳食，具体见各疾病的要求。

3. 检查前饮食 在进行某些化验前对饮食有特别的要求，如①潜血膳食：连续3日食用不含肉类、动物肝、血和绿叶蔬菜等的饮食，用于消化道出血的检查；②胆囊造影膳食：用高蛋白、高脂肪膳食如油煎荷包蛋等使胆囊排空，以检查胆囊和胆管功能；③干膳食：食用米饭、馒头、鱼、肉等含水分少的食物，以利于尿浓缩功能试验和12小时尿细胞计数等检查。

4. 禁食 消化道出血或术后等原因不能进食的小儿，应注意静脉供给热量，并注意水、电解质平衡。

三、药物治疗原则

生长发育中的小儿因器官功能发育尚不够成熟、健全，对药物的毒副作用较成年人更为敏感，特别在婴幼儿期 选择药物须慎重，更要求剂量恰当，因此必须充分了解小儿药物治疗的特点，掌握药物的性能、作用机制、毒副作用、适应证和禁忌证，以及精确的剂量计算和适当的用药方法。

（一）小儿药物治疗的特点

由于药物在体内的分布受体液的pH、细胞膜的通透性、药物与蛋白质的结合程度、药物在肝内的代谢和肾排泄等因素的影响，小儿期的药物治疗具有下述特点。

1. 药物在组织内的分布因年龄而异 如巴比妥类、吗啡、四环素在幼儿脑浓度明显高于年长儿。

2. 小儿对药物的反应因年龄而异 吗啡对新生儿呼吸中枢的抑制作用明显高于年长儿，麻黄碱升血压作用在未成熟儿不明显。

3. 肝解毒功能不足 特别是新生儿和早产儿，肝酶系统发育不成熟，对某些药物的代谢延长，药物的半衰期延长，增加了药物的血浓度和毒性作用。

4. 肾排泄功能不足 新生儿，特别是未成熟儿的肾功能尚不成熟，药物及其分解产物在体内滞留的时间延长，增加了药物的毒副作用。

5. 先天遗传因素 要考虑家族中有遗传性疾病史的患儿对某些药物的先天性异常反应；对家族中有药物过敏史者要慎用某些药物。

（二）药物选择

选择用药的主要依据是小儿年龄、病种和病情，同时要考虑小儿对药物的特殊反应和药物的远期影响。

1. 抗生素 小儿容易患感染性疾病，故常用抗生素等抗感染药物。儿科临床工作者既要掌握抗生素的药理作用和用药指征，更要重视其毒副作用的一面。如喹诺酮类药因对儿童骨骼发育有影响不宜用于儿童，氨基糖苷类药的耳毒性在儿童期敏感。

2. 肾上腺皮质激素 常用于治疗过敏性疾病、肾病综合征、某些血液病、自身免疫性疾病等。哮喘、某些皮肤病则提倡局部用药。在使用中必须重视其副作用，特别是儿童较长期使用可抑制骨骼生长，影响生长发育。

3. 退热药 一般使用对乙酰氨基酚和布洛芬，剂量不宜过大，可反复使用。

4. 镇静止惊药 在患儿高热、烦躁不安、剧咳不止等情况下可考虑给予镇静药，如水合氯醛。发生惊厥时可用苯巴比妥、地西泮等止惊。

5. 镇咳止喘药 婴幼儿一般不用镇咳药，多用祛痰药口服或雾化吸入，使分泌物稀释易于咳出。哮喘患儿提倡局部吸入β_2受体激动剂类药物，必要时也可用茶碱类，但新生儿、小婴儿慎用。

6. 止泻药与泻药 对腹泻患儿慎用止泻药，除用口服补液疗法防治脱水和电解质紊乱外，可适当使用保护肠黏膜的药物，或辅以含双歧杆菌、乳酸杆菌的制剂以调节肠道的微生态环境。小儿便秘一般不用泻药，多采用调整饮食和松软大便的通便法。

7. 乳母用药 阿托品、苯巴比妥、水杨酸盐等药物可经母乳影响哺乳婴儿，应慎用。

8. 新生儿、早产儿用药 幼小婴儿的肝、肾等代谢功能均不成熟，不少药物易引起毒副反应，如磺胺类药、维生素K可引起高胆红素血症，氯霉素可引起“灰婴综合征”等，故应慎用。

（三）给药方法

根据年龄、疾病及病情选择给药途径、药物剂型和用药次数，以保证药效和尽量减少对患儿的不良影响。在选择给药途径时，应尽量选用患儿和患儿家长可以接受的方式给药。

1. 口服法 婴幼儿口服药用糖浆、水剂、冲剂等较合适,也可将药片捣碎后加糖水吞服,年长儿可用片剂或药丸。小婴儿喂药时最好将小儿抱起或头略抬高,以免呛咳时将药吐出。病情需要时可采用鼻饲给药。

2. 注射法 注射法比口服法奏效快,但对小儿刺激大,肌内注射次数过多还可造成臀肌挛缩,影响下肢功能,故非病情必需,否则不宜采用。肌内注射部位多选择臀大肌外上方;静脉注射多在抢救时应用;静脉滴注应根据年龄大小、病情严重程度控制滴速。

在抗生素应用时间较长时,提倡使用序贯疗法,以提高疗效和减少抗生素的副作用。

3. 外用药 以软膏为多,也可用水剂、混悬剂、粉剂等。要注意避免小儿用手抓摸药物,误入眼、口而引起意外。

4. 其他方法 雾化吸入常用;灌肠法小儿采用不多,可用缓释栓剂;含剂、漱剂很少用于小龄儿,年长儿可采用。

(四) 药物剂量计算

小儿用药剂量较成人更须准确,可按以下方法计算。

1. 按体重计算 是最常用、最基本的计算方法,可算出每日或每次需用量:每日(次)剂量=患儿体重(kg)×每日(次)每千克体重所需药量。必须连续应用数日的药,如抗生素、维生素等,都按每日量计算,再分2~3次服用;而临时对症治疗用药,如退热药、催眠药等,常按每次剂量计算。患儿体重应以实际测得值为准。年长儿按体重计算如已超过成人量,则以成人量为上限。

2. 按体表面积计算 此法较按年龄、体重计算更为准确,因其与基础代谢、肾小球滤过率等生理活动的关系更为密切。小儿体表面积计算公式如下。

如体重≤30kg,小儿的体表面积(m^2)=体重(kg)×0.035+0.1。

如体重>30kg,小儿的体表面积(m^2)=(体重-30kg)×0.02+1.05。

3. 按年龄计算 剂量幅度大、不需十分精确的药物,如营养类药物等可按年龄计算,比较简单易行。

4. 从成人剂量折算 小儿剂量=成人剂量×小儿体重(kg)/50,此法仅用于未提供小儿剂量的药物,所得剂量一般都偏小,故不常用。

采用上述任何方法计算的剂量,还必须与患儿具体情况相结合,才能得出比较确切的药物用量,如新生儿或小婴儿肾功能较差,一般药物剂量宜偏小;但对新生儿耐受较强的药物,如苯巴比妥,则可适当增大用量;重症患儿用药剂量宜比轻症患儿大;须通过血-脑屏障发挥作用的药物,如治疗化脓性脑膜炎的磺胺类药或青霉素类药物也应相应增大剂量。用药目的不同,剂量也不同,如阿托品用于抢救中毒性休克时的剂量要比常规剂量大几倍到几十倍。

四、心理治疗原则

儿童的心理、情绪障碍易发生在一些亚急性、慢性非感染性疾病的病程中,尤其是在神经系统、消化系统、内分泌系统、循环和泌尿系统等疾病,在住院治疗的过程中容易发生心理和情绪障碍。心理和情绪障碍既是疾病的后果,又可能是使病情加重或是使治疗效果不佳的原因之一。心身性疾病产生的一些突出症状,如慢性头痛、腹痛、腹泻等常与器质性病变相交织,使已经存在的疾患变得更加顽固和复杂。

常用的心理治疗包括支持疗法、行为疗法、疏泄法等,对初次治疗者要细心了解、观察,不强求儿童改变其行为以适合治疗者的意愿,要尊重儿童有自我改善的潜在能力,以暗示和循循善诱帮助儿童疏泄其内心郁积的压抑,激发其情绪释放,以减轻其心理和精神障碍的程度,促进原发病的康复。

患病使小儿产生心理负担,又进入陌生的医院环境,容易焦虑、紧张甚至恐怖。常见的症状为出现哭闹或沉默寡言、闷闷不乐,有的患儿拒谈、拒绝治疗或整夜不眠。安静、舒适和整洁的环境、亲切的语言、轻柔的动作、和蔼的面孔和周到的服务是改善患儿症状的关键。

第三节 儿童体液平衡的特点和液体疗法

体液是人体重要组成部分,保持体液平衡是维持生命所必需的条件。体液平衡包括维持水、电解质、酸碱度和渗透压的正常。儿童尤其是婴幼儿新陈代谢旺盛,机体调节能力差,比成人更易引起体液平衡失调,医生有必要对体液的生理平衡及体液平衡失调的病理生理有全面的了解。

一、小儿液体平衡的特点

(一) 体液的总量与分布

人体大部分由体液组成,年龄越小身体所含体液量相对越多,新生儿体液占其体重的72%~78%,婴儿期体液含量迅速下降,至1岁时,体液约占体重的70%,在8岁时达成人水平(60%)。体液分布于血浆、组织间隙及细胞内,前两者合称为细胞外液,新生儿细胞外液相对较多,约占总体液的近50%,随着年龄增长,细胞外液所占比例逐渐下降,细胞内液相对增加,至1岁以后该比例才趋于稳定。

（二）体液的电解质组成

体液由溶液组成，其溶剂是水，溶质主要为电解质及少量非电解质。细胞内液和细胞外液的电解质组成有显著的差别，细胞外液主要成分为 Na^+、Cl^-、HCO_3^- 等，Na^+ 是细胞外液中一种浓度较大的阳离子，是构成渗透压的主要溶质成分，对于维持血管内和间质的容量非常重要。细胞内液以 K^+、Mg^{2+} 和蛋白质等为主，K^+ 大部分处于离解状态，维持着细胞内液的渗透压。除新生儿在出生后数日内血钾、氯偏高，血钠、钙和碳酸氢盐偏低外，儿童体液内的电解质组成与成人相似。

（三）小儿水的代谢特点

1. 水的需要量相对较大、交换率高 小儿生长发育快，活动量大，机体新陈代谢旺盛，蛋白质和经肾排出的溶质量均较高；且小儿体表面积相对大、呼吸频率快，使非显性失水较成人多。故年龄越小所需水分越多，对缺水的耐受力也愈差。在病理情况下较成人更易发生脱水。

2. 体液平衡调节功能不成熟 肾是调节体液平衡的重要器官，为了排泄每日体内所产生废弃物，主要是蛋白质终末代谢产物尿素及矿物盐，机体必须每日排出一定量的尿液。但尿量及其成分可有很大的伸缩性，当机体缺水或渗透压增高时，肾可通过减少尿量及浓缩尿液来纠正体液失衡，成人肾最多可将尿渗透压浓缩至 1400mmol/L，尿比重达 1.035，婴儿肾只能将尿渗透压浓缩至 700mmol/L，而婴儿肾稀释功能相对较成熟，在出生 1 周时可达成人水平，但由于婴儿肾小球滤过率低，因此水的排泄速度较慢，当摄入水过多时易导致水肿和低钠血症。另外，由于儿童肾排钠、排酸、产氨能力差，也容易发生高钠血症和酸中毒。

二、水、电解质平衡紊乱

（一）脱水

脱水指水的摄入量不足和丢失过多引起的体液总量、尤其是细胞外液量的减少。脱水时除水分丢失外同时伴有钠、钾和其他电解质的丢失。

1. 脱水的原因 ①液体摄入不足：如水摄入不足、因病进食减少、频繁呕吐摄水困难，昏迷时渴感消失等；②体液丢失过多：以呕吐、腹泻、胃肠引流从消化道丢失最常见；其次是由肾丢失，见于利尿药、脱水药的应用等，大量出汗、大面积烧伤体液从皮肤丢失；环境气温高、湿度低或对流大时，呼吸促均可使体内水分从皮肤、肺蒸发增多而引起脱水。

2. 脱水的程度 常以丢失液体量占体重百分比来表示，但由于难以获得发病前患儿的体重精确资料，实际上不易实现，临床主要根据患儿病后病史及脱水时的体征来诊断，脱水时组织间液减少，可表现为前囟、眼窝下陷、皮肤弹力差，当血循环不足、组织灌注不良时，可表现有脉搏增快、减弱，血压下降，尿量减少，肢端凉，精神萎靡、嗜睡等；细胞内脱水表现为黏膜干燥、哭时泪减少，烦躁及肌张力增高等，根据脱水程度可将脱水分为轻、中、重三度（表 4-3）。

表 4-3 等渗性脱水的临床表现与分度

脱水程度	失水量%（ml/kg）	精神	眼泪	口渴	尿量	皮肤	黏膜	眼窝	前囟	四肢	休克征
轻度	5%（50）	稍差	有	轻	稍减少	稍干燥	略干	稍凹陷	稍下陷	温	无
中度	5% ~ 10%（50 ~ 100）	萎靡、烦躁	少	明显	减少	干燥、苍白	干燥、弹性差	凹陷	下陷	稍凉	不明显
重度	>10%（100 ~ 120）	淡漠、昏迷	无 无	烦渴	极少	干燥、花纹、弹性极差	极干	明显凹陷	明显下陷	厥冷	脉细、血压下降

3. 脱水性质 指现存体液渗透压的改变，反映水和电解质的相对丢失量，临床常根据血清钠及血浆渗透压水平对其进行评估，当失钠及失水仍呈正常体液的比例时，即为等渗脱水，失钠多于失水时，为低渗性脱水，失水多于失钠时为高渗脱水。临床上以等渗性脱水最为常见，其次为低渗性脱水，高渗性脱水少见。

（1）等渗性脱水：即脱水时体液的渗透压仍保持在正常范围，血钠为 130 ~ 150mmol/L，临床主要表现为细胞外液（组织间液及血循环）减少的体征，多见于急性腹泻、呕吐、胃肠液引流、肠瘘及短期饥饿所致的脱水。

（2）低渗性脱水：脱水时体液渗透压低于正常，其血钠<130mmol/L，由于细胞外液低渗，使水从细胞外向细胞内转移，导致细胞外液量减少和细胞内水肿，有效循环血量减少明显。临床表现为：①细胞内水肿，以脑细胞水肿最突出，表现为精神萎靡、嗜睡，严重时可昏迷、惊厥、面色苍白、体温低于正常，甚至发生脑疝；②细胞外液脱水相对较严重，同样程度的脱水，低渗脱水时循环不良

及组织间液脱水的体征更加突出；③神经肌肉应激性低下，患儿可出现肌张力低下，腱反射消失，心音低钝及腹胀，临床上多见于营养不良伴慢性腹泻，腹泻时补充过多的非电解质液体、慢性肾疾病或充血性心力衰竭患者长期限盐并反复使用利尿剂和大面积烧伤等患儿。

（3）高渗性脱水：指脱水时体液渗透压高于正常，血钠>150mmol/L。由于细胞外液高渗，使水从细胞内向细胞外转移，导致细胞内液量减少，而血容量得到部分补偿，有效循环血量变化相对不大。临床特点为口渴、神经系统症状明显，循环障碍不明显，但脱水严重时仍可发生休克。主要表现为烦渴、高热、烦躁不安、皮肤黏膜干燥。临床上多见于腹泻伴高热，非显性失水增多而给水不足（如昏迷、发热、呼吸增快、光疗或红外线辐射保温、早产儿等），口服或静脉注入过多的等渗或高渗液体、垂体性或肾性尿崩症和使用大量脱水剂的患儿。

（二）钾代谢异常

体内钾的90%以上存在于细胞内，细胞内液钾浓度为150mmol/L，细胞外液钾浓度始终保持为3.5～5.5mmol/L，当血清钾<3.5mmol/L时为低钾血症，当血清钾浓度≥5.5mmol/L时为高钾血症。低（高）钾血症临床症状的出现不仅取决于血钾的浓度，更重要的是与血钾变化的速度有关。

1. 低钾血症

（1）病因：① 钾摄入量不足，长期不能进食，液体疗法时补钾不足；② 钾丢失增加，如呕吐、腹泻、各种引流、胃肠减压，使用排钾利尿剂（呋塞米、甘露醇等），低镁血症，原发性失钾性肾病（远端肾小管酸中毒、醛固酮增多症等），肾小球旁器增生症（Bartter综合征），Cushing综合征等；③ 钾分布异常，输液纠正酸中毒过程中，由于血液被稀释、钾随尿量的增加而排除，酸中毒纠正后大量钾进入细胞内，以及糖原合成时消耗钾，均导致血清钾骤降。

（2）临床表现：钾的总体丢失只要引起血清钾浓度下降就相当于机体内10%～30%钾的丢失，许多患者能够忍受这种程度的钾丢失，一般当血清钾水平低于3mmol/L时可出现症状，低于2.5mmol/L时可出现严重症状，包括：①神经肌肉改变，神经肌肉兴奋性降低，主要表现为骨骼肌、平滑肌及心肌功能的改变，如肌肉软弱无力、呼吸机麻痹、肠麻痹、膝反射及腹壁反射等减弱或消失；②心血管改变，最常见到的心脏表现是心电图的改变，包括QT间期的延长与T波低平，严重者出现心力衰竭；③肾损害，肾中钾的缺乏会导致小管上皮中小泡的改变，出现肾硬化、间质纤维化，此时的肾浓缩或稀释尿液的能力下降，并有多尿与烦渴的症状。

（3）治疗：主要是消除低钾的原发病因及补钾，既要设法迅速消除低钾造成的危险，如呼吸肌麻痹，严重心率失常，又要求不能快速将体内缺的钾补足，以防发生高钾血症。一般口服补钾更安全，静脉补钾时应精确计算补充的速度和浓度。轻度患者可口服氯化钾每日2～3 mmol/kg；重度低钾血症需静脉补钾，全日总量一般为4～6 mmol/kg，部分静脉补入，部分口服。一般补钾的输注速度应小于每小时0.3 mmol/kg，浓度小于0.3%。由于细胞内钾恢复较慢，治疗低钾血症须持续给钾4～6日，甚至更长。在治疗过程中如病情好转，可由静脉补钾改为口服补钾。

2. 高钾血症

（1）病因：① 钾摄入过多，如输液注入钾过多过快，输入库存过久的全血等；② 钾由细胞内转移至细胞外，如胰岛素不足、代谢性酸中毒、严重溶血、缺氧、休克；③ 尿排钾减少，急性肾衰竭或有效血容量降低、尿路梗阻、狼疮性肾炎、肾上腺皮质功能减退等。

（2）临床表现：① 神经、肌肉症状，高钾血症时，神经肌肉细胞内外钾之差减少，使细胞静息膜电位增高（负值减少），细胞不能产生动作电位，使全身肌肉无力，患儿可有腹胀、肌肉酸痛、皮肤感觉异常及腱反射减弱或消失；② 心电图异常及心率失常，由于心肌除极、复极异常，首先出现T波高尖，P-R间期延长、P波变平、QRS波群增宽、S-T段压低、房室传导阻滞，最终发生心室颤动和心脏停搏。

（3）治疗：① 限制钾摄入，减少钾吸收，立即停用含钾的食盐代用品或药物；②促使钾向细胞内转移，碱化细胞外液：用5% $NaHCO_3$ 3～5ml/kg（一般不超过100ml）快速静脉滴注，应用葡萄糖加胰岛素静脉滴注：葡萄糖0.5～1.0g/kg，每3g葡萄糖加1单位胰岛素；用沙丁胺醇5μg/kg，经15分钟静脉应用或2.5～5mg雾化吸入，可有效降低血钾，并维持2～4小时；③稳定细胞膜，减少细胞内钾外流，如纠正缺氧，避免饥饿，控制感染，停用抗代谢、抗肿瘤药及能引起溶血的药，用10%葡萄糖酸钙溶液0.5ml/kg缓慢静脉注射，可拮抗高血钾的心脏毒性作用；④ 加速排钾：呋塞米、阳离子交换树脂、腹腔或血液透析。

三、酸碱平衡紊乱

体液的适宜酸碱度是机体进行正常生命活动的重要保证。以血液pH表示，正常范围为7.35～7.45。pH<7.30为酸中毒，pH>7.45为碱中毒。发生酸碱平衡紊乱时，如果机体通过缓冲系统及肺、肾的调节，使血液的pH仍保持在正常范围时则称为代偿性酸中毒或碱中毒。

（一）代谢性酸中毒

代谢性酸中毒最常见。原因有酸性物质的积聚或产生过多,或者 HCO_3^- 丢失过多。根据阴离子间隙 $AG=Na^+-(Cl^-+HCO_3^-)$ 值(正常值 8～16mmol/L)将其分为正常 AG 型和高 AG 型两型。AG 增高见于代谢性酸中毒伴有常规不测定阴离子如乳酸、酮体等增加。

1. 病因 ① 碱性物质从消化道或肾丢失。例如,腹泻,肾小管酸中毒,小肠、胰、胆管引流,应用碳酸酐酶抑制剂(乙酰唑胺)或醛固酮拮抗剂可使肾小管排 H^+ 及重吸收 HCO_3^- 减少,导致酸中毒。正常 AG 型代谢性酸中毒主要是失碱引起。② 摄入酸性物质过多,如氯化钙,氯化镁等。③ 酸性代谢产物堆积,如组织缺氧、休克等情况可使丙酮酸及乳酸大量产生,发生乳酸性中毒。高 AG 型主要是产酸过多所致,如糖尿病酮症酸中毒、饥饿性酮症和水杨酸中毒等。

2. 临床表现 根据血液 HCO_3^- 的测定结果,临床将酸中毒分为轻(18～13mmol/L)、中(9～13mmol/L)、重(<9mmol/L)三度。轻度酸中毒症状不明显,主要靠病史和血气分析作出诊断。典型酸中毒表现为精神萎靡或烦躁不安、眩晕、嗜睡,最明显表现为呼吸深快、呼出气带有酮味,有时可有面红或唇红、心率加快,血压常偏低。可出现腱反射减弱或消失。酸中毒时细胞通过 H^+/K^+ 交换使细胞外液 K^+ 增高,可导致心律失常和心力衰竭。酸中毒时血浆游离钙增高,在酸中毒纠正后下降,可使原有低钙血症的患儿发生手足抽搐。新生儿和小婴儿的呼吸代偿功能较差,酸中毒时其呼吸改变可不典型,往往仅有精神萎靡、拒食和面色苍白等。由于休克、灌注不足或缺氧等原因导致的代谢性酸中毒时,可表现为面色灰白、口唇发绀。

3. 治疗 积极治疗缺氧、组织低灌注、腹泻等原发病应放在首位。正常 AG 型代谢性酸中毒处理原则为减少 HCO_3^- 的损失和补充碱剂增加碱储备、中和 H^+;高 AG 型治疗原则为改善微循环和机体缺氧状况。轻度酸中毒经病因治疗后通过机体代偿可自行纠正,不需碱剂治疗。对于 AG 正常者或丢碱者,一般主张 pH<7.3 时可静脉补给碱性液体,而对于高 AG 者,如严重缺氧、糖尿病等,pH<7.2 才补碱。

补碱常首选 $NaHCO_3$。在无条件测定血气或测定结果尚未出来以前,可暂按提高血浆 HCO_3^- 5mmol/L 计算(1.4% $NaHCO_3$ 或 1.87% 乳酸钠 3ml/kg 可提高 HCO_3^- 约 1 mmol/L),必要时 2～4 小时后可重复;有血气测定结果时可按照以下公式计算。

碱剂需要量(mmol 数)= 剩余碱 | -BE | ×0.3×体重(kg)

因为 5% $NaHCO_3$ 1 ml=0.6mmol,所以所需 5% $NaHCO_3$(ml)= | -BE | ×0.5×体重(kg),一般首次给予计算量的 1/2,根据治疗后情况及复查血气决定是否继续用药。重度酸中毒伴重度脱水时,可用 1.4% $NaHCO_3$。每次 20ml/kg(总量不超过 300ml),兼有纠酸及扩容的作用。在通气功能障碍时不宜用 $NaHCO_3$,用后可发生 CO_2 潴留反而使酸中毒加重。新生儿、缺氧、休克和肝功能不全不宜使用乳酸钠。在纠酸过程中由于钾离子进入细胞内液使血清钾降低、游离钙也减少,应注意补钾和补钙。

(二) 代谢性碱中毒

由于体内 H^+ 丢失或 HCO_3^- 进入细胞外液增多所致。

1. 病因 ① 胃液丧失过多导致的 H^+ 和 Cl^- 的丢失,如常见的先天性肥厚性幽门狭窄,先天性失氯性腹泻、严重呕吐、长期胃肠减压等;② 摄入或输入过多碳酸氢盐;③ 严重低钾血症,肾碳酸氢盐的重吸收增加,使用大剂量皮质激素、Banter 综合征(肾小球旁器增生症)、去氧皮质酮分泌增多、使用大剂量青霉素、氨苄西林等含有肾不能回吸收的阴离子(使远端肾小管 H^+、K^+ 排出及 Na^+ 回吸收增多)、肾衰竭、使用呼吸机使高碳酸血症迅速解除等。

2. 临床表现 典型表现为呼吸慢而浅、头痛、烦躁、手足麻木、低钾血症,血清中游离钙降低而导致手足抽搐。

3. 治疗 方针应该是在进行基础疾病治疗的同时去除代谢性碱中毒的维持因素。轻症给予 0.9% 氯化钠液静脉滴注补充部分阴离子(Cl^-)即可。严重者(pH>7.6;HCO_3^->40mmol/L;Cl^-<85mmol/L)可给予氯化铵治疗,总之,补氯即可排出 HCO_3^-,肝、肾功能不全和合并有呼吸性酸中毒时禁用。对高碳酸血症迅速解除所引起的代谢性碱中毒,首先应调节呼吸机参数,使 $PaCO_2$ 回升到患者原来耐受水平,以后再逐渐降低。

(三) 呼吸性酸中毒

呼吸性酸中毒主要由于通气障碍导致体内 CO_2 潴留和 H_2CO_3 增高所致。

1. 病因 ① 呼吸道阻塞:如喉头痉挛或水肿、呼吸道异物、分泌物堵塞、羊水或胎粪吸入等常造成急性呼吸性酸中毒;支气管哮喘、慢性阻塞性肺疾病等则是慢性呼吸性酸中毒常见原因;② 肺和胸腔疾患:如严重肺炎、呼吸窘迫综合征、肺不张、肺水肿、气胸、大量胸腔积液等;③ 呼吸中枢抑制:脑炎、脑膜炎、脑外伤、安眠药和麻醉药过量、酒精中毒等;④ 呼吸肌麻痹或痉挛:感染性多发性神经根炎、脊髓灰质炎、重症肌无力、有机磷中毒、严重低血钾、破伤风等呼吸运动失去动力,可造成 CO_2 排除障碍;⑤ 呼吸机使用不当所致 CO_2 潴留。

2. 临床表现 除原发病表现外,常伴有低氧血症及呼吸困难，高碳酸血症可引起血管扩张，颅内血流增加，致头痛及颅内压增高，严重时可出现中枢抑制。

3. 治疗 积极治疗原发病，改善通气和换气功能，排除呼吸道阻塞。重症患儿应行气管插管或气管切开、人工辅助呼吸，低流量氧气吸入。镇静剂可抑制呼吸，一般禁用。

（四）呼吸性碱中毒

1. 病因 ①神经系统疾病，如脑膜炎、脑肿瘤或外伤；②低氧血症、严重贫血、肺炎、肺水肿、高山病等；③过度通气紧张、长时间剧烈啼哭、高热伴呼吸增快、心理疾病，机械通气使用不当等原因导致的 CO_2 排出过多；④水杨酸中毒（早期）；⑤CO 中毒。

2. 临床表现 突出临床表现症状为呼吸深快，其他症状与类似代谢性碱中毒。

3. 治疗 病因治疗放在第一位，呼吸改善后，碱中毒可逐渐恢复。纠正电解质紊乱，有手足抽搐症者给予钙剂。

（五）呼吸性酸中毒合并代谢性酸中毒

呼吸性酸中毒合并代谢性酸中毒是混合型酸中毒中较常见者，由于换气功能障碍时 CO_2 潴留，同时伴有缺氧、进食不足、脱水和休克等情况下导致。此时既有 HCO_3^- 降低，又有 CO_2 潴留，血 pH 明显下降。应积极治疗原发病，在处理代谢性酸中毒的同时要保持呼吸道通畅，必要时需使用呼吸机加速潴留 CO_2 的排出（图 4-1）。

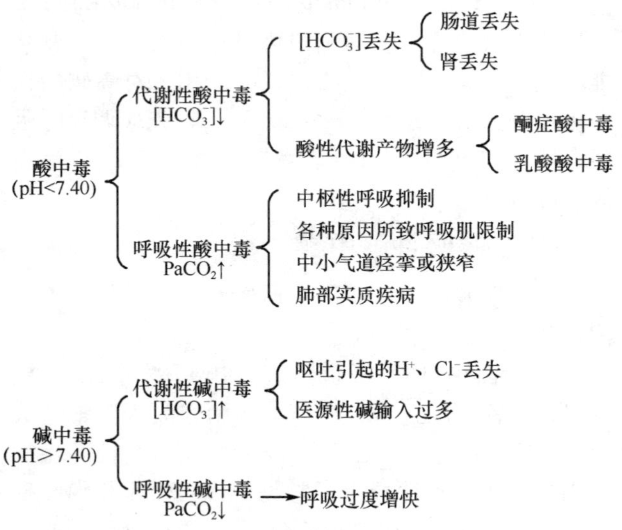

图 4-1 常见酸碱紊乱的分析方法

四、液体疗法时常用的溶液

溶液张力一般是指溶液中电解质所产生的渗透压，与血浆渗透压相等时即为等张，低于血浆渗透压为低张，高于血浆渗透压为高张。葡萄糖液虽也有渗透压，但输入体内后葡萄糖逐渐被氧化成水（约每小时 1g/kg）及 CO_2 或转化为糖原储存，液体的渗透压也随之消失，因此在液体疗法时视各种浓度的葡萄糖液为无张力溶液。

（一）非电解质溶液

常用 5% 和 10% 葡萄糖溶液。前者为等渗溶液，后者为高渗溶液，仅用于补充水分和部分热量，不能起到维持血浆渗透压的作用。

（二）电解质溶液

用于补充体液容量，纠正体液渗透压、酸碱和电解质失衡。

（1）0.9% 氯化钠溶液（生理盐水）和复方氯化钠溶液（Ringer 溶液，含少量 K^+、Na^+、Cl^-、Ca^{2+}）均为等张溶液。生理盐水含 Na^+ 及 Cl^- 各为 154mmol/L，Na^+ 含量与血浆相仿，但 Cl^- 含量远比血浆含量（10^3mmol/L）高，不利于代谢性酸中毒的纠正，大量输入可使血氯增高，血浆 HCO_3^- 被稀释，发生高氯性及稀释性酸中毒，尤其是婴幼儿肾排氯离子功能较差。

（2）3% 氯化钠用于纠正低钠血症，每 ml 含 Na^+ 0.5mmol。

（3）碱性溶液用于纠正酸中毒。①$NaHCO_3$ 制剂 5% 为高张液（1ml = 0.6mmol），1.4 % 溶液为等张液（5% $NaHCO_3$ 稀释 3.57 倍为 1.4% 的等张液）。可直接增加缓冲碱，故可迅速纠正酸中毒，但有呼吸衰竭和 CO_2 潴留者慎用；② 乳酸钠制剂为 11.2% 溶液。1.87% 溶液为等张液（11.2% 的乳酸钠稀释 6 倍为 1.87% 的等张液）。需在有氧条件下经肝代谢生成 HCO_3^- 后才具有纠酸作用，奏效较缓慢，在休克、缺氧、肝功能不全、新生儿期或乳酸潴留性酸中毒时不宜使用。

（4）氯化钾制剂为 10% 溶液。不可静脉直接注射，警惕高浓度钾对心肌的抑制作用而发生猝死。一般用 0.2% 的浓度（含钾 27mmol/L）静脉滴注，最高浓度不超过 0.3%（含钾 40mmol/L）。

（5）氯化铵制剂为 0.9% 等张液（1mmol 氯化铵 = 53.5mg）。NH_4^+ 在肝内与 CO_2 结合成尿素，释出 H^+ 及 Cl^-，使 pH 下降。用于纠正低氯性碱中毒。心、肺、肝、肾功能障碍者禁用。

（三）混合溶液

为适用于不同情况的补液需要，常把各种不同渗透压的溶液按不同比例配制混合溶液应用。常用混合液的简单配制见表 4-4。

表 4-4 几种混合液的简便配制

溶液种类	张力	加入溶液(ml)		
		5% 或 10% 葡萄糖	10% 氯化钠	5% $NaHCO_3$(11.2% 乳酸钠)
2:1 含钠液	等张	加至 500(或用水)	30	47(30)
1:1 含钠液	1/2 张	加至 500	20	-
1:2 含钠液	1/3 张	加至 500	15	-
1:4 含钠液	1/5 张	加至 500	10	-
2:3:1 含钠液	1/2 张	加至 500	15	24(15)
4:3:2 含钠液	2/3 张	加至 500	20	33(20)

(四) 口服补液盐

世界卫生组织(WHO)和 UNICFF 在 1971 年推荐所有具有脱水症状的急性腹泻患者均可用口服补液盐(oral rehydration salts, ORS)预防和治疗,一般适用于轻度或中度脱水无严重呕吐者。其作用是基于小肠的 Na^+-葡萄糖耦联转运吸收机制,即小肠上皮细胞刷状缘的膜上存在 Na^+-葡萄糖的共同载体,当 Na^+ 和葡萄糖同时与位点结合时开始转运,并显著增加钠和水的吸收。当时的 ORS(standard ORS)的总渗透压 310mmol/L,电解质渗透压 220mmol/L。由于其口味欠佳患儿难以接受,以后的配方改用枸橼酸盐 2.9g 代替 $NaHCO_3$ 2.5g 改善了其口味。

但标准 ORS 是基于分泌性腹泻等肠道丢失电解质较多的特点制定的,其中钠的渗透压偏高(90mmol/L),可引起口渴、水肿等不良反应,且高渗物质有可能损伤肠黏膜,使屏障功能损伤,鉴于大部分婴幼儿腹泻为等渗性脱水,WHO 在 2002 年推荐使用新 ORS(reduced-osmolarity ORS,"低渗"ORS)配方取代以前的 ORS 配方。低渗 ORS 通过减少氯化钠及葡萄糖浓度而降低渗透压,其他组分保持不变。新 ORS 的配方和组成见表 4-5。

表 4-5 新 ORS 配方和组成

配方	g/L	组成	mmol/L
氯化钠	2.6	钠	75
葡萄糖	13.5	氯	65
氯化钾	1.5	葡萄糖	75
枸橼酸钠	2.9	钾	20
		枸橼酸根	10
		总渗透压	245mOsm/L
		电解质渗透压	170mOsm/L

五、液 体 疗 法

液体疗法是通过补充液体及电解质来维持或恢复体液容量及成分,以保持机体正常生理功能的一种治疗方法。在制订液体疗法的方案时要充分考虑到机体的自身代偿能力。一般情况下,肾、肺、心血管及内分泌系统对体内液体平衡有较强的调节作用,只要输入的液体基本适合病情需要,机体就能充分调节,恢复体液的正常平衡。但如上述器官存在功能不全,则应较严格的选用液体成分、补液量及速度。并在液体疗法的实施过程中必须全面掌握病史、体格检查和实验室检查资料及患儿的个体差异制定合理、正确输液量、速度、成分及顺序。在制订液体疗法方案时宜简单化、个体化,不宜过于繁杂。补充液体的方法包括口服补液法和静脉补液法两种。

(一) 液体疗法

液体疗法包括补充累积损失量、继续丢失量和生理需要量三部分。

1. 累积损失量 即补充自发病以来累积损失的液体量,根据脱水程度而定。轻度脱水补充量为 30~50ml/kg,中度 50~100ml/kg,重度 100~150ml/kg

2. 继续丢失量 是指治疗过程中因呕吐、腹泻、胃肠引流等液体的继续丢失。补充原则为"丢多少、补多少"。具体丢失量因原发病而异。

3. 生理需要量 涉及热能、水和电解质。取决于显性(尿和大便)和不显性失水(通过皮肤和肺丢失),其中尿量占 60%,不显性失水占 35%,大便占 5%(可忽略不计)。每日需水量可按能量消耗计算,即(120~150)ml/100kcal。年龄越小需水量相对越多,故也可根据体重计算。生理需要量尽可能口服补充,不能口服或不足者用 1/5~1/4 张含钠液补充,并同时给予生理需要量的钾。持续发热体温超过 38℃者,每增高 1℃使生理需要量增加 12%。呼吸急促和气管切开患儿经肺的不显性失水量增加,在有湿化功能的人工呼吸机应用时肺部显性失水减低。

(二) 补液途径

1. 口服补液法 适用于中度以下脱水、呕吐不严重的患儿。有明显休克、意识障碍、心肾功能不全或其他严重并发症者及新生儿不宜口服补液。补给累积损失量轻度脱水 50~80ml/kg,中度脱水 80~100ml/kg。也可用于重度脱水的扩容后的补液,按

100～120ml/kg 补给。少量多次喂给(每 5～10 分钟喂 1 次,每次 10～20ml),所需液量要求在 8～12 小时内服完。在口服补液过程中要随时注意观察病情变化,如病情加重,则随时改用静脉补液。

2. 静脉补液 适用于严重呕吐、腹泻,伴中、重度脱水的患儿。主要用以快速纠正水电解质平衡紊乱,其缺点为输入液量及电解质不能受患者渴感调节,因而输用溶液的成分、量和滴注持续时间必须根据不同的脱水程度和性质决定,同时要注意个体化,结合年龄、营养状况、自身调节功能而灵活掌握。各种原因引起的脱水情况不尽相同,应当根据具体情况加以调整补液方案。现以儿童腹泻为例制订第 1 日液体疗法如下。

(三) 补液方法

(1) 定输液总量(定量)包括上述补充累积损失量、继续损失量和生理需要量三部分,故第 1 日补液总量轻度脱水为 90～120ml/kg,中度脱水为 120～150ml/kg,重度脱水为 150～180ml/kg 。先按 1/2 至 2/3 量给予,余量视病情决定取舍。营养不良儿童(在估计脱水程度时易偏高)、肺炎、心肾功能损伤者、学龄期儿童(其体液组成已接近成人),补液总量应酌减 1/4～1/3。

(2) 定输液种类(定性)原则为先浓后淡。低渗性脱水补给 2/3 等张液,等渗性脱水补给 1/2～2/3 张液,高渗性脱水补给 1/5～1/3 张液。若临床上判断脱水性质有困难时,可按等渗脱水补给。脱水一旦纠正,电解质正常后不必将原计划张力的液体全部输完,应当根据变化进行评估,及时修正补液方案,改为 1/5～1/4 张液。

(3) 定输液速度(定速)原则为先快后慢。补液总量的 1/2 应在最初 8～12 小时内补完,输入速度为每小时 8～12ml/kg。有休克时先行扩容,用 2∶1 等张含钠液或 1.4% $NaHCO_3$,10～20ml/kg(总量不超过 300ml)于 30～60 分钟内输入,以迅速改善有效循环血量和肾功能,如果以呕吐为主,或是感染性休克为主,亦可直接用等渗的生理盐水快速扩容。扩容所用的液体和电解质包括在最初 8～12 小时的补液内。余下液体于 12～16 小时内补完,约每小时 5ml/kg。对低渗性脱水的纠正速度可稍快,出现明显水中毒症状如惊厥等时,需用 3% 氯化钠液滴注(12ml/kg 可提高血清钠 10mmol/L),以纠正血清钠至 125mmol/L 为宜。高渗性脱水时补液速度要放慢,总量宜在 24 小时内均匀输入,纠正高钠以每日降低血清钠 10mmol/L 为宜。因处于高渗状态的神经细胞内的钠离子不能很快排出,如低渗液体输入过快,水分易进入细胞引起脑水肿,使病情突然恶化。

(4) 纠正酸中毒:当脱水纠正后,组织灌流得以改善,堆积的乳酸进入血中,易产生和加重酸中毒。因此,补液后更应注意酸中毒的纠正。具体方法见上述代谢性酸中毒治疗内容。

(5) 补钾原则为有尿补钾,详见低钾血症的治疗。

第二日及以后的补液:经第一日补液后,脱水和电解质紊乱已基本纠正,第二日及以后主要是补充继续损失量(防止发生新的累积损失)和生理需要量,根据每一具体患者,每日不同情况,做出具体判断。一般可改为口服补液。若腹泻仍频繁或口服量不足者,仍需静脉补液。补液量需根据吐泻和进食情况估算,并供给足够的生理需要量,用 1/5～1/3 张含钠液补充。继续损失量是按“丢多少补多少”“随时丢随时补”的原则,用 1/3～1/2 张。

(黄宇戈)

Chapter Ⅳ History and Examination, Body Fluids, Electrolytes and Acid-Base Disturbance

History and Examination

History-taking

Introductions when meeting the patient:

- Introduce yourself very politely.
- Identify the patient (name, age, sex).
- Confirm the relationship of the accompanying adult (e. g. parents, grandparents, or others).

Then, listen to patients or the accompanying adult carefully and patiently, and follow-up with specific questions to elicit the full details of the symptoms.

Chief complaint

Duration of the major symptom, e. g. cough for 3 days.

Presenting complaint

- Establish the onset of the illness, and clarify the exact meaning of terms, e. g. Is the cough continuous or intermittent? Mild or severe?
- Obtain relevant extra details and related negative symptoms.
- Ask about any investigations and treatment received to date.
- Enquire about their general condition, e. g. appetite, sweating, bowel habit, etc.

Past history

- Medical: Any hospital admissions or operations?
- Immunizations: Are all the child's immunizations fully or partially up-to-date?

Personal history

- Birth history: Was the pregnancy and delivery normal? Were there any problems in the neonatal period?
- Feeding history: Was the child fed initially with breast milk or formula? How long for each? When were solids introduced?
- Developmental history: Age of first responsive smile, first time they sat unsupported, walk, talk, etc? Any difficulties with learning?

Family history

Are there any congenital diseases, allergic diseases, or infectious diseases in the family?

Physical examination

Try to remember the following suggestions when you conduct a pediatric physical examination.

Do:

- Be friendly and cheerful: Try to smile and maintain some idle chatter. A silent, gloomy doctor inspires fear.
- Be gentle: Rapport is lost if you cause pain and discomfort.
- Be opportunistic: If the child is asleep, auscultate the chest; if the child is screaming, inspect the tonsils.
- Explain and demonstrate what you are going to do.
- Leave unpleasant procedures until last: e. g. examination of ears, nose, throat, rectal examination, blood pressure measurements.
- Wash hands before conducting examinations.
- Examine the vital signs first in a critically ill child.

Don't

- Tower over the child.
- Stare at the child: avoid looking too intently at toddlers.
- Separate the child from the mother: A toddler is best examined sitting on their mother's lap.
- Undress the child: ask mother to take off outer layers while the history is taken, but don't strip the child naked.

Routine examination

General measurements

Temperature, pulse, respiratory rate, blood pressure, body weight, height, head circumference.

General inspection

- Severity of illness: Is the child well, unwell, or ill? Do they respond to voice?
- Appearance: Are there any dysmorphic features?
- Major signs relating to specific systems: level of consciousness, pallor or bruising, cyanosis, tachypnea, or jaundice.

Skin

Look for: pigmentation, petechiae, hair, jaundice, elasticity of skin, edema, etc.

Lymph nodes

Palpate the soybean-like, soft, and movable lymph nodes in the neck and inguinal regions.

Head

- Skull: Measure the head circumference, which indicates the cranial volume. Palpate the tension and measure the size of the anterior fontanelle (which is a "window in the skull" that allows assessment of intracranial pressure).
- Face: Abnormal faces (e. g. characteristic facial appearance associated with Down syndrome).
- Eyes, ears and nose: This type of examination is not enjoyed by toddlers. The key to success is parental help in holding the child. Inspect eyes for movements, nystagmus, pupil light reflex, and conjunctivitis. Inspect the ears for otitis media, and the nose for secretion and narrowing.
- Mouth and throat: Look for teeth, tonsils, and abnormal changes.

Chest

- Inspection: Shape and movement of the lung (e. g. Harrison's groove, rachitic rosary, bulging of precordial area).
- Lung: Measure the respiratory rate and inspect the respiratory rhythm, intercostal recession, and subcostal recession. Auscultate for breath sounds (indicates vesicular or bronchial sounds) and added sounds (e. g., stridor, wheeze, crackles). Undertake palpation if toddlers cry. Direct percussion is used for toddlers because of the thin chest wall.
- Heart: Check for bulges and visible ventricular impulses. Palpate for thrill and abnormal cardiac impulses. Auscultate for heart sounds and murmurs (note the timing, loudness, site, and radiation). Percuss for location of the normal apex (which is within the fourth intercostal space, around the mid-clavicular line).

Abdomen

- Inspection: Redness and hernia of umbilicus usually occur in neonates or small infants.
- Palpation: The lower edge of liver is 1-2 cm under right costal edge under age of 6 years. Normal spleen is palpable in infants.

Spine and extremities

Look for the deformities of spine or extremities (e. g. lumber scoliosis, deformities of extremities caused by rickets) and clubbing of fingers or toes.

Genitals, anus, perineum

- Inspect the inguinal region for hernia.
- Deformities of the anus (e. g. anal atresia or narrowing in neonates).
- Inspect and palpate the genitals for cryptorchidism, testicular torsion, or hydrocele.

Nervous system.

- Level of consciousness.
- Nerve reflexes: Sucking reflex, grasp reflex, and embrace reflex are normal physiologic reflexes by the age of 4 months. Babinski's sign is positive on both sides under the age of 2 years.
- Meningism: This cannot be checked easily and is not typical in infants.

Body Fluids, Electrolytes and Acid-base Disturbances

Body fluids and electrolytes

Understanding of the physiology of body fluids is important to manage abnormalities.

Distribution of body fluids

Total body water (TBW) of children comprises 50% -75% of total body mass depending on age, sex, and fat content. TBW includes intracellular fluid (ICF) and extracellular fluid (ECF). ECF is compartmentalized further into plasma volume and interstitial volume (ISF).

Electrolytes in body fluids

Electrolytes in the body fluids of children are similar to those of adults except for early infants.

The principal constituents of plasma are sodium, chloride, bicarbonate, and protein (primarily albumin).

Sodium is the major component maintaining the osmolality of ECF. ISF is similar to plasma but lacks significant amounts of protein.

ICF is rich in potassium, magnesium, phosphates, sulfates, and protein. Potassium is the major component maintaining the osmolality of ICF.

Metabolism of body water in children

Children have more rapid exchange of body water compared with adults because of rapid growth and rapid respiratory rate. The younger the child is, the higher the risk of dehydration.

Body water is regulated by intake and excretion of water. Water excretion is the more important regulatory mechanism. However, this type of regulation is not mature in children because of underdeveloped kidney function.

Dehydration

Inadequate intake of water or excessive loss of water resulting in reduction of intracellular and extracellular volume constitutes dehydration. Dehydration is usually accompanied by losses of electrolytes such as sodium and potassium.

Etiology of dehydration

- Inadequate intake of fluid: Insufficient intake of water, and poor appetite due to various diseases.
- Excessive loss of fluid: Diarrhea, vomiting, polyuria, sweating, and tachypnea.

Severity of dehydration

The severity of fluid deficit is represented as the percentage of body weight lost. However, in most situations the percentage of body weight lost or severity of dehydration is estimated based on medical history and physical examination. Manifestations are different in various types of dehydration. Table 4-1 shows the typical manifestations of isotonic dehydration.

Table 4-1 Clinical assessment of the severity of dehydration

Signs and symptoms	Mild	Moderate	Severe
Body weight loss (%)	3-5	6-10	>10
Fluid deficit (ml/kg)	30-50	60-100	>100
SBP	N	N	Low/un-recordable
General condition	Alert	Irritable	Cold, cyanotic sweating extremities; lethargic
Anterior fontanelle	N	Sunken	Very sunken
Skin elasticity	N	Decreased	Disappeared
Eyes	N	Sunken	Grossly sunken
Tears	Present	Absent to reduced	Absent
Mucous membrane	Moist	Dry	Very dry
Urine flow	N	Reduced	Anuria/severe oliguria
Capillary refill time	N	≈2 s	>3 s

N, normal; SBP, systolic blood pressure

Patients with hypotonic dehydration may present with signs of profound volume depletion and shock because of external losses and internal fluid shifts. Patients with hypertonic dehydration tend to have fewer signs of dehydration because of external losses and external fluid shifts, but tend to be very irritable if touched.

Types of dehydration

Dehydration is classified into three types according to the serum level of sodium.

Hypotonic or hyponatremic: serum Na^+<130 mmol/L.

Isotonic or isonatremic: serum Na^+ = 130-150 mmol/L.

Hypertonic or hypernatremic: serum Na^+>150 mmol/L.

Disorders of serum levels of potassium

Intracellular concentration of potassium is ≈ 150 mmol/L. Extracellular concentration of potassium is ≈ 4 mmol/L. The difference between intracellular potassium and extracellular potassium is sustained by the action of Na^+, K^+-ATPase. Potassium is critical for the excitability of nerves, skeletal muscle, and smooth muscle. Potassium is also important for the maintenance of cell volume.

Hypokalemia

Serum potassium level <3.5 mmol/L denotes hypokalemia, the causes of which are listed in Table 4-2.

Table 4-2 Pediatric causes of hypokalemia

Decreased oral intake
Gastrointestinal losses through nasogastric suction, vomiting, or diarrhea
Excess excretion from the kidneys
Diuretics
Mineralocorticoids
Renal tubular diseases
Redistribution of potassium
Familiar periodic paralysis
Alkalosis

Clinical manifestations

- Decreased neuromuscular excitability: Decreased bowel motility, paralysis, weakness, or hyporeflexia (e. g. abdominal reflex, knee reflex).
- Cardiovascular disorders: Arrhythmia, ECG changes (including prolonged Q-T waves, flattened T waves, U waves, and deviation of ST segment).
- Nephrosclerosis and interstitial fibrosis occur if hypokalemia persists.
- Increased responsiveness to digitalis.

Management

- 3-4 mmol/kg (200-300 mg/kg) 10% KCl for mild hypokalemia.
- 4-6 mmol/kg (300-400 mg/kg) 10% KCl for severe hypokalemia.
- Intravenous K^+ should, in general, not be given rapidly, and its concentration should be <0.3%.
- Oral K^+ supplements may be needed for several days (or even weeks) to replenish depleted body stores.

Hyperkalemia

Serum potassium level >5.5 mmol/L denotes hyperkalemia, the causes of which are listed in Table 4-3.

Table 4-3 Pediatric causes of hyperkalemia

Decreased excretion of potassium
Acute and chronic renal failure
Renal tubular acidosis
Mineralocorticoid deficiency
Increased release or intake of potassium
Trauma
Hemolysis
Parenteral intake

Clinical manifestations

- Muscle weakness.
- Paresthesias.
- Tetany.
- Ascending paralysis.
- ECG changes (peaked T wave, widening of QRS, various arrhythmias).
- Sudden death.

Treatment

- Discontinuation of K^+ supplements.
- Administration of 10% calcium gluconate (0.2-0.5 mL/kg, i. v.) over minutes.
- Bicarbonate infusion (1-2 mmol/kg).
- Diuretics (e. g. furosemide).
- Administration of glucose and insulin (0.3 units of regular insulin per gram of glucose, i. v.).
- Dialysis is necessary if the serum concentration of K^+ is constantly >7 mmol/L.

Disturbances of acid—base balance

Regulation of pH

Systemic pH of 7.35-7.45 is defined by the ratio of the partial pressure of carbon dioxide ($PaCO_2$) and plasma levels of bicarbonate (HCO_3^-), i. e., 20 : 1. It is regulated mainly by the lungs and kidneys. The lungs can modify pH by changing the $PaCO_2$ and altering the ratio of carbonic acid (H_2CO_3) to bicarbonate. Kidneys regulate pH by preventing the loss of bicarbonate in urine and maintaining plasma levels of bicarbonate through acid excretion. Systemic pH, $PaCO_2$, serum level of HCO_3^- ($[HCO_3^-]$) and the anion gap must be considered if evaluating disturbances in acid-base balance.

Metabolic acidosis

Metabolic acidosis is the most common type of acid-base imbalance. It can occur with a normal anion gap or increased anion gap. The causes of metabolic acidosis are listed in Table 4-4.

Table 4-4 Pediatric causes of metabolic acidosis

Increased anion gap (>16 mmol/L)
Chronic renal insufficiency
Diabetic ketoacidosis
Inherited aminoacidurias
Hyperalimentation
Lactic acidosis
Poisoning: Methyl alcohol
Ethylene glycol
Salicylate

Continued

Starvation
Normal anion gap (8-16 mmol/L)
Renal tubular acidosis: Proximal
Distal
Distal with hyperkalemia
Diarrhea
Alkali ingestion

Clinical manifestations

- No specific features for mild acidosis.
- Deep and rapid respiration for severe acidosis.
- Pallor, vomiting, and tachycardia.
- Hypotension, cyanosis, bradycardia, even heart failure if pH <7.20.
- Decreased serum pH, $PaCO_2$, and serum [HCO_3^-].

Treatment

- Correction of underlying disorders.
- Improvement of renal perfusion and acid excretion.
- Bicarbonate is administered if serum pH <7.3.
- Dose (mmol) of 5% $NaHCO_3$ = Base deficit × 0.3 × Weight (kg).
- 1 ml/kg of 5% $NaHCO_3$ can increase serum [HCO_3^-] by 1 mmol/L.
- Half the dose is given in the first day.
- Oxygen supply and improvement of inadequate perfusion are more important for metabolic acidosis with an increased anion gap.

Metabolic alkalosis

Metabolic alkalosis is characterized by a primary increase in serum [HCO_3^-] and systemic pH resulting from a loss of strong acid or gain of buffer base. Causes of metabolic alkalosis are listed in Table 4-5, of which the most common is loss of gastric juices via nasogastric drainage or vomiting.

Table 4-5 Pediatric causes of metabolic alkalosis

Excessive loss of hydrogen ions
Vomiting or nasogastric suction associated with pyloric stenosis
Congenital chloride-losing diarrhea
Excessive administration of bicarbonate *via* the parenteral route or oral intake
Disorders associated with potassium depletion (hypokalemic metabolic alkalosis)
Cushing syndrome, primary hyperaldosteronism
Hypercapnia can cause alkalosis after hyperventilation

Clinical manifestations

- Respiration is slow and shallow in severe cases.
- Signs of tetany are present if ionized calcium is reduced by alkalosis.

Treatment

- Correction of underlying disorders.
- Administration of sodium chloride.
- Administration of arginine or ammonium chloride if pH >7.6.

Respiratory acidosis

Respiratory acidosis is characterized by a primary increase in $PaCO_2$ and decrease in systemic pH. It develops in the disorders listed in Table 4-6, which cause inadequate excretion of carbon dioxide (CO_2).

Table 4-6 Pediatric causes of respiratory acidosis

Neuromuscular disorders
Brainstem injury
Guillain-Barré syndrome
Sedative overdose
Airway obstruction
Aspiration of foreign body
Severe bronchospasm
Laryngeal edema
Massive pulmonary embolism
Other pulmonary disorders
Severe pneumonia
Pneumothorax
Pulmonary edema

Clinical manifestations

- Hypoxia accompanying respiratory acidosis is the dominant clinical feature.
- Hypercapnia causes headache by increasing cerebral blood flow.
- Severe hypercapnia further causes cerebral depression ("carbon dioxide anesthesia").

Treatment

The only way to correct this abnormality is to reverse the primary disorder. Bicarbonate is not needed.

Respiratory alkalosis

Respiratory alkalosis is characterized by a decrease in $PaCO_2$ and an increase in systemic pH. Hyperventilation is the mechanism of action. Causes are listed in Table 4-7.

Table 4-7 Pediatric causes of respiratory alkalosis

Psycho-behavioral disturbances
Pyrexia with rapid respiration
Infection of the central nervous system due to meningitis or encephalitis
Salicylate intoxication
Hyperventilation due to mechanical ventilation
Hypoxia, anemia, and intoxication of carbon monoxide with rapid respiration

Clinical manifestations

- Rapid respiration.
- Weakness or tetany may occur because of low levels of ionized calcium.

Treatment

- Correction of underlying disorders.
- A paper bag for rebreathing.

Fluid Therapy

Commonly used solutions

Non-electrolyte solutions

- 5% Glucose: iso-osmatic, no tonicity.
- 10% Glucose: hyperosmotic, no tonicity.

Electrolyte solutions

- 0.9% NaCl (normal saline): isotonic.
- 1.4% sodium bicarbonate: isotonic.
- 3% NaCl: hypertonic.
- 5% sodium bicarbonate hypertonic.
- 10% KCl not permitted for direct use.

Mixed solutions

Oral rehydration salts (ORS)

Principles of therapy

- Assessment of the severity of dehydration.
- Determination of the type of dehydration.
- Calculation of the quantity of fluids.
- Sodium is administered at first, followed by glucose.
- Rapid infusion is neccesorry at first stage, followed by slow infusion.
- Potassium is not administered in case of anuira.

（谭建新）

第五章　营养和营养障碍疾病

第一节　儿童营养基础

小儿的营养需要量的基本目标是满足其生长需要和避免营养缺乏。良好的营养可帮助预防急性和慢性疾病并保证身体和智力的充分发育，也为应激准备充足的储备。

小儿由于生长发育快对营养需求高，而自身消化吸收功能尚不完善，正确的膳食行为有待建立，处理好这些矛盾对小儿健康成长十分重要。

（一）营养素与膳食营养素参考摄入量

人体获得和利用营养素（nutrients）维持生命活动的整个过程称为营养（nutrition）。食物中经过消化、吸收和代谢能够维持生命活动的物质称为营养素。营养素分为：能量、宏量营养素（蛋白质、脂类、糖类）、微量营养素（矿物质，包括常量元素和微量元素；维生素）及其他膳食成分（膳食纤维、水）。

膳食营养素参考摄入量（dietary reference intakes，DRIs）是在美国的推荐膳食营养素供给量的基础上发展起来的一组每日平均营养素摄入量的参考值。它包括四项内容：平均需要量（estimated average requirement，EAR）、推荐摄入量（recommended nutrient intake，RNI）、适宜摄入量（adequate intake，AI）和可耐受最高摄入量（tolerable upper intake level，UL）。EAR可以满足某一特定性别、年龄及生理状况群体中50%个体需要量的摄入水平；RNI是可以满足某一特定性别、年龄及生理状况群体中绝大多数（97%～98%）个体需要量的摄入水平；AI是通过观察或实验获得的健康人群某种营养素的摄入量，可能高于RNI，不如RNI精确；UL是平均每日摄入营养素的最高限量。这个量对一般人群不引起不利于健康的作用。当摄入量超过UL而进一步增加时，损害健康的危险性随之增大。

1. 小儿能量代谢　能量消耗与能量的摄入达到平衡是小儿能量代谢的最佳状态，能量缺乏和过剩都对小儿健康产生不利影响。能量代谢的热量单位是千卡（kcal），或以千焦耳（kJ）为单位，1kcal＝4.184kJ，或1kJ＝0.239kcal，常用它们来表示事物的能量含量。

小儿总能量消耗量包括基础代谢率（basal metabolic rate，BMR）、食物的热力作用（thermic effect of food，TEF）、生长所需（growth）、活动消耗（physical activity）和排泄消耗（excreta）5个方面。一般认为基础代谢占能量的50%，排泄消耗占能量的10%，生长和运动所需能量占32%～35%，食物的TEF占7%～8%。

BMR：小儿基础代谢的能量需要量较成人高，随年龄增长逐渐减少。例如，婴儿的BMR约为55kcal（230.12kJ）/（kg·d），7岁时BMR为44kcal（184.10kJ）/（kg·d），12岁时每日约需30kcal（125.52kJ）/（kg·d）与成人接近。

TEF：它与食物成分有关，糖类食物的TEF为本身产生能量的6%，脂肪为4%，蛋白质为30%。婴儿食物含蛋白质多，TEF占总能量的7%～8%，年长儿的膳食为混合食物，其TEF为5%。

生长所需：组织生长合成消耗能量为儿童特有，生长所需能量与儿童生长的速度成正比，有婴儿期和青春期两个高峰期。

活动消耗：小儿活动消耗所需能量与身体大小、活动强度、活动持续时间、活动类型有关，故活动所需能量个体波动较大，并随年龄增加而增加。当能量摄入不足时，小儿首先表现为活动减少。

排泄消耗：正常情况下未经消化吸收的食物的损失约占总能量的10%，腹泻时增加。

2. 宏量营养素

（1）糖类：为供能的主要来源，包括单糖（葡萄糖、双糖）和多糖（主要为淀粉）。糖原是人体糖类储存于肝和肌肉中的形式，占体重的百分率不到1%。由于婴儿的肝重为成人的10%，而肌肉重量为成人的2%，推测婴儿的糖原储备约为成人的3.5%。

如果糖类摄入不足易发生低糖血症，尤其是早产儿、小于胎龄儿和营养不良患儿。在宏量营养素中糖类所供给能量应占总能量的55%～65%。如糖类供能>80%或<40%都不利于健康。糖类主要来源于粮谷类和薯类食物及其制品。

（2）脂类：为机体的第二供能营养素，包括脂肪（三酰甘油）和类脂。脂类及其代谢产物也是形成细胞膜的主要部分。人体不能合成的两种脂肪酸即亚油酸和亚麻酸，必须由食物供给，称为必需脂肪酸。亚油酸是n-6系的脂肪酸，可衍生多种n-6不饱和脂肪酸，如花生四烯酸。亚油酸在体内可转变成亚麻酸和花生四烯酸，故亚油酸是最重要的必需脂肪酸。α-亚麻酸（n-3）也属必需脂肪酸，可衍生多种n-3不饱和脂肪酸，包括二十碳五烯酸（EPA，C20：5）和二十二碳六烯酸（DHA，C22：6）。这些必需脂肪酸对细胞膜功能、基因表达、防治心脑血管疾病和生长发育都有重要作用。n-3多不饱和脂肪酸对脑、视网膜、皮肤和肾功能的健全十分重要。

植物油、坚果类(核桃、花生)是亚油酸的主要来源;绿叶蔬菜、鱼类脂肪及坚果类是亚麻酸的主要来源;母乳含有丰富的必需脂肪酸。

脂肪供能占总能量的百分比(AI):6个月以下占婴儿总能量的45% ~50%,6个月~2岁以下为35% ~40%,2~7岁以下为30% ~35%,7岁以上为25% ~30%。膳食亚油酸占膳食能量的3% ~5%,亚麻酸占膳食能量的0.5% ~1%。EPA、DHA占总能量的0.5%。

(3)蛋白质:除需要有与成人相同的8种必需氨基酸外,组氨酸是婴儿所需的必需氨基酸;必需氨基酸需由食物提供。胱氨酸、酪氨酸、精氨酸、牛磺酸对早产儿可能也必需。非必需氨基酸可在体内合成,不是一定要由食物供应。但若膳食中没有各种必需氨基酸则不能形成新的组织,只要有一个必需氨基酸缺少或不足,就将引起负氮平衡。蛋白质氨基酸的模式与人体蛋白质氨基酸模式接近的食物,生物利用率就高,称为优质蛋白质。动物和大豆蛋白质是优质蛋白的主要来源。

蛋白质是生命的物质基础,是构成机体组织和器官的重要成分,次要功能是供能。婴幼儿生长旺盛,保证优质蛋白质供给非常重要,优质蛋白质应占50%以上。蛋白质在1岁内婴儿的RNI为1.5~3g/(kg·d)。各种食物合理搭配是一种既经济实惠,又能有效提高蛋白质营养价值的有效方法。谷类蛋白质含赖氨酸较少,而含蛋氨酸较多。豆类蛋白质含赖氨酸较多,而含蛋氨酸较少。这两类蛋白质混合食用时,必需氨基酸相互补充,接近人体需要,营养价值大为提高。

为满足儿童生长发育的需要,应首先保证能量供给,其次是蛋白质。宏量营养素应供给平衡,比例适当,否则易发生代谢紊乱。如儿童能量摄入不足,机体会动用自身的能量储备甚至消耗组织以满足生命活动能量的需要。相反,如能量摄入过剩,则能量在体内的储备增加,造成异常的脂肪堆积,与成年期慢性疾病和代谢综合征有关,是当前要特别重视的问题。

3. 微量营养素

(1)矿物质

1)常量元素:指在有机体内含量占体重0.01%以上的元素。这类元素在体内所占比例较大,有机体需要量较多,是构成有机体的必备元素,如钙、钠、磷、钾等。常量元素中钙的问题最多,婴儿期钙的沉积高于生命的任何时期,2岁以下每日钙在骨骼增加约200mg,非常重要。乳类是钙的最好来源,大豆是钙的较好来源。钙的AI:母乳喂养婴儿为300mg,牛乳喂养婴儿为500mg,幼儿为600mg,4岁及以上为800mg,钙摄入过量可能造成一定危害,需特别注意钙的补充控制在UL(2g/d)以下。

2)微量元素:含量绝大多数小于0.01%称为微量元素,在体内含量很低,需通过食物摄入,但却具有十分重要的生理功能。如碘、锌、硒、铜、钼、铬、钴、铁、镁等,其中铁、碘、锌缺乏症是全球最主要的微量营养素缺乏病。必需微量元素是酶、维生素必需的活性因子;构成或参与激素的作用;参与核酸代谢。

(2)维生素既不参与构成人体细胞,也不为人体提供能量,但在机体的代谢、生长发育等过程中起重要作用,是维持人体正常生理功能所必需的一类有机物质,在体内含量极微。一般不能在体内合成(维生素D、部分维生素B属及维生素K例外)或合成量太少,必须由食物供给。分为脂溶性和水溶性两大类。对儿童来说维生素A、维生素D、维生素C、维生素B_1是容易缺乏的维生素。

常见维生素和矿物质的作用及来源见表5-1。

表5-1 常见维生素和矿物质的作用及来源

种类	作用	来源
维生素A	促进生长发育和维持上皮组织的完整性,为形成视紫质所必需的成分,与铁代谢、免疫功能有关	肝、牛乳、奶油、鱼肝油;有色蔬菜中的胡萝卜素
维生素B_1	是构成脱羧辅酶的主要成分,为糖类代谢所必需,维持神经、心肌活动功能,调节胃肠蠕动,促进生长发育	米糠、麦麸、豆、花生;瘦肉、内脏;肠内细菌和(硫胺素)酵母可合成一部分
维生素B_2(核黄素)	为辅黄酶主要成分,参与体内氧化过程	肝、蛋、鱼、乳类、蔬菜、酵母
维生素PP(烟酸、尼克酸)	是辅酶Ⅰ及Ⅱ的组成成分,为体内氧化过程所必需;维持皮肤、黏膜和神经的健康,防止癞皮病,促进消化系统的功能	肝、肉、谷类、花生、酵母
维生素B_6	为转氨酶和氨基酸脱羧酶的组成成分,参与神经、氨基酸及脂肪代谢	各种食物中,亦由肠内细菌合成一部分
维生素B_{12}	参与核酸的合成、促进四氢叶酸的形成等,促进细胞及细胞核的成熟,对生血和神经组织的代谢有重要作用	动物性食物
叶酸	叶酸的活性形式四氢叶酸是体内转移"一碳基团"的辅酶,参与核苷酸的合成,特别是胸腺嘧啶核苷酸的合成,有生血作用;胎儿期缺乏引起神经管畸形	绿叶蔬菜、肝、肾、酵母较丰富,肉、鱼、乳类次之,羊乳中含量甚少

续表

种类	作用	来源
维生素 C	参与人体的羟化和还原过程，对胶原蛋白、细胞间黏合质、神经递质（如去甲肾上腺素等）的合成，类固醇的羟化，氨基酸代谢，抗体及红细胞的生成等均有重要作用	各种水果及新鲜蔬菜
维生素 D	调节钙磷代谢，促进肠道对钙的吸收，维持血液钙浓度，有利骨骼矿化	鱼肝油、肝、蛋黄；人皮肤日光照射合成
维生素 K	由肝利用、合成凝血酶原	肝、蛋、豆类、青菜、部分维生素 K 由肠内细菌合成
钙	为凝血因子，能降低神经、肌肉的兴奋性，是构成骨骼、牙齿的主要成分	乳类、豆类、绿色蔬菜
磷	是骨骼、牙齿、细胞核蛋白、各种酶的主要成分，协助糖、脂肪和蛋白质的代谢，参与缓冲系统，维持酸碱平衡	乳类、肉类、豆类和五谷类
铁	是血红蛋白、肌红蛋白、细胞色素和其他酶系统的主要成分，帮助氧的运输	肝、血、豆类、肉类、绿色蔬菜、杏、桃
锌	为多种酶的成分	鱼、蛋、肉、禽、全谷、麦胚、豆、酵母等
镁	构成骨骼和牙齿成分，激活糖代谢酶，与肌肉神经兴奋性有关	谷类、豆类、干果、肉、乳类
碘	为甲状腺素主要成分	海产品中含量丰富

4. 其他膳食成分

（1）膳食纤维：是一般不易被消化的非淀粉多糖，主要来自于植物的细胞壁，包含纤维素、半纤维素、树胶、果胶及木质素等。功能主要是吸收大肠水分，软化大便，增加大便体积，促进肠蠕动等。膳食纤维在大肠被细菌分解，产生短链脂肪酸，降解胆固醇，改善肝代谢，防止肠萎缩。未经过加工的全谷类（如米糠、糙米、麦麸、燕麦、玉米）及其制品、水果（不包括过滤过的果汁）、粗纤维蔬菜（如竹笋、芹菜）及蔬菜的梗茎、未经加工的豆类（如黄豆、绿豆、红豆）等含有丰富的膳食纤维。

（2）水：儿童水的需要量与能量摄入、食物种类、肾功能成熟度、年龄等因素有关。年龄越小，新陈代谢越旺盛，水的需要量相对较多。婴儿期为 100 ~ 150ml/(kg · d)，以后每 3 岁减少约 25ml/(kg · d)。

（二）小儿消化系统功能发育与营养关系

1. 消化酶的成熟与宏量营养素的消化、吸收

（1）蛋白质：在胃液消化酶的作用下，初步水解，在小肠中完成整个消化吸收过程。出生时新生儿消化蛋白质能力较好。胃蛋白酶可凝结乳类，出生时活性低，3 个月后活性增加，18 个月时达成人水平。生后 1 周胰蛋白酶活性增加，1 个月时已达成人水平。

对婴儿，特别是新生儿，食物中的蛋白质应有一定限制。这是因为生后几个月小肠上皮细胞渗透性高，有利于母乳中的免疫球蛋白吸收，但也会增加异体蛋白（如牛奶蛋白、鸡蛋白蛋白）、毒素、微生物及未完全分解的代谢产物吸收机会，产生过敏或肠道感染。

（2）脂肪：婴儿吸收脂肪的能力随年龄增加而提高，28 ~ 34 周的早产儿脂肪的吸收率为 65% ~ 75%；足月儿脂肪的吸收率为 90%；生后 6 个月婴儿脂肪的吸收率达 95% 以上。新生儿胃脂肪酶发育较好；而胰脂酶几乎无法测定，2 ~ 3 岁后达成人水平。母乳的脂肪酶可补偿胰脂酶的不足。

（3）糖类：乳糖是 0 ~ 6 个月婴儿食物中的主要糖类，蔗糖和少量淀粉为次要。肠双糖酶发育好，消化乳糖好。胰淀粉酶发育较差，3 个月后活性逐渐增高，2 岁达成人水平，故婴儿生后几个月消化淀粉能力较差，不宜过早添加淀粉类食物。

2. 与进食技能有关的消化道发育

（1）食物接受的模式发展：味觉感知是食物营养价值的提示，对食物接受的模式发展具有重要作用。婴儿是通过后天学习形成味觉感知。婴儿对能量密度较高的食物和感官好的食物易接受，一旦能量味觉的指示被开启后再调节摄入是很困难的，这可能是肥胖发生的原因之一。儿童对食物接受的模式源于对多种食物刺激的经验和后天食物经历对基础味觉反应的修饰，这说明学习和经历对儿童饮食行为建立具有重要意义。

（2）挤压反射：新生儿至 3 ~ 4 个月婴儿对固体食物出现舌体抬高、舌向前吐出的挤压反射。婴儿最初的这种对固体食物的抵抗可被认为是一种保护性反射，其生理意义是防止吞入固体食物到气管发生窒息，在转乳期用勺添加新的泥状食物时注意尝试 8 ~ 10 次才能成功。

（3）咀嚼：咀嚼和吞咽是先天就会的生理功能，咀嚼功能发育需要适时的生理刺激，需要后天学习训练。换奶期及时添加泥状食物是促进咀嚼功能发育的适宜刺激，咀嚼发育完善对语言的发育也有直接影响。后天咀嚼行为的学习敏感期在 4 ~ 6 个月。有意训练 7 个月左右婴儿咬嚼指状食物、从杯中咂水，9 个月始学用勺自喂，1 岁学用杯喝奶，均有利于儿童口腔发育成熟。

儿科医生掌握与了解吸吮、吞咽的机制、食管运动、肠道运动发育、消化酶的发育水平等小儿消化系统解剖发育知识，可正确指导家长喂养婴儿，包括喂养的方法、食物的量及比例等。

第二节　婴儿喂养方法

（一）母乳喂养

1. 人乳的特点　人乳是满足婴儿生理和心理发育的天然最好食物，对婴儿的健康生长发育有不可替代作用，其所含的营养素一般都能满足婴儿的需求，对婴儿的生长发育最有利。一个健康的母亲可提供足月儿正常生长到6个月所需要的营养素、能量、液体量。哺乳不仅供给婴儿营养，同时还提供一些可供婴儿利用的现成物质，如脂肪酶、SIgA等，直到婴儿体内可自己合成。

（1）营养丰富：人乳营养生物效价高，易被婴儿利用。人乳含必需氨基酸比例适宜；人乳所含酪蛋白的为β-酪蛋白，含磷少，凝块小；人乳所含白蛋白为乳清蛋白，促乳糖蛋白形成；人乳中酪蛋白与乳清蛋白的比例为1∶4，与牛乳(4∶1)有明显差别，易被消化吸收。人乳中宏量营养素产能比例适宜(表5-2)。人乳喂养的婴儿很少产生过敏。

表5-2　人乳与牛乳宏量营养素产能比(100ml)

	人乳	牛乳	理想标准
糖类	41% (6.9g)	29% (5.0g)	40% ~50%
脂肪	50% (3.7g)	52% (4.0g)	50%
蛋白质	9% (1.5g)	19% (3.3g)	11%
能量	67kcal	69kcal	

人乳中乙型乳糖(β-双糖)含量丰富，利于脑发育；利于双歧杆菌、乳酸杆菌生长，并产生B族维生素；利于促进肠蠕动；乳糖在小肠远端与钙形成螯合物，降低钠在钙吸收时的抑制作用，避免了钙在肠腔内沉淀，同时乳酸使肠腔内pH下降，有利小肠钙的吸收。

人乳含不饱和脂肪酸较多，初乳中更高，有利于脑发育。人乳的脂肪酶使脂肪颗粒易于消化吸收。

人乳中电解质浓度低、蛋白质分子小，适宜婴儿不成熟的肾发育水平。人乳矿物质易被婴儿吸收，如人乳中钙、磷比例适当(2∶1)，含乳糖多，钙吸收好；人乳中含低分子质量的锌结合因子-配体，易吸收，锌利用率高；人乳中铁含量为0.05mg/dl与牛奶(0.05mg/dl)相似，但人乳中铁吸收率(49%)高于牛奶(4%)。

人乳中维生素D含量较低，母乳喂养的婴儿应补充维生素D，并鼓励家长让婴儿生后尽早户外活动，促进维生素D在皮肤的光照合成；人乳中维生素K含量亦较低，除鼓励乳母合理膳食多吃蔬菜、水果以外，乳母应适当补充维生素K，以提高乳汁中维生素K的含量。

（2）生物作用

1）缓冲力小：人乳pH为3.6(牛奶pH为5.3)，对酸碱的缓冲力小，不影响胃液酸度(胃酸pH为0.9~1.6)，利于酶发挥作用。

2）免疫成分(营养性被动免疫)：初乳含丰富的SIgA，早产儿母亲乳汁的SIgA高于足月儿。人乳中的SIgA在胃中稳定，不被消化，可在肠道发挥作用。SIgA黏附于肠黏膜上皮细胞表面，封闭病原体，阻止病原体吸附于肠道表面，使其繁殖受抑制，保护消化道黏膜，抗多种病毒、细菌。

人乳中含有大量免疫活性细胞，初乳中更多，其中85%~90%为巨噬细胞，10%~15%为淋巴细胞；免疫活性细胞释放多种细胞因子而发挥免疫调节作用。人乳中的催乳素也是一种有免疫调节作用的活性物质，可促进新生儿免疫功能的成熟。

人乳含较多乳铁蛋白，初乳含量更丰富(可达1741mg/L)，是人乳中重要的非特异性防御因子。人乳的乳铁蛋白对铁有强大的螯合能力，能夺走大肠杆菌、大多数需氧菌和白色念珠菌赖以生长的铁，从而抑制细菌的生长。

人乳中的溶菌酶能水解革兰阳性细菌胞壁中的乙酰基多糖，使之破坏并增强抗体的杀菌效能。人乳的补体及双歧因子含量也远远多于牛乳。双歧因子促乳酸杆菌生长，使肠道pH达4~5，抑制大肠杆菌、痢疾杆菌、酵母菌等生长。

低聚糖是人乳所特有的。人乳中低聚糖与肠黏膜上皮细胞的细胞黏附抗体的结构相似，可阻止细菌黏附于肠黏膜；促使乳酸杆菌及双歧杆菌的生长。

3）生长调节因子：为一组对细胞增殖、发育有重要作用的因子，如牛磺酸、激素样蛋白(上皮生长因子、神经生长因子)，以及某些酶和干扰素。

（3）其他：母乳喂养还有经济(仅1/5人工喂养费用)、方便、温度适宜、有利于婴儿心理健康的优点。母亲哺乳可加快乳母产后子宫复原，减少再受孕的机会。

2. 人乳的成分变化

（1）各期人乳成分：初乳为孕后期与分娩4~5日以内的乳汁，5~14日为过渡乳，14日以后的乳汁为成熟乳。人乳中的脂肪、水溶性维生素、维生素A、铁等营养素与乳母饮食有关，而维生素D、维生素E、维生素K不易由血进入乳汁，故与乳母饮食成分关系不大(表5-3)。

表5-3　各期人乳成分(g/L)

	初乳	过渡乳	成熟乳
蛋白质	22.50	15.60	11.50
脂肪	28.50	43.70	32.60
糖类	75.90	77.40	75.00
矿物质	3.08	2.41	2.06
钙	0.33	0.29	0.35
磷	0.18	0.18	0.15

初乳量少，淡黄色，碱性，比重为1.040~1.060

(成熟乳1.030),每日量为15～45ml;初乳含脂肪较少而蛋白质较多(主要为免疫球蛋白);初乳中维生素A、牛磺酸和矿物质的含量颇丰富,并含有初乳小球(充满脂肪颗粒的巨噬细胞及其他免疫活性细胞),对新生儿的生长发育和抗感染能力十分重要。随哺乳时间的延长,蛋白质与矿物质含量逐渐减少。各期乳汁中乳糖的含量较恒定。

(2)哺乳过程的乳汁成分变化:每次哺乳过程乳汁的成分亦随时间而变化。如将哺乳过程分为三部分,即第一部分分泌的乳汁脂肪低而蛋白质高,第二部分乳汁脂肪含量逐渐增加而蛋白质含量逐渐降低,第三部分乳汁中脂肪含量最高(表5-4)。

表5-4　各部分乳汁成分变化(g/L)

	Ⅰ	Ⅱ	Ⅲ
蛋白质	11.80	9.40	7.10
脂肪	17.10	27.70	55.10

(3)乳量:正常乳母平均每日泌乳量随时间而逐渐增加,成熟乳量可达700～1000ml。一般产后6个月后乳母泌乳量与乳汁的营养成分逐渐下降。判断奶量是否充足是以婴儿体重增长情况、尿量多少与睡眠状况等综合判断。劝告母亲不要轻易放弃哺乳。

3. 建立良好的母乳喂养　成功的母乳喂养应当是母子双方都积极参与并感到满足。当母亲喂养能力提高,婴儿的摄乳量也将提高。因此,建立良好的母乳喂养有三个条件,一是孕母能分泌充足的乳汁;二是哺乳时出现有效的射乳反射;三是婴儿有力的吸吮。世界卫生组织(WHO)和我国卫生部制定的《婴幼儿喂养策略》建议出生6个月内完全接受母乳喂养。

(1)产前准备:大多数健康的孕妇都具有哺乳的能力,但真正成功的哺乳则需孕妇身、心两方面的准备和积极的措施。保证孕母合理营养,孕期体重增加适当(12～14kg),母体可储存足够脂肪,供哺乳能量的消耗。

(2)乳头保健:孕母在妊娠后期每日用清水(忌用肥皂或乙醇之类)擦洗乳头;乳头内陷者用两手拇指从不同的角度按捺乳头两侧并向周围牵拉,每日1至数次;哺乳后可挤出少许乳汁均匀地涂在乳头上,乳汁中丰富的蛋白质和抑菌物质对乳头表皮有保护作用。这些方法可防止因出现乳头皲裂及乳头内陷而中止哺乳。

(3)尽早开奶、按需哺乳:吸吮对乳头的刺激可反射性地促进泌乳。正常新生儿生后0.5～1小时可开始哺乳。0～2个月的小婴儿每日多次、按需哺乳,使吸吮有力,乳头得到多次刺激,乳汁分泌增加。有力的吸吮是促进乳汁分泌的重要因素,使催乳素在血中维持较高的浓度,产后2周乳晕的传入神经特别敏感,诱导缩宫素分泌的条件反射易于建立,是建立母乳喂养的关键时期。吸吮是主要的条件刺激,应尽早开奶(产后15分钟～2小时)。尽早开奶可减轻婴儿生理性黄疸,同时还可减轻生理性体重下降、低血糖的发生。

(4)促进乳房分泌:吸乳前让母亲先湿热敷乳房,促进乳房循环流量。2～3分钟后,从外侧边缘向乳晕方向轻拍或按摩乳房,促进乳房感觉神经的传导和泌乳。两侧乳房应先后交替进行哺乳。若一侧乳房奶量已能满足婴儿需要,则可每次轮流哺喂一侧乳房,并将另一侧的乳汁用吸奶器吸出。每次哺乳应让乳汁排空。

(5)正确的喂哺技巧:正确的母、儿喂哺姿势可刺激婴儿的口腔动力,有利于吸吮。正确的喂哺技巧还包括如何唤起婴儿的最佳进奶状态,如哺乳前让婴儿用鼻推压或舔母亲的乳房,哺乳时婴儿的气味、身体的接触都可刺激乳母的射乳反射;等待哺乳的婴儿应是清醒状态、有饥饿感、已更换干净的尿布。

(6)乳母心情愉快:因与泌乳有关的多种激素都直接或间接地受下丘脑的调节,下丘脑功能与情绪有关,故泌乳受情绪的影响很大,心情压抑可以刺激肾上腺素分泌,使乳腺血流量减少,阻碍营养物质和有关激素进入乳房,从而使乳汁分泌减少。刻板地规定哺乳时间也可造成精神紧张,故在婴儿早期应采取按需哺乳的方式并保证孕妇和乳母的身心愉快和充足的睡眠,避免精神紧张,可促进泌乳。

4. 不宜哺乳的情况　凡是母亲感染HIV、患有严重疾病应停止哺乳,如慢性肾炎、糖尿病、恶性肿瘤、精神病、癫痫或心功能不全等。乳母患急性传染病时,可将乳汁挤出,经消毒后哺喂。乙型肝炎的母婴传播主要发生在临产或分娩时,是通过胎盘或血液传递的,因此乙型肝炎病毒携带者并非哺乳的禁忌证。母亲感染结核病,但无临床症状时可继续哺乳。

(二)部分母乳喂养

同时采用母乳与配方奶或兽乳喂养婴儿为部分母乳喂养,有两种情况。

1. 补授法　母乳喂养的婴儿体重增长不满意时,提示母乳不足。此时用配方奶或兽乳补充母乳喂养为补授法,适宜4～6个月内的婴儿。补授时,母乳哺喂次数一般不变,每次先哺母乳,将两侧乳房吸空后再以配方奶或兽乳补足母乳不足部分。这样有利于刺激母乳分泌。补授的乳量由小儿食欲及母乳量多少而定,即"缺多少补多少"。

2. 代授法　用配方奶或兽乳替代一次母乳量,为代授法。母乳喂养婴儿至4～6个月龄时,为断离母乳开始引入配方奶或兽乳时宜采用代授法。即在某一次母乳哺喂时,有意减少哺喂母乳量,增加配方奶量或兽乳,逐渐替代此次母乳量。依次类推直到完全替代所有的母乳。

（三）人工喂养

4～6个月以内的婴儿由于各种原因不能进行母乳喂养时，完全采用配方奶或其他兽乳，如牛乳、羊乳、马乳等喂哺婴儿，称为人工喂养。

1. 兽乳的特点（以牛乳为例） 人工喂养时常用牛乳，但成分不适合婴儿。

（1）乳糖含量低：牛乳的乳糖含量低于人乳，主要为甲型乳糖，有利大肠杆菌的生长。

（2）宏量营养素比例不当：牛乳蛋白质含量较人乳为高，且以酪蛋白为主，酪蛋白易在胃中形成较大的凝块；牛乳的氨基酸比例不当；牛乳脂肪颗滴大，而且缺乏脂肪酶，较难消化；牛乳不饱和脂肪酸（亚麻酸）（2%）低于人乳（8%）。牛乳含磷高，磷易与酪蛋白结合，影响钙的吸收。

（3）肾负荷重：牛乳含矿物质比人乳多3～3.5倍，增加婴儿肾的溶质负荷，对婴儿肾有潜在的损害。

（4）缺乏免疫因子：牛乳缺乏各种免疫因子是与人乳的最大区别，故牛乳喂养的婴儿患感染性疾病的机会较多。

羊乳的营养价值与牛乳大致相同，蛋白质凝块较牛奶细而软，脂肪颗粒大小与人乳相仿。但羊乳中叶酸含量很少，长期哺给羊乳易致巨幼红细胞性贫血。马乳的蛋白质和脂肪含量少，能量亦低，故不宜长期哺用。

2. 牛乳的改造 由于种类的差异，兽乳所含的营养素不适合人类的婴儿。故一般人工喂养和婴儿断离母乳时应首选配方奶。

（1）配方奶粉：是以牛乳为基础改造的奶制品，使宏量营养素成分尽量“接近”于人乳，使之适合于婴儿的消化能力和肾功能，如降低其酪蛋白、无机盐的含量等；添加一些重要的营养素，如乳清蛋白、不饱和脂肪酸、乳糖；强化婴儿生长时所需要的微量营养素如核苷酸、维生素A、维生素D、β胡萝卜素和微量元素铁、锌等。使用时按年龄选用。

合理的奶粉调配在保证婴儿营养摄入中至关重要。一般市售配方奶粉配有统一规格的专用小勺，如盛4.4g奶粉的专用小勺，一勺宜加入30ml温开水；盛8.8g奶粉的专用小勺，一勺宜加入60ml温开水（重量比均为1∶7）。

（2）全牛乳的家庭改建：若无条件选用配方奶而采用兽乳喂养婴儿时，必须改造，不宜直接采用兽乳喂养婴儿。

1）加热：煮沸可达到灭菌的要求，且能使奶中的蛋白质变性，使之在胃中不易凝成大块。

2）加糖：婴儿食用全牛乳应加糖。这不是为增加牛乳甜味，或增加能量（因牛乳与母乳能量相近），而是改变牛乳中宏量营养素的比例，利于吸收，软化大便（表5-5）。一般每100ml牛奶中可加蔗糖5～8g。加糖过多或过少均不利于婴儿营养。

表5-5 三种乳类宏量营养素产能比较（%）

	人乳	8%糖牛奶	牛奶
蛋白质	9	13	19
脂肪	50	36	52
糖类	41	51	29
总能量（kcal）	67	99	67

3）加水：降低牛奶矿物质、蛋白质浓度，减轻婴儿消化道、肾负荷。稀释奶仅用于新生儿，生后不满2周者可采用2∶1奶（即2份牛奶加1份水）；以后逐渐过渡到3∶1或4∶1奶；满月后即可用全奶。

3. 奶量摄入的估计（6个月以内） 实际工作中为正确指导家长或评价婴儿的营养状况，常常需要估计婴儿奶量的摄入量。婴儿的体重、RNIs及奶制品规格是估计婴儿奶量的必备资料。

（1）配方奶粉摄入量估计：一般市售婴儿配方奶粉100g供能约500kcal（2029kJ），婴儿能量需要量约为100kcal/（kg·d）[418.4kJ/（kg·d）]，故婴儿配方奶粉供能20g/（kg·d）即可满足需要。按规定调配的配方奶蛋白质与矿物质浓度接近人乳，只要奶量适当，总液量亦可满足需要。

（2）全牛奶摄入量估计：100ml全牛奶67kcal（280.33kJ），8%糖牛乳100ml供能约100kcal（418.4kJ），婴儿的能量需要量为100kcal/（kg·d）（418.4kJ）/（kg·d），婴儿需8%糖牛乳100ml/（kg·d）。全牛奶喂养时，因蛋白质与矿物质浓度较高，应两次喂哺之间加水，使奶与水量（总液量）达150ml/（kg·d）。

4. 正确的喂哺技巧 同母乳喂养一样，人工喂养喂哺婴儿亦需要有正确的喂哺技巧，包括正确的喂哺姿势、婴儿完全觉醒状态。还应注意选用适宜的奶嘴和奶瓶、奶液的温度、喂哺时奶瓶的位置。喂养时婴儿的眼睛尽量能与父母（或喂养者）对视。

（四）婴儿食物转换

婴儿期随着生长发育的逐渐成熟，需要进入到由出生时的纯乳类向固体食物转换的换乳期。换乳期的泥状食物是人类生态学发展中不可逾越的食物形态，它不仅提供营养素，对儿童功能发育和能力获得还有重要促进作用，应引起儿科医师重视。

1. 不同喂养方式婴儿的食物转换 婴儿喂养的食物转换过程是让婴儿逐渐适应各种食物的味道、培养婴儿对其他食物感兴趣、逐渐由乳类为主要食物转换为进食固体为主的过程。母乳喂养婴儿的食物转换问题是帮助婴儿逐渐用配方奶或兽乳完全替代母乳，同时引入其他食物；部分母乳喂养和人工喂养婴儿的食物转换是逐渐引入其他食物。

2. 转乳期食物 是除母乳或配方奶（兽乳）外，

为过渡到成人固体食物所添加的富含能量和各种营养素的泥状食物（半固体食物）（表5-6）。给婴儿引入食物的时间和过程应适合婴儿的接受能力，保证食物的结构、风味等能够被婴儿接受。

表5-6 过渡期食物的引入

月龄	食物性状	种类	主要营养源	辅助食品	进食技能
4～6个月	泥状食物	菜泥、水果泥、含铁配方米粉、配方奶	6次奶（断夜间奶）	逐渐至1次	用勺喂
7～9个月	末状食物	稀（软）饭、烂面菜末、蛋、鱼泥、豆腐、肉末、肝泥、水果	4次奶	1餐饭1次水果	学用杯
10～12个月	碎食物	软饭、烂面碎肉、碎菜、蛋、鱼肉、豆制品、水果	3次奶1次水果	2餐饭	断奶瓶、手抓食、自用勺

应根据婴儿发育状况决定引入其他食物。一般应在婴儿体重达6.5～7kg，此时年龄多为4～6个月龄。

给婴儿首先选择的其他食物应易于吸收、能满足生长需要，又不易产生食物过敏。一般遵循以下辅助食物引入原则：

（1）由少到多：即在哺乳后立即给予婴儿少量强化铁的米粉（1勺→2勺→多勺），6～7个月龄后可代替1～2次乳量。

（2）一种到多种：如蔬菜的引入，应每种菜泥（茸）尝2次/日，直至3～4日婴儿习惯后再换另一种，以刺激味觉的发育。单一食物引入的方法可帮助了解婴儿是否出现食物过敏。

（3）从软到硬：为训练婴儿的进食能力应注意引入的方法和食物的质地。随着年龄的增长，食物有一定硬度可促使婴儿牙齿的萌出。

（4）由细到粗：7～9个月后食物的质地从泥（茸）状过渡到碎末状可帮助学习咀嚼，增加食物的能量密度。

（5）注意进食技能培养：用勺、杯进食可帮助口腔动作协调，学习主动吞咽；允许手抓食物，既可增加婴儿进食的兴趣，又有利于眼手动作协调和培养独立能力。

3. 婴儿期易出现的问题

（1）溢乳：15%的婴儿常出现溢乳，可因过度喂养、不成熟的胃肠运动类型、不稳定的进食时间造成。同时，婴儿胃呈水平位置，韧带松弛，易折叠；贲门括约肌松弛，幽门括约肌发育好的消化道的解剖生理特点是6个月内的小婴儿常常出现胃食管反流（gastroesophageal reflux，GER）。此外，喂养方法不当，如奶头过大、吞入气体过多时，婴儿也往往出现溢乳。

（2）食物引入时间不当：过早引入半固体食物影响母乳铁吸收，增加食物过敏、肠道感染的机会；过晚引入其他食物，错过味觉、咀嚼功能发育关键年龄，造成进食行为异常，断离母乳困难，以致婴儿营养不足。引入半固体食物时采用奶瓶喂养，导致孩子不会主动咀嚼、吞咽饭菜。

（3）能量及营养素摄入不足：8～9个月的婴儿已可接受能量密度较高的成人固体食物。如经常食用能量密度低的食物，或摄入液量过多，婴儿可表现进食后不满足，体重增长不足、下降，或在安睡后常于夜间醒来要求进食。

婴儿后期消化功能发育较成熟，应注意逐渐增加婴儿6个月后的半固体食物能量密度比，满足生长需要。避免给婴儿过多液量影响进食。

（4）进餐频繁：胃的排空与否与消化能力密切相关。婴儿进餐频繁（超过7～8次/日），或延迟停止夜间进食，使胃排空不足，影响婴儿食欲。一般，安排婴儿一日6餐有利于形成饥饿的生物循环。

（5）喂养困难：难以适应环境、过度敏感气质的婴儿常常有不稳定的进食时间，常常表现喂养困难。

第三节 幼儿营养与膳食安排

（一）幼儿进食特点

1. 体格生长速度减慢 1岁后儿童生长逐渐平稳。因此，幼儿进食相对稳定，较婴儿期旺盛的食欲相对略有下降（表5-7）。

表5-7 生长与能量需要

年龄	体重增加（g/d）	身长增加（cm/M）	头围增长（cm/M）	RNI（kcal/kg·d）
0～3个月	30	3.5	2.00	115
3～6个月	20	2.1	1.00	110
6～9个月	15	1.5	0.50	100
9～12个月	12	1.2	0.50	100
1～3岁	8	1.0	0.25	100
4～6岁	2kg/yr	6cm/yr	1cm/yr	90～100

2. 心理行为影响 幼儿神经心理发育迅速,对周围世界充满好奇,表现出探索性行为,进食时也表现出强烈的自我进食欲望。成人如忽略了儿童的要求,仍按小婴儿的方法抚养,儿童可表现不合作与违拗心理;而且儿童注意力易被分散,儿童进食时玩玩具、看电视等做法都会降低对食物的注意力,使进食下降。应允许儿童参与进食,满足其自我进食欲望,培养独立进食能力。

3. 家庭成员的影响 家庭成员进食的行为和对食物的反应可作为幼儿的榜样。由于学习与社会的作用,幼儿的进食过程影响以后接受食物的类型。如给幼儿食物是在积极的社会情况下(如奖励),或与愉快的社会行为有关,则幼儿对食物的偏爱会增加;强迫进食可使幼儿不喜欢有营养的食物。

4. 进食技能发育状况 幼儿的进食技能发育状况与婴儿期的训练有关,错过训练吞咽、咀嚼的关键期,长期食物过细,幼儿期会表现为不愿吃固体食物,或含在口中不吞。

5. 食欲波动 幼儿有自己能量摄入的判断能力。这种能力不但在一餐中表现出来,连续几餐都可被证实。幼儿可能一日早餐吃很多,次日早餐什么也没吃;一天中可能会吃较少的早餐,但吃较多的中餐和较少的晚餐。变化的进食行为提示幼儿有调节进食的能力。研究显示幼儿餐间摄入的差别可达40%,但一日的能量摄入比较一致,只有10%的变化。

(二)幼儿膳食安排

幼儿膳食中各种营养素和能量的摄入需满足该年龄阶段儿童的生理需要,蛋白质每日40g左右,其中优质蛋白(动物性蛋白质和豆类蛋白质)应占总蛋白的1/2。蛋白质、脂肪和糖类产能之比为10%~15%:30%~35%:50%~60%。膳食安排需合理,以4~5餐(奶类2~3餐,主食2餐)(图5-1)为宜。频繁进食、夜间进食、过多饮水均会破坏幼儿进食规律,影响食欲。还要注意良好生活习惯和进食技能的培养,每餐进食时间控制在半小时内,从喂食、容许抓食到自己独立进食,不容许边吃边玩。

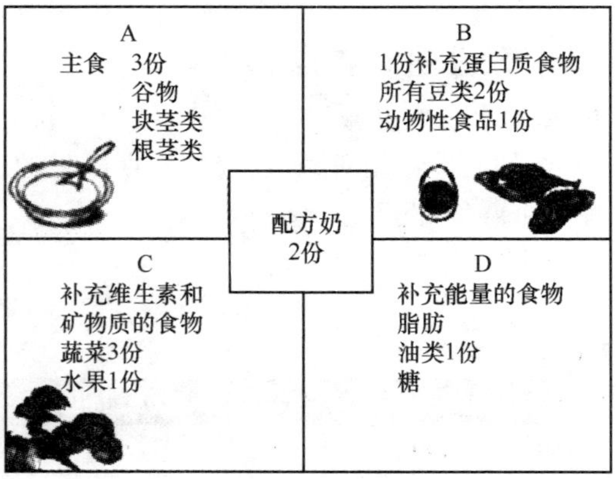

图5-1 食物方块图

蔬菜.1份=50g;水果.1份=100g;油脂.1份=10g;配方奶.1份=200ml(25g)

第四节 营养状况评价

儿童营养状况应由临床表现、体格发育评价、膳食调查及实验室检查四方面进行综合评价。

(一)体格检查

除常规体格检查外,注意有关营养素缺乏体征。

(二)体格发育评价

体格发育评价见有关章节。

(三)膳食调查

膳食调查按工作要求选择不同方法。

1. 称重法 实际称量各餐进食量,以生/熟比例计算实际摄入量。查《中国食物成分表2002》得出今日主要营养素的量(人均量)。通常应按季节、食物供给不同每季度测一次。调查需准备表格、食物成分表、计算器、秤(食物、器皿重)。称重法的优点是准确,但较复杂,调查时间较长(3~4日)。多应用集体儿童膳食调查,也可据调查目的选择个人进行膳食调查。常以平均数法分析结果,即从每日摄入食物种类、数量计算各种食物中某营养素的总量,用日人数算出人平均摄入量。日人数为三餐人数的平均数。

(如三餐就餐儿童数相差太大,应按日人数计算出人平均摄入量。日人数=早餐主食量/早餐人数+中餐主食量/中餐人数+晚餐主食量/晚餐人数)

2. 询问法 多用于个人膳食调查,采用询问对象刚刚吃过的食物或过去一段时间吃过的食物。询问法又分24小时回忆法、膳食史法和食物频度法了解膳食习惯。询问法简单,易于临床使用,但因结果受被调查对象报告情况或调查者对市场供应情况及器具熟悉程度的影响而不准确。多种方法结合可增加准确性。采用24小时回忆法一般至少要调查2~3次,计算与结果分析同称重法。

3. 记账法 多用于集体儿童膳食调查,以食物记出入库的量算。记账法简单,但结果不准确,要求记录时间较长。计算与结果分析同称重法。

(四)膳食评价

膳食评价为将膳食调查结果与DRIs比较。

1. 营养素摄入 对个体而言:计算出的摄入量低于EAR时摄入不足的概率高达50%,必须提高摄入;摄入量在EAR和RNI之间也可能需要改变,因为摄入不足的概率大于2%~3%,只有多日的观测达到或超过RNI时,或虽系几日的观测但结果远高于RNI时才可以有把握的认为摄入量是充足的。

对群体而言：计算出的摄入量低于 EAR 时在群体中占的百分比数即为摄入不足的比例数；摄入量等于或高于 RNI，人群摄入不足的概率较小；不宜用 RNI 和 AI 作为切点来评估人群摄入不足，也不宜用食物频数来评估人群摄入不足。

当能量摄入>EAR 时，显示能量摄入足够，反之说明能量摄入不足；当蛋白质摄入大于或等于 RNI 或 AI 时，显示蛋白质摄入足够，反之说明蛋白质摄入不足，优质蛋白质占膳食中蛋白质总量的 1/2 以上；矿物质、维生素摄入应大于或等于 RNI 或 AI。

2. 宏量营养素供能比例 2 岁儿童膳食中宏量营养素比例应适当，即蛋白质产能应占总能量的 10% ~15%，脂类占总能量的 25% ~30%，糖类占总能量的 50% ~60%。

3. 膳食能量分布 每日三餐食物供能亦应适当，即早餐供能应占一日总能量的 25% ~30%，中餐应占总能量的 35% ~45%，点心占总能量的 10%，晚餐应占总能量的 25% ~30%。

（五）实验室检查

了解机体某种营养素储存、缺乏水平。通过实验方法测定小儿体液或排泄物中各种营养素及其代谢产物或其他有关的化学成分，了解食物中营养素的吸收利用情况。实验室检查在营养素缺乏中变化最敏感，可用于早期缺乏的诊断。

第五节 维生素营养障碍

一、维生素 A 缺乏症

案例 5-1

患儿，2 岁，因"畏光、眼痛 2 日"来院就诊，查体：精神一般，消瘦（体重 8kg）。结膜近角膜边缘处有泡沫状白斑，角膜干燥。心肺及肝脾检查正常。患儿半年前曾有腹泻病史 2 月，此后一直食欲较差，不能耐受肉类食物。血浆维生素 A 测定 160μg /L。

【思考题】

1. 维生素 A 缺乏症的病因和临床表现是什么？

2. 确诊维生素 A 缺乏症需要完善哪些检查？

维生素 A 缺乏症（vitamin A deficiency disorder，VAD）因体内维生素 A 缺乏引起的疾病，常伴随蛋白质-能量营养不良。本病好发于 6 岁以下婴幼儿，1 ~4 岁为发病高峰。其临床表现除了皮肤黏膜改变（如毛囊角化、角膜软化等）和影响视网膜上视紫红质更新引起夜盲外，还能在此之前出现免疫功能损伤，导致易感性上升，这种"亚临床状态维生素 A 缺乏"现象已日益引起人们的重视。我国儿童中维生素 A 缺乏症的发生率已明显下降，但在边远农村地区仍有群体流行，亚临床状态缺乏现象还相当普遍。

（一）吸收与代谢

维生素 A 是指具有全反式视黄醇生物活性的一组类视黄醇物质，包括视黄醇、视黄醛、视黄酯及视黄酸。天然维生素 A 在动物性食物如乳类蛋类和动物内脏中含量丰富，在不发达地区由于此类食物供应较少，往往要依靠以植物来源的胡萝卜素作为维生素 A 的重要供应来源。胡萝卜素在深色蔬菜和水果中含量较高，其中最具有维生素 A 生物活性的是 β-胡萝卜素，在肠道转化为维生素 A 的比例是 6∶1，其他胡萝卜素的吸收率更低。

无论胡萝卜素还是维生素 A，在小肠细胞吸收，与乳糜微粒结合，通过淋巴系统入血，转运到肝。在肝中再酯化为棕榈酸酯后储存在星状细胞。当周围靶组织需要维生素 A 时，肝中的维生素 A 棕榈酸酯经酯酶水解为醇式后，与视黄醇结合蛋白结合，再与血浆中的转甲状腺素蛋白结合，形成复合体后释放入血，经血行转运至靶组织。维生素 A 在体内氧化后转变为视黄酸，视黄酸是维生素 A 在体内发生多种生物作用的重要活性形式，如维持上皮细胞活性、调节淋巴细胞功能等。

（二）生理功能和病理改变

维生素 A 缺乏会影响很多生理功能和产生不少病理变化。

1. 维持皮肤黏膜层的完整性 维生素 A 是调节糖蛋白合成的一种辅酶，对上皮细胞的细胞膜起稳定作用，维持上皮细胞的形态完整和功能健全。维生素 A 缺乏的初期病理改变是上皮组织干燥，继而使正常柱状上皮细胞转变为角状复层扁平上皮，形成过度角化变性和腺体分泌减少。这种变化累及全身上皮组织，最早受影响的是眼睛的结膜和角膜，表现为结膜和角膜干燥、软化甚至穿孔，以及泪腺分泌减少。皮肤改变则为毛囊角化，皮脂腺、汗腺萎缩。消化道表现为舌味蕾上皮角化，肠道黏膜分泌减少，食欲减退等。呼吸道黏膜上皮萎缩、干燥，纤毛减少，抗病能力减退。消化道和呼吸道感染性疾病的危险性提高，且感染常迁延不愈。泌尿和生殖系统上皮细胞也有同样改变，影响其功能。

2. 构成视觉细胞内的感光物质 视网膜上对暗光敏感的杆状细胞含有感光物质视紫红质，由 11-顺式视黄醛与视蛋白结合而成，为暗视觉的必需物质。经光照漂白后，11-顺式视黄醇转变为全反式视黄醛并与视蛋白分离。此过程产生电能刺激视神经形成视觉。全反式视黄醛还原为全反式视黄醇，再经酶的作用重新转化为11-顺式视黄醛，可在暗光下与视蛋白结合再次形成视紫红质。在此过程中，除了消耗能量和酶外，还有部分视黄醛变成视黄醇被排泄，所以必须不断地补充维生素A，才能维持视紫红质的合成和整个暗光视觉过程。

3. 促进生长发育和维护生殖功能 维生素A参与细胞的RNA、DNA合成，对细胞分化、组织更新有一定影响。参与软骨内成骨，缺乏时长骨形成和牙齿发育均受障碍。维生素A缺乏时还会导致男性睾丸萎缩，精子数量减少、活力下降，也可影响胎盘发育。

4. 维持和促进免疫功能 目前已经明确，维生素A对许多细胞功能活动的维持和促进作用是通过其在细胞核内的特异性受体——视黄酸受体实现的。视黄酸受体可以形成异源性二聚体或同源性二聚体与视黄酸反应元件结合从而调控靶细胞基因的相应区域。这种对基因调控结果可以促进免疫细胞产生抗体的能力，也可以促进细胞免疫功能，以及促进T淋巴细胞产生某些细胞因子。维生素A缺乏时，免疫细胞内视黄酸受体的表达相应下降，因此影响机体的免疫功能。

5. 影响造血 维生素A缺乏可能主要影响铁的转运和储存，影响红细胞造血，从而引起贫血。

（三）病因

1. 原发性因素 儿童维生素A缺乏在4岁以下儿童的发生率远高于成人，其主要原因是维生素A和胡萝卜素都很难通过胎盘进入胎儿体内，因此新生儿尤其是早产儿血清和肝中的维生素A水平明显低于母体，如在出生后不能得到充足的维生素A补充则极易出现维生素A缺乏症。另外在疾病状态下，长期静脉补液未补充维生素A，或因饮食受到限制，也将导致维生素A缺乏。

血浆中视黄醇结合蛋白的水平低下会导致血浆维生素A的下降，引起维生素A缺乏。新生儿的血浆视黄醇结合蛋白只有成人的一半左右，要到青春期才逐步达到成人水平。这也是小年龄儿童容易招致维生素A缺乏的原因之一。

2. 消化吸收影响因素 维生素A为脂溶性维生素，它和胡萝卜素在小肠的消化吸收都依靠胆盐的帮助，膳食中脂肪含量与它们的吸收有密切联系。膳食中脂肪含量过低，胰腺炎或胆石症引起胆汁和胰腺酶分泌减少，一些消化道疾病如急性肠炎、粥样泻等造成胃肠功能紊乱都可以影响维生素A和胡萝卜素的消化和吸收。

3. 储存利用影响因素 任何影响肝功能的疾病都会影响维生素A在体内储存量，造成维生素A缺乏。一些消耗性传染病，尤其是儿童中的麻疹、猩红热、肺炎和结核病等都会使体内的维生素A存储消耗殆尽，摄入量则往往因食欲缺乏或消化功能紊乱而明显减少，两者的综合结果势必导致维生素A缺乏症发生。

4. 锌摄入不足 当锌缺乏时，维生素A结合蛋白、前白蛋白、维生素A还原酶都降低，使维生素A不能利用而排出体外，造成维生素A缺乏。Rahman等证实锌的缺乏限制了维生素A的生物利用率，锌和维生素A的缺乏经常同时存在于营养不良的小儿，同时给予维生素A和锌的补充可以改善维生素A的缺乏。近来有报道指出，铁的不足对维生素A的利用也有影响。

（四）临床表现

1. 眼部表现 眼部的症状和体征是维生素A缺乏症的早期表现。夜盲或暗光中视物不清等暗适应能力减退现象最早出现，但往往不被重视，婴幼儿也常常不会叙述。上述暗适应力减退的现象持续数周及数月后，开始出现干眼症的表现，外观眼结膜、角膜干燥，失去光泽，自觉痒感，泪减少，主要是由于结膜和附近腺体组织增生，分泌减少继而发生干燥。眼部检查可见结膜近角膜边缘处干燥起皱褶，角化上皮堆积形成泡沫状白斑，称结膜干燥斑或毕脱斑（Bitot's spots）。如果维生素A持续缺乏，继而角膜发生干燥、浑浊、软化，自觉畏光、眼痛，常用手揉搓眼部导致感染。严重时可发生角膜溃疡、坏死引起穿孔，虹膜、晶状体脱出，导致失明。这些表现多见于小年龄儿童罹患消耗性感染性疾病如麻疹、疟疾等之后，多数为双侧同时发病，单侧发病少见。

2. 皮肤表现 开始时仅感皮肤干燥、易脱屑，有痒感，渐至上皮角化增生，汗液减少，角化物充塞毛囊形成毛囊丘疹。检查触摸皮肤时有粗砂样感觉，以四肢伸面、肩部为多，可发展至颈、背部甚至面部。毛囊角化引起毛发干燥，失去光泽，易脱落，指（趾）甲变脆易折、多纹等。

3. 生长发育障碍 维生素A缺乏会影响儿童的生长发育，主要是骨骼系统的生长发育。表现为长骨增长迟滞，同时齿龈发生增生和角化，影响成釉质细胞发育。临床表现为身高落后，牙齿釉质易剥落，失去光泽，易发生龋齿。由于颅骨、脊椎骨发育受阻而神经系统发育正常，使两者不相称，引起脑和脊髓组织受压，导致颅内压增高和脊神经萎缩。

4. 感染易感性增高 在维生素A缺乏早期甚或亚临床状态缺乏时，免疫功能低下就可能已经存在，表现为消化道和呼吸道感染性疾病发生率增高，且易迁延不愈。

5. 其他 维生素A有促进肝中储存铁释放入血后的转运，使铁能正常地被红细胞摄入利用。因此维生素A缺乏时会出现贫血，其表现类似缺铁性贫血，血红蛋白、红细胞比容和血清铁水平降低，血清铁蛋白正常，肝和骨髓储存铁反而增加。维生素A缺乏能使泌尿器官的上皮发生角化脱屑，并形成一个中心病灶，钙化物以此为中心不断沉淀而形成尿系道结石。

（五）诊断

1. 临床诊断　长期动物性食物摄入不足，有各种消化道疾病或慢性消耗性疾病史，急性传染病史等情况下应高度警惕维生素A缺乏症。如出现夜盲或眼干燥症等眼部特异性表现，以及皮肤的症状和体征时，诊断本病困难不大。为了进一步早期确诊，应根据当地条件进行实验室检查。

2. 实验室诊断

（1）血浆维生素A测定：婴幼儿血浆正常水平为300～500μg/L，年长儿和成人为300～800μg/L，低于200μg/L可诊断为维生素A缺乏，200～300μg/L为亚临床状态缺乏可疑。血浆维生素A水平并不能完全反映全身组织维生素A营养状态，因此在高度怀疑时可以使用相对剂量反应试验（RDR）进一步确定。其方法是在空腹时采取静脉血（A_0），然后口服视黄醇制剂450μg，5小时后再次采取静脉血（A_5），测定两次血浆中维生素A的水平并按公式（如下）计算RDR值，如RDR值大于20%为阳性，表示存在亚临床状态维生素A缺乏。

$$RDR\% = (A_5 - A_0) / A_5 \times 100$$

（2）血浆视黄醇结合蛋白测定：血浆视黄醇结合蛋白（RBP）水平能比较敏感地反映体内维生素A的营养状态，低于正常范围有维生素A缺乏的可能。

（3）尿液脱落细胞检查：加1%甲紫于新鲜中段尿中，摇匀计数尿中上皮细胞，如无泌尿道感染，超过3个/立方毫米为异常，有助于维生素A缺乏诊断，找到角化上皮细胞具有诊断意义。

（4）暗适应检查：用暗适应计和视网膜电流变化检查，如发现暗光视觉异常，有助诊断。有明确摄入不足或消耗增加的病史，以及明显的维生素A缺乏的临床表现者即可做出临床诊断，进行治疗。实验室检查结果表明血清维生素A低于正常水平则有助于确认和疗效随访。亚临床状态的维生素A缺乏往往没有明显的临床表现，其诊断主要依靠实验室检查。

（六）预防

平时注意膳食的营养平衡，经常食用富含维生素A的动物性食物和深色蔬菜，一般不会发生维生素A缺乏。小年龄儿童是预防维生素A缺乏的主要对象，孕妇和乳母应多食上述食物，以保证新生儿和乳儿有充足的维生素A摄入。母乳喂养优于人工喂养，人工喂养婴儿应尽量选择维生素A强化的乳方，每日推荐供应量婴幼儿为400μg视黄醇当量（RE），5岁以上儿童为750μgRE，少年和成人为800μg RE，孕妇为1000μg RE，乳母为1200μg RE（1U维生素A＝0.3μg RE＝6μgβ胡萝卜素）。在维生素A缺乏的高发地区，可以采取每隔半年给予一次口服维生素A的预防措施，大于1岁的儿童每次66 000μg RE（20万U），6～12个月的婴儿每次33 000μg RE（10万U），小于6个月的小婴儿每次17 000μg RE（5万U）。对患感染性疾病如麻疹、疟疾和结核病等，以及慢性消耗性疾病的患者应及早补充维生素A制剂。有慢性腹泻等维生素A吸收不良者可短期肌内注射维生素A，数日后再改为口服，或采用水溶性维生素A制剂。采用大剂量维生素A作预防时应注意避免过量造成中毒。

（七）治疗

无论临床症状严重与否，甚或是无明显症状的亚临床状态维生素A缺乏，都应该尽早进行维生素A的补充治疗，因为多数病理改变经治疗后都可能逆转而恢复。

1. 调整饮食、去除病因　提供富含维生素A的动物性食物或含胡萝卜素较多的深色蔬菜，有条件的地方也可以采用维生素A强化的食品如婴儿的配方奶粉和辅食等。此外，应重视原发病的治疗。

2. 维生素A制剂　治疗轻症维生素A缺乏症及消化吸收功能良好者可以每日口服维生素A制剂7500～15 000μg（相当于2.5万～5万U，浓维生素A丸含2.5万U/丸），分2～3次服用，2日后减量为每日口服1500μg（4500U）。如有慢性腹泻或肠道吸收障碍者或重症患者，可先采用深部肌内注射维生素AD注射剂（每支含维生素A 7500μg和维生素D 62.5μg）0.5～1ml，每日1次。3～5日后，病情好转即改口服。经维生素A治疗后临床症状好转迅速，夜盲常于2～3日后明显改善，干眼症状3～5日消失，结膜干燥、毕脱氏斑1～2周后消失，角膜病变也渐好转，皮肤过度角化需1～2个月方痊愈。

3. 眼局部治疗　除全身治疗外，对比较严重的维生素A缺乏症患者常有眼部的局部治疗。为预防结膜和角膜发生继发感染，可采用抗生素眼药水（如0.25%氯霉素）或眼膏（如0.5%红霉素或金霉素）治疗，每日3～4次，可减轻结膜和角膜干燥不适。如果角膜出现软化和溃疡时，可采用抗生素眼药水与消毒鱼肝油交替滴眼，约1小时一次，每日不少于20次。治疗时动作要轻柔，勿压迫眼球，以免角膜穿孔，虹膜、晶状体脱出。

二、营养性维生素D缺乏

案例5-2

患儿，5个月。母乳喂养，未添加任何辅食。近期夜间烦躁不安、多汗。查体：精神一般，体重8kg，枕秃，毛发稀少，心肺检查正常，四脚骨骼检查正常。血钙2mmol/L、血磷1.0 mmol/L，碱性磷酸酶310U/L。

【思考题】

1. 本病例考虑什么诊断？依据是什么？

2. 请回答营养性维生素D缺乏性佝偻病的鉴别诊断。

营养性维生素D缺乏性佝偻病

营养性维生素D缺乏佝偻病(rickets of vitamin D deficiency)是由于儿童体内维生素D不足使钙、磷代谢紊乱,导致生长着的长骨干骺端和骨组织矿化不全产生的一种以骨骼病变为特征的全身慢性营养性疾病。成人维生素D不足使成熟骨矿化不全,则表现为骨质软化症(osteomalacia)。

20世纪北欧和美国将佝偻病作为公共卫生问题处理,常规给婴幼儿补充维生素D使其发病率明显下降,但在发展中国家仍然是一个重要问题。我国婴幼儿,特别是小婴儿是高危人群,北方佝偻病患病率高于南方。近年来,随着社会经济文化水平的提高,我国营养性维生素D缺乏佝偻病发病率逐年降低,病情也趋向轻度。

(一)病因

1. 围生期维生素D不足 母亲妊娠期,特别是妊娠后期维生素D营养不足如母亲严重营养不良、肝肾疾病、慢性腹泻,以及早产、双胎均可使婴儿体内维生素D储存不足。

2. 日照不足 因紫外线不能通过玻璃窗,婴幼儿被长期过多的留在室内活动,使内源性维生素D生成不足。大城市高大建筑可阻挡日光照射,大气污染如烟雾、尘埃可吸收部分紫外线。气候的影响,如冬季日照短,紫外线较弱,亦可影响部分内源性维生素D的生成。

3. 生长速度快 如早产及双胎婴儿生后生长发育快,需要维生素D多,且体内储存的维生素D不足易发生营养性维生素D缺乏性佝偻病,重度营养不良婴儿生长迟缓,发生佝偻病者不多。

4. 食物中维生素D补充不足 因天然食物中含维生素D少,即使纯母乳喂养,婴儿若户外活动少亦易患佝偻病。

5. 疾病影响 胃肠道或肝胆疾病影响维生素D吸收,如婴儿肝炎综合征、先天性胆道狭窄或闭锁、脂肪泻、胰腺炎、慢性腹泻等;肾、肝严重损害还可致维生素D羟化障碍,1,25-$(OH)_2D_3$生成不足而引起佝偻病。长期服用抗惊厥药物可使体内维生素D不足,如苯妥英钠、苯巴比妥,可刺激肝细胞微粒体的氧化酶系统活性增加,使维生素D和25-$(OH)D_3$加速分解为无活性的代谢产物。糖皮质激素有对抗维生素D对钙的转运作用。

(二)维生素D的来源

婴幼儿体内维生素D来源有三个途径。

1. 母体-胎儿的转运 胎儿可通过胎盘从母体获得维生素D,胎儿体内25-$(OH)D_3$的储存可满足生后一段时间的生长需要。早期新生儿体内维生素D的量与母体的维生素D的营养状况及胎龄有关。

2. 食物中的维生素D 天然食物中含维生素D很少,母乳含维生素D少,谷物、蔬菜、水果不含维生素D,肉和白鱼含量很少。但配方奶粉和米粉摄入足够量,婴幼儿可从这些强化维生素D的食物中获得充足的维生素D。

3. 皮肤的光照合成 是人类维生素D的主要来源。人类皮肤中的7-脱氢胆骨化醇(7-DHC),是维生素D生物合成的前体,经日光中紫外线照射(290~320nm波长),变为胆骨化醇,即内源性维生素D_3。皮肤产生维生素D_3的量与日照时间、波长、暴露皮肤的面积有关。

(三)维生素D的生理功能与代谢

1. 维生素D的体内活化 维生素D是一组具有生物活性的脂溶性类固醇衍生物,是维持高等动物生命所必需的营养素,是钙代谢最重要的生物调节因子之一。包括维生素D_2(麦角骨化醇,ergocalciferol)和维生素D_3(胆骨化醇,cholecalciferol)。前者存在于植物中,后者系由人体或动物皮肤中的7-脱氢胆固醇经日光中紫外线的光化学作用转变而成。食物中的维生素D_2在胆汁的作用下,在小肠刷状缘经淋巴管吸收。皮肤合成的维生素D_3直接吸收入血。维生素D_2和D_3在人体内都没有生物活性,它们被摄入血循环后即与血浆中的维生素D结合蛋白(DBP)相结合后被转运到肝。维生素D在体内必须经过两次羟化作用后才能发挥生物效应。首先经肝细胞发生第一次羟化,生成25-羟维生素D_3[25-$(OH)D_3$],这个过程受饮食维生素D、25-$(OH)D_3$和1,25-$(OH)D_3$的负调节。25-$(OH)D_3$是循环中维生素D的主要形式。循环中的25-$(OH)D_3$与α-球蛋白结合被运载到肾,在近端肾小管上皮细胞线粒体中的1-α羟化酶的作用下再次羟化,生成有很强生物活性的1,25-二羟维生素D,即1,25-$(OH)D_3$。

2. 维生素D的生理功能 从肝释放入血循环中的25-$(OH)D_3$浓度较稳定,可反映体内维生素D的营养状况,正常含量为11~60ng/ml。25-$(OH)D_3$虽有一定的生物活性,但在生理浓度范围时,作用较弱,可动员骨钙入血,抗佝偻病的生物活性较低。

正常情况下,血循环中的1,25-$(OH)D_3$主要与DBP相结合,对靶细胞发挥其生物效应。1,25-$(OH)D_3$是维持钙、磷代谢平衡的主要激素之一,主要通过作用于靶器官(肠、肾、骨)而发挥其抗佝偻病的生理功能:①促小肠黏膜细胞合成一种特殊的钙结合蛋白(CaBP),增加肠道钙的吸收,磷也伴之吸收增加,1,25-$(OH)D_3$可能有直接促进磷转运的作用;②增加肾近曲小管对钙、磷的重吸收,特别是磷的重吸收,提高血磷浓度,有利于骨的矿化作用;③对骨骼钙的动员,与甲状旁腺协同使破骨细胞成熟,促进骨重吸收,旧骨中钙盐释放入血;另一方面刺激成骨细胞促进骨样组织成熟和钙盐沉积。

目前研究进展认为 1,25-(OH)D_3 不仅是一个重要的营养成分，也是激素前体，其核受体除存在于骨骼、肾、肠道外，还广泛存在于其他组织如胎盘、甲状旁腺、胰腺、胃、脑和包括与钙平衡及免疫、内分泌、生殖、皮肤和肿瘤等密切相关的多种细胞，1,25-(OH)D_3 参与多种细胞的增殖、分化和免疫功能的调控过程，对人体有很多其他重要作用。

3. 维生素 D 代谢的调节

(1) 自身反馈作用：正常情况下维生素 D 的合成与分泌是根据机体需要受血中 25-(OH)D_3 的浓度自行调节，即生成的 1,25-(OH)D_3 的量达到一定水平时，可抑制 25-(OH)D_3 在肝内的羟化、1,25-(OH)D_3 在肾羟化过程。

(2) 血钙、磷浓度与甲状旁腺、降钙素调节：肾生成 1,25-(OH)D_3 间接受血钙浓度调节。当血钙过低时，甲状旁腺素(PTH)分泌增加，PTH 刺激肾 1,25-(OH)D_3 合成增多；PTH 与 1,25-(OH)D_3 共同作用于骨组织，使破骨细胞活性增加，降低成骨细胞活性，骨重吸收增加，骨钙释放入血，使血钙升高，以维持正常生理功能。血钙过高时，降钙素(CT)分泌，抑制肾小管羟化生成 1,25-(OH)D_3。血磷降低可直接促肾内 1,25-(OH)D_3 的增加，高血磷则抑制其合成。

(四) 发病机制

维生素 D 缺乏性佝偻病可以看成是机体为维持血钙水平而对骨骼造成的损害。长期严重维生素 D 缺乏造成肠道吸收钙、磷减少和低血钙症，以致甲状旁腺功能代偿性亢进，PTH 分泌增加以动员骨钙释出使血清钙浓度维持在正常或接近正常的水平；但 PTH 同时也抑制肾小管重吸收磷，继发机体严重钙、磷代谢失调，特别是严重低血磷的结果(图 5-2)。细胞外液钙、磷浓度不足破坏了软骨细胞正常增殖、分化和凋亡的程序；钙化管排列紊乱，使长骨钙化带消失、骺板失去正常的形态，参差不齐；骨基质不能正常矿化，成骨细胞代偿增生，碱性磷酸酶分泌增加，骨样组织堆积于干骺端，骺端增厚，向两侧膨出形成"串珠"，"手足镯"。骨膜下骨矿化不全，成骨异常，骨皮质被骨样组织替代，骨膜增厚，骨皮质变薄，骨质疏松；负重出现弯曲；颅骨骨化障碍而颅骨软化，颅骨骨样组织堆积出现"方颅"。临床即出现一系列佝偻病症状和血生化改变。

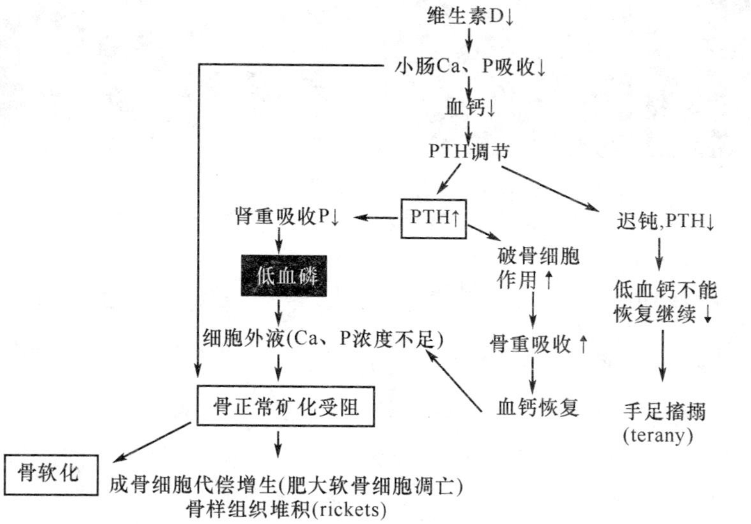

图 5-2 维生素 D 缺乏性佝偻病的发病机制

(五) 临床表现

多见于婴幼儿，特别是小婴儿。主要表现为生长最快部位的骨骼改变，并可影响肌肉发育及神经兴奋性的改变。因此年龄不同，临床表现不同。佝偻病的骨骼改变常在维生素 D 缺乏数月后出现，围生期维生素 D 不足的婴儿佝偻病出现较早。儿童期发生佝偻病的较少。重症佝偻病患儿还可有消化和心肺功能障碍，并可影响行为发育和免疫功能。本病在临床上可分期如下。

1. 初期(早期) 多见 6 个月以内，特别是 3 个月以内小婴儿。多为神经兴奋性增高的表现，如易激惹、烦闹、汗多刺激头皮而摇头等。但这些并非佝偻病的特异症状，仅作为临床早期诊断的参考依据。此期常无骨骼病变，骨骼 X 线可正常，或钙化带稍模糊；血清 25-(OH)D_3 下降，PTH 升高，血钙下降，血磷降低，碱性磷酸酶正常或稍高。

2. 活动期(激期) 早期维生素 D 缺乏的婴儿未经治疗，继续加重，出现 PTH 功能亢进和钙、磷代谢失常的典型骨骼改变。

6 个月龄以内婴儿的佝偻病以颅骨改变为主，前囟边较软，颅骨薄，检查者用双手固定婴儿头部，指尖稍用力压迫枕骨或顶骨的后部，可有压乒乓球样的感觉。6个月龄以后，尽管病情仍在进展，但颅骨软化消失。正常婴儿的骨缝周围亦可有乒乓球样感觉。额骨和顶骨中心部分常常逐渐增厚，至7～8个月时，变成"方盒样"头型即方头（从上向下看），头围也较正常增大。骨骺端因骨样组织堆积而膨大，沿肋骨方向于肋骨与肋软骨交界处可扪及圆形隆起，从上至下如串珠样突起，以第7～10肋骨最明显，称佝偻病串珠（rachitic rosary）；手腕、足踝部亦可形成钝圆形环状隆起，称手、足镯。1岁左右的小儿可见到胸骨和邻近的软骨向前突起，形成"鸡胸样"畸形；严重佝偻病小儿胸廓的下缘形成一水平凹陷，即肋膈沟或郝氏沟（Harrison's groove）。由于骨质软化与肌肉关节松弛，小儿开始站立与行走后双下肢负重，可出现股骨、胫骨、腓骨弯曲，形成严重膝内翻（"O"形）或膝外翻（"X"形），有时有"K"形样下肢畸形。

患儿会坐与站立后，因韧带松弛可致脊柱畸形。严重低血磷使肌肉糖代谢障碍，使全身肌肉松弛，肌张力降低和肌力减弱。

此期血生化除血清钙稍低外，其余指标改变更加显著。

X线显示长骨钙化带消失，干骺端呈毛刷样、杯口状改变；骨骺软骨盘增宽（>2mm）；骨质稀疏，骨皮质变薄；可有骨干弯曲畸形或青枝骨折，骨折可无临床症状（图5-3）。

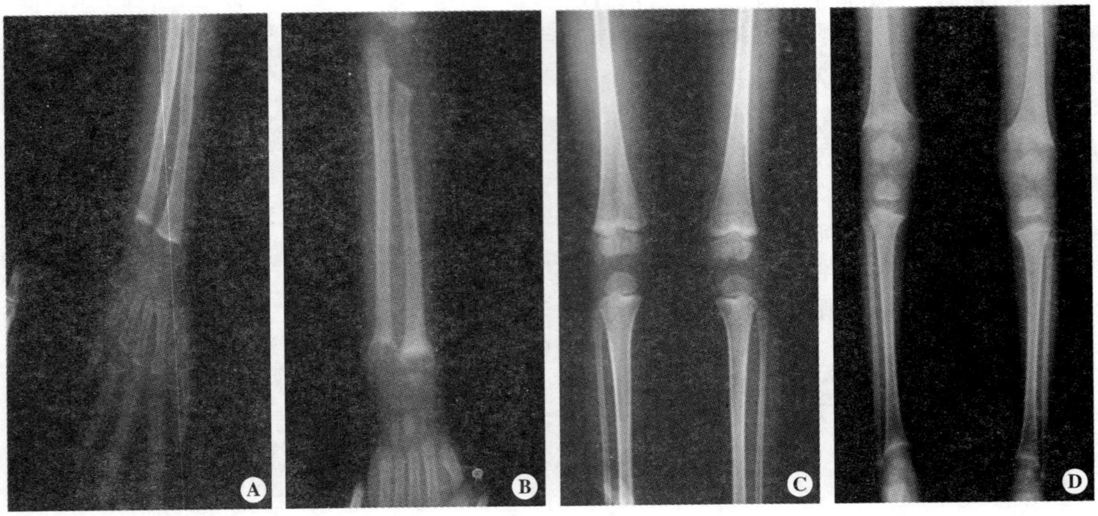

图5-3 佝偻病时骨骼X线改变

A和C分别为正常腕部和膝部，B和D分别为佝偻病腕部和膝部

3. 恢复期 以上各期经治疗或日光照射后，临床症状和体征逐渐减轻或消失。血钙、磷逐渐恢复正常，碱性磷酸酶约需1～2个月降至正常水平。治疗2～3周后骨骼X线改变有所改善，出现不规则的钙化线，以后钙化带致密增厚，骨骺软骨盘<2mm，逐渐恢复正常。

4. 后遗症期 多见于2岁以后的儿童。因婴幼儿期严重佝偻病，残留不同程度的骨骼畸形。无任何临床症状，血生化正常，X线检查骨骼干骺端病变消失。

（六）诊断

要解决是否有佝偻病、属于哪个期、是否需要治疗，正确的诊断必须结合维生素D缺乏的病因、临床表现、血生化及骨骼X线检查。应注意早期的神经兴奋性增高的症状无特异性，如多汗、烦闹等，仅据临床表现的诊断准确率较低；骨骼的改变可靠；血清-25(OH)D_3水平为最可靠的诊断标准，但很多单位不能检测。血生化与骨骼X线的检查为诊断的"金标准"。

（七）鉴别诊断

1. 与佝偻病的体征的鉴别

（1）黏多糖病：黏多糖代谢异常时，常多器官受累，可出现多发性骨发育不全，如头大、头型异常、脊柱畸形、胸廓扁平等体征。此病除临床表现外，主要依据骨骼的X线变化及尿中黏多糖的测定作出诊断。

（2）软骨营养不良：是一种遗传性软骨发育障碍，出生时即可见四肢短、头大、前额突出、腰椎前突、臀部后凸。根据特殊的体态（短肢型矮小）及骨骼X线作出诊断。

（3）脑积水：生后数月起病者，头围与前囟进行性增大。因颅内压增高，可见前囟饱满紧张，骨缝分离，颅骨叩诊有破壶声，严重时两眼向下呈落日状。头颅B超、CT检查可做出诊断。

2. 与佝偻病体征相同但病因不同的鉴别

（1）低血磷抗维生素D佝偻病：本病多为性连锁遗传，亦可为常染色体显性或隐性遗传，也有散发病例。为肾小管重吸收磷及肠道吸收磷的原发性缺陷所致。佝偻病的症状多发生于1岁以后，因而2～3岁后仍有活动性佝偻病表现；血钙多正常，血磷明显降低，尿磷增加。对用一般治疗剂量维生素 D 治疗佝偻病无效时应与本病鉴别。

（2）远端肾小管性酸中毒：为远曲小管泌氢不足，从尿中丢失大量钠、钾、钙，继发甲状旁腺功能亢进，骨质脱钙，出现佝偻病体征。患儿骨骼畸形显著，身材矮小，有代谢性酸中毒，多尿，碱性尿，除低血钙、低血磷之外，血钾亦低，血氨增高，并常有低血钾症状。

（3）维生素 D 依赖性佝偻病：为常染色体隐性遗传，可分二型。Ⅰ型为肾 1-羟化酶缺陷，使 25-(OH)D_3 转变为 1,25-(OH)D_3 发生障碍，血中 25-(OH)D_3 浓度正常；Ⅱ型为靶器官 1,25-(OH)D_3 受体缺陷，血中 1,25-(OH)D_3 浓度增高。两型临床均有严重的佝偻病体征，低钙血症、低磷血症，碱性磷酸酶明显升高及继发性甲状旁腺功能亢进，Ⅰ型患儿可有高氨基酸尿症；Ⅱ型患儿的一个重要特征为脱发。

（4）肾性佝偻病：由于先天或后天原因所致的慢性肾功能障碍，导致钙磷代谢紊乱，血钙低，血磷高，甲状旁腺继发性功能亢进，骨质普遍脱钙，骨骼呈佝偻病改变。多于幼儿后期症状逐渐明显，形成侏儒状态。

（5）肝性佝偻病：肝功能不良可能使 25-(OH)D_3 生成障碍。若伴有胆道阻塞，不仅影响维生素 D 吸收，而且由于钙皂形成，进一步抑制钙的吸收。急性肝炎、先天性肝外胆管缺乏或其他肝疾病时，循环中 25-(OH)D_3 可明显降低，出现低血钙性、抽搐和佝偻病的体征。各型佝偻病（活动期）的实验室检查见表 5-8。

表 5-8 各型佝偻病（活动期）的实验室检查

病名	血清							其他
	钙	磷	碱性磷酸酶	25-(OH)D_3	1,25-(OH)D_3	甲状旁腺素	氨基酸尿	
维生素 D 缺乏性佝偻病	正常或↓	↓	↑	↓	↓	↑	(-)	尿磷↑
家族性低磷血症	正常	↓	↑	正常或↑	正常或↓	正常	(-)	尿磷↑
远端肾小管性酸中毒	正常或↓	↓	↑	正常或↑	正常或↓	正常或↑	(-)	碱性尿、高血氧、低血钾
维生素 D 依赖性佝偻病								
Ⅰ型	↓	↓	↑	↑	↓	↑	(+)	
Ⅱ型	↓	↓	↑	正常	↑	↑	(+)	
肾性佝偻病	↓	↑	正常	正常	↓	↑	(-)	等渗尿、氮质血症酸中毒

（八）治疗

目的在于控制佝偻病活动，防止骨骼畸形。治疗的原则应以口服为主，一般剂量为每日 50～125μg（2000～5000U），1 个月后改预防量 400U/日。大剂量维生素 D 与治疗效果无正比例关系，不缩短疗程，与临床分期无关；且采用大剂量治疗佝偻病的方法缺乏可靠的指标来评价血中维生素 D 代谢产物浓度、维生素 D 的毒性、高血钙症的发生及远期后果。因此大剂量治疗应有严格的适应证。当重症佝偻病有并发症或无法口服者可大剂量肌内注射维生素 D20 万～30 万 U 一次，3 个月后改预防量。治疗 1 个月后应复查，如临床表现、血生化与骨骼 X 线改变无恢复征象，应与抗维生素 D 佝偻病鉴别。

除采用维生素 D 治疗外，应注意加强营养，保证足够奶量，及时添加转乳期食品，坚持每日户外活动。

（九）预防

营养性维生素 D 缺乏性佝偻病是自限性疾病，一旦婴幼儿有足够时间户外活动，可以自愈。有研究证实日光照射和生理剂量的维生素 D（400U）可治疗佝偻病。因此，现认为确保儿童每日获得维生素 D400U 是预防和治疗的关键。

1. 围生期 孕母应多户外活动，食用富含钙、磷、维生素 D 及其他营养素的食物。妊娠后期适量补充维生素 D（800U/d）有益于胎儿贮存充足维生素 D，以满足生后一段时间生长发育的需要。

2. 婴幼儿期 预防的关键在日光浴与适量维生素 D 的补充。出生 1 个月后可让婴儿逐渐坚持户外活动，冬季也要注意保证每日 1～2 小时户外活动时间。有研究显示，每周让母乳喂养的婴儿户外活动 2 小时，仅暴露面部和手部，可维持婴儿血 25-(OH)D_3 浓度在正常范围的低值（>11ng/dl）。早产儿、低出生体重儿、双胎儿生后 1 周开始补充维生素 D800U/d，3 个月后改预防量；足月儿生后 2 周开始补充维生素 D400U/d，均补充至 2 岁。夏季阳光充足，可在上午和傍晚户外活动，暂停或减量服用维生素D。一般可不加服钙剂，但乳类摄入不足和营养欠佳时可适当补充微量营养素和钙剂。

维生素D缺乏性手足搐搦症

维生素D缺乏性手足搐搦症（tetany of vitamin D deficiency）是维生素D缺乏性佝偻病的伴发症状之一，多见6个月以内的小婴儿。目前因预防维生素D缺乏工作的普遍开展，维生素D缺乏性手足搐搦症已较少发生。

（一）病因和发病机制

维生素D缺乏时，血钙下降而甲状旁腺不能代偿性分泌物增加；血钙继续降低，当总血钙低于1.75～1.8mmol/L（<7～7.5mg/dl），或离子钙低于1.0mmol/L（4mg/dl）时可引起神经肌肉兴奋性增高，出现抽搐（图5-2）。为什么维生素D缺乏时机体出现甲状旁腺功能低下的原因尚不清楚，推测当婴儿体内钙营养状况较差时，维生素D缺乏的早期甲状旁腺急剧代偿分泌增加，以维持血钙正常；当维生素D继续缺乏，甲状旁腺功能反应过度而疲惫，以致出现血钙降低。因此维生素D缺乏性手足搐搦症的患儿，同时存在甲状旁腺功能亢进所产生的佝偻病的表现和甲状旁腺功能低下的低血钙所致的临床表现。

（二）临床表现

临床表现主要为惊厥、喉痉挛和手足搐搦，并有程度不等的活动期佝偻病的表现。

1. 隐匿型 血清钙多在1.75～1.88mmol/L，没有典型发作的症状，但可通过刺激神经肌肉而引出下列体征。①面神经征（chvostek sign）：以手指尖或叩诊锤骤击患儿颧弓与口角间的面颊部（第7脑神经孔处），引起眼睑和口角抽动为面神经征阳性，新生儿期可呈假阳性；②腓反射（peroneal reflex）：以叩诊锤骤击膝下外侧腓骨小头上腓神经处，引起足向外侧收缩者即为腓反射阳性；③陶瑟征（Trousseau sign）：以血压计袖带包裹上臂，使血压维持在收缩压与舒张压之间，5分钟之内该手出现痉挛症状属陶瑟征阳性。

2. 典型发作 血清钙低于1.75mmol/L时可出现惊厥、喉痉挛和手足搐搦。①惊厥：突然发生四肢抽动，两眼上窜，面肌颤动，神志不清，发作时间可短至数秒钟，或长达数分钟以上，发作时间长者可伴口周发绀。发作停止后，意识恢复，精神萎靡而入睡，醒后活泼如常，发作次数可数日1次或1日数次，甚至多至1日数十次。一般不发热，发作轻时仅有短暂的眼球上窜和面肌抽动，神志清楚。②手足搐搦：可见于较大婴儿、幼儿，突发手足痉挛呈弓状，双手呈腕部屈曲状，手指伸直，拇指内收掌心，强直痉挛；足部踝关节伸直，足趾同时向下弯曲。③喉痉挛：婴儿见多，喉部肌肉及声门突发痉挛，呼吸困难，有时可突然发生窒息，严重缺氧甚至死亡。三种症状以无热惊厥为最常见。

（三）诊断与鉴别诊断

突发无热惊厥，且反复发作，发作后神志清醒无神经系统体征，同时有佝偻病存在，总血钙低于1.75mmol/L，离子钙低于1.0mmol/L即为本症。应与下列疾病鉴别。

1. 其他无热惊厥性疾病

（1）低血糖症：常发生于清晨空腹时，有进食不足或腹泻史，重症病例惊厥后转入昏迷，一般口服或静脉注射葡萄液后立即恢复，血糖常低于2.2mmol/L。

（2）低镁血症：常见于新生儿或年幼婴儿，常有触觉、听觉过敏，引起肌肉颤动，甚至惊厥、手足搐搦，血镁常低于0.58mmol/L（1.4mg/dl）。

（3）婴儿痉挛症：为癫痫的一种表现。起病于1岁以内，呈突然发作，头及躯干、上肢均屈曲，手握拳，下肢弯曲至腹部，呈点头哈腰状抽搦和意识障碍，发作数秒至数十秒自停，伴智能异常，脑电图有特征性的高辐异常节律波出现。

（4）原发性甲状旁腺功能减退：表现为间歇性惊厥或手足搐搦，间隔几天或数周发作1次，血磷升高>3.2mmol/L（10mg/d），血钙降至1.75mmol/L（7mg/dl）以下，碱性磷酸酶正常或稍低，颅骨X线可见基底核钙化灶。

2. 中枢神经系统感染 脑膜炎、脑炎、脑脓肿等大多伴有发热和感染中毒症状，精神委靡，食欲差等。体弱年幼儿反应差，有时可不发热。有颅内压增高体征及脑脊液改变。

3. 急性喉炎 大多伴有上呼吸道感染症状，也可突然发作，声音嘶哑伴犬吠样咳嗽及吸气困难，无低血钙症状，钙剂治疗无效。

（四）治疗

1. 急救处理

（1）吸氧：惊厥期应立即吸氧，喉痉挛者须立即将舌头拉出口外，并进行口对口呼吸或加压给氧，必要时作气管插管以保证呼吸道通畅。

（2）迅速控制惊厥或喉痉挛：可用10%水合氯醛，每次40～50mg/kg，保留灌肠；或地西泮每次0.1～0.3mg/kg肌内或静脉注射。

2. 钙剂治疗 尽快给予10%葡萄糖酸钙5～10ml加入10%葡萄糖液5～20ml，缓慢静脉注射或滴注，迅速提高血钙浓度，惊厥停止后口服钙剂，不可皮下或肌内注射钙剂以免造成局部坏死。

3. 维生素D治疗 急诊情况控制后，按维生素D缺乏性佝偻病补充维生素D治疗。

第六节　蛋白质-能量营养障碍

一、蛋白质-能量营养不良

案例 5-3

患儿，女，1 岁 6 个月。因“咳嗽伴发热 10 天”而入院。患儿 10 天前出现咳嗽，早期为单声咳嗽，近 3 天出现连声咳嗽，有痰。同时伴有发热，体温最高 38.8°C。3 个月前有麻疹病史，近期食欲较差，以米糊喂养为主。查体：体温 38.2°C，心率 130 次/分，呼吸 42 次/分，体重 7.2kg。精神反应稍差，轻度贫血貌，唇周无发绀，可见胸骨上窝凹陷，肺部可闻及湿性啰音，心音正常，腹壁皮下脂肪 0.7cm，肝脾无增大，双下肢轻度水肿。

【思考题】

1. 该患儿患哪些疾病？其依据是什么？
2. 应进行哪些关键辅助检查？
3. 如何指导患儿家长进行喂养？

蛋白质-能量营养不良（proteln-energy malnutrition，PEM）是由于食物中缺乏能量和（或）蛋白质供给所致的一种营养缺乏症，主要见于 3 岁以下婴幼儿。临床上以体重明显减轻、皮下脂肪减少和皮下水肿为特征，常伴有各器官系统的功能紊乱。急性发病者常伴有水、电解质紊乱，慢性者常有多种营养素缺乏。严重者可直接导致死亡。临床常见三种类型：能量供应不足为主的消瘦型；以蛋白质供应不足为主的水肿型及介于两者之间的消瘦-水肿型。

（一）病因

1. 摄入不足　小儿处于生长发育的阶段，对营养素尤其是蛋白质的需要相对较多，喂养不当是导致营养不良的重要原因，如母乳不足而未及时添加其他富含蛋白质的食品；奶粉配制过稀；突然停奶而未及时添加辅食；长期以淀粉类食品（粥、米粉、奶糕）喂养等。较大儿童的营养不良多为婴儿期营养不良的继续，或因不良的饮食习惯如偏食、挑食、吃零食过多、不吃早餐等引起。

2. 消化吸收不良　消化吸收障碍，如消化系统解剖或功能上的异常（包括唇裂、腭裂、幽门梗阻等）、迁延性腹泻、过敏性肠炎、肠吸收不良综合征等均可影响食物的消化和吸收。

3. 需要量增加　急、慢性传染病（如麻疹、伤寒、肝炎、结核）的恢复期、生长发育快速阶段等均可因需要量增多而造成营养相对缺乏；糖尿病、大量蛋白尿、发热性疾病、甲状腺功能亢进、恶性肿瘤等均可使营养素的消耗量增多而导致营养不足。先天不足和生理功能低下如早产、双胎因追赶生长而需要量增加可引起营养不良。

（二）病理生理

1. 新陈代谢异常

（1）蛋白质：由于蛋白质摄入不足或蛋白质丢失过多，使体内蛋白质代谢处于负平衡。当血清总蛋白浓度<40g/L、白蛋白<20g/L 时，便可发生低蛋白性水肿。

（2）脂肪：能量摄入不足时，体内脂肪大量消耗以维持生命活动的需要，故血清胆固醇浓度下降。肝是脂肪代谢的主要器官，当体内脂肪消耗过多，超过肝的代谢能力时可造成肝脂肪浸润及变性。

（3）糖类：由于摄入不足和消耗增多，故糖原不足和血糖偏低，轻度时症状并不明显，重者可引起低血糖昏迷甚至猝死。

（4）水、盐代谢：由于脂肪大量消耗，故细胞外液容量增加，低蛋白血症可进一步加剧而呈现水肿；PEM 时 ATP 合成减少可影响细胞膜上钠-钾-ATP 酶的运转，钠在细胞内潴留，细胞外液一般为低渗状态，易出现低渗性脱水、酸中毒、低血钾、低血钠、低血钙和低镁血症。

（5）体温调节能力下降：营养不良儿体温偏低，可能与热能摄入不足；皮下脂肪菲薄，散热快；血糖降低；氧耗量低、脉率和周围血循环量减少等有关。

2. 各系统功能低下

（1）消化系统：胃肠黏膜变薄甚至萎缩，上皮细胞变形，小肠绒毛失去正常形态。由于消化液和酶的分泌减少、酶活力降低，肠蠕动减弱，菌群失调，致消化功能低下，易发生腹泻。

（2）循环系统：严重病例引起心排血量减少，心率减慢，循环时间延长，心脏收缩力减弱，心排出量减少，血压偏低，脉细弱。

（3）泌尿系统：严重者肾小管细胞浑浊肿胀，脂肪浸润。肾小球滤过率和肾血流减少，肾小管重吸收功能减低，尿量增多而尿比重下降。

（4）神经系统：营养不良对大脑和智力发育有很大影响。营养不良如发生在脑发育高峰期，将影响脑的体积和化学组成，使脑的重量减轻，磷脂减少。表现为精神抑郁但时有烦躁不安、表情淡漠、反应迟钝、记忆力减退、智力低下、条件反射不易建立。

（5）免疫功能：非特异性（如皮肤黏膜屏障功能、白细胞吞噬功能、补体功能）和特异性免疫功能均明显降低。患儿结核菌素等迟发性皮肤反应可呈阴性，常伴 IgG 亚类缺陷和 T 细胞亚群比例失调等。由于免疫功能全面低下，患儿极易并发各种感染。

（三）临床表现

体重不增是营养不良的早期表现。随营养失调日久加重，体重逐渐下降，患儿主要表现为消瘦，皮下脂肪逐渐减少以至消失，皮肤干燥、苍白、皮肤逐渐失去弹性、额部出现皱纹如老人状、肌张力逐渐降低、肌肉松弛、肌肉萎缩呈“皮包骨”、四肢可有挛缩。皮下脂肪层消耗的顺序首先是腹部，其次为躯干、臀部、四肢、最后为面颊。皮下脂肪层厚度是判断营养不良程度的重要指标之一。营养不良初期，身高并无影响，但随着病情加重，骨骼生长减慢，身高亦低于正常。轻度营养不良，精神状态正常，但重度可有精神萎靡，反应差，体温偏低，脉细无力，无食欲，腹泻、便秘交替。合并血浆白蛋白明显下降时，可有凹陷性水肿、皮肤发亮，严重时可破溃、感染形成慢性溃疡。重度营养不良可有重要脏器功能损害，如心脏功能下降，可有心音低钝、血压偏低、脉搏变缓、呼吸浅表等。

常见的并发症有营养性贫血，以小细胞低色素性贫血最为常见，贫血与缺乏铁、叶酸、维生素 B_{12}、蛋白质等造血原料有关。营养不良可有多种维生素缺乏，尤以脂溶性维生素 A、D 缺乏常见。在营养不良时，维生素 D 缺乏的症状不明显，在恢复期生长发育加快时症状比较突出。约有 3/4 的患儿伴有锌缺乏，由于免疫功能低下，故易患各种感染，如反复呼吸道感染、鹅口疮、肺炎、结核病、中耳炎、尿路感染等；婴儿腹泻常迁延不愈加重营养不良，形成恶性循环。

营养不良可并发自发性低血糖，患儿可突然表现为面色灰白、神志不清、脉搏减慢、呼吸暂停、体温不升，但一般无抽搐，若不及时诊治，可致死亡。

（四）实验室检查

血清白蛋白浓度降低是最重要的改变，但其半衰期较长（19 ~ 21 日）故不够灵敏。视黄醇结合蛋白（半衰期 10 小时）、前白蛋白（半衰期 1.9 日），甲状腺结合前白蛋白（半衰期 2 日）和转铁蛋白（半衰期 3 日）等代谢周期较短的血浆蛋白质具有早期诊断价值。胰岛素样生长因子 1（IGF1）不仅反应灵敏且受其他因素影响较小，是诊断蛋白质营养不良的较好指标。营养不良小儿牛磺酸和必需氨基酸浓度降低，而非必需氨基酸变化不大；血清淀粉酶、脂肪酶、胆碱酯酶、转氨酶、碱性磷酸酶、胰酶和黄嘌呤氧化酶等活力均下降，经治疗后可迅速恢复正常；胆固醇，各种电解质及微量元素浓度皆可下降；生长激素水平升高。

（五）诊断

根据小儿年龄及喂养史，有体重下降、皮下脂肪减少、全身各系统功能紊乱及其他营养素缺乏的临床症状和体征，典型病例的诊断并不困难。轻度患儿易被忽略，需通过定期生长监测、随访才能发现。确诊后还需详细询问病史和进一步检查，以确定病因。诊断营养不良的基本测量指标为身长和体重。5 岁以下营养不良的体格测量指标的分型和分度如下。

1. 体重低下（underweight） 体重低于同年龄、同性别参照人群值的均值减 2SD 以下为体重低下。如低于同年龄、同性别参照人群值的均值减 2 ~ 3SD 为中度；在均值减 3SD 以下为重度。该项指标主要反映儿童过去和（或）现在有慢性或急性营养不良，但单凭此项不能区别急性还是慢性营养不良。

2. 生长迟缓（stunting） 其身长低于同年龄、同性别参照人群值的均值减 2SD 为生长迟缓。如低于同年龄、同性别参照人群均值减 2 ~ 3SD 为中度；低于均值减 3SD 以下为重度。此指标主要反映慢性长期营养不良。

3. 消瘦（wasting） 体重低于同性别、同身高参照人群值的均值减 2SD 为消瘦。如低于同性别、同身高参照人群值的均值减 2 ~ 3SD 为中度；低于均值减 3SD 为重度。此项指标主要反映近期、急性营养不良。

临床常综合应用以上指标来判断患儿营养不良的类型和严重程度。以上三项判断营养不良的指标可以同时存在，也可仅符合其中一项。符合一项即可进行营养不良的诊断。

（六）治疗

营养不良的治疗原则是积极处理各种危及生命的并发症、祛除病因、调整饮食、促进消化功能。

1. 处理危及生命的并发症 严重营养不良常发生危及生命的并发症，如腹泻时的严重脱水和电解质紊乱、酸中毒、休克、肾衰竭、自发性低血糖、继发感染及维生素 A 缺乏所致的眼部损害等。有真菌感染的患儿，除积极给予支持治疗外，要及时进行抗真菌治疗及其他相应的处理。

2. 祛除病因 在查明病因的基础上，积极治疗原发病，如纠正消化道畸形，控制感染性疾病、根治各种消耗性疾病、改进喂养方法等。

3. 调整饮食 营养不良患儿的消化道因长期摄入过少，已适应低营养的摄入，过快增加摄食量易出现消化不良、腹泻，故饮食调整的量和内容应根据实际的消化能力和病情逐步完成，不能操之过急。轻度营养不良可从每日 250 ~ 330kJ/kg（60 ~ 80kcal/kg）开始，中、重度可参考原来的饮食情况，从每日 165 ~ 230kJ/kg（40 ~ 55kcal/kg）开始，逐步少量增加；若消化吸收能力较好，可逐渐加到每日 500 ~ 727kJ/kg（120 ~ 170kcal/kg），并按实际体重计算热能需要。母乳喂养儿可根据患儿的食欲哺乳，按需哺喂；人工喂养儿从给予稀释奶开始，适应后逐渐增加奶量和浓度。除乳制品外，可给予蛋类、肝泥、肉末、鱼粉等高蛋白食物，必要时也可添加酪蛋白水解物、氨基酸混合液或要素饮食。蛋白质摄入量从每日 1.5 ~ 2.0g/kg 开始，逐步增加到 3.0 ~ 4.5g/kg，过早给予高蛋白食物可引起腹胀和肝大。食物中应含有丰富的维生素和微量元素。

4. 促进消化 其目的是改善消化功能。

（1）药物：可给予B族维生素和胃蛋白酶、胰酶等以助消化。蛋白质同化类固醇制剂如苯丙酸诺龙能促进蛋白质合成，并能增加食欲，每次肌内注射10～25mg，每周1～2次，连续2～3周，用药期间应供给充足的热量和蛋白质。对食欲差的患儿可给予胰岛素注射，降低血糖，增加饥饿感以提高食欲，通常每日一次皮下注射胰岛素2～3U，注射前先服葡萄糖20～30g，每1～2周为一疗程。锌制剂可提高味觉敏感度，有增加食欲的作用，每日可口服元素锌0.5～1mg/kg。

（2）中医治疗：中药参苓白术散能调整脾胃功能，改善食欲；针灸、推拿、抚触、捏脊等也有一定疗效。

5. 其他　病情严重、伴明显低蛋白血症或严重贫血者，可考虑成分输血。静脉滴注高能量脂肪乳剂、多种氨基酸、葡萄糖等也可酌情选用。此外，充足的睡眠、适当的户外活动、纠正不良的饮食习惯和良好的护理亦极为重要。

（七）预后和预防

预后取决于营养不良的发生年龄、持续时间及其程度，其中尤以发病年龄最为重要，年龄愈小，其远期影响愈大，尤其是认知能力和抽象思维能力易发生缺陷。本病的预防应采取综合措施。

1. 合理喂养　大力提倡母乳喂养，对母乳不足或不宜母乳喂养者应及时给予指导，采用混合喂养或人工喂养并及时添加辅助食品；纠正偏食、挑食、吃零食的不良习惯，小学生早餐要吃饱，午餐应保证供给足够的能量和蛋白质。

2. 合理安排生活作息制度　坚持户外活动，保证充足睡眠，纠正不良的卫生习惯。

3. 防治传染病和先天畸形　按时进行预防接种；对患有唇裂、腭裂及幽门狭窄等先天畸形者应及时手术治疗。

4. 推广应用生长发育监测图　定期测量体重，并将体重值标在生长发育监测图上，如发现体重增长缓慢或不增，应尽快查明原因，及时予以纠正。

二、小儿单纯性肥胖

案例5-4

患儿，男，10岁，一般情况正常，食欲好。最近因步行4层楼梯感觉气促而就诊。体查：呼吸30次/分，心率110次/分，身高128cm，体重41kg，血压135/86mmHg。匀称性肥胖，肺部体检正常，心脏听诊心音正常，无杂音，腹部皮下脂肪5cm，肝右肋下3cm，无触痛，其他体检正常。

【思考题】

1. 该病例是否可诊断肥胖？
2. 在进一步检查和治疗方面应给予何建议？

小儿单纯性肥胖（obesity）是由于长期能量摄入超过人体的消耗，使体内脂肪过度积聚、体重超过一定范围的一种营养障碍性疾病，是由遗传、代谢、内分泌失调、不良生活习惯等多种因素引起的综合征。遗传及环境因素是儿童肥胖发生的重要因素。儿童肥胖与代谢综合征、心血管损害、胰岛素抵抗及肝脂肪变性关系密切。体重超过同性别、同身高参照人群均值的20%即可称为肥胖。小儿单纯性肥胖症在我国呈逐步增多的趋势，目前占5%～8%。肥胖不仅影响儿童的健康，且儿童期肥胖可延续至成人，容易引起高血压、糖尿病、冠心病、胆石症、痛风等疾病，对本病的防治应引起社会及家庭的重视。

（一）病因

单纯性肥胖占肥胖的95%～97%，不伴有明显的内分泌和代谢性疾病。

1. 能量摄入过多　摄入的营养超过机体代谢需要，多余的能量便转化为脂肪储存体内、导致肥胖。

2. 活动量过少　活动过少和缺乏适当的体育锻炼是发生肥胖症的重要因素，即使摄食不多，也可引起肥胖。肥胖儿童大多不喜爱运动，形成恶性循环。

3. 遗传因素　肥胖有高度的遗传性，目前认为肥胖的家族性与多基因遗传有关。肥胖双亲的后代发生肥胖者高达70%～80%；双亲之一肥胖者，后代肥胖发生率为40%～50%；双亲正常的后代发生肥胖者仅10%～14%。

4. 其他　如进食过快，或饱食中枢和饥饿中枢调节失衡以致多食；精神创伤（如亲人病故或学习成绩低下）及心理异常等因素亦可致儿童过量进食。

（二）病理生理

儿童肥胖可导致代谢异常及内分泌改变，并对心血管系统造成影响。

（1）儿童肥胖与代谢异常：儿童肥胖易延续至成年，是导致代谢异常的重要病理生理基础。肥胖儿童存在糖类代谢、脂类代谢和蛋白质代谢的异常，临床表现为血浆甘油三酯、胆固醇、极低密度脂蛋白及游离脂肪酸增加，但高度脂蛋白减少，另外血氨水平可增高而引发痛风症。

（2）儿童肥胖与心血管疾病的关系：在超重肥胖儿童个体身上已有传统成年人心血管危险因素的聚集，并且多个因素聚集现象比单个危险因素更有意义，高血压、慢性炎症及糖代谢异常可促进肥胖儿童动脉粥样硬化症及心血管疾病的发生。

（3）儿童肥胖与内分泌变化：儿童肥胖可引起系列的内分泌改变，如甲状腺功能减弱、生长激素水平下降、女性雌激素水平增高而男性雄激素水平下降，以及糖皮质激素水平紊乱等。另外，研究证实肥胖儿童普遍存在胰岛素抵抗和胰岛素敏感性下降，致糖代谢异常，可出现糖耐量降低或糖尿病。

（4）儿童肥胖与非酒精性脂肪肝病：儿童肥胖可导致多个脏器损害，如肥胖性心肌病、非酒精性脂肪肝病、肥胖相关性肾病等，其中非酒精性脂肪肝病最为常见，患病率较高、病变出现较早，因为肝是糖、脂代谢紊乱状态下最重要的受累器官。患脂肪肝的儿童多呈肥胖体型，以男孩多见，多伴有血清转氨酶增高和血脂的增高。高脂血症是肥胖儿童脂肪肝的直接原因，肥胖儿童若同时合并高脂血症则发生脂肪肝的危险升高，其中高三酰甘油血症与脂肪肝的关系最为密切，此外，脂肪肝的发生还与高脂血症和肥胖持续时间有关。

（三）临床表现

肥胖可发生于任何年龄，但最常见于婴儿期、5～6岁和青春期。患儿食欲旺盛且喜吃甜食和高脂肪食物。明显肥胖儿童常有疲劳感，用力时气短或腿痛。严重肥胖者由于脂肪的过度堆积限制了胸廓和膈肌运动，使肺通气量不足、呼吸浅快，故肺泡换气量减少，造成低氧血症、气急、发绀、红细胞增多、心脏扩大或出现充血性心力衰竭甚至死亡，称肥胖-换氧不良综合征（pickwickian syndrome）。

体格检查可见患儿皮下脂肪丰满，但分布均匀，腹部膨隆下垂，严重肥胖者可因皮下脂肪过多，使胸腹、臀部及大腿皮肤出现皮纹；因体重过重，走路时两下肢负荷过重可致膝外翻和扁平足。女孩胸部脂肪堆积应与乳房发育相鉴别，后者可触到乳腺组织硬结。男性肥胖儿因大腿内侧和会阴部脂肪堆积，阴茎可隐匿在阴阜脂肪垫中而被误诊为阴茎发育不良。

肥胖小儿性发育常较早，故最终身高常略低于正常小儿。由于怕被别人讥笑而不愿与其他小儿交往，故常有心理上的障碍，如自卑、胆怯、孤独等。

（四）实验室检查

肥胖儿三酰甘油、胆固醇大多增高，严重患者血清β白蛋白也增高；常有高胰岛素血症，血生长激素水平减低，生长激素刺激试验的峰值也较正常小儿为低。肝超声波检查常有脂肪肝。

（五）诊断

小儿体重超过同性别、同身高参照人群均值10%～19%者为超重；超过20%以上者便可诊断为肥胖症；超过20%～29%者为轻度肥胖；超过30%～49%者为中度肥胖；超过50%者为重度肥胖。确诊时须与可引起继发性肥胖的疾病鉴别。

体重指数（BMI）是评价肥胖的另一种指标。BMI是指体重（kg）/身长的平方（m^2），小儿BMI随年龄性别而有差异，评价时可查阅图表，如BMI为P85～P95为超重，超过P95为肥胖。

（六）鉴别诊断

1. 伴肥胖的遗传性疾病

（1）Prader-Willi综合征：呈周围型肥胖体态、身材矮小、智能低下、手脚小、肌张力低、外生殖器发育不良。本病可能与位于15q12的SNRPN基因缺陷有关。

（2）Laurence-Moon-Biedl综合征：周围型肥胖、智能轻度低下、视网膜色素沉着、多指趾、性功能减低。

（3）Alstrom综合征：中央型肥胖、视网膜色素变性、失明、神经性耳聋、糖尿病。

2. 伴肥胖的内分泌疾病

（1）肥胖生殖无能症（Fröhlich syndrome）：本症继发于下丘脑及垂体病变，其体脂主要分布在颈、颏下、乳房、下肢、会阴及臀部，手指、足趾显得纤细、身材矮小，第二性征延迟或不出现。

（2）其他内分泌疾病：如肾上腺皮质增生症、甲状腺功能减低症、生长激素缺乏症等虽有皮脂增多的表现，但均各有其特点，故不难鉴别。

（七）治疗

肥胖症的治疗原则是减少产热能性食物的摄入和增加机体对热能的消耗，使体内脂肪不断减少，体重逐步下降。饮食疗法和运动疗法是两项最主要的措施，药物治疗效果不很肯定，外科手术治疗的并发症严重，不宜用于小儿。

1. 饮食疗法 鉴于小儿正处于生长发育阶段及肥胖治疗的长期性，故多推荐低脂肪、低糖类和高蛋白食谱。低脂饮食可迫使机体消耗自身的脂肪储备，但也会使蛋白质分解，故需同时供应优质蛋白质。糖类分解成葡萄糖后会强烈刺激胰岛素分泌，从而促进脂肪合成，故必须适量限制。食物的体积在一定程度上会使患儿产生饱腹感，故应鼓励其多吃体积大而热能低的蔬菜类食品，其纤维还可减少糖类的吸收和胰岛素的分泌，并能阻止胆盐的肠肝循环，促进胆固醇排泄，且有一定的通便作用。萝卜、胡萝卜、青菜、黄瓜、番茄、莴苣、苹果、柑橘、竹笋等均可选择。

良好的饮食习惯对减肥具有重要作用，如避免晚餐过饱，不吃夜宵，不吃零食，少吃多餐，减慢进食速度、细嚼慢咽等。平时不要让患儿看到美味食品，以免引起食欲中枢兴奋。

2. 运动疗法 适当的运动能促使脂肪分解，减少胰岛素分泌，使脂肪合成减少，蛋白质合成增加，促进肌肉发育。肥胖小儿常因动作笨拙和活动后易累而不愿锻炼，可鼓励和选择患儿喜欢和有效易于坚持的运动，如晨间跑步、散步、做操等，每日坚持至少运动30分钟，活动量以运动后轻松愉快、不感到疲劳为原则。运动要循序渐进，不要求之过急。如果运动后疲惫不堪，心慌气促及食欲大增均提示活动过度。

3. 药物治疗 苯丙胺类和马吲哚类等食欲抑制剂及甲状腺素等增加消耗类药物对儿童均应慎用。

(八) 预防

孕妇在妊娠后期要适当减少摄入脂肪类食物,防止胎儿体重增加过重;要宣传肥胖儿不是健康儿的观点,使家长摒弃"越胖越健康"的陈旧观念;父母肥胖者更应定期监测小儿体重,以免小儿发生肥胖症。

第七节 微量元素障碍

人体必需微量元素包括铁、碘、氟、锌、铬、硒、镁、钼和铜等,除铁外,锌和碘缺乏也是儿童时期较为常见的疾病。

一、锌 缺 乏

锌为人体必需微量元素之一,是构成机体许多酶、激素、维生素等生物活性物质的重要组成部分。锌缺乏症(zinc deficiency)是由于锌摄入不足、吸收障碍、丢失过多等导致体内锌含量不足,从而影响人体的各种生理功能所致的营养障碍性疾病。本病多见于6岁以下的儿童,表现为食欲缺乏、生长发育迟缓、免疫功能低下、皮炎和异食癖等。

目前关于锌缺乏发生率的流行病学资料还不完整。据世界卫生组织估计每年大约有8 000 000人死亡与缺锌有关,而超过50%为年龄在5岁以下的儿童。估计全球有1/4~1/3的学龄前儿童和他们的母亲受到锌缺乏的影响。通过补充和强化实物中的锌可降低儿童的死亡率。

(一) 病因

1. 摄入不足 食物中含锌不足为锌缺乏的主要原因,动物性食物不仅含锌丰富而且易于吸收,坚果类(核桃、板栗、花生等)含锌也不低,其他植物性食物则含锌少,故素食者容易缺锌。母乳中锌的生物利用率比牛乳或大豆蛋白高。人工喂养的小儿相对容易发生锌缺乏。全胃肠道外营养如未加锌也可致锌缺乏。

2. 吸收障碍 各种原因所致的腹泻皆可妨碍锌的吸收。谷类食物中含大量植酸和粗纤维,这些均可与锌结合而妨碍其吸收。牛乳含锌量与母乳相似,为45.9~53.5μmol/L(300~350μg/dl),但牛乳锌的吸收率(39%)远低于母乳锌(65%),故长期纯牛乳喂养也可致缺锌。肠病性肢端皮炎(acrodermatitis enteropathica)是一种常染色体隐性遗传病,因小肠缺乏吸收锌的载体,故可表现为严重缺锌。

3. 需要量增加 在生长发育迅速阶段的婴儿,或在组织修复过程中、营养不良恢复期等状态下,机体对锌需要量增多,如未及时补充,可发生锌缺乏。

4. 丢失过多 如反复出血、溶血、大面积灼伤、慢性肾疾病、长期透析、蛋白尿及应用金属螯合剂(如青霉胺)等均可因锌丢失过多而导致锌缺乏。

5. 药物影响 类固醇药物可使血清、皮肤含锌减少,导致伤口愈合不良、皮炎等。

6. 疾病 长期感染、发热时的锌需要量增加,同时食欲减退,如不及时补充,则导致锌缺乏。

(二) 临床表现

正常人体含锌2~2.5g,缺锌可影响核酸和蛋白质的合成及其他生理功能。

1. 消化功能减退 缺锌影响味蕾细胞更新和唾液磷酸酶的活性,使舌黏膜增生、角化不全,以致味觉敏感度下降,发生食欲缺乏、厌食、异嗜癖。使消化酶活性减低,导致消化功能明显降低;胰岛素的活性降低,引起糖代谢障碍;影响乳糜微粒外膜合成,易发生脂肪吸收障碍。

2. 生长发育落后 儿童期缺锌的早期典型表现是生理性生长速度减慢。缺锌可妨碍生长激素轴功能及性腺轴的成熟,表现为生长发育迟缓、体格矮小、性发育延迟和性腺功能减退。

3. 免疫功能降低 主要损害细胞免疫功能,T淋巴细胞明显减少和功能减低而容易导致反复发生呼吸道、消化道感染;对固有免疫的影响:Th1细胞因子(IFN-γ,IL-2和TNF-α)减少,降低NK细胞活性及胸腺肽活性。

4. 智能发育延迟 缺锌可使脑DNA和蛋白质合成障碍,影响脑谷氨酸、γ-氨基丁酸代谢,从而引起智能发育迟缓。

5. 皮肤黏膜损害 复发性口腔炎、舌炎、外阴炎、结膜炎等,皮肤损害,多位于皮肤黏膜交界处、眼、鼻、肢端,可将经久不愈的对称性皮炎。

6. 肠源性肢端皮炎(acrodermatitis enteropathica, AE) 是一种与锌代谢紊乱有关的常染色体隐性遗传性疾病,好发于婴儿时期,由于小肠黏膜上皮细胞缺乏吸收锌的载体,细胞摄取锌减少,导致严重的缺锌。表现为顽固性腹泻、皮肤和黏膜损害、脱发,小儿一般营养较差,体格、动作、语言发育均显著落后于同龄儿,常继发营养不良、感染、血锌、尿锌减少,口服锌剂治疗有效。

(三) 实验室检查

1. 血清锌测定 正常最低值为11.47μmol/L(75μg/dl)。

2. 餐后血清锌浓度反应试验(PICR) 测空腹血清锌浓度(A_0)作为基础水平,然后给予标准饮食(按全日总热量的20%计算,其中蛋白质为10%~15%,脂肪为30%~35%,糖类为50%~60%),2小时后复查血清锌(A_2),按公式 $PICR=(A_0-A_2)/A_0\times 100\%$ 计算,若PICR>15%提示缺锌。

3. 发锌测定 不同部位的头发和不同的洗涤方法均可影响测定结果,轻度缺锌时发锌浓度降低,严重时头发生长减慢,发锌值反而增高,故发锌不能反映近期体内的锌营养状况。

（四）诊断

根据膳食缺锌史和临床表现，空腹血清锌<11.47μmol/L；PICR>15%；锌剂治疗有显效等即可诊断。

（五）治疗

1. 针对病因 消除引起缺锌的各种原因，治疗原发病，如长期腹泻、反复呼吸道感染、大面积创伤的治疗。

2. 饮食治疗 提倡婴儿期母乳喂养，4～6个月龄后添加动物性食物的辅食。鼓励多进食富含锌的动物性食物如肝、鱼、瘦肉、禽蛋、牡蛎等。

3. 补充锌剂 常用葡萄糖酸锌、硫酸锌、醋酸锌、甘草锌、乙酰羟脯氨酸锌等，每日剂量为元素锌1.0mg/kg，相当于葡萄糖酸锌3.5～7mg/kg，疗程一般为2～3个月。葡萄糖酸锌易引起胃肠道反应，建议分多次餐后口服以减少不良反应。长期静脉输入高能量者，每日锌用量为：早产儿0.3mg/kg；足月儿～5岁0.1mg/kg；>5岁2.5～4mg/d。有肠源性肢端皮炎者须终生补锌，每日元素锌3 mg/kg。

锌剂的毒性较小，但剂量过大也可引起胃部不适、恶心、呕吐、腹泻等消化道刺激症状，甚至引起脱水和电解质紊乱。锌中毒可干扰铜代谢，长期补锌注意检测血铜、铁、钙。

（六）预防

（1）元素锌每日RNI为：6个月以下1.5mg，6个月～1岁以下8mg，1～4岁以下12mg，4～7岁以下13.5mg。

（2）提倡母乳喂养，初乳含锌丰富，为血清的4～7倍。

（3）对缺锌高危者，如早产儿，人工喂养者，营养不良儿，长期腹泻、长期静脉营养、长期应用类固醇激素、大面积烧伤、反复感染等小儿，可适当补锌。对于贫困地区儿童可采用群体干预方法，给予锌制剂或含锌复合微量营养素。

二、碘缺乏

碘为人体必需微量元素之一，体内含量约为2.5mg，主要存在于甲状腺内，是甲状腺素和三碘甲腺原氨酸合成的底物。碘缺乏症（iodine deficiency disorders，IDD）是由于碘摄入不足使甲状腺合成障碍，从而影响生长发育的营养障碍性疾病。食物和饮水中缺碘是其根本原因。碘缺乏可导致甲状腺功能减低症，主要危害是影响脑发育，导致儿童智力损害和体格发育障碍。

全球约有38%的人口生活在碘缺乏地区，以前我国是全球IDD流行最严重的国家之一。

（一）病因

食物和饮水中缺碘是其根本原因，缺碘使甲状腺素合成障碍，影响体格生长和脑发育。

（二）临床表现

缺碘的主要危害是影响脑发育，导致儿童智力损害和体格发育障碍，表现为以智能障碍为主要特征的精神-神经-甲状腺合成不足，可引起甲状腺功能低下。胎儿期缺碘可致流产、死胎、早产和先天畸形；新生儿期则表现为甲状腺功能低下；胎儿期和婴儿期严重缺碘可造成克汀病；儿童和青春期则引起地方性甲状腺肿、甲状腺功能低下、智能低下。

儿童长期轻度缺碘则可出现亚临床型甲状腺功能减低症（亚临床型克汀病），常伴有体格生长落后。

（三）实验室检查

1. 血清 T_3、T_4、TSH 测定 血清总 T_3、T_4 或游离 T_3、T_4 明显降低，而TSH增高。

2. 尿碘测定 尿碘测定是判断个体或群体碘营养状况的一项简便而又有效的方法。尿碘中位数值低于100μg/L意味着碘摄入量不足，50～99μg/L为轻度缺碘，20～49μg/L为中度缺碘，<20μg/L为重度缺碘。

（四）诊断

亚临床型甲状腺功能减低症的诊断标准如下。

1. 必备条件

（1）出生、居住于低碘地方性甲状腺肿病流行区。

（2）有智能发育障碍，主要表现轻度智能迟缓。

2. 辅助条件

（1）神经系统障碍主要表现为：①轻度听力障碍（电测听高频或低频异常）；②极轻度语言障碍；③精神运动发育障碍。

（2）甲状腺功能障碍主要表现有：①极轻度的体格发育障碍；②极轻度的骨龄发育落后；③甲状腺功能低下（T_3、T_4 降低，TSH升高）。

具有上述必备条件，以及辅助条件中神经系统障碍或甲状腺功能障碍中任何1项或1项以上，同时排除其他影响骨龄和体格发育的因素如营养不良、锌缺乏症、中耳炎（听力障碍）、生长激素缺乏症等，可诊断为亚临床碘缺乏症。

（五）治疗

1. 一般治疗 采用饮食疗法，平时鼓励多吃含碘丰富的食物，如海带、紫菜、鲜海贝、干贝等。正常人每日碘供给量为：<6个月40μg，7～12个月50μg，1～7岁70μg，7～12岁120μg，>13岁150μg。

2. 药物治疗

（1）碘剂：主要用于缺碘所引起的弥漫型重度甲状腺肿大且病程短者。复方碘溶液每日1～2滴（约含碘3.5mg),碘化钾(钠)每日10~15mg,连服2周为1疗程,两个疗程之间停药3个月,反复治疗1年。长期大量服用碘剂应注意甲状腺功能亢进的发生。

除了过敏以外,一般人均能耐受大剂量的碘。但对缺碘并伴有结节性甲状腺肿的患者进行补碘,则有发生碘性甲状腺功能亢进症的危险,其临床表现如食欲亢进、体重减轻、肌无力、畏热等均较轻微,突眼也不明显,但如果患者原有器质性心脏病,就有一定的危险性。

(2)甲状腺素制剂:参见甲状腺功能减低症。

(六)预防

IDD是一种可以预防的造成智力、精神发育和脑损伤的疾病。食盐加碘是预防IDD最有效的措施,自20世纪90年代实施全民食盐加碘(USI)干预措施以来,我国现在已经为世界上碘营养适宜的国家。

所谓碘化食盐,即将可溶性碘化物按(1∶2万)~(1∶5万)比例加入食盐,我国碘化盐中碘添加剂为KIO_3。推广碘化食盐可使广大人群、特别是小儿免受缺碘所带来的种种危害;对缺碘较重地区可定期开展碘油强化补碘。

(柳国胜)

Chapter V Nutritional Disorders

Normal Nutritional Requirements

Dietary reference intakes

• Estimated average requirement: The average daily nutrient intake level estimated to meet the requirements of half of the healthy members of a group of individuals at a particular life stage and of a certain gender.

• Recommended nutrient intake: The average daily dietary nutrient intake level sufficient to meet the nutritional requirements of nearly all (97%-98%) healthy persons in a group of individuals at a particular life stage and of a certain gender.

• Adequate intake: The recommended average daily intake level that is assumed to be adequate based on observed or experimentally determined approximations or estimates of nutrient intake in a group (or groups) of apparently healthy people. It is used when the recommended dietary allowance cannot be determined.

• Tolerable upper limit of dietary intake: The highest average daily nutrient intake level which is likely to pose no risk of adverse health effects to almost all persons in the general population. As the intake increases above the upper limit, the potential for adverse effects increases.

Energy requirements of children

• Basal metabolic rate.

• Thermic effect of feeding.

• Physical activity.

• Excreta.

• Growth: only for children.

Breastfeeding

Breast milk is the ideal food for infants. Breastfeeding should be initiated soon after birth, unless medical conditions preclude it. The World Health Organization strongly recommends exclusive breastfeeding for a minimum of 6 months.

Advantages of breastfeeding

• Breast milk contains anti-infective components such as secretory IgA, lysozyme, phagocytic cells, lactoferrin, cytokines and oligosaccharides as well as growth factors such as epidermal growth factor and transforming growth factor.

• Breast milk has excellent nutritional qualities, and contains an easily digestible protein (lactalbumin), low renal solute load and a favorable calcium-to-phosphorus ratio.

• Breastfeeding can promote mother-infant bonding.

• Breastfeeding may reduce the risk of maternal breast cancer.

Disadvantages of breastfeeding

• Breast milk contains insufficient vitamin K to prevent hemorrhagic disease of the newborn.

• Prolonged breastfeeding can result in vitamin D deficiency.

Important considerations for better breastfeeding

• Preparation before delivery.

• Care of nipples.

• Breastfeeding should be initiated within 30 min to 1 h of birth, and its frequency should be based on the needs of the newborn.

• Promotion of lactation.

• Right feeding technique.

• New mothers should try to be in a pleasant mood during feeding periods.

Formula Feeding

Characteristics of cow's milk

• Low lactose content.

• Inappropriate ratio of macronutrients.

• High renal solute load.

• Deficiency of immune factors.

Cow's milk formulas

Cow's milk is modified to make it more similar to breast milk and achieve the nutritional needs of the infant. Cow's milk formulas have a modified casein-to-whey ratio, reduced mineral content and are fortified with iron and vitamins. Formulas are used as a substitute or a supplement for breast milk when breast milk is inadequate or medically contraindicated owing to maternal or infant factors.

Transition from Milk to Other Foods in Infancy

Introduction of complementary foods

- 6 months of age: Mashed food such as mashed fruits and mashed vegetables.
- 7-9 months of age: Minced food such as minced meat and fish.
- 10-12 months of age: Broken food (food in small bits) such as chopped meat, fish and fruit.

Principles for the introduction of complementary foods

- From less to more.
- From one type to several types.
- From fine food to coarse food.
- From soft food to hard food.
- Training to improve eating technique.

Vitamin A Deficiency

Vitamin A deficiency is a common disorder in children. Vitamin A is required for the maintenance of epithelial functions in various organs. The most characteristic and specific signs of vitamin A deficiency are eye lesions.

Etiology

- Primary factor deficiency: Vitamin A cannot pass through the placenta. Therefore, it is present at low levels in the liver at birth. The body acquires vitamin A from vegetables, grain, meat, etc. Children under 5 years of age are susceptible to vitamin A deficiency.
- Disorder of absorption: Vitamin A is fat soluble. Diseases of the digestive tract influence the absorption of vitamin A.
- Disorders of storage: Liver damage decreases the storage of vitamin A. Some chronic diseases (measles, tuberculosis, pneumonia, etc.) excessively consume vitamin A.
- Insufficient zinc intake: Insufficient zinc level decreases the utilization of vitamin A and promotes its excretion.

Clinical manifestations

The most important symptoms of vitamin A deficiency are eye lesions. An early symptom is delayed dark adaptation, which leads to night blindness. As vitamin A deficiency progresses, the cornea keratinizes and forms dry, scaly layers of cells (xerophthalmia). In later stages, the conjunctiva keratinizes and develops plaques (Bitot spots). In severe cases, blindness may occur.

Other clinical signs of vitamin A deficiency include poor overall growth, diarrhea, susceptibility to infections, anemia, apathy, mental retardation and increased intracranial pressure, with wide separation of the cranial bones at the sutures. There may be vision problems due to bone overgrowth causing pressure on the optic nerve.

Diagnosis

When a child presents with vitamin A deficiency related diseases and specific eye lesions, vitamin A deficiency can be clinically confirmed.

Treatment and prevention

- Eradication of the underlying diseases.
- Supplementation of the diet with meat and vegetables that are rich in vitamin A.
- Vitamin A supplementation.
- Management of eye lesions: Antibiotic eye drops and fish oil are helpful.
- Health education on balanced nutrition.

Rickets Due to Nutritional Vitamin D Deficiency

Rickets due to vitamin D deficiency is a metabolic disorder of calcium and phosphorus with a failure to mineralize osteoid tissue of the growing bone, resulting in bony deformities. The most common cause is nutritional deficiency. It usually occurs in children under 2 years of age.

Physiological roles of Vitamin D_3

Vitamin D_3 from dietary sources or from cutaneous synthesis is converted to 25-(OH)-D_3 in the liver and then to 1,25-(OH)-D_3 in the kidneys. The latter molecule is the physiologically active form:

- Facilitation of the intestinal absorption of calcium and phosphorus.
- Promotion of the reabsorption of calcium and phosphorus in the kidneys.
- Increase in the calcification of osteoid tissue and in the decalcification of old bone.

Etiology

- Insufficient intake of vitamin D in the prenatal stage due to severe maternal vitamin D deficiency.
- Inadequate direct exposure to ultraviolet rays in sunlight.
- Vitamin D does not meet the requirements for rapid growth in preterm infants or twins.
- Many diseases may influence the absorption or metabolism of vitamin D.
- Insufficient supplementation from dietary sources.

Pathogenesis

Vitamin D deficiency causes an imbalance of calcium and phosphorus, which results in inadequate mineralization of the bone osteoid, called rickets.

Clinical manifestations

The osseous changes of rickets can be recognized after several months of vitamin D deficiency. These are clinically divided into the following four stages:

Early stage

- Age: 3 months.
- Neuropsychological symptoms: Irritability, sweating, crying at night.
- Signs: Loss of hair in the occipital region.
- Biochemical changes: Low serum 25-(OH)-D_3, normal serum calcium, normal or low serum phosphate, normal or elevated AKP and elevated parathyroid hormone.
- X ray: No obvious skeletal changes.

Advanced stage

- Classic skeletal changes: Craniotabes, rachitic rosary, Harrison groove, bowing of the legs and enlargement of the wrists and ankles.
- Biochemical changes: These are more severe than those observed in the early stage of rickets.
- X ray: Cupping and fraying of the metaphysis and widening of the metaphyseal plate.

Recovery stage

- Symptoms and signs subside.
- Biochemical changes return to the normal level.
- X ray: Changes return to normal after 2 to 3 weeks.

Sequelae stage

- Age: >2 years.
- Symptoms: No clinical symptoms.
- Signs: Various degrees of skeletal deformities.
- Biochemical changes: All tests are normal.

Diagnosis

The diagnosis of rickets is based on a history of inadequate intake of vitamin D and on clinical observation. It is confirmed using X-ray examination and blood biochemistry.

Treatment and prevention

Vitamin D supplementation is critical to prevent skeletal changes. Calcium is supplemented using milk formula or other foods.

Prevention of rickets can be achieved by health education, exposure to sunlight, administration of vitamin D at a daily dose of 400 IU, or supplementation of the diet with minerals and vitamin D.

Tetany Due to Vitamin D Deficiency

Tetany due to vitamin D deficiency is a severe state of rickets. Patients present with convulsion and laryngospasm. It is most common in infants aged <6 months.

Tetany results from a decrease in the serum calcium concentration, which is caused by insufficient compensation by parathyroid hormone in infants with vitamin D deficiency.

Clinical manifestations

- Latent tetany: The serum calcium is usually in the range of 1.75-1.88 mmol/L. Neuromuscular symptoms are not evident, but can be elicited by means of the Chvostek sign, Trousseau sign and peroneal sign.
- Typical attack of tetany: Spontaneous clinical manifestations include convulsion, carpopedal spasm and laryngospasm. The serum calcium is often less than 1.75

mmol/L.

Diagnosis

The diagnosis can be confirmed in the presence of the symptoms of rickets, low serum calcium level and tetany. However, hypoglycemia, hypomagnesemia, infantile spasm and infections of the central nervous system should be differentiated.

Treatment

• Emergency treatment.
• Intravenous administration of calcium gluconate.
• Control of convulsions with valium or sodium phenobarbital.
• Oxygen inhalation.
• Intubation in critical cases.
• Oral administration of calcium and vitamin D.

Protein-Energy Malnutrition

Protein-energy malnutrition remains a worldwide problem and is responsible for millions of childhood deaths in children under 3 years of age. It is characterized by loss of features such as weight, edema and disappearance of subcutaneous fat.

Etiology

• Inadequate intake: The main causes of malnutrition include a high-starch diet in infants, poverty, restrictive diets and anorexia due to chronic illness.
• Malabsorption: This can be caused by deformities of the gastrointestinal tract, chronic intestinal diseases and pancreatic disease.
• Increased energy requirements: Due to some infectious diseases, malignant disease, trauma, diabetes mellitus, etc.

Clinical manifestations

Assessment of malnutrition includes the following measurements:

• Weight: It is the most common parameter used for assessing malnutrition. Reduced weight with normal height indicates acute malnutrition or mild malnutrition.
• Height: Height for age is reduced in chronic malnutrition.
• Mid-arm circumference: This is an indication of skeletal muscle mass.
• Skin-fold thickness: Abdominal skin-fold thickness is commonly used to measure subcutaneous fat stores. Subcutaneous fat disappears gradually from the abdomen to trunk, buttocks, extremities and finally the face.

Marasmus and kwashiorkor

Two severe forms of protein-energy malnutrition are marasmus and kwashiorkor.
• Marasmus (non-edematous malnutrition): It results primarily from inadequate energy intake or inadequate energy and protein intake. The features of this disease include severe wasting and apathy.
• Kwashiorkor (edematous malnutrition): This results primarily from inadequate protein intake. Its characteristics include wasting, edema, sparse hair and hepatomegaly.
• Marasmic kwashiorkor has features of both disorders (wasting and edema).

Micronutrient deficiency

Protein-energy malnutrition is usually accompanied with the following micronutrient deficiencies.
• Nutritional anemia due to iron deficiency.
• Vitamin A deficiency.
• Vitamin D deficiency.
• Zinc deficiency.

Diagnosis

Dietary history and measurement of height and weight are essential for the diagnosis of malnutrition. The classification and grading of malnutrition in children under 5 years of age is shown in Table 5-1.

Table 5-1 Classification of malnutrition

Classification	Definition	Grading	Criteria
Wasting	z scores (SD) below median WFH	Moderate	$-3 \leqslant z$ score<-2
		Severe	z score<-3
Stunting	z scores (SD) below median HFA	Moderate	$-3 \leqslant z$ score < -2
		Severe	z score < -3

Continued

Classification	Definition	Grading	Criteria
Underweight	z scores (SD) below median WFA	Moderate	$-3 \leqslant z$ score < -2
		Severe	z score < -3

SD, standard deviation; WFH, weight for height; HFA, height for age; WFA, weight for age

Treatment

In many cases, malnutrition is due to inadequate protein and energy intake, and can be managed by the provision of supplementary enteral feeds and eradication of underlying causes.

In some severe cases, the entire treatment scheme usually includes the following three steps.

- Step 1: Adjustment of the internal environment of the body, e. g. correction of hypoglycemia, hypothermia and electrolyte disturbance.
- Step 2: Correction of micronutrient deficiencies, e. g. vitamin A, D and iron deficiencies.
- Step 3: Catch-up growth. The provision of energy and protein is gradually increased until a maximum energy intake of 150-220 kcal/(kg · d) and protein intake of 4-6 g/(kg · d) are achieved.

Obesity

Simple obesity of childhood has become an important pediatric public health problem. It increases the risk of complications in childhood and the morbidity and mortality rates throughout adult life.

Etiology

- Genetic factors.
- Excess carbohydrate intake.
- Reduced activity.
- Other factors such as eating too fast and "comfort eating" after psychic traumas.

Clinical manifestations

- Emotional disturbance: Weight gain may lead to low self-esteem.
- Hypoventilation (Pickwickian syndrome): This is due to restriction of the chest and diaphragm in severely obese patients. Tachypnea, cyanosis, cardiac enlargement and even congestive heart failure may occur in this condition.
- Physical examination shows uniform distribution of excessive subcutaneous fat stores.

Diagnosis

Body mass index (BMI) is used for the diagnosis of obesity.

Obesity and overweight are defined using BMI percentiles. Children >2 years old with a BMI ≥ 95th percentile meet the criterion for obesity, and those with a BMI between the 85th and 95th percentiles fall in the overweight range.

Another method for the evaluation of obesity is the weight gain-for-height. Children with weight gain-for-height ≥ 95th percentile meet the criterion for obesity, and those weight gain-for-height between the 85th and 95th percentiles fall in the overweight range.

Treatment

A reduced-energy diet together with a program of increased exercise is the best way to treat obesity in children.

Trace Element Deficiencies

Trace element deficiencies are uncommon in developed countries, but some deficiencies (iodine, zinc, iron) are important public health problems in a number of developing countries.

Zinc deficiency

Zinc is an enzyme cofactor that regulates gene transcription. Inadequate intake is the main cause of zinc deficiency. Chronic zinc deficiency is associated with decreased growth, hypogonadism, dermatitis, decreased digestive function, diarrhea and impaired immunity. A zinc-rich diet (meat, shellfish, grains) can prevent zinc deficiency. Zinc supplementation (0.5-1 mg/day for 2-3 months) improves the manifestations of zinc deficiency.

Iodine deficiency

Iodine is a component of thyroid hormone. Water and foods do not contain iodine. Insufficient supplementation of iodine causes iodine deficiency, which leads to hypothyroidism, goiter, decreased growth and mental retardation. Iodine supplementation from saltwater, fish and iodized salt prevents iodine deficiency. Iodine treatment is effective in patients with hypothyroidism and goiter.

(谭建新)

第六章 新生儿与新生儿疾病

第一节 概 述

新生儿(neonate,newborn)系指从脐带结扎到出生后28日内的婴儿。新生儿学(neonatology)是研究新生儿生理、病理、疾病防治及保健等方面的学科。围生期(perinatal period)是指产前、产时和产后的一个特定时期,由于各国医疗保健水平差异很大,其定义有所不同,我国采用定义为:自妊娠28周(此时胎儿体重约1000g)至生后7日。围生期的婴儿又称围生儿,其死亡率和发病率均居于人的一生之首。

(一)新生儿分类

新生儿分类有不同的方法,分别根据胎龄、出生体重、出生体重和胎龄的关系及出生后周龄等。

1. 根据胎龄分类 胎龄(GA)是从最后1次正常月经第1日起至分娩时为止,通常以周表示。①足月儿:37周≤GA<42周(259~293日)的新生儿;②早产儿:GA<37周(<259日)的新生儿;③过期产儿:GA≥42周(≥294日)的新生儿。

2. 根据出生体重分类 出生体重(BW)指出生1小时内的体重。①低出生体重(LBW)儿:BW<2500g的新生儿,其中BW<1500g称极低出生体重(VLBW)儿,BW<1000g称超低出生体重(ELBW)儿。LBW儿中大多是早产儿,也有足月或过期小于胎龄儿;②正常出生体重(NBW)儿:BW≥2500g并≤4000g的新生儿;③巨大儿:BW>4000g的新生儿。

3. 根据出生体重和胎龄的关系分类 ①小于胎龄(SGA)儿:婴儿的BW在同胎龄儿平均出生体重的第10百分位以下;②适于胎龄(AGA)儿:婴儿的BW在同胎龄儿平均出生体重的第10至90百分位之间;③大于胎龄(LGA)儿:婴儿的BW在同胎龄儿平均出生体重的第90百分位以上。我国15城市不同胎龄新生儿出生体重值见表6-1。

表6-1 我国15城市不同胎龄新生儿出生体重值

胎龄(周)	平均值(g)	标准差(g)	第3百分位数(g)	第10百分位数(g)	第90百分位数(g)	第97百分位数(g)
28	1389	302	923	972	1799	2071
29	1475	331	963	1057	2034	2329
30	1715	400	1044	1175	2255	2563
31	1943	512	1158	1321	2464	2775
32	1970	438	1299	1488	2660	2968
33	2133	434	1461	1670	2843	3142
34	2363	449	1635	1860	3013	3299
35	2560	414	1815	2051	3169	3442
36	2708	401	1995	2238	3312	3572
37	2922	368	2166	2413	3442	3690
38	3086	376	2322	2569	3558	3798
39	3197	371	2457	2701	3660	3899
40	3277	392	2562	2802	3749	3993
41	3347	396	2632	2865	3824	4083
42	3382	413	2659	2884	3885	4170
43	3359	448	2636	2852	3932	4256
44	3303	418	2557	2762	3965	4342

注:摘自中国15城市新生儿体格发育科研协作组资料(中华儿科杂志,1989,27:316)

4. 根据出生后周龄分类 ①早期新生儿:生后1周以内的新生儿,也属于围生儿。其发病率和死亡率在整个新生儿期最高,需要加强监护和护理;②晚期新生儿:出生后第2~4周末的新生儿。

5. 高危儿 指已发生或可能发生危重疾病而需要监护的新生儿,常见于以下情况。①孕妇疾病史:孕妇有糖尿病、感染、慢性心肺疾患、吸烟、吸毒或酗酒史,或孕妇为Rh阴性血型,过去有死胎、死产或性传播病史等;②母孕期异常:母年龄>40 岁或<16 岁,孕期有阴道流血、妊娠高血压、先兆子痫、子痫、羊膜早破、胎盘早剥、前置胎盘等;③异常分娩史:难产、手术产、急产、产程延长、分娩过程中使用镇静和止痛药物史等;④新生儿出生异常:窒息、多胎儿、早产儿、小于胎龄儿、巨大儿、宫内感染和先天畸形等。

(二) 新生儿病房分级

根据医护水平及设备条件将新生儿病房分为三级。

(1) Ⅰ级新生儿病房:即普通婴儿室,适于健康新生儿。母婴应同室,以利于母乳喂养及建立母婴相依感情,促进婴儿身心健康。

(2) Ⅱ级新生儿病房:即普通新生儿病房,适于胎龄>32 周、出生体重≥1500g 的早产儿及有各种疾病而又无需循环或呼吸支持、监护的婴儿。

(3) Ⅲ级新生儿病房:即新生儿重症监护室(NICU),是集中治疗Ⅰ、Ⅱ级新生儿病房转来的危重新生儿的病室。应具备高水平的新生儿急救医护人员及新生儿急救转运系统,通常设立在医学院校的附属医院或较大的儿童医院。

第二节 正常足月儿和早产儿的特点与护理

正常足月儿是指胎龄≥37 周并<42 周,出生体重≥2500g 并≤4000g,无畸形或疾病的活产婴儿。早产儿又称未成熟儿。目前我国早产儿的发生率约为8%。其死亡率为12.7% ~20.8%,且胎龄愈小,体重愈轻,死亡率愈高。因此,预防早产对于降低新生儿死亡率,减少儿童的伤残率均具有重要意义。母孕期感染、吸烟、精神紧张、过度劳累及多胎等是引起早产的原因。另外,种族和遗传因素与早产也有一定的关系。

(一) 正常足月儿和早产儿外观特点

正常足月儿与早产儿在外观上各具特点(表 6-2),因此可根据初生婴儿的体格特征和神经发育成熟度来评定其胎龄。目前国际上有数种评分方法,最常用的是 Ballard 评分法。

表 6-2 足月儿与早产儿外观特点

	早产儿	足月儿
皮肤	绛红、水肿和毳毛多	红润、皮下脂肪丰满和毳毛少
头部	头更大(占全身比例 1/3)头发细而乱	头大(占全身比例 1/4)头发分条清楚
耳壳	软、缺乏软骨、耳舟不清楚	软骨发育好、耳舟成形、直挺
指、趾甲	未达指、趾端	达到或超过指、趾端
跖纹	足底纹理少	足纹遍及整个足底
乳腺	无结节或结节<4mm	结节>4mm,平均 7mm
外生殖器	男婴睾丸未降或未全降,女婴大阴唇不能遮盖小阴唇	睾丸已降至阴囊,大阴唇遮盖小阴唇

(二) 正常足月儿和早产儿生理特点

1. 呼吸系统 胎儿肺内充满液体(30 ~35ml/kg),分娩时儿茶酚胺释放使肺液分泌减少,出生时经产道挤压,约 1/3 肺液由口鼻排出,其余在建立呼吸后由肺间质内毛细血管和淋巴管吸收,如吸收延迟,则出现湿肺症状(新生儿暂时性呼吸困难)。新生儿呼吸频率较快,安静时约为 40 次/分左右,如持续超过 60 ~70 次/分称呼吸急促,常由呼吸或其他系统疾病所致。胸廓呈圆桶状,肋间肌薄弱,呼吸主要靠膈肌的升降,呈腹式呼吸。呼吸道管腔狭窄,黏膜柔嫩,血管丰富,纤毛运动差,易致气道阻塞、感染、呼吸困难及拒乳。

早产儿由于呼吸中枢及呼吸器官发育不成熟,呼吸浅表且节律不规整,常出现下列问题。①周期性呼吸:呼吸停止<20 秒,不伴心率减慢和发绀;②呼吸暂停:呼吸停止>20 秒,伴心率<100 次/分及发绀,其发生率与胎龄有关,胎龄愈小,呼吸暂停发生率愈高;③因肺泡表面活性物质少,易发生呼吸窘迫综合征(respiratory distress syndrome,RDS);④由于肺发育不成熟,高气道压力、高容量、高浓度氧及炎性损伤等因素可致支气管肺发育不良,即慢性肺疾病。

2. 循环系统 出生后血液循环动力学发生重大变化:①胎盘-脐血循环终止;②肺的膨胀与通气使肺循环阻力下降,肺血流增加,回流至左心房血量明显增多,体循环压力上升;③卵圆孔和动脉导管功能上关闭。有的新生儿最初数日听到心脏杂音,可能与动脉导管暂时性开放有关。严重肺炎、酸中毒、低氧血症时,肺血管压力升高,可致卵圆孔、动脉导管重新开放,出现右向左分流,称持续胎儿循环,即新生儿持续肺动脉高压(PPHN)。新生儿心率波动范围较大,通常为 90 ~ 160 次/分。足月儿血压平均为 70/50mmHg(9.3/6.7kPa)。早产儿心率偏快,血压较低,部分可伴有动脉导管开放。

3. 消化系统 足月儿出生时吞咽功能已经完

善，但食管下部括约肌松弛，胃呈水平位，幽门括约肌较发达，易溢乳甚至呕吐。消化道已能分泌充足的消化酶，但淀粉酶除外，故不宜过早喂淀粉类食物。消化道面积相对较大，管壁薄、通透性高，母乳中的免疫球蛋白容易被吸收，但肠腔内毒素和消化不全产物也容易进入血循环，引起中毒症状。胎便由胎儿肠道分泌物、胆汁及咽下的羊水等组成，呈糊状，为墨绿色。足月儿在生后24小时内排胎便，2～3日排完。若生后24小时仍不排胎便，应排除肛门闭锁或其他消化道畸形。肝内尿苷二磷酸葡萄糖醛酸基转移酶的量及活力不足，是生理性黄疸的主要原因，同时对多种药物处理能力（葡萄糖醛酸化）低下，易发生药物中毒。

早产儿吸吮、吞咽的协调能力不成熟，胃容量小，常出现哺乳困难或乳汁吸入引起吸入性肺炎。消化酶含量接近足月儿，但胆酸分泌少，脂肪的消化吸收较差。缺氧、喂养不当或感染等不利因素易引起坏死性小肠结肠炎。由于胎粪形成较少及肠蠕动差，胎粪排出常延迟。肝功能更不成熟，生理性黄疸程度较足月儿重，持续时间更长，且易发生胆红素脑病。肝合成蛋白能力差，糖原储备少，易发生低蛋白血症、水肿和低血糖。

4. 泌尿系统　足月儿出生时肾结构发育已完成，具有与成人数量相同的肾单位，但功能仍不成熟。肾稀释功能虽与成人相似，但其肾小球滤过率低，浓缩功能差，故不能迅速有效地处理过多的水和溶质，易发生水肿或脱水。新生儿肾排磷功能差，故牛乳喂养儿易发生血磷偏高和低钙血症。新生儿一般在生后24小时内开始排尿，少数在48小时内排尿，日排尿可达20次，新生儿一般排尿量为40～60ml/(kg·d)。

早产儿肾浓缩功能更差，排钠分数高，肾小管对醛固酮反应低下，易出现低钠血症。葡萄糖阈值低，易发生糖尿。碳酸氢根阈值极低和肾小管排酸能力差，由于普通牛乳中蛋白质含量及酪蛋白比例均高，喂养时可使内源性氢离子增加，超过肾小管排泄能力，引起晚期代谢性酸中毒，表现为面色苍白、反应差、体重不增和代谢性酸中毒。而采用早产儿配方奶粉可避免上述症状发生。

5. 血液系统　足月儿血容量为85～100ml/kg，与脐带结扎时间有关。出生时血红蛋白为170g/L（140～200g/L），出生后因血液浓缩，血红蛋白值可上升，生后24小时达峰值，以后逐渐下降。生后2周内静脉血血红蛋白≤130g/L或毛细管血红蛋白≤145g/L定义为新生儿贫血。血红蛋白中胎儿血红蛋白占70%～80%，5周后降至55%，随后逐渐被成人型血红蛋白取代。白细胞数生后第1日为（15～20）$\times10^9$/L，3日后明显下降，5日后接近婴儿值；分类中以中性粒细胞为主，4～6日与淋巴细胞相近，以后淋巴细胞占优势。血小板数与成人相似。网织红细胞数初生3日内为0.04～0.06，4～7日迅速降至0.005～0.015，4～6周回升至0.02～0.08。由于胎儿肝维生素K储存量少，凝血因子Ⅱ、Ⅶ、Ⅸ、Ⅹ活性较低。

早产儿血容量为85～110ml/kg，周围血中有核红细胞较多，白细胞和血小板稍低于足月儿。大多数早产儿第3周末嗜酸性细胞增多，并持续2周左右。由于早产儿红细胞生成素水平低下、先天性铁储备少、血容量迅速增加，“生理性贫血”出现早，而且胎龄越小，贫血持续时间越长，程度越严重。

6. 神经系统　新生儿脑相对大，占体重10%～12%（成人为2%），但脑沟、脑回仍未完全形成，脊髓相对较长，其下端在第3、4腰椎下缘，故腰穿时应在第4、5腰椎间隙进针。新生儿出生后头围生长速率每个月约为1.1cm，至生后40周左右逐渐减缓。足月儿大脑皮层兴奋性低，睡眠时间长，觉醒时间一昼夜仅为2～3小时，大脑对下级中枢抑制较弱，且锥体束、纹状体发育不全，常出现不自主和不协调动作。

出生时已具备多种暂时性原始反射。临床上常用的原始反射如下。①觅食反射：用左手托婴儿呈半卧位，右手示指触其一侧面颊，婴儿反射性地转头向该侧；②吸吮反射：将乳头或奶嘴放入婴儿口内，会出现有力的吸吮动作；③握持反射：将物品或手指置入婴儿手心中，婴儿立即将其握紧；④拥抱反射：新生儿仰卧位，从背部托起婴儿，一手托住婴儿颈及背部，另一手托着枕部，然后托住枕部的手突然下移数厘米（不是放手）使婴儿头及颈部“后倾”数厘米。正常可见两上肢外展并伸直，手指张开，然后上肢屈曲回缩。

正常情况下，上述反射生后数月自然消失。新生儿期如这些反射减弱或消失，或数月后仍不消失，常提示有神经系统疾病。此外，正常足月儿也可出现年长儿的病理性反射如克氏征、巴宾斯基征和佛斯特征等。

早产儿神经系统成熟度与胎龄有关，胎龄愈小，原始反射愈难引出或反射不完全。此外，早产儿尤其极低出生体重儿脑室管膜下存在着发达的胚胎生发层组织，易发生脑室周围-脑室内出血及脑室周围白质软化。

7. 体温　新生儿体温调节中枢功能尚不完善，皮下脂肪薄，体表面积相对较大，皮肤表皮角化层差，易散热。寒冷时靠棕色脂肪化学产热。生后环境温度显著低于宫内温度，散热增加，易发生低体温、低氧血症、低血糖和代谢性酸中毒或寒冷损伤。中性温度是指使机体维持体温正常所需的代谢率和耗氧量最低时的最适环境温度。出生体重、生后日龄不同，中性温度也不同（表6-3）。新生儿正常体表温度为36.0～36.5℃。适宜的环境湿度为50%～60%。环境温度过高、进水少及散热不足，可使体温增高，发生脱水热。

早产儿棕色脂肪少，产热能力差，寒冷时更易发生低体温，甚至硬肿症。汗腺发育差，环境温度过高时体温亦易升高。

表 6-3 不同出生体重新生儿的中性温度

出生体重(kg)	中性温度			
	35℃	34℃	33℃	32℃
1.0	初生 10 日内	10 日以后	3 周以后	5 周以后
1.5	—	初生 10 日内	10 日以后	4 周以后
2.0	—	初生 2 日内	2 日以后	3 周以后
>2.5	—	—	初生 2 日内	2 日以后

8. 能量及体液代谢 新生儿代谢较成人高，新生儿生后不久即能维持蛋白质代谢的正氮平衡。由于胎儿糖原储备不多，早期未补给者在生后 12 小时内糖原就可消耗殆尽，机体只得动用脂肪和蛋白质来提供能量。故新生儿血糖较低，尤其是足月小样儿易出现低血糖症状。新生儿每日基础热量消耗为 209kJ/kg(50kcal/kg)，每日总热量需 418 ~ 502kJ/kg(100 ~ 120kcal/kg)。早产儿吸吮力弱，消化功能差，在生后数周内常不能达到上述需要量，因此需肠道外营养。

初生新生儿体内含水量占体重的70% ~80%，且与出生体重及日龄有关。生后第 1 日需水量为每日 60 ~ 100ml/kg，以后每日增加 30ml/kg，直至每日 150 ~ 180ml/kg。生后由于体内水分丢失较多，体重下降，约1 周末降至最低点(小于出生体重的10%，早产儿为 15% ~20%)，10 日左右恢复到出生体重，称生理性体重下降。早产儿体重恢复的速度较足月儿慢。

足月儿钠需要量为 1 ~ 2mmol/(kg · d)，<32 周早产儿为 3 ~ 4mmol/(kg · d)；初生婴儿 10 日内一般不需补钾，以后需要量为 1 ~ 2mmol/(kg · d)。

9. 免疫系统 新生儿非特异性和特异性免疫功能均不成熟，皮肤黏膜、呼吸道和消化道是感染途径，易致败血症。血-脑屏障发育未完善，易患细菌性脑膜炎。血浆中补体水平低，调理素活性低，多形核白细胞产生及储备均少，且趋化性及吞噬能力低下，早产儿尤甚。免疫球蛋白 IgG 虽可通过胎盘，但与胎龄相关，胎龄愈小，IgG 含量愈低；IgA 和 IgM 不能通过胎盘，因此易患细菌感染，尤其是革兰阴性杆菌感染。抗体免疫应答低下或迟缓，尤其是对多糖类疫苗和荚膜类细菌。T 细胞免疫功能低下是新生儿免疫应答无能的主要原因，早产儿更差。随着生后不断接触抗原，T 细胞渐趋成熟。

10. 常见的几种特殊生理状态

(1) 生理性黄疸：参见本章第八节。

(2) “马牙”和“螳螂嘴”：在口腔上腭中线和齿龈部位，有黄白色、米粒大小的小颗粒，是由上皮细胞堆积或黏液腺分泌物积留形成，俗称“马牙”，数周后可自然消退；两侧颊部各有一隆起的脂肪垫，俗称“螳螂嘴”，有利于吸吮乳汁。两者均属正常现象，不可挑破，以免发生感染。

(3) 乳腺肿大：男女新生儿生后 4 ~ 7 日均可有乳腺增大，如蚕豆或核桃大小，2 ~ 3 周消退，切忌挤压，以免感染；

(4) 假月经：部分女婴生后 5 ~ 7 日阴道流出少许血性分泌物，或大量非脓性分泌物，可持续 1 周。上述现象均由于来自母体的雌激素中断所致。

(5) 新生儿红斑及粟粒疹：生后 1 ~ 2 日，在头部、躯干及四肢常出现大小不等的多形性斑丘疹，称为“新生儿红斑”，1 ~ 2 日后自然消失。也可因皮脂腺堆积在鼻尖、鼻翼、颜面部形成小米粒大小黄白色皮疹，称为“新生儿粟粒疹”，脱皮后自然消失。

(三) 足月儿及早产儿护理

1. 保暖 生后应立即用预热的毛巾擦干新生儿，并采取各种保暖措施，使婴儿处于中性温度中。早产儿、尤其出生体重<2000g 或低体温者，应置于自控式温箱中，并根据体重、日龄选择中性环境温度。无条件者可采取其他保暖措施，如用热水袋(应注意避免烫伤)等。因新生儿头部表面积大，散热量多，寒冷季节应戴绒布帽。

2. 喂养 正常足月儿生后半小时即可抱至母亲处哺乳，以促进乳汁分泌，提倡按需哺乳。无母乳者可给配方乳。详见第五章第二节。

早产儿也应酌情尽早母乳喂养。对不能吸吮者，可由母亲挤出乳汁经管饲喂养。人工喂养者应选择早产儿配方奶。哺乳量应因人而异，原则上是胎龄愈小，出生体重愈低，每次哺乳量愈少，喂奶间隔时间也愈短，并且根据奶后有无腹胀、呕吐、胃内残留(管饲喂养)及体重增长情况(理想的每日增长为 10 ~ 15g/kg)进行调整。对于出生体重<1500g 的小早产儿可试行微量肠道喂养，哺乳量不能满足所需热能者应辅以静脉营养。

足月儿生后应肌内注射1次维生素K_1 1mg，早产儿连用3日。生后第4日加维生素C 50～100mg/d，10日后加维生素A 500～1000U/d，维生素D 400～1000U/d，4周后应注意铁的摄入量，足月儿每日给元素铁2mg/kg，极低出生体重儿每日给3～4mg/kg，并同时加用维生素E 25U和叶酸2.5mg，每周2次。

3. 呼吸管理　保持呼吸道通畅，早产儿仰卧时可在肩下放置软垫，避免颈部弯曲。低氧血症时予以吸氧，应以维持动脉血氧分压（PaO_2）6.7～9.3kPa（50～70mmHg）或经皮血氧饱和度（$TcSO_2$）90%～95%为宜。切忌给早产儿常规吸氧，以防吸入高浓度氧或吸氧时间过长导致早产儿视网膜病和支气管肺发育不良。呼吸暂停者可经弹、拍打足底或托背等恢复呼吸，可同时给予氨茶碱静脉注射，负荷量为4～6mg/kg，12小时后给予维持量2～4mg/（kg·d），分2～4次给药。继发性呼吸暂停应病因治疗。

4. 预防感染　制订严格的消毒隔离制度并遵守：接触新生儿前应严格洗手；护理和操作时应注意无菌；工作人员或新生儿如患感染性疾病应立即隔离，防止交叉感染；杜绝乳制品污染。对于新生儿自身来说，预防感染还应该做到：保持呼吸道通畅；保持脐带残端清洁和干燥；保持皮肤清洁等。

5. 预防接种　新生儿期按规定接种卡介苗、乙肝疫苗。早产儿、有皮肤病变或发热等其他疾病者应暂缓接种；对疑有先天性免疫缺陷的新生儿，应绝对禁忌接种卡介苗。如母亲为乙肝病毒携带者或乙肝患者，婴儿出生后应立即肌内注射高价乙肝免疫球蛋白0.5ml，同时换部位注射重组乙肝病毒疫苗10μg。

6. 新生儿筛查　应开展先天性甲状腺功能减低症及苯丙酮尿症等先天性代谢缺陷病的筛查。

第三节　新生儿窒息

新生儿窒息（asphyxia of newborn）是指由于产前、产时或产后各种病因使新生儿出生后不能建立正常自主呼吸或呼吸抑制，引起缺氧并导致全身多脏器损害，是围产期新生儿死亡和儿童伤残的重要原因之一。正确的复苏是降低新生儿窒息死亡率和伤残率的主要手段。由于诊断标准未完全统一，国内文献报道的发病率差异很大。

（一）病因

新生儿窒息的本质是缺氧，凡是影响胎盘或肺气体交换的因素均可引起窒息。包括以下因素。

1. 分娩因素　头盆不称、臀位、宫缩乏力，使用高位产钳、胎头吸引、臀位抽出术，产程中麻醉药、镇痛药或催产药使用不当等。可通过提高分娩技术降低分娩因素所致的窒息发病率。

2. 孕母因素　①孕母有慢性或严重疾病；②妊娠并发症；③孕妇吸毒、吸烟或被动吸烟、年龄≥35岁或<16岁及多胎妊娠等。

3. 胎盘因素　前置胎盘、胎盘早剥和胎盘老化等。

4. 脐带因素　脐带脱垂、绕颈、打结、过短或牵拉等。

5. 胎儿因素　①早产儿或巨大儿；②先天性畸形：如食管闭锁、喉蹼、肺发育不全、先天性心脏病等；③宫内感染；④呼吸道阻塞：羊水、黏液或胎粪吸入等。

（二）病理生理

1. 呼吸改变

（1）原发性呼吸暂停：缺氧初期，新生儿呼吸加深加快，如缺氧未及时纠正，随即转为呼吸停止、心率减慢，即原发性呼吸暂停。此时肌张力存在，血压稍升高，伴有发绀。若病因解除，经清理呼吸道和物理刺激即可恢复自主呼吸。

（2）继发性呼吸暂停：若病因不解除，缺氧持续存在，则出现几次喘息样呼吸，继而出现呼吸停止，即继发性呼吸暂停。此时肌张力消失，皮肤苍白，心率和血压持续下降，此阶段需正压通气方可恢复自主呼吸，否则将死亡。

临床上有时难以区分原发性和继发性呼吸暂停，为不延误抢救，均可按继发性呼吸暂停处理。

2. 循环的改变与组织损伤　正常新生儿分娩后肺循环阻力下降，体循环阻力增加，导致动脉导管和卵圆孔功能性关闭。窒息时新生儿呼吸停止或抑制，致使肺泡不能扩张，肺液不能清除；缺氧、酸中毒引起表面活性物质产生减少、活性降低，以及肺血管阻力增加，胎儿循环重新开放、持续性肺动脉高压。后者可进一步造成组织严重缺氧、缺血、酸中毒，最后导致不可逆器官损伤。

窒息早期，机体出现代偿性血液重新分布，以保证脑、心和肾上腺等生命器官的血流量。同时心肌收缩力增强，心率增快，心排出量增加，以及外周血压轻度上升，心、脑血流灌注得以维持。如低氧血症持续存在，无氧代谢使代谢性酸中毒进一步加重，脑、心肌和肾上腺的血流量也减少，心脑功能受损，非生命器官血流量则进一步减少而导致各脏器受损。复苏后，可出现血流再灌注损伤。

3. 血液生化和代谢改变

（1）PaO_2和pH下降、乳酸增高，一般为缺氧所致代谢性酸中毒，个别因气道阻塞可致混合性酸中毒。

（2）糖代谢紊乱：窒息早期儿茶酚胺及高血糖素释放增加，血糖正常或增高，继之糖原耗竭而出现低血糖。

(3) 高胆红素血症:酸中毒抑制胆红素与白蛋白结合,降低肝酶活力,使未结合胆红素增加。

(4) 低钠血症和低钙血症:由于心钠素和抗利尿激素分泌异常,发生稀释性低钠血症;钙通道开放、钙泵失灵、钙内流引起低钙血症。

(三) 临床诊断及窒息诊断

1. 胎儿宫内窒息 早期有胎动增加,胎心率≥160次/分;晚期则胎动减少,甚至消失,胎心率<100次/分;羊水胎粪污染。

2. 新生儿窒息 Apgar评分系统是我国新生儿窒息所采用的标准。Apgar评分系统是一种简易的、临床上评价刚出生婴儿情况和复苏是否有效的可靠指标。内容包括皮肤颜色(appearance)、心率(pulse)、对刺激的反应(grimace)、肌张力(activity)和呼吸(respiration)五项指标;每项0~2分,总共10分(表6-4)。分别于生后1分钟、5分钟和10分钟进行,如婴儿需复苏,15、20分钟仍需评分。标准是:8~10分为正常,4~7分为轻度窒息,0~3分为重度窒息。

Apgar评分有不足之处,国内外多数学者认为,Apgar评分可受多种因素影响,如早产儿、某些先天畸形、产妇分娩前及分娩中使用麻醉、镇静药物及产伤、宫内感染、胎儿失血性休克等均可造成低Apgar评分降低。单独的Apgar评分不应作为评估低氧或产时窒息以及神经系统预后的唯一指标。因此,美国儿科学会(AAP)和妇产科学会(ACOG)1996年共同制订了以下窒息诊断标准:①脐动脉血显示严重代谢性或混合性酸中毒,pH<7;②Apgar评分0~3分,并且持续时间>5分钟;③有神经系统表现,如惊厥、昏迷或肌张力低;④多脏器受损。

Apgar评分可评价窒息的严重程度和复苏的效果,但不能指导复苏,因为它不能决定何时应开始复苏,也不能对复苏过程提供决策。评分是1分钟后完成,但患者不能等1分钟后再进行复苏。指导复苏靠快速评价新生儿的三项指标:呼吸、心率和皮肤颜色。

表6-4 新生儿Apgar评分标准

体征	评分标准			评分	
	0	1	2	1分钟	5分钟
皮肤颜色	青紫或苍白	身体红,四肢青紫	全身红		
心率(次/分)	无	<100	>100		
弹足底或插鼻管反应	无反应	有些动作,如皱眉	哭,喷嚏		
肌张力	松弛	四肢略屈曲	四肢活动		
呼吸	无	慢,不规则	正常,哭声响		

3. 多脏器受损症状 缺氧缺血可造成多器官受损,常见如下。①中枢神经系统:最容易受累,表现为缺氧缺血性脑病和颅内出血;②呼吸系统:羊水或胎粪吸入综合征、肺出血以及急性肺损伤或急性RDS等;③心血管系统:持续性肺动脉高压、缺氧缺血性心肌损害,严重者出现心率失常、心力衰竭、心源性休克等;④泌尿系统:肾功能不全、衰竭及肾静脉血栓形成等;⑤代谢方面:低血糖或高血糖、低血钙及低钠血症等;⑥消化系统:应激性溃疡、坏死性小肠结肠炎及黄疸加重或时间延长等;⑦血液系统:弥散性血管内凝血(DIC)(常在生后数小时或数日内出现);血小板减少(骨髓缺血性损伤可致骨髓抑制5~7日后可逐渐恢复)。

(四) 辅助检查

对宫内缺氧胎儿,可通过羊膜镜了解羊水胎粪污染程度或胎头露出宫口时取头皮血行血气分析,以评估宫内缺氧程度;出生后应检测动脉血气、血糖、电解质、血尿素氮和肌酐等生化指标。

(五) 治疗与预防

生后应立即进行复苏及评估,而不应延迟至1分钟Apgar评分后进行,并由产、儿科医生、助产士(师)及麻醉师共同协作进行。

1. 复苏方案 采用国际公认的ABCDE复苏方案。①A(airway)清理呼吸道;②B(breathing)建立呼吸;③C(circulation)维持正常循环;④D(drugs)药物治疗;⑤E(evaluation)评估。前三项最重要,其中A是根本,B是关键,评估贯穿于整个复苏过程中。呼吸、心率和皮肤颜色是窒息复苏评估的三大指标,并遵循:评估→决策→措施程序,如此循环往复,直到完成复苏。

应严格按照A→B→C→D步骤进行复苏,其步骤不能颠倒。大多数经过A和B步骤即可复苏,少数则需要至C、D步骤才可复苏。

2. 复苏步骤和程序(图6-1) 根据ABCDE复苏方案,参考2010年美国儿科学会(AAP)和美国心脏学会(ANA)编写的第六版《新生儿窒息复苏教程》具体复苏步骤和程序如下。

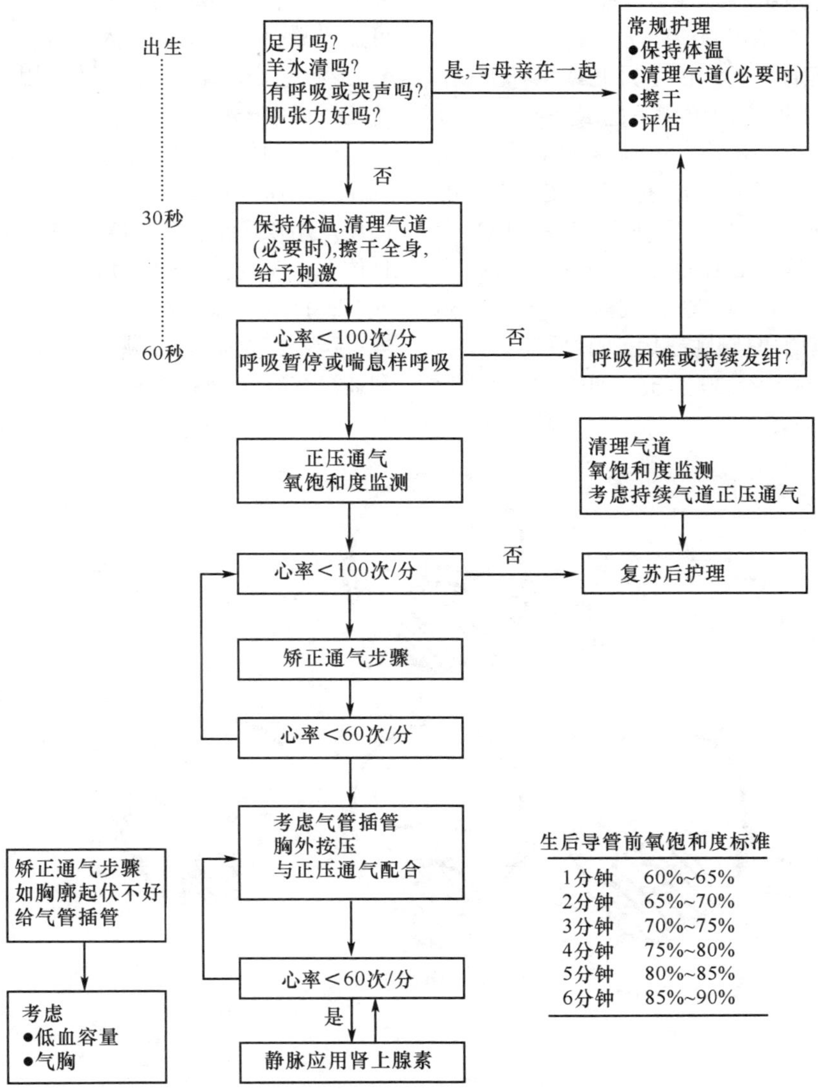

图 6-1　新生儿窒息复苏步骤和程序

（1）最初评估:出生后立即用数秒钟快速评估 4 项指标。①是足月儿吗?②羊水清吗?③有呼吸或哭声吗?④肌张力好吗?如以上任何 1 项为“否”,则进行以下初步复苏。

（2）初步复苏步骤:①保暖:新生儿娩出后立即置于预热的开放式抢救台上,或因地制宜地采取保暖措施,如用预热的毯子裹住新生儿以减少热量散失等。对于 VLBW,可生后不擦干,将其躯体及四肢放在清洁的塑料袋内,或盖以塑料薄膜置于辐射台保暖。②摆好体位:置新生儿头轻微伸仰位(图 6-2)。③清理呼吸道:肩娩出前助产者用手挤捏新生儿的面、颏部,排出其口、咽、鼻中的分泌物。新生儿娩出后,立即用吸球或吸管,先口咽,后鼻腔,吸净口、咽和鼻腔的黏液。但应限制吸管深度和吸引时间(10 秒),吸引器的负压不应超过 100mmHg。如羊水混有较多胎粪,且新生儿无活力,在婴儿呼吸前,应采用胎粪吸引管进行气管内吸引,将胎粪吸出。如羊水清或羊水污染但新生儿有活力(有活力的定义:呼吸规则或哭声响亮、肌张力好及心率>100 次/分),则可以不进行气管内吸引。④擦干:用温热干毛巾快速揩干全身。⑤刺激:用手拍打或手指弹患儿的足底或摩擦背部 2 次以诱发自主呼吸。以上步骤应在 30 秒内完成。

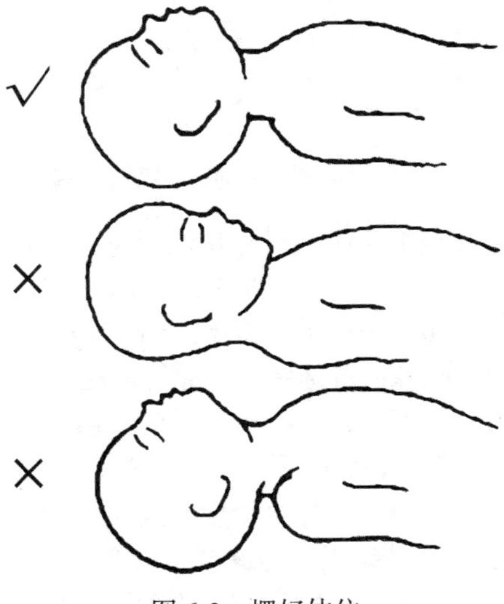

图 6-2　摆好体位

(3) 正压通气(图6-3～图6-5):如新生儿仍呼吸暂停或抽泣样呼吸,心率<100 次/分;或持续性中心性青紫,应立即正压通气。无论足月儿或早产儿,正压通气均要在氧饱和度仪的监测下指导进行。足月儿可用空气复苏,早产儿开始给 30% ～40% 的氧,用空氧混合仪根据氧饱和度调整给氧浓度,使氧饱和度达到目标值。正压通气压力需要 20～25cm H_2O,少数病情严重者需 30～40cm H_2O,2～3 次以后维持在 20cm H_2O;通气频率 40～60 次/分(胸外按压时为 30 次/分);以心率迅速增快、胸廓起伏、听诊呼吸音及氧饱和度作为评估指标。经 30 秒充分正压人工呼吸后,如有自主呼吸,再评估心率,如心率>100 次/分,可逐步减少并停止正压人工呼吸。如自主呼吸不充分,或心率<100 次/分,须继续用气囊面罩或气管插管正压通气。

(4) 胸外心脏按压:如无心率或气管插管正压通气 30 秒后心率持续<60 次/分,应同时进行胸外心脏按压。用双拇指(图 6-4)或中示指(图 6-5),按压胸骨体下 1/3 处,频率为 90 次/分(每按压 3 次,正压通气 1 次),按压深度为胸廓前后径的1/3。持续正压通气可产生胃充盈,应常规插入 8F 胃管,用注射器抽气和通过在空气中敞开端口缓解。

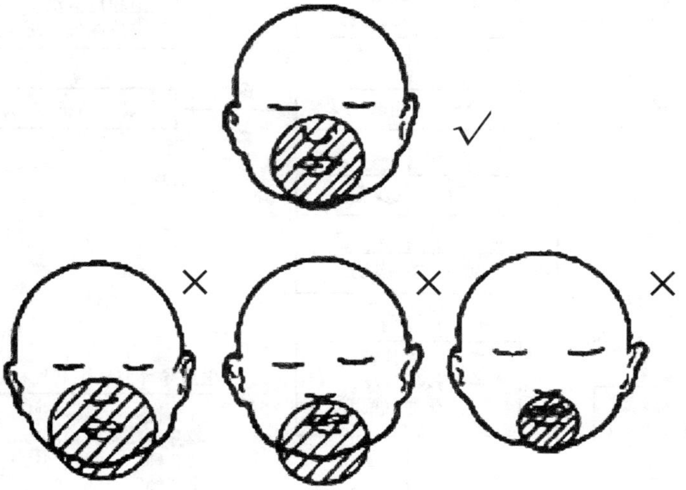

图 6-3　面罩正压通气

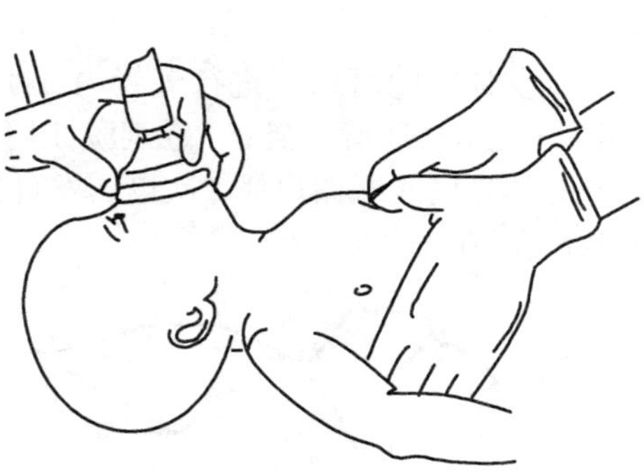

图 6-4　复苏气囊面罩正压通气,双拇指胸外心脏按压

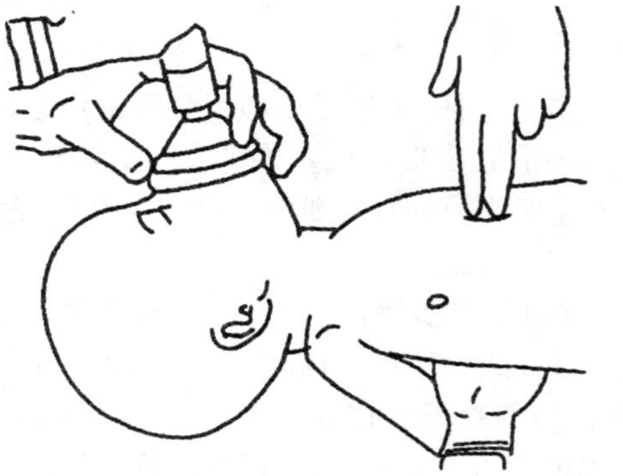

图 6-5　复苏气囊面罩正压通气,中、示指胸外心脏按压

(5) 药物治疗:新生儿复苏时很少需要用药。①肾上腺素:经正压通气、同时胸外按压 30 秒后,心率仍<60 次/分,应立即给予 1∶10 000 肾上腺素 0.1～0.3ml/kg,首选脐静脉导管内注入;或气管导管内注入,剂量为 0.3～1ml/kg,5 分钟后可重复一次。②扩容剂:给药 30 秒后,如心率<100 次/分,并有血容量不足表现时,给予生理盐水,剂量为每次 10ml/kg,于 10 分钟以上静脉缓慢输注。大量失血需输入与新生儿交叉配血阴性的同型血。③碳酸氢钠:在复苏过程中一般不推荐使用碳酸氢钠。④纳洛酮:仅用于正压人工呼吸使心率和肤色恢复正常后仍出现严重的呼吸抑制,并且其母产前 4～6 小时有注射麻醉药史的新生儿,每次 0.1mg/kg,静脉或气管内注入,间隔 0.5～1 小时可重复 1～2 次(注意:母亲疑有吸毒者或持续使用美沙酮的新生儿不可用纳洛酮,否则会导致新生儿严重惊厥)。

3. 复苏后监护与转运　复苏后仍需监测体温、呼吸、心率、血压、尿量、肤色及窒息引起的多器官损伤。如并发症严重，需转运到 NICU 治疗，转运中需注意保温、监护生命指标和予以必要的治疗。

（六）预后

窒息持续时间对婴儿预后起关键的作用。复苏后进一步利用头颅 B 超、CT、磁共振、脑电图、血清酶活性、心电图及新生儿行为神经测定（NBNA）等作为判断指标，对评估新生儿的预后有重要价值。

（七）预防

避免新生儿窒息，或窒息后得到及时正确的复苏，是减少新生儿死亡或致残的重要措施，包括：①加强围产期保健，及时处理高危妊娠；②加强胎儿监护，避免胎儿在宫内缺氧；③推广 ABCDE 复苏技术，配备相关设备，培训产、儿科医护人员，每个分娩都应有掌握复苏技术的人员在场。

第四节　新生儿缺氧缺血性脑病

案例 6-1

足月新生儿，出生时 1 分钟 Apgar 评分 3 分，5 分钟时 6 分，生后 24 小时，小儿频繁划船样动作。体检：意识呈嗜睡状态，体温正常，前囟饱满，瞳孔等大等圆，对光反射灵敏。心肺检查正常，四肢肌张力增高，吸允反射减弱，余生理反射正常。

【思考题】

1. 归纳该病例的特点，其最可能的诊断是什么？

2. 为完善本病诊断需要进一步做哪些辅助检查。

新生儿缺氧缺血性脑病（hypoxic ischemic encephalopathy，HIE）是指各种围生期窒息引起的部分或完全缺氧、脑血流减少或暂停而导致胎儿或新生儿脑损伤。早产儿发生率明显高于足月儿，但由于足月儿在活产新生儿中占绝大多数，故以足月儿多见。HIE 是引起新生儿急性死亡和儿童致残的主要原因之一。

（一）病因

缺氧是发病的核心，其中围生期窒息是最主要的病因。另外，出生后肺部疾患，心脏病变及严重失血或贫血也可引起脑损伤。

（二）发病机制

1. 脑血流改变　当缺氧缺血为部分性或慢性时，体内血液出现代偿性重新分配，以保证小脑的血液供应。随着缺氧时间延长，代偿机制丧失，脑血流最终因心功能受损、全身血压下降而锐减，遂出现第 2 次血流重新分配，大脑半球血流减少，以保证如基底神经节、脑干、丘脑及小脑等代谢最旺盛部位的血液供应。而大脑皮层矢状旁区及其下部的白质（大脑前、中、后动脉的边缘带）最易受损。如窒息为急性完全性，则上述代偿机制不会发生，脑损伤可发生在基底神经节等代谢最旺盛的部位，而大脑皮层不受影响，甚至其他器官也不会发生缺血损伤。这种由于脑组织内在特性的不同而具有对损害特有的高危性称选择性易损区，足月儿的易损区在大脑矢状旁区的脑组织；早产儿的易损区则位于脑室周围的白质区。缺氧和高碳酸血症还可导致脑血管自主调节功能障碍，形成“压力被动性脑血流”，即脑血流灌注完全随全身血压的变化而波动。当血压高时，脑血流过度灌注可致颅内血管破裂出血；当血压下降、脑血流减少，则引起缺血性脑损伤。

2. 脑组织代谢改变　葡萄糖是人类脑组织能量的最主要来源，但脑组织中储存的葡萄糖十分有限，因此，脑组织对缺血缺氧非常敏感。缺氧时，由于脑组织无氧酵解增加，组织中乳酸堆积、能量产生急剧减少，出现一系列使损害进一步恶化而导致脑细胞死亡的瀑布样反应：①细胞膜上钠-钾泵、钙泵功能不足，使钠、水进入细胞内，造成细胞毒性脑水肿；② Ca^{2+} 通道开启异常，大量 Ca^{2+} 进入细胞内导致脑细胞不可逆的损害，同时还可激活某些受其调节的酶，引起胞质膜磷脂成分分解，从而进一步破坏脑细胞膜的完整性及通透性；③当脑组织缺血时，ATP 降解，腺苷转变为次黄嘌呤，当脑血流再灌注时重新供氧，次黄嘌呤在次黄嘌呤氧化酶作用下产生氧自由基；④能量持续衰竭时，兴奋性氨基酸尤其是谷氨酸在细胞外聚积产生毒性作用，进一步诱发上述生化反应，引起细胞内 Ca^{2+} 超载，自由基生成增多，以及脑血流调节障碍等陆续发生，最终导致细胞水肿、凋亡和坏死。

（三）病理

病变的范围和分布主要取决于损伤时脑成熟度、严重程度及持续时间。主要表现为脑水肿、选择性神经元死亡及梗死，后期表现为软化、多囊性变或瘢痕形成。新生儿 HIE 伴发颅内出血以原发性蛛网膜下腔最为多见，其次是脑室内出血和脑实质出血。早产儿主要表现为脑室周围白质软化（periventricular leukomalacia，PVL）和脑室周围室管膜下-脑室内出血。PVL 包括局灶性和弥漫性，前者主要位于侧脑室的额部、体部和枕部三角区，包括囊性和非囊性病变，其中非囊性病变是临床上最常见的形式，而囊性病变是更严重的损伤形式。

（四）临床表现

临床症状体征主要表现为不同程度意识障碍、肌张力及原始反射改变、惊厥、脑水肿颅内高压等神经系统症状。症状常发生在生后 24 小时内，其中 50% ~70% 可发生惊厥，特别是足月儿。惊厥最常见的表现形式为轻微发作型或多灶性阵挛型，严重者为强直型，同时有前囟隆起等脑水肿症状体征。病变在脑干、丘脑者，可出现中枢性呼吸衰竭、瞳孔缩小或扩大、顽固性惊厥等脑干症状，常在 24～72 小时病情恶化或死亡。少数患儿在宫内已发生缺血缺氧性脑损伤，出生时 Apgar 评分可正常，多脏器受损不明显，但生后数周或数月逐渐出现神经系统受损症状。

根据意识、肌张力、原始反射改变、有无惊厥、病程及预后等，临床上分为轻、中、重度（表 6-5）。

表 6-5 HIE 临床分度

分度	轻度	中度	重度
意识	激惹	嗜睡	昏迷
肌张力	正常	减低	松软
原始反射			
拥抱反射	活跃	减弱	消失
吸吮反射	正常	减弱	消失
惊厥	可有肌阵挛	常有	有，可呈持续状态
中枢性呼吸衰竭	无	有	明显
瞳孔改变	扩大	缩小	不等大，对光反射迟钝
脑电图	正常	低电压，可有痫样放电	爆发抑制，等电位
病程及预后	症状在 72 小时内消失，预后好	症状在 14 日内消失，可能有后遗症	数日至数周死亡，症状可持续数周，病死率高，存活者多有后遗症

（五）辅助检查

1. 血生化检查 ①血气分析：出生时取脐动脉血进行血气分析，了解缺氧和代谢情况；②血清肌酸磷酸激酶同工酶：主要存在于脑和神经组织中，正常值<10U/L；③神经元特异性烯醇化酶（NSE）主要存在于神经元，正常值<6μg/L，神经元受损时血浆中此酶活性升高。

2. 脑影像学检查 ①B 超：有助于了解脑水肿、基底核和丘脑、脑室及其周围出血等病变，具有较高的特异性，但对矢状旁区损伤不敏感。②CT 扫描：有助于了解颅内出血范围和类型，对于脑水肿、基底核和丘脑损伤、脑梗死等有一定参考作用。最适合的检查时间为生后 4～7 日。③磁共振（MRI）：对脑灰、白质的分辨率异常清晰，且轴位、矢状位及冠状位三维成像，能清晰显示 B 超或 CT 不易探及的部位，对于矢状旁区损伤尤为敏感，为判断足月儿和早产儿脑损伤的类型、范围、严重程度及评估预后提供了重要的影像学信息。弥散加权磁共振（diffusion weighted imaging，DWI）对早期缺血的脑组织具有较高的敏感性。

3. 脑电生理检查 ①脑电图：HIE 表现为脑电活动延迟（落后于实际胎龄）、异常放电、背景活动异常（以低电压和爆发抑制为主）等。应在生后 1 周内检查，可客观地反映脑损害程度、判断预后，以及有助于惊厥的诊断。②振幅整合脑电图（aEEG）：是常规脑电图的一种简化形式，具有简便、可床边连续检测危重新生儿脑功能等优点，评估 HIE 程度及预测预后。

（六）诊断

由中华医学会儿科学会新生儿学组制定的足月儿 HIE 诊断标准如下：①有明确的可导致胎儿宫内窘迫的异常产科病史，以及严重的胎儿宫内窘迫表现[胎心率<100 次/分，持续 5 分钟以上和（或）羊水Ⅲ度污染]，或在分娩过程中有明显窒息史；②出生时有重度窒息，指 Apgar 评分 1 分钟≤3 分，并延续至 5 分钟时仍≤5 分；或出生时脐动脉血气 pH≤7；③出生后不久出现神经系统症状，并持续 24 小时以上；④排除电解质紊乱、颅内出血和产伤等原因引起的抽搐，以及宫内感染、遗传代谢性疾病和其他先天性疾病所引起的脑损伤。同时具备以上 4 条者可确诊，第 4 条暂时不能确定者可作为拟诊病例。目前尚无早产儿 HIE 诊断标准。

（七）治疗

1. 三项支持疗法 ①维持良好的通气功能是支持疗法的核心，保持 PaO_2>7.98～10.64kPa（60～80mmHg）、动脉二氧化碳分压（$PaCO_2$）和 pH 在正常范围。可酌情予以不同方式的氧疗，严重者可用机械通气、一氧化氮（NO）吸入，但应避免 PaO_2 过高或 $PaCO_2$ 过低。②维持脑和全身良好的血液灌注是支持疗法的关键措施，避免脑灌注过低或过高。低血压可用多巴胺，也可同时加用多巴酚丁胺。③维持血糖在正常高值 4.16～5.55mmol/L，以提供神经细胞代谢所需能源。

2. 三项对症治疗

（1）控制惊厥：首选苯巴比妥，负荷量 20mg/kg，于 15～30 分钟静脉滴注，若不能控制惊厥，1 小时后可加 10mg/kg。12～24 小时后给维持量，每日 3～5mg/kg。肝功能不良者改用苯妥英钠；顽固性抽搐者加用地西泮，每次 0.1～0.3mg/kg 静脉滴注；或加用水合氯醛 50mg/kg。

（2）降颅压：避免输液过量是预防和治疗颅内高压的基础，每日液体总量不宜超过 60～80ml/kg。如有颅内压升高表现，首选利尿剂呋塞米，每次 0.5～1mg/kg，静注。严重者可用甘露醇，宜小剂量，每次 0.25～0.5g/kg，静脉注射，酌情 6～12 小时 1 次，可连用 3～5 日。

（3）消除脑干症状：当重度 HIE 临床出现呼吸节律异常，瞳孔改变时，可应用纳洛酮，剂量 0.05～1mg/kg，静脉注射，无效应及时予以恰当的呼吸支持措施。

（4）其他：在内环境稳定的基础上，可酌情选用营养脑细胞、促进神经细胞生长的药物。

3. 亚低温治疗　是一项有前景的治疗措施。目前国内外已用于临床，其安全性、疗效已经得到初步肯定。应于发病 6 小时内治疗，持续 48～72 小时。

4. 新生儿期后治疗　病情稳定后尽早康复训练，有利于促进脑功能恢复，减少后遗症。

（八）预后和预防

本病预后与病情严重程度、抢救是否正确及时有关。病情严重，惊厥、意识障碍、脑干症状持续时间超过 1 周，血清 CPK-BB 和脑电图持续异常者预后差。幸存者常留有不同程度的运动和智力障碍、癫痫等后遗症。积极推广新法复苏，防止围生期窒息是预防本病的主要方法。

第五节　新生儿颅内出血

案例 6-2

早产儿，出生胎龄 31 周，体重 1400g，剖宫产。出生时无窒息复苏史，生后 20 小时突然出现面色苍白、一侧肢体抽动。查体：呼吸不规则，前囟饱满，四肢肌张力差，拥抱反射消失。

【思考题】

1. 最可能的诊断是什么？
2. 本病诊断首选的辅助检查是什么？

新生儿颅内出血是新生儿期常见病，早产儿多见，病死率高，与这一阶段自身的解剖特点和多种围产期高危因素有关，严重者常留有神经系统后遗症。

（一）病因与发病机制

1. 早产　胎龄 32 周以下的早产儿，在脑室周围的室管膜下及小脑软脑膜下的颗粒层均留存胚胎生发基质（germinal matrix，GM），是一未成熟的毛细血管网，其血管壁仅有一层内皮细胞，缺少胶原和弹力纤维支撑。当动脉压突然升高时可导致毛细血管破裂引起室管膜下出血；出血向内可穿破室管膜进入脑室内引起脑室内出血；血液外渗可扩散至脑室周围的白质。GM 层血管壁内皮细胞富含线粒体，耗氧量大，对缺氧十分敏感，易引起血管壁破坏出血。此处小静脉系统呈“U”字形走向汇于 Galen 静脉，由于这种特殊走向，易发生血流动力学的变化而致出血及出血性脑梗死。胎龄 32 周以后 GM 层逐步退化形成神经胶质细胞，构成生后脑白质的基础。

2. 缺血缺氧　窒息时低氧血症、高碳酸血症可损害脑血流的自主调节功能，形成压力被动性脑血流。当动脉压力升高时，脑血流量增加，可引起毛细血管破裂出血；当动脉压力降低时，脑血流量减少，引起毛细血管缺血性损伤而出血；低氧、高碳酸血症还可引起脑血管扩张，血管内压增加，毛细血管破裂出血；或静脉淤滞、血栓形成，脑静脉血管破裂出血。

3. 外伤　主要为产伤所致。其他如头皮静脉穿刺、吸痰、搬动、气管插管等频繁操作或机械通气时呼吸机参数设置不当等可造成头部过分受压、脑血流动力学突然改变和脑血流自主调节受损引起毛细血管破裂而出血。

4. 其他　新生儿肝功能不成熟，凝血因子不足或患其他出血性疾病等均可致颅内出血。不适当地输入碳酸氢钠、葡萄糖酸钙、甘露醇等高渗溶液，可导致毛细血管破裂。

（二）临床表现

新生儿颅内出血的临床表现主要与出血部位和出血量有关，轻者可无症状，大量出血者可在短期内死亡。常见的症状与体征有：①意识改变：激惹、嗜睡或昏迷；②呼吸改变：增快或减慢，不规则或暂停；③颅内压力增高：前囟隆起，血压增高，抽搐，角弓反张，脑性尖叫；④眼征：凝视、斜视、眼球上转困难、眼球震颤等；⑤瞳孔对光反应消失；⑥肌张力：增高、减弱或消失；⑦其他：不明原因的苍白、贫血和黄疸。

根据出血部位不同，临床上分为以下几型。

1. 脑室周围-脑室内出血　主要见于胎龄小于 32 周、体重低于 1500g 的早产儿，其发病率可达 40%～50%，胎龄愈小，发病率愈高，是引起早产儿死亡的主要原因之一。2%～3% 的足月儿也可发生 PVH-IVH，其中 50%～60% 出血来自室管膜下 GM，其余则源于脉络丛。出血发生的时间 50% 在出生后第 1 日，90% 发生在出生后 72 小时内，仅少数发病会更晚。根据头颅 B 超或 CT 检查分为 4 级。Ⅰ级：室管膜下出血；Ⅱ级：脑室内出血但无脑室扩大；Ⅲ级：脑室内出血伴脑室扩大；Ⅳ级：脑室内出血伴脑实质出血。Ⅰ～Ⅱ级出血大部分预后相对良好；Ⅲ～Ⅳ级出血者死亡率较高，伴有出血性梗死者死亡率高达 50%。

2. 原发性蛛网膜下腔出血（SAH）　出血原发部位在蛛网膜下腔内，不包括硬膜下、脑室内或小脑等部位出血后向蛛网膜下腔扩展。此种出血类型在新生儿中十分常见，尤其是早产儿。SAH 与缺氧、酸中毒、产伤有关。由于出血原因常为缺氧引起蛛网膜下腔的毛细血管内血液外渗,而非静脉破裂,故大多数出血量少,无临床症状,预后良好。部分典型病例表现为生后第2日抽搐,但发作间歇表现正常;极少数病例大量出血常于短期内死亡。主要的后遗症为交通性或阻塞性脑积水。

3. 脑实质出血(IPH) 常见于足月儿,多因小静脉栓塞后使毛细血管压力增高、破裂而出血。由于出血部位和量不同,临床症状有很大差异。少量点片状出血,临床上可无明显症状。如出血部位在脑干,早期即可发生瞳孔变化、呼吸不规则和心动过缓等,而前囟张力可不高。出血部位可液化形成囊肿,如囊肿与脑室相通称之为脑穿通性囊肿。主要后遗症为脑性瘫痪、癫痫和精神发育迟缓。由于支配下肢的神经传导束邻近侧脑室,向外依次为躯干、上肢、面部神经的传导束,因此下肢运动障碍较多见。

4. 硬膜下出血(SDH) 是一种常见的产伤性颅内出血,多见于足月巨大儿。出血量少者可无症状;出血明显者一般在出生24小时后出现惊厥、偏瘫和斜视等神经系统症状。严重的天幕、大脑镰撕裂和大脑表浅静脉破裂,可在出生后数小时内死亡。部分患儿在新生儿期症状不明显,数月后发生慢性硬脑膜下积液。

5. 小脑出血 包括原发性小脑出血,脑室内或蛛网膜下腔出血扩散至小脑,静脉出血性梗死,以及产伤引起小脑撕裂4种类型。多见于胎龄小于32周、体重低于1500g的早产儿,或有产伤史的足月儿。严重者除一般神经系统症状外主要表现为脑干症状,可在短时间内死亡。早产儿尤其预后较差。

(三)诊断

(1)了解好妊娠史、胎儿成熟状况、分娩史、缺氧及复苏经过等诱因,并进行详细的神经系统检查。

(2)头颅B超对颅脑中心部位病变分辨率高,因此成为PVH-IVH的特异性诊断手段,应为首选,并在出生后3~7日进行,1周后动态监测。但蛛网膜下腔、后颅窝和硬膜外等部位出血B超不易发现,需CT、MRI检查,尤其后者,是确诊各种颅内出血、评估预后的最敏感的检测手段。

(3)脑脊液检查可与其他引起中枢神经系统症状的疾病鉴别。颅内出血时显微镜下可见皱缩红细胞,蛋白含量明显升高,严重者在出血后24小时内脑脊液糖含量降低,5~10日最明显,同时乳酸含量低。少量蛛网膜下腔和脑实质出血脑脊液可正常。

(四)治疗

1. 支持疗法 保持患儿安静,尽可能避免搬动、刺激性操作,维持正常的液体平衡、渗透压及灌注压,纠正酸中毒。

2. 止血 可选择使用维生素K_1、酚磺乙胺、血凝酶,酌情使用新鲜冰冻血浆。

3. 控制惊厥 见缺氧缺血性脑病节。

4. 降低颅内压 有颅内压力增高症状者可用呋塞米,每次0.5~1mg/kg,每日2~3次静脉注射。对中枢性呼吸衰竭者可用小剂量甘露醇,每次0.25~0.5g/kg,每6~8小时1次,静脉注射。

5. 外科治疗 对于危及生命的较大血肿,包括严重的硬膜下血肿、SAH、脑实质出血、小脑出血等,可能出现脑干压迫症状,需由神经外科紧急处理,刻不容缓,此时一般的药物难以挽救生命。

6. 脑积水 乙酰唑胺可减少脑脊液的产生,每日10~30mg/kg,分2~3次口服,疗程不超过2周;对Ⅲ级以上PVH-IVH并确诊有梗阻性脑积水、侧脑室进行性增大,可于病情稳定后(生后2周左右)连续腰椎穿刺,每日或隔日1次,防止粘连和脑积水,总疗程一般为2周至1个月,但对上述2种方法尚存在争议。

(五)预后

主要与出血部位、出血量、胎龄及其他围生期因素有关。早产儿、Ⅲ~Ⅳ级PVH-IVH、慢性缺氧、顶枕部脑实质出血预后差,幸存者常留有神经系统后遗症。

(六)预防

1. 减少早产 做好孕妇保健工作、避免早产是降低早产儿颅内出血发生率的第一个环节。

2. 恰当的医疗和护理措施 十分重要的是尽可能维持较稳定的颅内压和脑血流范围,避免"涨落"状态,一般不静脉注射高渗液体。在护理方面,动作轻柔,做好保暖,保持安静,减少干扰,避免患儿剧烈哭闹,头位保持15°~30°,可有效地减少新生儿颅内出血的发生。

3. 药物性预防 有人认为,对胎龄34周以下的早产儿应用苯巴比妥,可以减少颅内出血的发生,用法为生后6小时内给予苯巴比妥,负荷量20mg/kg,24小时后再予维持量5mg/kg,共5日。其作用机制在于降低脑代谢率,降低颅内压,通过镇静和抗痉挛作用,减少血压的波动,对维持正常的血流动力学有积极的作用。但对此种方法仍有争议,认为应用苯巴比妥后机械通气增多,加重了颅内出血。

第六节 胎粪吸入综合征

案例6-3

孕40周分娩男婴,出生前有胎心下降,出生体重3500g,羊水Ⅲ度,出生时Apgar评分1分钟1分,5分钟3分,10分钟5分,窒息复苏时气管内吸出胎粪。

【思考题】

1. 本病例的特点及最可能的诊断是什么?
2. 本病例行胸片检查可见什么改变?

胎粪吸入综合征(meconium aspiration syndrome, MAS)是由胎儿在宫内或产时吸入混有胎粪的羊水,而导致以呼吸道机械性阻塞及化学性炎症为主要病理特征,以出生后出现呼吸窘迫为主要表现的临床综合征,根据吸入发生的时间可分为产前、产时或产后吸入。多见于足月儿或过期产儿。据文献报道,分娩时羊水混胎粪的发生率为5% ~15%,但仅其中5% ~10%发生MAS;而MAS中10% ~20%患儿并发气胸,5%患儿可死亡。

(一)病因和病理生理

1. 胎粪吸入 胎儿在宫内或分娩过程中出现缺氧,其肠道及皮肤血液量减少,继之迷走神经兴奋,最终导致肠壁缺血痉挛,肠蠕动增加,肛门括约肌松弛而排出胎粪。一般情况下,胎儿肺液的分泌量较大,使气道的液体自气道流出至羊膜腔。正常的宫内呼吸活动不会导致胎粪的吸入,而明显的宫内缺氧所引起的胎儿窘迫、出现喘气时,可使胎粪进入小气道或肺泡或在胎儿娩出建立有效呼吸后,使其吸入肺内。临床有严重的羊水胎粪污染(如羊水Ⅲ度混浊)、胎心过快、脐动脉血pH低等都提示有胎粪吸入的可能而需积极干预。也有学者根据早产儿很少发生羊水混有胎粪,而过期产儿发生率高于35%这一现象,推断羊水混有胎粪也可能是胎儿成熟的标志之一。

2. 不均匀气道阻塞和化学性炎症 MAS的主要病理变化是由于胎粪的机械性阻塞所致。可出现不同程度和部位的肺不张和肺气肿。部分肺泡的小气道可无胎粪,但该部分肺泡的通换气功能均可代偿性增强。由此可见,MAS的病理特征为不均匀气道阻塞,即肺不张、肺气肿及正常肺泡同时存在,其各自所占的比例决定患儿临床表现的轻重。

因胆盐是胎粪组成之一,故胎粪吸入除引起呼吸道的机械性阻塞外,也可刺激局部引起化学性炎症,进一步加重通换气功能障碍。胎粪尚有利于细菌生长,故MAS也可继发细菌感染。此外,近年来有文献报道,MAS时Ⅱ型肺泡上皮细胞受损和肺表面活性物质减少,但其结论尚需进一步研究证实。

3. 肺动脉高压 严重缺氧和混合性酸中毒导致肺小动脉痉挛,甚至血管平滑肌肥厚,导致肺动脉阻力增加,右心压力增加,发生卵圆孔水平右向左分流;肺血管阻力的持续增加,使肺动脉压超过体循环动脉压,从而导致动脉导管开放并出现右向左分流,即新生儿持续肺动脉高压(PPHN)。上述变化将进一步加重低氧血症及混合性酸中毒,并形成恶性循环。

(二)临床表现

1. 吸入混有胎粪的羊水 是诊断MAS的前提。①分娩时可见羊水混有胎粪;②患儿皮肤、脐带和指、趾甲床留有胎粪污染的痕迹;③口、鼻腔吸引物中含有胎粪;④气管插管时声门处或气管内吸引物中可见胎粪(即可确诊)。

2. 呼吸系统表现 患儿症状轻重与吸入羊水的物理性状(混悬液或块状胎粪等)和量的多少密切相关。若吸入少量或混合均匀的羊水,可无症状或症状轻微;若吸入大量混有黏稠胎粪羊水者,常于生后不久即出现呼吸急促、发绀、鼻翼扇动和吸气性三凹征等呼吸窘迫表现,少数患儿也可出现呼气性呻吟。体格检查可见胸廓饱满,呼吸音减低或粗湿啰音,以后出现中、细湿啰音。如呼吸窘迫突然加重,并伴有呼吸音明显减弱,应怀疑气胸的发生。

3. PPHN 多为足月儿或过期产儿,在有文献报道的PPHN患儿中,约75%其原发病是MAS。主要表现为严重的发绀,其特点为:当 $FiO_2>0.6$ 时,发绀仍不缓解;哭闹、哺乳或躁动时发绀加重;发绀程度与肺部体征不平行(发绀重,体征轻)。部分患儿在胸骨左缘第2肋间可闻及收缩期杂音,严重者可出现休克和心力衰竭。

但常需与青紫型先天性心脏病或严重肺部疾病所导致的发绀相鉴别,如下试验有助鉴别。①高氧试验:吸入纯氧15分钟,如动脉氧分压(PaO_2)或经皮血氧饱和度($TcSO_2$)较前明显增加,提示为肺实质病变;PPHN和青紫型先心病则无明显增加。②动脉导管前、后血氧差异试验:比较动脉导管前(右桡或颞动脉)和动脉导管后(左桡、脐或下肢动脉)的 PaO_2 或 $TcSO_2$,若动脉导管前、后 PaO_2 差值>2kPa(15mmHg)或 $TcSO_2$ 差值>4%,表明动脉导管水平有右至左分流。若无差值也不能除外PPHN,因为也可有卵圆孔水平的右至左分流。③高氧-高通气试验:应用气管插管纯氧复苏囊通气,频率60~80次/分,通气10~15分钟,使动脉二氧化碳分压(PaO_2)下降和血pH上升,若 PaO_2 较通气前升高>4kPa(30mmHg)或 $TcSO_2$ 升高>8%,则提示PPHN存在。

严重MAS可并发红细胞增多症、低钙血症、低血糖、HIE、肺出血及多器官功能障碍等。

(三)辅助检查

1. 实验室检查 血气分析:pH及 PaO_2 降低,$PaCO_2$ 增高;血常规、血糖、血钙和相应血生化检查;气管内吸引物及血液的培养。

2. X线检查 两肺透亮度增强伴有节段性或小叶肺不张,也可仅有弥漫性浸润影或并发纵隔气肿、气胸等。

3. 超声波检查 心脏及大血管彩色Doppler超声检查有助于PPHN的诊断。

(四)治疗

1. 清理呼吸道 为促进气管内胎粪排出,可采用体位引流、拍叩和震动胸部等方法。对病情较重且生后不久的MAS患儿,可气管插管后进行吸引,胎粪黏稠者也可气管内注入0.5ml生理盐水后再行吸引,以减轻 MAS 的病变程度及预防 PPHN 发生。此外，动物实验结果表明，即使胎粪进入气道 4 小时后，仍可将部分胎粪吸出。

2. 对症治疗

（1）氧疗：清理呼吸道后立即给予高浓度氧，应依据患儿缺氧程度选用鼻导管、面罩或头罩等吸氧方式，以维持 PaO_2 6.7～10.6kPa（50～80mmHg）或 $TcSO_2$ 90%～95% 为宜。若患儿已符合上机标准，应尽早机械通气治疗。

（2）纠正酸中毒：①纠正呼吸性酸中毒，可经口、鼻或气管插管吸引，保持气道通畅，必要时进行正压通气；②纠正代谢性酸中毒：纠正缺氧，改善循环，当血气结果中碱剩余为-10～-6 时，应在保证通气的前提下予碱性药物。

（3）维持正常循环：出现低体温、苍白和低血压等休克表现者，应用血浆、全血、5% 白蛋白或生理盐水等进行扩容，同时静脉滴注多巴胺和（或）多巴酚丁胺等。

（4）其他：①限制液体入量，严重者常伴有脑水肿，肺水肿或心力衰竭，应适当限制液体入量；②抗生素，不主张预防性应用抗生素，但对有继发细菌感染者，常选择广谱抗生素，并根据血、气管内吸引物细菌培养及药敏结果调整抗生素；③气胸治疗，需机械通气病例采用高吸气峰压（PIP）和呼气末正压（PEEP）时，易发生气胸。如已发生气胸，应紧急胸腔穿刺抽气或进行胸腔闭式引流；④肺表面活性物质，目前有应用其治疗 MAS 的临床报道，但疗效尚有待证实；⑤其他，保温、镇静，满足热量需要，维持血糖和血清离子正常等。

3. 肺动脉高压治疗 去除病因至关重要。

（1）碱化血液：是治疗 PPHN 经典而有效的方法之一。采用高频率机械通气，以维持动脉血气：pH 7.45～7.55，$PaCO_2$ 3.3～4.7kPa（25～35 mmHg），PaO_2 10.6～13.3kPa（80～100mmHg）或 $TcSO_2$ 96%～98%，血液碱化，降低肺动脉压力。但过度通气可增加早产儿脑室周围白质软化的发生机会，近年来多主张维持下列血气参数：pH 7.30～7.40，$PaCO_2$ 5.3～6.6kPa（40～50 mmHg），$TcSO_2$ 90%～95%。

（2）血管扩张剂：妥拉唑啉虽能降低肺动脉压，但同时引起体循环压相应或更严重下降，目前临床已很少应用。西地那非、米力农等磷酸二酯酶抑制剂可选择性扩张肺血管，已被应用于临床治疗新生儿 PPHN，并取得一定疗效，但有关其有效性及安全性还需要大量的临床资料去证实。

（3）NO 吸入：NO 是血管舒张因子，其肺内局部使用，可使肺血管平滑肌舒张，肺血管阻力下降，而对动脉血压无影响。有关其治疗 PPHN 的有效性，目前国内外已有大量文献报道，多数认为若联合高频震荡通气效果更佳。

（4）其他：在 PPHN 的治疗中，有报道肺表面活性物质能使肺泡均匀扩张，降低肺血管阻力；关于是否应用激素及持续气道正压（CPAP）治疗尚存在争议；液体通气尚在试验中；高频震荡通气取得一定效果；体外膜肺（ECMO）对严重 MAS（并发 PPHN）疗效较好，但价格昂贵，人员及设备要求高。

（五）预防

积极防治胎儿宫内窘迫和产时窒息；对羊水混有胎粪，应在胎儿肩和胸部尚未娩出前清理鼻腔和口咽部胎粪。通过评估，如新生儿有活力（有活力的定义：呼吸规则，肌张力好，心率>100 次/分）可进行观察，不需气管插管吸引，如无活力，应立即气管插管，将胎粪洗出。在气道胎粪吸出前一般不应进行正压通气。

第七节 呼吸窘迫综合征

案例 6-4

患儿为 30 周女婴，生后 6 小时出现呼吸困难、呻吟、进行性加重。查体：精神反应稍差，唇周发绀，有吸气性三凹征，两肺呼吸音减低。无明显湿性啰音，心脏听诊正常。

【思考题】

1. 早产儿呼吸困难常见于哪些原因？

2. 为完善诊断需要进一步做哪些辅助检查？

新生儿呼吸窘迫综合征（respiratory distress syndrome，RDS）又名肺透明膜病（hyaline membrane disease，HMD），由肺表面活性物质（pulmonary surfactant，PS）缺乏所引起，临床以生后不久出现进行性呼吸困难为特征，病理上可见肺透明膜改变。多见于早产儿，胎龄越小，发病率越高。

（一）病因及发病机制

新生儿 RDS 是由于 PS 缺乏所致。PS 是由肺泡Ⅱ型上皮细胞合成并分泌的一种磷脂蛋白复合物。PS 于孕 18～20 周开始产生，缓慢上升，至 35～36 周达肺成熟水平。PS 覆盖在肺泡表面，可以降低肺泡表面张力，防止呼气末肺泡萎陷，保持功能残气量，减少液体自毛细血管向肺泡渗出。PS 不足或缺乏使肺泡壁表面张力增加，呼气末功能残气量减少，肺泡趋于萎陷，进行性肺不张。肺顺应性下降，肺泡难以充分扩张，通气/血流降低，气体弥散障碍及呼吸功增加，从而导致缺氧和酸中毒，进而使肺毛细血管通透性增高，液体漏出，肺间质水肿和纤维蛋白沉着于肺泡表面，形成肺透明膜。肺透明膜加重气体弥散障碍，进一步加重缺氧和酸中毒，并抑制 PS 合成，形成恶性循环。

糖尿病母亲新生儿也容易发生 RDS。新生儿母亲患糖尿病时,胎儿血糖增高,胰岛素分泌相应增加,胰岛素可抑制糖皮质激素,糖皮质激素减少使 PS 合成分泌受影响,肺发育未成熟,易于发生 RDS。围产期窒息、缺氧、低体温、酸中毒、低灌注可抑制 PS 的合成和分泌。

(二)临床表现

出生后不久(一般 6 小时内)出现呼吸急促,60 次/分以上,呼气性呻吟,吸气时三凹征,病情呈进行性加重。继而出现呼吸不规则、呼吸暂停、青紫、呼吸衰竭。体检两肺呼吸音减弱,肺泡有渗出时可闻及细湿啰音。血气分析 $PaCO_2$ 升高,PaO_2 下降,BE 负值增加,生后 24 ~ 48 小时病情最重,病死率较高,能生存 3 日以上者肺成熟度增加,可逐渐恢复。不少患儿并发肺部感染或 PDA,使病情再度加重。恢复期的 RDS 患儿,其原发病已明显好转,突然出现对氧气的需求量增加、难以矫正和解释的代谢性酸中毒、喂养困难、呼吸暂停、周身发凉及肝在短时间内进行性增大,应注意 PDA。轻型病例可仅有呼吸困难、呻吟,而青紫不明显,经 CPAP 治疗后可恢复。若生后 8 ~ 12 小时以内呼吸正常,多可排除此病。

(三)辅助检查

1. X 线检查 有特征性的表现,是目前确诊 RDS 的最佳手段。按病情轻重可有以下表现。①毛玻璃样改变:两肺呈普遍性的透亮度降低,可见弥漫性均匀一致的细颗粒网状影;②支气管充气征:在弥漫性不张肺泡(白色)的背景下,可见清晰充气的树枝状支气管(黑色)影;③白肺:严重时双肺野均呈白色,肺肝界及肺心界均消失。动态拍摄胸片可观察病情动态变化,有助病情判定、呼吸机参数调整及治疗效果的评价。

2. 肺成熟度检查

(1) 泡沫试验:取患儿胃液 1 ml 加 95% 乙醇溶液 1 ml,振荡 15 秒,静置 15 分钟后沿管壁有多层泡沫形成则可除外 RDS。若无泡沫可考虑为 RDS,两者之间为可疑。其机制是由于 PS 利于泡沫的形成和稳定,而乙醇则起抑制作用。

(2) 测定羊水或患儿气管吸引物中卵磷脂/鞘磷脂(L/S)值,若 ≥2 提示“肺成熟”,1.5 ~ 2 为可疑、<1.5 提示“肺未成熟”;PS 中其他磷脂成分的测定也有助于诊断。

(3) 磷脂酰甘油(PG):小于 3% 表示肺未成熟,敏感性较高,假阳性率较 L/S 低。

3. 实验室检查 血气分析:pH 和动脉氧分压(PaO_2)降低,动脉二氧化碳分压($PaCO_2$)增高,碳酸氢根浓度降低是 RDS 常见改变。

(四)鉴别诊断

1. 湿肺 亦称新生儿暂时性呼吸增快,多见于足月儿,为自限性疾病。由于肺淋巴和(或)静脉吸收肺液功能暂时低下,使其积留于淋巴管、静脉、间质、叶间胸膜和肺泡等处,影响气体交换所致。呼吸困难症状轻,病程短,不易和轻型 RDS 区别。X 线胸片显示肺气肿、肺门纹理增粗和斑点状云雾影,常见毛发线(叶间积液)。一般只需对症治疗。

2. B 组链球菌肺炎 是由 B 组 β 溶血性链球菌败血症所致的宫内感染性肺炎。其临床表现及 X 线改变有时与 RDS 相似。前者具有如下特点:母亲妊娠晚期多有感染表现、胎膜早破或羊水有臭味史;母血或宫颈拭子培养有 B 组链球菌生长;机械通气时所需参数较低;病程与 RDS 不同,用青霉素治疗有效。

3. 膈疝 表现为阵发性呼吸急促及发绀。腹部凹陷,患侧胸部呼吸音减弱甚至消失,可闻及肠鸣音;心肺体征和 X 线表现可资区别。

(五)治疗

目的是保证通换气功能正常,待自身 PS 产生增加,RDS 得以恢复。关键治疗手段是机械通气和 PS 替代治疗。

1. 一般治疗 ①保温:放置在自控式暖箱内,保持皮肤温度为 36.5℃。②监测体温、呼吸、心率、血压和血气。③保证液体和营养供应:第 1 日 5% 或 10% 葡萄糖液 65 ~ 75ml/(kg · d),以后逐渐增加到 120 ~ 150ml/(kg · d),并适当补充电解质。病情好转后改为经口喂养,热能不足时辅以部分静脉营养。④纠正水电解质、酸碱平衡紊乱。⑤抗生素:原则上不主张用,合并感染时依据细菌培养和药敏结果选择相应抗生素。

2. 氧疗和辅助通气

(1) 吸氧:轻症可选用鼻导管、面罩、头罩或鼻塞吸氧,维持 PaO_2 6.7 ~ 10.6 kPa(50 ~ 80mmHg)和 $TcSO_2$ 85% ~93% 为宜。

(2) 持续气道正压(CPAP):①目的是使有自主呼吸的患儿在整个呼吸周期中都接受高于大气压的气体,以增加 FRC,防止呼气时肺泡萎陷,并有助于萎陷肺泡的重新张开;②指征:吸入氧分数(FiO_2)>0.4,PaO_2<50 mmHg 或 $TcSO_2$<90%;③方法:可经鼻塞、面罩或气管插管进行;④参数:压力 4 ~ 8cmH_2O,气体流量最低为患儿每分通气量的 3 倍或 5L/min。及时应用 CPAP 可减少机械通气的使用。

(3) 常频机械通气(CMV):新生儿最好使用持续气流、时间转换、压力限制型呼吸机。

1) 指征:①当 FiO_2 = 0.6,PaO_2 < 50mmHg 或 $TcSO_2$<85%(发绀型先心病除外);②$PaCO_2$>60 ~ 70 mmHg 伴 pH<7.25;③严重或药物治疗无效的呼吸暂停。具备上述一项者即可行机械通气。

2) 初始参数:吸气峰压(PIP)20 ~ 30cmH_2O;呼气末正压(PEEP)4 ~ 8cmH_2O;呼吸频率(RR)20 ~ 60cpm;吸气时间(TI)0.3 ~ 0.5 秒;流量

(FR)8～12L/min。15～30分钟后检测动脉血气，依据其结果决定是否需调整参数。

近年来，因为PS替代治疗普遍用于RDS，机械通气参数较前降低，通气时间明显缩短。但是，对于部分CMV治疗效果不佳者，可使用高频振荡通气治疗。

3）并发症：机械通气治疗可因时间长、高参数等，导致肺气漏、慢性肺疾病、早产儿视网膜病、呼吸机相关性肺炎等的发生。

3. PS替代疗法 可明显改善RDS的肺顺应性和通换气功能，降低呼吸机参数，减少气胸发生率等各种并发症，降低RDS的病死率。

(1) 应用指征：已确诊的RDS或产房内防止RDS的预防性应用。

(2) 临床常用的PS：①Survanta，从牛肺中提取，脱脂后加入棕榈酸、PC、三酰甘油而制成，内含SP-B和SP-C；②Exosurf，是人工合成的PS，含有二软脂酰磷酰胆碱(DPPC)、16烷醇和四丁酚醛，前者起表面活性作用，后两者可改善PS在肺泡表面的分布。此外，目前临床应用的PS还有从猪肺提取的Curosurf、来自牛肺的Infasurf以及人造肺扩张剂(artificial lungexpanding compound，ALEC)等。

(3) 使用方法：一旦确诊，立即经气管插管注入肺内。根据所用PS的不同，其剂量及重复给药的间隔时间(6小时或12小时)亦不相同。视病情轻重，可给予2～4次。

4. 关闭动脉导管 并发PDA时用吲哚美辛，首次0.2mg/kg，第2、3剂0.1mg/kg，每剂间隔12小时，静脉滴注或栓剂灌肠，日龄小于7日者疗效较好，副作用有肾功能损害、尿量减少、出血倾向、血钠降低、血钾升高，停药后可恢复。布洛芬与吲哚美辛同样疗效，且不发生使用吲哚美辛的一些并发症。首次剂量10mg/kg口服，24小时和48小时后再重复1次，剂量5mg/kg。但对胎龄<27周的早产儿用药应慎重。

（六）预防

1. 预防早产 加强高危妊娠和分娩的监护及治疗；对欲行剖宫产或提前分娩者，应准确测双顶径和羊水中L/S值，以判定胎儿大小和胎肺成熟度。

2. 促进胎肺成熟 对孕24～34周需提前分娩或有早产迹象的胎儿，出生48小时前给孕母肌内注射地塞米松或倍他米松，可明显降低RDS的发病率和病死率。临床上多在分娩前1周应用。

3. PS 对胎龄<30～32周，出生体重<1200g的早产儿，争取30分钟内常规应用肺表面活性物质。

第八节 新生儿黄疸

新生儿黄疸是新生儿期最常见的表现之一。新生儿血清胆红素超过85μmol/l(5mg/dl)，则出现肉眼可见的黄疸。它可以是新生儿正常发育过程中出现的症状，也可以是某些疾病的表现。新生儿黄疸常以非结合胆红素增高为主，严重者可引起胆红素脑病，造成神经系统的损害，甚至死亡。

（一）新生儿胆红素代谢特点

1. 胆红素生成过多 新生儿胆红素主要由衰老红细胞的血红蛋白分解产生，约占体内总胆红素来源的80%。新生儿每日生成的胆红素明显比成人高(新生儿8.8mg/kg，成人3.8mg/kg)。其原因有：新生儿出生后血氧分压较胎儿期高，过多的红细胞被破坏；新生儿的红细胞寿命相对短，且血红蛋白的分解速度是成人的2倍；旁路和其他组织来源的胆红素增加：肝和其他组织中的血红素及骨髓红细胞前体较多。

2. 血浆白蛋白联结胆红素的能力不足 进入血液循环的胆红素，经过与白蛋白联结后，运送到肝进行代谢。与白蛋白联结的胆红素，不能透过细胞膜及血脑屏障引起细胞和脑组织损伤。但未与白蛋白联结的胆红素，能够通过血脑屏障，引起胆红素脑病。刚娩出的新生儿常有不同程度的酸中毒，会减少胆红素与白蛋白联结。早产儿胎龄越小，白蛋白含量越低，其联结胆红素的能力也越少。

3. 肝细胞处理胆红素能力差 胆红素进入肝后，与肝细胞的可溶性配体蛋白(Y、Z蛋白)结合后进入肝细胞的光面内质网，在尿苷二磷酸葡萄糖醛酸基转移酶(UDPGT)的催化下，形成结合胆红素。结合胆红素为水溶性的，不能透过半透膜，形成后经胆汁排泄至肠道。新生儿出生时肝细胞内Y蛋白含量极微，UDPGT的含量也较成人低且活性差。因此，肝细胞对胆红素的摄取能力不足，生成结合胆红素的量少，早产儿更为明显，可出现暂时性肝内胆汁淤积。

4. 肠肝循环特点 在成人，肠道内的结合胆红素通过细菌作用被还原为粪胆素原后随粪便排出。部分排入肠道的结合胆红素可被肠道的β-葡萄糖醛酸苷酶水解，或在碱性环境中直接与葡萄糖醛酸分离成为非结合胆红素，后者可通过肠壁经门静脉重吸收到肝再行处理，即胆红素的“肠肝循环”。新生儿肠道菌群尚未完全建立，而肠腔内β-葡萄糖醛酸苷酶活性相对较高，可将结合胆红素水解为非结合胆红素，增加了肠肝循环，导致血非结合胆红素水平增高。新生儿肠腔内的胎粪含胆红素80～100mg/dl，胎粪排出延迟，可使胆红素重吸收增加。

此外，当饥饿、缺氧、脱水、酸中毒、头颅血肿或颅内出血时，更易出现黄疸或使原有黄疸加重。

（二）新生儿黄疸分类

1. 生理性黄疸 由于新生儿胆红素代谢特点，足月儿有50%～60%，早产儿约有80%可出现生理性黄疸，其特点为：①一般情况良好；②足月儿生后2～3日出现黄疸，4～5日达高峰，5～7日消退，最迟不超过2周；早产儿黄疸多于生后3～5日出现，5～7日达高峰，7～9日消退，最长可延迟到4周；③每日血清胆红素升高<85μmol/L(5mg/dl)。

生理性黄疸的程度受多种因素影响，包括个体差异、种族、地区、遗传及喂养方式等。生理性黄疸血清胆红素的最高界值，迄今尚不存在统一标准。目前沿用的是Maisels等于1981年提出的诊断标准，足月儿血清总胆红素(TSB)不超过221μmol/L(12.9mg/dl)，早产儿TSB不超过257μmol/L(15mg/dl)。生理性黄疸始终是排除性诊断，新生儿出现黄疸时，不能只依据TSB值，必须结合临床其他因素，作出正确的诊断。尤其是早产儿有病理因素存在时，TSB值虽低于生理性黄疸的诊断标准，即可发生胆红素脑病。相反，对正常足月新生儿，虽TSB值超过生理正常值，但找不到任何病理因素，可能仍属于生理性黄疸。

2. 病理性黄疸　具备以下任何一项者即可诊断为病理性黄疸。①生后24小时内出现黄疸；②血清胆红素足月儿>221μmol/L(12.9mg/dl)、早产儿>257μmol/L(15mg/dl)，或每日上升超过85μmol/L(5mg/dl)；③黄疸持续时间，足月儿>2周，早产儿>4周；④黄疸退而复现；⑤血清结合胆红素>34μmol/L(2mg/dl)。

病理性黄疸产生的病因较多，常是多种原因同时存在。临床疾病常以某一原因为主，根据病因可分为三类。

(1) 胆红素生成过多：因红细胞的破坏过多及肠肝循环增加，使胆红素生成过多，临床上以未结合胆红素升高为主。

1) 红细胞增多症：即静脉血红细胞>6×10^{12}/L，血红蛋白>220g/L，红细胞压积>65%。常见于母-胎或胎-胎间输血、脐带结扎延迟、宫内发育迟缓、先天性青紫型心脏病及糖尿病母亲新生儿等。

2) 体内出血：如较大的头颅血肿、皮下血肿、颅内出血、肺出血和其他部位出血。

3) 同族免疫性溶血：在我国主要为ABO血型不合引起的溶血，其次为Rh血型不合。

4) 感染：细菌、病毒、螺旋体、衣原体、支原体和原虫等引起的重症感染皆可致溶血。宫内感染以巨细胞病毒(cytomegalovcrus，CMV)感染、EB病毒感染及人细小病毒B19感染多见。细菌感染以金黄色葡萄球菌、大肠杆菌引起的败血症多见。

5) 肠肝循环增加：先天性肠道闭锁、幽门肥厚、先天性巨结肠、饥饿、喂养延迟和药物所致肠麻痹等均可使胎粪排泄延迟，增加胆红素的吸收。母乳喂养儿由于母乳中的β-葡萄糖醛酸苷酶进入肠内，使其肠道内未结合胆红素生成增加，增加胆红素的回吸收，导致高胆红素血症。黄疸于生后3～8天出现，1～3周达高峰，6～12周消退，停喂母乳24～48小时，黄疸可明显减轻或消退。

6) 红细胞酶缺陷：葡萄糖-6-磷酸脱氢酶(G-6-PD)、丙酮酸激酶、己糖激酶缺陷，可影响红细胞的正常代谢，使红细胞变形能力减弱，使其破坏增加。

7) 红细胞形态异常：遗传性球形红细胞增多症、遗传性椭圆形细胞增多症、遗传性口形红细胞增多症、婴儿固缩红细胞增多症等由于红细胞膜异常，致使红细胞在脾破坏增加。

8) 血红蛋白病：α地中海贫血，血红蛋白F-Poole和血红蛋白Hasharon等，由于血红蛋白肽链数量和质量缺陷而引起溶血及贫血。

9) 其他：维生素E缺乏和低锌血症等，使细胞膜改变导致溶血。

(2) 肝胆红素代谢障碍

1) 缺氧：如窒息和心力衰竭等，可抑制肝UDPGT活性。

2) 感染：感染除可导致溶血外，也可抑制肝UDPGT活性，使肝细胞结合胆红素能力下降，致未结合胆红素升高。

3) Criger-Najjar综合征：即先天性UDPGT缺乏。Ⅰ型属常染色体隐性遗传，酶完全缺乏，酶诱导剂治疗无效，很难存活；肝移植可使UDPGT酶活性达到要求。Ⅱ型属常染色体显性遗传，酶活性低下，酶诱导剂，如苯巴比妥治疗有效。

4) Gilbert综合征属常染色体显性遗传，肝酶活性降低，酶诱导剂治疗有效。发病为良性、慢性或复发性的过程，预后良好。

5) Lucey-Driscoll综合征：即家族性暂时性新生儿黄疸。其原因为母亲妊娠后期血清中存在一种葡萄糖醛酸转移酶抑制物，抑制新生儿UDPGT酶活性。本病有家族史，新生儿早期黄疸重，2～3周自然消退。

6) 药物：某些药物如磺胺、水杨酸盐、维生素K_3、吲哚美辛、毛花苷C等，可与胆红素竞争Y、Z蛋白的结合位点，噻唑类利尿药可使胆红素与白蛋白分离，酚类清洁剂能抑制葡萄糖醛酰转移酶的活性，均可使血清胆红素水平升高。

7) 低体温、低血糖、低蛋白血症：为早产儿常易发生的并发症，体温不升、低血糖可影响肝酶活性，低蛋白血症可影响与胆红素的结合，使血清胆红素水平升高。

8) 其他：先天性甲状腺功能低下、脑垂体功能低下和21三体综合征、幽门狭窄、肠梗阻等常伴有血胆红素升高或黄疸消退延迟。

(3) 胆红素排泄障碍：肝细胞排泄障碍或胆管受阻，可致结合胆红素增高，如同时有肝细胞功能受损，也可伴有未结合胆红素增高。

1) 新生儿肝炎：多由病毒感染所致。常见有乙型肝炎病毒、CMV、风疹病毒、单纯疱疹病毒、肠道病毒及EB病毒等，多为宫内感染。细菌、李斯特菌、梅毒螺旋体、钩端螺旋体、弓形虫等也可以引起肝炎。

2）先天性代谢缺陷病：α_1-抗胰蛋白酶缺乏症、半乳糖血症、果糖不耐受症、酪氨酸血症、糖原累积病Ⅳ型及脂质累积病等可有肝细胞损害。

3）Dubin-Johnson 综合征：即先天性非溶血性结合胆红素增高症，是由肝细胞分泌和排泄结合胆红素障碍所致。临床经过呈良性。

4）胆管阻塞：先天性胆道闭锁和先天性胆总管囊肿，使肝内或肝外胆管阻塞，结合胆红素排泄障碍。是新生儿期阻塞性黄疸的常见原因。胆汁黏稠综合征是由于新生儿溶血病、新生儿肝炎、肝内小胆管发育不全和药物等原因导致胆汁淤积在小胆管中，使结合胆红素排泄障碍。肝和胆道肿瘤、胆道周围淋巴结病等也可引起胆道阻塞使结合胆红素排泄障碍。

第九节 新生儿溶血病

案例 6-5

足月儿男婴，1日，患儿生后20小时开始出现皮肤黄染，无尖叫、抽搐，无呕吐、腹泻。胃纳可，二便正常。查体：神清，皮肤重度黄染，心肺腹查体正常。患儿母亲为O型血，父亲为A型血。

【思考题】

1. 该患儿出现黄疸的原因是什么？如何与其他原因黄疸鉴别？

2. 该患儿应如何治疗？

新生儿溶血病系指母婴血型不合引起的同族免疫性溶血。以ABO血型不合溶血病最常见，约占新生儿溶血的85.3%，Rh溶血病约占14.6%，MN溶血病占0.1%。

（一）病因和发病机制

1. ABO溶血病 主要发生在母亲O型而新生儿为A型或B型。母亲体内不具有胎儿由父亲遗传的显性红细胞A或B血型抗原，当第一胎胎儿红细胞通过胎盘进入母体后，刺激母体产生相应抗体。当母亲再次怀孕，此抗体（IgG）进入胎儿血循环，与红细胞表面抗原结合，形成致敏红细胞，被单核-吞噬细胞系统破坏，引起溶血。

O型母亲在第一胎也可发生ABO溶血病。由于自然界存在A或B血型物质如某些植物、寄生虫、伤寒疫苗、破伤风及白喉类毒素等，O型母亲在第一次妊娠前，可受A或B血型物质的刺激，血中产生抗A或抗B(IgG)抗体，怀孕第一胎时抗体即可进入胎儿血循环引起溶血。

在母婴ABO血型不合中，仅20%发生ABO溶血病，因为胎儿红细胞的抗原数量较少，不足以与相应的抗体结合而发生严重溶血；除红细胞外，许多其他组织中也有A或B抗原存在，通过胎盘的抗体只有少量与胎儿红细胞结合。

2. Rh溶血病 Rh血型系统有6种抗原，即D、E、C、c、d、e(d抗原未测出只是推测)，其抗原性强弱依次为D>E>C>c>e，故Rh溶血病以RhD溶血病最常见，其次为RhE，Rhe溶血病罕见。红细胞缺乏D抗原称为Rh阴性，具有D抗原称为Rh阳性，中国人绝大多数为Rh阳性，所以Rh溶血病少见。母亲Rh阳性(有D抗原)，也可缺乏Rh系统其他抗原如E抗原等，若胎儿有该抗原也可发生Rh溶血病。由于自然界无Rh血型物质，Rh溶血病一般不发生在第一胎。首次妊娠末期或胎盘剥离时，Rh阳性的胎儿血(>0.5～1ml)进入Rh阴性母血中，经过8～9周产生IgM抗体(初发免疫反应)，此抗体不能通过胎盘，以后虽可产生少量IgG抗体，但胎儿已经娩出，如Rh阴性母亲再次妊娠(胎儿Rh血型与上一胎相同)，若孕期有少量胎儿血(0.05～0.1ml)进入母血循环，则几日内便产生大量IgG抗体(次发免疫反应)，该抗体通过胎盘引起胎儿红细胞溶血。

（二）病理生理

ABO溶血主要引起黄疸。Rh溶血造成胎儿重度贫血，甚至心力衰竭。重度贫血、低蛋白和心力衰竭可导致全身水肿(胎儿水肿)。贫血时，髓外造血增强，可出现肝脾肿大。胎儿血中的胆红素经胎盘进入母亲肝进行代谢，故娩出时黄疸往往不明显。由于新生儿处理胆红素的能力较差，出生后很快出现黄疸。血清未结合胆红素过高可透过血-脑屏障，使基底核等处的神经细胞黄染、坏死，发生胆红素脑病。

（三）临床表现

新生儿溶血病的临床表现轻重不一，取决于抗原性的强弱、个体的免疫反应、胎儿的代偿能力和产前的干预措施。ABO溶血病一般临床表现较轻，除黄疸外，无其他明显异常。Rh溶血病临床表现较重，严重者甚至死胎。

1. 黄疸 黄疸是新生儿溶血病最常见的临床表现。多数ABO溶血病的黄疸出现在生后第2～3日，而Rh溶血病一般在24小时内出现并迅速加重。血清胆红素以未结合胆红素升高为主，如溶血严重可造成胆汁淤积，导致结合胆红素升高。

2. 贫血 程度不一。重症Rh溶血生后即可有严重贫血，可发生贫血性心脏病或心力衰竭。部分患儿因免疫抗体持续存在于患儿循环血中，引起持续性贫血，可持续至生后3～6周，甚至数月。

3. 肝脾肿大 贫血引起骨髓外造血，出现肝脾肿大。Rh溶血病患儿多有不同程度的肝脾肿大，ABO溶血病很少发生。

（四）辅助检查

1. 血型检查 检查母亲及新生儿ABO和Rh血

型,以证实是否存在血型不合。

2. 溶血性贫血的检查 溶血时红细胞和血红蛋白下降,早期新生儿血红蛋白<145g/L 可诊断为贫血;网织红细胞增高(>6%);外周血涂片有核红细胞(>10/100 个白细胞)、多染性细胞增多;血清胆红素迅速升高,以未结合胆红素增加为主,伴有肝功能损害者,也可有结合胆红素升高。

3. 致敏红细胞和血型抗体测定

(1)改良直接抗人球蛋白试验:即改良 Coombs 试验,为确诊试验。用“最适稀释度”的抗人球蛋白血清测定患儿红细胞上结合的血型抗体,将其与充分洗涤后的受检红细胞盐水悬液混合,如有红细胞凝聚为阳性,表明红细胞已致敏。

(2)抗体释放试验:也为确诊试验。通过加热使患儿致敏红细胞结合的来自母体的血型抗体释放于释放液中,将该释放液与同型成人红细胞混合,发生凝结为阳性,证实红细胞已致敏。

(3)游离抗体试验:测定患儿血清中来自母体的血型抗体。患儿血清中加入与其相同血型的成人红细胞,再加入抗人球蛋白血清,如有红细胞凝聚为阳性。表明血清中存在游离 A、B 或 Rh 血型抗体,可能与红细胞结合引起溶血。此试验不是确诊试验,可用于估计是否存在继续溶血和换血效果。

4. 头部 MRI 扫描 对早期诊断胆红素脑病有重要价值。双侧苍白球的对称性 T_1 加权高信号是急性期胆红素脑病的特异性改变,但与预后不一定有关。若后期相应部位出现 T_2 加权高信号,则提示预后不良。

(五)诊断

1. 产前诊断 既往所生新生儿有重度黄疸和贫血或有不明原因死胎、流产史的孕妇及其丈夫均应进行 ABO 和 Rh 血型检查。孕妇血清中抗 A 或抗 B 抗体>1∶64,提示有可能发生 ABO 溶血病。Rh 血型不合者,孕妇在妊娠 16 周时应检测血中 Rh 血型抗体,以后每 2~4 周检测一次,当抗体效价逐渐升高,提示可能发生 Rh 溶血病。产前 B 超检查,可提示胎儿早期水肿。

2. 生后诊断 根据新生儿生后早期出现黄疸,并进行性加重,母婴血型不合,改良 Coombs 试验或抗体释放试验阳性即可确诊。

(六)鉴别诊断

1. 先天性肾病 有全身水肿、低蛋白血症和蛋白尿,但无病理性黄疸和肝脾肿大。

2. 新生儿贫血 双胞胎的胎-胎间输血,或胎-母间输血可引起新生儿贫血,但无重度黄疸、母婴血型不合,检查溶血三项试验为阴性。

3. 生理性黄疸 ABO 溶血病可仅表现为黄疸,易与生理性黄疸混淆,血型不合及溶血三项试验可资鉴别。

(七)并发症

胆红素脑病为新生儿溶血病最严重的并发症,早产儿更易发生。胆红素常造成基底神经节、海马、下丘脑神经核和小脑神经元坏死。尸体解剖可见相应的神经核黄染,故又称核黄疸。多发生于出生后 4~7 日内,最早生后 1~2 日出现神经系统表现。临床上分为 4 期。

1. 警告期 表现为嗜睡、反应低下、吮吸无力、拥抱反射减弱、肌张力减低等,偶有尖叫和呕吐。持续 12~24 小时。

2. 痉挛期 出现抽搐、角弓反张和发热(多于抽搐同时发生)。轻者仅有双眼凝视,重者出现肌张力增高、呼吸暂停、双手紧握、双臂伸直内旋,甚至角弓反张。此期持续 12~48 小时。

3. 恢复期 吃奶及反应好转,抽搐次数减少,角弓反张逐渐消失,肌张力逐渐恢复,此期约持续 2 周。

4. 后遗症期 胆红素脑病四联症。①手足徐动:经常出现不自主、无目的和不协调的动作;②眼球运动障碍:眼球向上转动障碍,形成落日眼;③听觉障碍:耳聋,对高频音失听;④牙釉质发育不良:牙呈绿色或深褐色。此外,也可留有脑瘫、智能落后、抽搐、抬头无力和流涎等后遗症。

(八)治疗

1. 产前治疗

(1)血浆置换:对血 Rh 抗体效价明显增高,但又不宜提前分娩的孕妇,进行血浆置换,可将母体血液中的抗体去除,减少胎儿溶血。由于其降低抗体滴度的时间短暂及血浆置换术操作复杂,目前不再广泛应用。

(2)宫内输血:对胎儿水肿或胎儿 Hb<80g/L 或血细胞比容≤30%,而肺尚未成熟者,可直接将与孕妇血清不凝集的浓缩红细胞在 B 超下注入脐血管内,以纠正贫血。

(3)酶诱导剂:孕妇于预产期前 1~2 周口服苯巴比妥,诱导胎儿 UDPGT 活性增加,以减轻新生儿黄疸。

(4)提前分娩:既往有输血、死胎、流产和分娩史的 Rh 阴性孕妇,本次妊娠 Rh 抗体效价逐渐升至 1∶32 或 1∶64 以上,用分光光度计测定羊水胆红素增高,且胎肺已成熟(羊水 L/S>2),可考虑提前分娩。

2. 生后治疗

(1)光照疗法:简称光疗,为降低患儿血清未结合胆红素简单而有效的方法。

1)原理:未结合胆红素在光的作用下,转变成水溶性异构体后,不需经肝代谢,直接经胆汁和尿液排出。波长 425~475nm 的蓝光和波长 510~530nm 的绿光效果最佳,日光灯或太阳光也有一定疗效。光疗主要作用于皮肤浅层组织，因此光疗后皮肤黄疸消退并不表明血清未结合胆红素正常。

2）设备：主要有光疗箱、光疗灯和光疗毯等。光疗箱以单面光160W、双面光320W为宜，双面光优于单面光；上、下灯管距床面距离分别为40cm和20cm。蓝光灯管使用300小时其能量减少20%，900小时减少35%，2000小时减少45%；光照时，婴儿双眼用黑色眼罩保护，以免损伤视网膜，除会阴、肛门部用尿布遮盖外，其余均裸露。光疗可连续或间断照射，间隔时间视病情而定。光疗持续照射时间以不超过4日为宜。

3）指征：足月儿血清总胆红素>205μmol/L（12mg/dl）均可给予光疗。早产儿因胆红素更易引起神经系统损害治疗应更积极，ELBW>85μmol/L（5mg/dl），VLBW>102μmol/L（6mg/dl）可给予光疗。新生儿溶血病患儿，生后血清总胆红素>85μmol（5mg/dl）需给予光疗。此外，也有学者主张对VLBW生后即进行预防性光疗。

4）副作用：可出现发热、腹泻和皮疹，但多不严重，可继续光疗；蓝光可分解体内核黄素，光疗超过24小时可引起核黄素减少，并进而降低红细胞谷胱苷肽还原酶活性而加重溶血，故光疗时应补充核黄素（光疗时每日3次，5mg/次；光疗后每日1次，连服3日）；当患儿血清结合胆红素>68μmol/L（4mg/dl），并且血清谷丙转氨酶和碱性磷酸酶增高时，光疗可使皮肤呈青铜色即青铜症。停止光疗后，青铜症可自行消退。此外，光疗时应适当补充水分及钙剂。

（2）药物治疗

1）白蛋白：输血浆每次10～20ml/kg或白蛋白1g/kg，以增加其与未结合胆红素的联结，预防胆红素脑病的发生。

2）纠正代谢性酸中毒：应用5%碳酸氢钠提高血pH，以利于未结合胆红素与白蛋白联结。

3）肝酶诱导剂：常用苯巴比妥每日5mg/kg，分2～3次口服，连服4～5日可增加UDPGT的活性及肝摄取未结合胆红素能力。

4）静脉用免疫球蛋白（IVIG）：新生儿应用大剂量IVIG能有效地预防和治疗新生儿溶血病（包括Rh和ABO溶血病）。用法为1g/kg，于6～8小时内静脉滴注，通过免疫封闭单核-吞噬细胞系统Fc受体，抑制吞噬细胞破坏致敏红细胞，早期应用临床效果较好。

（3）换血疗法

1）作用：换出部分血中游离抗体和致敏红细胞，减轻溶血；换出血中大量胆红素，防止发生胆红素脑病；纠正贫血，改善携氧，防止心力衰竭。

2）指征：大部分Rh溶血病和个别严重ABO溶血病需要换血。换血指征应根据患儿贫血或高胆的严重程度而定。有下列任一指征者即应换血：①产前已明确诊断，出生时脐血总胆红素>68μmol/L（4mg/dl），血红蛋白低于120g/L，伴水肿、肝脾肿大和心力衰竭者；②生后12小时内胆红素每小时上升>12μmol/L（0.7mg/dl）者；③光疗失败，高胆红素血症经光疗4～6小时后血清总胆红素仍上升8.6μmol/（L·h）（0.5mg/dl/h）；④不论血清胆红素水平高低，已有胆红素脑病的早期表现（精神委靡，反射减弱）者。

3）方法：①血源：Rh溶血病应选用Rh系统与母亲同型，ABO系统与患儿同型的血液，紧急或找不到血源时也可选用O型血；母O型、子A或B型的ABO溶血病，最好用AB型血浆和O型红细胞的混合血，也可用抗A或抗B效价不高（<1:32）的O型血。有明显贫血和心力衰竭者，可用血浆减半的浓缩血。②换血量：一般为患儿血量的2倍（150～180ml/kg），大约可换出85%的致敏红细胞和60%的胆红素及抗体。③途径：经外周的动、静脉同步换血简单、易操作，近年来广泛应用于临床。也可选用脐动、静脉或其他较大静脉进行换血。

（4）其他治疗：防止低血糖、低血钙、低体温，纠正缺氧、贫血、水肿和心力衰竭等。

（九）预防

Rh阴性妇女在流产或分娩Rh阳性胎儿后，应尽早注射相应的抗Rh免疫球蛋白，以中和进入母血的Rh抗原。临床目前常用方法是对RhD阴性妇女在流产或分娩RhD阳性胎儿后，72小时内肌注抗D球蛋白300μg，可预防母亲致敏。

第十节　新生儿感染性疾病

虽然新生儿感染性疾病近年已有逐年减少的趋势，但目前该病的发病率和病死率在我国仍居新生儿疾病首位。细菌和病毒是最常见的病原体，其次为真菌、原虫、螺旋体等。TORCH是弓形虫（toxoplasma）、其他（other）、风疹病毒（rubella virus，RV）、巨细胞病毒（cytomegalovirus，CMV）和单纯疱疹病毒（herpes simplexvirus，HSV）英文字头的简称，是引起宫内感染的常见病原体。近年来，梅毒螺旋体、乙型肝炎病毒、细小病毒B19、解脲支原体、人类免疫缺陷病毒等感染逐渐增多，也成为宫内感染的常见病原体。

新生儿感染可发生在出生前、出生时或出生后。①出生前感染：病原体经母亲血液透过胎盘感染胎儿是最常见的途径，又称宫内感染。TORCH是宫内感染的常见病原体，可导致流产、死胎、死产、胎儿宫内发育迟缓、先天性畸形及婴儿出生后肝脾大、黄疸、贫血、血小板减少，以及神经系统受损等多器官损害，即“宫内感染综合征”。此外，母亲生殖道病原体上行性感染羊膜囊，胎儿吸入污染的羊水，或取绒毛标本、羊膜囊穿刺、脐带取血等有创性操作而又消毒不严时也可导致胎儿感染。②出生时感染：胎儿吸入产道中污染的分泌物或血液中的病原体；胎膜早破、产程延长、分娩时消毒不严或经阴道采胎儿头皮血、产钳助产损伤等均可使胎儿感染。③出生后感染：较上述两种感染更常见，病原体可通过皮肤黏膜创面、脐残端创面、呼吸道、消化道及带菌的家庭成员或医护人员接触传播。其中，与携带病毒的母亲密切接触是新生儿生后病毒感染最重要的途径。另外，消毒不严的各种导管和仪器也可造成医源性感染。

一、新生儿败血症

案例 6-6

患儿，女，6 日，拒食，反应差 2 日。查体：体温 37.6℃，呼吸 48 次/分，心率 150 次/分。反应差，皮肤黄染，心肺查体无异常，腹软，脐部可见脓性分泌物。

【思考题】

1. 本病例最可能的诊断及病因是什么？
2. 需要完善什么辅助检查？

新生儿败血症（neonatal septicemia）是指新生儿期病原体侵入新生儿血液循环内，并在其中生长、繁殖、产生毒素而造成全身炎症性反应综合征。其发生率占活产婴的 1‰～8‰，出生体重越轻，发病率越高。常见的病原体为细菌，也可为真菌、病毒或原虫等。本部分主要阐述细菌性败血症，其发生率占活产儿的 1‰～10‰，病死率为 13%～50%。

（一）病因和发病机制

1. 病原菌 因不同地区和年代而异，我国多年来一直以葡萄球菌最多见，其次为大肠杆菌等肠道细菌。表皮葡萄球菌、铜绿假单胞菌、克雷白杆菌、肠杆菌等机会致病菌是早产儿，尤其是长期动静脉置管患儿的主要致病菌。产气荚膜梭菌、厌氧菌及耐药菌株所致的感染有增加趋势。空肠弯曲菌、幽门螺杆菌等已成为新的致病菌。金黄色葡萄球菌主要见于皮肤化脓性感染；产前或产时感染以大肠埃希菌为主的革兰阴性（G^-）菌较常见。B 组溶血性链球菌为美国新生儿感染最常见的致病菌，但我国及发展中国家少见。

2. 易感因素

（1）母亲的病史：母亲妊娠及产时的感染史（如泌尿道感染、绒毛膜羊膜囊炎等），母亲产道特殊细菌的定植，如 B 组溶血性链球菌（GBS）、淋球菌等。

（2）产科因素：胎膜早破，产程延长，羊水混浊或发臭，分娩环境不清洁或接生时消毒不严，产前、产时侵入性检查等。

（3）胎儿或新生儿因素：多胎，宫内窘迫，早产儿、小于胎龄儿，长期动静脉置管，气管插管，外科手术，对新生儿的不良行为如挑"马牙"、挤乳房、挤痈疖等，新生儿皮肤感染如脓疱病、尿布性皮炎及脐部、肺部感染等也是常见病因。

3. 免疫功能 新生儿非特异性免疫功能及特异性免疫功能均较差。新生儿皮肤、呼吸道及胃肠道屏障功能差，有利于细菌侵入血循环。淋巴结发育不全，经典及替代补体途径的部分成分（C3、C5、调理素等）含量低，中性粒细胞产生及储备均少。新生儿胎龄愈小，IgG 含量愈低，因此早产儿更易感染，新生儿体内 IgM 和 IgA 含量很低，因此对 G^- 杆菌易感。巨噬细胞、自然杀伤细胞活性低。

（二）临床表现

1. 根据发病时间分早发型和晚发型

（1）早发型：①生后 7 日内起病；②感染发生在宫内或产时，与围生因素有关，常由母亲垂直传播引起，病原菌以 GBS 及大肠杆菌为主；③常呈暴发性多器官受累，尤以呼吸系统的症状最明显，病死率高。

（2）晚发型：①出生 7 日后起病；②感染发生在产时或产后，由水平传播引起，病原菌以葡萄球菌、机会致病菌为主；③常有脐炎、肺炎或脑膜炎等局灶性感染，病死率较早发型低。

2. 早期症状、体征常不典型 一般表现为反应差、嗜睡、发热或体温不升、不吃、不哭、体重不增等症状。

3. 全身表现

（1）体温改变：可有发热或低体温。

（2）少吃、少哭、少动、面色欠佳、四肢凉、体重不增或增长缓慢。

（3）黄疸：有时是败血症的唯一表现，严重时可发展为胆红素脑病。

（4）休克表现：四肢冰凉，伴花斑、股动脉搏动减弱，毛细血管充盈时间延长，血压降低，严重时可有 DIC。

4. 各系统表现

（1）皮肤、黏膜：硬肿症，皮下坏疽，脓疱疮，脐周或其他部位蜂窝织炎，甲床感染，皮肤烧灼伤，瘀斑、瘀点，口腔黏膜有挑割损伤。

（2）消化系统：腹胀、呕吐、腹泻，严重时可出现中毒性肠麻痹或新生儿坏死性小肠结肠炎（necrotizing enterocolitis of newborn，NEC），后期可出现肝脾肿大。

（3）呼吸系统：气促、发绀、呼吸不规则或呼吸暂停。

（4）中枢神经系统：易合并化脓性脑膜炎。表现为嗜睡、激惹、惊厥、前囟张力及四肢肌张力增高等。

（5）心血管系统：感染性心内膜炎、感染性休克。

（6）血液系统：可合并血小板减少、出血倾向。

（7）泌尿系统感染。

（8）其他：骨关节化脓性炎症、骨髓炎及深部脓肿等。

（三）辅助检查

1. 非特异性检查 ①外周血常规 WBC 减少（$<5\times10^9$），或 WBC 增多（≤3 日者 $>25\times10^9$/L；>3 日者 WBC $>20\times10^9$/L）；②中性粒细胞杆状核细胞所占比例≥0.20；③血小板计数 $<100\times10^9$/L 有诊断价值；④C-反应蛋白：炎症发生 6～8 小时后即可升高，>8μg/ml，可超过正常值的数百倍以上；⑤血清降钙素原（PCT）有更高的特异性和敏感性。

2. 病原学检查

（1）细菌培养：血培养是败血症诊断的“金标准”。必要时可取清洁尿培养。脑脊液、感染的脐部、浆膜腔液以及所有拔除的导管头均应送培养。

（2）病原菌抗原检测：采用对流免疫电泳（CIE）、酶联免疫吸附试验（ELISA）、乳胶颗粒凝集（LA）等方法用于血、脑脊液和尿中致病菌抗原检测。或用 16SrRNA 基因的 PCR 分型、DNA 探针等分子生物学协助诊断。

（四）诊断

根据病史中有高危因素、临床症状体征、周围血常规改变、CRP 增高等可考虑本病诊断，确诊有赖于病原菌或病原菌抗原的检出。

1. 确定诊断 具有临床表现并符合下列任一条。

（1）血培养或无菌体腔内培养出致病菌。

（2）如果血培养标本培养出条件致病菌，则必须与另次（份）血、无菌体腔内或导管头培养出同种细菌。

2. 临床诊断 具有临床表现且具备以下任一条。

（1）非特异性检查≥2 条。

（2）血标本病原菌抗原或 DNA 检测阳性。

（五）治疗

1. 抗菌治疗 用药原则：①早用药：对于临床上诊断败血症的新生儿，不必等待血培养结果即应及时使用抗生素；②静脉、联合给药：病原菌未明确前可结合当地菌种流行病学特点和耐药菌株情况选择抗生素，可选择广谱抗生素；病原菌明确后可根据药敏试验选择用药；药敏不敏感但临床有效者可暂不换药；③疗程足：血培养阴性，经抗生素治疗后病情好转时应继续治疗 5～7 日；血培养阳性，疗程至少需 10～14 日；GBS 及 G^- 菌所致化脓性脑膜炎疗程为 14～21 日；④注意药物毒副作用：1 周以内的新生儿，尤其是早产儿肝肾功能不成熟，给药次数宜相应减少，1 周后每 8～12 小时给药 1 次。氨基糖苷类抗生素因可能产生耳毒性目前已禁止在新生儿期使用。

2. 处理严重并发症 ①休克时输新鲜血浆扩容，每次 10ml/kg；应用多巴胺或多巴酚丁胺；②纠正酸中毒及电解质失衡；③减轻脑水肿；④黄疸较严重者应及时光疗以预防发生核黄疸。

3. 清除感染灶

4. 支持疗法 注意保温，纠正缺氧，供给足够热能和液体，维持血糖和血电解质在正常水平。

5. 免疫疗法 ①静脉注射免疫球蛋白（IVIG），每日 200～600mg/kg，连用 3～5 日；②重症患儿可行交换输血，换血量 100～150ml/kg。可供给粒细胞、特异性抗体、补体、调理素等；③中性粒细胞明显减少者可输粒细胞 1×10^9/（kg·次）；④血小板减低者输血小板 0.1～0.2U/kg。

二、新生儿感染性肺炎

感染性肺炎（infectious pneumonia）是新生儿常见疾病，是引起围产期新生儿死亡的重要病因。据统计，NICU 中肺炎的发生率通常超出 10%。由细菌、病毒、真菌或原虫等病原体引起。

（一）病因

1. 宫内感染性肺炎 又称先天性肺炎。感染可发生于妊娠各阶段。主要的病原体为病毒，如风疹病毒、CMV、单纯疱疹病毒等，病原体经血行通过胎盘感染胎儿。孕母阴道内的细菌（大肠杆菌、克雷白杆菌、李斯特菌）、支原体等感染也可经胎盘感染胎儿，但较少见。

2. 分娩过程中感染性肺炎 多见于发热、患绒毛膜羊膜囊炎孕妇娩出的新生儿。常见病原体为大肠杆菌、肺炎链球菌、克雷伯菌、李斯特菌和 B 组溶血性链球菌等，也有病毒、支原体。胎膜早破 24 小时以上或胎儿吸入污染的羊水，易发生感染性肺炎；早产、滞产、产道检查过多更易诱发感染。急产、断脐时消毒不严也易发生感染。

3. 出生后感染性肺炎 可通过呼吸道、血行感染及医源性途径感染。以金黄色葡萄球菌、大肠杆菌多见。近年来机会致病菌如克雷伯杆菌、假单胞菌、表皮葡萄球菌、枸橼酸杆菌等感染增多。病毒则以呼吸道合胞病毒、腺病毒、CMV 多见；其他的病原菌如沙眼衣原体、解脲支原体等亦应引起重视。广谱抗生素使用过久易发生念珠菌肺炎。

（二）临床表现

宫内感染患儿多在生后 24 小时内发病，出生时常有窒息史，复苏后呼吸急促、呻吟、青紫、呼吸暂停，严重病例出现呼吸衰竭、心力衰竭、DIC、休克或持续肺动脉高压。同时可伴全身感染症状，如体温不稳、腹胀、黄疸等。肺部体征出现较晚，部分患儿可有呼吸音减低或啰音、吸气三凹征、鼻翼扇动等。合并心力衰竭者心音低钝，心率快，肝增大等。胎盘传播感染者可有黄疸、肝脾肿大、视网膜脉络膜炎、脑膜脑炎等，多系统受累表现常较肺炎表现明显。

分娩时感染经过一定潜伏期才发病，细菌感染发病多在出生后3～5日内，可伴有败血症。其他感染发病时间较晚，可伴发全身症状。产后感染性肺炎多以呼吸道症状首诊，表现为气促、口吐白沫、呻吟、发绀、吸气三凹征、鼻翼扇动等，可出现呼吸暂停，严重者呼吸衰竭。肺部体征早期常不明显，病程中可出现双肺细湿啰音。

（三）治疗

1. 呼吸道管理　雾化吸入，吸痰、体位引流，定期翻身、拍背，及时吸净口鼻分泌物，保持呼吸道通畅。

2. 供氧　有低氧血症时可用鼻导管、面罩、头罩或鼻塞CPAP给氧，必要时采用辅助呼吸支持治疗，如持续呼气末正压（CPAP）、机械通气等。使动脉血PaO_2维持在6.65～10.7kPa（50～80mmHg）。

3. 抗病原体治疗　细菌性肺炎者可参照败血症选用抗生素。李斯特菌肺炎可用氨苄西林；衣原体肺炎首选红霉素；单纯疱疹病毒性肺炎可用阿昔洛韦；CMV肺炎可用更昔洛韦。

4. 支持疗法　置患儿于中性温度环境下，保证充足的能量和营养供给。纠正循环障碍和水、电解质及酸碱平衡紊乱，保持内环境稳定，输液速率应慢，以免发生心力衰竭及肺水肿。酌情静脉输注血浆、白蛋白和免疫球蛋白，以提高机体免疫功能。

三、新生儿破伤风

新生儿破伤风（neonatal tetanus）是指破伤风梭状杆菌侵入脐部、并产生痉挛毒素而引起以牙关紧闭和全身肌肉强直性痉挛为特征的急性感染性疾病。随着我国城乡新法接生技术的应用和推广，本病发病率已明显降低。

（一）病因和发病机制

破伤风杆菌为革兰阳性厌氧菌，其芽胞抵抗力强，普通消毒剂无效。当用该菌污染的器械断脐或包扎时，破伤风杆菌即进入脐部，包扎引起的缺氧环境更有利于破伤风杆菌繁殖。其产生的痉挛毒素沿神经干、淋巴液等传至脊髓和脑干运动神经核，与中枢神经组织中神经节苷脂结合，使后者不能释放抑制性神经介质（甘氨酸、氨基丁酸），引起全身肌肉强烈持续收缩。此毒素也可兴奋交感神经，引起心动过速、血压升高、多汗等。

（二）临床表现

本病潜伏期为3～14日，常于出生后4～7日发病。潜伏期愈短、病情愈重、病死率也愈高。早期症状为哭闹、口张不大、吃奶困难。如用压舌板压舌时，用力愈大、张口愈困难，称“压舌板试验”阳性，有助于早期诊断。随后发展为牙关紧闭、面肌紧张、口角上牵、呈“苦笑”面容，伴有阵发性双拳紧握，上肢过度屈曲，下肢伸直，呈角弓反张状。呼吸肌和喉肌痉挛可引起青紫、窒息。痉挛发作时患儿神志清楚为本病的特点，任何轻微刺激即可诱发痉挛发作。经合理治疗1～4周后痉挛逐渐减轻，发作间隔时间延长，能吮乳，完全恢复约需2～3个月。病程中常并发肺炎和败血症。

（三）治疗

1. 护理　患儿环境需要安静、避光，尽量减少刺激以减少痉挛发作。痉挛期可暂禁食，禁食期间可通过静脉供给营养，症状减轻后试用胃管喂养。脐部用3%过氧化氢清洗，涂抹碘酒、乙醇。

2. 抗毒素　只能中和游离破伤风毒素，对已与神经节苷脂结合的毒素无效，因此愈早用愈好。破伤风抗毒素（TAT）3000U脐周注射，1万～2万U肌内注射或静脉滴注，用前须做皮肤过敏试验；或破伤风免疫球蛋白（TIG）500U肌内注射，TIG血浓度高，半衰期长达30日，且不会发生过敏反应，但价格较昂贵。

3. 止痉药　控制痉挛是治疗成功的关键。

（1）地西泮：首选，每次0.3～0.5mg/kg，缓慢静脉注射，5分钟内即可达有效浓度，但半衰期短，不适合做维持治疗，4～8小时1次。

（2）苯巴比妥钠：首次负荷量为15～20mg/kg，缓慢静脉注射；维持量为每日5mg/kg，每4～8小时1次，静脉注射。可与地西泮交替使用。

（3）10%水合氯醛：剂量每次0.5ml/kg，胃管注入或灌肠，常作为发作时临时用药。

4. 抗生素　青霉素每日10万～20万U/kg，或头孢菌素、甲硝唑，静脉滴注，7～10日，可杀灭破伤风杆菌。

（四）预防

严格执行新法接生完全可预防本病。一旦接生时未严格消毒，须在24小时内将患儿脐带远端剪去一段，并重新结扎、消毒脐蒂处，同时肌内注射TAT 1500～3000U，或注射TIG 75～250U。

四、新生儿巨细胞病毒感染

巨细胞病毒（CMV）感染是由人类巨细胞病毒引起。CMV是人类先天性病毒感染最常见的病原体，也是造成儿童听力丧失和神经发育异常的主要原因。人巨细胞病毒属于疱疹病毒，为DNA病毒，普遍存在于自然界，对乙醚、氯仿等消毒剂敏感。CMV感染的靶器官与宿主年龄相关，先天性宫内感染的胎儿常见中枢神经系统损害和各种先天畸形,婴幼儿以肝炎、肺炎多见,而较大儿童多无症状。胎儿、新生儿 CMV 感染的主要原因是孕妇孕期原发性 CMV 感染,或 CMV 潜伏感染在孕期的活化。围生期感染是指新生儿出生时经产道吸入含 CMV 的分泌物或出生后不久接触母亲含有 CMV 的唾液、尿液、摄入带病毒的母乳或输血引起的感染。由于母乳中 CMV 排毒率为 20% ~70% ,因此,摄入带病毒的母乳是生后感染的重要途径。

(一) 临床表现

1. 先天性感染 为宫内感染所致,病情有轻有重,临床表现为多系统及多器官损伤的症状及体征。最常见的症状有早产、宫内发育迟缓、肝脾肿大、黄疸、瘀点状皮疹、小头畸形、脉络膜视网膜炎、男孩腹股沟疝、脑积水、溶血性贫血、肺炎等。严重感染的病儿死亡率可达 20% ~30% ,主要是由于多器官损伤、严重肝功能损害、DIC、并发严重细菌感染而引起死亡,大多发生在新生儿时期。存活下来的患儿,大多留有各种后遗症,包括精神、运动落后,智力低下,癫痫,听力障碍,视力异常,慢性肺病等。

2. 出生时及生后感染 潜伏期为 4 ~ 12 周。多数无症状,新生儿期主要表现为黄疸、肝功能异常和间质性肺炎,足月儿常呈自限性经过,预后一般良好。早产儿出现后天感染时症状比较重,可表现为单核细胞增多症、肝脾肿大、血小板减少、溶血性贫血、心肌炎、呼吸功能不良等症状,病死率高达到 20% 。

(二) 实验室检查

1. 病毒分离 此法最可靠、特异性最强,阳性可确诊 CMV 感染。尿、脑脊液、唾液、乳汁可以进行病毒分离。其中尿标本中病毒量大,易于收集,且排病毒持续时间可达数月至数年,但排病毒为间歇性,多次尿培养分离可提高阳性率。

2. CMV 标志物检测 在各种组织脱落细胞中可检测出典型的包涵体、病毒抗原或基因等 CMV 标志物。其中 CMV-DNA 检查具有特异性强、敏感性高的特点。取新鲜晨尿或尿沉渣涂片,在光镜下到找典型病变细胞或核内包涵体也可确诊,此法特异性高,但阳性率低,有时需多次采样才获阳性结果。

3. 血清抗体检测 用 ELISA 方法检测血清 CMV-IgG、IgM 抗体。母体中的 IgG 抗体可经过胎盘传递给胎儿,从母体获得的 IgG 在生后逐渐下降,6 ~ 8 周降至最低点,若血清 IgG 滴度升高持续 6 个月以上,提示宫内感染。或双份血清抗体滴度增高 ≥4 倍,提示近期感染。IgM 抗体不能通过胎盘,因此,脐血或新生儿生后 2 周内血清中检出 IgM 抗体是先天性感染的标志。但其水平低,可出现假阴性。

(三) 治疗

更昔洛韦是治疗先天性 CMV 的首选药物。剂量为每日 5 ~ 6mg/kg,每 12 小时静脉滴注 1 次,疗程 6 周。可引起白细胞和血小板减少、肝功能损害和脉络膜视网膜炎等副作用;尚可静脉输注丙种球蛋白。对于 CMV-IgM 阳性的母亲,建议停哺母乳。

五、新生儿弓形虫感染

弓形虫病(toxoplasmosis)由刚地弓形虫引起的人畜共患疾病,猫科动物是其唯一的终宿主。成人弓形虫感染多为隐性感染。母亲对弓形虫有抗体者,胎儿感染罕见。经胎盘传播引起胎儿先天性弓形虫感染者,其孕母几乎均为原发性感染。母亲感染后通过血行传播,引起胎盘感染,从而引起胎儿宫内弓形虫感染。经胎盘传播率约为 40% ,且传播率随胎龄增大而增加,但胎儿感染严重程度随胎龄增大而减轻。先天性弓形虫感染远较后天性感染严重,是引起小儿中枢神经系统先天畸形及精神发育障碍的重要病因之一。

(一) 临床表现

先天性感染病情轻重与感染的孕期有关,妊娠头 3 个月内感染症状较重。先天性弓形虫感染中 2/3 患儿出生时无明显症状,但其中 1/3 患儿已有亚临床改变。中枢神经系统受损和眼症状最突出,脉络膜视网膜炎、脑积水、脑钙化灶是先天性弓形虫病常见的三联症。临床主要表现为全身性症状和系统性症状。

1. 全身症状 主要表现为早产、宫内生长迟缓、黄疸、肝脾肿大、皮肤紫癜、皮疹、发热或体温不稳、肺炎、心肌炎、肾炎、淋巴结肿大等。出生缺陷常为宫内早期感染的结果,常有小眼球、小头畸形、无脑畸形及其他头面部、肢体、消化器官等发育畸形。

2. 各系统表现

(1) 中枢神经系统:脑膜脑炎可于出生时即出现症状,提示病情较重。表现为呕吐、前囟隆起、抽搐、角弓反张、昏迷等。脑脊液常有异常,外观黄色,表现为淋巴细胞增多,蛋白质增高,糖减少,以及阻塞性脑积水、脑皮层钙化等。脑积水有时是先天性弓形虫感染的唯一表现,可发生在出生时,或出生后逐渐发生。

(2) 眼弓形虫病:在弓形虫感染中较多见。脉络膜视网膜炎是最常见的病变,一侧或双侧眼球受累,还可见小眼球、无眼球畸形。

(3) 肝弓形虫病:先天性弓形虫病约半数出现黄疸和肝脾肿大,病程长短不一,黄疸轻重不等,可类似病毒性肝炎或慢性肝炎表现。

(二) 诊断

根据临床表现怀疑本病,根据下列检查确诊。

1. 病原检查 取急性感染的血液或体液等涂片,或淋巴结活检,用瑞特或吉姆萨染色,查见滋养体和包囊有诊断意义。也可进行易感动物接种或组织细胞培养分离病原体。

2. 抗体检测 ELISA法检测血清弓形虫特异性抗体对诊断有帮助。IgG和IgM双阳性提示急性感染的可能性大。

3. 弓形虫DNA检测 近年来,弓形虫特异性DNA探针技术及聚合酶链反应(PCR)技术已用于弓形虫感染的诊断。

(三)治疗

1. 磺胺嘧啶 100mg/(kg·d),分4次口服,疗程4～6周。磺胺嘧啶可致骨髓抑制和血液学改变,长期治疗期间应定期检查尿及血常规。

2. 乙胺嘧啶 1mg/(kg·d),每12小时1次,2～4日后减半。疗程4～6周,用3～4个疗程,每疗程间隔1个月。乙胺嘧啶可引起叶酸缺乏及骨髓抑制,用药期间应定期观察血常规,并服用叶酸5mg,每日3次。

3. 螺旋霉素 在胎盘组织中浓度高,毒性低,不影响胎儿,适用于弓形虫感染的孕妇及先天性弓形虫病。成人2～4g/d,儿童100mg/(kg·d),分2～4次服用,连服3周,间隔1周重复1疗程。

(四)预后

先天性弓形虫感染预后不良,存活者多有严重神经系统后遗症。母孕20周前感染者应终止妊娠。

六、新生儿衣原体感染

新生儿衣原体感染(chlamydial infection)是由沙眼衣原体(chlamydia trachomatis,CT)引起。在我国发病率颇高。衣原体是在活细胞内生长、增殖的一类独立微生物群,包括CT、鹦鹉热衣原体,肺炎衣原体和家畜衣原体4个种族,其中与新生儿感染有关的主要是CT。本病主要通过性传播,是发达国家最常见的性传播疾病。新生儿CT感染主要是在分娩时通过产道获得,剖宫产出生的婴儿感染的可能性很小,多由胎膜早破病原体上行而致。

(一)临床表现

新生儿衣原体感染以结膜炎、肺炎最常见,其他包括中耳炎、鼻咽炎及女婴阴道炎。

1. 衣原体结膜炎 又称包涵体结膜炎,是新生儿期结膜炎中的最常见病原菌。暴露于病原体者有1/3发病,潜伏期较长,常在出生后5～14日发病。一般先出现浆液性分泌物,很快变成脓性,眼睑水肿明显,结膜充血、略增厚。病变以下睑结膜明显。由于新生儿缺乏淋巴样组织,故无沙眼典型的滤泡增生,但可有假膜形成。CT一般不侵犯角膜,如不治疗,一般充血逐渐减轻,分泌物渐渐减少,持续数周而愈。转为慢性者角膜可见微血管翳,但失明罕见。

2. 衣原体肺炎 主要见于新生儿及婴儿,CT肺炎患者可先患或不发生结膜炎,由定植于鼻咽部CT下行感染所致。早期表现无特异性,可为上呼吸道感染症状,不发热或有低热。主要表现为呼吸增快,严重者可见阵发不连贯性咳嗽、气促,甚至呼吸暂停。肺部听诊可闻及细湿啰音。一般病情不严重,仅少数患儿需要给氧。如不治疗,病程常迁延数周至数月。胸部X线表现较临床症状为重,主要表现为双侧广泛间质和(或)肺泡浸润,两肺充气过度,支气管周围炎,以及散在分布的局灶性肺不张。X线改变一般持续数周至数月消散。

(二)诊断

根据典型的结膜炎和肺炎症状,结合胸片,并行下列实验室检测,可明确诊断

1. 直接涂片镜检 眼下穹隆、下睑结膜刮片行吉姆萨染色后做显微镜检查,找到胞质内包涵体可明确诊断。

2. CT抗原检测 直接荧光抗体(DFA)法敏感性为95%～100%,酶免疫测定(EIA)敏感性为95%～98%,可用于检测CT抗原。

3. 细胞培养 从刮片标本或肺炎患儿气管深部分泌物、鼻咽部抽吸物接种组织细胞培养中分离CT;如发现胞质内包涵体可明确诊断。

4. 血清学检查 应用免疫荧光法检测CT特异性IgM抗体,效价≥1∶64有诊断意义。IgG抗体可由母亲传给胎儿并持续数周,故复查IgG抗体滴度增高4倍才有诊断价值。

(三)治疗

CT结膜炎和肺炎治疗均首选红霉素,每日20～50mg/kg,分3次口服,疗程14日;口服困难或重症者可静脉滴入。阿奇霉素具有吸收好,易进入细胞内,半衰期长,不良反应少等优点,剂量为每日10mg/kg,1次服用,连服3日。衣原体结膜炎局部用0.1%利福平眼药水或10%磺胺醋酰钠眼药水滴眼,每日4次,共2周。

七、先天性梅毒

先天性梅毒(congenital syphilis)是指梅毒螺旋体由母体经胎盘进入胎儿血循环所致的感染。近年来,我国先天性梅毒发病率已有明显上升趋势。发病可出现于新生儿期、婴儿期和儿童期。

在妊娠的任何阶段梅毒螺旋体都可能通过胎盘感染胎儿,多发生在妊娠4个月后。胎儿感染与母亲梅毒的病程及妊娠期是否治疗有关。存活者在出生后不同的年龄出现临床症状,其中2岁以内发病者为早期梅毒,主要是感染和炎症的直接结果;2岁后为晚期梅毒。

（一）发病机制

先天性梅毒是梅毒螺旋体由母体经胎盘传播给胎儿的。胎儿感染多发生在怀孕4个月后。妊娠4个月以后，绒毛膜朗格汉斯巨细胞层退化萎缩，螺旋体可通过胎盘和脐静脉进入胎儿血液循环。父亲的梅毒螺旋体不能随精子或精液直接传给胎儿。胎儿的感染与母亲梅毒的病程及妊娠期是否治疗有关。孕母早期梅毒且未经治疗时，无论是原发或继发感染，其胎儿几乎均会受累，其中50%胎儿发生流产、早产、死胎或在新生儿期死亡。2岁以内发病者为早期梅毒，早期胎传梅毒未经正规治疗者，常发展为晚期胎传梅毒。2岁以上者为晚期梅毒，主要为早期感染遗留的畸形或慢性损害。

（二）临床表现

多数患儿出生时症状和体征不明显，常于3～8周至3月出现症状。早期梅毒的主要表现如下。

1. 全身症状 可以发热、贫血、营养障碍、消瘦。肝脾、淋巴结肿大较常见。1/3患儿出现梅毒性肝炎，伴有黄疸及肝功能异常。约20%患儿有全身淋巴结肿大。

2. 皮肤、黏膜损害 皮疹多于生后2～3周出现，也可于出生时即出现。呈多形性斑丘疹，带有鳞屑。常见于口周、臀部、掌、跖部和鼻翼，重者分布于全身。皮损数月后呈放射状皲裂。其皮疹分布比外观更具特征性。

3. 鼻炎 发生率为15%～60%。表现为鼻塞、张口呼吸。早期分泌物较清，进展为脓血性，含大量病原体，极具传染性。如病变累及鼻软骨及鼻骨时形成“鞍鼻”，如侵犯喉部则发生喉炎引起声音嘶哑。

4. 骨损害 占80%～90%，但多数无临床体征，少数可因剧痛而致假性瘫痪。X线检查可发现异常。损害多发生在长骨，为多发性、对称性损害，表现为骨、软骨炎及骨膜炎。

5. 中枢神经系统损害 症状多在3个月后出现。急性期可表现为发热、呕吐、前囟突起或紧张、颈强直、惊厥等，Kernig征阳性。慢性、未治疗的梅毒性脑膜炎常有进行性交通性脑积水，脑神经瘫痪，视神经萎缩及血管梗死导致的偏瘫、癫痫等症状。脑脊液淋巴细胞增高，蛋白增高，糖正常。

晚期梅毒：出现在2岁以后，表现为慢性梅毒疹和梅毒瘤、基质性角膜炎、神经性耳聋、楔状齿（Hutchinson齿）。其他有马鞍鼻、惊厥、智能低下、瘫痪等。

（三）诊断

诊断主要根据母亲病史、临床表现及实验室检查，以及X线检查进行综合分析。以下为确诊依据。

1. 病原体 取胎盘、羊水、皮损等易感部位渗出液标本，在暗视野显微镜下查找梅毒螺旋体。此法阳性率较低。

2. 血清学非特异性试验 快速血浆反应素试验（RPR）及性病研究实验室试验（VDRL）：简便、快速，敏感性极高，常用作筛查试验。阳性结果需用特异性试验进一步证实。

3. 血清学特异性试验 荧光螺旋体抗体吸附试验：特异性强，阳性可确诊。但不能作为疗效评估的指标。

（四）治疗

治疗包括药物治疗及床旁隔离。药物首选青霉素，为避免大剂量青霉素杀死螺旋体而释放出的异性蛋白质所致不良反应，应从小剂量开始，每次5万U/kg，每12小时1次，静脉滴注，共7日，以后改为每8小时1次，共10～14日。或用普鲁卡因青霉素，每日5万U/kg，肌内注射，共10～14日。或苄星青霉素G 5万U/(kg·d)，单次肌内注射。青霉素过敏者，可用红霉素每日15mg/kg，连用12～15日，口服或注射。疗程结束后应在2、4、6、9、12个月时追踪监测VDRL试验，直至其滴度持续下降，最终阴性。药物治疗要系统进行，治疗期间中断1日以上，则整个疗程需重新开始。围产保健中，对可疑孕妇作血清学检查，必要时于孕早期及后期进行两次检查。对梅毒孕妇的及时、正规治疗，是减少先天性梅毒发病率的最有效措施。

（柳国胜）

第十一节 新生儿寒冷损伤综合征

案例 6-7

患儿，男，20小时，因“体温不升17小时，呼吸困难1小时”入院。胎龄31^{+4}周，胎膜早破24小时，羊水Ⅱ度浑浊，过少。Apgar评分1分钟6分、5分钟8分、10分钟10分，出生体重1.35kg。生后3小时出现肢体凉，测腋温35.3℃，在当地医院行保暖、吸氧、静脉点滴青霉素、维生素K_1、碳酸氢钠等治疗，症状无明显改善，生后19小时因呼吸急促而转入我院。入院查体：T 35℃以下，P 148次/分，R 65次/分，Wt 1.35 kg，呼吸浅促，双肺闻及湿啰音，心腹未见异常，双下肢、臀部可扪及硬肿及水肿，皮下脂肪弹性基本消失，肤色暗红。

【思考题】

1. 导致该患儿出现寒冷损伤的原因有哪些？

2. 该患儿的治疗方案应重点注意哪几方面？

新生儿寒冷损伤综合征（neonatal cold injury syndrome)，简称新生儿冷伤，又称新生儿硬肿症(scleredema neonatcrum)，多见于早产儿，好发于寒冷季节，也可继发于严重的感染、缺氧、营养摄入不足，以皮肤、皮下脂肪组织硬化，水肿为特征，严重者出现多器官功能衰竭，是新生儿危重症之一。近年来随着新生儿医学的发展，高级生命支持技术不断普及、完善，本病的发病率与病死率均明显下降。

(一) 病因

1. 寒冷与体温调节能力不足　新生儿尤其早产儿，体温调节中枢不成熟，体表面积相对较大，缺乏寒战反应，皮下脂肪少，皮肤薄，血管丰富，易于散热而导致低体温。窒息、母亲使用麻醉或镇静药及产伤等因素均可影响体温调节，更易发生低体温。

2. 疾病影响　严重感染、缺氧、休克等疾病影响新生儿代谢和循环功能，使热量消耗增加，降低机体对寒冷的耐受力。

3. 热量摄入量不足　新生儿尤其早产儿可因多种原因导致热量摄入不足，加之糖原储备少，产热来源受限，不易维持正常体温。

(二) 发病机制

棕色脂肪(brown fat)分布在颈、肩胛间、腋下、中心动脉、肾和肾上腺周围，寒冷刺激时氧化产热，早产儿储存较少(胎龄越小，储存越少)，产热能力低。由于新生儿皮下脂肪(白色脂肪，white adipose)中饱和脂肪酸含量高(为成人的3倍)，因此其熔点高，低体温时易于凝固而出现皮肤硬肿。新生儿腋下含有较多棕色脂肪，寒冷时氧化产热，使局部温度升高，此时腋温(T_A)高于或等于肛温(T_R，核心温度)，两者差值为正($T_{A-R} \geq 0$)，表明机体产热良好，腋温<肛温，差值为负($T_{A-R}<0$)，提示机体已无产热能力，接近衰竭。腋温-肛温差(T_{A-R})可作为判断棕色脂肪产热状态的指标。

寒冷引起交感神经兴奋，儿茶酚胺分泌增加，使末梢血管收缩，减少皮肤散热，通过体温调节中枢的作用，致棕色脂肪分解，增加产热以维持体温。寒冷时间长，则棕色脂肪耗竭，产热能力剧降，当散热大于产热时，体温下降，出现皮肤、皮下脂肪硬化，低体温和皮肤硬肿使血液循环淤滞，引起组织缺氧和代谢性酸中毒，导致毛细血管通透性增加，血浆蛋白外渗，组织水肿，因有效循环血容量不足而使组织缺氧和代谢性酸中毒进一步加重，可引起多器官功能损害，严重者常因DIC、肺出血而死亡。

(三) 临床表现

多发生在寒冷季节，早期新生儿(出生1周内)和早产儿多见，夏季发病大多由严重感染和缺氧引起。低体温和皮肤硬肿是本病的主要表现。

1. 一般表现　反应低下，吮乳差或拒乳，哭声低弱或不哭，活动减少，心率先快后慢，也可出现呼吸暂停等。

2. 低体温　新生儿体温<35℃即为低体温，轻度为30～35℃，重度<30℃，轻症病变局部皮肤发凉，重症则全身皮肤发凉，常伴有心率减慢。

3. 皮肤硬肿　全身皮下脂肪聚集的部位均可出现硬肿，包括皮脂硬化和水肿两种病变，表现为皮肤紧贴皮下组织，不易捏起，按之似橡皮样感，呈暗红色或青紫色，伴循环障碍者呈苍灰色，伴黄疸则苍黄似蜡样，伴水肿者有指压凹陷。硬肿常呈对称分布，发生顺序依次为：小腿→大腿外侧→臀部→面颊→上肢→全身。硬肿面积按头颈部20%、双上肢18%、前胸及腹部14%，背部及腰骶部14%、臀部8%及双下肢26%计算，严重硬肿可妨碍关节活动，因胸腹硬肿而发生呼吸困难，因面颊硬肿而不能张嘴。

硬肿症皮下脂肪韧度诊断分度如下。Ⅰ度：皮下脂肪稍硬，肤色轻度发红；Ⅱ度：水肿较明显，皮下脂肪弹性基本消失，肤色稍暗红；Ⅲ度：水肿明显，皮下脂肪弹性消失，似橡皮样硬度，肤色暗红。

4. 多器官功能损害　寒冷损伤对机体影响广泛，轻症以皮肤损害为主，重症可出现休克、DIC、心肌损害、急性肾衰竭和肺出血等多器官功能损伤。肺出血是本病最危险的临床征象和主要死亡原因。

(四) 辅助检查

1. 实验室检查

(1) 血常规：轻症无明显变化，重症血小板明显下降。

(2) DIC筛选试验：对拟诊DIC者，可根据实验室条件作以下检查。① 血小板计数；② 凝血酶原时间(PT)；③ 白陶土部分凝血活酶时间(APTT)；④ 血浆凝血酶时间(TT)；⑤ 纤维蛋白原(FIB)；⑥ 3P试验(血浆鱼精蛋白副凝试验)；⑦ D-二聚体。以上指标4项以上阳性可确诊DIC，3项异常者高度怀疑。

(3) 动脉血气分析：常见酸中毒及低氧血症。

(4) 生化检查：血糖常降低，应激状态下也可升高，肌酐、尿素氮、心肌酶增高，危重症可出现低钠、高钾血症。

2. 心电图改变　可出现Q-T延长、低电压、T波低平或S-T段下降等。

3. 胸片　可有肺淤血、肺水肿改变，并存肺炎时可见散在斑点、斑片状阴影。

(五) 诊断及鉴别诊断

1. 诊断　根据体温降低和皮肤硬肿即可做出诊断。临床上根据体温及硬肿范围分为轻、中、重度。轻度：体温≥35℃，硬肿范围<20%；中度：体温<35℃，硬肿范围20%～50%；重度：体温<30℃，硬肿范围>50%，常伴有多器官功能损害。

2. 鉴别诊断　本病应与新生儿水肿和新生儿皮

下坏疽相鉴别。

(1) 新生儿水肿:① 局限性水肿:常发生于女婴会阴部,数日内可自愈;②早产儿水肿:与早产儿肾排钠、排氯功能不成熟有关,为凹陷性水肿,见于四肢、眼睑、头皮,只肿不硬,无低体温,皮肤颜色不变,大多数可自行消退;③ 继发于先天性心脏病、先天性肾病、低蛋白血症、新生儿溶血病等的水肿:有各自的临床特点,随原发病好转而消退。

(2) 新生儿皮下坏疽:为皮下组织的急性炎症,常由金黄色葡萄球菌感染所致。多见于寒冷季节,有难产或产钳分娩史。常发生于身体受压部位(枕、背、臀部等)或受损(如产钳)部位。初期表现为病变皮肤变硬、略肿、发红、边界不清楚并迅速蔓延,后期皮下组织坏死、液化、皮肤与皮下组织分离、脱落,重者有出血及溃疡形成,并融合成大片坏疽。

(六) 治疗

1. 复温 通过减少散热(包被)或外加热(暖箱、辐射床)的方式恢复和保持正常体温。检测肛温、腋温,以肛温为体温平衡指标,腋-肛温差(T_{A-R})为产热指标。

(1) 若肛温>30℃,$T_{A-R}\geqslant 0$,提示机体产热较好,可通过减少散热使体温回升。将患儿置于已预热至中性温度的暖箱中,在6~12小时内使患儿恢复正常体温。

(2) 当肛温<30℃时,多数患儿 $T_{A-R}<0$,提示产热衰竭,虽少数患儿 $T_{A-R}\geqslant 0$,但体温过低,靠棕色脂肪自身产热难以恢复正常体温。所以只要肛温<30℃,均应将患儿置于箱温比肛温高1~2℃的暖箱中进行外加温。每小时提高箱温0.5~1℃(箱温不超过34℃),在12~24小时内恢复正常体温。然后根据患儿体温调整暖箱温度。在肛温>30℃,$T_{A-R}<0$ 情况下,仍提示产热不足,也应采用外加温使体温回升。也可使用远红外辐射抢救床快速复温,床面温度从30℃开始,每15~30分钟使体温升高1℃,随体温升高逐渐提高辐射床温度(最高35℃),辐射床温度易受气体对流影响,可用塑料薄膜覆盖患儿上方。快速复温中耗氧量增加,易发生脑缺氧,复温后随循环改善淤积在末梢内的酸性代谢产物大量入血,使中毒症状加重。在快速复温的同时必须做好呼吸管理、维护内环境稳定等措施。

若无上述条件,也可采用温水浴、热水袋、电热毯或将患儿抱怀中(袋鼠法)等加热方法复温。

2. 能量和液体管理 供给充足的热量有助于复温和维持正常体温,热量供给从每日210kJ/kg(50kcal/kg)开始,逐渐增加至每日419~502kJ/kg(100~120kcal/kg)。喂养困难者可给予部分或完全静脉营养,液体按0.24ml/kJ(1ml/kcal)计算。复温时因组织间隙液体重吸收入血循环,加重心肺负荷,可诱发心功能不全及肺出血,有心、肾功能损害者应严格控制输液速度及液体量。

3. 控制感染 根据病原菌选用相应的抗生素,肾毒性抗生素慎用或不用。静脉滴注大剂量人血丙种球蛋白(IVIG,0.4~1.0g/kg)对控制感染有一定帮助。

4. 纠正器官功能紊乱 对循环功能障碍、弥散性血管内凝血(DIC)、急性肾衰竭和肺出血等,应及时给予相应治疗,其中维持有效的循环灌注及DIC高凝期的肝素使用是关键。

5. 其他 使用活血化瘀的中药盆浴,辅以硬肿部位手法按摩,对促进硬肿消退有一定帮助。

(七) 预防

(1) 做好围生期保健,宣教预防新生儿冷伤的知识。

(2) 防治各种妊娠并发症,避免早产、产伤和窒息等,积极治疗引起冷伤的基础疾病。

(3) 尽早开始喂养,保证充足的热量供给。

(4) 注意保暖:产房温度不宜低于24℃,生后应立即擦干皮肤,用预热的被毯包裹,有条件者放置暖箱中数小时,待体温稳定后再放入婴儿床中。若室温低于24℃,应增加包被。小早产儿生后应置于暖箱中,箱温为中性温度,待体重>1800g且在室温下体温稳定时,可放置于婴儿床中。

(5) 新生儿在接受检查、治疗、转运过程中应注意保暖。

第十二节 新生儿坏死性小肠结肠炎

案例6-8

患儿,男,10日,因"呕吐、腹胀3日,血便1日"入院。胎龄 34^{+5} 周,因胎膜早破1日在当地医院顺产出生,体重1.8kg,生后以配方乳人工喂养。3日前出现呕吐、腹胀、吃奶差,1日前出现血便,当地查大便常规:WBC(++),RBC(+++),为进一步诊治入我院。查体:T 36.2℃,R 45次/分,P 150次/分,Wt 1.7kg,BP 43/28mmHg。反应差,哭声低,前囟平软,肤色稍苍白,双肺呼吸音粗糙,未闻及啰音,心音有力,律齐,腹胀,可见胃肠型,腹肌稍紧张,触痛(±),肠鸣音弱,0~1次/分,四肢稍凉,毛细血管充盈时间5秒。

【思考题】

1. 本病例的诊断及依据,还需要做哪些检查进一步明确诊断?

2. 导致该患儿发病的诱因有哪些,该如何预防?

新生儿坏死性小肠结肠炎(necrotizing enterocolitis of newborn,NEC)是由于围生期多种原因引起肠黏膜缺血、缺氧性损害,导致小肠、结肠发生弥漫性或局部坏死的一种疾病。主要在早产儿中发生,以腹胀、呕吐、腹泻、便血为主要症状,是威胁新生儿尤其早产儿生命健康的严重疾病。

(一)病因

本病的病因未完全清楚,目前认为是多种因素共同作用所导致的一种损害,其中以早产和感染最为重要,但哪个因素起主导作用仍有争议。

1. 早产 早产儿胃酸分泌少,胃肠动力差,消化酶活性低,消化吸收功能低下,食物易滞留并发酵。消化道黏膜通透性高,肠道免疫功能不成熟,缺乏sIgA,有利于致病菌入侵繁殖。喂养不当、感染和肠壁缺血时易导致肠黏膜损伤。

2. 感染 许多研究均证实感染是引发NEC的最主要因素。病原微生物及其毒素可直接损伤肠黏膜或通过激活免疫细胞产生炎症因子参与NEC的病理生理过程;另外,肠道内细菌过度繁殖造成的肠胀气也可引起肠黏膜损伤。当新生儿尤其早产儿因开奶延迟、长时间暴露于广谱抗生素等原因使肠道不能建立正常菌群时,可使病原菌在肠道定植并成为优势菌种,损伤肠黏膜。

3. 肠黏膜缺氧缺血 机体缺氧缺血时血液重新分配,以保证心、脑等重要脏器的供应,此时肠系膜血管收缩,肠道血流可减少至正常的30% ~50%,如缺血持续存在可引起肠黏膜损伤。早产儿血流动力学调节能力差,缺氧缺血及随后的再灌注损伤,更易导致肠道损害。

4. 喂养不当 90%的患儿在经肠道喂养一段时间后发病,以配方奶喂养者发病率远远高于母乳喂养者,配方奶浓度过高(渗透压>400mmol/L)、加量过快(>20ml/kg·d)可直接损伤未成熟的肠黏膜。

5. 其他因素 一些渗透压较高的药物如维生素E、氨茶碱、吲哚美辛、布洛芬等可增加肠道的渗透负荷,成为NEC的诱发因素。一些侵入性操作如换血治疗、脐动脉或静脉插管等亦有引起肠壁缺血的风险。

(二)发病机制与病理

NEC可累及整个小肠和结肠,但好发部位多在回肠远端和升结肠近端,病变多呈节段性,轻症坏死肠段只有数厘米,重症可伸延至空肠和结肠部位,但一般不影响十二指肠。早期病变主要为肠黏膜及黏膜下层充血、水肿、出血、坏死,进展期病变范围扩大,累及肌层,严重者肠壁全层坏死,可并发肠穿孔和腹膜炎。细菌可渗透过肠壁,产生氢气致出现肠壁积气征,并可进入门静脉。

目前认为NEC发病机制中存在三个关键因素:持续的肠缺血损害、细菌定植、肠腔内底物(如经肠道喂养)。在肠道屏障功能损害和肠腔内存在食物残渣的情况下,病原菌大量繁殖并产生炎症介质,引发全身性炎症反应综合征(SIRS),因肠壁损伤、坏死、穿孔而导致休克、多器官功能衰竭。

(三)临床表现

发病时间与出生体重及胎龄呈负相关,体重越低、胎龄越小,发病越晚。足月儿生后一周左右起病,早产极低体重儿可迟至出生后2个月。男婴多于女婴,以散发病例为主,无明显季节性。在新生儿腹泻流行时NEC也可呈小流行,无性别,年龄差异。

1. 腹胀 一般最先出现且持续存在,患儿先有胃排空延迟,随后出现腹胀,轻者仅有腹胀,严重病例腹胀如鼓,可见胃肠型,肠鸣音减弱,甚至消失。当出现腹壁皮肤发红、发亮,腹肌紧张、压痛,阴囊(男婴)/大阴唇(女婴)红肿时提示有腹膜炎,须注意肠穿孔。

2. 呕吐 患儿常出现呕吐,呕吐物可呈咖啡样或带胆汁,部分患儿无呕吐,但胃内可抽出咖啡色或胆汁样胃内容物。

3. 腹泻和血便 开始时为水样便,每日5 ~6次至10余次不等,1 ~2日后为血样便,可为鲜血、果酱样或黑便,有些病例可无腹泻和肉眼血便,仅有大便隐血阳性。

4. 全身症状 患儿常有反应差、拒食表现,严重病例面色苍白或青灰,四肢厥冷,黄疸加重,早产儿易发生反复呼吸暂停、心率减慢。

(四)辅助检查

1. 实验室检查 白细胞计数增高或降低,血小板减少;C-反应蛋白(CRP)及降钙素原(PCT)升高;血糖异常(增高或降低)、代谢性酸中毒、电解质紊乱;凝血功能异常、D-二聚体增高;血培养出致病菌有助于诊断,但阳性率不足30%。大便检查隐血阳性,镜检有数量不等的白细胞、红细胞和黏液,大便培养出的致病菌如与血培养结果一致,对NEC的病因诊断有重要意义。

2. 腹部X线检查 是诊断NEC的主要手段,要多次检查,观察其动态变化。早期主要表现为麻痹性肠梗阻,肠内气体进入肠壁则出现肠壁囊样积气,进入门静脉可见门静脉充气征,严重者可见肠袢固定(肠坏死)气腹(肠穿孔)和腹腔积液(腹膜炎)。肠壁囊样积气和门静脉充气征为本病的特征性表现。

3. 腹部超声 彩色多普勒超声可作为评价肠道血循环状况的手段,NEC患儿的肠壁局部或多处血流灌注不良。

(五)诊断与鉴别诊断

1. 诊断 凡具有腹胀、呕吐、血便等典型表现,加上腹部X线改变,诊断不难。对于起病隐匿、临床表现不典型者,应注意与其他疾病相鉴别。目前临床采用改良Bell-NEC分级诊断标准(表6-6)。

表6-6 改良Bell-NEC分级诊断标准

分期	全身症状	胃肠道症状	影像学检查	治疗
Ⅰ疑似				
ⅠA	体温不稳定,呼吸暂停、心率下降和嗜睡	胃潴留,轻度腹胀、大便隐血阳性	正常或轻度肠梗阻	禁食,胃肠减压,抗生素治疗3日
ⅠB	同ⅠA	同ⅠA,肉眼血便	同ⅠA	同ⅠA
Ⅱ确诊				
ⅡA(轻度病变)	同ⅠA	同ⅠB,肠鸣音消失和(或)腹部触痛	肠梗阻、肠壁积气	禁食,抗生素治疗7~10日
ⅡB(中度病变)	同ⅠA,轻度代谢性酸中毒,轻度血小板减少	同ⅡA及肠鸣音异常、明显腹胀、蜂窝织炎、右下腹肿块	同ⅡA及门静脉积气和(或)腹腔积液	禁食,抗生素治疗14日
Ⅲ晚期				
ⅢA(严重病变,肠道无穿孔)	同ⅡB,低血压,心动过缓、严重呼吸暂停、混合性酸中毒、DIC、中性粒细胞减少、无尿	同ⅡB及腹膜炎症状、明显的腹胀、腹壁紧张	同ⅡB及明确的腹腔积液	禁食,抗生素治疗14日,补液,机械通气,腹腔穿刺术
ⅢB(严重病变,肠穿孔)	同ⅢA	同ⅢA	同ⅡB及气腹	同ⅢA及手术

摘自:Pediatr Clin North Am,1986,33:179-201

2. 鉴别诊断

(1)中毒性肠麻痹:当原发病为腹泻或败血症时,易将坏死性小肠结肠炎误诊为中毒性肠麻痹,但后者无便血,X线片上无肠壁间积气等。

(2)机械性肠梗阻:X线腹平片上液平面的跨度较大,肠壁较薄,无肠壁间隙增宽模糊,无肠壁积气,再结合临床不难区别。

(3)先天性巨结肠:有腹胀,X线片上有小肠、结肠充气影,需与早期坏死性小肠结肠炎鉴别。前者有便秘史,无血便,X线片动态观察无肠壁积气征。

(4)新生儿出血症:生后2~5日出现,以胃肠道出血为主,无腹胀,X线片无肠道充气和肠壁积气,维生素K治疗有效。

(5)自发性胃穿孔:多由于先天性胃壁肌层缺损引起,患儿生后3~5日突然进行性腹胀,伴呕吐、呼吸困难和发绀,X线片腹部仅见气腹,无肠壁积气或肠管胀气。

(六)治疗

以禁食,维持水、电解质和酸碱平衡,供给营养,抗感染及对症为主。近年来由于广泛应用胃肠外营养,加强支持疗法,使本病的预后大为改善。

1. 禁食 一旦确诊应立即禁食,同时给予持续胃肠减压。当腹胀消失,大便潜血转阴,腹部X线片正常,一般状况明显好转时可逐渐恢复经口喂养,根据患儿喂养耐受情况个体化制定恢复胃肠道喂养的时间。先试喂5%糖水3~5ml,2~3次后如无呕吐及腹胀,可改喂稀释的乳汁,以母乳最好,切忌用高渗乳汁。如进食后患儿又出现腹胀、呕吐等症状,则需再次禁食。

2. 抗感染 应立即静脉应用抗生素,病原菌未明确时选用药物需兼顾球菌、杆菌及厌氧菌,如血培养或大便培养阳性,可参考药敏结果选用抗生素。

3. 支持疗法 维持水、电解质及酸碱平衡,供给足够的营养以利康复,禁食期间必须实施胃肠外营养,热量从每日209.2kJ/kg(50kcal/kg)逐渐增加至每日418.4~502.1kJ/kg(100~120kcal/kg)。

4. 防治多器官功能不全 NEC患儿常出现有效循环容量不足甚至休克表现,必须严密监测心率、血压、尿量和皮肤灌注情况,保持足够的循环血容量,必要时扩容治疗,同时使用多巴胺、多巴酚丁胺、酚妥拉明等血管活性药改善组织灌注;有DIC倾向者在输注新鲜血浆的同时使用肝素治疗;水肿伴持续少尿者提示肾功能不全,应严格限制液体入量;出现呼吸困难表现者给予呼吸支持治疗。

5. 外科治疗 肠穿孔(气腹)是外科手术的绝对适应证。腹膜炎经内科治疗无效伴低血压、难以纠正的酸中毒、腹部X线片发现肠袢僵直固定、门脉积气者为手术相对适应证。通过手术切除坏死肠段后再行肠吻合。

(七)预防

加强围产期保健,采取积极措施减少感染、早产及窒息缺氧等。合理喂养,首选母乳,配方奶喂养时避免奶液渗透压过高，尤其对极低出生体重儿，避免加奶过多、过快。

（八）预后

NEC Ⅰ期和Ⅱ期患儿的长期预后良好。经手术治疗者约25%遗留胃肠道远期后遗症如短肠综合征、肠粘连、肠狭窄、胆汁淤积等，患NEC的早产儿出现脑损害的比例较高，需做好定期随访。

第十三节　新生儿出血症

案例 6-9

患儿，女，22日，因"便血、肤色苍白1日，抽搐、意识不清2小时"入院。出生后精神反应好，母乳喂养，1日前无明显诱因出现便血，4次/日，10～30毫升/次，患儿精神差、肤色渐现苍白，家长在当地诊所就诊，予"止血药（具体不详）"服用后无好转，2小时前患儿抽搐，表现为肢体强直、双眼上翻，伴意识不清，急诊收住我院。母亲产后以肉类食品为主，极少食用蔬菜。查体：T 36.5℃，R 40次/分，P 160次/分，Wt 3.9kg，Bp 48/28mmHg，浅昏迷状，呼吸浅，不规则，有双吸气，肤色苍白，前囟饱满，张力高，瞳孔4mm，对光反射迟钝，双肺未闻及啰音，心音稍低钝，大动脉搏动细弱，腹胀，肠鸣音稍减弱，四肢肌张力明显增高，原始反射未引出。

【思考题】

1. 本病例抽搐的原因是什么？关键辅助检查是哪项？

2. 本病例的治疗中应首先采取哪些急救措施？

新生儿出血症（hemorrhagic disease of newborn，HDN）是由于体内维生素K缺乏而导致维生素K依赖的凝血因子Ⅱ、Ⅶ、Ⅸ、Ⅹ活性低下引起的出血，又称新生儿低凝血酶原血症、新生儿自然出血症等。近年来，对初生新生儿常规肌注维生素K_1，该病的发生率已明显降低。

（一）病因与发病机制

本病是因为维生素K缺乏所致，其原因如下。①体内存量不足：胎儿娩出前维生素K从母体获得，母体内维生素K不易通过胎盘（仅1/10的量），早产儿、低体重儿获得更少；②饮食摄入少：母乳中维生素K含量（15μg/L）远低于配方乳（60μg/L），若母亲饮食中缺乏维生素K（如绿色蔬菜、豆类、肝及蛋等）更易导致维生素K缺乏；③自身合成少：维生素K的合成依赖于肠道的正常菌群，新生儿刚出生时正常菌群尚未建立，且母乳喂养儿肠道中的优势菌种为双歧杆菌，合成维生素K能力差；④母婴疾病影响：新生儿患肝胆疾病、慢性腹泻、长期使用抗生素等影响维生素K的合成与吸收；母亲产前用药如抗惊厥药（苯妥英钠、苯巴比妥、卡马西平），抗凝药（双香豆素、华法林），抗结核药（利福平、异烟肼）等可影响维生素K代谢。

凝血因子Ⅱ、Ⅶ、Ⅸ、Ⅹ和对凝血起重要调节作用的蛋白（蛋白C、S）生物活性直接依赖于维生素K的存在（称为维生素K依赖因子），其谷氨酸残基需要在维生素K依赖的谷氨酸羧化酶催化下羧化为γ-羧基谷氨酸，当羧基化蛋白具有更多的Ca^{2+}结合位点后，才具备凝血活性。维生素K缺乏时，这4种凝血因子不能羧化，只是无功能的蛋白质，不能参与凝血过程，引发生凝血功能障碍，导致出血。

（二）临床表现

本病主要特点是一向表现正常的新生儿突然发生出血，注射维生素K_1后短时间内（30～120分钟）出血可很快停止。根据发病时间分为早发型、经典型和晚发型三型。

1. 早发型　出血发生在生后24小时之内，程度轻重不一，轻者仅表现为皮肤少量出血或脐带残端渗血，严重者可有皮肤、胃肠道、头颅、胸腔或腹腔等多部位、多器官出血。多与母亲分娩前用过影响维生素K代谢的药物有关。

2. 经典型　生后2～7日发病，早产儿可迟至生后2周。表现为皮肤瘀斑、脐带残端渗血、胃肠道出血等，皮肤出血以受压处及注射穿刺部位最多见，多数患儿出血不多，可自行停止，极少数患儿出血严重而引起休克。颅内出血多发生在早产儿，严重者导致死亡，存活者可遗留脑积水等后遗症。本型临床最常见。

3. 晚发型　生后1～3个月发病，除其他部位出血外，多伴有颅内出血，颅内出血量较大，严重者导致死亡，存活者常有神经系统后遗症。主要发生在单纯母乳喂养、患肝胆疾病、慢性腹泻、营养不良、长期应用抗生素、长期接受全静脉营养未补充过维生素K的婴儿。

（三）辅助检查

本病的确诊依赖于实验室检查，主要项目包括凝血功能检测、维生素K缺乏诱导蛋白（protein induced in vitamin K antagonism，PIVKA-Ⅱ）和维生素K水平检测。

1. 凝血功能检测　①凝血酶原时间（PT）明显延长是诊断的重要依据（比正常对照延长2倍以上意义更大）；②活化部分凝血活酶时间（APTT）、白陶土部分凝血活酶时间（KPTT）延长；③凝血酶时间（TT）、纤维蛋白原（FIB）、血小板计数、出血时间、血块退缩试验正常。必须注意的是正常新生儿的凝血因子存在生理性降低，其程度一般不超过正常值的一半。

2. 活性凝血因子Ⅱ与凝血因子Ⅱ总量比值 小于1提示维生素K缺乏。

3. 维生素K缺乏诱导蛋白(PIVKA-Ⅱ) PIVKA-Ⅱ是无凝血活性的凝血酶原前体蛋白，维生素K缺乏时Ⅱ、Ⅶ、Ⅸ、Ⅹ因子不能被羧化而出现在外周血中，半衰期60～70小时，补充维生素K后2～3日，PT恢复正常后仍可测得，PIVKA-Ⅱ≥2μg/L提示维生素K缺乏，是反映机体维生素K缺乏状况和评估疗效的准确生化指标。

4. 维生素K水平检测 采用高效液相层析法测定，维生素K缺乏者<200ng/L，因需要较多的血量，限制了临床应用。

5. 其他 如疑有颅内出血者，进行头颅B超、CT或MRI检查有助于诊断，不仅可以了解出血情况，还可进行预后判断。

(四)诊断与鉴别诊断

1. 诊断 PIVKA-Ⅱ增高是诊断的金标准，血清维生素K降低也是可靠指标，受实验室条件限制，常根据维生素K缺乏高危病史、临床表现、凝血功能检测及维生素K治疗效果做出临床诊断。

2. 鉴别诊断 进行鉴别诊断时，应注意以下特点：①PT正常可排除维生素K缺乏；②PT延长的同时，非维生素K依赖因子(Ⅴ、Ⅷ、FIB)、血小板也降低，考虑凝血因子合成障碍或消耗过多引起出血；③只有维生素K缺乏导致的出血在补充维生素K后出血症状明显改善，PT恢复正常。

(1)新生儿咽下综合征：新生儿出生时咽下母亲产道的血液、带血羊水等，于生后不久呕吐暗红色或棕色胃内容物，也可有便血，无其他部位出血，无凝血机制障碍。碱变性试验(Apt)可以鉴别母血及胎儿血，胎儿血含胎儿型血红蛋白(抗碱性强)、母血含成人型血红蛋白(抗碱性弱)，取呕吐物加水稀释，离心(2000转/分)10分钟后取上清液5份，加1%氢氧化钠1份，1～2分钟后观察，棕黄色为母血，红色为胎儿血。

(2)新生儿消化道出血：新生儿胃穿孔早期、应激性溃疡、坏死性小肠结肠炎等消化道疾病均可出现吐血、便血，这些疾病常有窒息、感染、激素使用或喂养不当等病史，腹部体征明显。

(3)新生儿其他出血性疾病：先天性凝血因子缺乏(如血友病等)及先天性纤维蛋白原缺乏症，为终身性疾病，虽经治疗好转，仍可复发，实验室检查发现相关凝血因子减少，而本症为暂时性，治愈后不再复发；血小板减少性紫癜患儿出血同时伴有血小板减少；弥散性血管内凝血(DIC)时除了PT和TT延长外，纤维蛋白原及血小板也减少，有严重的原发病存在。

(五)治疗

一旦怀疑本病，立即使用维生素K_1 1～2mg静脉注射，可使出血很快停止，一般2小时内凝血因子水平和活性上升，24小时内完全纠正。维生素K_1注射速度过快可引起面色潮红、支气管痉挛、心动过速、血压下降、休克等不良反应，应缓慢静脉注射(1mg/min)，早产儿避免采用肌内注射，以免注射部位大出血。

严重者同时输新鲜全血或血浆10～20ml/kg以提高血中凝血因子水平，纠正低血压和贫血。

(六)预防

新生儿出生后立即应用维生素K是预防本病的关键。临床上主要应用脂溶性维生素K_1，人工合成的维生素K_3、维生素K_4可引发溶血和黄疸，一般不用。母孕期服用干扰维生素K代谢的药物，应在妊娠最后3个月及分娩前各肌内注射一次维生素K_1 10mg，新生儿出生后立即肌内注射维生素K_1 0.5～1mg(早产儿连用3日)。患肝胆疾病、慢性腹泻、长期使用抗生素、全静脉营养以及早产儿可每周注射维生素K_1 0.5～1mg。

第十四节 新生儿低血糖

案例 6-10

患儿，男，2日，因“吃奶差2日，体温低2小时”入院。胎龄35^{+4}周，因母亲妊娠高血压，重度子痫而剖宫娩出，羊水清，Apgar评分1分钟5分、5分钟8分、10分钟9分，出生体重1.85 kg。生后母婴同室，人工喂养，每次奶量15ml左右，约3小时喂一次，吸吮吞咽较慢。2小时前出现肢体凉，测腋温35.2℃，精神反应差、哭声低而转入我院。查体：T 35℃，P 140次/分，R 50次/分，嗜睡状，皮肤凉，稍苍白，前囟张力不高，双肺未闻及啰音，心界不大，心率140次/分，稍低钝，未闻及杂音，腹部查体无异常，四肢肌力正常，肌张力偏低，微量血糖(纸片法)1.6mmol/L。

【思考题】

1. 该病例有哪些特点，应考虑哪些疾病？
2. 该患儿目前需要做哪些紧急处理？

新生儿出生后血糖浓度有一个自然下降然后上升的过程，该过程中新生儿并无任何临床症状和体征，因此新生儿低血糖的定义一直未能统一，目前多数学者认为血清葡萄糖水平<2.2mmol/L(40mg/dl)应该诊断为新生儿低血糖(neonatal hypoglycemia)而不必考虑出生体重、胎龄和生后日龄。本病常发生于早产儿、足月小样儿及糖尿病母亲所生婴儿，在新生儿窒息缺氧、寒冷损伤、败血症中多见。新生儿低血糖可以是一个独立的疾病，也可能是其他疾病的一个临床表现。严重的低血糖持续、反复发作可引起不可逆的脑损害。

(一)病因及发病机制

新生儿低血糖分暂时性和持续性两种。

1. 暂时性低血糖　指低血糖持续时间短，一般不超过新生儿期。

（1）糖原和脂肪储存不足：糖原储备是新生儿生后1小时内能量的主要来源，肝糖原储存主要发生在妊娠的最后4～8周，胎儿棕色脂肪的分化从胎龄26～30周开始，一直延续至生后2～3周，胎龄越小，糖原、脂肪储存越少且糖异生途径中酶活力低，糖原异生功能差。

（2）糖原消耗过多：新生儿窒息、感染、低体温等应激状态下儿茶酚胺、胰高血糖素、皮质醇等分泌增多，刺激肝糖原分解增加，无氧酵解使葡萄糖利用增多，易引起低血糖。

（3）暂时性高胰岛素血症：主要见于如下几种类型。①糖尿病母亲婴儿。由于母体内血糖过高，导致胎儿出现暂时性高胰岛素血症，出生后母亲血糖供给突然中断引发低血糖。②新生儿溶血病。红细胞破坏致谷胱甘肽释放，刺激胰岛素分泌增加。换血治疗中如使用枸橼酸葡萄糖保养液的血制品，可因保养液中糖浓度过高，刺激胰岛素分泌而导致继发性低血糖。

（4）糖摄入不足：早产儿、患病新生儿因喂养困难，摄入少而出现低血糖。

2. 持续性低血糖　低血糖持续至婴儿或儿童期。

（1）婴儿先天性高胰岛素血症（congenital hyperinsulinism of infancy，CHI）：与基因缺失有关，最常见、最严重的缺陷是胰岛β细胞膜上编码ATP敏感钾通道（K_{ATP}）的2个亚单位（SUR_1 和 Kir6.2蛋白）基因突变引起 K_{ATP} 缺陷。少见的有Beckwith综合征、先天性糖基化疾患等。

（2）内分泌缺陷：如先天性垂体功能低下、先天性肾上腺皮质增生症、胰高血糖素缺乏、生长激素缺乏等。

（3）遗传代谢性疾病：①糖代谢异常，如糖原累积症Ⅰ型、Ⅲ型，半乳糖血症等；②脂肪酸代谢性疾病，如中链酰基辅酶A脱氢酶缺乏等；③氨基酸代谢缺陷，如支链氨基酸代谢障碍，亮氨酸代谢缺陷等。

（二）临床表现

大多数低血糖者缺乏典型的临床症状，少数有症状者表现为反应低下、体温不升、多汗、苍白、阵发性发绀、喂养困难、嗜睡、呼吸暂停、青紫、哭声异常、颤抖、震颤、甚至惊厥等非特异症状。据统计，无症状性低血糖是症状性低血糖的10～20倍。低血糖可引起脑损伤，称为低血糖脑病，其对脑组织的损害取决于低血糖的严重程度及持续时间，但引起脑损伤的血糖临界值目前尚无定论，损伤部位以顶、枕部为主，严重者遗留永久性的神经功能损害。

根据引起低血糖的病因不同，临床上可分为4型。

1. 早期过渡型低血糖症　新生儿窒息、重度溶血病、母亲糖尿病和延迟开奶者多见。出生后早期易发生低血糖，但一般无症状，有症状者多发生于生后6～12小时，病程短暂且症状轻微。

2. 继发性低血糖症　新生儿窒息、寒冷损伤（硬肿症）、败血症、先天性心脏病、中枢神经系统先天缺陷或突然中断输注高浓度营养液可继发低血糖症，但症状常不易与原发疾病区别，如不监测血糖易漏诊。

3. 典型或暂时性低血糖症　发生于孕妇患妊娠高血压综合征，或双胎儿、小于胎龄儿，可出现典型低血糖症，多发生在出生后2～3日。大多为暂时性，需积极治疗。

4. 严重反复发作性低血糖症　比较少见，多由于先天性内分泌或遗传代谢性疾病引起。对治疗的反应差。

（三）辅助检查

（1）血糖测定：是确诊和早期发现本病的主要手段。高危儿应在生后1小时内监测血糖，以后每隔1～4小时复查，直至血糖浓度稳定。由于纸片法检测简便、快速，可作为高危儿的床边筛查手段，但确诊需依据化学法（如葡萄糖氧化酶）测定的血清葡萄糖值。须注意：①采血后应立即测定，因室温下红细胞糖酵解增加，血糖值每小时可下降15～20mg/dl（0.83～1.11mmol/L）；②由于新生儿红细胞多，且其中还原型谷胱甘肽含量高，红细胞糖酵解增加，故全血糖值较血清糖低10%～15%，当血糖值<30mg/dl（1.67mmol/L）时，这种差异更大。

（2）持续性低血糖者应酌情测定血胰岛素、胰高糖素、T_4、TSH、生长激素、皮质醇、血、尿氨基酸及有机酸等。

（3）伴高胰岛素血症者可作胰腺B超或CT检查，疑有糖原累积病时可做肝活检测定肝糖原和酶活力。

（4）疑似低血糖脑病时，头部MRI特别是DWI有助于早期诊断，床旁动态脑电功能监测对脑损害的预后判断有一定价值。

（四）诊断

主要根据病史、临床表现及血糖检测确立诊断。

（五）治疗

由于并不能确定引起脑损伤的低血糖阈值，因此不管有无症状，低血糖者均应及时治疗。

1. 无症状性低血糖并能进食者　可先进食，并密切监测血糖，低血糖（<2.6mmol/L）不能纠正者可静脉滴注葡萄糖，按6～8mg/（kg·min）滴注，每小时监测血糖一次，根据血糖测定结果调节输糖速率，稳定24小时后逐渐停用。

2. 症状性低血糖 立即给予10%葡萄糖200mg/kg(2ml/kg),按每分钟1.0ml静脉注射,然后改为6~8mg/(kg·min)维持,以防低血糖反跳。每小时监测血糖一次,血糖正常24小时后逐渐减慢输注速率,48~72小时停用。低血糖持续时间较长者可加用氢化可的松5mg/kg,静脉注射,每12小时一次,或泼尼松(强的松)1~2mg/(kg·d)口服,共3~5日,可诱导糖异生酶活性增高。极低体重早产儿对糖耐受性差,输糖速率>6~8mg/(kg·min)易致高血糖症。

3. 持续性低血糖 葡萄糖输注速率常需提高至12~16mg/(kg·min)以上才能维持血糖浓度在正常范围,外周静脉输注葡萄糖的最大浓度为12.5%,如高于此浓度应使用中心静脉导管输液,还可采用以下措施:①婴儿先天性高胰岛素血症(CHI)首选二氮嗪(diazoxide),每日5~20mg/kg,分3次口服,无效者选用奥曲肽(octreotide),5~25μg/kg,6~8小时肌内或静脉注射;②静脉注射胰高血糖素0.02mg/kg,间断给药,或1~20μg/(kg·h)静脉维持,CHI药物治疗无效者需手术治疗,先天性代谢缺陷患儿给予特殊饮食疗法。

(六) 预防

(1) 避免可导致低血糖的高危因素(如寒冷损伤、早产等),高危儿定期监测血糖。

(2) 出生后能进食者宜尽早喂养,争取半小时内开奶。

(3) 不能经胃肠道喂养者给10%葡萄糖静脉滴注,足月儿按3~5mg/(kg·min)、早产儿4~6mg/(kg·min)、小于胎龄儿6~8mg/(kg·min),可达到近似内源性肝糖原分解速率。

第十五节 新生儿高血糖

案例6-11

患儿,男,5日,因"发绀2日"入院。胎龄37^{+4}周,因母亲为40岁高龄产妇,胎膜早破12小时而剖宫娩出,羊水清,Apgar评分1分钟7分、5分钟8分、10分钟10分,出生体重2.2kg。生后因"新生儿轻度窒息、小于胎龄儿"在当地医院治疗,给予保暖、静脉营养、防治感染等处理。2日前出现发绀,以哭闹及喂奶后明显,呼吸稍快,精神反应差而转入我院。入院查体:T 36.8℃,P 150次/分,R 60次/分,Wt 2.1kg,嗜睡状,皮肤稍干,弹性差,前囟、眼窝凹,呼吸浅快,可见三凹征,双肺闻及湿啰音,心界不大,心音稍低钝,未闻及杂音,肝右肋下2cm,剑突下3cm扪及,四肢肌力正常,肌张力偏高,原始反射减弱。微量血糖(纸片法)12.0mmol/L。

【思考题】

1. 该患儿高血糖的原因有哪些?下一步如何处理?

2. 如何预防新生儿高血糖?

新生儿高血糖症(neonatal hyperglycemia)是指新生儿全血血糖>7mmol/L(125mg/dl),或血清葡萄糖>8.40mmol/L(150mg/dl)。

(一) 病因及发病机制

1. 血糖调节功能不成熟 是新生儿高血糖的最常见原因。新生儿缺乏成人所具有的Staub-Traugott效应(即重复输入葡萄糖后血糖水平递降和葡萄糖的消失率加快),与胰岛β细胞功能不完善,对输入葡萄糖反应不灵敏和胰岛素活性较差有关,胎龄、出生体重和日龄越小则越明显。生后第1日对糖的耐受力最低,体重<1kg者甚至不能耐受4~6mg/(kg·min)的葡萄糖输注速度。

2. 疾病影响 在窒息、寒冷损伤、严重感染和创伤等应激状态下,血中儿茶酚胺、皮质醇、胰高血糖素水平增加,糖原异生作用增强;胰岛素分泌减少,受体、器官对胰岛素作用的敏感性下降(胰岛素抵抗)而导致新生儿高血糖症。中枢神经系统损害时,对血糖调节的影响尚不清楚,可能与下丘脑-垂体功能受损,使神经、内分泌对糖的调节功能紊乱有关。

3. 医源性高血糖 常由于输注葡萄糖过多、过快引起,母亲分娩前短时间内输入过多的糖和糖皮质激素,新生儿复苏时应用高渗葡萄糖、肾上腺素,新生儿因治疗需要使用糖皮质激素、氨茶碱、咖啡因、苯妥英钠等药物,对血糖水平均有影响。

4. 新生儿糖尿病 分为暂时性和真性糖尿病。暂时性糖尿病又称假性糖尿病,是一种自限性高血糖症,常发生在小于胎龄儿中,其病因和发病机制尚不清楚,可能与胰岛β细胞功能暂时性低下有关。约1/3患儿有糖尿病家族史,血糖常高于14mmol/L(250mg/dl),出现消瘦、脱水和糖尿,治愈后不复发。真性糖尿病十分少见,需终生治疗。

(二) 临床表现

轻者无临床症状,血糖显著增高或持续时间长的患儿可出现多尿、烦渴、体重下降等脱水表现,呈现眼闭合不严,惊恐面貌,严重者可发生颅内出血。尿糖阳性,暂时性糖尿病及医源性高血糖患儿尿酮体多为阴性或弱阳性,真性糖尿病患儿尿酮体阳性,少数可伴发酮症酸中毒。

(三) 诊断

由于新生儿高血糖无特异性临床表现,诊断主要依据血糖和尿糖检测,全血血糖>7mmol/L(125mg/

dl)即可诊断为高血糖症,但应及时查清引起高血糖的原因,以利治疗。

（四）治疗

（1）医源性高血糖症:根据病情暂时停用或减少葡萄糖入量,严格控制输液速度,并监测血糖加以调整。肠道外营养应从葡萄糖的基础量开始,逐步增加,注意营养液中葡萄糖、氨基酸与脂肪乳的比例。

（2）有脱水表现时,应及时补液(使用生理盐水及5%葡萄糖),维护电解质平衡,纠正酸中毒。

（3）当葡萄糖输入浓度已降低到5%,输入速度降低至4mg/(kg·min)以下,患儿空腹血糖浓度>14mmol/L(250mg/dl)伴尿糖阳性或高血糖持续不见好转者,可试用胰岛素治疗,剂量0.1~0.3U/kg,6~12小时一次皮下注射,或者0.01~0.1U/(kg·h)持续静脉滴注,密切监测血糖和尿糖改变,血糖正常立即停用,防止低血糖的发生。

（4）去除病因:治疗原发病,如停用激素、纠正缺氧、恢复体温、控制感染、抗休克等。

（五）预防

主要是防治引起高血糖的病因及调整葡萄糖的输注速度,临床上应特别注意以下几点。

1. 加强监测　对母亲分娩前短时间内和新生儿在产房复苏时用过葡萄糖者,先查血糖,然后决定输入葡萄糖的浓度。

2. 慎用高渗葡萄糖　新生儿应慎用25%高渗葡萄糖静脉推注,稀释药物以5%葡萄糖为宜,在应激状态下,血糖往往不低。

3. 调整葡萄糖输注速度和浓度　对早产儿、小于胎龄儿,尤其在有中枢神经系统损害时,输入葡萄糖速度一般不超过5~6mg/(kg·min),应监测血糖、尿糖,以调整输糖速度和浓度。

4. 肠道外营养　进行肠道外营养的新生儿,补充热量不能单靠提高葡萄糖浓度来解决,应加用一定比例的氨基酸和脂肪乳以达均衡营养。

第十六节　新生儿低钙血症

案例 6-12

患儿,女,1日,因“呼吸促1日,加重伴发绀半日”入院。胎龄38^{+4}周,因母亲妊娠糖尿病,胎膜早破而剖宫娩出,羊水Ⅱ度浑浊,Apgar评分1分钟3分、5分钟6分、10分钟9分,出生体重3.85 kg。生后出现呼吸促,拟“新生儿RDS,新生儿肺炎”给予吸氧、抗感染、改善循环、营养支持等治疗,症状无改善,半日前出现发绀并呼吸呻吟而转入我院。查体:T 36.3℃,P 150次/分,R 70次/分,Wt 3.8kg,嗜睡状,皮肤凉,全身皮肤见大理石样花纹,前囟张力不高,双肺闻及细湿啰音,可见三凹征,心脏听诊正常,腹部查体无异常,四肢伸展,肌张力低,电解质血钙(总钙)1.5mmol/L,血钠122mmol/L,碳酸氢根13mmol/L,乳酸8.0mmol/L。

【思考题】

1. 该患儿出现低血钙的原因有哪些?
2. 通过静脉补钙需注意哪些问题?

新生儿低钙血症(neonatal hypocalcemia)指血清总钙低于1.75mmol/L(7mg/dl)或血清游离钙低于1mmol/L(4mg/dl),是引起新生儿惊厥的常见原因之一。

（一）病因及发病机制

钙在体内的代谢受甲状旁腺激素(parathyroid hormone,PTH)、降钙素(calcitonin)和活性维生素D[1,25-$(OH)_2D_3$]的调节,如调节功能失衡、胎儿钙储备不足或血磷过高都可引起低钙血症。新生儿出生前获得的钙,主要在妊娠后3个月由胎盘主动转运而来,出生后来自母亲的钙源终止,外源性钙摄入不足,血钙水平开始下降,持续24~48小时后逐渐回升,5~10日左右恢复正常。

1. 早期低血钙　发生在出生后3日内,多由于暂时性甲状旁腺功能抑制所致。妊娠晚期母血中的钙经胎盘主动输入胎儿的量增加,抑制了甲状旁腺功能,糖尿病母亲所生的新生儿甲状旁腺功能受抑制更明显。窒息、RDS、颅内出血、严重感染等疾病因组织破坏,磷释放增加,血磷增高,使血钙水平下降。新生儿生后早期血中降钙素水平较高,易导致低血钙。低体重儿、早产儿钙的储备量少,易发生低血钙。

2. 晚期低血钙　指出生3日以后发生的低血钙,多见于人工喂养的足月儿,因磷摄入量过多(人乳磷含量150mg/L,牛乳900~1000mg/L),钙磷比例失调(人乳钙/磷为2.25/1;牛乳为1.35/1)使钙吸收障碍导致血钙降低。

3. 其他因素　过度通气(如呼吸机使用不当)引起呼吸性碱中毒、大量使用碳酸氢钠等碱性药物、换血治疗或大量输注库存血制品,均使血中游离钙变为结合钙,长期使用髓袢利尿剂(如呋塞米)导致高钙尿症,使血钙降低。

若低血钙持续存在或反复出现,应注意查找以下疾病。

（1）母亲甲状旁腺功能亢进:多见于母亲患甲状旁腺瘤,因母血中PTH水平高,孕母与胎儿血钙增高,胎儿甲状旁腺功能受到严重抑制,使胎儿娩出后发生顽固而持久的低钙血症,可伴发低镁血症。母亲常无症状,新生儿低钙血症成为诊断母亲甲状旁腺功能亢进或肿瘤的线索。

(2)暂时性先天性特发性甲状旁腺功能不全:是良性自限性疾病,母甲状旁腺功能正常。除用钙剂治疗外,还须用适量的维生素D治疗数月。

(3)永久性甲状旁腺功能不全:系由于甲状旁腺缺如或发育不全引起,为X连锁隐性遗传,常合并胸腺缺如、免疫缺陷、小颌畸形和主动脉弓异常,称DiGeorge综合征。具有持久的甲状旁腺功能低下和高磷酸盐血症。

(二)临床表现

症状轻重不一,主要是神经、肌肉的兴奋性增高,呈现烦躁不安、震颤、惊跳、手足搐搦、惊厥等。新生儿抽搐发作时常伴有不同程度的呼吸改变、心率增快和发绀,或因胃肠平滑肌痉挛引起严重呕吐、便血等消化道症状;最严重的是喉痉挛和呼吸暂停,可引起突然死亡。早产儿出生后3日内即出现血钙降低,其降低程度一般与胎龄成反比,但很少出现临床症状和体征,可能与早产儿发育不完善、血浆蛋白低下、常伴有酸中毒、血清游离钙与总钙比值相对较高等因素有关。发作间歇期一般情况良好,但肌张力稍高,腱反射增强,踝阵挛可呈阳性。正常新生儿的击面神经试验(佛斯特征)呈阳性反应,故无诊断意义。

(三)辅助检查

血清总钙<1.75mmol/L(7mg/dl),血清游离钙<1.0mmol/L(4mg/dl),血清磷常>2.6mmol/L(8mg/dl),碱性磷酸酶多数正常。尿钙定性检查阴性。心电图提示心律不齐,QT间期延长(早产儿>0.2秒,足月儿>0.19秒)。胸片如未能看到胸腺影需注意DiGeorge综合征。还应同时检测患儿血清镁、血糖、PTH水平,必要时测定母亲血钙、磷和PTH水平。

(四)诊断与鉴别诊断

根据临床表现及实验室检查结果不难做出诊断,需与下列疾病鉴别。

1. 新生儿低血糖症 多见于早产儿、低出生体重儿,发作时血糖<2.2mmol/L(50mg/dl),注射葡萄糖后症状缓解。

2. 新生儿低镁血症(hypomagnesemia) 血镁低于0.62mmol/L(1.5mg/dl),症状与低钙血症相仿,但可出现精神障碍症状,包括性格改变、反应淡漠、抑郁,甚至谵妄等。两者可同时存在,血液生化测定有助于诊断。

(五)治疗

1. 补充钙剂 ①低钙致严重惊厥和喉痉挛时,立即使用地西泮0.1~0.3mg/kg静脉注射控制惊厥,有呼吸暂停者立刻气管插管,予以心肺脑复苏抢救;同时使用10%葡萄糖酸钙注射液2ml/kg,以5%~10%葡萄糖等量稀释后缓慢静脉注射(10~15分钟),必要时间隔6~8小时再给1次,每日最大剂量为6ml/kg。惊厥停止后改为口服钙维持(每日补充元素钙50~60mg/kg),病程长者持续用药2~4周,维持血钙在2~2.3mmol/L(8.0~9.0mg/dl)。②无惊厥发作者,当血清游离钙<1.0mmol/L(出生体重>1500g)或血清游离钙<0.8mmol/L(出生体重<1500g)时,每日静脉补充元素钙40~50mg/kg。③对窒息、RDS、PPHN、严重感染及出血倾向的患儿适当静脉补钙,使血清游离钙维持在1.2~1.5mmol/L(出生体重>1500g)或1.0~1.4mmol/L(出生体重<1500g)以预防低血钙的发生。

静脉补钙注意事项:①静脉快速推注钙剂,使血钙浓度迅速升高,可抑制窦房结功能引起心动过缓甚至心搏骤停,故静注钙剂速度宜慢(10~15分钟),严密监测心律及心率变化,保持心率在80次/分以上,否则暂停。②注射时,避免药物渗出血管外引起组织坏死和钙化。

2. 补充镁剂 低钙惊厥补钙后仍不能控制,注意除外低镁血症,若血镁<0.6mmol/L(1.4mg/dl)可肌内注射或静脉滴注25%硫酸镁0.2~0.4ml/kg,8~12小时后可重复使用。

注意事项:①早产儿及低出生体重儿不宜肌内注射镁盐,以免发生肌肉坏死。②使用过程中应监测肌张力和腱反射,防止血镁过高。③血镁过高,出现有呼吸抑制,立即给10%葡萄糖酸钙2ml/kg静脉注射。

3. 补充维生素D 甲状旁腺功能不全患儿需长期口服钙剂治疗,同时用维生素D_2每日10 000~25 000U;或二氢速变固醇(dihydrotachysterol)每日0.05~0.1mg;或1,25$(OH)_2D_3$每日0.25~0.5μg。治疗过程中应定期监测血钙水平以调整维生素D的剂量。

4. 调整饮食 强调母乳喂养或用钙磷比例适当的配方乳喂养。

第十七节 新生儿产伤性疾病

新生儿产伤(birth injury)是指分娩过程中因机械因素对胎儿或新生儿造成的损伤。高危险因素包括:产程延长、胎位不正、急产、头盆不称、巨大儿及接产方式不当等。产伤可发生于新生儿身体的任何部位,常见的有神经系统、骨骼、软组织、内脏等。近年来由于加强了产前检查及产科技术提高,产伤发生率已明显下降,但仍是引起新生儿死亡及远期致残原因之一。

一、头颅血肿

头颅血肿(cephalohematoma)多由于产伤引起骨

膜下血管破裂,血液积聚于骨膜下所致。

(一) 病因与发病机制

因胎位不正、头盆不称、胎头负压吸引或产钳助产,胎头受产道的骨性突起部位(如骶骨、耻骨联合)压迫或外力牵引导致颅骨骨膜下血管破裂,血液积聚于骨膜下所致。亦可在自然分娩的新生儿中见到。凝血功能较差,血管壁弹力纤维发育不完善是新生儿容易出血的内在因素。由于颅缝处骨膜与颅骨粘连紧密,故血肿不超过骨缝线。

(二) 临床表现

出生时可无异常,数小时后出现头颅肿物并逐渐增大,1 周内达最大范围,以后逐渐吸收缩小。若血肿与头皮水肿(产瘤)同时存在,血肿隐于水肿之中,待水肿消退后方完全显现。血肿以顶部多见,枕、颞、额部少见,常为一侧,也可发生在两侧,血肿边界清楚,不超过骨缝。个别患儿头颅血肿甚大,波及眼睑及前额,严重者可因休克、循环衰竭而死亡。

血肿有波动感,其表面皮肤颜色无改变,如由胎头负压吸引或产钳牵拉引起,皮肤可出现充血及压痕。血肿下之颅骨一般无骨折,但也可能有线形骨折,血液透过骨折部或裂隙,可在颅骨与硬脑膜之间形成颅内血肿,此种血肿范围较小,但偶尔亦能压迫大脑而出现脑干症状。

血肿机化、吸收从边缘开始,先在基底部形成硬环,逐渐至中央部,完全吸收需 6 ~8 周,巨大血肿需 3 ~4 个月甚至更久。其中红细胞溶解破坏,释放出大量胆红素,可致黄疸加重甚至发生胆红素脑病。

(三) 辅助检查

1. 血常规检查 因失血可有红细胞计数、血红蛋白及红细胞压积降低。

2. 血生化检查 胆红素增高以间接胆红素为主,肝功能检查正常。

3. 影像学检查 头颅 B 超、CT 或 MRI 检查可发现血肿位于颅外,注意排除颅内出血及颅骨骨折。

(四) 诊断与鉴别诊断

根据病史及体查、实验室检查结果不难做出诊断,但需要与下列疾病鉴别。

1. 新生儿头皮水肿(产瘤) 由分娩时胎头受压引起的皮下水肿,多发于头先露部位,出生后 24 小时内迅速出现,2 ~3 日消退,肿块边界不清,不受颅缝限制,局部头皮红肿,压之柔软凹陷,无波动感。可与血肿并存。

2. 帽状腱膜下出血(subaponeurotic hemorrhage) 出血发生于头颅帽状腱膜与骨膜之间的疏松组织内,因无骨缝限制,出血量较多,易于扩散,可累及整个头皮甚至颈部,头颅广泛肿胀,有波动感,前囟不易扪清,出血部位皮肤可见紫红色瘀斑,常伴有高胆红素血症、贫血甚至休克。

3. 脑膜膨出 多位于枕部中线位,随呼吸有起伏感,头颅 CT、MRI 可见局部颅骨有缺损,肿物内容为脑组织而非血肿。头颅血肿颅骨完整,偶见颅骨有线样骨折。

(五) 治疗

急性期(出生后 2 ~3 日内)血肿逐渐增大,局部冷敷有助于止血及消肿。小血肿不需治疗,可让其自行吸收;大血肿可在无菌条件下穿刺抽吸积血,并予以局部加压包扎,可明显加快血肿的吸收并减轻高胆红素血症。

每天注射维生素 K_1 1mg,连续 3 日可有效防治继发出血,贫血严重者输血治疗,胆红素明显增高予蓝光及药物退黄。

二、锁骨骨折

锁骨骨折(fracture of clavicle)在产伤性骨折中最为常见,因分娩过程中肩部娩出困难所致,与分娩方式、胎儿娩出方位及体重有关。

(一) 病因与发病机制

难产、胎儿转位幅度过大及巨大儿易发生。锁骨细长弯曲呈横位 S 形,两个弯曲的交界点较脆弱,受挤压时易折断。当胎儿出肩困难时,S 型锁骨凹面正好卡在母亲耻骨弓下,容易骨折。骨折好发于锁骨中段或中外 1/3 段,呈横形骨折,并有移位,也有不完全性骨折(青枝骨折)者。前肩(常为右肩)锁骨受压最重,骨折发生率高。

(二) 临床表现

患侧上臂活动减少,拥抱反射减弱或消失,可因疼痛而呈现假性麻痹,患肢紧贴胸部或被动活动时哭闹,触诊双侧锁骨不对称,患侧局部软组织肿胀,有压痛及骨摩擦感,可触及骨痂硬块。大部分患儿无明显症状,易漏诊。

(三) 辅助检查

X 线片前后位相可显示锁骨骨折的上下移位,45°斜位相可观察骨折的前后移位。青枝骨折早期有时在 X 线片上难以明确,可于 5 ~10 日后复查,常可见有骨痂形成。

(四) 诊断与鉴别诊断

根据难产等高危因素及临床表现可考虑诊断,注意与臂丛神经损伤、肩关节脱位及先天性锁骨假关节等疾病鉴别,X 线片可明确诊断。

(五) 治疗

患侧上肢尽量减少牵拉,避免病情加重,青枝骨折不需治疗;对于完全性骨折,多数学者认为无需处理,随着小儿生长发育,肩部增宽,锁骨错位及畸形均可自行修复。必要时在患侧腋下置一棉垫，患肢以绷带固定于胸前2周即可愈合，预后良好。

三、臂丛神经损伤

新生儿产伤引起的周围神经损害以臂丛神经麻痹(brachial plexus palsy)最多见，指分娩过程中臂丛神经受到过度牵拉损伤而引起的上肢运动和感觉障碍。

(一) 病因与发病机制

头位或臀位分娩时肩娩出困难，接生手法不正确，强力牵拉胎肩颈部，导致臂丛神经受损伤。巨大儿、第二产程延长、高龄初产、臀位产是常见的高危因素。

(二) 临床表现

根据臂丛神经受损部位不同，可分为以下3种类型。

1. 上臂型(Duchenne-Erb′s palsy)　最常见的一种，损伤颈5～6神经根(欧勃点)，主要影响肩膀和手臂，出现上肢下垂、上臂内收内旋、不能外展外旋，肘关节伸直、不能旋后或弯曲，前臂旋前，手腕、指关节屈曲，但仍可活动。患侧肱二头肌肌腱反射消失，拥抱反射不能引出，握持反射存在。由于肩关节内收肌和内旋肌收缩过强，可使肩部肌肉发生挛缩，被动活动障碍。本型可合并膈神经损伤致使患儿出现呼吸困难。

2. 中臂型　颈7神经根损伤，桡神经所支配的肌肉麻痹，前臂、腕、手的伸展动作丧失或减弱(垂腕)，而肱三头肌、拇指伸肌为不完全麻痹。

3. 下臂型(Klumpke paralysis)　损伤部位在颈8和胸1神经根，较少见。表现为手腕、手指长屈肌及手内肌无力，握持反射减弱甚至消失，大小鱼际萎缩并伴有水肿，臂部感觉亦受影响。如胸1神经根的交感神经纤维受损，可引起Horner综合征，表现为患侧瞳孔缩小，上眼睑下垂，眼裂小，同侧面部少汗等。临床上将不能按上述类型进行归纳的病例，称为混合型，为臂丛神经散在性损伤，或以某一类型为主，同时出现其他类型损伤的表现。全臂丛神经受损为最严重的一种，肩部及上肢完全瘫痪，感觉消失，预后差。

(三) 辅助检查

神经-肌电图及磁共振检查有助于诊断。

(四) 诊断与鉴别诊断

根据病史中的高危因素、患儿出生后临床表现及神经-肌电图检查结果，不难作出临床诊断，需与锁骨骨折及肩关节脱位等疾病鉴别，X线片可予以鉴别。

(五) 治疗

生后第一周将患肢固定于功能位，一周后可适当给予按摩、被动运动及针灸治疗，合理使用神经营养药物。大多数患儿能在2～3个月内得到改善或治愈，保守治疗6个月后仍无效的病例，可应用外展支架，预防肩关节挛缩，损伤严重者，考虑行神经束间吻合手术治疗。

(六) 预后

取决于神经受损程度，神经功能麻痹者预后较好，神经撕裂伤预后差，近年来神经显微外科技术的进步使该病患儿的预后有较大改善。

(敖　当)

Chapter Ⅵ The Newborn

Classifications of the Newborn

Classification by gestational age

- Full-term infant: A baby born after 37 to 42 completed weeks of gestation.
- Preterm infant: A baby born at any time before 37 weeks of gestation.
- Post-term infant: A baby born after 42 weeks of gestation.

Classification by birth weight

- Low-birth-weight baby (LBW): A baby weighing less than 2500 g at birth.
- Very-low-birth-weight baby (VLBW): A baby weighing less than 1500 g at birth.
- Extremely-low-birth-weight baby (ELBW): A baby weighing less than 1000 g at birth.
- Normal-birth-weight baby: A baby weighing between 2500 g and 4000 g at birth.
- Macrosomic baby: A baby weighing more than 4000 g at birth.

Classification by correlation between birth weight and gestational age

- Appropriate for gestational age (AGA).
- Small for gestational age (SGA).
- Large for gestational age (LGA).

Classification by time after birth

- Early newborn: A baby in the first week after birth.
- Late newborn: A baby in the second to fourth week after birth.

High-risk infants

A high-risk infant is a baby who should be under close observation by experienced physicians and nurses. The factors that determine whether an infant is classified as being at high risk include maternal factors, pregnancy disorders, delivery factors and neonatal factors.

Anatomy and Physiology of the Newborn

Appearance of the Newborn

The appearance of the newborn can be used to predict gestational age. The appearance of preterm and full-term infants has been described in Table 6-1.

Table 6-1 Appearance of preterm and full-term infants

Sign	Full term	Preterm
Skin	Ruddy, little lanugo	Red skin, abundant lanugo
Head:body ratio	1 : 4	1 : 3
Hair	Clear, dense	Thin, sparse
Ears	Developed cartilage, stiff ears	Lack of cartilage, soft ears
Breast bud	5-10 mm	No bud or <4 mm
Genitals		
Male	Testes in scrotum	No testes in scrotum
Female	Majora cover clitoris	Clitoris prominent
Nails	Do not extend beyond finger/toe tips	Extend beyond finger/toe tips
Feet	Creases over entire sole	Few creases

Respiratory system

Full-term infants

In utero, the airways and lungs are filled with fluid that contains surfactant. The lung fluid is removed by the squeezing of the thorax during vaginal delivery and by reduced secretion and increased absorption.

Full-term newborns breathe mainly with the diaphragm. The rate is variable and ranges between 30-50 breaths/min.

Preterm infants

• Apnea is a common sign in preterm infants due to immaturity of the respiratory center, respiratory muscles and lungs.

• Respiratory distress syndrome occurs due to hyposecretion of surfactant.

• Bronchopulmonary dysplasia is a critical disorder that can occur in late infancy due to immaturity of the lungs and other factors.

Cardiovascular system

Full-term infants

At birth, the fetal circulation switches to the newborn circulation after the ligation of the umbilical vessels and closure of the foramen ovale and ductus arteriosus.

Persistent fetal circulation (persistent pulmonary hypertension of the newborn) usually occurs in infants with severe pneumonia, acidosis, hypoxia, etc.

The heart rate is variable and is between 90-160 beats/min.

Preterm infants

Preterm infants have a more rapid heart rate and lower blood pressure.

The ductus arteriosus may remain open after birth.

Gastrointestinal system

Full-term infants

• Galactorrhea and vomiting are common in full-term infants due to relaxation of the lower esophageal sphincter.

• Meconium is usually passed within 6h, and a delay of more than 24h in the passing of meconium is considered abnormal.

• Immaturity of the liver enzymes responsible for the conjugation of bilirubin results in physiological jaundice.

Preterm infants

• Poor sucking and swallowing can lead to malnutrition and aspirated pneumonia.

• Enteritis, which usually occurs in preterm infants, is secondary to hypoxia, inflammation, improper feeding, etc.

• Physiological jaundice lasts longer in preterm infants because of immature liver function.

Genitourinary system

The renal function is immature at birth. Newborns generally urinate within 24h of life or at least within 48h of life.

Hematopoietic system

Full-term infants

The newborn's red cells contain fetal hemoglobin.
Neonatal anemia is defined as a hemoglobin level of 140 g/L.

The white blood cell count becomes normal by 5 days after birth. Lymphocytes become the predominant type of white blood cells by 6 days after birth.

Preterm infants

Iron reserves in preterm infants are much lower than those in full-term infants. Physiological anemia appears early and is more severe in preterm infants.

Central nervous system

Full-term infants

The central nervous system is relatively immature.

• Primary reflexes, including rooting reflex, sucking reflex, grasp reflex and Moro reflex, can be elicited.

• Some pathological signs such as Kernig sign, Babinski sign and Chvostek sign may be detected.

Preterm infants

Primary reflexes cannot be elicited.

Periventricular leukomalacia and periventricular hemorrhage are common.

Body temperature

Brown fat is the main source of heat production.

Neutral temperature indicates the temperature at which

the body can maintain the basic metabolic rate and oxygen consumption. This temperature varies according to the gestational age and the postnatal age (in days).

Specific physiological findings

- Physiological jaundice.
- Yellowish eruptions on the gum of the newborn.
- Breast enlargement and pseudomenstruation.
- Neonatal erythema and miliary eruptions.

Birth Asphyxia

Asphyxia of the newborn is characterized by hypoxia, hypercapnia, metabolic acidosis and organ damage, and occurs because automatic respiration is not established immediately after birth.

The etiological factors include maternal factors, placental factors, fetal factors, difficult labor and cord compression.

Intrauterine fetal distress

- In the early stage, the fetal heart rate is 160 beats/min or more, with increased fetal movements.
- In the late stage, the fetal heart rate is less than 100 beats/min, with decreased fetal movements.

Apgar score

The Apgar score includes five parameters: heart rate, respiratory effort, muscle tone, reflex response to stimulation and color. The total score is 10.

- The Apgar score is determined at 1 and 5 min after birth.
- An Apgar score of 0-3 indicates severe asphyxia, and a score of 4-7 indicates mild asphyxia.
- The Apgar score at 1 min after birth predicts the severity of asphyxia, while the score at 5 min predicts the outcome.

Organ damage caused by asphyxia

- Brain: Hypoxic-ischemic encephalopathy.
- Heart: Hypoxic cardiomyopathy and hypotension.
- Lungs: Persistent pulmonary hypertension.
- Guts: Ileus and necrotizing enterocolitis.
- Kidneys: Acute tubular necrosis.
- Blood: Disseminated intravascular coagulation.

Diagnostic criteria for birth asphyxia

The Apgar score is a simple evaluation, but many factors may influence it.

The American Academy of Pediatrics criteria for birth asphyxia include the following: severe acidosis ($pH < 7$) as determined using cord blood, an Apgar score of 0-3 lasting for 5 min, neurological damage in the newborn and multiorgan damage that develops shortly after birth.

Treatment

Active and efficient resuscitation is critical. The resuscitation protocol used worldwide consists of the following five steps.

- Airway (A): Keep the airway clean and open.
- Breathing (B): Administer oxygen by ensuring spontaneous breathing or through mechanical ventilation.
- Circulation (C): Maintain normal blood circulation.
- Drugs (D): Drugs should be administered when necessary.
- Evaluation (E): Evaluation should be done repeatedly during the resuscitation.

Prevention

Perinatal care, monitoring during labor and training of doctors and nurses are essential for the prevention of birth asphyxia. The incidence of birth asphyxia is decreasing in China.

Hypoxic-Ischemic Encephalopathy

Hypoxic-ischemic encephalopathy (HIE) is a result of hypoxic and ischemic damage to the brain due to various causes during the perinatal period. It is an important cause of permanent damage to the central nervous system tissues and may result in neonatal death or manifest later as cerebral palsy or developmental delay.

Clinical manifestations

These vary with the severity of damage (Table 6-2).

Table 6-2 Hypoxic-ischemic encephalopathy in term infants

Signs	Mild	Moderate	Severe
Consciousness level	Hyperalert	Lethargic	Stuporous, coma

Continued

Signs	Mild	Moderate	Severe
Muscle tone	Normal	Hypotonic	Flaccid
Central respiratory failure	None	Present	Severe
Sucking reflex	Normal	Weak	Absent
Moro reflex	Strong	Weak	Absent
Pupils	Mydriasis	Miosis	Unequal, poor light reflex
Seizures	None	Common	Decerebration
EEG	Normal	Low voltage changing to seizure activity	Burst suppression to isoelectric
Duration	<72h	24 h to 14 days	Days to weeks
Outcome	Good	Variable	Death, severe deficits

EEG, electroencephalography

Investigations

- Blood biochemical tests: Increased creatine kinase, acidosis and increased neuron-specific enolase.
- Brain imaging: Ultrasonography and CT scanning are performed. MRI can assist in the diagnosis and outcome prediction.
- Electroencephalography is helpful to diagnose the severity of brain damage and predict outcomes.

Diagnosis

The diagnosis of HIE is confirmed on the basis of the following findings:

- A history of hypoxia during the perinatal stage.
- Apgar score at 1 min≤3, Apgar score at 5 min≤5.
- The newborn presents with neurological manifestations within 24h of life.
- Other causes leading to seizures should be excluded.

Treatment

The asphyxiated infant needs active resuscitation as soon as possible after birth. Further management may involve the following.

- Ventilatory support:
- Anticonvulsants for seizures: The first choice is phenobarbital.
- Fluid restriction and diuretics to prevent/correct brain edema.
- Hypothermia therapy: Used within 6h of life.

Intracranial Hemorrhage

Intracranial hemorrhage is a common disorder among newborns, especially preterm infants. It usually leads to neurological sequelae.

Etiology

It may develop spontaneously, but trauma and asphyxia are the main causes. It can also be a result of a primary hemorrhagic disturbance or congenital vascular anomaly.

Clinical manifestations

The manifestations vary with the site and amount of bleeding.

- Changes in consciousness: Hyperalertness, lethargy, or even coma.
- Change in respiratory rhythm.
- Signs due to increased intracranial pressure include anterior fontanelle bulge, convulsions, a high-pitched shrill cry and hypotension.
- Abnormal eye signs.
- Abnormal pupil.
- Decreased or increased muscle tone.
- Pallor, anemia and jaundice

Types of hemorrhage

The common types of hemorrhage include the following.

- Perventricular-intraventricular hemorrhage.
- Primary subarachnoid hemorrhage.
- Intraparenchymal hemorrhage.
- Subdural hemorrhage.
- Cerebellar hemorrhage

Diagnosis

The diagnosis of intracranial hemorrhage is suspected on the basis of neurological symptoms and signs in the newborn after birth. Ultrasonography, CT or MRI can confirm the diagnosis. Cranial ultrasonography through the anterior fontanelle is usually used to screen for intraventricular hemorrhage in premature infants without any manifestations.

Treatment

- Supportive therapy is required to maintain normal vital signs.
- Seizures should be treated with anticonvulsant drugs.
- Vitamin K and fresh frozen plasma can be used to stop bleeding.
- Furosemide and mannitol are used to decrease the intracranial pressure.
- Insertion of a ventriculoperitoneal shunt is the preferred method to treat progressive and symptomatic post-hemorrhagic hydrocephalus. Acetazolamide is used to reduce the secretion of cerebrospinal fluid, but is controversial.

Meconium Aspiration Syndrome

Meconium aspiration syndrome is characterized by respiratory disorders due to meconium aspiration into the lungs. It usually develops in term or post-term infants.

Clinical manifestations

Thick, particulate meconium is aspirated into the lungs either in utero or with the first breath.

- Respiratory system manifestations include tachypnea, cyanosis, nasal flaring and recession, and moist rales over both sides of the lung on auscultation.
- Persistent pulmonary hypertension of the newborn (PPHN) is commonly seen in infants with meconium aspiration syndrome. It is characterized by severe and sustained cyanosis that cannot be ameliorated by hyperoxia ($FiO_2 > 0.6$).

Investigations

Blood gas analysis reveals low pH, low PaO_2 and high $PaCO_2$. Chest roentgenogram is characterized by patchy infiltrates, coarse streaking of both lung fields, increased anteroposterior diameter, and flattening of the diaphragm.

Treatment

- Removal of the aspirated meconium from the respiratory tract.
- Assisted ventilation.
- Prostacyclin, phosphodiesterase inhibitor or inhaled nitric oxide for the treatment of PPHN.

Respiratory Distress Syndrome

Respiratory distress syndrome (RDS), also called hyaline membrane disease, develops in preterm infants due to surfactant deficiency. It is characterized by progressive respiratory distress.

Clinical manifestations

- Tachypnea (>60 breaths/min) occurs within 6h of life.
- Prominent grunting, intercostal and subcostal retractions, nasal flaring.
- Progressive worsening of cyanosis and dyspnea.
- Breath sounds may be normal or diminished with a harsh tubular quality, and fine rales may be heard on deep inspiration.

Investigations

- Blood gas analysis reveals hypoxemia, hypercapnia and metabolic acidosis.
- Foam test.
- Chest roentgenogram can show some characteristic findings in different stages of RDS, e.g. ground glass opacity in the early stage, air bronchogram in the middle stage, and white lung in the late stage.

Diagnosis

The clinical course, chest radiographic findings, and blood gas and acid-base values can confirm the clinical diagnosis.

The following diseases should be differentiated.

- Wet lung and transient tachypnea of the newborn, which occurs in term infants, may be distinguished by its short and mild clinical course.
- Group B streptococcal pneumonia, an early-onset sepsis, may be distinguished by its marked neutropenia and increase in C-reactive protein.
- Diaphragmatic hernia, which results in hypoxia after birth, may be distinguished by chest radiographic findings.

Treatment

- General supportive therapies include avoidance of hypothermia, monitoring of vital signs, correction of fluid imbalance, nutrient supplementation and administration of antibiotics when necessary.
- Oxygen therapy and mechanical ventilation.

• Pulmonary surfactant supplementation.

• Closure of patent ductus arteriosus by indomethacin or ibuprofen.

Neonatal Jaundice

Clinical jaundice appears in newborns when the serum bilirubin exceeds 85 μmol/L (5 mg/dl). Neonatal jaundice is a common manifestation and may be indicative of many underlying problems. Unconjugated bilirubin, a major form of bilirubin in the newborn, can be deposited in the brain and cause kernicterus.

Physiological jaundice

This is the most common cause of jaundice in newborns. It is associated with unconjugated hyperbilirubinemia.

• Neonates with physiological jaundice have normal general condition.

• In full-term infants, jaundice appears at 2 to 3 days after birth, peaks by day 5, and resolves within 1 week or at most by 2 weeks. In preterm infants, it appears at 3 to 4 days after birth, peaks by day 7, and resolves by 9 days or at most by 3-4 weeks.

• The serum bilirubin level rises at a rate slower than 85 μmol/L (5 mg/dl) per 24 h.

• The peak serum bilirubin level is < 221 μmol/L (12.9 mg/dl) in term infants and <256 μmol/L (15 mg/dl) in preterm infants.

Pathological jaundice

The features of pathological jaundice include the following:

• It appears in the first 24 h of life.

• The serum bilirubin level rises at a rate faster than 85 μmol/L (5 mg/dl) per 24 h.

• The peak serum bilirubin level is > 221 μmol/L (12.9 mg/dl) in full-term infants and >256 μmol/L (15 mg/dl) in preterm infants.

• Jaundice persists after 14 days of life in full-term infants or after 4 weeks in preterm infants.

• The direct bilirubin fraction is >34 μmol/L (2 mg/dl) at any time.

Etiology of pathological jaundice

• Overproduction of serum bilirubin: Spherocytosis, hemorrhage, isoimmune hemolysis, infections, increase in enterohepatic circulation, breastfeeding-associated jaundice, G6PD deficiency, etc.

• Disordered bilirubin metabolism due to hepatobiliary disease: Asphyxia, drugs, Gilbert syndrome, etc.

• Disorders of bilirubin excretion: hepatitis, bile duct atresia.

Hemolytic Disease of the Newborn

It is caused by the destruction of fetal and neonatal red blood cells by maternal IgG antibodies that cross the placenta during pregnancy. ABO incompatibility and Rh hemolytic disease are the main types.

Pathophysiology

• ABO incompatibility: The usual combination is a group O mother with a group A, or less commonly group B, infant. It can develop in the first child.

• Rh hemolytic disease develops in an Rh-positive infant whose mother is Rh negative. It does not occur in the first child.

Clinical manifestations

• Jaundice: Unconjugated bilirubin is the predominant bilirubin fraction in the serum. Infants with Rh hemolytic disease present with jaundice in the first 24 h of life, and the condition progresses quickly. Infants with ABO incompatibility usually present with jaundice in the first 48 h of life.

• Anemia: Infants have varying severity of anemia.

• Hepato-splenomegaly: Infants with Rh hemolytic disease present with hepato-splenomegaly.

Complications

Bilirubin encephalopathy (kernicterus): It is a neurologic syndrome resulting from the deposition of unconjugated (indirect) bilirubin in the basal ganglia and brainstem nuclei. This is divided into the following phases.

• Phase 1 (alarm stage, first 1-2 days): Poor sucking, stupor, hypotonia.

• Phase 2 (spasm stage, middle of the first week): Hypertonia of extensor muscles, opisthotonos, retrocollis, fever, seizures.

• Phase 3 (convalescent stage, after the first week): Hypertonia.

• Phase 4 (sequelae stage, chronic bilirubin encephalopathy): Hypotonia, active deep tendon reflexes, obligatory tonic neck reflexes, delayed motor skills, movement disorders (choreoathetosis, ballismus, tremor), upward gaze, sensorineural hearing loss.

Treatment

- The goal is to prevent bilirubin encephalopathy.
- Phototherapy is the common method to decrease the serum levels of unconjugated bilirubin.
- Exchange transfusion is required if the bilirubin rises to dangerous levels despite phototherapy.

Neonatal Bacterial Sepsis

Infections are a frequent and important cause of neonatal and infant morbidity and mortality. The incidence is approximately 5 per 1000 live births, and the morbidity is about 5%-10%.

Clinical manifestations

Early-onset sepsis

- It develops within 7 days after birth.
- Infections occur before or during birth, and are associated with perinatal factors.
- The most common bacteria are gram-negative bacilli.
- Pneumonia is a common complication.

Late-onset sepsis

- It develops after 7 days of life.
- Infections are usually due to environmental factors or medical interventions such as vascular access, endotracheal intubation and parenteral nutrition.
- The common bacteria are staphylococci and opportunistic pathogens.
- Umbilical infection and pneumonia or meningitis are common.

The initial presentation of both early- and late-onset sepsis is non-specific with lethargy, poor feeding, temperature instability, pallor, irritability and no gain in body weight.

The typical manifestations include jaundice, hepatosplenomegaly, bleeding and shock.

Investigations

Evidence of infections

- Cultures of blood, cerebral spinal fluid and other samples.
- Molecular detection of antigens or DNA.

Evidence of inflammation

- Leukocytosis, increased immature/total neutrophil count ratio, decreased platelet count.
- Acute-phase reactants: C-reactive protein, erythrocyte sedimentation rate, precalcitonin, interleukin-6.

Diagnosis

- Clinical diagnosis of sepsis: It is made on the basis of manifestations and non-specific investigations.
- Culture-proven sepsis: Positive cultures of blood or other bodily fluids confirm the diagnosis.

Treatment

- Antibiotic therapy: If sepsis is suspected, antibiotics are started immediately, without waiting for culture results. Intravenous broad-spectrum antibiotics are administered initially. The treatment can be changed according to the sensitivity of the organisms responsible for the sepsis. The course of treatment depends on the specific organism and the severity of sepsis.
- Supportive therapy.
- Immunotherapy: Administration of immunoglobulin, blood exchange, fresh-frozen serum transfusion, platelet transfusion.
- Removal of infectious foci.

Infectious Pneumonia in the Newborn

Infectious pneumonia is a common disease among newborns and the main leading cause of death in newborns. It can occur before birth, during delivery or after birth. Bacteria and viruses are the common pathogens.

Intrauterine infectious pneumonia, also called congenital pneumonia, manifests within 24 h after birth. The manifestations include asphyxia at birth, tachypnea, grunting, temperature instability, lethargy, pallor and even cyanosis after birth. Respiratory distress, cardiac failure and disseminated intravascular coagulation can occur in severe cases.

Infectious pneumonia contracted during delivery manifests at different times depending on the organism responsible. Bacterial infections usually develop signs several hours after birth, while viral infections develop several days after birth.

Infectious pneumonia after birth is usually due to environmental factors and medical intervention. Systemic manifestations include fever or hypothermia, and lethargy. Respiratory signs include tachypnea, nasal flaring, cyanosis, retractions, and moist rales and wheezing on auscultation.

Treatment

- Management of the respiratory tract.
- Oxygen therapy.
- Antibiotics or antiviral agents.
- Supportive therapy to maintain homeostasis and nutrition.

Neonatal Cold Injury Syndrome

Neonatal cold injury syndrome, also called sclerema neonatorum, is characterized by immobility, edema and redness of the extremities due to cold environment and some diseases, such as infections and hypoxia. It usually occurs in the first week of life.

Clinical manifestations

- General features: Apathy, refusal of food, weak crying, inactivity and even apnea.
- Hypothermia: The body temperature is usually between 29.5°C and 35°C.
- Sclerema of skin: The subcutaneous fatty tissue is immobile and feels "rubber-like" to the touch. The skin is dark red or purple. The sclerema is usually symmetrical, and can involve various regions of the body.
- Multiorgan damage: Shock, acidosis, disseminated intravascular coagulation, massive pulmonary hemorrhage, cardiac failure

Diagnosis and differential diagnosis

The diagnosis of neonatal cold injury syndrome can be made on the basis of the body temperature and sclerema. Edema of the newborn and subcutaneous gangrene should be differentiated.

Treatment

- Rewarming: Provide adequate environmental heat.
- Dietary supplementation with adequate calories and fluid.
- Antibiotics to control infections.
- Correction of hypotension, metabolic imbalance, disseminated intravascular coagulation, etc.

Neonatal Necrotizing Enterocolitis

Neonatal necrotizing enterocolitis (NEC) is the most common life-threatening emergency of the gastrointestinal tract in the newborn period. The disease is characterized by vomiting, abdominal distension and bloody stools due to varying degrees of mucosal or transmural necrosis of the intestine. The incidence is approximately 0.3-2.4 per 1000 live births. Preterm infants are susceptible to NEC. Nearly 90% of all cases of neonatal NEC occur in premature infants born at less than 36 weeks of gestation.

Etiology

The cause of neonatal NEC remains unclear. Many factors contribute to the development of intestinal necrosis, including intestinal immaturity in preterm infants, infections, ischemia and hypoxic injury of the intestines, aggressive enteral feeding and intestinal flora imbalance.

Clinical manifestations

The onset of NEC usually occurs within 12 days of life but can be as late as 2 months in very-low-birth-weight infants. The age of onset is inversely related to the gestational age.

The typical manifestations include vomiting, abdominal distension and bloody stools.

General features include lethargy, temperature instability, and apnea or tachypnea.

Severe illness is characterized by shock, respiratory failure, perforation, etc.

Diagnosis

NEC is suspected when high-risk newborns present with the general features and typical manifestations of gastrointestinal tract disease. Plain abdominal radiographs are essential to make a diagnosis of NEC. The typical finding of NEC is pneumatosis intestinalis. Pneumoperitoneum indicates a perforation.

Treatment

- Cessation of feeding and nasogastric decompression.
- Immediate intravenous antibiotics for 7-10 days or longer in severe cases.
- Supportive care to manage respiratory function, coag-

ulation profile, and acid-base and electrolyte balances.

- Surgery for patients with perforation.

Hemorrhagic Disease of the Newborn

Hemorrhagic disease of the newborn results from transient deficiencies in vitamin K-dependent factors (II, VII, IX, and X). Factors contributing to vitamin K deficiency include the following:

- Low liver storage of vitamin K in newborns, especially preterm infants.
- Lack of free vitamin K from the mother.
- Decreased synthesis of vitamin K due to the absence of the bacterial intestinal flora.
- Congenital hepatic and biliary diseases

Clinical manifestations

The main sign is bleeding in various organs, such as skin, gastrointestinal, nasal, subgaleal hemorrhage, and intracranial bleeding.

This condition can be classified into three types according to the onset of hemorrhage:

- Early-onset type: occurs within 24 h after birth.
- Classic type: occurs at 2 to 5 days after birth.
- Late-onset type: occurs in 1 to 3 months of age.

Investigations

The prothrombin time, blood coagulation time and partial thromboplastin time are prolonged, and the levels of prothrombin (factor II) and factors VII, IX and X are decreased.

PIVKA (protein induced in vitamin K absence) is a sensitive marker of vitamin K status.

Diagnosis and differential diagnosis

Clinical features and related investigations can confirm the diagnosis, but some diseases should be differentiated, e. g. swallowed blood syndrome, neonatal intestinal disease and disseminated intravascular coagulation.

Treatment

- Intramuscular administration of 1-2 mg vitamin K at the time of birth prevents the decrease in vitamin K-dependent factors in full-term infants.
- Slow intravenous infusion of 1-5 mg vitamin K_1 improves coagulation defects and stops bleeding.
- Other supportive care, such as fresh frozen plasma transfusion, can be used.

Neonatal Hypoglycemia

Neonatal hypoglycemia is commonly seen in newborns, regardless of birth weight, gestational age or days after birth. It is defined as a serum glucose concentration less than 2.2 mmol/L (40 mg/dl).

Etiology

There are two types of neonatal hypoglycemia.

- Transient hypoglycemia, which is usually due to some transient factors (insufficient storage of glycogen, increased consumption of glucose, hyperinsulinemia), does not exceed the neonatal period.
- Persistent hypoglycemia, which is usually due to congenital hyperinsulinism of infancy, disorders of the endocrine system or metabolic diseases, lasts several years.

Clinical manifestations

Neonatal hypoglycemia usually develops within 24-72h after birth. The neonate may be asymptomatic or present with poor feeding, lethargy, tremor, cyanosis and even convulsion.

Diagnosis

The measurement of serum glucose concentration can confirm the diagnosis. Further investigations can identify the etiology.

Treatment

- Immediate treatment is essential to prevent brain injury. Monitoring of glucose levels is also important.
- Feeding or glucose transfusion is the basic therapy.

Neonatal Hyperglycemia

Neonatal hyperglycemia is defined as a serum glucose concentration level higher than 8.40 mmol/L (150 mg/dl). It usually develops in preterm infants.

Immature glucose-regulation ability is the common cause of neonatal hyperglycemia. Other factors include irritability, asphyxia, cold injury, infections and iatrogenic transfusion of glucose or fatty acids.

Mild hyperglycemia is asymptomatic. Severe hyperglycemia is characterized by dehydration, diuresis and even brain hemorrhage.

Control of the glucose intake is the best therapy. Insulin is administered when the fasting blood glucose is higher than 14 mmol/L.

Neonatal Hypocalcemia

Neonatal hypocalcemia is defined as a total serum calcium concentration less than 1.75 mmol/L (7 mg/dl) or an ionized calcium level less than 1 mmol/L (4 mg/dl). It is a common cause of neonatal seizures.

Clinical manifestations

The clinical signs of neonatal hypocalcemia include apnea, irritability, dysphoria, tremor and seizure.

Early-onset hypocalcemia, which occurs in the first 3 days of life, is usually associated with prematurity, asphyxia or maternal diseases.

Late-onset hypocalcemia, which occurs after 3 days of life, is observed in newborns receiving modified cow's milk or is associated with hypoparathyroidism.

Treatment

- Supplementation of calcium via oral or intravenous therapy.
- Administration of magnesium when the serum magnesium level is lower than 0.6 mmol/L.
- Vitamin D therapy for neonates with hypoparathyroidism.

(谭建新)

第七章 遗传性疾病

随着医学科学的发展和社会的进步，人类疾病谱已发生了很大的改变，过去威胁人们生命安全的急性感染性疾病和营养性疾病已得到有效控制，而遗传病所占的地位越来越重要。近年来生命科学的发展已经表明，除了外伤性的疾病，人类所有的疾病都或多或少与遗传因素相关。可以预见，人类对于遗传性疾病的认识，还将不断地提高。遗传性疾病，简称为遗传病（genetic disease, hereditary disease, inherited disease），是指因受精卵中的遗传物质（染色体，DNA）异常或生殖细胞所携带的遗传信息异常所引起的子代的性状异常。广义的遗传病还包括体细胞遗传病，如肿瘤，但体细胞遗传病虽有遗传物质的改变，却不会遗传给子代，一般不归纳于遗传性疾病中。进入到21世纪，随着人类基因组计划的实施和完成，人们对于遗传病的认识越来越深刻，许多原来不清楚的疑难病症、罕见病，都被证实为遗传因素所引起。遗传病作为人类健康的重大危害之一，其表型复杂，给人们的识别带来很大困难，部分遗传病仅有轻微的异常，只造成生活的不便，如多指畸形；另有部分遗传病病症严重，可致残、致愚、致畸，如唐氏综合征。遗传病种类繁多，包括染色体病、单基因病、多基因病等多种类型，根据人类孟德尔遗传病在线网站的统计（http://www.omim.org/statistics/entry），截止至2015年1月16日，仅分子机制清楚的遗传性疾病就已确定4 326种，这个数目还在快速增长（表7-1）。

表7-1 人类孟德尔遗传病在线网站对与遗传性疾病相关的基因统计

疾病名称	涉及的病种*
常染色体遗传病	21 402
X伴性连锁遗传病	1 224
Y伴性连锁遗传病	59
线粒体遗传病	65
总计	22 750

*其中基因定位明确的遗传病有14 814种

第一节 概 述

19世纪末，孟德尔通过豌豆杂交实验，提出了遗传是由于"遗传因子"决定，并遵守独立分配和自由组合的规律，人们后来称之为孟德尔第一定律和孟德尔第二定律。后来人们将"遗传因子"命名为基因。20世纪初，摩尔根证明了基因是位于染色体上的，并提出了染色体遗传理论，发现位于同一染色体上的基因成为一个连锁群，共同传递给子代，而在同一对同源染色体上的非等位基因，在减数分裂时可以发生交换，称之为连锁与交换定律。孟德尔的分离律与自由组合律和摩尔根的连锁与交换定律共同构成了遗传学大厦的基石，合称之为遗传学的三大基本定律。但遗传的物质基础是什么，曾困扰了人们相当长的一段时间。脱氧核糖核酸（DNA）、蛋白质和糖类都曾作为候选物质；最终，肺炎双球菌的转化实验和噬菌体侵染细菌的两个经典实验，证实了DNA是主要的遗传物质，构成了遗传的物质基础，所有的遗传信息都储存在DNA中。目前，人们已能非常清晰地明确DNA、基因与染色体的关系。

一、DNA、基因与染色体

DNA分子是由脱氧核苷酸组成的长链聚合物。每个脱氧核苷酸分子均由三部分组成：一分子含氮碱基、一分子脱氧核糖、一分子磷酸。共有4种含氮碱基，分别是腺嘌呤（adenine, A）、鸟嘌呤（guanine, G）、胞嘧啶（cytosine, C）和胸腺嘧啶（thymine, T）。脱氧核糖（五碳糖）与磷酸分子由酯键相连，组成其长链骨架，排列在外侧，4种碱基排列在内侧。每个糖分子都与4种碱基里的其中一种相连。许多脱氧核苷酸按一定的碱基顺序，彼此用3′,5′-磷酸二酯键相连，构成一条长长的DNA单链，两条DNA单链通过反向互补顺序组成DNA双螺旋，两条DNA单链之间彼此通过碱基的氢键连接，并且两条链之间的碱基遵循特定的互补配对原则，即A与T配对，C与G配对。DNA可以以自身为模板，复制形成完全相同的双链DNA，DNA也通过转录合成mRNA（信使RNA），mRNA上由3个连续的核苷酸组成密码子，每个密码子编码一个氨基酸，密码子UAG、UAA和UGA为终止密码，负责翻译的终止。因此，mRNA上碱基排列顺序决定了蛋白质中氨基酸的排列顺序，进而决定了遗传信息的传递。

DNA一般位于细胞核中，与蛋白质及少量的RNA一起，组成染色质。染色质经过高度的螺旋化，缩短变粗，成为在显微镜下可见的染色体。染色体和染色质实际是同一物质在不同的细胞分裂时期的两种状态。染色体见于细胞分裂的分裂期，而染色质见于细胞分裂的间期。一条染色体包含1~2个DNA分子。人类有23对46条染色体，分别来自于精子的

23条和卵子的23条,正常精子和卵子中的染色体组称为一个单倍体基因组,受精后的染色体是二倍体。其中有X和Y染色体与人类的性别有关,称为性染色体。另外44条染色体称为常染色体,按从大到小排列,分别称为1~22号染色体(21号染色体例外,是最小的染色体)。男性性染色体组成为XY,正常核型为46,XY,女性性染色体组成为XX,正常女性核型为46,XX。

染色体上的DNA,并非都表现出特定的功能,只有一部分序列编码特定蛋白质肽链或特定的RNA,称为基因。基因是遗传的基本功能单位,储存着生命孕育、生长、凋亡过程的全部信息,通过复制、表达、修复,完成生命繁衍、细胞分裂和蛋白质合成等重要生理过程。生物体的一切生命活动,包括生、长、病、老、死等,都与基因有关。人类的全部基因称为基因组,基因组的DNA序列约有30亿个核苷酸碱基,包含约有3万个基因。每个基因在染色体上有特定的位置,称为基因定位。基因在染色体上成对存在,分别来自于父方和母方,所处的染色体位置也相同,称为等位基因。基因结构或位置的改变,都可能导致基因功能的异常,从而出现临床症状,表现为遗传病。

人类基因绝大多数位于细胞核的染色体上,称为核基因组。此外,还有一部分基因位于线粒体上,称为线粒体基因组。线粒体是为细胞提供能量的细胞器,与能量提供、衰老、凋亡等多种生命活动相关。一个线粒体内有多个DNA分子,称为线粒体DNA(mtDNA)。mtDNA是双链闭环序列,人类线粒体长度为16 569bp,有独特的遗传密码,具有自我复制、转录和编码功能。mtDNA的突变可以导致线粒体病,包括线粒体肌病和线粒体脑肌病等60多种。

据上所述,对DNA、基因与染色体关系可以概括为:DNA是遗传物质,基因是一段有功能的DNA片段,染色体是基因的载体。基因或者染色体的改变,将导致遗传性疾病。

二、遗传性疾病的分类

根据遗传物质结构和功能改变的不同,人们一般将遗传性疾病分成以下三类。

1. 染色体病 是由于染色体数目或结构异常所致的疾病。进一步可分为如下几种。① 常染色体病。由于1~22号染色体数目或结构异常所致的疾病。常见的有21-三体综合征(唐氏综合征)、13-三体综合征、18-三体综合征、猫叫综合征等。② 性染色体病。由于性染色体(X或Y染色体)异常导致的疾病。常见的有Turner综合征(先天性卵巢发育不全综合征)、脆性X染色体综合征、Klinefelter综合征(先天性睾丸发育不全综合征)等。

2. 单基因病 由于单个基因异常所致的疾病。单基因病依据基因所在的位置及基因等位基因的相互作用关系不同,又分为6种,包括:常染色体显性遗传病(如软骨发育不全)、常染色体隐性遗传病(如苯丙酮尿症)、X连锁显性遗传病(如抗维生素D佝偻病)、X连锁隐性遗传病(如假性肥大型肌营养不良)、Y连锁遗传病(如外耳道多毛症)及线粒体遗传病(如遗传性双侧视神经萎缩)。显性和隐性是指等位基因间的相互关系,当一个等位基因突变后可以致病,即基因杂合状态下致病,则称为显性遗传;当只有两个等位都突变才致病,即基因处于杂合状态下不致病,则称为隐性遗传。

3. 多基因病 多基因病又称为复杂性疾病,这类疾病涉及多个基因的作用,各个等位基因之间没有显隐性关系,每个基因起微效作用,当微效基因累加后,可以导致疾病的发生。多基因病因可能涉及的基因数不同,其病情严重程度迥异。多基因病种类不多,但发病率非常高,常见的多基因病包括糖尿病、高血压、哮喘、唇腭裂、精神分裂症等。

三、遗传性疾病的诊断、治疗和预防

大多数遗传病目前无法治疗,应该采取明确诊断、积极预防的策略。

(一)诊断

遗传病的诊断主要依赖于病史采集和遗传学分析,在病史采集中,特别注意家系分析。

1. 病史 遗传病的病史采集与其他疾病基本一致。但遗传性疾病常有家族聚集现象,因此,除一般病史外,更应着重患者的家族史、婚姻史、生育史等。询问患者家族史时,要画出准确的家系图。在询问婚姻史时,要着重了解婚龄、次数、配偶健康情况及是否近亲结婚。例如,高龄妇女容易出生21-三体综合征患儿,近亲结婚容易出生遗传性代谢病患儿,因而对婚姻史的了解,有助于对患儿的疾病作出初步的判断。了解生育史时,要了解家族全体成员的生育情况,有无流产、死产,妊娠过程中有无畸胎因素的接触史,生产过程有无产伤和窒息等。

2. 体格检查 每一种遗传病都有特异的症候群,为遗传病的诊断提供了初步线索。详细的体格检查需结合正常人的生长、发育状况,有助于对疾病作出初步评估。例如,智力落后,伴有宽眼距,张口吐舌,往往提示21-三体综合征。智力落后伴有特殊腐臭味的尿液提示苯丙酮尿症。

3. 实验室检查 遗传病的实验室辅助检查要结合具体的遗传病而定。如对于性发育异常的患者,要结合内分泌检测的结果。对于怀疑进行性肌营养不良的患者,要检测肌活检、肌电图,测定肌酸激酶、肌酸激酶同工酶。遗传病的确诊,需要依赖于遗传学分析。常见的遗传学分析包括染色体核型分析、基因检测等。

(二) 治疗

过去认为遗传病是无法治疗的。随着对遗传病发病机制的认识,少数遗传病已建立了相应的治疗措施。主要包括以下方面。

1. 饮食治疗 通过控制饮食达到阻止疾病发生的目的,如给患儿低苯丙氨酸饮食避免苯丙酮尿症基因异常的患儿出现智力低下;严格禁食蚕豆及其制品避免遗传性葡萄糖6-磷酸脱氢酶缺乏症基因异常的孩子出现溶血性贫血。

2. 药物治疗 例如,服用促进铜排泄的药物,同时限制食用含铜的食物,以保持体内铜的正常水平治疗肝豆状核变性患者。随着人类基因组计划的深入及药物基因组学的兴起,药物治疗前景广泛。

3. 手术治疗 例如,手术切除多指、修复唇腭裂及外生殖器畸形,分别治疗多指症、唇腭裂及两性畸形。

4. 基因疗法 即向基因发生缺陷的细胞注入正常基因,以达到治疗目的。基因疗法可从根本上修复基因,基因疗法的实验报道很多,但因安全性问题尚未解决,目前还处探索阶段。

(三) 预防

能进行治疗的遗传病仅占极少数,大多数的遗传性疾病目前无法治疗,或者治疗成本极高,因此,预防是根本措施。与其他出生缺陷一样,遗传病的预防也遵循三级预防策略。

1. 一级预防 主要是避免遗传病的发生。主要的预防措施包括:环境保护、避免近亲结婚和植入前遗传学诊断等。环境污染不仅会直接引起一些严重的疾病(如砷、铅和汞中毒及其他职业病),而且会造成人类的遗传物质的损害而影响下一代,造成严重后果。近亲结婚可导致携带同一致病基因个体,子代中纯合致病的风险显著增高。由于每个人都可以携带某些致病基因,近亲婚配的子代可能患有各种不同的遗传病,而且难以预测和预防。胚胎植入前遗传学诊断(preimplantation genetic diagnosis,PGD)是近年来发展起来的新技术,是指通过辅助生殖技术,在胚胎植入子宫前,对胚胎进行遗传学诊断,选择遗传学正常的胚胎植入子宫,淘汰遗传学异常的胚胎。

2. 二级预防 是在孕期发现遗传异常的胎儿,避免遗传病患儿的出生。主要采取的措施有产前筛查和产前诊断等。产前筛查的手段有血清学筛查21-三体综合征和18-三体综合征、超声筛查胎儿的畸形,或超声检测胎儿颈部透明带异常辅助检出21-三体综合征等。产前筛查假阳性和假阴性率均较高,需通过产前诊断确诊。产前诊断主要是通过绒毛膜穿刺、羊膜腔穿刺或脐静脉穿刺等有创的方法,分析胎儿的染色体或者基因。

近年来,人们发现孕妇外周血中有胎儿的游离DNA,可以用于分析胎儿的遗传是否异常。目前,应用高通量的新一代测序技术分析孕中期胎儿的染色体异常,可有效地检测21-三体综合征、18-三体综合征和13-三体综合征,灵敏度和特异性都相当高,是一种非常有效的产前筛查技术,成为产前筛查的发展趋势,有可能将来取代传统的通过羊水细胞培养进行的有创性产前诊断。

3. 三级预防 是指对已出生的遗传病患儿,及早查出,进行干预,避免致死、致残、致愚的严重后果。主要策略是采用新生儿筛查的方法,在出生后即对新生儿进行特定目标疾病的筛查。筛查的目标疾病一般需满足发病率较高、临床症状严重、有较准确而实用的筛查方法、筛出的疾病有办法防治并有一定经济效益的疾病等要求,如苯丙酮尿症及遗传性葡萄糖6-磷酸脱氢酶缺乏症等。

第二节 染色体病

染色体数目与结构是相对恒定的,染色体数目和结构的改变称为染色体畸变(chromosomal aberration)。染色体数目异常是指染色体数目不是正常的46条,包括非整倍体和多倍体。非整倍体占全部新生儿中染色体异常的55%,主要包括13-三体、18-三体、21-三体、X-单体和X-三体、XXY等类型及其包括这些类型的嵌合体。多倍体包括三倍体和四倍体,全身多倍体是致死的,一般只有流产胚胎中发现。但三倍体和四倍体的嵌合体部分可以存活,临床表型可从非常严重的畸形到不明显等。染色体结构异常是指染色体或染色体单体经过断裂-重接而产生的染色体畸变,分为平衡的结构异常和非平衡的结构异常。平衡的结构异常包括:①易位,即两条或两条以上的染色体间发生断裂后,再相互交换片段。易位又包括相互易位、罗氏易位、插入易位、复杂易位等;②倒位,一条染色体上产生两个断点,断点之间的片段经180°旋转后再连接到断端上,按照断点间的片段,即倒位片段,是否包括着丝粒区域,又分为臂间倒位和臂内倒位。不平衡的结构异常包括:①缺失,即染色体发生断裂后,断裂片段未与断裂点连接,而是发生了丢失,又分为末端缺失、臂内缺失、臂间缺失;②重复,即一条染色体发生两次断裂,断裂点间的片段经过复制后再与断点相连。

染色体畸变的原因包括如下几种。①年龄因素:主要指双亲年龄过大,特别是母亲受孕时年龄过大有关。孕母年龄愈大,子代发生染色体病的可能性愈大,可能与母体卵子老化有关;②物理因素:如辐射。人类染色体对辐射甚为敏感,孕妇接触放射线后,其子代发生染色体畸变的危险性增加;③生物因素:如病毒感染。一些病毒感染，可能引起染色体断裂，造成胎儿染色体畸变；④化学因素：许多化学药物、抗代谢药物和毒物都能导致染色体畸变；⑤遗传因素：是子代患染色体病的最主要原因。特别需要注意的是，当子代有染色体病时，父母的表型一般均正常，这是因为父母是染色体病的携带者。携带者虽然本身无异常，但可以将异常传给下一代。常见的携带者类型包括染色体相互易位、罗氏易位、插入易位、倒位等。

染色体病涉及的基因数目较多，症状通常非常严重。但各种染色体病仍有可识别的临床特征，如21-三体的特殊面容，猫叫综合征特殊的哭声，Turner综合征身材矮小、肘外翻等。同时，染色体病除了特定的临床征候群外，还有共同的临床特征。一般而言，先天性的智力低下和生长发育迟缓，并伴有五官和内脏的畸形，是常染色体病的特点，而性染色体病的临床特征包括性腺发育异常或两性畸形，有的性染色体病临床表型不明显，仅表现为青春期第二性征发育推迟。

在临床上，若患者出现以下情况，需考虑进行染色体核型分析：①先天性的智力低下或生长发育迟缓者；②性发育异常者；③多发畸形患者；④原发不孕患者；⑤反复自然流产的夫妇；⑥家族中有染色体病患者或染色体病携带者。针对产前进行的胎儿染色体分析，除上述指征外，还包括：①孕妇年龄已达或超过35岁以上者；②临床体征提示有羊水过多或羊水过少的夫妇等。

一、21-三体综合征

案例 7-1

患儿，女，2岁，因“生长发育落后”而就诊。患者出生时即已有明显的特殊面容，包括：眼距宽、眼外侧上斜、鼻梁低平、常张口吐舌、头发细少、双手通贯掌、颈部较短等。患者为足月顺产，妊娠期胎儿未见异常，未行产前遗传学检测，无先天性心脏病。出生时体重2.5kg，身长50cm，抬头、坐、爬等发育时间点均落后正常孩子2个月左右，14个月会行走。现呈痴呆样面容，常傻笑，身高82cm，体重10.2kg，不会说话。

【思考题】

1. 该患儿的临床表现及体征提示哪些遗传疾病？
2. 当怀疑染色体病时，常做哪些检查？

(一) 临床表现

21-三体综合征又名“先天愚型”。患儿的主要特征为智能低下、生长发育迟缓和特殊面容(图7-1)。患儿在出生时即已有明显的特殊面容，且常呈现嗜睡和喂养困难。患儿眼距宽，眼裂小，眼外侧上斜，有内眦赘皮；短鼻，鼻梁低平；外耳小，腭弓高而窄小；常张口吐舌，流涎多；身材矮小，头围小于正常，骨龄常落后于年龄，出牙延迟且常错位；头发细软而较少；四肢短，由于韧带松弛，关节可过度弯曲，手指粗短，小指向内弯曲。

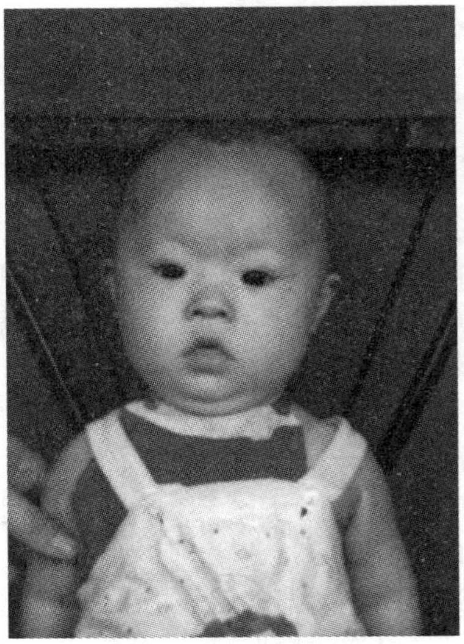

图7-1 21-三体综合征特殊面容

21-三体综合征患者有特殊的皮肤纹理，包括：猿线(通贯掌)(图7-2)。

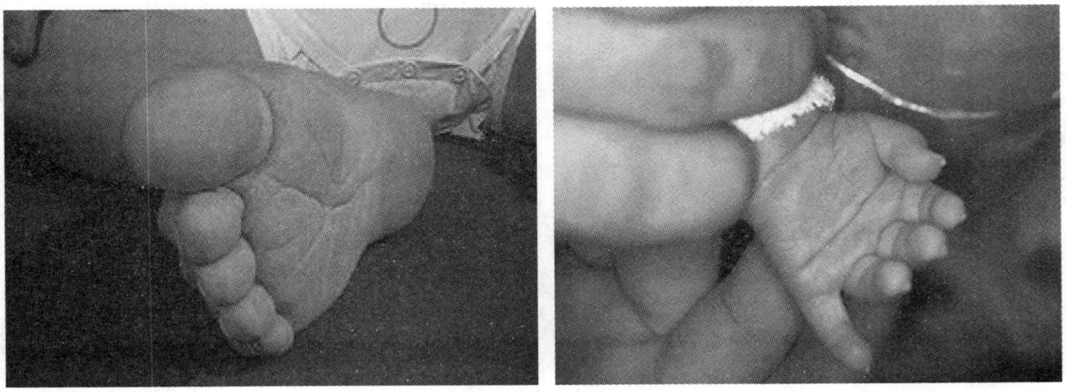

图7-2 21-三体综合征的指趾特殊皮肤纹理

第4,5指箕挠增多；脚踇指球胫侧弓形纹和第5指只有一条指褶纹等

随着年龄增长,患者智能低下表现逐渐明显,动作发育和性发育延迟。约30%患儿伴有先天性心脏病等其他畸形。因免疫功能低下,易患各种感染,白血病的发生率也增高10~30倍。如存活至成人期,则常在30岁以后,大脑出现淀粉样斑,类似Alzheimer疾病,呈老年性痴呆症状。

(二)细胞遗传学

按照核型分析可将21-三体综合征患儿分为标准型、易位型和嵌合型三型。标准型和易位型在临床上无法区分,嵌合型的临床表现与正常细胞所占的比例百分比密切相关,可以从接近正常到典型表型。目前人们还明确了一小段21号染色体的部分三体就可以出现21-三体综合征的典型表型,提出了21-三体关键区的概念。

1. 标准型 患儿体细胞染色体核型为47,XX(或XY),+21。与正常人的染色体为46条不同,患者染色体中有一条额外的21号染色体,此型占全部21-三体综合征的95%。其发生机制系因亲代(多数为母方)的生殖细胞染色体在减数分裂时不分离所致。双亲外周血淋巴细胞核型都正常。

2. 易位型 占2.5%~5%。多因父母一方为罗伯逊易位(Robertsonian translocation)携带者。罗氏易位是发生在D组染色体(13、14、15号染色体)和G组染色体间(21、22号染色体)的一种特殊类型的易位,通过这两组染色体间任意两条染色体的着丝粒融合,两条长臂形成一条新的衍生染色体,而短臂在细胞分裂过程中丢失。D组和G组染色体都属于近端着丝粒染色体,各条染色体的短臂序列具有高度的同源性,包含过量的核糖体基因,因此短臂丢失对于临床表型无影响,称为携带者。涉及21号染色体的罗氏易位包括13/21、14/21、15/21、21/21、21/22等5种类型,最常见的是父母一方为14/21号染色体的罗氏易位。

3. 嵌合体型 占本征的2%~4%,是指患儿体内有两种以上细胞系(以两种为多见),其中至少有一种为21-三体细胞系。与标准型和易位型21-三体来源于减数分裂不同,嵌合型21-三体一般是通过受精卵在早期有丝分裂过程中染色体不分离所引起的,临床表现随正常细胞所占百分比而定。

4. 关键区的重复 以往,人们普遍认为有21-三体综合征表型的患者,都有一条额外的21号染色体。随着研究的深入,人们逐渐发现,21号染色体各区段的重复,对于产生表型的贡献不一样。如果一个21号染色体部分重复不包括21q22区,则患者虽有智力低下表型,但没有21-三体综合征的大部分其他症状。相反,如果患者仅有21q22重复的部分三体,则足可以产生21-三体综合征的表型,说明21q22是21-三体综合征的关键区。关键区的确定,可以应用该区域的探针,通过分子方法诊断21-三体综合征。

(三)遗传咨询

遗传咨询要考虑到患者的治疗及该病在家庭中的再发风险。

在一般人群中,21-三体的发生率为1/800~1/600,随着女性的年龄增加而增加。出生了一个标准型21-三体综合征患者的家庭,考虑到可能存在的生殖细胞嵌合体,再发风险率增高到1%~2%,母亲年龄愈大,风险率愈高。易位型患儿一般来源于双亲一方为罗氏易位,因此应该对双亲进行核型分析。如果双方之一为罗氏易位携带者,则再发风险较高。一般而言,当母方为D/G罗氏易位,则每一胎都有10%的风险率;如父方D/G易位,则风险率为4%;父母一方G/G罗氏易位时目前尚无再发风险的经验风险数据。需要指出的是,当父母一方为罗氏易位时,不但有再发21-三体的风险,自然流产的风险亦相当高。

21-三体患者将来的生育能力在男性与女性不同。一般而言,男性21-三体无生育能力,而女性21-三体大多有生育能力,但生育21-三体的风险较高,需进行产前诊断避免复发风险。

(四)诊断

21-三体综合征的确诊需进行染色体核型分析,这是诊断的"金标准",必要时可应用荧光原位杂交、实时定量PCR等技术进行辅助诊断。针对胎儿,有B超检查、母血清生化检查、母血新一代测序等无创的筛查方法,以及绒毛、羊水或脐血的染色体核型分析等侵入性产前诊断两种。

(五)治疗

目前尚无有效治疗方法。对患儿宜注意预防感染,加强训练,如伴有其他畸形可考虑手术矫正。

(谭跃球)

第三节 遗传代谢病

遗传代谢病是由于机体编码某些酶、受体、载体等蛋白的基因突变而导致上述蛋白的结构和功能发生改变,相应生化反应和代谢通路出现异常,致使反应底物和中间代谢产物大量堆积,并最终出现临床表现的一大类疾病。此类疾病单个病种发病率较低,但由于种类繁多,其总体发病率较高。遗传代谢病临床表现复杂多样但缺乏特异性,长期以来诊断治疗相对困难,对我国人群健康形成巨大威胁。近年来随着分子遗传学和生化遗传学知识的积累及其技术的推广普及,越来越多的患儿得到正确诊断和及时治疗,预后也随之改善。

一、苯丙酮尿症

苯丙酮尿症(phenylketonuria,PKU)是由于苯丙氨酸羟化酶(phenylalanine hydroxylase,PAH)活性降低,苯丙氨酸及其代谢产物在体内蓄积而导致的常染色体隐性遗传病。PAH基因突变,或者编码四氢生物蝶呤(tetrahydrobiopterin,BH_4)三种代谢酶的基因发生突变,均可造成PKU。本病属常见先天性氨基酸代谢病,我国发病率约为1/11 000。

(一)发病机制

BH4作为PAH的辅助因子,其体内合成和再生需要三磷酸鸟苷环化水解酶(GTP-CH)、6-丙酮酰四氢生物蝶呤合成酶(PTPS)和二氢生物蝶呤还原酶(DHPR)等三种酶的参与(图7-3)。编码PAH、GTP-CH、PTPS和DHPR的任一基因发生突变而影响PAH的活性,都会导致苯丙氨酸在血液、脑脊液和组织中蓄积,并通过旁路途径产生大量苯丙酮酸和苯乳酸等有机酸,损伤脑细胞而产生临床表现。值得注意的是,BH_4是苯丙氨酸、酪氨酸和色氨酸等芳香族氨基酸羟化反应所必需,其缺乏不仅影响PAH活性,而且会影响多巴胺和5-羟色胺等重要神经递质的合成,进一步加重脑损伤。

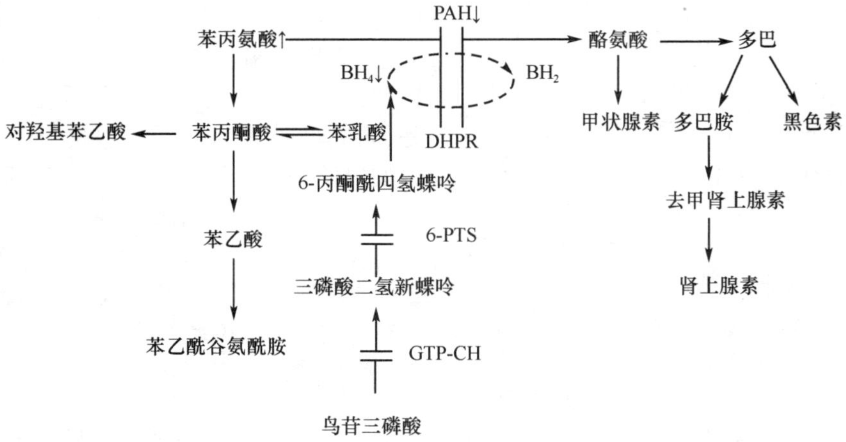

图7-3 苯丙氨酸主要代谢途径

(二)临床表现

通常在生后3~6个月发病,症状随年龄增大而明显。主要临床表现有智力发育落后,可有行为异常甚至癫痫发作等。头发由黑转黄,皮肤白皙,常有湿疹。体液有鼠尿味。BH_4缺乏者症状出现早而严重,未治疗者常在幼儿期夭折。

(三)辅助检查

新生儿筛查是发现PKU可疑患者的可行方法。血苯丙氨酸浓度测定和尿蝶呤图谱分析有助于本病诊断。通过DNA分析技术进行PAH、GTP-CH、PTPS和DHPR编码基因的突变检测,可作为患者确诊和产前诊断依据。

(四)诊断与鉴别诊断

根据智力低下、毛发色淡、体液鼠尿气味等典型临床表现,结合血苯丙氨酸浓度升高等实验室检查结果,PKU可确诊。

(五)治疗

PKU是可治性遗传代谢病之一,治疗越早,疗效越好。低苯丙氨酸饮食是治疗关键。小婴儿应以低苯丙氨酸配方奶粉喂养,较大婴儿及儿童食品要强调低蛋白,并密切监测血苯丙氨酸水平,防止浓度过高或过低。BH_4缺乏导致的PKU,除饮食治疗外,还需要补充BH4、5-羟色胺和左旋多巴。

二、肝豆状核变性

肝豆状核变性(hepatolenticular degeneration)又称Wilson病,是位于染色体13q14.3-21.1的ATP7B基因突变导致的一种常染色体隐性遗传性铜代谢缺陷病。本病临床上以肝硬化、眼角膜K-F环和锥体外系三大表现为特征,其发病率约为1/30 000。

(一)病理变化及发病机制

ATP7B基因编码一种P型ATP酶ATP7B。肝脏是ATP7B酶表达的主要脏器,而肝细胞内ATP7B酶主要表达在反面高尔基网(Trans-Golgi network,TGN)膜内,其功能是利用ATP水解释放的能量,实现Cu^{2+}自胞质向TGN内部的跨膜转运,进入TGN内部的Cu^{2+}再与初始铜蛋白(nascent cuproprotein)结合而合成完整的铜蓝蛋白。肝细胞内合成的铜蓝蛋白可以经胆汁排入肠腔,这是人体清除体内铜的主要形式,也可以分泌入血液,作为亚铁氧化酶、铜/锌-超氧化物歧化酶、细胞色素 c 氧化酶等 10 余种代谢酶的辅酶发挥其重要的生理作用。肝豆状核变性患者由于 ATP7B 基因突变而影响 ATP7B 酶的活性，铜蓝蛋白合成受阻，体内的铜经胆汁清除锐减，但由于肠道吸收食物中铜不受影响，大量铜在肝、肾、脑和眼等重要器官组织内蓄积并最终产生临床表现。病理学上可见肝细胞脂肪变性，晚期可见肝纤维化和肝硬化表现。肝细胞超微结构观察可发现线粒体、溶酶体和过氧化体等细胞器的形态异常。

(二) 临床表现

多在 5~12 岁发病。临床上肝损害最常见，轻重表现不一，多数病程迁延。轻症患者可仅表现为肝功检查异常，严重者表现为肝功能不全、腹水、脾肿大、侧支循环建立和开放等肝硬化表现。其次为神经系统症状，如构音或吞咽困难、自主运动不协调、表情呆板、肌张力异常等，晚期精神症状明显，行为异常和智力障碍常见。伴随神经精神症状可见角膜 K-F 环，但初期需要裂隙灯观察。此外，还可见肾、血液和骨关节等异常。

(三) 辅助检查

典型患者血清铜蓝蛋白含量明显降低，而 24 小时尿铜排出量增高，伴血铜浓度降低。肝细胞含铜量测定和血清铜氧化酶活性测定等其他辅助检查临床上不常用。

(四) 诊断与鉴别诊断

根据肝脏、神经系统和角膜 K-F 环等典型表现，结合血清铜蓝蛋白和尿铜定量结果，本病诊断不难。ATP7B 基因突变分析可作为非典型患者确诊依据。有时需与线粒体脑肌病和 Reye 综合征等其他疾病相鉴别。

(五) 治疗

治疗原则是减少铜摄入并增加其排出。本病应强调早期治疗和长期治疗，驱铜治疗越早，效果越好。青霉胺和锌剂是目前常用的药物，前者作为铜络合剂促进尿铜排出，后者可减少肠道铜的吸收。应强调低铜饮食，尽量避免摄入动物内脏、蘑菇和坚果等富铜食品。

三、糖原累积病

糖原累积病(glycogen storage disease，GSD)是一组不同基因突变导致的临床表现复杂多样，但以糖原代谢异常为共同特征的遗传代谢病。根据缺陷酶的种类可将 GSD 分为 12 型，除了 IXb 型为 X 连锁隐性遗传外，其余类型的遗传方式均为常染色体隐性遗传。本节重点介绍临床最常见的 Ia 型。GSD Ia 型又称 Von Gierke 病，其致病基因 G6PC 位于染色体 17q21，编码肝细胞内质网膜蛋白葡萄糖-6-磷酸酶。发病率约为 1/100 000。

(一) 发病机制

与其他 GSD 类型不同，肝细胞核内糖原累积、明显的脂肪肝和纤维化不明显是 GSD Ia 型突出的病理特点。葡萄糖-6-磷酸酶催化葡萄糖-6-磷酸水解释放葡萄糖。这一反应提供了肝糖原分解所得葡萄糖的约为 90%，对于维持血糖稳定发挥至关重要的作用。一旦 G6PC 突变影响葡萄糖-6-磷酸酶活性，机体只能获得由脱支酶分解 1，6 糖苷键所产生的少量葡萄糖而产生空腹低血糖。为了维持血糖稳定，此时胰高血糖素分泌水平升高以促进肝糖原分解和糖异生。但是，由于葡萄糖-6-磷酸酶活性不足，肝糖原分解和糖异生产生的葡萄糖-6-磷酸不能转化为葡萄糖，只能通过糖酵解途径产生丙酮酸和乳酸，进而生成大量乙酰辅酶 A，为脂肪酸和胆固醇的合成提供了原料。同时亢进的糖异生和糖酵解过程产生大量还原型辅酶 I(NADH)和还原型辅酶 II(NADPH)。低血糖还使胰岛素水平降低，促进脂肪分解导致游离脂肪酸增高。以上因素共同作用，使得三酰甘油和胆固醇合成亢进，形成高脂血症和脂肪肝。另一方面，在胰高血糖素作用下，组织蛋白分解后向肝输送糖异生原料，而亢进的肝糖异生和肝糖原分解造成大量葡萄糖-6-磷酸蓄积，重新合成糖原，致使肝细胞内糖原大量累积。此外，肝细胞内蓄积的葡萄糖-6-磷酸可通过磷酸戊糖途径合成磷酸核糖焦磷酸，并进一步生成 1-氨基-5 磷酸核苷，促进嘌呤合成。尿酸是嘌呤代谢的终产物，因此 GSD Ia 患者常有高尿酸血症。

(二) 临床表现

大多在婴儿期即出现肝大和体格发育落后，时有低血糖发作。严重的酸中毒可表现为气促，长期乳酸酸中毒可造成骨质疏松。智力多数正常。病程迁延可形成皮下黄色瘤，甚至出现肝腺瘤和肾功能不全。

(三) 辅助检查

生化检查可发现低血糖、高乳酸、高尿酸和高脂血症。超声、CT 和 MRI 检查可发现肝肾增大和脂肪肝。糖耐量实验由于胰岛素不足而呈现典型的糖尿病特征。胰高血糖素实验时血糖无明显升高而乳酸升高明显。肝穿刺活检可见肝细胞脂肪变性，胞质和胞核内糖原增多。提取外周血 DNA 分析 G6PC 基因突变是可靠的诊断依据。

(四) 诊断与鉴别诊断

本病根据病史、症状、体征和典型生化改变可作出初步临床诊断。糖耐量实验和胰高血糖素实验可进一步证实诊断。G6PC 基因分析可作为确诊依据。

(五) 治疗

预防和治疗空腹低血糖是本病治疗的关键。严重低血糖时可静脉补充葡萄糖。小婴儿可在日间少量多次喂养，夜间使用鼻饲管持续点滴高糖类，以维持血糖水平。1 岁后可口服生玉米淀粉，每 4～6 小时一次，每次 1.75～2.0 g/kg，效果良好。

四、希特林缺陷病

案例 7-2

患儿女，9 个月，因"黄疸 8 个月余，腹胀 4 天"入院。系第 2 胎第 2 产，生后 1 个月因黄疸在外院治疗，病情无好转，黄疸持续不退。4 天前腹胀明显，会阴及下肢肿胀而收入院。查体全身黄染，腹部膨隆，腹壁静脉显露，移动性浊音阳性。肝脏肋下 2cm，质硬，无结节，脾肋下 8cm，质中等。辅助检查：血常规：WBC 8.4×10^9/L，N 27.9%，L 55.5%，HGB 95g/L，PLT 90×10^9/L。腹部 CT 提示腹腔内少量腹水，脾稍大；双侧少量胸腔积液。尿常规：胆红素 1+。大便常规脂肪球（+）。生化：ALT 169.4U/L，AST 447.4U/L，TB118.8μmol/L，DB58.5μmol/L，I_BIL 60.3μmol/L，TP 46.9g/L，ALB 25.2 g/L，A/G 1.2，TBA 100.7μmol/L，腹部 B 超提示脾大。血红蛋白电泳无异常。乙肝二对半、EB 病毒正常。凝血四项：PT 23.2 秒，FIB 1.61g/L。铁蛋白正常。优生优育：HSV-IgM（+），CMV-IgG（+）。铜蓝蛋白 183mg/L；抗核抗体测定：阴性。

【思考题】

1. 该病例有何特点，可能的诊断有哪些？
2. 还需要做哪些检查进一步明确诊断？

希特林缺陷病是由编码希特林（Citrin）蛋白的 *SLC25A13* 基因突变而导致的常染色体隐性遗传病。Citrin 作为一种线粒体内钙结合天冬氨酸/谷氨酸载体蛋白，在尿素合成以及 NADH 的转运中发挥重要作用。

希特林缺陷病目前有三种年龄依赖性的临床表型。成人发病瓜氨酸血 II 型（adult-onset type Ⅱ citrullinemia，CTLN2，OMIM #603471）是最初发现的希特林缺陷病表型，主要发病人群为成年人或青春期儿童（11～79 岁），以氨中毒导致的神经系统异常表现为主，大多数患者预后不良。婴儿期（包括新生儿期）发病的 Citrin 缺陷病被命名为希特林缺陷导致的新生儿肝内胆汁淤积症（NICCD）。最近提出的第三种表型为希特林缺陷导致的生长发育落后和血脂异常（FTTDCD），发病期介于 NICCD 和 CTLN2 中间。目前在亚洲（中国、日本、韩国及泰国等）、北美和欧洲多个国家先后均发现了 NICCD 患者，其中以东亚地区为主，提示本病是一种世界性、泛种族性的遗传代谢病。根据 Hardy-Weinberg 定律推算，我国现有的希特林缺陷病患者约 85 700 人。本节重点介绍希特林缺陷病的主要儿科临床表型 NICCD。

（一）发病机制

希特林是一种位于线粒体内膜的钙结合性跨膜天冬氨酸/谷氨酸载体蛋白，在肝脏、心脏、肾、小肠、皮肤及外周血中皆有表达，以肝脏为主。目前 NICCD 发病机制尚不完全清楚，但部分临床表现已经可以得到解释。本病苹果酸穿梭受累，胞质中 NADH 大量堆积，造成以下后果：①使得乳酸等还原物质的糖异生过程受阻，并由此导致低血糖和高乳酸血症等生化异常；②激活枸橼酸-苹果酸穿梭系统，枸橼酸转运出线粒体后在胞质中被其裂解酶分解产生大量乙酰 CoA，进而合成脂肪酸和脂肪，故 NICCD 患儿出现肝大（脂肪肝）、高游离脂肪酸和高脂血症等表现；③抑制半乳糖代谢酶 UDP-葡萄糖-4-表位酶的活性，导致血半乳糖、半乳糖醇增高，甚至白内障等半乳糖血症表现。由此可见，胞质中 NADH 的堆积是本病发生发展的关键环节。值得注意的是，大量糖类可进一步加重胞质 NADH 的堆积，因此，糖类的摄入是造成本病代谢紊乱的原因。此外，希特林缺陷时，胞质中的天冬氨酸不足，这种氨基酸不但是合成蛋白质的原料，而且通过与瓜氨酸合成精氨酸代琥珀酸而参与尿素合成，因此 NICCD 患者会有低蛋白血症、高氨血症和瓜氨酸血症表现。

（二）临床表现

NICCD 临床主要临床表现有：①新生儿或婴儿期起病，有肝大、黄疸等婴儿肝炎综合征表现，部分患儿可有凝血功能障碍，可有白内障等半乳糖血症表现；②血生化检测可发现胆红素（直接胆红素为主）、胆汁酸、酶学指标（如 GGT，ALP，AST，ALT）等升高，而白蛋白/总蛋白降低，同时有不同程度高血氨、高乳酸血症，往往伴甲胎蛋白明显增高；③血氨基酸分析发现瓜氨酸、苏氨酸、蛋氨酸、酪氨酸和精氨酸增高；④尿液分析可有半乳糖、半乳糖醇和半乳糖酸等半乳糖血症标志物的增高。NICCD 发病无明显男女比例之差别，大部分患者的临床症状和体征可在 1 岁以内逐渐改善。

（三）辅助检查

NICCD 实验室检查可发现直接胆红素、总胆汁酸和 GGT 等酶学指标升高，提示胆汁淤积症；轻度的高血氨和高乳酸血症；甲胎蛋白多明显增高，个别患者可超过 1 000 000 ng/ml（正常范围 0～12 ng/ml）；部分患者有凝血功能障碍；血浆氨基酸分析瓜氨酸、苏氨酸、蛋氨酸、酪氨酸和精氨酸水平增高；尿液中乳糖血症（半乳糖、半乳糖醇和半乳糖酸）和酪氨酸血症 I 型（4-羟基苯乳酸、4-羟基苯丙酮酸）标志物并存是本病的代谢组学特征。以上实验室异常呈一过性,尤其是治疗奶粉喂养的患者,可在数月甚至数周内各指标迅速恢复正常水平。

除了肝大外,B 超、CT 和 MRI 等医学影像学检查可发现脂肪肝。$^{99}Tc^{m}$-EHIDA 肝胆动态显像可发现患儿摄取和排泄功能降低,要注意与胆道闭锁相鉴别。肝穿刺病理学检查可发现胆汁淤积、脂肪沉积、不同程度的炎症和纤维化,严重者可有肝硬化。部分患者肝穿标本存在含铁血黄素沉积和髓外造血灶。

(四) 诊断与鉴别诊断

NICCD 的临床表现和生化改变多种多样且缺乏特异性,至今没有公认的临床或生化诊断标准,其诊断需要综合分析临床、生化、代谢组学、影像和病理等多种结果,而 *SLC25A13* 基因分析被公认为本病确诊的可靠依据。

NICCD 以肝受累为突出临床表现,除了先天性感染外,还需与下列遗传代谢病鉴别。

(1) 酪氨酸血症 I 型,也有肝大、黄疸、肝功能异常,但尿液分析以 4-羟基苯乳酸和 4-羟基苯丙酮酸增高为突出特点,治疗依赖限制苯丙氨酸和酪氨酸的特殊奶粉和特殊药物,如 NTBC,且病程迁延,容易发展为肝硬化和肝癌。

(2) 半乳糖血症,也是新生儿发病,肝大、黄疸、肝功能明显异常,但尿液分析半乳糖、半乳糖醇和半乳糖酸明显增高,酶学分析 1-磷酸半乳糖尿苷酸转移酶(galactose-1-phosphate uridyltransferase, GALT)或尿苷二磷酸-半乳糖-4-表异构酶(UDP-galactose-4-epimerase, GALE)活性降低,部分患儿血半乳糖明显增高,而半乳糖-1-磷酸明显减少,提示半乳糖激酶(galactokinase, GALK)缺陷。

(3) 肝外胆道闭锁,患者血清 GGT 和 ALP 明显增高,超声或者 MRI 检查肝门区可发现纤维块,肝脏病理特点为小胆管明显增生。

(4) Alagille 综合征,患者除了胆汁淤积指标(如 GGT, DBil 和 TBA)增高外,还伴有眼角膜后胚胎环、蝶形椎骨、心脏杂音和特征性面容。

(5) PFIC-1 和 2 型分别由于 ATP8B1(FIC1)或 ABCB11(BSEP)基因突变所导致,患者 GGT 均正常或降低。PFIC-3 型由 ABCB4 基因突变引起,临床和实验室发现与 NICCD 鉴别困难,但 PFIC-3 型 TBA 升高程度较 GGT 更明显,而且两者致病基因不同,代谢组学特点也有差异,可通过基因突变分析和血 MS-MS/尿 GC-MS 分析等方法加以鉴别。

(五) 治疗

NICCD 目前缺乏特异性的治疗药物,饮食管理是本病治疗的基础。低糖类饮食从理论上讲可以改善 NICCD 代谢异常和临床症状,而越来越多的临床经验也证实低糖类、高蛋白高脂肪饮食对于希特林缺陷病患儿是有益的。然而,NICCD 患者多为母乳和(或)配方奶喂养的小婴儿甚至新生儿,低糖类、高蛋白高脂肪的饮食治疗原则在此类患者中可操作性不强。限制半乳糖和(或)强化中链三酰甘油的治疗奶粉已被证实可迅速改善患儿肝功和血脂异常,并改善生长发育落后。

此外,脂溶性维生素的补充对于 NICCD 的治疗也是必要的。

值得注意的是,不是所有 NICCD 患儿预后均良好,部分患儿会在婴幼儿期发展为严重肝硬化,甚至因肝衰竭而死亡。

(宋元宗)

Chapter Ⅶ Hereditary and Metabolic Disorders

Introduction to Hereditary Disorders

Classification

- Chromosomal disorders, for example, trisomy 21 (Down syndrome).
- Monogenic disorders, for example, phenylketonuria.
- Polygenic disorders, for example, diabetes and asthma.

Diagnosis

- Detailed family history.
- Physical examination.
- Laboratory investigations and genetic analysis.

Treatment and prevention

There are no effective treatments for most hereditary disorders. However, some have specific therapies, such as special diets, drugs, surgeries and even gene therapies.

Prevention is a fundamental measure, including preimplantation genetic diagnosis, prenatal diagnosis and newborn screening.

Trisomy 21

Trisomy 21, also called Down syndrome, is the most common cause of mental retardation. The incidence is approximately 1 in 700 live births.

Clinical manifestations

- Mental retardation: Moderate-to-severe degree of mental retardation.
- Characteristic dysmorphic facial features: Round face, epicanthic folds, flat nasal bridge, protruding tongue, small ears, etc.
- Developmental retardation.
- Dermatoglyphics.
- Other malformations: Congenital heart defects, umbilical hernia, gastrointestinal malformations, etc.

Cytogenetics

Trisomy 21 can be classified into three types based on chromosome analysis.

- Non-disjunction type: It accounts for 95% of Down syndrome patients. Its karyotype is 47, XY (or XX), +21.
- Translocation type: Robertsonian translocation is the common translocation type.
- Mosaicism: Some cells are normal, and some show trisomy 21.

Interphase fluorescence in situ hybridization

Fluorescence in situ hybridization may be used for rapid diagnosis. It can be successfully applied to both prenatal diagnosis and diagnosis in the newborn.

Diagnosis

Down syndrome is suspected at birth because of the characteristic facial features. Cytogenetic studies can confirm the diagnosis.

Treatment and genetic counseling

There is no specific management for Down syndrome. Parents need information about the implications of the diagnosis and the assistance available from professionals and some groups. However, dramatic improvements in medical care have greatly improved the quality of life and increased the life expectancy of patients with Down syndrome.

Genetic counseling for recurrence risks is important.

Phenylketonuria

Phenylketonuria (PKU) is the most common inborn error of amino acid metabolism, and has an autosomal recessive inheritance. In many countries, PKU is detected by screening newborns. Because it is a treatable condition.

Pathogenesis

PKU can be classified into classic PKU and tetrahydrobiopterin (BH_4) deficiency PKU. The majority of individuals with PKU have a deficiency of the enzyme phenylalanine hydroxylase. BH_4 deficiency PKU is caused by a deficiency in the synthesis or recycling of tetrahydrobiopterin, which is the cofactor of the enzyme phenylalanine hydroxylase.

Excessive phenylalanine is thought to interfere with brain growth, myelination and neurotransmitter synthesis.

Clinical manifestations

Infants with PKU appear normal at birth. The following clinical manifestations may occur in untreated patients:

- Neurological manifestations: Mental retardation, behavior disorders and seizures.
- Hypopigmentation: Fair skin and hair resulting from impaired melanin synthesis, and an eczema-like rash.
- Mousy odor of urine.
- Growth retardation.

Laboratory investigations

- Neonatal screening.
- Elevated serum concentration of phenylalanine.
- Normal or slightly decreased serum tyrosine levels.
- Urine ferric chloride test.
- Analysis of the amino acids and organic acids in plasma and urine samples.
- Urinalysis of biopterin and neoptrins to exclude defects of biopterin synthesis or recycling.
- DNA analysis.

Diagnosis

PKU is confirmed by using neonatal screening or on the basis of the typical manifestations and increased phenylalanine levels.

Treatment

Treatment should be started immediately after birth or as soon as the diagnosis is established.

- Low-phenylalanine milk or diet.
- BH_4 replacement: It is required to treat the BH_4 deficiency form of PKU.

Hepatolenticular Degeneration

Hepatolenticular degeneration or Wilson disease is a neurodegenerative disease of copper metabolism. It is an autosomal recessive, inherited condition caused by mutations or deletions of the ATP7B protein encoded by chromosome subbands 13q14. 3-q 21. 1. The incidence is 1/1 000 000 – 1/500 000 live births.

Pathogenesis

Wilson disease involves loss of the ability to export copper from the liver into the bile and to incorporate copper into hepatic ceruloplasmin. Consequently, copper accumulates in the liver, brain, kidneys and corneas, and causes damage to these organs.

Clinical manifestations

Although the genetic defect is present at birth, it takes years for copper accumulation to cause damage.

- Liver damage: Jaundice, abdominal pain and vomiting, and even cirrhosis.
- Brain damage: Tremors, slowness of movement, difficulty in speech, writing problems, difficulty swallowing, an unsteady walk, headaches and seizures.
- Kayser-Fleischer rings in the corneas.
- Other findings include anemia, kidney damage, heart problems and pancreatitis.

Laboratory investigations

- Serum ceruloplasmin: Usually lower than 200 mg/L.
- Copper in the urine: Usually higher than 100 μg/24 h.
- Serum copper oxidase activity: Lower than 0. 17.
- Kayser-Fleischer rings.

Diagnosis

Clinical manifestations and investigations can confirm the diagnosis.

Treatment

- Low copper diet: Avoid foods that are rich in copper such as shellfish, liver, mushrooms, broccoli, chocolate and nuts.
- Penicillamine: It is used to remove copper from the body.
- Zinc: It is used to block the gut from absorbing copper from food.

Glycogen-Storage Diseases

This is a group of conditions caused by defects in the enzymes involved in glycogen synthesis or degradation. There is an abnormal accumulation of glycogen in tissues, such as the liver, muscles and kidneys. The pattern of organ involvement depends on the enzyme defect. There are at least twelve types.

Clinical manifestations

- Typical signs: Hepatomegaly, growth retardation, short stature, thin extremities, epistaxis, cardiomyopathy, myopathy.
- Biochemical hallmarks: Hypoglycemia, lactic acidosis, hyperuricemia, hyperlipidemia, elevated liver transaminases.

Diagnosis

Glycogen-storage diseases are suspected based on the clinical features. DNA analysis can confirm the specific type of enzyme defect.

Treatment

The aim is to maintain the blood glucose level.

(谭建新)

第八章　免疫缺陷病

免疫(immunity)是机体的生理性保护机制,本质为识别自身,排除异己,使机体在防御感染,清除衰老、损伤或死亡的细胞,识别和清除突变细胞等方面发挥重要作用。但因先天或后天因素可致免疫缺陷,从而发生各种免疫缺陷病。

第一节　小儿免疫系统发育及特点

小儿免疫与成人差异较大,具有特殊性。传统认为,小儿时期尤其是新生儿期免疫系统发育不成熟。事实上,出生时免疫器官、免疫细胞都相当成熟,免疫功能低下的原因可能是未接触抗原,未建立免疫记忆。免疫系统包括非特异性免疫系统和特异性免疫系统,后者又分为特异性细胞免疫和特异性体液免疫。

1. 非特异性免疫系统　是机体在长期的种族进化中不断与病原体相互抗争而建立起来的一种防御系统。主要包括屏障防御机制,细胞吞噬系统,补体系统和其他免疫分子。①单核/巨噬细胞:新生儿期发育已完善,由于缺乏辅助因子,其趋化、黏附、吞噬、氧化杀菌、产生细胞因子和抗原提呈能力较成人差。②中性粒细胞:由于分娩的刺激,出生 12 小时后外周血中性粒细胞数升高,72 小时后逐渐下降,而后逐渐升高达成人水平。因储备不足,新生儿严重败血症易出现中性粒细胞减少。未成熟儿中性粒细胞 FcRⅢ表达下降,出生 2 周后可达成人水平。③NK:出生时 NK 的 CD56 标记基本不表达,整个新生儿期亦很低,NK 活性在生后 1~5 个月时达成人水平。④补体和其他免疫分子:新生儿补体经典途径的活性是母亲的 50%~60%,B 因子、备解素分别为成人的 35%~60%和 35%~70%。新生儿血浆纤连蛋白浓度为成人的 1/3~1/2,未成熟儿更低。未成熟儿甘露糖结合血凝素(mannose binding lectin,MBL)较成人低。

2. 特异性细胞免疫系统　是由胸腺、T 淋巴细胞及其分泌的细胞因子介导的一种特异性免疫系统。成熟 T 细胞占外周血淋巴细胞的 80%,据此可反映 T 细胞数量。97% 的脐血 T 细胞为 $CD45^+$ 的“初始”(“naive”)T 细胞(成人外周血为 50%),而 CD45 RO^+ 标记的 T 细胞很少。由于新生儿 T 细胞表达 CD25、CD40 配体较弱,因此辅助 B 细胞合成及转换 Ig、促进吞噬细胞和 CTL 的能力较差。新生儿 TH_2 细胞功能较 TH_1 细胞功能占优势,益于避免母子免疫排斥反应。新生儿 T 细胞产生 TNF、GM-CSF 是成人的 50%,IFN-γ、IL-10 和 IL-4 为 10%~20%。

3. 特异性体液免疫系统　是指 B 淋巴细胞在抗原刺激下,转化成浆细胞并产生抗体,抗体特异性与相应抗原结合引起免疫反应的系统。B 细胞功能于胚胎早期已发育成熟,由于缺乏抗原和 T 细胞多种信号的辅助刺激,新生儿 B 细胞产生抗体功能低下,随年龄增长才逐步成熟。胎儿、新生儿期有产生 IgM 的 B 细胞,但无产生 IgG 和 IgA 的 B 细胞。分泌 IgG、IgA 的 B 细胞分别于 2 岁和 5 岁时达成人水平。IgG 是唯一通过胎盘的 Ig 类型。妊娠后期大量 IgG 通过胎盘进入胎儿循环。生后 3 个月血清 IgG 降至最低,IgG 亚类随年龄增长而逐渐升高。胎儿期已经能产生 IgM,出生后更快,男孩于 3 岁时、女孩于 6 岁时达到成人水平。脐血 IgM 水平增高,提示宫内感染。IgA 发育最迟缓,于青春后期或成人期才达成人水平。不同年龄儿童血清 IgG、IgA 和 IgM 正常值见表 8-1。

表 8-1　健康儿童血清免疫球蛋白含量(g/L)

年龄组	IgG	IgA	IgM
新生儿	5.190~10.790(8.490)	0.001~0.018(0.009)	0.018~0.120(0.069)
4 个月~	3.050~6.870(4.970)	0.110~0.450(0.280)	0.310~0.850(0.580)
7 个月~	4.090~7.030(5.560)	0.210~0.470(0.340)	0.330~0.730(0.530)
1 岁~	5.090~10.090(7.590)	0.310~0.670(0.490)	0.980~1.780(1.380)
3 岁~	6.600~10.390(8.240)	0.580~1.000(0.790)	1.100~1.800(1.450)
7 岁~	7.910~13.070(10.720)	0.850-1.710(1.280)	1.200~2.260(1.730)
12 岁~	8.270~14.170(11.220)	0.860~1.920(1.390)	1.220~2.560(1.890)

注:表内数字为均值±2SD,括弧内为均值。本表摘自“小儿内科学”第 3 版 人民卫生出版社 1995,413 页

第二节 免疫缺陷病

免疫缺陷病(immunodeficiency,ID)是因免疫系统先天性发育障碍或后天损伤而致的一组临床综合征。由遗传因素或先天性免疫系统发育不良造成的免疫功能障碍,称为原发性免疫缺陷病(primary immunodeficiency disease,PID)。由后天因素如感染、营养、疾病等引起的免疫功能障碍,称为继发性免疫缺陷病(secondary immunodeficiency disease,SID)或获得性免疫缺陷病。临床表现为抗感染功能低下,反复发生严重的感染。

一、原发性免疫缺陷病

(一)原发性免疫缺陷病的分类

自1952年Bruton发现首例原发性免疫缺陷病X连锁无丙种球蛋白血症(XLA)以来,每年都有新的病种发现。迄今共发现200多种原发性免疫缺陷病,其中150余种已明确致病基因。分类和命名以世界卫生组织(WHO)与国际免疫协会(International Union of Immunological Societies,IUIS)联合组织专家所定为准,根据2009年爱尔兰都柏林会议,目前原发性免疫缺陷病共分为8大类,即T细胞和B细胞联合免疫缺陷、以抗体为主的免疫缺陷、其他已明确定义(基因表型)的免疫缺陷综合征、免疫调节失衡性疾病、先天性吞噬细胞数量和(或)功能缺陷、天然免疫缺陷、自身炎症反应性疾病和补体缺陷(表8-2)。

表8-2 原发性免疫缺陷病的分类(2009年爱尔兰都柏林会议分类)

分类	致病基因或可能的发病机制
1. T细胞和B细胞联合免疫缺陷	
①T细胞缺陷、B细胞正常重症联合免疫缺陷病(T^-B^+ SCID)	包括:c链缺陷、JAK3缺陷、IL-17Ra缺陷、CD45缺陷、CD3δ/CD3ε/CD3ζ缺陷、冠蛋白-1A缺陷等
②T细胞和B细胞均缺如SCID(T^-B^-SCID)	重组活化基因(RAG1/2)缺陷、DCLREIC(Artemis)缺陷、DNA PKcs缺陷、腺苷脱氨酶(ADA)缺陷、网状系统发育不良
③Omenn综合征;④DNA连接酶IV缺陷;⑤Cernumnnos蛋白/XLF缺陷;⑥CD40配体(CD40L)缺陷;⑦CD40缺陷;⑧嘌呤核苷磷酸化酶(PNP)缺陷;⑨CD3γ缺陷;⑩CD8缺陷;⑪Zeta链相关蛋白(ZAP-70)缺陷;⑫Ca^{2+}通道缺陷;⑬主要组织相容性复合物(MHC-I类分子缺陷;⑭MHC-Ⅱ类缺陷;⑮Winged helix(nude)缺陷;⑯CD25缺陷;⑰信号传递与转录激活因子(STAT)5B缺陷;⑱IL-2诱导的T细胞激酶(Itk)缺陷;⑲细胞因子8供体(DOCK8)缺陷	
2. 抗体为主的免疫缺陷	
①各种Ig严重降低伴B细胞严重降低或缺失:X连锁无丙种球蛋白血症(XLA);AR无丙种球蛋白血症;胸腺瘤伴免疫缺陷	包括:Btk缺陷、μ重链缺陷、λ5缺陷、Igα缺陷、Igβ缺陷、BLNK缺陷、胸腺瘤伴免疫缺陷、骨髓发育不良等
②至少两种血清Ig显著降低伴B细胞正常或降低	常见变异型免疫缺陷病(CVID)及免疫紊乱、可诱导共刺激分子(ICOS)缺陷、CD19缺陷、跨膜蛋白活化因子钙离子信号调节亲环素配体(TACI)缺陷、B细胞活化因子(BAFF)受体缺陷
③血清IgA及IgG严重降低伴IgM正常或升高及B细胞数目正常	CD 40L、CD40缺陷、AID缺陷、尿嘧啶-DNA转葡糖基酶(UNG)缺陷
④同种型或轻链缺陷伴B细胞数量正常	包括Ig重链缺失、κ链缺陷、独立的IgG亚类缺陷、IgA缺陷伴IgG亚类缺陷、选择性IgA缺陷
⑤特异性抗体缺陷伴总Ig水平正常和B细胞数量正常	
⑥婴儿期暂时性低丙种球蛋白血症(B细胞数量正常)	
3. 其他明确定义的免疫缺陷	
①湿疹,血小板减少伴免疫缺陷综合征Wiskott-Aldrich综合征,WAS	性连锁隐性(XL)遗传,WAS基因突变
②DNA修复酶缺陷	毛细血管扩张性共济失调综合征(AT基因突变)、毛细血管扩张性共济失调样疾病(MRE11突变)、Nijmegen断裂综合征(NBS1基因突变)、Bloom综合征(DNA螺旋酶Q1样物)、伴着丝点不稳定和面部异常的免疫缺陷综合征、后减数分裂分离2(PMS2)缺陷,均为常染色体隐性(AR)遗传

续表

分类	致病基因/或可能的发病机制
③胸腺缺失、DiGeorge 异常,又称染色体 22q11.2 缺失综合征	新突变或 AR,90% 的患者由于邻近基因缺陷影响胸腺发育,部分表现为 TBX1 基因突变
④免疫-骨营养不良	软骨毛发发育不全(AR,RMRP 基因突变)和 Sehimke 综合征(AR,SMARCALL 基因突变)
⑤高 IgE 综合征(HIES);⑥慢性皮肤黏膜念珠菌病;⑦肝静脉闭塞伴免疫缺陷;⑧Hoyerall-Hreidarsson 综合征;⑨Comel-Netherion 综合征(AR,SPINK5 基因突变)等	
4. 免疫调节失衡性疾病	
①免疫缺陷伴色素减褪	包括 Chedliak-Higashi 综合征,Griscelli 综合征 2 型、2 型 Hermansky-Pudlak 综合征
②家族型嗜血淋巴组织细胞增生症(FLH)	包括穿孔素缺陷、Munc 13-D 缺陷、突触融合蛋白 11(STX11)缺陷,均为 AR
③淋巴组织增主综合征	X 连锁淋巴组织增生综合征 1(XLP1)、SH2 域蛋白-1A(SH2D1A)缺陷、XLP2、X 连锁凋亡抑制因子(XIAP)缺陷、Itk 缺陷(同前①~⑭)
5. 先天性吞噬细胞数量和(或)功能缺陷	
①先天性粒细胞减少症;②Kostmann 病;③周期性中性粒细胞减少症;④X 连锁粒细胞减少/脊髓发育不良;⑤P14 缺陷;⑥白细胞黏附缺陷(LAD)1 型;⑦LAD2 型;⑧LAD3 型;⑨Rac2 缺陷;⑩β 肌动蛋白缺陷;⑪局限性幼年牙周病;⑫Papillon-Lefevre 综合征;⑬特殊颗粒缺陷;⑭Shwachiman-Diamond 综合征;⑮X 连锁慢性肉芽肿性疾病(CGD);⑯常染色体 CGD;⑰中性粒细胞 G-6-PD 缺陷等共 26 种	
6. 天然免疫缺陷	
包括:无汗性外胚层发育不良伴免疫缺陷(EDA-ID),IL-1 受体相关激酶 4(IRAK4)缺陷;髓样细胞分化因子 88(MyD88)缺陷;疣、低丙种球蛋白感染先天性骨髓粒细胞缺乏综合征(WHIM),疣状表皮发育不良;单纯疱疹病毒性脑炎;慢性皮肤黏膜念珠菌病;锥虫病	
7. 自身炎症反应性疾病	
包括:家族性地中海热(MEFV)、肿瘤坏死因子受体相关的周期热综合征(TRAPS)、高 IgD 综合征、Muckle-Wells 综合征、家族型寒冷性自身炎性综合征(CIAS)、新生期多系统(NOMID)或婴儿期神经表皮关节(CINCA)综合征、化脓性关节炎-脓皮病性坏疽-痤疮(PAPA)综合征、Blau 综合征、慢性复发性多灶性骨髓炎及先天性红细胞生成异常性贫血(Majeed 综合征)	
8. 补体缺陷	
C_{1q}、C_{1r}、C_{1s}、C_2、C_3、C_4、C_5、C_6、C_7、C_8、C_{8a}、C_{8b}、C_9、C_1 移植物、I 因子、D 因子缺陷、备解素缺陷、补体受体 3 缺陷、CD59 缺陷、阵发性睡眠性红细胞尿和甘露聚糖凝集素缺陷,等 23 种	

(二)我国常见的几种原发性免疫缺陷病

1. 普通变异型免疫缺陷病(common variable immunodeficiency,CVID) 为一组病因不明,遗传方式不定,表现为 Ig 缺如综合征,临床表现为年长儿或青年人反复呼吸道感染,包括鼻窦炎、肺炎和支气管扩张。也易患胃肠道感染和肠病毒性脑膜炎。淋巴系统、胃肠道恶性肿瘤和自身免疫性疾病的发生率很高。血清 IgG 和 IgA 低下,IgM 正常或降低,诊断依赖于排除其他原发性免疫缺陷病。B 细胞数量可能减少,T 细胞功能异常可能是致病的关键。

2. X-连锁无丙种球蛋白血症(X-Linked agammaglobulinaemia,XLA) 病因是 B 细胞质内 Bruton 酪氨酸激酶基因(btk)突变。IgM、IgG 和 IgA 均明显下降或缺如,外周血 B 细胞极少或缺如。淋巴器官生发中心缺如,T 细胞数量和功能正常。多于 4~8 个月龄后起病,主要是肺炎链球菌和流感嗜血杆菌等胞外菌引起的反复感染,感染症状轻重不一,常见有鼻窦炎、肺炎、中耳炎、脑膜炎及败血症,另外有肠道病毒感染。

3. 湿疹、血小板减少伴免疫缺陷综合征(Wiskott-Aldrich syndrome,WAS) X 染色体短臂的 WAS 蛋白(WASP)基因突变是本病的病因。婴幼儿期发病,临床上表现为湿疹,反复感染和血小板减少。IgM 下降,多糖抗原特异性抗体反应差,外周血淋巴细胞减少。免疫功能呈进行性降低,易发生淋巴瘤和自身免疫性血管炎。

4. 慢性肉芽肿病(chronic grannlomatous,CGD) 吞噬细胞细胞色素(NADPH 氧化酶成分)基因突变为本病病因,致使不能产生超氧根、单态氧和 H_2O_2,使杀伤功能减弱,可引起淋巴结、肝、肺和胃肠道的慢性化脓性感染,形成肉芽肿。常见病原菌有葡萄球菌、大肠杆菌、沙雷菌、诺卡菌和曲霉菌。CGD 可为 X-连锁遗传:细胞色素 b558 中的 91KD 链(qp91phox)基因突变;也可为常染色体隐性遗传:细胞色素 16 基因 p22phox 缺陷,或 NADPH 氧化酶 p67phox 或 p47phox 缺陷。

5. 严重联合免疫缺陷病(severe combined immunodeficiency,SCID)

(1)T细胞缺陷,B细胞正常(T^-B^+SCID):以X-连锁遗传最常见,其病因为IL-2、IL-4、IL-7,IL-9和IL-15的共有受体γ链(γc)基因突变所致。生后不久即发生严重感染,多数病例于婴儿期死亡。

(2)T和B细胞均缺如(T^-B^-SCID):为常染色体隐性遗传。①RAG-1/2缺陷:RAG-1或RAG-2基因突变,外周血T和B细胞计数均显著下降,婴儿期发病。②腺苷脱氨酶(ADA)缺陷:ADA基因突变使ADA的毒性中间代谢产物积聚,抑制T、B细胞增殖和分化。多数病例早年发生感染,极少数轻症为年长儿或成人发病。③网状组织发育不良(reticular dysgenesis):淋巴干细胞和髓前体细胞发育成熟障碍,使外周血淋巴细胞、中性粒细胞和血小板严重减少,常于婴儿期死亡。

(三)原发性免疫缺陷病的共同临床表现

原发性免疫缺陷病的临床表现因为病因不同而极为复杂,但也有其共同的临床表现:反复感染、易患肿瘤和自身免疫性疾病。①免疫缺陷最常见的表现为反复、严重、持久、难治性的感染,感染源为不常见和致病力低下的细菌。5岁以下发病占80%,部分可成人发病,呼吸道感染最为常见,也可见全身感染。抗体缺陷易患化脓性感染,T细胞缺陷则易患病毒、结核菌等胞内病原体感染,中性粒细胞功能缺陷时的病原体通常为金黄色葡萄球菌;②随年龄增长,肿瘤和自身免疫性疾病增多。淋巴系统肿瘤发病率明显升高,其中以淋巴瘤最为常见。

二、继发性免疫缺陷病

继发性免疫缺陷病(SID)是指在出生后因疾病或某些理化因素引起的免疫功能障碍。可累及特异性细胞免疫或体液免疫,也涉及中性粒细胞、补体活性,使特异性免疫功能和非特异性免疫功能均受损,继发性免疫功能缺陷多为暂时性。原发疾病治愈或不利因素消除后,免疫功能可恢复正常。

(一)病因

SID的病因复杂,常见原因见表8-3。营养紊乱是儿童最常见的SID的原因,但儿童恶性肿瘤的化疗、放疗,自身免疫病、器官移植成功的患儿长期使用免疫抑制剂成为SID不可忽视的重要原因。

(二)临床表现和治疗

SID的临床表现与原发性免疫缺陷病类似,但程度较轻,治疗效果较好。其突出表现是反复感染,合并肿瘤及自身免疫性疾病的情况较少。治疗原则:治疗原发性疾病,去除诱发因素,对症治疗。

表8-3 导致SID的因素

1. 营养紊乱	蛋白质-热能营养不良,铁缺乏症,锌缺乏症,维生素A缺乏症,肥胖症
2. 免疫抑制剂	放射线,抗体,糖皮质激素,环孢素,细胞毒性药物,抗惊厥药物
3. 遗传性疾病	染色体异常,染色体不稳定综合征,酶缺陷,血红蛋白病,张力性肌萎缩症,先天性无脾症,骨骼发育不良
4. 肿瘤和血液病	组织细胞增生症,类肉瘤病,淋巴系统肿瘤,白血病,霍奇金病,淋巴组织增生性疾病,再生障碍性贫血
5. 新生儿	属于生理性免疫功能低下
6. 感染	细菌感染,真菌感染,病毒感染,寄生虫感染
7. 其他	糖尿病,蛋白质丢失性肠病,肾病综合征,尿毒症,外科手术和外伤

第三节 免疫缺陷病的诊断和治疗

原发性免疫缺陷病和SID的临床表现因病因不同而有较大差异,但其共同的特征是,易反复感染且难治愈,易发生恶性肿瘤、自身免疫性疾病。免疫缺陷病的诊断应包括:①是否有免疫缺陷;②原发性或继发性,持续性或暂时性;③免疫系统缺陷的部位和程度。病史、体查、相关检查为诊断的主要依据。

(一)病史

1. 感染病史 严重的反复或持续感染,且治疗效果欠佳时提示免疫缺陷的存在。病史要点有:①发病年龄,一般发病年龄越早,免疫缺陷越严重;②感染部位,重要脏器的严重感染如脑膜炎、器官脓肿、脓毒败血症、迁延性肺炎等提示免疫缺陷存在;③感染的病原微生物种类,细菌性感染常见于体液免疫、吞噬细胞或补体缺陷者,主要为化脓性感染;病毒、真菌、原虫的感染常见于细胞免疫缺陷者;④发病时间,抗体为主的免疫缺陷常于生后6个月发生反复感染。

2. 家族史 多种原发性免疫缺陷病为常染色体隐性遗传或X性连锁遗传,应重点采集有关感染、免疫缺陷及恶性肿瘤的家族史。

3. 预防接种史 尤其注意活疫苗接种后是否发生疫苗病,如卡介苗。

(二)体格检查

严重或反复感染可有体重下降、发育滞后、营养不良、轻-中度贫血及肝脾肿大。B细胞缺陷者的周围淋巴组织变小或缺如。X-连锁淋巴组织增生症则全身淋巴结肿大。可有皮肤疖肿、口腔炎、牙周炎和鹅口疮等感染证据。

（三）实验室检查

免疫缺陷病病因复杂，实验室手段更为多样，应结合病史、家族史、检查，选择相关项目，以确诊免疫缺陷病的类型并明确免疫缺陷的性质。在作实验室检查时，可分3个层次进行，即：①初筛试验；②进一步检查；③特殊或研究性试验（表8-4）。其中初筛试验尤其重要。

表8-4　免疫缺陷病的实验室检查

初筛试验	进一步检查	特殊/研究性试验
B细胞缺陷		
IgG、IgM、IgA水平	B细胞计数（CD19或CD20）	进一步B细胞表型分析
同族凝集素	IgG亚类水平	淋巴结活检
嗜异凝集素	IgD和IgE水平	抗体反应（φx174，KLH）
抗链球菌溶血素O抗体 分泌型IgA水平	抗体反应（破伤风、白喉、风疹、流感杆菌疫苗）	体内Ig半衰期 体外Ig合成
	抗体反应（伤寒、肺炎球菌疫苗） 侧位X线片咽部腺样体影	B细胞活化增殖功能 基因突变分析
T细胞缺陷		
外周淋巴细胞计数及形态 胸部X片胸腺影 迟发皮肤过敏试验（腮腺炎、念珠菌、破伤风类毒素、毛霉菌素、结核菌素或纯衍生物）	T细胞亚群计数（CD3，CD4，CD8），丝裂原增殖反应或混合淋巴细胞培养，HLA配型染色体分析	进一步T细胞表型分析，细胞因子及其受体测定（如IL-2，IFN-γ，TNF-α），细胞毒细胞功能（NK，CTL，ADCC） 酶测定：ADA，PNP 皮肤，胸腺活检，胸腺素，细胞活化增殖功能，基因突变分析
吞噬细胞		
计数	化学发光试验	黏附分子测定（CD11b/CD18，选择素配体）
WBC及形态学	WBC动力观察	移动和趋化性、变形性、黏附和凝集功能测定
NBT试验	特殊形态学	氧化代谢功能测定
IgE水平	吞噬功能测定	酶测定（MPO，G6PD，NADPH氧化酶）
	杀菌功能测定	基因突变分析
补体缺陷		
CH50活性	调理素测定	补体旁路测定
C3水平	各补体成分测定	补体功能测定（趋化因子，免疫黏附）
C4水平	补体活化成分测定（C3a，C4a，C4d，C5a）	同种异体分析

注：ADA：腺苷脱氨酶；ADCC：抗体依赖性杀伤细胞；CTL：细胞毒性T细胞；G6PD：葡萄糖-6-磷酸脱氢酶；KLH：锁孔虫戚血蓝素；MPO：髓过氧化酶；NADPH：烟酰胺腺苷2核苷磷酸；NBT：四唑氮蓝；NK：自然杀伤细胞；PNP：嘌呤核苷磷酸酶；φx：嗜菌体

（四）治疗原则

1. 一般治疗　加强宣传与护理，采取措施预防和治疗感染，适当的隔离措施，注重营养等。鼓励经治疗后的患儿参加正常生活。如发现感染灶应及时治疗，有时需长期抗感染药物预防感染。下呼吸道慢性感染者，定期作肺功能试验。

确诊的T细胞缺陷患儿，不宜输血或新鲜血制品，防止发生移植物抗宿主反应（GVHR）。如必需时，应先对血液行放射处理，剂量为2000～3000rad。供血者应作严格的CMV筛查，防止血源性CMV感染。患儿一般不做扁桃体切除术及淋巴结切除术，禁忌脾切除术，慎用糖皮质激素类药物。

若患儿有一定抗体合成能力可接种死疫苗，如百-白-破三联疫苗。严重者禁用活疫菌，防止发生疫苗诱导的感染。

2. 免疫制剂　80%的原发性免疫缺陷病患者伴IgG或其他抗体缺乏，所以最常见的治疗方法是补充Ig，尤其是血清Ig含量低于2.5g/L的患儿应予以丙种球蛋白制剂静脉注射。剂量为每月0.3～0.5g/kg。其他替代治疗有：高效价免疫血清球蛋白，新鲜白细胞、细胞因子治疗如胸腺素类、转移因子、各类淋巴因子等,以提高免疫功能。

3. 免疫重建 指采用正常细胞或基因片段植入患者体内,使其发挥功能达到持久纠正免疫缺陷病为目标的方法。免疫重建方法包括:胸腺移植、骨髓移植、造血干细胞移植和胎肝移植。

(1) 胎儿胸腺组织移植用于治疗免疫缺陷病尤其是胸腺发育不全症。

(2) 干细胞移植包括脐血干细胞移植和外周血干细胞移植。目前尚处于实验阶段。

(3) 骨髓移植(BMT)包括同种异体同型合子骨髓移植、同种异体光子骨髓移植及无供体骨髓移植,根据患儿病情选定方法。

4. 基因治疗 许多原发性免疫缺陷病的基因突变位点已经明确,为基因治疗奠定了基础。将正常的目的基因片段整合到患者干细胞基因组内(基因转化),经有丝分裂,使转化的基因片段能在患者体内复制而持续存在,并发挥其功能。理论上,凡是可以经骨髓移植成功治愈的疾病均是基因治疗的指征。

(殷小成)

Chapter Ⅷ Immuodeficiency

Immunodeficiency is a syndrome characterized by recurrent and severe infections due to defects of immune cells (e. g. lymphocytes, phagocytes, neutrophil) and immune molecules (e. g. soluble interleukins, complement, globulins).

Classification

This can be classified into.

- Primary immunodeficiency(PID)—— in which there is an inherited, intrinsic defect in the immune system.
- Secondary immunodeficiency (SID)——in which a defect in immune system has been acquired, as occurs in: malnutrition, infections (e. g. HIV, measles), immunosuppressive therapy (e. g. steroids, cytotoxic drugs), hyposplenism (e. g. sickle-cell disease, splenectomy).

Primary Immunodeficiencies

Classification of PID

- Primary humoral immune deficiencies.
- Primary cellular deficiencies.
- Combined antibody and cellular immunodeficiencies.

Common variable immunodeficiency(CVID)

- A heterogeneous disorder characterized by markedly reduced serum levels of IgG and terogeneous disorder characterized by markedly reduced serum levels of IgG.
- Associated with recurrent infections such as sinusitis, pneumonia.

X-linked agammaglobulinemia (XLA or Bruton's agammaglobulinemia)

- It is due to a defect in Bruton's tyrosine kinase (Btk) that is expressed in B cells at all stages of development. The number of premature B cells is normal, but the serum levels of IgG, IgA, IgM are markedly reduced.
- Purulent infections and Enteroviruses infections are common.

Wiskott-Aldrich syndrome(WAS)

- It is due to mutation of X-linked WASP gene.
- The main clinical manifestations are recurrent infections, reduced platelet count, eczema during the first year of life.

Chronic granulomatous disease(CGD)

- An inherited disorders with defect in NADPH oxidase fail to produce superoxide anion to destroy certain microbes.
- It presents with recurrent severe bacterial and fungi infections involving the skin, lymph nodes, lungs, liver, and bones. Granulomas and abscesses form in these sites.

Severe combined immunodeficiency(SCID)

- X-linked severe combined immunodeficiency (SCID-X1): Due to mutations in the gene encoding the common cytokine receptor the chain (r_C); low percentages of T cells and an elevated percentage of B cells; severe bacterial or virus infections after birth.
- Both deficiency of T cell and B cells: Due to autosomal recessive severe combined immunodeficiency; 12 forms of SCID including RAG1 or RAG2 deficiency, ADA deficiency, reticular dysgenesis; severe infections in infancy stage.

Investigations for PID

- Serum immunoglobulins (Ig) measurement——A screening test for B cell defects.
- Peripheral lymphocyte count——A count of less than $2\times10^9/L$ suggests T-cell defects, less than $1.5\times10^9/L$ is diagnostic.
- Chest X-ray——Thymus depletion in infant indicates T cell defects.
- Complement measurement (CH50, C3, C4)——A screening test for complement deficiency.
- Nitroblue tetrazolium (NBT)—A screening test for phagocyte function.
- Delayed hypersensitivity skin tests—A screening test for cell-mediated immunity.
- Gene analysis.

Diagnosis for PID

Primary immunodeficiency should be suspected in the following clinical circumstances:

- An excess of infections: This is manifested by severe, unusual, or persistent infections, or infections with unusual organisms (e. g. measles, chicken pox).
- Unexplained failure to thrive.
- Chronic diarrhea.

Final diagnosis is made from clinical manifes-tations, specific features and laboratory investigations.

Treatment for PID

- Antibiotic prophylaxis.
- Vigorous antibiotic therapy for infections.
- Immunoglobulin replacement therapy—Regular IV immunoglobulin can be given for severe defects in antibody (IgG) production.
- Immune reconstruction: Bone marrow and stem cell transplantation.
- Gene therapy.

Secondary Immunodeficiency

Secondary immunodeficiency is an acquired immunodeficiency after birth in which immune defects are caused by various etiologies. The damaged immune function is usually transient and reversible.

Common etiologies include malnutrition, immunosuppressive therapy (e. g. steroids, cytotoxic drugs), hereditary diseases, tumors, various infections, neonates, etc.

(黑明燕　谭建新)

第九章 风湿性疾病

风湿性疾病是一大类以关节为主的病因不明的自身免疫性疾病。它包括的疾病有200多种，涉及所有骨关节和肌肉及其结缔组织的疼痛性疾病。主要由异常的免疫反应导致多器官（主要是结缔组织）的炎症性损伤，又称结缔组织病，以发热、雷诺现象、皮肤红斑、关节炎、心肌炎等为临床特征。发生在儿童时期常见的风湿性疾病包括：风湿热、儿童类风湿关节炎、过敏性紫癜、川崎病等。

第一节 风湿热

案例 9-1

患儿，男，14岁，因"全身多处关节疼痛6日，加重1日"入院。患儿6日前出现右侧肩关节、双侧髋关节疼痛，可以忍受，活动时疼痛加剧，后相继出现双侧膝关节、踝关节疼痛，活动受限，1日前双膝关节疼痛加剧，伴红、肿，病程中无诉发热、寒战，无皮疹，无心慌、胸闷、乏力，发病后未行特殊治疗。无食物、药物过敏史，家族中无特殊传染病、遗传性疾病。约半月前曾有"感冒"，自行好转。体查：体温37.8℃，呼吸22次/分，脉搏120次/分，血压114/72mmHg，发育正常，神志清楚，轮椅推入病房，强迫屈膝位，痛苦貌，查体合作，全身皮肤黏膜无黄染及出血点，咽部无充血，扁桃体无肿大，双肺呼吸音清晰，心率120次/分，心律整齐，各瓣膜区未闻及病理性杂音，腹部无压痛反跳痛，肝脾不大，双下肢无水肿，肩关节、髋关节轻度压痛，膝关节、踝关节压痛明显，局部红肿，皮温升高，双下肢活动受限，右下肢外旋位，左下肢屈曲位，浮髌试验阴性。

【思考题】

1. 根据该病例特点，首先考虑什么疾病，需做哪些临床检查进一步协助诊治？

2. 儿童时期导致膝关节等大关节疼痛的原因有哪些？

风湿热（rheumatic fever）是继发于咽部A组乙型溶血性链球菌感染的急性或慢性自身免疫性结缔组织病。主要累及关节、心脏、皮肤和皮下组织。临床表现以关节炎和心脏炎为主，呈自限性，急性发作通常以关节炎较为明显，反复发作易导致心脏瓣膜功能损害。本病可见于任何年龄，但最好发于6~15岁儿童和青少年，无性别差异。四季均可发病，以冬春阴雨季节多见。

（一）病因和发病机制

风湿热的确切发病机制尚未完全明确，曾提出链球菌直接感染学说、链球菌毒素学说、自身免疫反应学说等，但目前咽部A组乙型溶血性链球菌感染后诱发抗原抗体交叉反应的观点最被认可。

1. 病因 风湿热是A组乙型溶血性链球菌咽峡炎后的晚期并发症。0.3%~3%患儿因该菌引起的咽峡炎于起病1~4周后发生风湿热。影响本病发生的因素有：①链球菌在咽峡部存在时间愈长，发病的机会愈大；②特殊的致风湿性菌株感染，如M血清型（甲组1~48型）和黏液样菌株；③遗传易感性。

2. 发病机制

（1）分子模拟：A组乙型溶血性链球菌的抗原性复杂，大部分抗原分子结构与机体器官组织抗原存在同源性，感染后机体产生的免疫反应可与人体组织产生免疫交叉反应，介导病理性损伤。这些交叉抗原包括：①荚膜透明质酸，与人体关节、滑膜有共同抗原；②细胞壁外层蛋白质中M蛋白和M相关蛋白、中层多糖中N-乙酰葡糖胺和鼠李糖均与人体心肌和心瓣膜有共同抗原；③细胞膜中脂蛋白、类脂葡萄糖与人体心肌肌膜和丘脑下核、尾状核之间有共同抗原。

（2）自身免疫反应：上述共同抗原感染后，介导特异性和非特异性免疫反应，引起Ⅲ型（免疫复合物型）超敏反应、Ⅳ型（迟发型）超敏反应，分别产生对关节滑膜、心肌、心瓣膜的毒性和损伤。

（3）遗传背景：遗传易感性是风湿热发病的内在因素；有人发现HLA-B35、HLA-DR2、HLA-DR4和淋巴细胞表面标记$D8/17^{+}$等与发病有关，但还需进一步研究证实该病的相关基因和该病是否为多基因遗传病。

（二）病理

1. 渗出期 受累部位如心脏、关节、皮肤等结缔组织，表现为变性病灶周围有数量不等的淋巴细胞、浆细胞、巨噬细胞等炎性反应性浸润，持续约1个月。

2. 增生期 主要发生于心肌间质、心内膜（包括心瓣膜）和皮下结缔组织中，形成特异性病理改变：风湿小体（Aschoff小体）。风湿小体还可分布在关节处皮下组织和腱鞘，形成皮下小结，是诊断风湿热的病理依据，表示风湿活动。持续3~4个月。

3. 硬化期 风湿小体中央变性和坏死物质被吸收，渗出的炎症细胞减少，Aschoff细胞转变为梭形纤维细胞并逐渐纤维化,最后形成纤维瘢痕小灶。心瓣膜边缘可有嗜伊红性疣状物,瓣膜增厚,形成瘢痕。二尖瓣最常受累,其次为主动脉瓣,很少累及三尖瓣,持续2~3个月。此外,大脑皮层、小脑、基底核可见散在非特异性细胞变性和小血管透明变性。

(三) 临床表现

1. 一般表现 在典型症状发生前1~6周,常有咽喉炎或扁桃体炎等上呼吸道感染表现,如发热、咽痛、颌下淋巴结肿大、咳嗽。急性起病者多有发热,38~40℃,热型不规则。隐匿者可不发热或伴低热。其他表现有精神不振、面色苍白、多汗、鼻出血、关节痛和腹痛等。

2. 心脏炎 40%~50%的风湿热累及心脏,是风湿热唯一的持续性损害器官。初发患者一般于起病1~2周内出现心脏炎的症状。包括心肌炎、心内膜炎、心包炎,初次发作时以前两者最多见;同时累及者,称为全心炎。初发有5%~10%患儿发生充血性心力衰竭,再发时发生率更高。

(1) 心肌炎:多与瓣膜炎同发。心肌炎轻重不一,轻者可无症状,重者可伴不同程度的心力衰竭。表现为心动过速;心界扩大,心尖搏动弥散;心音低钝、奔马律;心尖部收缩期吹风样杂音,初发者主动脉瓣区舒张中期杂音。心电图示P-R间期延长,伴有T波低平和ST段异常,或伴心律失常。

(2) 心内膜炎:主要侵犯二尖瓣,主动脉瓣次之。二尖瓣关闭不全表现为心尖部(2~3)/6级吹风样全收缩期杂音,主动脉关闭不全表现为胸骨左缘第3肋间舒张期叹气样杂音。早期瓣膜充血水肿,可有赘生物形成,此期相应的病理性杂音可在恢复期消失;多次复发可造成赘生物机化,纤维组织增生,导致瓣膜增厚、粘连、缩短等,导致风湿性心瓣膜病,出现器质性瓣膜关闭不全和狭窄及稳定性的病理性杂音,严重者可致心力衰竭等临床表现。但在风湿热复发和并发感染性心内膜炎时可出现变化,值得警惕。超声心动图检查能更敏感地发现临床听诊无异常的隐匿性心瓣膜炎。

(3) 心包炎:有心脏炎症者5%~10%有心包积液,一般积液量较少,临床上难以发现,可有心前区疼痛,心包摩擦音,积液量多时可有心包填塞征。临床上有心包炎表现者,提示心脏炎症严重,易发生心力衰竭。

3. 关节炎 占急性风湿热总数的50%~60%,多发于链球菌感染30日内,典型表现为游走性多关节炎,或多发关节炎,主要侵犯膝、踝、肘、腕等大关节。关节局部红、肿、热、痛,活动受限。每个受累关节持续数日(一般不超过1周)后自行消退,但此起彼伏,可延续3~4周,对非甾体抗炎药敏感,愈后不留畸形。

4. 舞蹈病 亦称Sydenham舞蹈病,发病率很低。常发生于4~7岁儿童,多见于女孩,累及锥体外系。表现为全身或部分肌肉的无目的不自主快速运动,如伸舌歪嘴、挤眉弄眼、耸肩缩颈、语言障碍、书写困难、细微动作不协调等,兴奋或注意力集中时加剧,入睡后即消失,常伴肌无力和情绪不稳定。舞蹈病往往是急性风湿热的迟发性表现,可为首发症状,此时可无其他风湿热表现甚至链球菌感染证据。病程一般1~3个月,个别病例在1~2年内反复发作。少数患儿遗留不同程度神经精神后遗症,如性格改变、偏头痛、细微运动不协调等。

5. 皮下小结 见于少数风湿热患儿,呈坚硬无痛结节,与皮肤不粘连,直径0.1~1 cm,单独或成簇出现于肘、膝、腕、踝等关节伸面,或枕部、前额头皮及胸、腰椎脊突的突起部位,经2~4周消失。皮下结节出现提示伴有严重心脏炎症。

6. 环形红斑 较少见,多在风湿热的后期出现,为环形或半环形边界明显的淡色红斑,压之暂时消退,大小不等,中心苍白,出现在躯干和四肢近端,不见于面部,具有多变性。

(四) 辅助检查

1. 链球菌感染证据 咽拭子培养和血清抗链球菌溶血素O(ASO)阳性可为A组乙型溶血性链球菌感染证据。但近年咽拭子培养阳性率很低,对诊断帮助不大。风湿热初发患者ASO阳性率为70%~80%(近年有降低趋势),在链球菌感染一周后ASO滴度开始上升,3~6周达峰,6~8周逐渐下降。抗脱氧核糖核酸酶B(Anti-DNase B)在感染后2周左右开始升高,6~8周达峰,可持续3~6个月,两者合用可高达90%以上,尤其对诊断复发性风湿热意义更大。两者联合应用可明显提高检测阳性率。其他如抗链球菌激酶(ASK)、抗透明质酸酶(AH)等也可提高阳性率。

2. 风湿热活动指标 白细胞计数和中性粒细胞增高、血沉增快、C-反应蛋白阳性、α2球蛋白和黏蛋白增高等,但仅能反映疾病的活动情况,对诊断本病并无特异性。

3. 心电图 可见窦性心动过速,P-R间期延长、Ⅱ度Ⅰ型房室传导阻滞、ST-T变化、房室肥大等;心包积液时心电图示低电压,早期ST段抬高,随后ST段回到等电线,并出现T波改变。

4. 胸片 肺纹理可增粗,心影可增大,心包积液时呈"烧瓶心"改变。

5. 超声心动图 可确诊有无心包积液和(或)瓣膜损害,并可判断有无房室肥大及左心室舒张和收缩功能。

6. 其他 非特异性辅助检查如免疫球蛋白及补体(IgG、IgA增高,C3可增高)、肌钙蛋白及心肌酶、血脂蛋白测定等。

（五）诊断和鉴别诊断

1. Jones 诊断标准 风湿热临床表现多样，迄今无特异性诊断方法，而且近年风湿热不典型和轻症病例增多，目前建议临床上以 1992 年修改的 Jones 诊断标准为“指导”，对临床表现和实验室检查的综合分析、诊断，必要时予以追踪观察（表 9-1）。

表 9-1 风湿热的诊断标准（Jones 标准 1992 年修订）

主要表现	次要表现	链球菌感染证据
1. 心脏炎	1. 临床表现	1. 咽拭子培养阳性或快速链球菌抗原试验阳性
2. 多发性关节炎	（1）风湿热既往史 （2）关节痛	2. 抗链球菌抗体滴度升高
3. 舞蹈病	（3）发热	3. 近期猩红热病史
4. 环形红斑	2. 实验室检查	
5. 皮下小结	（1）血沉增高、CRP 阳性、白细胞增多、贫血 （2）心电图：P-R 间期延长，Q-T 间期延长	

主要表现为关节炎者，关节痛不再作为次要表现；主要表现为心脏炎症者，P-R 间期延长不再作为次要表现。在确定链球菌感染证据的前提下，有两项主要表现或一项主要表现伴两项次要表现高度提示可能为急性风湿热；但对以下 3 种情况，又找不到风湿热病因者应考虑风湿热，不必严格遵循上述诊断标准，即：①排除其他原因的舞蹈病；②无其他原因可解释的隐匿性心脏炎症；③以往已确诊为风湿热，存在一项主要表现，或有发热和关节痛，或急性期反应物质增高，提示风湿热复发。确诊风湿热后，应尽可能明确发病类型，特别应了解是否存在心脏损害。复发患者应明确是否有风湿热活动。

2. 鉴别诊断

（1）与风湿热关节炎的鉴别

1）幼年类风湿关节炎：多于 3 岁以下起病，常侵犯指趾小关节，常呈对称性，反复发作后遗留关节畸形，X 线骨关节摄片可见关节面破坏、关节间隙变窄和邻近骨骼骨质疏松。心脏损害以心包积液多见，很少累及心脏瓣膜。

2）急性化脓性关节炎：为全身脓毒血症的局部表现，可伴有中毒性红斑、皮疹等全身感染中毒症状，好累及大关节，血培养阳性，常为金黄色葡萄球菌。

3）急性白血病：除发热、骨关节疼痛外，有贫血、出血倾向、肝脾及淋巴结肿大。周围血血涂片可见幼稚白细胞，骨髓检查可予鉴别。

4）链球菌感染后状态（链球菌感染综合征）：见于链球菌感染（如上呼吸道感染、扁桃体炎或猩红热等）后 2～3 周内出现的发热、无力、关节痛等症状。检查除心率增快外心脏无明显改变，一般无皮疹，关节疼痛无游走性，也不如急性风湿关节炎表现急重。血沉增快及抗链球菌溶血素“O”增高。用青霉素及小剂量肾上腺皮质激素治疗，很快可恢复正常，不再复发。但这些表现亦可能为风湿热的早期，应继续密切观察。若心脏增大或心脏杂音明显，或者病情容易复发，亦应考虑风湿热。

（2）与风湿性心脏炎症的鉴别诊断

1）感染性心内膜炎：需警惕先天性心脏病或风湿性心脏病合并感染性心内膜炎，易与风湿性心脏病伴风湿活动相混淆，常有贫血、脾大、皮肤瘀斑或其他栓塞症状有助诊断，血培养可获阳性结果，超声心动图可看到心瓣膜或心内膜有赘生物，但易脱落。

2）病毒性心肌炎：近年单纯风湿性心肌炎病例日渐增多，与病毒性心肌炎难以区别。一般而言，病毒性心肌炎杂音不明显，较少发生心内膜炎，较多出现期前收缩等心律失常，实验室检查可发现病毒感染证据。

（六）治疗

治疗目标：清除链球菌感染，去除诱因；控制临床症状；处理、预防各种并发症，提高患者身体素质和生活质量，延长寿命。

1. 休息 急性期是治疗的关键期，应强调卧床休息，时间取决于心脏受累程度和心功能状态及对治疗的反应情况。无心脏炎症：卧床休息 2 周，随后逐渐恢复活动，于 2 周后达正常活动水平；有心脏炎症无心力衰竭：卧床休息 4 周，随后于 4 周内逐渐恢复活动；心脏炎症伴充血性心力衰竭、心脏扩大：则需卧床休息至少 8 周，在以后 2～3 个月内逐渐增加活动量。同时需配合易消化高营养饮食，如有心力衰竭需少盐甚至无盐饮食，少食多餐。

2. 清除链球菌感染 首选青霉素 80 万单位肌内注射，每日 2 次，持续 2 周，以彻底清除链球菌感染。也可选用苄星青霉素肌内注射、青霉素 V 口服。青霉素过敏者可改用其他有效抗生素如红霉素、罗红霉素等。

3. 抗风湿热治疗

（1）关节炎型：首选阿司匹林，能迅速缓解关节痛、发热症状。每日 100mg/kg，最大量≤3g/d，分 3～4 次口服，症状好转后逐渐减至半量，持续 4～6 周逐渐减量，疗程 4～8 周。

（2）心脏炎症型：有心脏炎症表现时宜早期使用糖皮质激素，常选用泼尼松，每日 2mg/kg，最大量≤60mg/d，分 3～4 次口服，直至炎症控制后，如心率、血沉、CRP、心电图等均正常，2 周后逐渐减量，总疗程 8～12 周。

(3) 其他治疗：舞蹈病时可用苯巴比妥、地西泮等镇静剂。关节肿痛时早期应予制动。

(七) 预防和预后

规范的预防策略对风湿热的控制具有重要意义，尤其是在发展中国家。首先应一级预防即通过口服或肌内注射抗生素清除咽部链球菌感染。二级预防即防止新的可能诱发急慢性风湿热及病情反复的 A 族链球菌感染。

风湿热预后主要取决于心脏炎的严重程度、首次发作是否得到正确抗风湿热治疗及是否正规抗链球菌治疗。每 3～4 周肌内注射苄星青霉素(长效青霉素)120 万 U，预防注射期限至少 5 年，最好持续至 25 岁；有风湿性心脏病患者，宜进行终身药物预防。对青霉素过敏者，可改用红霉素类药物口服。

第二节 幼年特发性关节炎

案例 9-2

患儿，女，4 岁，因“关节疼痛半年，发热伴皮疹 2 日”。现病史：患儿半年前自诉踝关节疼痛，间断性发作，无明显规律，发作时活动减少，局部无红肿，近 2 月偶诉“手掌”痛，无明显活动障碍，发作后当地诊所予以“止痛药”口服，可缓解；2 日前出现发热，发热无规律，无寒战，发热时全身可见甲盖至鸡蛋大小不等散在红色皮疹，热退后皮疹消失，不痒，无抽搐，无咳嗽、咳痰，无呕吐、腹泻，无关节肿痛，门诊就诊查血常规示：WBC 59.0 $\times10^9$/L，N 91.50%，L 6.50%，RBC 3.29$\times10^{12}$/L，Hb 81g/L，PLT 136$\times10^9$/L，CRP 168.653mg/L；血沉 35mm/h；抗溶血性链球菌毒素 O(ASO)189U/ml。入院体查：精神反应、胃纳、睡眠正常，大小便正常。无结核、乙肝病史及接触史，否认药物过敏史。体查：T 37.1℃，P 80 次/分，R 24 次/分，Wt 17kg，神志清楚，反应良好，轻度贫血貌，呼吸平稳，颈软，双肺呼吸音清，心音有力，律齐，未闻及明显病理性杂音，腹软，肝脾不大，膝关节压痛，活动轻度受限，轻度肿胀，不红，局部皮温不高，浮髌试验(-)，左侧示指、中指指间关节压痛，轻度肿胀，神经系统未见明显异常。

【思考题】

1. 根据该病例特点，首先考虑什么诊断？
2. 各诊断间鉴别诊断的要点是什么？

幼年特发性关节炎(juvenile idiopathic arthritis，JIA)是儿童时期常见的风湿性疾病，以慢性关节滑膜炎为主要特征，伴全身多脏器功能损害。该病命名繁多，如幼年类风湿关节炎、Still’s 病、幼年慢性关节炎、幼年型关节炎等。国际风湿病联盟儿科委员会专家组经过多次讨论，将“儿童时期(16 岁以下)不明原因关节肿胀，持续 6 周以上者”，命名为 JIA。

(一) 病因和发病机制

病因及发病机制相当复杂，至今尚不清楚，推测 JIA 的发病机制可能为：各种感染性微生物的特殊成分作为外来抗原，作用于具有遗传学背景的人群，激活免疫细胞，通过直接损伤或分泌细胞因子、自身抗体触发异常免疫反应，引起自身组织的损害和变性。自身组织变性成分(内源性抗原)如变性 IgG 或变性的胶原蛋白，也可作为抗原引发针对自身组织成分的免疫反应。最新研究也提出固有免疫反应亦可能是 JIA 的危险因素之一。

(二) 病理

病理变化主要见于关节，但全身其他部位的结缔组织也可累及。关节内滑膜首先受累，早期充血、水肿及淋巴细胞浸润，继而增厚呈绒毛状，逐渐形成肉芽组织。炎症继续发展，关节囊外层的结缔组织及附近的肌腱、腱鞘均发生炎症反应。关节软骨边缘的滑膜形成血管翳，炎性肉芽肿向软骨浸润，逐渐覆盖整个软骨面。同时软骨下近端的骨髓内亦有淋巴细胞浸润和肉芽组织形成，附着于骨干端的关节软骨剥离，上述病理改变导致软骨营养缺乏而被破坏，关节腔狭窄，最后软骨面的肉芽组织纤维化甚至骨化，上下关节面融合或骨性强直，关节囊和韧带也被肉芽组织侵袭。同时，可伴有皮下结节、虹膜睫状体炎、浆膜炎、小动脉炎和脏器淀粉样变等病理改变。

(三) JIA 的分类及临床表现

1. JIA 分类见表 9-2。

表 9-2 JIA 分类与美国和欧洲分类的比较

美国风湿病学会(ACR)	欧洲风湿病联盟(EULAR)	国际风湿病联盟(ILAR)
幼年类风湿关节炎(JRA)	幼年慢性关节炎(JCA)	幼年特发性关节炎(JIA)
全身型	全身型	全身型
多关节炎型	多关节炎型	多关节炎型(RF 阴性)
少关节炎型	幼年类风湿关节炎	多关节炎型(RF 阳性)
	少关节炎型	少关节炎型
		持续型
		扩展型
	银屑病性关节炎	银屑病性关节炎
	幼年强直性脊柱炎	与附着点炎症相关的关节炎
		其他关节炎

2. 各型 JIA 诊断、分类标准 见表 9-3。

表 9-3 JIA 各型的诊断标准(ILAR, Edmonton, 2011)

分类	定义	剔除标准
全身型 JIA	关节炎≥1 个关节,发热至少 1 周(弛张高热①),至少持续 3 日,伴有以下一项或以上的症状 (1) 间断出现的(非固定性的)红斑样皮疹② (2) 全身淋巴结肿大 (3) 肝和(或)脾增大 (4) 浆膜炎③	A. 银屑病或患者或一级亲属有银屑病史 B. 大于 8 岁、HLA-B27 阳性的男性关节炎患者 C. 患强直性脊柱炎、附着点炎症相关的关节炎、伴炎症性肠病的骶髂关节炎、瑞特综合征或急性前葡萄膜炎,或一级亲属中有上述疾病之一 D. 至少两次类风湿因子 IgM 阳性,两次间隔至少 3 个月
少关节型 JIA	发病最初 6 个月 1~4 个关节受累。分两个亚型: (1) 持续性少关节型:整个疾病过程中受累关节数≤4 个 (2) 扩展性少关节型:病程 6 个月后受累关节数>4 个	上述 A、B、C、D、+E E. 有全身型 JIA 的表现
多关节型 JIA(RF 阴性)	发病最初 6 个月受累关节≥5 个,RF 阴性	A、B、C、D、E
多关节型 JIA(RF 阳性)	发病最初 6 个月受累关节≥5 个,在疾病的前 6 个月 RF 阳性≥2 次,两次间隔至少 3 个月	A、B、C、E

注:①弛张热:一天中体温峰值可达 39℃,两个峰值之间体温可降至 37℃;②皮疹特点为发热疹出,热退疹退;③浆膜炎包括心包炎、胸膜炎、腹膜炎或同时具备

(1) 全身型关节炎:任何年龄皆可发病,但大部分起病于 5 岁以前。弛张型高热是此型特点,骤升骤降,高热时可伴寒战和全身中毒症状,如乏力、肌痛、关节痛等,热退后活动如常。皮疹特点为随体温升降而出现或消退,呈淡红色斑丘疹,可融合成片,可见于身体任何部位,但以胸部和四肢近端多见。关节症状主要是关节痛或关节炎,发生率在 80% 以上,为多关节炎或少关节炎,常在发热时加剧,热退后减轻或缓解。关节症状既可首发,又可在急性发病数月或数年后才出现。30% 左右出现心包炎及胸膜炎,但可无明显症状。部分有神经系统症状如脑膜刺激征等。

(2) 多关节型并类风湿因子阴性关节炎:起病隐匿,受累关节呈对称性或非对称性分布,可同时累及大小关节,近端指间关节最易受累,颈椎及下颌关节也易累及。

(3) 多关节型并类风湿因子阳性关节炎:占 JIA 的 5%~10%,以女孩多见(男女比例约为 1∶2)。多于儿童后期起病,临床表现与成人类风湿关节炎有相似之处。典型表现为渐进性、对称性多关节受累,多累及手部小关节。病初可伴低热。可发生 Felly 综合征(脾大伴白细胞减少)。少数患儿可出现类风湿结节。本型关节症状较重,最终约半数以上发生关节强直而变形,除 RF 阳性外,少数患儿 ANA 阳性。

(4) 少关节型:是 JIA 最常见亚型,多发于女童(男女比约为 1∶4),起病多在 5 岁以前。多为大关节受累,膝、踝、肘或腕等大关节为好发部位,其次为手的小关节,常为非对称性。虽然关节炎反复发作,但很少致残。最常见的关节外表现为慢性虹膜睫状体炎,发生率约为 30%,是该亚型的典型特征。该亚型有 50%~70% 患儿抗核抗体阳性,CRP 和(或)红细胞沉降率(ESR)轻到中度升高,ESR 明显升高提示疾病可进展为扩展型。

(四) 诊断与鉴别诊断

1. 辅助诊断 实验室检查的任何项目都不具备确诊价值,但可帮助了解疾病程度和除外其他疾病。

(1) 炎症反应的证据:外周血白细胞总数和中性粒细胞增高,可伴类白血病反应。血沉明显加快,但少关节型患者的血沉多数正常。在多关节型和全身型患者中急性期反应物(CRP、IL-1 和 IL-6 等)增高,有助于随访时了解病程。

(2) 自身抗体:①类风湿因子(RF),RF 阳性提示严重关节病变及有类风湿结节,RF 阴性中约 75% 患儿能检出隐匿型 RF,对 JIA 患者的诊断有一定帮助;②抗核抗体(ANA),40% 的患儿出现低中滴度的 ANA;③其他如抗心磷脂抗体、抗磷脂抗体、抗环瓜氨酸多肽抗体(抗-CCP 抗体)等对 JIA 的诊断有一定辅助作用,但阳性率、敏感性、特异性有待进一步观察。

(3) 其他检查:①关节液分析和滑膜组织学检查,可鉴别化脓性关节炎、结核性关节炎、类肉瘤病、滑膜肿瘤等;②X 线检查,早期(病程 1 年左右)X 线

仅显示软组织肿胀,关节周围骨质疏松,关节附近呈现骨膜炎,晚期才能见到关节面骨破坏,以手腕关节多见;③其他影像学检查,MRI 检查有利于早期软组织病理改变的诊查。骨放射性核素扫描、超声波均有助于发现骨关节损害。

2. 诊断依据 JIA 的诊断主要依靠临床表现,采用排除诊断法。

(1) 定义:16 岁以下儿童不明原因关节炎肿胀,持续 6 周以上者,诊断为幼年特发性关节炎。必须除外鉴别诊断中的疾病。

(2) 分类:参考上述各型幼年特发性关节炎的分类定义。

3. 鉴别诊断

(1) 以高热、皮疹等全身症状为主者应与以下疾病相鉴别:①全身感染,败血症、结核、病毒感染;②恶性病,白血病、淋巴瘤、恶性组织细胞病、其他恶性肿瘤。

(2) 以大关节受累为主者:应与风湿热、化脓性关节炎、关节结核、创伤性关节炎鉴别。

(3) 与其他风湿性疾病合并关节炎相鉴别:系统性红斑狼疮、过敏性紫癜、川崎病等。

(4) JIA 需与以下疾病相鉴别:脊髓肿瘤、腰椎感染、椎间盘病变、先天性髋关节病变以及溃疡性结肠炎、局限性小肠炎、银屑病和 Reiter's syndrome(瑞特综合征)合并脊柱炎。

(五) 治疗

JIA 的治疗原则是:控制病变的活动度,减轻或消除关节疼痛和肿胀;预防感染和关节炎症的加重;预防关节功能不全和残废;恢复关节功能及生活与劳动能力。但 JIA 是一组异质性疾病,在治疗过程中必须严格对疾病进行风险分层、评估疗效以制定个体化治疗方案。

1. 一般治疗 除急性发热外,一般不主张过多卧床休息,尽量鼓励患儿参加适当运动。有关节变形、肌肉萎缩、运动受限等病变时应配合理疗、按摩和医疗体育,必要时行矫形手术。定期进行裂隙灯检查以发现虹膜睫状体炎。心理治疗也重要,应克服患儿因慢性疾病或残疾造成的自卑心理,鼓励参加正常活动和上学;取得家长配合,增强他们战胜疾病的信心,使患儿的身心健康成长。

2. 药物治疗

(1) 非甾体抗炎药:以肠溶阿司匹林为代表,推荐剂量为每日 60~90 mg/kg,分 4~6 次口服,1~4 周内见效,病情缓解后逐渐减量,最后以最低临床有效剂量维持,可持续数月至数年。不良反应包括胃肠道反应、肝肾功能损害、过敏反应等。近年由于发现阿司匹林的不良反应较多,其他非甾体抗炎药的使用逐渐增多,如萘普生(每日 10~15mg/kg,分 2 次)、布洛芬(每日 50 mg/kg,分 2~3 次)、双氯芬酸钠或尼美舒利等。

(2) 缓解病情抗风湿药:因为应用这类药物至出现临床疗效之间所需时间较长,故又称慢作用抗风湿药。近年来认为,在患者尚未发生骨侵蚀或关节破坏时及早使用本组药物,可以控制病情加重。这类药包括:羟基氯喹(每日 5~6 mg/kg,分 1~2 次服用)、柳氮磺胺吡啶(每日 50mg/kg)、青霉胺、金制剂等。

(3) 肾上腺皮质激素:虽可减轻 JIA 关节炎症状,但不能阻止关节破坏,长期使用不良反应太大,而一旦停药将会严重复发。因此,糖皮质激素不作为首选或单独使用的药物,应严格掌握指征。临床应用适应证如下:①多关节型:对非甾体抗炎药和 DMARDs 未能控制的严重患儿,加用小剂量泼尼松隔日顿服,可使原来不能起床或被迫坐轮椅者症状减轻,过着基本正常的生活。②全身型:非甾体抗炎药物或其他治疗无效的全身型可加服泼尼松 0.5~1 mg/(kg·d)(≤40 mg/d),一次顿服或分次服用。一旦体温得到控制时即逐渐减量至停药。③少关节型:不主张用肾上腺皮质激素全身治疗,可在单个病变关节腔内抽液后,注入醋酸氢化可的松混悬剂局部治疗。

(4) 免疫抑制剂:①甲氨蝶呤(MTX):剂量为 10mg/m^2,每周 1 次顿服。服药 3~12 周即可起效。MTX 不良反应较轻,有不同程度胃肠道反应、一过性转氨酶升高、胃炎和口腔溃疡、贫血和粒细胞减少。长期使用可能发生 B 细胞淋巴瘤。对多关节型安全有效。②其他免疫抑制剂:可选择使用环孢素 A(合并 MAS 时首先)、环磷酰胺(CTX)、来氟米特和硫唑嘌呤、雷公藤总苷。但其治疗 JIA 的有效性与安全性需慎重评价。

(5)其他:大剂量 IVIG 治疗难治性全身发病型 JIA 的疗效尚未能得到确认。抗肿瘤坏死因子(TNF)-α 单克隆抗体对多关节型 JIA 有一定疗效。

(6)中药制剂等。

3. 理疗 对保持关节活动、肌力强度是极为重要的,有利于纠正和防止发生关节残废。

(六) 预后

近年来 JIA 的诊治取得了较大的进展,特别是中短期预后较前明显改善,给予适当处理后 75% 的患者不会严重致残。但远期预后仍不理想,且个体差异较大,仍缺乏有效的远期预后预测指标,并发症主要是关节功能丧失和虹膜睫状体炎所致的视力障碍。

(李 涛 席世兵)

第三节 川 崎 病

案例 9-3

患儿,男,3 岁 4 个月。因“发热 6 日”入院,体温最高 40℃,无抽搐,无咳嗽,院外已使用抗生素 5 日,体温无下降,入院体检:双侧球结膜充血,咽红,舌乳头明显充血,口唇干裂,全身可见散在斑丘疹,右侧颈部可触及大小为 2cm×2cm 的包块,质韧,心、肺听诊无异常,腹软,无压痛,肝脾无肿大,双侧手足发红、肿胀,脑膜刺激征阴性。

【思考题】

1. 根据该病例特点,首先考虑什么疾病?
2. 需完善哪些检查协助诊断?
3. 明确诊断后需要哪些治疗措施?

川崎病(Kawasaki disease,KD)是儿童期的一种急性发热性血管炎,又称为皮肤黏膜淋巴结综合征,1967 年由日本的 Tomisaku Kawasaki 医生最先描述。该病在全世界均有发病,亚洲人发病率最高。有 15%~20% 未经治疗的患者会发生冠状动脉的病变。川崎病主要发生在年幼儿童,87.4% 的患儿小于 5 岁,偶见青少年及成人发病。

(一)病因和发病机制

该病的病因仍不明确,但临床和流行病学的特点强有力地支持感染是最初的起因,如立克次体、丙酸杆菌、葡萄球菌、链球菌、逆转录病毒、支原体等,但均未能得到证实。

本病的发病机制尚未阐明。目前认为可能是感染原的特殊成分可不经单核/巨噬细胞处理,直接激活 T 细胞,诱导 B 细胞的多克隆化和凋亡减少,产生大量的免疫球蛋白(IgG、IgM、IgA、IgE)和细胞因子(IL-1、IL-2、IL-6、TNF-α)。中性粒细胞胞质抗体(ANCA)、抗内皮细胞抗体和细胞因子损伤血管内皮细胞,使其表达细胞间黏附分子-1(IMCA-1)和内皮细胞性白细胞黏附分子-1(ELAM-1)等黏附分子,导致血管壁进一步损伤。

(二)病理

本病的基本病理改变为血管周围炎、血管内膜炎或全层血管炎,涉及动脉、静脉和毛细血管。中等大小的动脉是主要的损害对象,特别是冠状动脉。在炎症浸润中主要是 IgA 浆细胞。在病变最严重的血管,炎症累及血管壁的所有三层,并伴有内膜弹力层的破坏。血管失去了结构上的完整性而变薄弱,结果导致血管扩张或动脉瘤的形成。在管腔内可有血栓形成而阻断血流。在愈合期,损害呈进行性纤维化伴显著的内膜增生,从而可能在以后导致血管狭窄性阻塞。

(三)临床表现

1. 主要表现 发热,39~40℃或更高,为稽留热或弛张热,抗生素治疗无效,通常持续 1~2 周,也可以持续 3~4 周;双侧球结膜充血,通常无渗出;口腔黏膜和咽部发红伴草莓舌和口唇干裂;手足发红和肿胀;各种各样的皮疹(斑丘疹、多形红斑或猩红热样皮疹),并且在腹股沟处更多;非化脓性颈部淋巴结肿大,通常为单侧,淋巴结的直径可达 1.5cm 或更大。在急性期,常见会阴部脱皮。在疾病发作后 1~3 周,手指和脚趾的甲周发生脱皮,可进展至整个手和脚。

2. 心脏表现 可出现心肌炎、心包积液、心律失常等,瓣膜反流和全身性动脉瘤可以发生,但不常见。近 25% 未经治疗的患者在病程的第二至第三周有冠状动脉瘤形成血管,巨大的冠状动脉瘤(内径≥8mm)存在破裂、血栓形成、血管狭窄、心肌梗死的危险,以心肌梗死为最大危险。

3. 其他 无菌性脑膜炎、腹泻、轻度肝炎、胆囊积液、伴无菌性脓尿的尿道炎和尿道口炎、中耳炎和关节炎等。

4. 分期

(1) 急性发热期:通常持续 1~2 周,特点是发热和疾病的其他急性症状。

(2) 亚急性期:开始于发热和其他急性症状消退时,但激惹、厌食和球结膜充血可持续存在。在亚急性期,有蜕皮、血小板增多、冠状动脉瘤形成及发生猝死的危险。这一期通常要持续至病程的第四周。

(3) 恢复期:开始于所有的临床症状已经消失后并持续至血沉降至正常,大约在疾病发作后 6~8 周。

(四)实验室检查

1. 血液检查 白细胞计数升高,以中性粒细胞为主,可伴核左移;早期血小板正常,后期升高;轻度贫血。ESR、CRP 增高、血浆纤维蛋白原和血浆黏度增高,部分病例 ALT、AST 升高。

2. 免疫学检查 血清 IgG、IgM、IgA、IgE 和血管循环免疫复合物升高;IL-6 增高,总补体和 C3 正常或增高。

3. 心脏检查 少数病例有心电图改变,主要为 ST 段和 T 波改变,P-R 间期和 Q-T 间期延长。部分病例胸部 X 线可见心影扩大。超声心动图可发现心包积液,瓣膜反流;可有冠状动脉异常,如冠状动脉扩张(直径>3mm,≤4mm 为轻度;4~7mm 为中度),冠状动脉瘤(≥8mm)、冠状动脉狭窄等。二维超声是监测发生潜在冠状动脉异常最有用的检查,需在刚诊断川崎病时就进行,并在 2~3 周后复查。

（五）诊断及鉴别诊断

1. 诊断标准 见表9-4。

表 9-4 川崎病的诊断标准

发热5日以上，伴下列5项临床表现中4项者，排除其他疾病后，即可诊断为川崎病
(1)四肢变化：急性期掌趾红斑，手足硬性水肿，恢复期指趾端膜状蜕皮
(2)多形性红斑
(3)眼结合膜充血，非化脓性
(4)唇充血皲裂、口咽部黏膜弥漫性充血，舌乳头突起、充血，呈草莓舌
(5)颈部淋巴结肿大

注：如5项临床表现中不足4项，但超声心动图有冠状动脉损害，亦可确诊为川崎病

2. 不典型川崎病 ①诊断标准中6项不足4项，但存在冠状动脉瘤者；②诊断标准中6项只有4项，而冠状动脉壁灰度增强者，应除外其他感染性疾病；③参考项目：卡介苗接种处再现红斑、血小板增高、CRP、ESR明显增加、冠状动脉扩张或冠状动脉壁灰度增强、低蛋白血症和低钠血症。

3. IVIG 非敏感型川崎病 亦称IVIG无反应型川崎病。一般指川崎病患儿在发病10日内接受IVIG 2g/kg治疗，无论一次或分次输注48小时后体温仍高于38℃，或给药2~7日后再次发热，并符合至少一项川崎病诊断标准。

4. 鉴别诊断 川崎病的鉴别诊断包括猩红热、中毒性休克综合征、麻疹、药物的高敏反应包括Stevens-Johonson综合征、幼年型类风湿关节炎及较罕见的落基山斑疹热和钩端螺旋体病。

（六）治疗

1. 阿司匹林 每日30~50mg/kg，分2~3次服用，热退后3天逐渐减量，2周左右减至3~5mg/kg，维持6~8周。如有冠状动脉病变时，应延长用药时间，直至冠状动脉恢复正常。

2. 静脉注射丙种球蛋白（IVIG） 剂量为1~2g/kg，于8~12小时静脉缓慢输入，宜于发病早期应用，可迅速退热，预防冠状动脉病变的发生。部分患儿对IVIG效果不好，可重复使用1~2次，但1%~2%的病例仍然无效。

3. 糖皮质激素 IVIG治疗无效的患儿可考虑使用糖皮质激素治疗，但应与阿司匹林、双嘧达莫等合用。泼尼松剂量2 mg/kg，用药2~4周。单独应用糖皮质激素可促进血栓形成，易发生冠状动脉瘤和影响冠脉修复。

4. IVIG 非敏感型川崎病的治疗 针对此种情况的治疗仍有争议，目前建议：①再次使用IVIG 2g/kg，一次性输注；②在IVIG使用的基础上联合糖皮质激素加阿司匹林，或激素冲击治疗。

5. 其他治疗 对症和支持治疗。抗生素仅用于控制继发细菌感染；有心肌损害者给予ATP、辅酶A等；适当给予抗血小板聚集治疗，如双嘧达莫；严重冠状动脉病变（CAD）者可进行冠状动脉搭桥术；有CAD者需长期随访，至少每半年作1次心脏超声检查，直至CAD消失。

（七）随访及预后

川崎病为自限性疾病，只有1%~2%的病例有复发。无冠状动脉病变发生的患者，川崎病的恢复是完全的，并且没有明显的长期影响，于出院后1、3、6个月及1~2年进行一次全面检查（包括体检、心电图和超声心动图等）。有冠状动脉异常患者的预后取决于冠状动脉病变的严重程度，应更长期密切随访，每6~12个月一次。总的来说，心脏超声检查显示50%的冠状动脉瘤在发病1~2年后缓解。然而，巨大的动脉瘤缓解可能性小，且更容易导致血栓形成或冠脉狭窄。故部分心脏冠脉严重者需要手术治疗。

（李 涛）

第四节 过敏性紫癜

案例 9-4

患儿，男，6岁，因“双下肢皮肤紫癜伴腹痛3日”入院。患儿无明显诱因出现双下肢皮肤紫癜，并逐渐增多，同时有阵发性腹痛，以脐周痛为主。食欲可，大小便正常。入院查体：一般情况可，生命体征正常，双下肢膝关节以下可见对称性暗红色皮疹，高出皮面，压之不褪色，无浅表淋巴结肿大，心肺体查正常，腹部平软，脐周轻压痛，肝脾未扪及，肠鸣音正常。

【思考题】

1. 考虑主要诊断是什么？依据是什么？
2. 需要哪些关键辅助检查？

过敏性紫癜又称亨-舒综合征，是以小血管炎为主要病变的系统性血管炎。临床特点为反复皮肤紫癜不伴血小板减少，常伴关节肿痛、腹痛、便血、血尿和蛋白尿。多发生于2~8岁的儿童，男孩多于女孩。

（一）病因和发病机制

本病的病因尚未明确，一般认为与食物过敏，药物如阿司匹林、抗生素、微生物、疫苗接种、麻醉、恶性病变等有关，但无确切证据。

近年报道认为A组溶血性链球菌感染与过敏性紫癜有关。约50%过敏性紫癜患儿有链球菌性呼吸道感染史；另有报道30%过敏性紫癜肾炎患儿肾小球系膜有A组溶血性链球菌抗原（肾炎相关性血浆素

受体,NAPlr)沉积,而非过敏性紫癜肾炎的NAPlr沉积率仅为3%。但亦有研究显示链球菌性呼吸道感染史者在过敏性紫癜患儿和健康儿童间并无差别,即两者并无关联。

本病的发病与IgA介导的免疫反应有关。患儿B淋巴细胞多克隆活化,T淋巴细胞和单核细胞CD40配体(CD40L)过度表达,促进B淋巴细胞分泌大量IgA和IgE。大量IgA免疫复合物形成并沉积在全身小血管壁而致血管炎。另血清肿瘤坏死因子-α和IL-6等前炎症因子升高。本病发病有一定遗传倾向,部分患儿为HLA-DW35遗传标志或C2补体成分缺乏者。

综上所述,过敏性紫癜是一种由各种刺激因子(包括感染原和过敏原)作用于具有遗传背景的个体,激发B细胞克隆扩增,导致IgA介导的系统性血管炎。

(二)病理

过敏性紫癜的病理变化为全身性小血管炎,以毛细血管炎为主,亦可波及小静脉和小动脉。血管壁可见胶原纤维肿胀和坏死,中性粒细胞和嗜酸粒细胞浸润。浆液和红细胞外渗致间质水肿,内皮细胞肿胀,微血管可因血栓形成而堵塞管腔。病变累及皮肤、肾、关节及胃肠道,少数涉及心、肺等脏器。皮肤和肾在荧光显微镜下可见IgA为主的免疫复合物沉积。过敏性紫癜肾炎的病理改变多样:轻者可为轻度系膜增生、微小病变、局灶性肾炎,重者为弥漫增殖性肾炎伴新月体形成。

(三)临床表现

常为急性起病,以皮肤紫癜为首发症状,但少数病例以腹痛、关节炎或肾症状为首发症状。起病前1~3周常有上呼吸道感染史。可伴有不规则发热、食欲低下、乏力等全身症状。

1. 皮肤紫癜 反复出现皮肤紫癜为本病特征,主要分布于四肢及臀部,对称分布,伸侧较多,分批出现,面部及躯干部较少。初起呈紫红色斑丘疹,高出皮面,压之不褪色,数日后转为暗紫色,最终呈棕褐色而消退。少数重症患儿紫癜可融合成大疱伴出血性坏死。部分病例可伴有荨麻疹和血管神经性水肿。皮肤紫癜一般在4~6周内消退,不留痕迹,部分患儿间隔数周、数月后又复发。

2. 胃肠道症状 约2/3患儿出现胃肠道症状,一般出现在皮疹发生1周以内。以阵发性剧烈腹痛为主,常位于脐周或下腹部,疼痛,可伴呕吐,但呕血少见。部分患儿可有黑便或血便,偶见并发肠套叠、肠梗阻或肠穿孔者。由血管炎引起的肠壁水肿、出血、坏死或穿孔是产生肠道症状及严重并发症的主要原因。部分患者腹痛等胃肠道症状在皮疹之前出现,易误诊为外科急腹症。

3. 关节症状 约1/3患儿可出现膝、踝、肘、腕等大关节肿痛,活动受限。关节腔有浆液性积液,但一般无出血,可在数日内消失,不留后遗症。

4. 肾症状 30%~60%病例有肾受损的临床表现。可为肉眼血尿或镜下血尿,蛋白尿和管型等。肾症状可发生于过敏性紫癜病程的任何时期,但多发生于起病1个月内,少数则以肾炎作为首发症状。症状轻重不一,与肾外症状的严重度无一致性关系。可呈紫癜性肾炎或肾病综合征表现。虽然有些患儿的血尿、蛋白尿持续数月甚至数年,但大多数都能完全恢复,少数发展为慢性肾炎,死于慢性肾衰竭。

5. 其他表现 偶可发生颅内出血及其他出血倾向,包括鼻出血、牙龈出血、咯血、睾丸出血等。此外可累及循环系统发生心肌炎和心包炎,累及呼吸系统发生喉头水肿、哮喘和肺出血等。

(四)辅助检查

本病尚无特异性实验室检查,以下试验有助于了解病程和并发症。

(1)血常规:白细胞正常或增加,中性和嗜酸粒细胞可增高;除非严重出血,一般无贫血。血小板计数正常甚至升高,出血和凝血时间正常,血块退缩试验正常,部分患儿毛细血管脆性试验阳性。

(2)尿常规:可有红细胞、蛋白、管型,重症有肉眼血尿。

(3)大便隐血试验阳性。

(4)血沉轻度增快,血清IgA升高,IgG和IgM正常,亦可轻度升高;C3、C4正常或升高;抗核抗体及RF阴性;重症血浆黏度增高。

(5)其他:腹部超声波检查主要有利于肠套叠的早期诊断,肾症状较重和迁延者可行肾穿刺以了解病情给予相应治疗和预后判断。

(五)诊断和鉴别诊断

典型病例诊断不难,若临床表现不典型,皮肤紫癜未出现时,容易误诊为其他疾病,需与特发性血小板减少性紫癜、风湿性关节炎、败血症、其他肾疾病和外科急腹症等鉴别。

(六)治疗

1. 一般治疗 急性期卧床休息,要注意营养,并保证液体和电解质平衡。如有明显感染,应给予有效抗生素。有荨麻疹或血管神经性水肿时,应用抗组胺药物和钙剂。腹痛时应用解痉剂,消化道出血时应禁食,并给予止血等对症治疗,必要时输血。

2. 糖皮质激素和免疫抑制剂 单纯皮肤或关节病变时,无须使用糖皮质激素。主要用于急性期腹痛、消化道出血和明显关节痛及并发肾损害患儿。泼尼松每日1~2mg/kg,分次口服,或用地塞米松0.3~0.5mg/kg、甲泼尼龙每日5~10mg/kg静脉滴注,症状缓解后即可停用。重症过敏性紫癜肾炎可加用免疫抑制剂如环磷酰胺、硫唑嘌呤或雷公藤总苷片。

3. 抗凝治疗 ①阿司匹林每日3~5mg/kg,或每日25~50mg,每日一次服用;双嘧达莫每日3~5mg/kg,分次服用;②肝素0.5~1mg/kg,加入生理盐水100ml中静脉滴注,每日1次,连续5日,或肝素钙10U/kg,皮下注射,每日2次,连续7日;③尿激酶每日1000~3000U/kg静脉滴注。

4. 其他 对严重病例可用大剂量丙种球蛋白治疗,对急进性肾炎可进行血浆置换疗法。

(七)预后

本病为自限性疾病,多数预后良好,病程一般1~2周至1~2个月,少数可长达数月或一年以上。肾病变常较迁延,可持续数月或数年,少数病例发展为持续性肾疾病,极个别病例发生肾功能不全。

(谭建新)

Chapter IX Rheumatic Diseases

Rheumatic Fever

Rheumatic fever is an acute or chronic autoimmune connective tissue disease. It is caused by an abnormal autoimmune response to group A streptococcal (GAS) pharyngitis. It mainly affects children aged between 5 and 15 years.

Etiology and pathogenesis

Group A β-hemolytic streptococcal infection is the predisposing factor. Autoimmune reactions lead to damage to human connective tissues of various organs.

Clinical manifestations

- General manifestations: Fever, malaise, loss of appetite, anemia.
- Polyarthritis: Affecting the large joints in a migratory fashion, lasting less than 4 weeks without deformities.
- Pancarditis: Pericarditis, myocarditis causing heart failure, endocarditis affecting the left-sided valves leading to murmurs.
- Erythema marginatum: Pink macules on the trunk and limbs in a minority of cases.
- Subcutaneous nodules: On the extensor surfaces in a minority of cases.
- Sydenham's chorea.

Investigations

- Elevated erythrocyte sedimentation rate (ESR) and C-reactive protein (CRP).
- Elevated antistreptolysinO titer (ASO).
- Throat swab culture: It can provide evidence for streptococcal infection, but often negative at the time of presentation.
- Electrocardiography (ECG): Prolonged P-R interval.
- Echocardiography: Evidence of carditis and valve damage.

Diagnosis and differential diagnosis

The diagnosis is clinical and based on the modified version of Jones criteria (Table 9-1). Diagnosis requires evidence of preceding infection together with two major or one major and two minor criteria.

Table 9-1 Jones criteria for diagnosis of rheumatic fever

Major criteria	Minor criteria	Evidence of GAS infection
Carditis	Fever	Elevated ASO titer
Arthritis	Arthralgia	Positive throat swab culture
Chorea	Prolonged P-R interval on ECG	
Erythema marginatum	Elevated CRP and ESR	
Subcutaneous nodules		

Juvenile arthritis, acute suppurative arthritis, acute leukemia, infective endocarditis and viral myocarditis should be differentiated.

Treatment

- Bed rest: 2 weeks for patients without carditis, 4 weeks for patients with carditis but no heart failure, 8 weeks for patients with heart failure.
- Antibiotics, like penicillin or erythromycin, are used for 2 weeks to eradicate the infection.
- Aspirin is used for patients without carditis to suppress fever and arthritis. The duration is about 4 to 8 weeks.
- Steroids are used for patients with severe carditis and heart failure. The duration is about 8 to 12 weeks.
- Management of heart failure.

Prognosis and prevention

Prognosis of rheumatic fever depends on the severity of carditis. Rheumatic valvular disease is the most common form of long-term damage.

Benzathine penicillin should be given monthly for at least 5 years to prevent recurrent attacks of streptococcal infection.

Juvenile Idiopathic Arthritis

Juvenile idiopathic arthritis (JIA) is a common

rheumatic disease of children and a major cause of chronic disability. It is characterized by a synovitis of the peripheral joints, manifesting as soft tissue swelling and effusion. In some cases, it is accompanied by multiorgan injury.

Etiology and pathogenesis

The etiology of JIA is still unknown. At least two necessary events are postulated: immunogenetic susceptibility and an external, presumably environmental, trigger.

JIA is an autoimmune disease associated with alterations in both humoral and cell-mediated immunity.

Clinical manifestations

- Arthritis: Involved joints are often swollen, warm to touch, and painful on movement or palpation, with reduced range of motion but usually are not erythematous.
- Fever: The characteristic fever is a type of remittent fever, and it lasts for at least 2 weeks.
- Hepatosplenomegaly, lymphadenopathy.
- Rash: The classic rash is nonpruritic and migratory, with lesions lasting <1 hour, and it occurs when the fever is highest.

Investigations

- Hematologic abnormalities such as elevated white blood cell and platelet counts and decreased hemoglobin concentration, elevated ESR and CRP, a low platelet count.
- Elevated antinuclear antibody (ANA) titers and rheumatoid factor (RF) seropositivity.
- Radiographic changes such as soft tissue swelling, regional osteoporosis, periosteal new-bone apposition around affected joints, and subchondral erosions and narrowing of cartilage space.
- MRI studies may be helpful to evaluate both joint and soft tissues and are more sensitive to early, minimal changes than plain radiography.

Diagnosis

JIA is a clinical diagnosis of exclusion, with many mimics and without diagnostic laboratory tests.

- Age at onset: <16 years.
- Arthritis (swelling or effusion, or the presence of two or more of the following signs: limitation of range of motion, tenderness or pain on motion, increased heat) in ≥ 1 joints.
- Duration of disease: ≥6 weeks.

Various type defined by the type of articular involvement in the first 6 months after onset.

- Polyarthritis: ≥5 inflamed joints.
- Oligoarthritis: ≤4 inflamed joints.
- Systemic disease: arthritis with rash and a characteristic quotidian fever.
- Exclusion of other forms of juvenile arthritis.

Treatment

- Nonsteroidal anti-inflammatory drugs (NSAIDs).
- Immune inhibitors, such as glucocorticosteroid, azathioprine and cyclophosphamide.
- Anti-metabolism drugs like methotrexate.
- Biologics like etanercept or infliximab.

Prognosis

Different types of onset and course subtype have different prognosis. About 45% of JIA patients have active disease persisting into early adulthood, often with severe limitations of physical function.

Kawasaki Disease

Kawasaki disease (KD) or mucocutaneous lymph node syndrome is an acute, febrile, exanthematous disease that generally occurs in children under the age of 5 years. Early diagnosis is important because early treatment may prevent the lethal cardiac complications.

Etiology

The etiology of KD remains unknown. Infection may be the predisposing factor.

Clinical manifestations

The main manifestations are as follows.

- Fever: Antibiotic therapy may have been initiated for other diagnosis, but fever persists at least 5 days.
- Bilateral nonexudative painless bulbar conjunctival injection.
- Changes in extremities: Erythema of palms, soles and edema of hands, feet during acute phase; periungual peeling of fingers, toes occurring within 2-3 weeks of the onset of fever.
- Changes in lips and oral cavity: Erythema, lip cracking, strawberry tongue, diffuse injection of oral and pharyngeal mucosa.

- Polymorphous rash (not vesicular): The rash is usually generalized but may be limited to the groin or lower extremities.
- Nonpurulent cervical lymphadenopathy: It is characteristically unilateral, located in the anterior cervical triangle and may be greater than 1.5 cm in diameter.
- Cardiac manifestations: Cardiovascular lesions include coronary aneurysms and other rarer lesions, which occur in the course of 1 to 6 weeks. In addition, pericarditis, myocarditis, endocarditis and arrhythmia may occur in patients with KD.
- Other clinical features include pneumonitis, aseptic meningitis, diarrhea, vomiting, hepatic enlargement, jaundice, arthralgia or arthritis, etc.

Investigations

- Leukocytosis with neutrophilia and immature forms, thrombocytosis after 1 week.
- Elevated ESR, CRP, serum transaminase.
- Elevated serum IgG, IgM, IgA, IgE.
- On ECG, tachycardia, prolonged P-R interval, ST-T wave changes, and decreased voltage of R waves may indicate myocarditis. Q waves or ST-T wave changes may indicate myocardial infarction.
- Chest X-ray shows course lung markings or patchy shadows, and may show expansion of the heart shadow.
- Echocardiography is the study of choice to detect coronary artery aneurysms (CAAs).
- Cardiac angiography provides a more detailed study of the arteries.

Diagnosis and differential diagnosis

Diagnostic criteria for KD

The diagnosis is confirmed by the presence of fever for at least 5 days and four of the five criteria including: changes of extremities, changes of lips and oral cavity, bilateral conjunctival injection, cervical lymphadenopathy rash.

Partial, atypical or incomplete KD

A diagnosis of incomplete KD is made in patients who lack sufficient clinical signs of the disease to fulfill the diagnostic criteria. When an inflammatory disorder does not meet the clinical case definition, an echocardiogram documenting coronary artery abnormalities may confirm the diagnosis of Kawasaki syndrome.

Differential diagnosis

These diseases, such as toxic shock syndrome, scarlet fever, septicemia, juvenile rheumatoid arthritis, should be differentiated.

Treatment

- Aspirin: High-dose aspirin [30 to 50 mg/(kg · d) in three equally divided doses] is administered initially for its anti-inflammatory effect. Low-dose aspirin [3 to 5 mg/(kg · d), given as a single dose] should be continued until 6 to 8 weeks after disease onset if there are no coronary artery abnormalities.
- Intravenous immunoglobulin: Intravenous immunoglobulin (IVIG) is administered at 2g/kg as a single infusion over 10 to 12 hours.
- Steroids: It is still controversial. It is recommended when the IVIG is not effective.
- Antiplatelet agents: Heparin, warfarin, etc.

Follow-up

KD is usually self-limited. Echocardiography is repeated at intervals during the first year or before the coronary aneurysms disappear.

Anaphylactoid Purpura

Anaphylactoid purpura, or Henoch-Schonlein purpura (HSP), is an immunoglobulin A (IgA)-mediated, small-vessel vasculitis that predominantly affects children. It is characterized by a generalized vasculitis involving the small vessels of the skin, gastrointestinal (GI) tract, kidneys, joints, and, rarely, the lungs and central nervous system.

Etiology

The etiology of HSP remains unknown. In most cases, HSP occurs after a child has had a bacterial or viral infection of the upper respiratory tract (sinuses, throat or lungs).

Clinical manifestations

- Purpura: It tends to appear symmetrically in the lower extremities and buttocks of both sides.
- Joints (knees, ankles, wrists): Tenderness and edema are periarticular.

- Gastrointestinal features: Paroxysmal abdominal pain, bleeding, even intussusception, bowel infarction, and perforation.
- Kidney damage: It develops in 30%-60% of cases. Proteinuria and hematuria are the most common signs. 5% of patients develop end-stage renal disease.

Investigations

- A complete blood count usually reveals a leukocytosis with a left shift, possibly eosinophilia, and a normal or increased platelet count. Hemoglobin and/or hematocrit values may be normal or decreased secondary to bleeding.
- Urinalysis usually shows hematuria, proteinuria and occasional red cell casts.
- A heme-positive stool is the primary finding on GI examination.
- Blood urea nitrogen and creatinine levels may be increased in the presence of renal involvement.
- Amylase and lipase levels may be elevated in patients with pancreatitis.
- Additional laboratory tests that can be helpful in narrowing the differential diagnosis include the following: assessment of ASO titer, monospot test.
- Ultrasonography may be helpful for evaluating intussusception and appendicitis.

Diagnosis and differential diagnosis

It is easy to make a diagnosis according to the above clinical features, such as a typical purpura, joint tenderness, and a normal or increased platelet count.

It should be differentiated from the following diseases: idiopathic thrombocytopenic purpura, surgical cases such as intussusception and appendicitis, rheumatic arthritis, septicemia, etc.

Treatment

- General therapy: Bed rest, eradicating infection, antihistamine treatment, antispasmodic treatment.
- Steroids or immuosuprresant therapy: Steroids is used in severe cases. Immunosuppressive drug is used for the patients with renal damage.
- Anticoagulant therapy: Heparin, urokinase, aspirin, etc.
- Symptomatic therapy includes antihypertensives, etc.

（杨作成）

第十章 感染性疾病

第一节 病毒感染

一、麻　疹

案例 10-1

患儿,男,1 岁。因"发热、咳嗽、流涕 5 日、皮疹 1 日"入院。查体:T 40℃,营养中等,神志清,精神差,耳后、发际可见红色斑丘疹,呈充血性,疹间皮肤正常,无痒感,双眼睑结膜充血,咽充血,双侧扁桃体Ⅰ度肿大,颈软,无抵抗,呼吸急促,肺部可闻及较多干、湿性啰音。心率 120 次/分,心律齐,心音可,未闻杂音。腹软,无压痛,肝脾肋下未扪及,双下肢无水肿,病理征阴性。胸部 X 线:可见肺纹理增多或轻重不等弥漫性肺部浸润。

【思考题】

1. 简述麻疹皮疹特点及其发病机制。
2. 为了明确诊断请列举必要的辅助检查及其临床意义。
3. 请列举常见发热出疹性疾病及其特点。

麻疹(measles)是由麻疹病毒引起的已知最具传染性的呼吸道疾病之一,临床上以咳嗽、流涕、结膜炎、麻疹黏膜斑(Koplik's spots)、全身斑丘疹及疹退后遗留色素沉着伴糠麸样脱屑为特征。多见于 6 个月~5 岁小儿。

(一) 病因及流行病学

麻疹病毒属副黏液病毒科,球形颗粒,6 种结构蛋白组成。仅一种血清型,抗原性稳定。人是其唯一宿主。病毒外界生存能力弱,阳光照射或流通空气中 20 分钟即失去致病力,对紫外线和消毒剂敏感。

麻疹患者是唯一传染源,病毒主要通过喷嚏、咳嗽和说话等飞沫传播,密切接触者也可通过污染的手传播。人群普遍易感,患病后免疫力持久,大多终身免疫。

(二) 发病机制及病理

麻疹病毒侵入呼吸道黏膜后,在局部繁殖,感染后第 2~3 日,少量病毒可释放入血引起第一次病毒血症。继之病毒在单核-巨噬细胞系统复制,于感染后第 5~7 日,大量病毒释放入血,引起第二次病毒血症,导致其他器官受累。如脾、胸腺、肺、肝、肾、消化道黏膜、结膜和皮肤,引起广泛性损伤而出现一系列临床表现。

多核巨细胞是麻疹的病理特征。主要分布于皮肤、淋巴组织、呼吸道及消化道黏膜及眼结膜。真皮和黏膜下层毛细血管内皮细胞充血、水肿、增生、单核细胞浸润并有浆液性渗出而形成皮疹和麻疹黏膜斑。由于皮疹处红细胞裂解,故疹退后形成棕色色素沉着。亚急性硬化性全脑炎(subacute sclerosing panencephalitis,SSPE)患者大脑皮质和白质变性,细胞内可见包涵体。

(三) 临床表现

近年疫苗的应用,麻疹的临床表现十分不规律,临床上可有以下几种情况。

1. 典型表现

(1) 潜伏期:多为 6~18 日(平均 10 日左右)。该期可有低热、全身不适。

(2) 前驱期:常持续 3~4 日。主要表现为上呼吸道及眼结合膜感染症状,如发热、流涕、结膜充血、眼睑水肿、畏光、流泪等明显的眼、鼻卡他症状。麻疹黏膜斑(Koplik's spots):于病后 2~3 日见于第二磨牙相对的颊黏膜上,直径为 0.5~1.0 mm 的灰白色小点,周围有红晕,常在 1~2 日内迅速增多,可累及整个颊黏膜及唇部黏膜,于出疹后逐渐消失,可留有暗红色小点,是麻疹早期特征性体征。部分患者可有头痛、呕吐、腹泻等非特异症状。

(3) 出疹期:常在发热 3~4 日后出疹,该期发热、呼吸道症状达到高峰。出疹顺序于耳后、发际,渐及额、面、颈部,自上而下蔓延至躯干、四肢,最后达手掌与足底(图 10-1)。皮疹初为淡红色斑丘疹,呈充血性,压之褪色,疹间皮肤正常,无痒感。继后转暗红色,可融合成片。该期肺部可闻及干、湿性啰音,X 线检查可见肺纹理增多或轻重不等弥漫性肺部浸润。

(4) 恢复期:若无并发症发生,出疹 3~4 日后发热开始减退,食欲、精神等全身症状逐渐好转,皮疹按出疹的先后顺序消退,疹退后皮肤有棕色色素沉着伴糠麸样脱屑,一般 7~10 日痊愈。

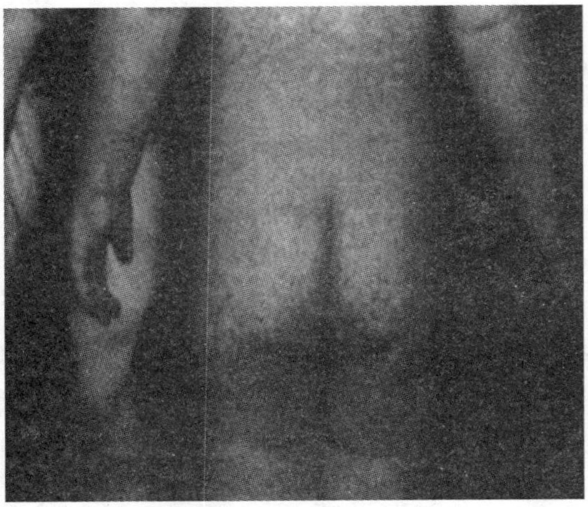

图 10-1　全身特异性斑丘疹

2. 非典型麻疹

（1）轻型麻疹：多见于具有部分免疫者，如潜伏期内接受过丙种球蛋白或 8 个月以下有母亲被动抗体的婴儿。主要表现为发热，轻度眼、鼻卡他等上呼吸道症状，麻疹黏膜斑不典型或不出现，皮疹稀疏、色淡，消失快，疹退后无色素沉着或脱屑，无并发症，病程在 1 周左右。

（2）重型麻疹：主要见于全身状况差，免疫力低下或继发严重感染者。体温持续 40℃以上，起病急，中毒症状重，可伴惊厥，昏迷。皮疹密集融合，呈紫蓝色出血性皮疹者常伴有黏膜和消化道出血，或咯血、血尿、血小板减少等，称为黑麻疹，可能是 DIC 的一种形式。部分患者疹出不透、色暗淡，或皮疹骤退、四肢冰冷、血压下降出现循环衰竭表现。此型患儿常有肺炎、心力衰竭等并发症。

（3）异型麻疹（非典型麻疹综合征）：较少见，主要见于接种过麻疹灭活疫苗而再次感染麻疹者。表现为高热、乏力、肌痛、头痛或伴四肢水肿等，多无麻疹黏膜斑，皮疹不典型，呈多样性，出疹顺序可从四肢远端开始延及躯干、面部。易发生肺炎。

（四）并发症

1. 肺炎　是麻疹最常见的并发症，占死因的 90% 以上。常见于 5 岁以下小儿，可发生于麻疹过程中各个时期，由麻疹病毒本身引起的间质性肺炎多不严重，常在出疹及体温下降后消退。继发性肺炎病原体多为细菌性，部分为病毒性，多见腺病毒。多种病原体混合感染。主要见于重度营养不良或免疫功能低下的小儿，临床症状较重，预后较差。

2. 喉炎　常见于 2～3 岁以下小儿，常为继发细菌感染所致。麻疹患儿常有轻度喉炎表现。如并发细菌感染时喉部组织明显水肿，分泌物增多，临床可表现为声音嘶哑、犬吠样咳嗽、吸气性呼吸困难及三凹征，轻者伴随体温下降，症状逐渐消失，严重者因喉梗阻而窒息死亡。

3. 心肌炎　常见于营养不良和并发肺炎的小儿。轻者仅有心音低钝、心率增快和一过性心电图改变，重者可出现心力衰竭、心源性休克。

4. 脑炎　发病率为 1‰～2‰，发生于出疹后的 2～6 日，其临床表现及脑脊液改变与病毒性脑炎相似。轻重与麻疹轻重无关。多数可恢复，重者可出现智能障碍、瘫痪、癫痫等神经系统后遗症。

5. 亚急性硬化性全脑炎　发病率为 1/100 万～4/100 万，是少见的麻疹远期并发症，病理变化主要为脑组织慢性退行性病变。大多在患麻疹 2～17 年后发病，临床上表现为逐渐出现智力障碍、行为和情绪改变，共济失调、视听障碍、语言障碍及癫痫发作等。晚期因昏迷、强直性瘫痪而死亡。

（五）辅助检查

1. 血常规　血白细胞总数减少，淋巴细胞相对增多。

2. 多核巨细胞检查　出疹前 2 日至出疹后 1 日，取鼻、咽分泌物或尿沉渣涂片，瑞氏染色后直接镜检，可见多核巨细胞或包涵体细胞，阳性率较高。

3. 血清学检查　采用酶联免疫吸附试验（ELISA 法）进行麻疹病毒特异性 IgM 抗体检测，敏感性和特异性均好，出疹早期可出现阳性。

4. 病毒抗原检测　免疫荧光法检测鼻咽部分泌物或尿沉渣脱落细胞中麻疹病毒抗原，可协助早期诊断。用 PCR 法检测麻疹病毒 RNA。

5. 病毒分离　前驱期或出疹初期取血、尿或鼻咽分泌物接种人胚肾细胞或羊膜细胞进行麻疹病毒分离。出疹晚期则较难进行病毒分离。

（六）诊断和鉴别诊断

根据流行病学资料、麻疹接触史、急性发热、上呼吸道卡他症状、口腔麻疹黏膜斑、皮疹特点等，可临床诊断。麻疹病毒血清 IgM 抗体阳性或分离到麻疹病毒可确诊。鉴别诊断包括各种发热、出疹性疾病（表 10-1）。

（七）治疗

目前无特异抗病毒治疗，主要为对症治疗、加强护理和预防并发症。

1. 一般治疗　卧床休息，保持适当温度、湿度及空气流通，有畏光症状者避免强光刺激。注意皮肤和眼、鼻、口腔清洁卫生。给予易消化并营养丰富的食物。

表 10-1 小儿出疹性疾病的鉴别诊断

	病原	全身症状及其特征	皮疹特点	发热与皮疹关系
麻疹	麻疹病毒	呼吸道卡他性症状,结膜炎,发热第 2~3 日口腔麻疹黏膜斑	红色斑丘疹,自头面→颈→躯干→四肢,退疹后有色素沉着及细小脱屑	发热 3~4 日后出疹出疹期为发热高峰期
风疹	风疹病毒	全身症状轻,耳后、枕部淋巴结肿大并触痛	面部→躯干→四肢,斑丘疹,疹间皮肤正常,退疹后无色素沉着及细小脱屑	发热半日至 1 日后出疹
幼儿急疹	人疱疹病病毒 6 型	一般情况可,高热时可有惊厥,耳后枕部淋巴可肿大,常伴轻度腹泻	红色细小密集斑丘疹,头面颈及躯干部多见,四肢较少,一日出齐,次日开始消退	高热 3~5 日,热退疹出
肠道病毒	柯萨奇病毒或埃可病毒	发热、咽痛、流涕、结膜炎、全身或颈部淋巴结肿大	散在斑丘疹,融合少,1~3 日消退,不脱屑,有时有紫癜样或水疱样皮疹	发热时或热退后出疹
药物疹		原发症状	皮疹痒感,摩擦及受压部位多,斑丘疹、猩红热样皮疹、荨麻疹	发热多为原发病引起,有服药史
猩红热	乙型溶血性链球菌	高热、中毒症状,咽峡炎,杨梅舌,环状苍白圈、扁桃体炎	皮肤弥漫充血,上有密集针尖样丘疹,持续 2~3 日退疹伴片状蜕皮	发热 1~2 日出疹,出疹时高热

2. 对症治疗 高热时酌情使用小剂量退热药,应避免急骤退热,尤其在出疹期。惊厥时可给予镇静剂。频繁剧咳可选用镇咳剂或雾化吸入。继发细菌感染予以抗生素。注意保持水电解质及酸碱平衡。

3. 并发症治疗 根据并发症的发生,给予相应有效治疗。

(八)预防

对易感者接种麻疹疫苗,提高人群免疫力是预防麻疹的关键。

1. 控制传染源 对麻疹患者要做到早发现、早报告、早隔离、早治疗。一般隔离至出疹后 5 日,合并肺炎者延长至出疹后 10 日。对接触麻疹的易感儿应隔离检疫 3 周,并给予被动免疫。

2. 切断传播途径 易感儿童避免去人群密集的场所。患者停留过的房间应通风并用紫外线照射消毒,患者衣物应在阳光下暴晒。无并发症的轻症患儿可在家中隔离,以减少传播和继发医院内感染。

3. 主动免疫 采用麻疹减毒活疫苗预防接种。按儿童计划免疫程序规定出生 8 个月为麻疹疫苗的初种年龄,7 岁要完成第 2 次接种。

4. 被动免疫 对体弱多病儿和婴幼儿,未接种过麻疹预防接种者。若在接触麻疹后 5 日内给予免疫血清球蛋白 0.25ml/kg 可预防发病。若使用量不足或接触麻疹 5 日以后使用,仅可减轻症状。被动免疫只能维持 3~8 周,以后应采取主动免疫。

5. 加强麻疹的监测管理 针对麻疹疑似病例要注意进行流行病学调查和必要的实验室检查,及时报告并采取针对性措施进行隔离观察,预防和控制疫情的发生和蔓延。

二、手足口病

案例 10-2

患儿,男,2 岁。因"发热、咳嗽 3 日,发现皮疹 1 日"入院。查体:T 38.6℃,营养中等,神志清,精神差,颊黏膜、内唇和硬腭部可见斑丘疹及疱疹,咽充血,双侧扁桃体Ⅰ度肿大。手、足、臀部、肛周部位出现圆或椭圆形、扁平凸起、米粒大小斑丘疹或疱疹。疱疹周围可有炎性红晕,疱内液体较少,无化脓、结痂。全身浅表淋巴结未扪及肿大,颈软,无抵抗,双肺呼吸音清。心率 120 次/分,心律齐,心音可,未闻杂音。肝脾肋下未扪及,双下肢无水肿,病理征阴性。血常规:WBC 10.2×10^9/L,N 30.2%,L 60.3%,Hb 105g/L,Plt 200×10^9/L。

【思考题】

1. 简述手足口病皮疹特点及其发病机制。
2. 为了明确诊断请列举必要的辅助检查。
3. 手足口病的治疗与预防。

手足口病(hand-foot-mouth disease,HFMD)是由多种人肠道病毒引起的常见传染病,婴幼儿多发。以发热和手、足、口腔等部位的皮疹为主要临床表现，多数为轻症，个别病情进展快，导致脑干脑炎及神经源性肺水肿而死亡。

（一）病因及流行病学

HFMD 的病原体主要为肠道病毒群、小 RNA 病毒科的柯萨奇病毒、埃可病毒及新型肠道病毒，其中以柯萨奇病毒 A 组 16 型（Cox A16）和肠道病毒 71 型（EV71）最为常见。肠道病毒能在湿、热的环境下生存并传播，对乙醚、去氯胆酸盐等不敏感，75% 乙醇溶液亦不能将其灭活，对紫外线及干燥敏感。各种氧化剂（高锰酸钾、漂白粉等）、甲醛、碘酒能灭活病毒。病毒在 56℃可被迅速灭活，4℃可存活 1 年，在外环境中病毒可长期存活。

人类是人肠道病毒的唯一宿主，患者和隐性感染者均为本病的传染源。发病前数日，感染者咽部和粪便可检出病毒。本病主要通过粪-口途径传播，也可因接触患者呼吸道分泌物、疱疹液及污染的物品而感染。人对人肠道病毒普遍易感，不同年龄均可发病，但以 5 岁以下儿童为主，尤其是婴幼儿。

（二）临床表现

根据临床病情的轻重程度，可分为典型病例和重症病例。

1. 典型病例 潜伏期为 2～10 日，平均 3～5 日，急性起病，发热，多在 38℃左右，可伴或不伴有呼吸道、消化道症状。患儿手、足、口、臀 4 个部位可出现斑丘疹及疱疹，皮疹具有不痛、不痒、不结痂、不结疤的四不特征。疱疹圆或椭圆形、扁平凸起、米粒大小，周围有炎性红晕，疱内液体较少（图 10-2）。水疱和皮疹通常在 1 周内消退。病程一般为 7～10 日。

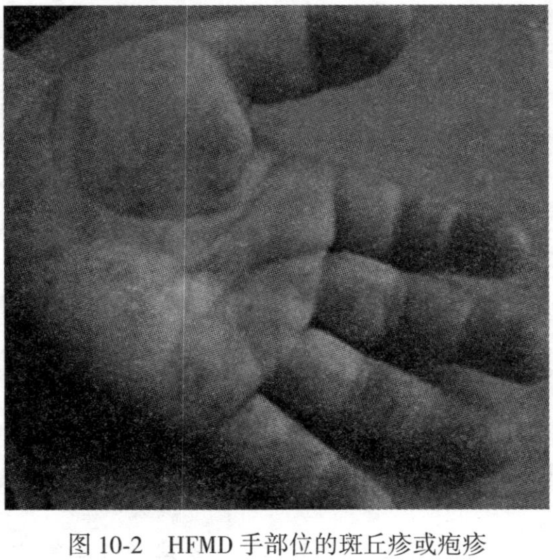

图 10-2 HFMD 手部位的斑丘疹或疱疹

2. 重症病例 少数病例（尤其是小于 3 岁者）病情进展迅速，在发病 1～5 日出现脑膜炎、脑炎、脑脊髓炎、肺水肿、循环障碍等，极少数病例病情危重，可致死亡，存活病例可留有后遗症。

（1）神经系统表现：患儿持续高热，出现中枢神经系统损害表现，如精神萎靡、嗜睡、易惊、头痛、呕吐、谵妄甚至昏迷；肢体抖动，肌阵挛、眼球震颤、共济失调、眼球运动障碍；无力或急性弛缓性麻痹；惊厥。查体可见脑膜刺激征，腱反射减弱或消失，病理征阳性。

（2）呼吸系统表现：呼吸浅促、呼吸困难或节律改变，口唇发绀，咳嗽，咳白色、粉红色或血性泡沫样痰液，肺部可闻及湿啰音。

（3）循环系统表现：面色苍灰、皮肤花纹、四肢发凉，指（趾）发绀，出冷汗，毛细血管再充盈时间延长。心率增快或减慢，持续血压下降。

3. 重症病例临床分期 根据发病机制和临床表现，将 EV71 感染分为 5 期。

第 1 期（手足口出疹期）：普通病例。

第 2 期（神经系统受累期）：中枢神经系统损害表现，重型病例。

第 3 期（心肺功能衰竭前期）：危重型。

第 4 期（心肺功能衰竭期）：危重型，死亡率高。

第 5 期（恢复期）：逐渐恢复，少数可留有后遗症。

（三）辅助检查

1. 血常规 多数患者白细胞计数正常或偏高，分类淋巴细胞增高，中性粒细胞降低。

2. 血生化检查 部分病例可有轻度谷丙转氨酶（ALT）、谷草转氨酶（AST）、肌酸激酶同工酶（CK-MB）升高，病情危重者肌钙蛋白（cTnI）、血糖升高。

3. 血气分析 呼吸系统受累时可有 PaO_2 降低、$TcSO_2$ 下降，$PaCO_2$ 升高，酸中毒。

4. 脑脊液检查 外观清亮，压力增高，白细胞计数增多（危重病例多核细胞可多于单核细胞），蛋白正常或轻度增多，糖和氯化物正常。

5. 影像学检 X 线胸片可见双肺纹理增多，网格状、点片状或大片状阴影，少数病例以单侧为主，快速进展为双侧大片阴影；磁共振可见以脑干、脊髓灰质损害为主。

6. 脑电图 少数病例可表现为弥漫性慢波，少数可出现棘（尖）慢波。

7. 心电图 无特异性改变。可见窦性心动过速或过缓，ST-T 改变。

8. 病原学相关检测 急性期与恢复期血清 Cox-A16、EV71 等肠道病毒中和抗体有 4 倍以上的升高可确诊。有条件者也可用分子生物学技术在咽、气道分泌物、疱疹液、粪便中检测 CoxA16、EV71 等肠道病毒特异性核酸。

（四）诊断标准

1. 临床诊断病例

（1）在流行季节发病，常见于学龄前儿童，婴幼儿多见。

（2）发热伴手、足、口、臀部皮疹，部分病例可无发热。

极少数重症病例皮疹不典型，临床诊断困难，需结合病原学或血清学检查做出诊断。无皮疹病例，临床不宜诊断为手足口病。

2. 确诊病例 临床诊断病例具有下列之一者即可确诊。

（1）肠道病毒（CoxA16、EV71 等）特异性核酸检测阳性。

（2）分离出肠道病毒，并鉴定为 CoxA16、EV71 或其他可引起手足口病的肠道病毒。

（3）急性期与恢复期血清 CoxA16、EV716 或其他可引起手足口病的肠道病毒中和抗体有 4 倍以上的升高。

3. 小儿危重患者的早期 发现具有以下特征的患者，有可能在短期内发展为危重病例，应密切观察病情变化，进行必要的辅助检查，有针对性地做好救治工作。

（1）年龄<3 岁。

（2）持续高热不退。

（3）出冷汗、末梢循环不良。

（4）呼吸急促或呼吸困难，节律不规整，闻及湿啰音，胸片异常在短期内明显加重。

（5）意识障碍严重或迅速加重、易惊、抽搐、肢体抖动或无力、呕吐。

（6）心率明显增快，高血压或低血压。

（7）外周血白细胞计数明显增高。

（8）血糖（>8.25mmol/L）。

（五）鉴别诊断

1. 其他儿童发疹性疾病 手足口病普通病例需要与丘疹性荨麻疹、水痘、不典型麻疹、幼儿急疹、带状疱疹等鉴别。可根据流行病学特点、皮疹特点、有无淋巴结肿大及伴随症状等进行鉴别，以皮疹形态及部位最为重要。最终可依据病原学和血清学检测进行鉴别。

2. 其他病毒所致脑炎或脑膜炎 重症手足口病需与由其他病毒如单纯疱疹病毒、巨细胞病毒（CMV）、呼吸道病毒等引起的脑炎、脑膜炎相鉴别。对皮疹不典型者，应根据流行病学史尽快留取标本进行肠道病毒，尤其是 EV71 的病毒学检查，结合病原学或血清学检查做出诊断。

3. 脊髓灰质炎 重症手足口病合并急性弛缓性瘫痪（AFP）时需与脊髓灰质炎鉴别。后者主要表现为双峰热，病程第 2 周退热前或退热过程中出现弛缓性瘫痪，病情多在热退后到达顶点，无皮疹。

4. 肺炎 重症手足口病可发生神经源性肺水肿，应与肺炎鉴别。肺炎主要表现为发热、咳嗽、呼吸急促等呼吸道症状，一般无皮疹，无粉红色或血性泡沫痰；胸片加重或减轻均呈逐渐演变，可见肺实变病灶、肺不张及胸腔积液等。

5. 暴发性心肌炎 暴发性心肌炎无皮疹，有严重心律失常、心源性休克、阿斯综合征发作表现，心肌酶谱多有明显升高，胸片或心脏彩超提示心脏扩大，心功能异常恢复较慢。

（六）治疗

1. 普通病例

（1）一般治疗：加强隔离，避免交叉感染。适当休息，清淡饮食，做好口腔和皮肤护理。

（2）对症治疗：发热、呕吐、腹泻等给予相应处理。

2. 重症病例

（1）神经系统受累治疗

1）控制颅内高压：限制入量，积极给予甘露醇降颅压治疗，必要时加用呋塞米。

2）酌情应用糖皮质激素治疗，参考剂量：甲泼尼龙 1~2mg/（kg·d）；氢化可的松 3~5mg/（kg·d）；地塞米松 0.2~0.5mg/（kg·d），病情稳定后，尽早减量或停用。少数病例进展快、病情凶险可考虑加大剂量，如在 2~3 日内给予甲泼尼龙 10~20mg/（kg·d）（单次最大剂量不超过 1g）或地塞米松 0.5~1.0mg/（kg·d）。

3）酌情应用大剂量静脉注射免疫球蛋白，总量 2g/kg，分 1~2 日给予。

4）其他对症治疗：降温、镇静、止惊。严密观察病情变化，密切监护。

（2）心肺衰竭治疗：①保持呼吸道通畅，吸氧；②监测呼吸、心率、血压和 $TcSO_2$；③呼吸功能障碍时，参考相关章节；④保护重要脏器功能，维持内环境的稳定。

3. 恢复期治疗 ①促进各脏器功能恢复；②功能康复治疗；③中西医结合治疗。

（七）预防

手足口病目前尚无特异性预防方法。患儿应进行隔离。流行期间，家长应尽量少让孩子到拥挤的公共场所，预防感染。医院应加强预防，设立专门诊室，严防交叉感染。

三、流行性腮腺炎

案例 10-3

患儿，女，8 岁。因"发热头痛 3 日、左耳周肿痛 2 日"入院。体查：T 38.5℃，营养中等，神志清，精神欠佳，全身皮肤无黄染及出血点，浅表淋巴结未及，咽稍充血，双侧扁桃体无明显肿大，左侧耳垂为中心区明显肿大，皮温高，伴触痛，质地较硬，边界不清，表面皮肤无发红，腮腺导管无流脓，颈软，无抵抗，双肺呼吸音清。心率 120 次/分，心律齐，心音可，未闻杂音。腹软，无压痛，肝脾肋下未扪及，双下肢无水肿，病理征阴性。

【思考题】

1. 简述该患儿腮腺肿大的特点。

2. 为了明确诊断请列举必要的辅助检查及其临床意义。

3. 流行性腮腺炎与化脓性腮腺炎如何鉴别。

流行性腮腺炎(mumps, epidemic parotitis)是由腮腺炎病毒引起的急性呼吸道传染病,常在幼儿园和学校中流行。以5~15岁患者较为多见,2岁以下、40岁以上很少发病。一般一次感染后可获得终身免疫。临床上以腮腺肿大及疼痛为特征。

(一)病因及流行病学

腮腺炎病毒属于副黏病毒科的单链RNA病毒,仅一个血清型。病毒颗粒呈圆形,大小悬殊,100~200 nm,有包膜。对物理和化学因素敏感,来苏、福尔马林等均能在2~5分钟内将其灭活,紫外线照射可将其杀灭,加热至56℃,20分钟即失活。人是病毒的唯一宿主。腮腺炎患者和健康带病毒者是本病的传染源,患者在腮腺肿大前6日到发病后9日内均可排出腮腺炎病毒。主要经呼吸道飞沫传播,亦可经唾液污染的食具和玩具直接感染。冬春季多发。

(二)发病机制及病理变化

病毒通过口、鼻侵入人体后,于呼吸道黏膜上皮组织中生长增殖,引起局部炎症和免疫反应,入血后引起病毒血症,继之扩散到腮腺和全身各器官,也可经口腔沿腮腺管传播至腮腺。因病毒对腺体组织和神经组织具有高度亲和性,可使多种腺体(腮腺、舌下腺、颌下腺、胰腺、生殖腺等)发生炎症改变,如侵犯神经系统,可导致脑膜脑炎等。

受侵犯的腺体出现非化脓性炎症是本病的病理特征,表现为间质充血、水肿、点状出血、淋巴细胞浸润和腺泡坏死等。腺体导管细胞肿胀,其内充满坏死细胞及渗出物,腺体分泌排出障碍,唾液中的淀粉酶经淋巴系统入血,使血、尿淀粉酶增高。

(三)临床表现

潜伏期14~25日,平均18日。大多无前驱期症状,常以腮腺肿大为首发体征。在早期可见腮腺管口(位于上颌第二磨牙对面黏膜上)红肿。一般先可见一侧肿大,然后另一侧也相继肿大,面部肿大而变形,局部疼痛、过敏,咀嚼或吃酸性食物时胀痛加剧。肿大的腮腺以耳垂为中心,向前、后、下发展,边缘不清,表面发热但不红,有触痛。腮腺肿大持续5日左右后逐渐消退。腮腺肿胀时,常波及邻近的颌下腺和舌下腺。颌下腺肿大时颈前下颌处明显肿胀,可触及椭圆形腺体。患者可有不同程度发热,持续时间不一,也有体温始终正常者。

(四)并发症

1. 脑膜脑炎 是儿童期最常见的并发症。表现为发热、头痛、呕吐、颈项强直、克氏征阳性等,脑脊液的改变与其他病毒性脑炎相似。预后大多良好,常在2周内恢复正常,多无后遗症。若侵犯脑实质,可出现嗜睡、甚至昏迷等,并可能有神经系统后遗症甚至死亡。

2. 生殖器官并发症 表现为睾丸炎和卵巢炎,前者较后者多见,且多见于青少年或成人,儿童期少见。睾丸炎表现为睾丸疼痛,随之肿胀伴剧烈触痛。可并发附睾炎、鞘膜积液和阴囊水肿。一般10日左右消退,1/3~1/2的病例发生不同程度的睾丸萎缩,一般不影响生育。5%~7%的青春期后女性患者可并发卵巢炎,症状多较轻,可出现下腹痛及压痛、月经不调等,不影响受孕。

3. 胰腺炎 年长儿多见,严重病例少见。常发生于腮腺肿大数日后,表现为上腹部剧痛和触痛,伴发热、寒战、反复呕吐等。B超可见胰腺肿大。血尿脂肪酶检查,有助于胰腺炎的诊断。

4. 其他并发症 心肌炎较常见,肾炎、乳腺炎、胸腺炎、甲状腺炎、泪腺炎、角膜炎、血小板减少及关节炎等偶可发生。

(五)实验室检查

1. 血、尿相关酶测定 90%患者发病早期血清和尿淀粉酶有轻至中度增高,2周左右恢复正常。血脂肪酶增高有助于胰腺炎的诊断。

2. 血清学检查 采用ELISA法检测患者血清中腮腺炎病毒特异性IgM抗体,可以早期快速诊断(前提是1个月内未接种过腮腺炎减毒活疫苗)。双份血清特异性IgG抗体效价有4倍以上增高有意义。也可用PCR技术测腮腺炎病毒RNA,有很高的敏感性。

3. 病毒分离 在发病早期取患者唾液、尿液、脑脊液或血液标本,及时接种鸡胚或人胚肾细胞进行病毒分离实验,阳性标本采用红细胞吸附抑制试验或血凝抑制试验进行鉴定,阳性者可以确诊。

(六)诊断与鉴别诊断

根据流行病学史、接触史及发热、腮腺和邻近腺体肿大疼痛等症状,可作出诊断。对可疑病例可进行血清学检查及病毒分离以确诊。

鉴别诊断包括化脓性腮腺炎、腮腺区淋巴结炎、其他病毒性腮腺炎及其他原因引起的腮腺肿大如白血病、淋巴瘤、口眼干燥关节综合征或罕见的腮腺肿瘤等。

(七)治疗

无特殊治疗,以对症处理为主。

注意保持口腔清洁,清淡饮食,忌酸性食物,多饮水。对高热、头痛和并发睾丸炎者给予解热止痛药物。中药治疗多用清热解毒、软坚消痛方法，常用普济消毒饮加减内服和青黛散调醋局部外敷等。发病早期可使用利巴韦林 10～15 mg/(kg·d)静脉滴注，疗程 5～7 日。对重症并发脑膜脑炎、严重睾丸炎、心肌炎时可短期使用肾上腺素激素治疗。

（八）预防

及早隔离患者直至腮腺肿胀完全消退为止。易感儿可接种腮腺炎减毒活疫苗，除皮下接种外，还可采用喷喉、喷鼻或气雾吸入等。集体机构的易感儿应检疫 3 周。

四、传染性单核细胞增多症

案例 10-4

患儿，男，5 岁。因"发热、咽喉痛伴颈部淋巴结肿大 1 周"入院。体查：T 38.8℃，营养中等，神志清，精神差，全身皮肤无黄染及皮疹，颈部多处淋巴结肿大，最大约 2cm×2cm，中等硬度，与皮肤无明显粘连，无明显压痛，咽充血，双侧扁桃体Ⅱ度肿大，表面可见白色分泌物。颈软，无抵抗。双肺呼吸音清。心率 120 次/分，心律齐，心音可，未闻杂音。肝大，约左肋下 3.0cm，质地中等，边钝。脾肋下可触及，约 1.0cm，质软，边锐。双下肢无水肿，病理征阴性。血常规 WBC 9.8×10^9/L，N 10.1%，L 82.5%，Hb 110g/L，Plt 150×10^9/L，外周血涂片异淋 20%，EB 病毒衣壳抗原抗体阳性。

【思考题】

1. 简述传染性单核细胞增多症的主要临床表现及并发症。
2. 试述 EB 病毒的抗原分类及相应抗体出现的临床意义。
3. 传染性单核细胞增多症的治疗。

传染性单核细胞增多症（infectious mononucleosis，IM）是由 EB 病毒（Epstein-Barr virus，EBV）感染引起的一种单核-巨噬细胞系统急性增生性感染性疾病，主要表现为发热、咽喉痛、淋巴结肿大及肝脾肿大、外周血中淋巴细胞增多并出现异型淋巴细胞。传染性单核细胞增多症主要侵犯儿童和青少年。

（一）病因

EBV 是一种嗜淋巴细胞的 DNA 病毒，属疱疹病毒属。病毒颗粒在电镜下呈球形，直径为 150～180nm；病毒核酸为双链 DNA，通常以线性分子整合到宿主细胞染色体 DNA 中和（或）以环状分子游离细胞中的形式存在。EBV 有 5 种抗原成分，均能产生相应的抗体。①衣壳抗原（viral capsid antigen，VCA）：VCA-IgM 抗体早期出现，多在 1～2 个月后消失，是新近受 EBV 感染的标志。VCA-IgG 出现稍迟于前者，但可持续多年或终生，故不能区别新近感染与既往感染。②早期抗原（early antigen，EA）：是 EBV 进入增殖性周期初期形成的一种抗原，其中 EA-D 成分具有 EBV 活跃增殖的标志。该抗体于病后 3～4 周达高峰，持续 3～6 个月。③核心抗原（nuclear antigen，EBNA）：EBNA-IgG 于病后 3～4 周出现，持续终生，是既往感染的标志。④淋巴细胞决定的膜抗原（Lymphocyte determinant membrane antigen，LYDMA）：其抗体为补体结合抗体，出现和持续时间与 EBNA-IgG 相同，是既往感染的标志。⑤膜抗原（membrane antigen，MA）：是中和性抗原，可产生相应中和抗体，其出现和持续时间与 EBNA-IgG 相同。

（二）流行病学

本病分布广泛、多散发，亦可呈小流行。全年均有发病，以秋末至初春为多。患者和隐性感染者是传染源，经密切接触患者口腔唾液而传播。飞沫传播可能但并不重要，偶可经血液传播。本病发病性别差异不大，6 岁以内大多表现为隐性或者轻型感染，15 岁以上者通常表现典型。

（三）临床表现

潜伏期 5～15 日。起病急缓不一。症状呈多样性，多数患者有乏力、头痛、畏寒、鼻塞、恶心、食欲减退、轻度腹泻等前驱症状。

症状轻重不一，年龄越小症状越不典型。症状发病期典型表现如下。

1. 发热 绝大多数患者均有发热，体温 38.5～40℃不等，无固定热型，热程大多 1～2 周，少数可达数月。幼儿可不发热或仅有低热。中毒症状一般不严重。

2. 淋巴结肿大 大多数患者有浅表淋巴结肿大，在病程第 1 周就可出现。全身淋巴结均可受累，一般以颈部最为常见。肘部滑车淋巴结肿大常提示有本病可能。肿大淋巴结直径很少超过 3cm，中等硬度，无明显压痛和粘连。肠系膜淋巴结肿大时，可有腹痛。肿大淋巴结常于热退后数周消退，也可数月消退。

3. 咽峡炎 咽部、扁桃体、腭垂充血肿胀，可见出血点，伴有咽痛，少数有假膜或溃疡形成。咽部肿胀严重者可出现呼吸、吞咽困难。

4. 肝脾肿大 肝大者占 20%～62%，多数在肋下 2cm 内。肝功能异常者可达 2/3，部分患者有轻度黄疸。约半数患者有轻度脾大，有疼痛及压痛，偶可发生脾破裂。

5. 皮疹 约 10% 患者在病程 1～2 周出现皮疹，呈多形性，以丘疹及斑丘疹常见。也可有荨麻疹或猩红热样皮疹。多见于躯干部位，1 周内消退。消退后不脱屑，不留色素沉着。

本病病程常为2～3周，也可长至数月。偶有复发，但病程短，病情轻。婴幼儿感染常无典型表现，主要是因为不能对EBV产生充分的免疫应答，但血清EBV抗体可阳性。

（四）并发症

本病并发症多样，发病率虽不高，但对预后影响很大。重症患者可并发神经系统疾病，如吉兰-巴雷综合征，脑膜脑炎或周围神经炎等。在急性期可发生心包炎、心肌炎、EB病毒相关性噬血细胞综合征。约30%的患者出现咽部继发性细菌感染。其他少见的并发症包括间质性肺炎、胃肠道出血、肾炎、自身免疫性溶血性贫血、再生障碍性贫血、粒细胞缺乏症及血小板减少症等。脾破裂虽然少见，但极严重，轻微创伤即可诱发。

（五）辅助检查

1. 血常规 外周血常规改变为本病的重要特征。早期白细胞总数可正常或偏低，以后逐渐升高> 10×10^9/L，高者可达（30～50）$\times10^9$/L。白细胞分类早期中性粒细胞增多，以后淋巴细胞数可达60%以上，并出现异型淋巴细胞。异型淋巴细胞超过10%或其绝对值超过1.0×10^9/L时具有诊断意义。血小板计数常减少，可能与病毒直接损伤或免疫复合物作用有关。

2. 血清嗜异凝集试验（heterophil agglutination test，HAT） 患者血清中出现IgM嗜异性抗体，能凝集绵羊或马的红细胞，阳性率达80%～90%。凝集效价在1∶64以上，经豚鼠肾吸收后仍阳性者，具有诊断意义。5岁以下小儿试验多为阴性。

3. EBV特异性抗体检测 间接免疫荧光法和酶联免疫吸附法检测血清中VCA-IgM和EA-IgG。VCA-IgM阳性是新近EBV感染的标志，EA-IgG一过性升高是近期感染或EBV复制活跃的标志，均具有诊断价值。

4. EBV-DNA检测 采用聚合酶链反应（PCR）方法能快速、敏感、特异的检测患儿血清中含有高浓度EBV-DNA，提示存在病毒血症。

（六）诊断和鉴别诊断

根据流行情况、典型临床表现（发热、咽痛、肝脾及淋巴结肿大），外周血异型淋巴细胞>10%、嗜异凝集试验阳性和EB病毒特异性抗体（VCA-IgM、EA-IgG）检测可做出临床诊断，特别是VCA-IgM阳性或急性期及恢复期双份血清VCA-IgG抗体效价呈4倍以上增高是诊断EBV急性感染最特异和最有价值的血清学试验，阳性可以确诊。

此病需与CMV、腺病毒、肺炎支原体、甲肝病毒、风疹等感染所致的淋巴细胞和单核细胞增多相鉴别。其中巨细胞病毒所致者最常见，有人认为在嗜异性抗体阴性的类传染性单核细胞增多症中，几乎半数与CMV有关。纵隔淋巴结肿大者，应与淋巴瘤等恶性疾病鉴别。

（七）治疗

本病为自限性疾病，一般预后良好。临床上无特效药物，主要是对症治疗。有明显脾大者应严禁参加运动，以防脾破裂。抗菌药物对本病无效，在继发细菌感染时可应用，忌用氨苄西林或阿莫西林，以免引起皮疹，加重病情。抗病毒治疗可用阿昔洛韦、更昔洛韦。静脉注射丙种球蛋白可使临床症状改善，缩短病程，早期给药效果更好。α-干扰素亦有一定治疗作用。重型患者短疗程应用肾上腺皮质激素可明显减轻症状。发生脾破裂时，应立即输血，并作手术治疗。

（八）预防

近年来，国内外正在研制EB病毒疫苗，将来除可用以预防本病外，尚考虑用于EBV感染的相关的儿童恶性淋巴瘤和鼻咽癌的免疫预防。

五、水　　痘

案例 10-5

患儿，女，4岁。因"发热4日、皮肤出疹伴瘙痒3日"入院。体查：T 38.5℃，营养中等，神志清，精神差，躯干、面部可见大量红色斑丘疹、水疱及其结痂，疱疹稍呈椭圆形，2～5mm大小，疱疹基部有一圈红晕，水疱内容物微浑浊并中央凹陷，全身淋巴结无肿大，颈软，无抵抗，双肺呼吸音清。心率120次/分，心律齐，心音可，未闻杂音。肝脾肋下未扪及，双下肢无水肿，病理征阴性。血常规正常。疱疹刮片镜检：姬姆萨染色发现多核巨细胞。

【思考题】

1. 简述水痘的临床表现。
2. 为了明确诊断请列举必要的辅助检查及其临床意义。

水痘（chickenpox，varicella）是一种传染性极强的儿童期出疹性疾病。易感儿接触水痘患儿后，几乎均可患病，感染后可获得持久的免疫力，但以后可以发生带状疱疹。其主要临床特点：皮肤黏膜相继出现和同时存在斑疹、丘疹、疱疹和结痂等各类皮疹，全身症状轻微。冬春季节多发。

（一）病因及流行病学

水痘由水痘—带状疱疹病毒（varicella-zoster virus，VZV）引起，该病毒属疱疹病毒科α亚科。只有一个血清型。在外界环境中生活力弱，不耐高温、不耐酸，不能在痂皮中存活。水痘患者为本病的传染源。主要通过空气飞沫经呼吸道传染，通过接触患者疱疹浆液亦可感染，传染性极强。传染期从出疹前1～2日至病损结痂，为7～8日。任何年龄均可发病，病后免疫力持久。

（二）发病机制与病理

水痘病毒经口、鼻或眼侵入人体，首先在黏膜细胞及淋巴组织内增殖，2～3日后进入血液，产生病毒血症，可在单核吞噬细胞系统内再次增殖后入血引起第二次病毒血症，并行全身扩散，引起各器官病变。主要损害部位在皮肤及黏膜，偶尔累及内脏。

多核巨细胞和核内包涵体形成为特征性病理改变。皮肤病变主要在表皮棘细胞层，呈退行性和水肿，由于细胞裂解、液化和组织液的渗入而形成水疱，内含大量病毒。以后液体吸收、结痂，最后上皮细胞再生，结痂后脱落，一般不留瘢痕。有免疫缺陷或免疫功能受抑制者可发生全身播散性水痘，受累的器官可有局灶性坏死、炎性细胞浸润，可查见含嗜酸性包涵体的多核巨细胞。并发脑炎者，可有脑水肿、充血和点状出血等。

（三）临床表现

1. 典型水痘　出疹前可出现前驱症状，如低热、厌食等，次日出现皮疹。初起于躯干，继而扩展至面部及四肢，末端稀少，呈向心性分布。开始为红色斑丘疹或斑疹，数小时后变成椭圆形水滴样小水疱，周围红晕。约24小时内水疱内容物变为混浊，且疱疹出现脐凹现象，水疱易破溃，2～3日左右迅速结痂。病后3～5日内，皮疹陆续分批出现，伴明显瘙痒。由于皮疹演变过程快慢不一，故同一时间内可见斑疹、丘疹、疱疹和结痂同时存在，皮疹脱痂后一般不留瘢痕（图10-3）。10日左右自愈，一般患者全身症状和皮疹均较轻。

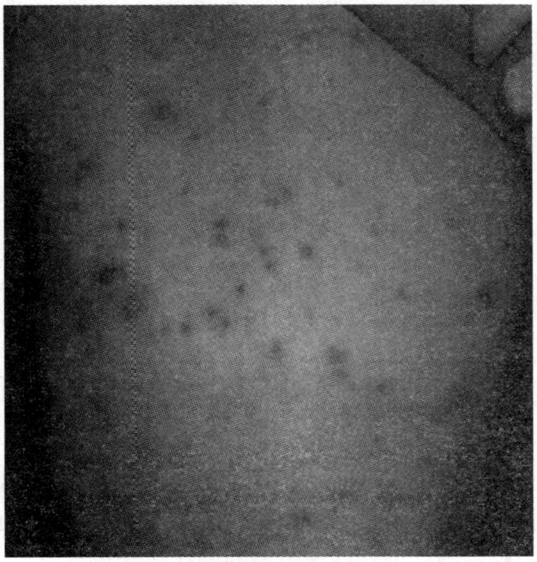

图10-3　水痘皮损（躯干部）

2. 重症水痘　多发生在白血病、淋巴瘤等恶性病或免疫功能受损患儿。出疹1周后体温仍可高达40～41℃，皮疹多且易融合形成大疱型疱疹或出血性皮疹，可继发感染或常伴血小板减少而发生暴发性紫癜。

3. 先天性水痘　母亲在妊娠期患水痘可累及胎儿。若在妊娠的头4个月，则可能发生先天性水痘综合征；如母亲在产前4日以内患水痘，新生儿常于出生后4～5日发病，易形成播散性水痘，病死率为25%～30%。

（四）并发症

常见为皮肤继发细菌感染如脓疱疮、丹毒、蜂窝织炎，甚至败血症等；继发性血小板减少可致皮肤、黏膜甚至内脏出血；水痘肺炎主要发生在免疫缺陷儿和新生儿中。神经系统并发症可见水痘后脑炎、吉兰-巴雷综合征、横贯性脊髓炎、面神经瘫痪、Reye综合征等；其他少数病例可发生心肌炎、肝炎、肾炎、关节炎及睾丸炎等。

（五）辅助检查

1. 外周血白细胞计数　白细胞总数正常或稍低。

2. 疱疹刮片　刮取新鲜疱疹基底组织涂片，用瑞特或姬姆萨染色可发现多核巨细胞，用苏木素-伊红染色可见核内包涵体，可供快速诊断。或取疱疹基部刮片或疱疹液，直接荧光抗体染色查病毒抗原简捷有效。

3. 病毒分离　将疱疹液、咽部分泌物或血液进行病毒分离。

4. 血清学检查　补体结合抗体高滴度或双份血清抗体滴度4倍以上升高可助于诊断。

5. PCR法　检测患者呼吸道上皮细胞和外周血白细胞中的特异性病毒DNA，是敏感快捷的早期诊断方法。

（六）诊断和鉴别诊断

根据水痘接触史、水痘典型皮疹特点，诊断一般不难。对非典型病例可选用病毒分离等实验室检查帮助诊断。水痘应与脓疱疮、丘疹样荨麻疹及其他能引起疱疹性皮肤损害疾病相鉴别，如肠道病毒和金黄色葡萄球菌感染、虫咬性皮疹、药疹和接触性皮炎。

（七）治疗

1. 一般治疗　对水痘患儿应严密隔离。轻者给予易消化的食物和注意补充水分，重者可静脉输液。加强护理，勤换内衣，消毒水洗浴，保持皮肤清洁，防止继发感染。皮肤痛痒可局部涂擦炉甘石洗剂，斑疹破裂可涂甲紫或抗生素软膏。发热患儿应卧床休息，注意水、电解质平衡。

2. 抗病毒治疗　阿昔洛韦（acyclovir）是目前治

疗水痘-带状疱疹病毒的首选抗病毒药物。口服每次20 mg/kg(<800mg),每日4次,但须尽早使用,一般应在皮疹出现48小时内开始。此外,早期使用α-干扰素能较快抑制皮疹发展,促进病情恢复。

3. 其他 继发细菌感染时应及早使用抗生素。并发脑炎时应适当应用脱水剂。皮质激素有导致病毒播散的可能,不宜使用。

(八)预防

控制传染源,隔离患儿至皮疹全部结痂为止,对已接触的易感儿,应检疫3周。保护易感者:国外已开始使用减毒活疫苗,接触水痘患儿后立即应用,其保护率可达85%~95%,并可持续10年以上。对正在使用大剂量糖皮质激素、免疫功能受损和恶性病患者及孕妇和接触患水痘母亲的新生儿,在接触水痘72小时内每10kg体重肌内注射水痘-带状疱疹免疫球蛋白125~625U,可起到预防作用。

六、脊髓灰质炎

案例10-6

患儿,女,6岁。因"发热伴呕吐6日、左侧下肢瘫痪伴疼痛1日"入院。体查:T 38.8℃,营养中等,神志清,精神差,全身皮肤无黄染及皮疹,咽充血,双侧扁桃体未见明显增大,颈软,无抵抗,双肺呼吸音清。心率120次/分,心律齐,心音可,未闻杂音。肝脾肋下未扪及,双下肢无水肿,左侧肌力2级,右侧肌力、肌张力正常,左侧膝反射未引出,双侧巴氏征阴性。

【思考题】

1. 膝反射未引出说明什么?见于哪些疾病?

2. 为了明确诊断请列举必要的辅助检查及其临床意义。

3. 试述脊髓灰质炎瘫痪的特点及其相应的病理改变。

脊髓灰质炎(poliomyelitis)又称小儿麻痹症,是由脊髓灰质炎病毒(poliovirus)引起的严重危害儿童健康的急性传染病,临床特征为分布不规则和轻重不等的迟缓性瘫痪。重者会因呼吸肌麻痹而死亡。是小儿致残的主要疾病之一。多发生在5岁以下的小儿,自WTO发起全球根除脊髓灰质炎行动以来,发病率降低了99%。目前只在非洲和亚洲的少数国家仍有流行。

(一)病因及流行病学

脊髓灰质炎病毒属于小RNA病毒科的肠道病毒属,20面体球形、无包膜的裸体颗粒。有3个血清型,各型间鲜有交叉免疫。该病毒体外生存力强,耐酸,耐乙醚、氯仿等有机溶剂,低温环境中能长期存活;高温、紫外线照射、含氯消毒剂、氧化剂等可将其灭活。

人是脊髓灰质炎病毒的唯一自然宿主。急性期患者和健康带病毒者的粪便是重要的病毒来源,其中隐性感染者(占90%以上)和轻型无麻痹患者为最危险的传染源。粪-口感染是主要传播方式,亦可通过飞沫传播。病程的潜伏期末和瘫痪前期传染性最大,热退后传染性减少。人群普遍易感,感染后获得对同型病毒株的持久免疫力。一般以40日作为本病的隔离期。

(二)发病机制与病理变化

病毒经口进入人体,在咽部和肠壁的淋巴组织中增殖,同时向外排出病毒,如机体抵抗力强,患儿可无临床症状,形成隐性感染;少数患者病毒可侵入血液引起病毒血症,并侵犯呼吸道、消化道等组织引起前驱症状。若机体免疫系统能清除病毒则形成顿挫型感染;否则病毒可继续扩散到全身淋巴组织中大量增殖,并再次入血形成第二次病毒血症。如侵犯神经系统,轻者不发生瘫痪,称无瘫痪型;重者发生瘫痪,称瘫痪型。任何使机体抵抗力降低的因素如劳累、感染、局部刺激(如外伤)、手术等均可使病情加重并促进瘫痪的发生。

脊髓灰质炎病毒为嗜神经病毒,主要侵犯中枢神经系统的运动神经细胞,以脊髓前角运动神经元损害为主,尤其是颈段和腰段受损最严重,脑干及其他部位受累次之。病灶特点为多发、散在且不对称。可见神经细胞胞质内染色体溶解,周围组织充血、水肿和血管周围炎性细胞浸润。早期病变呈可逆性,病变严重者则因神经细胞坏死、瘢痕形成而造成持久性瘫痪。偶见局灶性心肌炎,间质性肺炎,肝、肾等其他器官病变。

(三)临床表现

潜伏期一般为8~12日。临床表现轻重悬殊,无症状型,又称隐性感染(占90%以上),顿挫型(占4%~8%),无瘫痪型和瘫痪型。其中瘫痪型为本病的典型表现,可分为以下各期。

1. 前驱期 临床表现主要有发热、全身不适、食欲差、多汗、咽痛、咳嗽、流涕等症状。亦可出现恶心、呕吐、腹痛、腹泻等消化道症状。持续1~4日,如病情不再发展而痊愈,称顿挫型。

2. 瘫痪前期 多数患者由前驱期进入本期,少数于前驱期症状消失数日后再次进展至本期,亦可无前驱期症状而从本期开始发病。患儿出现高热、头痛、颈、背、四肢肌肉疼痛,活动或变换体位时加重。同时有多汗、皮肤发红、烦躁不安等兴奋状态和颈强直、脑膜刺激征阳性等中枢神经系统感染的症状和体征。小婴儿拒抱,较大患儿体检可见:①三脚架征

(tripod sign),患儿坐起时需用两臂向后撑在床上使身体形似三脚架以支持体位;②吻膝试验(kiss-the-knee test)阳性,小儿坐起后不能自如地弯颈使下颌抵膝;③头下垂征(head drop sign),将手置于患者腋下,抬起其躯干时,头与躯干不能平行。此时脑脊液已出现异常,呈现细胞蛋白分离现象。若3~5日后热退,症状消失则为无瘫痪型;如病情继续发展,浅反射和深腱反射逐渐减弱至消失,可能发生瘫痪。

3. 瘫痪期　临床上无法将此期与瘫痪前期截然分开,一般于起病后的2~7日或第二次发热后1~2日出现不对称性弛缓性瘫痪,随发热而加重,热退后瘫痪不再进展。无感觉障碍,大小便功能障碍少见。根据病变部位分为以下类型。

(1) 脊髓型:最常见。多表现为不对称的单侧下肢弛缓性瘫痪,近端肌群瘫痪程度重于远端。如累及颈背肌、膈肌、肋间肌时,可出现抬头及坐起困难、呼吸运动受限、矛盾呼吸等表现。腹肌、肠肌瘫痪则可引起肠麻痹、顽固性便秘,膀胱肌瘫痪时出现尿潴留或尿失禁。

(2) 延髓型:病毒侵犯延髓呼吸中枢、循环中枢及脑神经的运动神经核,病情一般严重,可见脑神经麻痹及呼吸、循环受损的表现。常与脊髓型同时发生。

(3) 脑型:较少见。呈弥漫性或局灶性脑炎,临床表现与其他病毒性脑炎无异。可有上运动神经元瘫痪。

(4) 混合型:同时存在上述两种或两种以上类型的表现。

4. 恢复期　瘫痪肢体功能逐渐恢复,一般从肢体远端开始,继之近端大肌群,轻症1~3个月恢复,重症需6~18个月。

5. 后遗症期　因运动神经元严重受损而形成持久性瘫痪,1~2年内仍不能恢复则为后遗症。受累肌群萎缩,形成马蹄足内翻或外翻、脊柱弯曲等畸形。

(四) 并发症

并发症多见于延髓型患者,呼吸肌麻痹者可继发吸入性肺炎、肺不张;尿潴留易并发尿路感染;长期卧床可致褥疮、肌萎缩、骨质脱钙、尿路结石和肾衰竭等。

(五) 辅助检查

1. 脑脊液　瘫痪前期及瘫痪早期可见细胞数增多,蛋白增加不明显,呈细胞蛋白分离现象,对诊断有一定参考价值。至瘫痪第3周,细胞数多已恢复正常,而蛋白质仍继续增高,4~6周后方恢复正常。

2. 血清学检查　病后未再服用过脊髓灰质炎疫苗的患者,发病一个月内用ELISA法检测患者血液及脑脊液中抗脊髓灰质炎病毒特异性IgM抗体,可早期帮助诊断;恢复期患者血清中特异性IgG抗体滴定度较急性期有4倍以上增高,有诊断意义。

3. 病毒分离　粪便病毒分离是本病最重要的确诊性检查。对发病2周内、病后未再服过脊髓灰质炎减毒活疫苗的患者,间隔24~48小时,收集双份粪便标本(重量≥5 g),及时冷藏4℃以下送检。发病1周内,从患儿鼻咽部、血、脑脊液中亦可分离出病毒。

(六) 诊断与鉴别诊断

脊髓灰质炎出现典型瘫痪症状时,诊断并不困难。瘫痪出现前一般不易确立诊断。血清学检查和大便病毒分离阳性可确诊。需与其他急性弛缓性麻痹(AFP)相鉴别。

1. 急性感染性多发性神经根神经炎(吉兰-巴雷综合征)　该病与脊髓灰质炎在发病早期、肢体运动与感觉障碍,脑脊液的改变及预后等方面均有各自的特征(表10-2)。

表10-2　脊髓灰质炎(瘫痪型)与感染性多发性神经根神经炎的鉴别要点

	脊髓灰质炎	感染性多发性神经根神经炎
发病早期	多有发热	很少有发热
瘫痪肢体	不对称弛缓性瘫痪,且近端重于远端	对称性弛缓性瘫痪,且远端重于近端
感觉过敏	有	无
感觉障碍	无	有
早期脑脊液变化	呈细胞蛋白分离	呈蛋白细胞分离
遗留后遗症	多数有	多数无

2. 家族性周期性麻痹　一般少见,常有家族史及周期性发作史,突然起病,发展迅速,对称性四肢弛缓性瘫痪。发作时血钾降低,补钾后恢复迅速。

3. 周围神经炎　臀部注射时位置不当、维生素C缺乏、白喉后神经病变等引起的瘫痪,可根据病史、感觉检查和有关临床特征鉴别。

4. 假性瘫痪　婴儿如有先天性髋关节脱位、骨折、骨髓炎、骨膜下血肿时可见假性瘫痪。详细询问病史、体格检查,必要时经X线检查容易确诊。

5. 其他原因所致弛缓性麻痹　应进行病原学检查来确诊。

(七) 治疗

对脊髓灰质炎尚无特异性抗病毒治疗药物,因此主要是对症处理和支持治疗。

1. 前驱期和瘫痪前期　卧床休息,隔离40日。避免劳累、肌内注射及手术等刺激。肌肉痉挛疼痛可予热敷或口服镇痛剂。静脉滴注高渗葡萄糖及维生素C,可减轻神经组织水肿。注意水、电解质平衡,适当给予镇静剂。有条件可静脉注射丙种球蛋白400 mg/(kg·d),连用2~3日,有减轻病情的作用。早期应用α-干扰素有抑制病毒复制及免疫调节作用,100万U/d肌内注射,14日为一疗程。

2. 瘫痪期 最重要的治疗是针对呼吸道和呼吸方面问题的处理。呼吸肌麻痹者应在缺氧出现前及早使用呼吸机,对有尿潴留者留置导尿管,吞咽困难者用鼻饲保证营养,同时选用适宜的抗生素,防止肺部继发感染。地巴唑0.1~0.2 mg/(kg·d)顿服,10日为一疗程,有兴奋脊髓和扩张血管的作用;加兰他敏能促进神经传导,0.05~0.1 mg/(kg·d)肌内注射,20~40日为一疗程;维生素B_{12}可促进神经细胞代谢,0.1 mg/d肌内注射。睡平板床,瘫痪肢体置功能位置,防止下垂或其他畸形。

3. 恢复期及后遗症期 可通过按摩、针灸、理疗及功能锻炼等方法,促进肌肉功能恢复,防止发生肌萎缩。如有肢体畸形,可用手术矫正。

(八)预防

1. 控制传染源 对患者和疑似患者应及时隔离,自起病日起至少隔离40日,密切接触的易感者进行医学观察20日。

2. 切断传播途径 患者衣物用具应煮沸或日光下曝晒2小时消毒。因隐性感染者极多,应搞好饮水卫生、个人卫生和粪便管理。

3. 保护易感者 主动免疫是预防本病的有效的措施。

(1)主动免疫:目前普遍采用脊髓灰质炎混合多价糖丸,一般首次免疫从2月龄开始连服3次,间隔4~6周,4岁时再加强一次。

(2)被动免疫:未服过疫苗而与患者有密切接触的5岁以内小儿或有先天性免疫缺陷的儿童应及早注射丙种球蛋白每次0.3~0.5ml/kg,每日1次连用2日,可防止发病或减轻症状。

第二节 细菌感染

一、败血症

案例10-7

患儿,女,6个月。因"反复发热伴咳嗽10日"入院。体查:T 38.2℃,HR 125次/分,R 35次/分,Wt 4.5kg,营养欠佳,神志清,精神萎靡。前囟平软,咽充血,颈软,无抵抗,双肺呼吸音粗,闻及少量湿啰音。心率125次/分,心律齐,心音可,未闻杂音。肝肋下3.5cm,质软,边钝。脾肋下未扪及,双下肢无水肿。WBC 20.5×10^9/L,N 70.1%,L 20.8%,Hb 90g/L,Plt 120×10^9/L;血培养示溶血葡萄球菌生长。

【思考题】

1. 该患儿需考虑的诊断及鉴别诊断。
2. 该患儿主要治疗原则。

近年来,败血症的概念逐渐被脓毒症(sepsis)所取代。脓毒症是指感染或高度可疑的感染所引起的全身炎症反应综合征(systemic inflammatory response syndrome,SIRS)。SIRS是指人体对各种损害,包括细菌感染引起的全身性炎症反应。过去败血症(septicemia)系指各种病原菌进入血循环并在其中繁殖,产生毒素而引起的全身性严重感染。如患者出现低灌注及脏器功能失调者称为重症败血症;该概念也逐渐被严重脓毒症(severe sepsis)、脓毒性休克(septic shock)所取代。脓毒症的致病因素是感染,而败血症则是致病菌所致。

(一)病因

各种病原菌均可引起败血症。随着新型抗生素的不断研发及广泛应用,G^+球菌感染有所下降,G^-菌及耐药菌株感染逐渐上升。糖皮质激素等免疫抑制剂及抗肿瘤药物在临床上的应用,使机体防御功能受损,致使一些条件致病菌引起的败血症有所增加。G^+球菌主要是葡萄球菌、肠球菌和链球菌;G^-细菌主要是大肠埃希菌、肺炎克雷白杆菌、假单胞菌属、变形杆菌、克雷白杆菌属等;厌氧菌中以脆弱类杆菌、梭状芽胞杆菌及消化道链状菌多见。

(二)发病机制

病原菌侵入人体是否引发原发局部炎症,以及是否进入血液循环引起败血症,与病原菌的致病力,患者的防御免疫功能相关。当机体抵抗力受到削弱时,致病微生物可局部侵入血循环,于血循环中生长、增殖的同时产生大量毒素,造成组织器官的损伤。进而激活相应的细胞因子,发生SIRS;激活补体系统、凝血系统、血管舒缓素、激肽系统等,造成广泛的内皮细胞损伤、凝血及纤溶过程改变,血管张力丧失、心肌抑制,引起感染性休克、DIC及多器官功能衰竭(multiple organ-failure,MOF)。

(三)病理

败血症患者最显著的病理变化是毒血症导致的中毒改变。组织器官细胞变性、微血管栓塞、组织坏死、出血及炎症细胞浸润。可波及肺、肠、肝、肾、肾上腺、心、脾等。

(四)临床表现

1. 原发感染灶 大多败血症患者有原发感染灶。其特点为所在部位红、肿、热、痛及功能障碍。

2. 感染中毒症状 多数起病急，突然发热或先有畏冷、寒战，继而高热，热型无规律。体弱者、重症营养不良者、小婴儿可不发热，甚至出现低体温。精神不振或躁动不安，面色白或青灰，头痛，肌肉、关节酸痛，乏力，食欲不佳，气促，脉速，呼吸困难。少数患者有恶心、呕吐、腹痛、腹泻等消化道症状。重者可发生中毒性脑病、中毒性心肌炎、肝炎、肠麻痹、感染性休克、DIC 等。

3. 皮疹 皮肤可见出血点、斑疹、丘疹或荨麻疹等。金黄色葡萄球菌败血症可见猩红热样皮疹、荨麻疹；脑膜炎双球菌败血症可有瘀点、瘀斑；铜绿假单胞菌败血症可出现坏死性皮疹。

4. 肝脾肿大 一般为轻度增大，发生中毒性肝炎或肝脓肿时，肝增大显著并有明显压痛，可伴有黄疸。

5. 迁徙性病灶 伴随病原菌的不同，常见的迁徙性病灶有皮下及深部肌肉脓肿、肺炎、渗出性胸膜炎、肺脓肿、脓胸、感染性心内膜炎、化脓性心包炎、脑脓肿、骨髓炎等。

（五）实验室检查

1. 外周血常规 白细胞总数及中性粒细胞升高，可有核左移现象，胞质内可有中毒颗粒。重症、衰弱者白细胞数减少，红细胞、血红蛋白降低，血小板减少。

2. 病原学检测 送血及骨髓培养、脓液培养及涂片、瘀点涂片寻找病原菌。应尽量在早期、抗菌治疗之前多次于发热和寒战发作期间采血，连续两次或从不同部位取双份标本便于区分是污染还是致病菌。必要时，做厌氧菌、L 型菌和真菌培养。

3. 其他 聚合酶链反应（PCR）检测病原菌 DNA，快速且敏感性强，但易出现假阳性。对流免疫电泳、乳胶凝集试验检测病原菌抗原，有辅助诊断意义。

（六）诊断和鉴别诊断

凡突然发热、外周血白细胞及中性粒细胞明显升高，而无局限于某一个系统的急性感染时，应考虑败血症可能。如近期有皮肤感染或外伤，尤其是挤压疮疖史者，或存在呼吸道、尿路等感染，经有效抗菌药物治疗后，体温仍未得到控制且感染中毒症状明显，则高度怀疑败血症可能。血培养和（或）骨髓培养阳性可确诊，但一次血培养阴性不可否定该诊断。

败血症应与伤寒、粟粒性肺结核、恶性组织细胞病、幼年特发性关节炎（全身型）等相鉴别。

（七）治疗

1. 一般治疗 患儿应卧床休息，加强护理，合理营养，补足液体，注意电解质平衡，补充维生素，防止褥疮等。感染中毒症状严重者可在足量有效抗菌治疗的同时予以小剂量糖皮质激素短程治疗。

2. 抗菌治疗 尽早应用抗菌药物。在未获得病原学结果前应给予抗菌药物的经验治疗，然后再根据病原学及药敏试验结果调整治疗方案。通常用二联或三联杀菌性抗生素联合静脉给药，待病情稳定后可改用肌内注射或口服给药。停药指征是：症状改善，退热后 2～3 周、血培养转阴后 1～2 周或连续血培养阴性 2～3 次后方能停药。若针对革兰阳性球菌，可选用青霉素加氨基糖苷类；耐药性金黄色葡萄球菌选用万古霉素；耐药性革兰阴性菌选用头孢三代。抗生素应足量静脉给药，无尿或少尿者不宜用对肾有毒副作用的抗菌药物。

3. 并发症的防治 ①感染性休克，详见相关章节；②迁徙性化脓性炎症或脓肿，应及时清创、引流；③积极治疗基础疾病如糖尿病、肝硬化、慢性肾炎、恶性肿瘤等。

二、中毒型细菌性痢疾

案例 10-8

患儿，女，9 个月。因“发热、解脓血便 2 日”入院。体查：T 40℃，HR 180 次/分，R 45 次/分，Wt 8.5kg，全身可见大理石样花纹，营养中等，嗜睡，双侧瞳孔等大等圆，直径约 2.5mm，前囟平软，咽充血，颈软，无抵抗，双肺呼吸音粗，无啰音。心率 180 次/分，心律齐，心音低钝。四肢凉，脉搏细速，毛细血管再充盈时间超过 3 秒。

【思考题】

1. 细菌性痢疾临床表现分型。
2. 试述血便的诊断思维。

中毒型细菌性痢疾（bacillary dysentery, toxic type）是急性细菌性痢疾的危重型，由志贺菌属感染所致。典型的临床表现为：急性起病，突然高热、反复惊厥、嗜睡、迅速发生休克、昏迷。常见于 2～7 岁健壮儿童，死亡率高，应积极抢救。

（一）病因及发病机制

痢疾杆菌属肠杆菌的志贺菌属，分 A、B、C、D 四群（志贺菌、福氏菌、鲍氏菌、宋内菌），我国以福氏志贺菌多见。志贺菌内毒素从肠壁吸收入血后，可引起发热、毒血症和急性微循环障碍。中毒性菌痢可引起脑水肿、脑疝，出现昏迷、抽搐和呼吸衰竭，为中毒性菌痢主要死亡原因。

（二）临床表现

潜伏期为数小时至 1～2 日。起病急，发展快，突起高热，体温达 39～40℃ 以上，精神委靡、嗜睡、反复惊厥，甚至迅速发生呼吸衰竭、休克或昏迷。肠道症

状不明显,可无腹痛与腹泻,也可在发热、排便后2~3日始发展为中毒型。据其临床表现分为3型:

1. 皮肤内脏微循环障碍型(休克型) 大量血液淤积在外周,有效循环血量不足。临床主要表现为感染性休克。详见感染性休克章节。

2. 脑微循环障碍型(脑型) 以脑微循环障碍为主,脑水肿明显。早期轻度可表现为:嗜睡、呕吐、头痛、血压偏高,心率较缓慢。很快发展进入重度,表现为:昏迷、频繁或持续惊厥,瞳孔双侧不等、对光反射消失,呼吸深浅不匀、节律不整、甚至停止。

3. 肺微循环障碍型(肺型) 又称呼吸窘迫综合征,主要表现为进行性呼吸困难。此型较少见,常由脑型或休克型发展而来,病情危重,病死率高。

4. 混合型 上述2型或3型同时或先后出现,最为凶险,病死率极高。严重者常合并DIC、肾衰竭,偶可合并溶血尿毒综合征。

(三) 检查

1. 大便常规 初期可正常,继后可有黏液脓血便,镜检可见脓细胞、红细胞及吞噬细胞。

2. 大便培养 可检出痢疾杆菌。

3. 外周血常规 白细胞总数多升高达(10~20)×10^9/L以上,中性粒细胞为主,伴核左移现象。伴DIC时,血小板显著减少。

4. 免疫学检测 荧光物质标记的痢疾杆菌特异性多价抗体检测大便标本中的痢疾杆菌,方法不同,都较快速,但特异性有待提高。

5. 特异性核酸检测 采用核酸杂交或PCR可检查粪便中的痢疾杆菌核酸,具有灵敏度高、特异性强、快速简便等优点。

(四) 诊断与鉴别诊断

2~7岁健壮儿童,夏秋季节突起高热,伴反复惊厥、脑病和(或)休克表现者,均应考虑中毒型菌痢,可用肛拭子或灌肠取粪便镜检有大量脓细胞或红细胞可初步确诊。应注意与下列疾病鉴别。

1. 高热惊厥 本病常见于婴幼儿,既往常有高热惊厥史。常合并呼吸道感染,惊厥于体温上升阶段发生,较少反复发作,且发作后患儿一般情况良好,神志正常,无后遗症。

2. 流行性脑脊髓膜炎(流脑) 常发生于冬末春初,患儿皮肤可见出血点或瘀斑,有头痛,脑膜刺激征阳性等神经系统表现。病原学发现脑膜炎双球菌可确诊。

3. 流行性乙型脑炎(乙脑) 乙脑的发病年龄与发病季节与中毒性菌痢相似,但前者惊厥常发生在高热后2~3日,表现为高热、惊厥、呼吸衰竭,且三者形成恶性循环,有神经系统体征,结合脑脊液检查可协助鉴别。

(五) 治疗

1. 降温止惊 可综合用物理、药物降温或亚冬眠疗法。效果不佳者,可用地西泮0.3 mg/kg肌内注射或静脉注射(每次最大剂量≤10 mg),或用水合氯醛40~60 mg/kg保留灌肠,或肌内注射苯巴比妥钠每次5~10 mg/kg。

2. 感染性休克的治疗 参考感染性休克章节。

3. 防治脑水肿和呼吸衰竭 保持呼吸道通畅,吸氧。首选20%甘露醇降颅压,剂量为每次0.5~1 g/kg静脉注射,每6~8小时一次,疗程3~5日,可与利尿剂交替使用,可短期静脉注射地塞米松。如出现呼吸衰竭应尽早使用呼吸机。

4. 抗菌治疗 通常选用两种痢疾杆菌敏感的抗生素静脉滴注。因近年来痢疾杆菌耐药菌株日益增多,可选用阿米卡星、第三代头孢菌素、含有酶抑制剂的第三代头孢菌素和碳青霉烯类等药物。

第三节 结 核 病

一、概 述

结核病(tuberculosis)是由结核杆菌引起的慢性感染性疾病。全身各个脏器均可受累,但以肺结核最常见,主要病变为结核结节、浸润、干酪样变和空洞形成。由于卡介苗和抗结核药物应用,结核病流行得到了较好的控制,近年来,由于艾滋病发病率的上升和多药耐药性结核菌株(MDR-TB)的产生,结核病的发病率有上升的趋势,已成为防治结核病的严重问题。

(一) 病因

结核菌属于分枝杆菌属,为需氧菌,革兰染色阳性,具有抗酸性,抗酸染色呈红色,故又称抗酸杆菌。生长、分裂缓慢,在固体培养基上需4~6周才出现菌落。对外界抵抗力较强;对热、紫外线、乙醇比较敏感。结核杆菌可分为4型:人型、牛型、鸟型和鼠型,对人类致病的主要为人型和牛型,其中人型是人类结核病的主要病原体。

(二) 发病机制

小儿初次接触结核杆菌后是否发展为结核病,主要与机体的免疫力,细菌的数量和毒力有关,其中细胞免疫力强弱为关键因素。机体在感染结核菌后,在产生免疫力的同时,也产生变态反应,均为致敏T细胞介导的,是同一细胞免疫过程的两种不同表现。

1. 细胞介导的免疫反应(CMI) 是机体获得性抗结核免疫力最主要的免疫反应。巨噬细胞吞噬和消化结核杆菌,并将特异性抗原传递给辅助T淋巴细胞($CD4^+$细胞),致使T细胞活化、致敏及产生抗体样受体,当再次接触抗原,活化的T细胞可迅速产生、释放淋巴因子(lymphokines),包括 IL-2、IL-6、IFN-γ、巨噬细胞激活因子等,对病灶中的结核杆菌进行杀灭。对上述细胞免疫反应,可最终消灭结核杆菌,但亦可导致宿主细胞和组织破坏。当细胞免疫反应不足以杀灭结核杆菌时,结核杆菌尚可通过巨噬细胞经淋巴管扩散到淋巴结。

2. 迟发型变态反应(DTH) 是宿主再次感染时对结核菌及其产物的超常免疫反应,亦由 T 细胞介导,以巨噬细胞为效应细胞。由于迟发型变态反应直接和间接作用,引起细胞坏死及干酪样改变,甚至形成空洞。

(三)病理变化

基本的组织改变为渗出、增生、变质三种。

渗出型主要在机体免疫力弱、病原体数量和毒性大时,组织充血、肿大为主要表现,炎症细胞浸润,浆液、纤维蛋白渗出;当机体免疫力强、病菌数量少时常形成增生型病变,增生型病变主要包括结核结节和结核性肉芽肿两种,上皮样结节和朗格汉斯细胞(Langhans giant cell)是结核炎症的主要特征。变质型病变以干酪样坏死为特征性病变。三种组织变化一般以某种为主,可相互交错、转化。

结核性炎症的良好结局为炎症吸收、纤维化、钙化和骨化。

感染结核杆菌后机体可获得免疫力,90%可终生不发病;5%因免疫力低下当即发病,即为原发性肺结核。另 5%仅于日后机体免疫力降低时才发病,称为继发性肺结核,是成人肺结核的主要类型。初染结核杆菌除潜匿于胸部淋巴结外,亦可随感染初期菌血症转到其他脏器,并长期潜伏,成为肺外结核(extrapulmonary tuberculosis)发病的来源。

(四)实验室检查

1. 病原体检查 从痰、胃液(婴幼儿可抽取空腹胃液)、脑脊液、浆膜腔液中找到结核杆菌是重要的确诊手段。

2. 免疫学诊断及分子生物学诊断

(1) 酶联免疫吸附试验(ELISA):用于检测结核患者血清、浆膜腔液、脑脊液等的抗结核杆菌抗体。

(2) 分子生物学方法检测:如核酸杂交、聚合酶链反应(PCR)能快速检测标本中结核杆菌核酸物质。

(3) 血沉:可反应结核病的活动性,一般增快。

3. 结核病影像学诊断

(1) X 线检查:除正前位胸片外,同时应拍侧位片。可检出结核病灶的范围、性质、类型、活动或进展情况。X 线可见斑点状、密度较高、边缘清楚的结节影,或云雾状、密度较淡、边缘模糊的渗出灶或环形透光的空洞。动态检查有助于结核与非结核疾患的鉴别,亦可观察治疗效果。

(2) CT:胸部 CT 检查对肺结核的诊断及鉴别诊断很有意义,有助于发现隐蔽区病灶。特别是高分辨薄切 CT 可显示早期(2 周内)粟粒性肺结核,≥4 mm 的肺门纵隔淋巴结。淋巴结的钙化显示率也高于 X 线放射学检查。

4. 其他辅助检查

(1) 纤维支气管镜检查:有助于支气管内膜结核及支气管淋巴结结核的诊断。

(2) 周围淋巴结穿刺液涂片检查:可发现特异性结核改变,如结核结节或干酪性坏死,有助于结核病的诊断和鉴别诊断。

(3) 肺穿刺活体组织检查或胸腔镜取肺活体组织检查:病理和病原学检查,对特殊疑难病例确诊有帮助。

(五)诊断

力求早期诊断。包括发现病灶,决定其性质、范围和是否排菌,并确定其是否活动,以作为预防和治疗的根据。

1. 病史

(1) 中毒症状:长期低热、盗汗、轻咳、食欲减退、乏力、消瘦等。

(2) 接种史:接种卡介苗可能提高对结核病的抵抗力,应仔细检查患儿左上臂有无卡介苗接种后瘢痕。

(3) 结核病接触史:应特别注意家庭病史,开放性结核病接触史对诊断有重要意义,年龄愈小,意义愈大。

(4) 急性传染病史:特别是麻疹、百日咳等可使机体免疫功能暂时降低,致使体内隐伏的结核病灶活动、恶化,或成为感染结核病的诱因。

(5) 结核过敏表现:如结节性红斑、疱疹性结膜炎和结核菌素阳性反应等。

2. 结核菌素试验

(1) 结核菌素试验:小儿受结核感染 4~8 周后,作结核菌素试验即呈阳性反应。结核菌素试验属于Ⅳ型或迟发型变态反应。硬结平均直径不足 5 mm 为阴性,5~9 mm 为阳性(+);10~19 mm 为中度阳性(++),≥20 mm 为强阳性(+++),局部除硬结外,还有水疱、破溃、淋巴管炎及双圈反应等为极强阳性反应(++++)。若患儿结核变态反应强烈,如患疱疹性结膜炎、结节性红斑或一过性多发性结核过敏性关节炎等,宜用 1 个结核菌素单位的 PPD 试验,以防局部的过度反应及可能的病灶反应。

(2) 临床意义

1) 阳性反应见于:①接种卡介苗后;②年长儿无明显临床症状仅呈一般阳性反应,表示曾感染过结核杆菌;③婴幼儿尤其是未接种卡介苗者,阳性反应多表示体内有新的结核病灶,年龄愈小,活动性结核可能性愈大;④强阳性反应者,表示体内有活动性结核病；⑤由阴性反应转为阳性反应，或反应强度由原来小于 10 mm 增至大于 10 mm，且增幅超过 6 mm 时，表示新近有感染（表 10-3）。

表 10-3 接种卡介苗与自然感染阳性反应的主要区别

	接种卡介疫苗后	自然感染
硬结直径	多为 5～9mm	多为 10～15mm
硬结颜色	浅红	深红
硬结质地	较软，边缘不整	较硬，边缘清楚
阳性反应持续时间	较短，2～3 日即消失	较长，可达 7～10 日以上
阳阳性反应的变化	有较明显的逐年减弱的倾向，3～5 年内逐渐消失	短时间内反应无减弱倾向，可持续若干年，甚至终身

2）阴性反应见于：①未感染过结核；②结核迟发性变态反应前期（初次感染后 4～8 周内）；③假阴性反应，由于机体免疫功能低下或受抑制所致，如部分危重结核病；急性传染病如麻疹、水痘、风疹、百日咳等；体质极度衰弱者如重度营养不良、重度脱水、重度水肿等，应用糖皮质激素或其他免疫抑制剂治疗时；原发或继发免疫缺陷病；④技术误差或结核菌素失效。

（六）治疗

1. 全身治疗 注意营养，选用富含蛋白质和维生素的食物。有明显结核中毒症状及高度衰弱者应卧床休息。居住环境应阳光充足，空气流通。避免传染麻疹、百日咳等疾病。一般原发型结核病可在门诊治疗，但要填报疫情，治疗过程中应定期复查随诊。

2. 抗结核药物 治疗目的是：①杀灭病灶中的结核菌；②防止血行播散。治疗原则为：①早期治疗；②适宜剂量；③联合用药；④规律用药；⑤坚持全程；⑥分段治疗。

（1）目前常用的抗结核药物可分为两类

1）杀菌药物：①全杀菌药，如异烟肼（isoniazid，INH）和利福平（rifampin，RFP）；②半杀菌药，如链霉素（streptomycin，SM）和吡嗪酰胺（pyrazinamide，PZA）。

2）抑菌药物：常用者有乙胺丁醇（ethambutol，ENB）及乙硫异烟胺（ethio-namide，ETH）。

（2）针对耐药菌株的几种新型抗结核药：老药的复合剂型，如利福平和异烟肼合剂、利福平+吡嗪酰胺+异烟肼合剂等；老药的衍生物，如利福喷汀；新的化学制剂，如力排肺疾；抗结核药的使用见表 10-4。

表 10-4 小儿抗结核药物

药物	剂量	给药途径	主要副作用
异烟肼（INH 或 H）	10mg（≤300mg/d）	口服（可肌内注射或静脉滴注）	肝毒性，末梢神经炎，过敏皮疹和发热
利福平（RFP 或 R）	10mg（≤450mg/d）	口服	肝毒性，恶心、呕吐和流感样症状
链霉素（SM 或 S）	20～30mg（≤0.75g/d）	肌内注射	Ⅷ脑神经损害，肾毒性，过敏，皮疹和发热
吡嗪酰胺（PZA 或 Z）	20～30mg（≤0.75g/d）	口服	肝毒性，高尿酸血症，关节痛，过敏和发热
乙胺丁醇（EMB 或 E）	15～25mg	口服	皮疹，视神经炎
乙硫异烟胺（ETH）丙硫异烟胺	10～15mg	口服	胃肠道反应，肝毒性，末梢神经炎，过敏发热，皮疹
卡那霉素	15～20mg	口服	肾毒性，Ⅷ脑神经损害
对氨柳酸	150～200mg	口服	胃肠道反应，肝毒性，过敏，皮肤疹和发热

（3）化疗方案

1）标准疗法：一般用于无明显自觉症状的原发型肺结核。每日服用 INH，RFP 和（或）EMB，疗程 9～12 个月。

2）两阶段疗法：用于活动性原发型肺结核、急性粟粒性结核病及结核性脑膜炎。①强化治疗阶段：联用 3～4 种杀菌药物。目的在于迅速杀灭敏感菌及生长繁殖活跃的细菌与代谢低下的细菌，防止或减少耐药菌株的产生，为化疗的关键阶段。在长程化疗时，此阶段一般需 3～4 个月；短程疗法时一般为 2 个月。②巩固治疗阶段：联用 2 种抗结核药物，目的在于杀灭持续存在的细菌以巩固疗效，防止复发。在长程疗法时，此阶段可长达 12～18 个月；短程疗法时，一般为 4 个月。

3）短程疗法：为结核病现代疗法的重大进展，直接监督下服药与短程化疗是世界卫生组织（WHO）治愈结核患者的重要策略。短程化疗的作用机制是快速杀灭机体内处于不同繁殖速度的细胞内、外结核菌，使痰菌早期转阴并持久阴性，且病变吸收消散快，远期复发少。可选用以下几种6~9个月短程化疗方案：①2HRZ/4HR（数字为月数，以下同）；②2SHRZ/4HR；③2EHRZ/4HR。若无PZA则将疗程延长至9个月。

（七）预防

1. 控制传染源　结核菌涂片阳性患者是小儿结核病的主要传染源，早期发现及合理治疗结核菌涂片阳性患者，是预防小儿结核病的根本措施。做好结核病消毒隔离工作。

2. 切断传播途径　管理好患者的痰液，用1%甲醛（2小时）消毒，污染物阳光暴晒。

3. 普及卡介菌接种　卡介苗接种是预防小儿结核病的有效措施。目前我国计划免疫要求在全国城乡普及新生儿卡介苗接种。

下列情况禁止接种卡介苗：①先天性胸腺发育不全症或严重联合免疫缺陷病患者；②急性传染病恢复期；③注射局部有湿疹或患全身性皮肤病；④结核菌素试验阳性。

4. 预防性化疗

（1）目的：①预防儿童活动性肺结核；②预防肺外结核病发生；③预防青春期结核病复燃。

（2）适应证：①密切接触家庭内开放性肺结核者；②3岁以下婴幼儿未接种卡介苗而结核菌素试验阳性者；③结核菌素试验新近由阴性转为阳性者；④结核菌素试验阳性伴结核中毒症状者；⑤结核菌素试验阳性，新患麻疹或百日咳小儿；⑥结核菌素试验阳性小儿需较长期使用糖皮质激素或其他免疫抑制剂者。

（3）方法：INH每日10 mg/kg（≤300 mg/d），疗程6~9个月；或INH每日10 mg/kg（≤300 mg/d）联合RFP每日10 mg/kg（≤300 mg/d），疗程3个月。

二、原发型肺结核

案例10-9

患儿，男，1岁7个月。因“咳嗽1周”入院。患儿父亲患“肺结核”，患儿有“结核”接触史。体查：T 37.5℃，HR 125次/分，R 30次/分，Wt 10kg，神清，精神欠佳，咽充血，颈软，无抵抗，双肺呼吸音粗，无啰音。心率125次/分，心律齐，心音可。腹软，肝脾不大，四肢温。入院前1日胸部X片示肺部感染，右中上肺节段性肺不张；入院后第2日胸部薄层CT扫描示双肺感染，纵隔淋巴结肿大。

【思考题】

1. 该病例诊断结核还要进行哪些检查？或诊断性治疗？

2. 原发性肺结核的治疗方案。

原发型肺结核（primary pulmonary tuberculosis）是原发性结核病中最常见者，为结核杆菌初次侵入肺部后发生的原发感染，是小儿肺结核的主要类型，占儿童各型肺结核总数的85.3%。此型包括原发综合征（primary complex）和支气管淋巴结结核。前者由肺原发病灶、局部淋巴结病变及两者相连的淋巴管炎组成；后者以胸腔内肿大淋巴结为主，X片无法查出，仅遗留局部肿大的淋巴结，故在临床上诊断为支气管淋巴结核。

（一）病理

肺部原发病灶多位于右侧，肺上叶底部和下叶的上部，近胸膜处。基本病变为渗出、增殖、坏死。渗出性病变以炎症细胞、单核细胞及纤维蛋白为主要成分；增殖性改变以结核结节及结核性肉芽肿为主；坏死的特征性改变为干酪样改变，常出现于渗出性病变中。结核性炎症的主要特征是上皮样细胞结节及郎格汉斯细胞。

典型的原发综合征呈“双极”病变，即一端为原发病灶，一端为肿大的肺门淋巴结、纵隔淋巴结。由于小儿机体处于高度过敏状态，使病灶周围炎症甚广泛，原发病灶范围扩大到一个肺段甚至肺叶。小儿年龄愈小，此种大片性病变愈明显。引流淋巴结肿大多为单侧，但亦有对侧淋巴结受累者。

（二）临床表现

症状轻重不一。轻者可无症状，可有低热、盗汗、食欲缺乏、疲乏等结核中毒症状，起病缓慢，常于年龄较大儿童。症状较重者可急性起病，高热可达39~40℃，但一般情况好，与发热不相称，持续2~3周后转为低热，伴有结核中毒症状，干咳和轻度呼吸困难是最常见的症状，婴幼儿可表现为体重不增或生长发育障碍。部分高过敏状态小儿可出现眼疱疹性结膜炎，皮肤结节性红斑和（或）多发性一过性关节炎。当胸内淋巴结高度肿大时，可产生一系列压迫症状；压迫气管分叉处可出现类似百日咳样痉挛性咳嗽；压迫支气管使其部分阻塞时可引起喘鸣；压迫喉返神经可致声嘶；压迫静脉可致胸部一侧或双侧静脉怒张。

体格检查可见周围淋巴结不同程度肿大。胸片呈中、重度肺结核病变者，50%以上无体征。如原发病灶较大，叩诊呈浊音，听诊呼吸音减低或有少许干湿啰音。婴儿可伴肝大。

（三）诊断和鉴别诊断

应结合病史、临床表现、实验室检查及肺部影像学进行综合分析。

1. 原发综合征　肺内原发灶大小不一。局部炎性淋巴结相对较大而肺部的初染灶相对较小是原发性肺结核的特征。婴幼儿病灶范围广，可占据一肺段或一肺叶；年长儿病灶周围炎症较轻，阴影范围不大，呈小圆形或小片状影。部分病例可见局部胸膜病变。小儿原发型肺结核在X线胸片上呈现典型哑铃状双极影者很少见。

2. 支气管淋巴结结核 是小儿原发型肺结核X线胸片最为常见者。分3种类型。①炎症型。呈现从肺门向外扩展的密度增高阴影，边缘模糊，此为肺门部肿大淋巴结阴影；②结节型：表现为肺门区域圆形或卵圆形致密阴影，边缘清楚，突向肺野；③微小型：其特点是肺纹理紊乱，肺门形态异常，肺门周围呈小结节状及小点片状模糊阴影。

3. CT扫描 在显示小的原发灶、淋巴结肿大、胸膜改变和空洞方面优于X线检查。对疑诊原发综合征但胸片正常的病例有助于诊断。可发现因肿大淋巴结压迫或淋巴结-支气管瘘引起的气管或支气管狭窄、扭曲、肺不张。增强扫描后淋巴结周围有环形强化，中心因干酪性坏死呈低密度改变。

4. 纤维支气管镜检查 结核病变蔓延至支气管内造成支气管结核，纤维支气管镜检查可见到以下病变：①肿大淋巴结压迫支气管致管腔狭窄，或与支气管壁粘连固定，以致活动受限；②黏膜充血、水肿、溃疡或肉芽肿；③在淋巴结穿孔前期，可见突入支气管腔的肿块；④淋巴结穿孔形成淋巴结-支气管瘘，穿孔口呈火山样突起，色泽红而有干酪样物质排出。

本病应与上呼吸道感染、支气管炎、百日咳、风湿热、伤寒、各种肺炎、支气管异物、支气管扩张、纵隔良恶性肿瘤相鉴别。

（四）治疗

一般治疗及治疗原则见总论。抗结核药物的应用如下。

1. 无明显症状的原发型肺结核 选用标准疗法，每日服用INH、RFP和（或）EMB，疗程9～12个月。

2. 活动性原发型肺结核 宜采用直接督导下短程化疗（DOTS）。强化治疗阶段宜用3～4种杀菌药：INH、RFP、PZA或SM，2～3个月后以INH，RFP或EMB巩固维持治疗。常用方案为2HRZ/4HR。

三、急性粟粒性肺结核

急性粟粒性肺结核（acute military tuberculosis of the lungs）又称急性血行播散性肺结核，是结核杆菌经血行播散而引起的肺结核，常由原发综合征发展而来，主要见于婴幼儿。年龄越小，患麻疹、百日咳或营养不良时，机体免疫力低下，特别是HIV感染，易诱发此病。婴幼儿和儿童常并发结核性脑膜炎。

（一）病理

该病常于原发感染后3～6个月以内发生。因婴幼儿免疫功能低下，机体处于高度敏感状态，结核感染后，形成菌血症。当病灶干酪样坏死溃破时，则大量细菌侵入血液引起急性全身粟粒性结核病，可累及肺、脑膜、脑、肝、脾、肾、心、肾上腺、肠、腹膜、肠系膜淋巴结等。播散到脏器中的结核菌，在其间质组织中形成细小结节。肺脏中形成的结核结节上肺部多于下肺部，呈灰白色半透明或淡黄色不透明的结节，针尖或粟粒一般，大小1～2mm。显微镜观察示结核结节由类上皮细胞、淋巴细胞和朗格汉斯细胞及中心干酪坏死性病灶构成。

（二）临床表现

大多起病急骤，婴幼儿多突然高热（39～40℃），呈稽留热或弛张热，部分呈规则或不规则发热，多伴有寒战、盗汗、食欲减退、咳嗽、面色苍白、气促和发绀等。肺部可听到细湿啰音易被误诊为肺炎。50%以上的患儿可合并结核性脑膜炎，可出现脑膜炎征象。虽然病变可侵及两肺，但极少呼吸困难。急性粟粒样结核的特点为呼吸道症状不明显、肺部阳性体征不明显、而X线检查变化明显。部分患儿伴肝脾、浅表淋巴结肿大，有时见皮肤淡红色粟粒疹。患者的眼底检查可发现脉络膜结核结节，分布于视网膜中心动脉分支周围。

6个月以下婴儿患此病特点为发病急、症状重且不典型，累及器官多，特别是伴发结核性脑膜炎者居多，进展快，病死率高。

（三）诊断和鉴别诊断

诊断主要根据结核接触史、临床表现、肝脾肿大及结核菌素试验，可疑者应进行细菌学检查、血清抗结核菌抗体检测与胸部X线片。胸部X线片常对诊断起决定性作用，早期因阴影细小而不易查出。至少在起病后2～3周后胸部摄片方可发现大小一致、分布均匀的粟粒状阴影，密布于两侧肺野。肺部CT扫描可见肺影显示大小、密度、分布一致粟粒影，部分病灶有融合。

临床上应与伤寒、肺炎、败血症相鉴别，急性支气管肺炎、朗格汉组织细胞增生症、结节病、肺含铁血黄素沉着症及特发性肺间质疾病等相鉴别。

（四）治疗

虽一般起病急骤，但若能及时治疗，预后良好，如延误诊断和治疗，则可导致死亡。

一般支持疗法见原发型肺结核。早期抗结核治疗甚为重要。

1. 抗结核药物 目前主张将抗结核治疗的全疗程分为两个阶段进行，即强化抗结核治疗阶段及维持治疗阶段,此方案可提高疗效。前者于治疗开始时即给予强有力的四联杀菌药物如INH、RFP、PZA及SM。开始治疗越早杀灭细菌的效果越好,以后产生耐药菌的机会越小,此法对原发耐药病例亦有效。

2. 糖皮质激素 有严重中毒症状及呼吸困难者,在应用足量抗结核药物的同时,可用泼尼松1~2 mg/(kg·d),疗程1~2个月。

四、结核性脑膜炎

结核性脑膜炎(tuberculous meningitis)简称结脑,为小儿结核病中最严重的类型。常于原发感染后1年内发生,尤其在初染结核3~6个月最易发生。3岁以内婴幼儿常见,约占60%,约半数为1岁以内的婴儿。自普及卡介苗接种和有效抗结核药物应用以来,该病发病率已明显降低,预后有显著改进,如若诊断不及时和治疗不当,病死率及后遗症的发生率仍很高,因此早期诊断及合理治疗是其预后的关键。

(一)发病机制

结脑常为全身性粟粒性结核病的一部分,通过血行播散而来。婴幼儿中枢神经系统发育不成熟、血-脑屏障功能不完善、免疫功能低下与本病的发生密切相关。结脑也可由脑实质或脑膜的结核病灶破溃,结核菌进入蛛网膜下隙及脑脊液中所致。偶见脊椎、颅骨或中耳与乳突的结核灶直接蔓延侵犯脑膜。

(二)病理

1. 脑膜病变 软脑膜弥漫充血、水肿、炎性渗出,并形成许多结核结节。脑回普遍变平,脑底部病变最明显,故又称为脑底脑膜炎。蛛网膜下隙大量炎性渗出物沉积,因重力关系、脑底池腔大、脑底血管神经周围的毛细血管吸附作用等,使炎性渗出物易在脑底诸池聚集。渗出物中可见上皮样细胞、郎格汉斯细胞及干酪坏死。

2. 脑神经损害 浆液纤维蛋白渗出物波及脑神经鞘,包围挤压颅神经引起脑神经损害,常见面神经、舌下神经、动眼神经、展神经障碍的临床症状。

3. 脑部血管病变 早期主要为急性动脉炎,病程较长者,可见栓塞性动脉内膜炎,严重者可引起脑组织梗死、缺血、软化而致偏瘫。

4. 脑实质病变 炎症可蔓延至脑实质,或脑实质原已有结核病变,可致结核性脑膜脑炎。少数病例脑实质内有结核瘤。

5. 脑积水及室管炎 室管膜及脉络丛受累,出现脑室管膜炎致脑脊液生成增加。如室管膜或脉络丛结核病变使一侧或双侧室间孔粘连狭窄,可出现一侧或双侧脑室扩张。后期由于炎症粘连,蛛网膜颗粒、神经根周围间隙等脑脊液回收障碍导致交通性脑积水。脑底部渗出物机化、粘连、堵塞使脑脊液循环受阻可导致脑积水。

6. 脊髓病变 有时炎症蔓延至脊膜、脊髓及脊神经根,脊膜肿胀、充血、水肿和粘连,蛛网膜下隙完全闭塞。

(三)临床表现

典型结脑起病多较缓慢,根据临床表现,病程大致可分为3期。

1. 早期(前驱期) 1~2周,主要症状为小儿性格改变,如少言、懒动、易倦、烦躁、易怒等。可有发热、食欲减退、盗汗、消瘦、呕吐、便秘(婴儿可为腹泻)等。年长儿可自诉头痛,多轻微或非持续性;婴儿则表现为蹙眉皱额,或凝视、嗜睡,或发育迟滞等。

2. 中期(脑膜刺激期) 1~2周,因颅内压增高致剧烈头痛、喷射性呕吐、嗜睡或烦躁不安、惊厥等。出现明显脑膜刺激征。幼婴则表现为前囟膨隆、颅缝裂开。此期可出现脑神经障碍,最常见者为面神经瘫痪,其次为动眼神经和展神经瘫痪。部分患儿出现脑炎体征,如定向、运动和(或)语言障碍。眼底检查可见视乳头水肿、视神经炎或脉络膜粟粒状结核结节。

3. 晚期(昏迷期) 1~3周,症状逐渐加重,由意识蒙眬,半昏迷进而昏迷。阵挛性或强直性惊厥频繁发作。患儿极度消瘦,呈舟状腹。常出现水、电解质代谢紊乱。颅内压增高及脑积水现象更为明显,最终因颅内压急剧增高导致脑疝,致使呼吸及心血管运动中枢麻痹而死亡。

不典型结脑表现为:①婴幼儿起病急,进展较快,有时仅以惊厥为主诉;②早期出现脑实质损害者,可表现为舞蹈症或精神障碍;③早期出现脑血管损害者,可表现为肢体瘫痪;④合并脑结核瘤者可似颅内肿瘤表现;⑤当颅外结核病变极端严重时,可将脑膜炎表现掩盖而不易识别;⑥在抗结核治疗过程中发生脑膜炎时,常表现为顿挫型。

(四)诊断及鉴别诊断

早期诊断主要根据详细的病史询问,周密的临床观察及对本病高度的警惕性,全面分析,最可靠的诊断依据是脑脊液中查见结核杆菌。

1. 病史 ①结核接触史:大多数结脑患儿有结核接触史,特别是家庭内开放性肺结核患者接触史,对小婴儿的诊断有显著意义;②卡介苗接种史:大多数患儿未接种过卡介苗;③既往结核病史:尤其是1年内发现结核病又未经治疗者,对诊断颇有帮助;④近期急性传染病史:如麻疹、百日咳等常为结核病恶化的诱因。

2. 临床表现 凡有上述病史的患儿出现性格改变、头痛、不明原因的呕吐、嗜睡或烦躁不安相交替及顽固性便秘时,应考虑本病。眼底检查发现有脉络膜粟粒结节有助于诊断。

3. 脑脊液检查 对本病的诊断极为重要。脑脊液压力增高,外观透明或呈毛玻璃样,蛛网膜下隙阻塞时,呈黄色,静置12~24小时后,脑脊液中可有蜘蛛网状薄膜形成,取之涂片作抗酸染色,结核杆菌检出率较高。白细胞数多为(50~500)×10^6/L,分类以淋巴细胞为主,但急性进展期,脑膜新病灶或结核瘤破溃时,白细胞数可>1000×10^6/L,其中1/3病例分类以中性粒细胞为主。糖和氯化物均降低为结脑的典型改变。蛋白量增高,一般多为1.0~3.0 g/L,椎管阻塞时可高达40~50 g/L。对脑脊液改变不典型者,需重复化验,动态观察变化。脑脊液(5~10 ml)沉淀物涂片抗酸染色镜检阳性率可达30%。

4. 其他检查

(1) 结核菌抗原检测:以ELISA法检测脑脊液结核菌抗原,是敏感、快速诊断结脑的辅助方法。

(2) 抗结核抗体测定:以ELISA法检测脑脊液中PPD-IgM抗体和PPD-IgG抗体,常高于血清中的水平。PPD-IgM抗体于病后2~4日开始出现,2周达高峰,至8周时基本降至正常,有助于早期诊断;PPD-IgG抗体于病后2周起逐渐上升,至6周达高峰,约在12周时降至正常。

(3) 腺苷脱氨酶(adenosine deaminase,ADA)活性测定:ADA主要存在于T细胞中,有63%~100%结脑患者脑脊液ADA增高(>9U/L),ADA在结脑发病1个月内明显增高,治疗3个月后明显降低,是早期诊断方法。

(4) 结核菌素试验:阳性对诊断有帮助,但高达50%的患儿可呈阴性反应。

(5) 脑脊液结核菌培养:是诊断结脑可靠的依据。

(6) 聚合酶链反应(PCR):应用PCR技术在结脑患儿脑脊液中扩增出结核菌所特有的DNA片段,能使脑脊液中极微量结核菌体DNA被准确地检测。

5. X线检查、CT扫描或磁共振(MRI) 约85%结核性脑膜炎患儿的胸片有结核病改变,其中90%为活动性病变,呈粟粒型肺结核者占48%。胸片证实存在血行播散性结核病对确诊结脑很有意义。脑CT在疾病早期可正常,随着病情进展可出现基底节阴影增强,脑池密度增高、模糊、钙化、脑室扩大、脑水肿或早期局灶性梗死症。

应与化脓性脑膜炎、病毒性脑膜炎、隐球菌脑膜炎、脑肿瘤进行鉴别。

(五) 并发症及后遗症

最常见的并发症为脑积水、脑实质损害、脑出血及脑神经障碍。其中前3者是导致结脑死亡的常见原因。严重后遗症为脑积水、肢体瘫痪、智力低下、失明、失语、癫痫及尿崩症等。晚期结脑发生后遗症者约占2/3,而早期结脑后遗症甚少。

(六) 治疗

应抓住抗结核治疗和降低颅高压两个重点环节。

1. 一般疗法 切断与开放性肺结核患者的接触,应卧床休息,细心护理,对昏迷患者可予鼻饲或胃肠外营养,保证足够热量,应经常变换体位,以防止褥疮和坠积性肺炎。做好眼睛、口腔、皮肤的清洁护理。

2. 抗结核治疗 治疗原则为早期、彻底治疗,联合应用易透过血-脑屏障的抗结核杀菌药物,分阶段治疗。

(1) 强化治疗阶段:联合使用INH、RFP、PZA及SM。疗程3~4个月,其中INH每日15~25mg/kg,RFP每日10~15mg/kg(<450mg/d),PZA每日20~30mg/kg(<750mg/d),SM每日15~20mg/kg(<750mg/d)。开始治疗的1~2周,将INH全日量的一半加入10%葡萄糖中静脉滴注,余量口服,待病情好转后改为全日量口服。

(2) 巩固治疗阶段:继用INH、RFP或EMB。RFP或EMB 9~12个月。总疗程不少于12个月,或待脑脊液恢复正常后继续治疗6个月。早期患者可采用9个月短程治疗方案(3HRZS/6HR)有效。

3. 降低颅高压 颅高压最早于第10日即可出现,故应及时控制颅内压,措施如下。

(1) 脱水剂:常用20%甘露醇,一般剂量为每次0.5~1.0g/kg,于30分钟内快速静脉注入。4~6小时一次,脑疝时可加大剂量至每次2g/kg。2~3日后逐渐减量,7~10日停用。

(2) 利尿剂:乙酰唑胺(diamox)一般于停用甘露醇前1~2日加用该药,每日20~40 mg/kg(<0.75 g/d)口服,根据颅内压情况,可服用1~3个月或更长,每日服或间歇服(服4日,停3日)。

(3) 侧脑室穿刺引流:适用于急性脑积水而其他降颅压措施无效或疑有脑疝形成时。引流量据严重程度而定,一般每日50~200ml,持续引流时间为1~3周,引流时注意不要损伤脑组织,注意观察脑脊液压力,避免压力过低,注意防止继发感染。有室管膜炎时可予侧脑室内注药。

(4) 腰椎穿刺减压及鞘内注药:适应证如下。①颅内压较高,应用肾上腺皮质激素及甘露醇效果不明显,但不急需作侧脑室引流或没有作侧脑室引流的条件者;②脑膜炎症控制不好以致颅内压难于控制者;③脑脊液蛋白量>3.0g/L以上。方法为:根据颅内压情况,适当放出一定量脑脊液以减轻颅内压;3岁以上每次注入INH 20~50mg及地塞米松2mg,3岁以下剂量减半,开始为每日1次,1周后酌情改为隔日1次、1周2次及1周1次。2~4周为1疗程。

(5) 分流手术:若由于脑底脑膜粘连梗阻发生梗阻性脑积水时,经侧脑室引流等难以奏效,而脑脊液检查已恢复正常,为彻底解决颅高压问题,可考虑作侧脑室小脑延髓池分流术。

4. 糖皮质激素 能降低颅内压,减轻中毒症状及脑膜刺激症状,有利于脑脊液循环,并可减少粘连,从而减轻或防止脑积水的发生,是抗结核药物有效的辅助疗法,早期使用效果好。一般使用泼尼松,每日1~2mg/kg(<45mg/d),1个月后逐渐减量,疗程8~12周。

5. 对症治疗

(1)惊厥的处理:见第18章。

(2)水、电解质紊乱的处理。①稀释性低钠血症:由于丘脑下部视上核和室旁核受结核炎症渗出物刺激,使抗利尿激素增多,致远端肾小管水重吸收增加,引起稀释性低钠血症。如潴留过多可致水中毒,出现尿少、头痛、频繁呕吐、反复惊厥等。治疗用3%氯化钠液静脉滴注,每次6~12ml/kg,可提高血钠5~10mmol/L,同时限入水量。②脑性失盐综合征:结脑患儿可因间脑或中脑发生损害,调节醛固酮的中枢紊乱,醛固酮分泌减少;或因促尿钠排泄激素过多,大量Na^+由肾排出,带出大量水分,造成脑性失盐综合征。应检测血钠、尿钠,以便及时发现,可用2∶1等张含钠液补充部分失去的体液后,酌情补以3%氯化钠液提高血钠浓度。③低钾血症:宜用含0.2%氯化钾的等张溶液静脉滴注,或口服补钾。

6. 随访观察 复发病例全部发生在停药后4年内,绝大多数在2~3年内。停药后随访观察至少3~5年,凡临床症状消失,脑脊液正常,疗程结束后2年无复发者,方可认为治愈。

(七)预后

预后与下列因素有关。①治疗早晚:治疗愈晚病死率愈高,早期病例无死亡,中期病死率为3.3%,晚期病死率高达24.9%;②年龄:年龄愈小,脑膜炎症发展愈快,愈严重,病死率愈高;③病期和病型:早期、浆液型预后好,晚期、脑膜脑炎型预后差;④结核杆菌耐药性:原发耐药菌株已成为影响结脑预后的重要因素;⑤治疗方法:剂量不足或方法不当时可使病程迁延,易出现并发症。

五、潜伏结核感染

由结核杆菌感染引起的结核菌素试验阳性,除外卡介苗接种后反应,X线胸片或临床无活动性结核病证据者,称潜伏结核感染(latent tuberculosis infection)。

(一)诊断要点

(1)病史:多有结核病接触史。

(2)临床表现:有或无结核中毒症状,体格检查可无阳性发现。

(3)胸部X线检查正常。

(4)结核菌素试验阳性。

(5)应注意与慢性扁桃体炎、反复上呼吸道感染、泌尿道感染及风湿热相鉴别。

(二)治疗

下列情况按预防性抗结核感染治疗:①接种过卡介苗,但结核菌素试验最近2年内硬结直径增大≥10 mm者可认定为自然感染;②结核菌素试验反应新近由阴性转为阳性的自然感染者;③结核菌素试验呈强阳性反应的婴幼儿和少年;④结核菌素试验阳性并有早期结核中毒症状者;⑤结核菌素试验阳性而同时因其他疾病需用糖皮质激素或其他免疫抑制剂者;⑥结核菌素试验阳性,新患麻疹或百日咳小儿;⑦结核菌素试验阳性的艾滋病毒感染者及艾滋病患儿。

第四节 深部真菌病

深部真菌病(deep mycosis)是指致病真菌不仅侵犯皮肤、黏膜而且侵犯深部组织和内脏所致的疾病。致病真菌分为两大类。①发病原菌:如组织胞质菌、球孢子菌、新型隐球菌、芽生菌等;②条件致病菌:如念珠菌、曲霉菌、毛霉菌等。深部真菌病常为继发感染,多在糖尿病、血液病、恶性肿瘤、大面积烧伤、严重营养不良或其他慢性消耗性疾病的基础上发病;或长期应用抗生素、糖皮质激素、免疫抑制剂,使机体内菌群失调或抑制了机体的免疫反应而诱发。相对于浅部真菌病,深部真菌病较少见,但危害大。

一、念珠菌病

念珠菌病(candidiasis)是由念珠菌属引起的局部或全身的急性、亚急性或慢性炎症。多见于儿童。最常引起人类疾病的念珠菌是白色念珠菌。

(一)病因和发病机制

白色念珠菌(candida albicans)是一种假丝酵母菌,存在于正常人皮肤、口腔、上呼吸道、肠道及阴道等处,健康小儿带菌率达5%~30%。白色念珠菌属条件致病菌,好发于有严重基础疾病及免疫功能低下的患者,一些医疗操作:手术、导管的留置、内镜检查等均可为病原体的入侵提供通路。

(二)病理

黏膜病变以其坏死组织、纤维素及大量菌丝和芽胞形成假膜,假膜脱落后形成灶性糜烂和出血性溃疡,内脏病变多呈肉芽肿改变,急性播散型病灶显示灰白色的微小脓肿。病灶内可找到孢子及假菌丝,中性粒细胞及组织细胞浸润。血管受累呈急、慢性血管炎改变,易破裂出血,可见微血管内血栓形成。严重免疫抑制者炎症反应较轻,仅见念珠菌及坏死组织形成的脓肿。

(三) 临床表现

根据侵犯的部位和程度,本病分为皮肤黏膜型和内脏型,可呈急性、亚急性或慢性。

1. 皮肤黏膜型 新生儿及小婴儿此型多见。在新生儿期肛周、臀部、外阴及腹股沟等尿布包裹区最易受损,其次为腋窝、颈前及下颌。以擦伤最常见,皮肤皱褶处可见皮肤潮红、边界清楚的糜烂和红斑,伴灰白色脱屑,周围见散在的红色丘疹、小水疱或脓疱,呈卫星状分布。如患者有免疫缺陷,皮肤可呈肉芽肿改变,病程较长,特点为富含血管的丘疹,上覆黄棕色痂,周围现水肿和红斑,刮除痂皮可见新鲜的肉芽组织。播散型可见全身性粟粒疹。黏膜受损以鹅口疮(thrush)最多见,在舌、颊、上下腭黏膜、齿龈表面出现白色乳凝块样物,边界清楚,不易擦去,强行剥削后可见鲜红色糜烂面,可有溢血。免疫功能低下时,黏膜病变由舌、颊黏膜蔓延至咽喉、气管和食道。

2. 内脏型

(1) 消化道念珠菌病(gastrointestinal candidiasis):多为鹅口疮下行感染,最常见为念珠菌肠炎,常伴低热,发生在腹泻病基础上,大便为稀便、水样便或豆腐渣样便,多泡沫,有发酵气味,每日 3~10 余次不等。严重者形成肠黏膜溃疡而出现便血,甚至造成肠穿孔并发腹膜炎。

(2) 呼吸道念珠菌病(respiratory candidiasis):以念珠菌性肺炎多见,由于呼吸道柱状上皮细胞具有对真菌侵袭的自然抵抗力,原发念珠菌性肺炎罕见,大多继发于婴幼儿细菌性肺炎、肺结核及血液病,亦可从口腔直接蔓延或经血行播散。起病缓慢,临床表现为低热、咳嗽,常咳出无色胶冻样痰,有时带血丝,可闻及中小湿啰音,当病灶融合时可出现叩诊浊音及相应肺实变体征。X 线表现与支气管肺炎相似。抗生素治疗无效,病程迁延。

(3) 泌尿道念珠菌病(urinary tract candidiasis):常见原因为经血行播散,其次留置导尿管可导致上行感染。肾皮质和髓质可见小脓肿。轻者无明显临床症状,重者出现尿频、尿急、尿痛、血尿等膀胱炎症状及肾功能损害。

(4) 播散性念珠菌病综合征和念珠菌菌血症(syndrome of disseminated candidiasis and candidemia):为局灶感染血行播散导致,主要表现为长期发热,在原发病(白血病、恶性肿瘤等)的基础上体温增高,症状加重,全身状况恶化。念珠菌播散时可累及全身各个组织和器官,常见心肌炎、心内膜炎、心包炎、肾小脓肿、脑膜炎、骨髓炎、眼炎和肺炎等。念珠菌心内膜炎类似急性细菌性心内膜炎,但其赘生物较大且易发生栓塞;亦可经血行播散引起脑膜炎、脑脓肿。

(四) 诊断

1. 真菌检查 因念珠菌是常驻菌,必须在镜下见到出芽的酵母菌与假菌丝,结合临床表现才能确定念珠菌病的诊断。①病灶组织或假膜、渗液等标本显微镜检查,可见厚膜孢子及假菌丝,多次显微镜检查阳性有诊断意义;②标本真菌培养 1 周内出现乳白色光滑菌落,菌落数大于 50%,有诊断意义。

2. 病理诊断 病理组织中发现真菌和相应病理改变即可确诊。

3. 眼底检查 念珠菌菌血症患者视网膜和脉络膜上可见白色云雾状或棉球样病灶。

二、隐球菌病

隐球菌病(cryptococcosis)是一种侵袭性真菌疾病,由单相荚膜酵母菌引起,呈急性或慢性感染。新型隐球菌(cryptococcus neoformans)是人类主要的致病菌,以侵袭中枢神经系统为主,亦可播散至肺部、皮肤、黏膜、骨骼、关节等器官和部位,任何年龄均可发病。

(一) 病因和发病机制

新型隐球菌属酵母菌,广泛分布于自然界,存在于土壤、干鸽粪、水果、蔬菜、正常人皮肤和粪便中。在干燥鸽粪中可以生存达数年之久,是人的主要传染源。该菌可经呼吸道或皮肤黏膜破损处侵入人体,血行播散至脑、骨骼和皮肤。80% 病例中枢神经系统受损,可能为隐球菌从鼻腔沿嗅神经及淋巴管传至脑膜所致。正常人血清中存在可溶性抗隐球菌因子,而脑脊液中缺乏,故利于隐球菌生长繁殖。

(二) 病理

基本病理变化有两种:早期为弥漫性浸润渗出性改变,晚期为肉芽肿形成。在早期病灶组织中有大量的新型隐球菌集聚,因菌体周围包绕胶样荚膜,使菌体与组织没有直接接触,故组织炎症反应不明显。肉芽肿的形成常在感染数月后,可见巨细胞、巨噬细胞及成纤维细胞的增生、淋巴细胞和浆细胞浸润,偶见坏死灶及小空洞形成。

(三) 临床表现

1. 隐球菌脑膜炎(cryptococcal meningitis) 是最常见真菌性脑膜炎。起病缓慢,初时症状不明显,可有不规则发热、阵发性头痛,并逐渐加重,数周或数月后出现颅内压增高症状及脑神经受累的表现,常伴有眼底渗出和视网膜渗出性改变。偶出现精神症状:抑郁、淡漠、易激动。晚期可出现偏瘫、共济失调、抽搐、昏迷等。临床表现似结核性脑膜炎,但有间歇性自然缓解。如隐球菌肉芽肿局限于脑某一部位,临床表现与脑脓肿或脑肿瘤相似。

2. 肺隐球菌病(pulmonary cryptococcosis) 常与中枢神经系统感染并存,亦可单独发生。起病慢,早期可无明显症状。如出现症状，与肺结核不易区分，如低热、乏力、轻咳、盗汗、体重减轻等，多趋自愈。少数患儿急性发病，如病灶延及胸膜，可有胸痛和胸膜渗出。X线可显示单侧或双侧块状病变，亦可为广泛性浸润、支气管周围浸润或粟粒状病变，但不侵犯肺门或纵隔淋巴结。一般预后良好。

3. 皮肤黏膜隐球菌病（mucocutaneous cryptococcosis）　很少单独发生，常为全身性隐球菌病的局部表现，可能由脑膜、肺部或其他病灶播散所致。主要表现为痤疮样皮疹、丘疹、硬结、肉芽肿等，中央可见坏死，形成溃疡、瘘管等。黏膜损害见于口腔、鼻咽部，表现为结节、溃疡和肉芽肿样，表面覆盖黏性渗出性薄膜。

（四）诊断

1. 病原体检查　①墨汁染色法：根据受损部位不同取所需检查的新鲜标本，如脑脊液、痰液、病灶组织或渗液等，置于玻片上，加墨汁1滴，覆以盖玻片在显微镜暗视野下找隐球菌。反复多次查找阳性率高。脑脊液应离心后取沉淀涂片。②真菌培养：取标本少许置于沙氏培养基中，室温或37℃，培养3~4日可见菌落长出，连续培养6周仍没有菌落出现才可认为培养阴性。

2. 血清学检查　由于患者血清中可测到的抗体不多，因此检测抗体阳性率不高，特异性不强，仅作辅导诊断

三、曲霉菌病

曲霉菌病（aspergillosis）是由致病曲霉菌（aspergillus）所引起的疾病。主要经呼吸道吸入侵犯肺部，也引起皮肤、黏膜、脑膜等慢性感染。严重者可发生败血症。

（一）病因和发病机制

曲霉菌属丝状真菌，是一种常见的条件致病性真菌。引起人类疾病常见的有烟曲霉菌（aspergillus fumigatus）和黄曲霉菌（aspergillus flavus），烟曲霉菌为最常见的致病菌。曲霉菌广布自然界，存在土壤、空气、植物、野生或家禽动物及飞鸟的皮毛，也常见于农田、马棚、牛栏、谷仓等处，正常人的皮肤和上呼吸道也可分离出病菌。过敏体质者吸入曲霉菌孢子可触发IgE介导的变态反应而引起支气管痉挛。

（二）病理

曲霉菌最常侵犯支气管和肺，亦可侵犯鼻窦、外耳道、眼和皮肤，或经血行播散至全身各器官。病变早期为弥漫性浸润渗出性改变；晚期为坏死、化脓和肉芽肿形成。菌丝穿透血管可引起血管炎、血管周围炎、血栓形成等，血栓形成又使组织缺血、坏死。

（三）临床表现

1. 肺曲霉菌病（pulmonary aspergillosis）　最常见，多发生在慢性肺部疾病基础上，分两型。①曲霉菌性支气管-肺炎：急性起病者高热或不规则发热、咳嗽、气促、咳绿色脓痰；慢性者见反复咳嗽、咯血等类似肺结核症状。肺部体征不明显或闻及粗湿啰音。X线检查见肺纹理增多，肺部可见弥漫性斑片状模糊阴影。②球型肺曲霉菌病：常在支气管扩张、肺结核等慢性肺疾病基础上发生。多数患者无症状或表现原发病症状，或出现发热、咳嗽、气急、咳黏液脓痰，其中含绿色颗粒。由于菌球周围有丰富的血管网，可反复咯血。肺部X线检查可见圆形曲霉球悬在空洞内，形成一个新月体透亮区，有重要诊断价值。

2. 变态反应性曲霉菌病（allergic aspergillosis）过敏体质者吸入大量含有曲霉孢子的尘埃，引起过敏性鼻炎、支气管哮喘、支气管炎或变应性肺曲霉菌病。吸入后数小时出现喘息、咳嗽和咳痰，可伴发热。大多数患者3~4日缓解，如再吸入又复发上述症状，如此多次发作可导致肺部多发性浸润性病变及肺纤维化，肺功能减退。痰中可检出大量嗜酸粒细胞和菌丝，培养见烟熏色曲霉菌生长。血嗜酸粒细胞增多（$>1.0\times10^9/L$），血清IgE>1000ng/ml。

3. 全身性曲霉菌病（disseminated aspergillosis）也称之为播散性曲霉菌病，多见于原发性或继发性免疫缺陷者。由肺部病灶进入血循环，播散至全身多个脏器。其临床表现随所侵犯的脏器而异，临床上以发热、全身中毒症状和栓塞最常见。累及心内膜、心肌或心包，引起化脓、坏死和肉芽肿。中枢神经系统受累引起脑膜炎和脑脓肿。消化系统以肝受累多见。

（四）诊断

1. 病原体检查　取自患处的标本作直接涂片或培养，涂片可见菌丝或曲霉菌孢子，培养见曲霉菌生长。曲霉菌是实验室常见的污染菌，必须反复涂片或培养，多次阳性且为同一菌种才有诊断价值。

2. 病理组织检查　取受损组织或淋巴结活检，可根据真菌形态确诊。尤其对播散性曲霉菌病，可及时作出诊断。

3. 皮肤试验　以曲霉菌素（aspergillin）做皮肤试验，有助于变应性曲霉菌病的诊断。

四、组织胞浆菌病

组织胞浆菌病（histoplasmosis）是由荚膜组织胞浆菌引起的传染性很强的真菌病，以侵犯单核-吞噬系统或肺部为主，可累及全身各脏器。本病半数患者为儿童，以6个月~2岁发病率最高，且多为播散型。

（一）病因和发病机制

荚膜组织胞浆菌是一种双相真菌，存在于被蝙蝠、鸡粪等污染的土壤中，在污染严重的地区可见组

织胞浆菌病的区域性爆发和流行。人类感染主要途径是经呼吸道吸入小分生孢子,分生孢子芽增殖成酵母菌,引起肺部感染,经血源播散到单核-巨噬细胞系统。细胞介导的免疫使病变局限,形成肉芽肿,不治自愈,临床上无症状。免疫功能低下者的肺部病灶可经淋巴和血液将组织胞浆菌病播散到全身各脏器,引起广泛病变。目前认为,Ⅱ型和Ⅳ型变态反应参与了肺组织胞质菌病的发病。

(二) 病理

典型的病理变化是由于单核-巨噬细胞系统的组织细胞和吞噬细胞吞噬组织胞质菌以后,在肺、肝、脾、肾上腺和其他组织器官形成上皮样或组织细胞样肉芽肿、结核样结节、干酪样坏死及钙化,部分形成空洞,很少化脓。由于组织细胞明显浸润和增生,常破坏受累器官的正常结构,50%患者发生肾上腺皮质坏死。

(三) 临床表现

临床表现一般分为3型。

1. 急性肺组织胞浆菌病(acute pulmonary histoplasmosis) 起病急,发热、咳嗽、寒战、胸痛、呼吸困难,肺部可闻湿啰音,肝脾肿大,胸部X线检查可见弥漫性与多个浸润区,愈后再检查可见多个大小分布一致的钙化点,为本病特征。

2. 慢性肺组织胞浆菌病(chronic pulmonary histoplasmosis) 可由肺部原发病灶蔓延而致,亦可为二重感染。病程长,肺部呈进行性、退化性病变。任何年龄均可发病,2岁以下婴幼儿最多见,病死率高。临床表现很似肺结核,发热、咳嗽、盗汗、乏力、体重下降。胸部X线检查见肺实变,以单或双侧上肺多见,部分患者肺尖形成空洞。病情进行性加重,最终导致肺纤维化和肺功能减退。

3. 播散性组织胞浆菌病(disseminated histoplasmosis) 多数患者免疫功能低下,病情危重,1/3发生于婴幼儿。起病急缓不一,全身症状明显,发热、寒战、咳嗽、呼吸困难、头痛、胸痛、腹痛、腹泻、便血、肝脾及淋巴结肿大、低色素性贫血、白细胞减少、血小板减少等。部分儿童伴有皮肤黏膜损害。

(四) 诊断及鉴别诊断

1. 病原体检查 痰、尿、血、骨髓和分泌物涂片或培养分离出组织胞质菌,或病理切片发现酵母型真菌即可确诊。播散型患者周围血涂片瑞氏染色在中性粒细胞和单核细胞内、外见典型芽状的酵母型组织胞质菌。

2. 组织胞浆菌素皮肤试验 皮试后48~72小时看结果,以红肿硬结≥5 mm为阳性。阳性提示过去或现在有感染。

3. 组织胞浆菌抗体检测 ①补体结合试验:检测抗体敏感性高、特异性强,抗体滴度≥1∶8或近期升高4倍以上为阳性;②酶联免疫吸附试验:简便易行,滴度≥1∶16为阳性。免疫功能低下者可呈假阴性。

4. 组织胞浆菌抗原检测 从血清、尿液、脑脊液中可检出抗原,阳性示活动性感染。对免疫缺陷的患者更具诊断意义。

儿童患者的临床表现颇似血液病或肺结核等,须加予鉴别。

五、深部真菌病的治疗

(一) 一般治疗

治疗此类疾病的关键在于发挥内因的作用。

(1) 积极治疗原发病,去除病因。

(2) 严格掌握抗生素、糖皮质激素和免疫抑制剂的用药指征,尽可能少用或不用这些药物。

(3) 加强护理和支持疗法,补充维生素和微量元素。

(4) 对于皮肤和口腔黏膜感染,大多选用制霉菌素,形成局限性病灶的可辅以手术治疗,以过敏症状为主要临床表现者可同时对症使用抗组胺药物,隐球菌性脑膜炎除抗真菌治疗外,须采用降颅内压的措施,包括必要时行侧脑室引流术。

(二) 抗真菌治疗

1. 制霉菌素(nystatin)

(1) 局部用药:可制成油剂、霜剂、粉剂、溶液等,浓度为含制霉菌素10万U/g或/ml基质,依患者具体情况选用一种剂型局部涂擦,每日2~4次。

(2) 口服:主要用于肠道念珠菌病,新生儿每日20万~40万U,2岁以下每日40万~80万U,2岁以上每日100万~200万U,分3~4次饭前服用,疗程7~10日。

(3) 雾化吸入:适用于呼吸系统念珠菌病,制霉菌素5万U溶于2 ml 0.9%氯化钠溶液中雾化吸入。

2. 两性霉素B(amphotericin B) 为多烯类抗生素,与真菌胞膜上的固醇类结合,改变膜的通透性,使菌体破坏,起杀菌作用。是目前治疗隐球菌病、组织胞质菌病和全身念珠菌病的首选药物,对曲霉菌病效果较差。

(1) 静脉滴注:应用于神经系统或内脏隐球菌病,开始宜用小量,每日0.1 mg/kg,渐增至每日1~1.5 mg/kg,疗程1~3个月。使用时用5%葡萄糖液稀释,浓度不超过0.05~0.1 mg/ml,缓慢静脉滴注,每剂不少于6小时滴完。

(2) 椎管内注射或脑室内注射:限于治疗隐球菌性脑膜炎的病情严重或静脉滴注失败的病例。儿童鞘内注射,首次0.01 mg,用蒸馏水(不用0.9%氯化钠溶液)稀释,浓度不超过0.25mg/ml(偏稀为宜)或将药物与腰穿时引流出的脑脊液3~5 ml混合后一并缓慢注入。以后每日一次,剂量渐增,约1周内增至每次0.1 mg,以后每隔1~3日增加0.1 mg,直至每次0.5 mg为止,不超过0.7 mg。疗程一般约30次。脑脊液内药物过多可引起蛛网膜炎而致脑脊液细胞增多、暂时性神经根炎、感觉消失、尿潴留,甚至瘫痪、抽搐。如及早停药,大多能缓解。

3. 5-氟胞嘧啶(5-fluorocytosine) 是一种口服系统性抗真菌化学药物,对隐球菌和白色念珠菌有良好抑制作用。可与两性霉素 B 合用,治疗全身性隐球菌病,剂量为每日 50~150mg/kg,分 4 次口服,疗程 4~6 周。婴儿剂量酌减。口服吸收良好,血清浓度高,脑脊液浓度可达血清的 64%~88%。

4. 克霉唑(clotrimazole) 为广谱抗真菌药,1%~5%软膏皮肤外用。口服易吸收,剂量每日 20~60mg/kg,分 3 次口服。全身性深部真菌感染可与两性霉菌 B 联合使用。

5. 酮康唑(Ketoconazole) 合成的口服咪唑类抗真菌药,系咪唑类衍生物。抗菌谱广,口服体内吸收良好,对念珠菌病、曲霉菌病、组织胞质菌病等疗效均显著。开始剂量:体重 30kg 以下者每日口服 100 mg;30kg 以上每日口服 200~400mg;1~4 岁者每日口服 50mg;5~12 岁者每日口服 100mg。

6. 氟康唑(Fluconazole) 双三唑类抗真菌药,作用机制和抗菌谱与酮康唑相似,体内抗真菌活性比酮康唑强,生物利用度高,口服吸收好,对念珠菌、新型隐球菌等有抑制作用,可在脑脊液中达到有效治疗浓度。>3 岁每日 3~12mg/kg,一次顿服或静脉滴注。不良反应有胃肠反应、皮疹,偶致肝功能异常。

第五节 寄生虫病

寄生虫病(parasitic disease)是小儿时期最常见的一类疾病,危害大,轻者出现消化不良、营养不良等症状,重者致生长发育障碍,甚至致命。人体寄生虫病对全球人类健康危害严重,广大发展中国家寄生虫病广泛流行。在经济发达的国家,寄生虫病也是公共卫生的重要问题。

一、蛔 虫 病

案例 10-10

患儿,男,6 岁。因"阵发性上腹剧烈绞痛 4 小时"入院。体查:T 37.5℃,营养中等,神志清,精神可,浅表淋巴结未及,颈软,双肺呼吸音清。心率 120 次/分,心律齐,心音可,未闻杂音。腹软,右上腹轻压痛,肝脾肋下未扪及,双下肢无水肿,病理征阴性。粪检:可见蛔虫卵,血常规:提示血中嗜酸粒细胞增高。

【思考题】

1. 蛔虫病的临床症状?
2. 蛔虫病的并发症?

人蛔虫也称似蛔线虫(ascaris lmnbricoides linnaeus),简称蛔虫,是儿童最常见的寄生虫病之一,成虫寄生于人体小肠,可引起蛔虫病(ascariasis),幼虫能在人体内移行引起内脏移行症(visceral larva migrans)或眼幼虫移行症(ocular larva migrans)。儿童由于食入感染期虫卵而被感染。

(一)病因

蛔虫是寄生人体肠道内最大的线虫,雌雄异体,形似蚯蚓,活虫略带粉红色或微黄色。成虫寄生于人体小肠,以肠内容物为食物,雌虫每天排卵可多达 20 万个,随粪便排出的蛔虫卵在适宜环境条件下 5~10 日发育成熟即具感染性。虫卵被吞食后,虫卵中的胚蚴破壳而出穿入肠壁通过门静脉系统循环而进入肺脏,穿破肺组织进入肺泡腔,沿支气管、气管到咽部又重新被吞咽至小肠,逐步发育成熟为成虫。在移行过程中幼虫也可随血流到达其他器官,一般不发育为成虫,但可造成器官损害。自人体感染到雌虫产卵需 60~75 日,雌虫寿命为 1~2 年。

(二)临床表现

1. 幼虫移行引起的症状 蛔虫移行至肺可引起一过性肺炎伴有发热及血嗜酸细胞明显增多,称为蛔蚴性肺炎或蛔虫性嗜酸细胞性肺炎(Loeffler 综合征),表现为咳嗽、胸闷、血丝痰,肺部体征不明显,X 线胸片可见肺部点状、片状或絮状阴影,病灶易变或很快消失。症状 1~2 周消失。严重感染时,幼虫可侵入脑、肝、脾、肾、甲状腺和眼,引起相应的临床表现,如癫痫、肝大、肝功能异常等。

2. 成虫引起的症状 成虫寄生于肠道,以肠腔内半消化食物为食。临床多表现为食欲缺乏或多食易饥,异食癖;常腹痛,位于脐周,喜按揉,不剧烈;部分患者烦躁易惊或萎靡、磨牙;虫体的异种蛋白可引起荨麻疹等过敏症状。感染严重者可造成营养不良,影响生长发育。

3. 并发症 蛔虫有钻孔的习性,在人体不适(发热、胃肠病变等)或大量食入辛辣食物和服用驱虫药物剂量不当等因素刺激下,蛔虫钻入开口于肠壁的各种管道,不仅可引起胆道蛔虫症、蛔虫性肠梗阻,而且上窜阻塞气管、支气管造成窒息死亡,亦可能钻入阑尾或胰管引起炎症。

(1)胆道蛔虫症(biliary ascariasis):是最常见的并发症,典型表现为阵发性上腹剧烈绞痛、屈体弯腰、哭叫打滚、恶心呕吐,可吐出胆汁或蛔虫。腹部检查无明显阳性体征或仅有右上腹压痛。当发生胆道感染时,患儿可出现发热、黄疸、外周血白细胞数增高。个别患儿,蛔虫可直接窜入肝脏引起出血、脓肿或虫体钙化。其他还包括胆道大出血、胆结石、胆囊破裂、胆汁性腹膜炎、急性出血性坏死性胰腺炎等。

(2)蛔虫性肠梗阻(ascaris intestinal obstruction)：大量感染成虫可因蛔虫团形成肠梗阻或蛔虫毒素刺激肠壁引起痉挛所致。多见于10岁以下的儿童，又以2岁以下发病率最高。部分或完全性梗阻肠道，常为回肠下端，表现为起病急骤、脐周或右下腹阵发性剧痛、呕吐、腹胀、肠鸣亢进、可见肠型和蠕动波、可扪及条索状包块。腹部X线检查可见肠充气和液平面。

(3) 肠穿孔及腹膜炎(enterobrosis and peritonitis)：由于肠壁血循环障碍缺血、坏死而穿孔，发生腹膜炎，多继发于持续较久的蛔虫性肠梗阻或阑尾炎。表现为突发全腹的剧烈腹痛、伴恶心呕吐、进行性腹胀。体检可见明显的腹膜刺激症状，腹部X线检查见膈下游离气体。

(三) 诊断及治疗

根据临床症状和体征、有排蛔虫或呕吐蛔虫史、粪便查到蛔虫卵即可确诊。血中嗜酸粒细胞增高，有助于诊断。若出现上述并发症时，需与其他外科急腹症鉴别。

1. 驱虫治疗

(1) 甲苯咪唑(mebendazole)：广谱驱虫药，治疗蛔虫病的首选药物。能杀灭蛔、蛲、钩虫等，能抑制虫体对葡萄糖的摄取，导致ATP生成减少，在杀灭幼虫、抑制虫卵发育方面亦起作用。>2岁驱蛔剂量为每次100mg，每日2次，或每日200 mg顿服，连服3日，虫卵转阴率可高达90%以上。副作用轻微，偶见胃肠不适、腹泻、呕吐、头痛、头昏、皮疹、发热等。复方甲苯咪唑(mebendazole compound)每片含甲苯咪唑100mg和左旋咪唑25mg，剂量同前。

(2) 枸橼酸哌嗪(piperazine citrate)：安全有效的抗蛔虫和蛲虫药物。阻断虫体神经肌肉接头冲动传递，使虫体不能吸附在肠壁而随粪便排出体外，麻痹前不兴奋虫体，适用于有并发症的患儿。每日剂量150mg/kg(最大剂量不超过3g)，睡前顿服，连服2日。副作用轻微，大量时偶有恶心、呕吐、腹痛、荨麻疹、震颤、共济失调等，肝肾功能不良及癫痫患儿禁用。在肠梗阻时，最好不用，以免引起虫体骚动。

(3) 左旋咪唑(levamisole)：为广谱驱肠虫药。可选择性抑制虫体肌肉中琥珀酸脱氢酶，抑制无氧代谢，使虫体肌肉麻痹随粪便排出。口服吸收快，由肠道排泄，无蓄积中毒。驱蛔效果达90%以上，对钩虫、蛲虫也有效，同时也是一种免疫调节剂，可恢复细胞免疫功能。驱蛔虫每日剂量2~3mg/kg，顿服。副作用可有头痛、呕吐、恶心、腹痛，偶有白细胞减少、肝功损害、皮疹等，肝肾功能不良者慎用。

(4) 阿苯达唑(albendazole)：为广谱杀虫剂。能抑制虫体对葡萄糖的摄取，导致糖原和ATP生成减少，使虫体死亡并抑制虫卵发育。>2岁驱蛔虫剂量为400mg，睡前1次顿服。治愈率可达96%，如需要，10日后重复1次。副作用轻微，可有口干、乏力、头晕、头痛、食欲减退、恶心、腹痛、腹胀等。<2岁者慎用。

2. 并发症的治疗

(1) 胆道蛔虫症：治疗原则为解痉止痛、驱虫、控制感染及纠正脱水、酸中毒及电解质紊乱。驱虫最好选用虫体肌肉麻痹驱虫药。内科治疗持久不缓解者，必要时可手术治疗。

(2) 蛔虫性肠梗阻：不完全性肠梗阻可采用禁食、胃肠减压、输液、解痉、止痛等处理，疼痛缓解后可予驱虫治疗。完全性肠梗阻时应即时手术治疗。

(3) 蛔虫性阑尾炎或腹膜炎：一旦诊断明确，应及早手术治疗。

(四) 预防

普及卫生知识，注意饮食卫生和个人卫生，做好粪便管理，不随地大小便。广泛给易感人群投药以降低感染是比较可行的方法，但蛔虫病的感染率极高，应隔3~6个月再给药。最重要的是人粪便必须进行无害化处理后再当肥料使用和提供对污水处理的卫生设施才是长期预防蛔虫病的最有效措施。

二、蛲 虫 病

案例 10-11

患儿，男，5岁。因"夜间肛周瘙痒1周"而就诊，体查：T 37.5℃，营养中等，神志清，精神稍差，肛周可见皮损及皮疹，浅表淋巴结未及，颈软，双肺呼吸音清。心率120次/分，心律齐，心音可，未闻杂音。腹软，无压痛，肝脾肋下未扪及，病理征阴性。透明胶纸采集肛周皮肤皱襞标本镜检：可见椭圆形虫卵。

【思考题】

1. 蛲虫病的临床特点？
2. 试述蛲虫的致病机制。

蛲虫又称蠕形住肠线虫(enterobiusvermicularis)。蛲虫病(enterobiasis)是由蛲虫感染所引起的一种常见寄生虫病，尤以幼儿期多见，临床上以夜间会阴部和肛门附近瘙痒为主要特征。

(一) 病因

蛲虫的成虫细小，乳白色，雄虫长2~5mm，尾部向腹面卷曲，生殖器官管形，雌虫长8~13mm，尾端长而尖细，生殖器官为双管型，虫卵为不对称椭圆形。雌雄异体，交配后雄虫很快死亡。成虫寄生于人体的盲肠、结肠及回肠下段，在人体内存活2~4周，一般不超过2个月。雌虫向肠腔下段移行,当人熟睡时,肛门括约肌较松弛,雌虫从肛门爬出,受温度、湿度改变和空气的刺激大量排卵,然后大多数死亡,少数雌虫可再进入肛门、阴道、尿道等处,引起异位损害。虫卵在肛周约6小时发育成为感染性卵。当虫卵污染患儿手指,再经口食入而自身感染。感染性卵抵抗力强,在室内一般可存活3周,虫卵可散落在衣裤、被褥或玩具、食物上,经吞食或空气吸入等方式传播。

(二)临床表现

蛲虫感染可引起局部和全身症状,最常见的症状是肛门瘙痒和睡眠不安,因为雌虫的产卵活动引起肛周和会阴皮肤强烈瘙痒,影响睡眠。局部皮肤可因搔抓而发生皮炎和继发感染。全身症状有胃肠激惹现象,如恶心、呕吐、腹痛、腹泻、食欲缺乏,还可见不安、夜惊、易激动等其他精神症状。少数可见异位损害引起的阑尾炎、阴道炎、盆腔炎和腹膜炎等。末梢血可见嗜酸细胞增多。

(三)诊断

该病主要依靠临床症状,并检出虫卵或成虫以确定诊断。因蛲虫一般不在肠内产卵,故粪便直接涂片法不易检出虫卵,必须从肛门周围皮肤皱襞处直接采集标本。可于每日凌晨用透明胶纸紧压肛周部位黏取虫卵,然后在显微镜下观察,很容易看到虫卵。在肛周皮肤皱褶处见白色小线虫时,应用乙醇保存留作显微镜检查。多次检查可提高阳性率。

(四)治疗

1. 内服药

(1)恩波吡维铵(pryvinium embonate):治疗蛲虫感染的首选药物。可干扰虫体的呼吸酶系统,抑制呼吸,并阻碍虫体对葡萄糖的吸收。剂量为5mg/kg(最大量0.25g),睡前1次顿服,2~3周后重复治疗1次。不良反应轻微,少数有腹痛、腹泻、呕吐,偶有感觉过敏、肌肉痉挛。口服此药可将粪便染成红色。

(2)噻嘧啶(pyrantel pamoate):广谱高效驱虫药。可抑制虫体胆碱酯酶,阻断虫体神经肌肉接头冲动传递,麻痹虫体,安全排出体外。口服很少吸收,不良反应轻微。剂量为11mg/kg(最大量1g),一次口服,2周后重复一次。

(3)甲苯咪唑(mebendazole):剂量和用法与驱蛔虫治疗相同,2周后重复一次。

2. 局部用药 每晚睡前清洗会阴和肛周,局部涂擦蛲虫软膏(含百部浸膏30%、甲紫2%)杀虫止痒;或用噻嘧啶栓剂塞肛,连用3~5日。

(五)预防

蛲虫的寿命一般为20~30日,如能避免重复感染,即使不治疗也能自行痊愈。单纯药物治疗而不结合预防则甚难彻底治愈及杜绝流行。加强卫生宣教,培养良好的卫生习惯,饭前便后洗手,纠正吮手指习惯,勤剪指甲,婴幼儿尽早穿满裆裤,玩具、用具、被褥要常清洗和消毒。

三、钩 虫 病

案例10-12

患儿,女,8岁。因“发现皮肤黏膜苍白、乏力1个月”入院。查体:T 36.8℃,营养不良面容,神志清,精神差,足趾或手指间皮肤可出现少量红色点状丘疹或小水疱及2~3个脓疱,浅表淋巴结未及,颈软,双肺呼吸音清。心率120次/分,心律齐,心音可,未闻杂音。腹软,无压痛,肝脾肋下未扪及,病理征阴性。粪检:发现钩虫卵。

【思考题】

1. 简述钩虫病的临床特点。
2. 简述钩虫病的治疗。

钩虫病(ancylostomiasis)是因钩虫寄生于人体小肠而引起的肠道寄生虫病。钩虫(hookworm)是钩口科线虫的统称,寄生人体的钩虫常见有十二指肠钩虫(ancylostoma duodenale)和美洲钩虫(necator americanus),临床主要表现为贫血、营养不良、胃肠功能失调。轻者可无临床症状,仅在粪便中发现虫卵,称钩虫感染。严重者可出现心功能不全和生长发育障碍。

(一)病因

成虫半透明灰白或米黄色,长约1cm,雌雄异体,寄生人体小肠上段,以其口囊咬吸在肠黏膜上,摄取血液及组织液。成熟十二指肠钩虫雌虫每日产卵1万~3万个;美洲钩虫雌虫每日产卵5千~1万个。虫卵随粪便排出,在温暖、潮湿、疏松土壤中孵育成杆状蚴,在1~2周中,经过二次蜕皮后发育为丝状蚴,即感染期蚴。丝状蚴通过毛囊、汗腺口或皮肤破损处钻入人体进入血管和淋巴管,随血流经右心至肺,穿过肺微血管进入肺,向上移行至咽部,被吞咽入胃,达小肠发育为成虫。成虫在人体内一般可存活3年左右,最长可达15年。

(二)临床表现

1. 钩蚴引起的症状

(1)钩蚴皮炎:钩蚴入侵的皮肤处多见于足趾或手指间皮肤较薄处及其他部位暴露的皮肤,可出现红色点状丘疹或小水疱,烧灼、针刺感,奇痒,数日内消失。搔抓破后常继发感染,形成脓疱,并可引起发热和淋巴结炎。

(2)内脏损害:钩蚴侵入血循环在体内移行时穿过肺、肝、眼等器官,可出现局部炎症反应及相应器官的临床症状,血嗜酸粒细胞增高。如移行至肺部可引起喉咙发痒、发热、咳嗽、气促和哮喘,痰中带血丝,甚至大咯血。胸部X线检查见肺有短暂的浸润性病变,病程数日或数周。

2. 成虫引起的症状

(1) 贫血:失血性贫血是主要症状,因钩虫吸附在小肠黏膜上吸血及造成肠黏膜损伤而致失血所致。表现为不同程度的贫血、皮肤黏膜苍白、乏力、眩晕,影响小儿体格和智力发育。严重者可发生贫血性心脏病。

(2) 消化道症状:初期表现为贪食、多食易饥,但体重下降。后期食欲下降,胃肠功能紊乱,腹胀不适,异食癖,营养不良等,严重者可出现便血。

3. 婴儿钩虫病 临床表现为急性便血性腹泻,大便黑色或柏油样,胃肠功能紊乱,面色苍白,发热,心尖部明显收缩期杂音,肝脾肿大,生长发育迟缓,严重贫血,血红蛋白低50g/L,大多数患儿白细胞总数增高,嗜酸粒细胞显著增高,有时呈类白血病样反应。发病多在5~12个月,亦有新生儿发病的报道。

(三) 诊断

1. 病原体检查 在流行区,对有贫血、胃肠功能紊乱、异食癖、营养不良、生长发育迟缓的小儿应考虑钩虫病的可能。粪便中检出钩虫卵或孵化出钩蚴是确诊的依据。粪便饱和盐水漂浮法简便易行,钩蚴培养法检出率较高。当咳嗽时痰中找到钩蚴亦可确诊。

2. 免疫学诊断 适用于大规模普查。用钩虫虫体抗原作皮内试验,阳性者结合流行病学及临床特点,可作出早期诊断。

(四) 治疗

1. 驱虫治疗

(1) 苯咪唑类药物:是一类广谱驱肠线虫药,具有杀死成虫和虫卵的作用。因能抑制寄生虫对葡萄糖的利用,影响虫体能量代谢而达驱虫。驱虫作用缓慢,治疗3~4日才排钩虫。不良反应轻而短暂,少数患者有头痛、恶心、腹痛等。常用剂型如下。①甲苯米唑(甲苯达唑 mebendazole):不分年龄,每次100mg,日服2次,连服3日。治愈率90%以上。严重肝、肾疾病者及<2岁儿童慎用。②阿苯达唑(albendazole):儿童200mg,单剂有效。儿童每次200 mg,10日后可重复1次。严重心功能不全、活动性溃疡病患儿慎用。

(2) 噻嘧啶(pyrantel):也是一类广谱驱肠线虫药,为神经肌肉阻滞剂,使虫体麻痹而被排出。驱虫作用快,服药1~2日排虫。剂量为11mg/kg(最大量1g),每日1次,睡前顿服,连服2~3日。不良反应轻。急性肝炎、肾炎暂缓给药。

(3) 左旋咪唑(levamisole):是一类广谱驱肠虫药,剂量1.5~2.5mg/kg,晚餐后一次服用,连用3日为一疗程。

(4) 联合用药:左旋咪唑和噻嘧啶合用可提高疗效。

2. 对症治疗 纠正贫血,给予铁剂和充足营养,严重贫血可少量多次输血。

(五) 预防

在流行区定期普查普治,加强个人防护,防止感染。加强卫生宣教,注意饮食卫生,不随地大便,加强粪便无害化管理。疫区避免手、足直接接触湿润土壤。

四、绦 虫 病

案例 10-13

患儿,男,13岁。因"突然意识丧失5分钟,伴四肢抽搐,口吐白沫"而入院。有进食半生的猪肉史。体查:T 36.8℃,营养不良面容,神志清,精神差,躯干及大腿上端内侧发现皮下组织形成圆形或结节3~5个,微隆起于皮肤表面,如黄豆或蚕豆,大小相近,质坚韧似软骨,具弹性感、无痛,浅表淋巴结未及,颈软,双肺呼吸音清。心率100次/分,心律齐,心音可,未闻杂音。腹软,无压痛,肝脾肋下未扪及,双下肢无水肿,病理征阴性。粪检:发现有绦虫卵或孕节;皮下结节病理检查:可见囊尾蚴。

【思考题】

1. 简述囊虫病诊断依据。
2. 简述意识障碍的诊断思维。

绦虫病(taeniasis)是由绦虫寄生人体肠道引起的疾病。一般有猪肉绦虫病和牛肉绦虫病,可因进食含有活囊尾蚴的猪或牛肉而感染。

(一) 病因

绦虫(cestode)又称带虫(tapeworm),成虫扁长如带,长2~4m,乳白色,雌雄同体。虫体分为头节、颈节和体节三部分:头节具有固着器官,上有吸盘和小钩;颈节具有生发功能,节片由此向后连续长出;体节靠近颈节部分因其生殖器官未发育成熟称为未成熟节,中间部分节片因生殖器官发育成熟称为成熟节,后部节片中存满虫卵称为孕节,每一孕节含卵8万~10万个。成虫寄生于人的小肠,虫卵或孕节随粪便排出体外,当虫卵被猪、牛等中间宿主吞食后,卵内的六钩蚴虫在其小肠内逸出,钻进肠壁血管或淋巴管随血循环或淋巴循环到达全身,主要在运动较多的肌肉组织中发育成为囊尾蚴,囊尾蚴如黄豆大,内有白色米粒大小的囊尾蚴头节。这种含有囊尾蚴的肉(俗称米猪肉)未经煮熟而被人摄入后即在人小肠中发育为成虫而致病。人也可以成为猪绦虫的中间宿主，即由于吞食的虫卵或孕节在人体内发育成囊尾蚴所造成，称为囊虫病(cysticercosis)，但这种囊尾蚴不能在人体内继续发育为成虫。寄生在人体的绦虫除大量掠夺宿主的营养外，其固有器官吸盘和小钩对宿主肠道亦造成机械刺激和损伤。囊尾蚴在人体内寄生的危害性比绦虫病更大，其程度因囊尾蚴寄生的部位和数量而不同，其中以脑囊虫病最为严重。大脑是对包囊最敏感的器官，当入侵大脑的包囊数目多或其阻塞脑脊液通路时，可导致症状。包囊死亡分解后，可完全吸收或钙化。

(二) 临床表现

1. 成虫引起的症状 潜伏期为2~3个月。除腹部隐痛不适外，绦虫成虫很少引起临床症状。腹痛常见于中上腹和脐部，进食后腹痛缓解为其特征。部分患儿有恶心、呕吐、腹泻、食欲缺乏或亢进、体重减轻等。大便中常发现白色虫体节片，单节脱落后可由肛门排出。

2. 囊尾蚴寄生的症状 因囊虫寄生的部位和数量不同而异。

(1) 脑囊虫病：症状极为复杂多样，从全无症状到猝死不等。癫痫发作、颅内压增高和精神症状是三个主要的症状。癫痫发作是最突出的症状，一般在排虫后或皮下囊包出现后半年发生。脑脊液检查多属正常，少数可见细胞数和蛋白轻度增加。依颅内寄生部位分为皮质型、脑室型、蛛网膜下隙型或颅底型而产生不同的症状，也有寄生于椎管压迫脊髓。影像学检查可见图10-4。

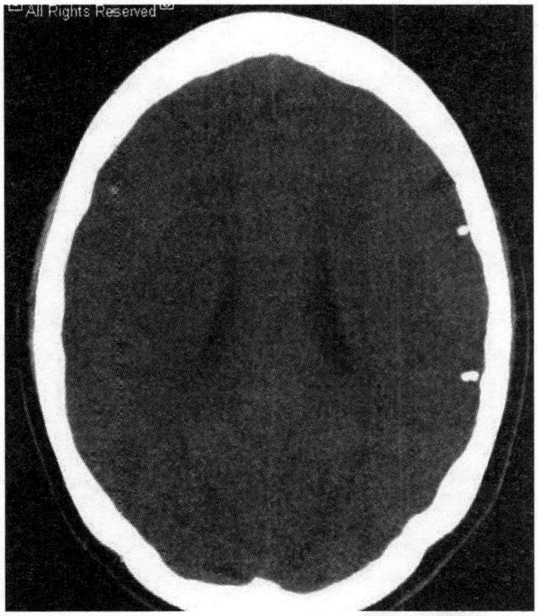

图10-4 脑囊虫病CT扫描

(2) 肌肉与皮下组织囊虫病：囊尾蚴侵入肌肉和皮下组织形成圆形或卵圆形结节，微隆起或不隆起于皮肤表面，如黄豆或蚕豆，大小相近，质硬，有压痛，无炎症反应，1~2个至数百、数千个不等，头和躯干较多，蚴虫死后发生钙化。

(3) 眼囊虫病：可发生在眼的任何部位，以玻璃体和视网膜多见。轻者视力障碍，重者失明，以单眼多见。眼底检查在玻璃体内可见大小不等的圆形或椭圆形的浅灰色包囊，周围有红晕光环。

(三) 诊断

有生食或进食半生的牛、猪肉史、粪便中发现绦虫节片或检出虫卵即可确诊。

囊虫病的诊断依据如下。①有猪绦虫病史，或粪便中发现有绦虫卵或孕节。②皮下结节病理检查见囊尾蚴。③免疫试验：囊尾蚴抗原皮内试验、补体结合试验阳性，用囊尾蚴液纯化抗原与患者脑脊液进行酶联免疫吸附试验阳性。免疫金银染色(ICSS)是近年来发展的高敏感性的方法。④患病时间较长者，囊虫已死亡而有钙化者(大多数显示需5年以上)，可拍X线头颅片或脑室造影帮助诊断。

(四) 治疗

1. 驱虫治疗

(1) 氯硝柳胺(niclosamide)：为驱绦虫首选药物，能破坏绦虫的角质膜，麻痹神经和肌肉，可杀死绦虫的头节和近段虫体。口服不吸收，在肠中保持高浓度。小儿剂量：<2岁每日0.5g，2~6岁每日1g，>6岁每日2g，均分2次空腹服，2次之间间隔1小时，服时应将药片嚼碎后吞下，服后2小时服泻药。不良反应轻微。

(2) 吡喹酮(praziquantel)：为广谱抗寄生虫药，治疗绦虫病和囊虫病均有效，疗效高于氯硝柳胺。驱绦虫的剂量为10~15mg/kg，顿服。治疗脑囊虫病的剂量为每日20mg/kg，分3次服，9日为一疗程，疗程间隔3~4个月。此药不良反应较严重，因虫体死亡炎症反应和水肿加重，颅内高压明显，原有症状加重，个别病例因脑疝死亡，应高度警惕，必要时先降颅内压再行治疗。

(3) 槟榔与南瓜子：槟榔对绦虫的头节和前段有瘫痪作用，南瓜子能使绦虫中、后段节片瘫痪，两者合用可使虫体变软，借小肠蠕动作用随粪便排出体外。驱猪绦虫服35%槟榔煎剂60~120ml，清晨顿服。驱牛绦虫，先服炒熟去皮南瓜子30~60g，2小时后服上述剂量的槟榔煎剂。一般服药后3小时内有完整虫体排出。婴儿不宜应用。

驱绦虫治疗的注意事项：①无论用何种药驱绦虫，在排便时应坐在盛有水温与体温相同的生理盐水中排便,以免虫体遇冷收缩而不能全部排出;②留集24小时粪便寻找头节;③治疗3个月无虫卵和节片排出为治愈。

2. 对症治疗 对有颅内压增高者,宜先甘露醇静脉滴注治疗,疗程中亦可常规应用地塞米松和甘露醇。癫痫发作频繁者,可酌情选用安定、异戊巴比妥钠等药物。

3. 手术治疗 眼囊虫病目前主张以手术摘除为宜。颅内、尤其脑室内单个囊虫也可行手术治疗。癫痫频繁发作或颅内压增高者,必要时可施行外科手术。

(五) 预防

加强卫生宣传,改变不良饮食习惯;加强肉品检验,不吃未煮熟的猪、牛肉;应区分生、熟食品的砧板;彻底治疗绦虫病患者。

(殷小成)

Chapter X Infectious Diseases

Measles

Measles is an infective respiratory disease caused by the measles virus, which is a type of paramyxovirus. The illness is characterized by skin rash, fever, upper respiratory infection symptoms, oral Koplik's spots, post-rash pigmentation and branny desquamation.

Etiology and epidemiology

The measles virus is a single-stranded, lipid-enveloped RNA virus belonging to the family *Paramyxoviridae* and genus *Morbillivirus*. Humans are the only host of the measles virus. Thus, patients with measles are the only source of infection. Measles is extremely contagious, and spreads via tiny droplets that may spray into the air when an individual carrying the virus sneezes or coughs.

Clinical manifestations

Clinical Manifestations of typical measles

- Incubation period: This ranges from 6 to 18 days. Fever and general malaise may occur in this period.
- Prodromal stage: This usually lasts 3-4 days. Fever is present in this stage in addition to the symptoms of upper respiratory infection and conjunctivitis, including coughing, sneezing, conjunctival hyperemia, palpebral edema and photophobia. Koplik's spots are a typical early sign. Other atypical symptoms are headache, vomiting and diarrhea.
- Eruptive stage: Skin rash often occurs after 3-4 days of fever. The rash appears in a characteristic progression, from the head, face and neck, to the trunk, and finally to the arms and legs. Fever peaks when the rash appears.
- Convalescent stage: The body temperature returns to normal in this stage. The skin rash starts to fade and turns a brownish color, eventually leaving behind post-rash pigmentation. The affected skin becomes dry and flaky.

Manifestations of inapparent measles infection

- Mild measles: The manifestations are mild, and the rash is atypical (indistinct, brief) and rare or even absent.
- Severe measles: This condition is known as black measles, and is characterized by an acute onset, high fever, and severe toxic symptoms accompanied by convulsions and coma.
- Atypical measles: The patient presents with high fever, fatigue, myalgia, headache and swelling of the limbs. Mucous patches do not occur, and the rash is atypical.

Complications

The complications of measles include pneumonia, laryngitis, myocarditis, encephalitis and subacute sclerosing panencephalitis.

Investigations

- Routine blood tests: Complete blood counts may show leucopenia and achroacytosis.
- Polykaryocyte examination.
- Detection of measles virus-specific IgM.
- Fluorescent-tagged measles virus antigen test of nasopharyngeal secretions or urine.
- Virus isolation.

Diagnosis and differential diagnosis

Measles can be diagnosed on the basis of epidemiological data, contact history, and the presence of the following symptoms: acute fever, symptoms of upper respiratory catarrh, oral mucosal patches and typical rashes.

Measles should be differentiated from rubella, exanthem subitum, scarlet fever, enterovirus infection, drug rash, etc.

Treatment

The management of measles is supportive. Antiviral therapy is not effective.

Preventions

- Isolation: Patients should be isolated until 5 days

after the onset of skin rash, or until 10 days after the onset of skin rash if pneumonia develops. Susceptible individuals who have been exposed to measles should receive immunoglobulins.

- Cut off the route of transmission of measles virus.
- Healthy children should receive measles vaccination, while weak infants should received passive immunization.
- Effective surveillance should be used.

Hand, Foot and Mouth Disease

Hand, foot and mouth disease (HFMD) is a common infectious disease caused by intestinal viruses, and is characterized by fever and maculopapular rash that may involve the skin of the hands and feet, and the oral cavity.

Etiology

HFMD is mainly caused by the *Coxsackie virus* (serum type A16; CoxA16) and *ECHO virus* (EV71).

Clinical manifestations

Common type

- The incubation period ranges from 2 to 5 days.
- Patients present with fever with or without respiratory tract and gastrointestinal symptoms.
- Maculopapular and herpetic rashes may involve the skin of the hands, feet and hip, and the oral cavity.
- The course of disease is generally 7 to 10 days.

Severe type

Patients present with fever and maculopapular rash in addition to symptoms involving the following systems:

- Nervous system: Listlessness, lethargy, convulsions and even coma.
- Respiratory system: Neurogenic pulmonary edema is the most severe symptom.
- Circulatory system: Increased heart rate and abnormal or high blood pressure, followed by decreased heart rate and low blood pressure.

Investigation

- White blood cell count is normal or increased, in which the lymphocyte count dominates.
- Blood glucose level may be elevated in critical cases.
- Cerebrospinal fluid examination shows clear fluid and elevated pressure. The white cell count is elevated. The protein level is normal or high. The levels of glucose and chloride are normal.
- Magnetic resonance imaging (MRI) of the brain commonly reveals damage to the brain stem and gray matter of the spinal cord.
- Cox A16 and EV71 can be detected.

Diagnosis

Clinical criteria

- The onset of the disease is during an epidemic, season and the disease commonly affects infants and young children.
- Patients present with fever and amaculopapular rash that may involve the skin of the hands, feet and hip, and the oral cavity.

Confirmatory criteria

Clinically diagnosed cases can be confirmed via the detection of the specific nucleic acids of enteric viruses (CoxA16, EV71) or serial measurements of the levels of neutralizing antibody. The antibody levels in the convalescent stage are four times greater than the levels in the acute stage.

Early predictors in critical cases

- Age < 3 years.
- Persistent high fever.
- Cold sweats and poor peripheral circulation.
- Dyspnea, irregular respiratory rhythm, moist rales and abnormal chest radiographic findings.
- Altered consciousness, convulsions, weakness and vomiting.
- Significant tachycardia with hypertension or hypotension.
- Significantly elevated peripheral white blood cell count.
- Blood glucose level > 8.25 mmol/L.

Treatment

Typical cases

There is no specific treatment for this infection. Symptomatic treatment should be provided.

Severe cases

- Control of intracranial hypertension in patients with

nervous system involvement.

- Appropriate application of glucocorticoid therapy.
- Intravenous immunoglobulin (2 g/kg).
- Keeping the respiratory tract open and providing ventilatory support in the case of respiratory failure.
- Administration of vasoactive drugs to correct circulatory failure.

Mumps

Mumps or epidemic parotitis caused by the mumps virus, is an acute respiratory infectious disease characterized by parotid swelling and pain. Mumps is prevalent in kindergarten and school-aged children (5-15 years).

Clinical manifestations

- Incubation period: 14-25 days.
- Painful parotid swelling.
- Fever of varying grades.

Complications

- Common complications: meningoencephalitis and meningitis, orchitis and ovaritis, and pancreatitis.
- Other complications (rare): myocarditis, nephritis, mastitis, thymitis, thyroiditis and arthritis.

Investigations

- Blood, urine amylase determination: In 90% of patients, the serum and urine levels of amylase exhibit a mild-to-moderate increase in the early stage and return to normal after 2 weeks.
- Serological examinations: The detection of specific IgM antibodies for the mumps virus by using ELISA can be helpful for an early and rapid diagnosis.
- Virus isolation

Diagnosis and differential diagnosis

The diagnosis is based on a history of exposure to mumps infection and the presence of typical clinical manifestations. Suspected cases can be definitively diagnosed using serological examinations and virus isolation.

Mumps should be differentiated from pyogenic parotitis, lymphadenitis, mumps caused by other viruses and parotid swelling caused by leukemia, lymphoma or parotid tumors.

Treatment

No specific therapy is available for mumps. The management consists of providing symptomatic and supportive treatment.

Prevention

Patients should be isolated in the early stage, until the parotid swelling completely subsides. Immunization with the live mumps vaccine is the primary mode of prevention.

Infectious Mononucleosis

Infectious mononucleosis is an acute infectious disease caused by the *Epstein-Barr virus* (EBV). It is characterized by fever, sore throat, lymphadenopathy, hepatomegaly, splenomegaly and lymphocyte abnormalities.

Clinical manifestations

Infectious mononucleosis has an incubation period of 5 to 15 days. Patients complain of fatigue, headache, acute or prolonged (>1 week) fever, sore throat and abdominal pain.

The classic physical examination findings are generalized lymphadenopathy (90% of cases), splenomegaly (50% of cases) and hepatomegaly (10% of cases).

Complications

- Neurological complications in severe cases: Guillain-Barré syndrome, meningoencephalitis and peripheral neuritis.
- Complications in acute stage: pericarditis, myocarditis, splenic rupture, EBV-associated hemoph-agocytic syndrome.
- Rare complications: interstitial pneumonia, gastrointestinal bleeding, nephritis, autoimmune hemolytic anemia, aplastic anemia, neutropenia and thrombocytopenia.

Investigations

- Leukocytosis with atypical lymphocytes (>10%).
- Heterophile agglutination test.
- Specific EBV antibody analysis.
- EBV-DNA analysis.

Diagnosis and differential diagnosis

A presumptive diagnosis may be made on basis of typical clinical symptoms with atypical lymphocytosis in the peripheral blood. The diagnosis is usually confirmed by serologic tests for either heterophile antibody or specific EBV antibodies.

Infectious mononucleosis should be differentiated from lymphocytosis and mononucleosis caused by cytomegalovirus, adenovirus, pneumonic mycoplasma, hepatitis A virus and rubella infection.

Treatment

Infectious mononucleosis is a self-limiting disease. There is no specific treatment. Acyclovir or ganciclovir can be administered to ameliorate the disease. Short courses of corticosteroids (<2 weeks) may be helpful to treat the complications of infectious mononucleosis.

Prevention

A recombinant EBV vaccine has shown promise for preventing infectious mononucleosis and potentially EBV-associated malignancies as well.

Chickenpox

Chickenpox or varicella is a highly contagious disease caused by the varicella-zoster virus. Patients with chickenpox develop various kinds of extremely itchy blisters that are centripetally distributed over the body. The disease is usually mild and self-limiting, although serious complications sometimes occur.

Etiology and epidemiology

Chickenpox is caused by the varicella-zoster virus, which belongs to α-herpesvirus. Chickenpox patients are the only source of this disease.

Clinical manifestations

Typical varicella

- Prodromal symptoms: Fever, malaise and anorexia.
- Characteristics of the rashes: Lesions often appear first on the scalp, face or trunk. The lesions are pruritic. Clouding and umbilication of the lesions begin within 24-48h. While the initial lesions are crusting, new crops form on the trunk and then the extre-mities. The main characteristic of varicella is the simultaneous presence of lesions in various stages of evolution.

Progressive varicella

- This condition occurs in immunocompromised children and newborns.
- Its features are persistent high fever and toxic symptoms, bullous eruptions or hemorrhagic rashes, purpura fulminans with thrombocytopenia and even visceral organ involvement.

Congenital varicella

- Congenital varicella syndrome occurs in infants born to women who have varicella in the first 4 months of gestation.
- Disseminated varicella may occur in the neonate.

Complications

- Secondary bacterial infection of the skin.
- Secondary thrombocytopenia.
- Varicella pneumonia.
- Neurological complications: Post-chickenpox encephalitis, Guillain-Barré syndrome, transverse myelitis, facial nerve paralysis and Reye syndrome.

Diagnosis and differential diagnosis

It is not difficult to diagnose chickenpox. The diagnosis is based on a history of contact with a varicella patient and the typical characteristics of the skin rashes.

Varicella should be distinguished from impetigo, papular urticaria and other infections that can cause herpetic skin lesions.

Treatment

- Children with varicella should be strictly isolated and require intensive nursing to prevent secondary infection.
- Acyclovir is the preferred antiviral drug, and is administered at a dose of 20 mg/kg 4 times a day.
- Patients with secondary bacterial infection should receive early antibiotic treatment.

Prevention

- Minimizing the spread of infection by isolation of patients until the skin lesions have formed scars.
- Vaccination to protecting healthy persons who come in contact with chickenpox patients.

Poliomyelitis

Poliomyelitis is an acute infectious disease caused by the spread of poliovirus from the intestinal tract to the central nervous system. The condition may cause fever, headache, vomiting, pain in the neck and extremities, and even paralysis.

Epidemiology

Poliomyelitis is caused by infection with a member of the genus Enterovirus known as poliovirus. It is highly contagious via the fecal-oral route. Humans are the only known reservoir of poliovirus.

Clinical manifestations

The incubation period ranges from 8 days to 12 days. The clinical types include inapparent infection, abortive poliomyelitis, nonparalytic poliomyelitis and paralytic poliomyelitis. Typical poliomyelitis will have the following stages.

- Prodromal stage: Fever, feeling unwell, poor appetite, other upper respiratory infection symptoms.
- Preparalytic phase: High fever and specific signs including the tripod sign, positive kiss-the-knee test and head drop sign.
- Paralytic phase: Asymmetrical tardive paralysis without sensory disorders.
- Recovery stage: Recovery starts from distal to proximal and 1-2 weeks after the paralysis.
- Sequelae stage: Permanent paralysis, muscle atrophy and deformity.

Investigations

Serum anti-poliovirus IgM antibody detection and poliovirus isolation from stool samples are very important for confirmation of the diagnosis.

Diagnosis and differential diagnosis

Poliomyelitis is not difficult to diagnose based on the typical symptoms of paralysis. The serological examination of and poliovirus isolation from stool samples can confirm the diagnosis.

Poliomyelitis should be differentiated Guillain-Barré syndrome, familial periodical paralysis, peripheral neuritis and pseudo-paralysis.

Treatment

There is no specific antiviral treatment for poliomyelitis. The management consists of symptomatic and supportive treatment.

Prevention

- Controlling the source of infection.
- Breaking down of the transmission route.
- Protection of susceptible persons: Active immunization is the main and effective measure to prevent this disease.

Septicemia

Septicemia was originally defined as a severe systemic infection caused by the invasion of pathogenic bacteria that grow, proliferate and releasetoxins in the blood. In recent years, research of septicemia has increasingly focused on the systemic response to infections, in other terms of sepsis or systemic inflammatory response syndrome (SIRS).

Etiology

Various pathogens can cause septicemia, including Gram-positive cocci, Gram-negative bacilli and anaerobic bacteria.

Clinical manifestations

- Primary infection site: Redness, swelling, warmth, pain and dysfunction.
- Infectious toxic symptoms: Fever, rashes, lethargy, dysphoria, weakness, tachypnea, tachycardia and gastrointestinal symptoms (such as nausea, vomiting, abdominal pain and diarrhea).
- Severe cases may also present with toxic encephalopathy, myocarditis, hepatitis, enteroparalysis, septic shock and disseminated intravascular coagulopathy.

Investigations

The total peripheral white blood cell count is increased, with dominant neutrophils. The serum levels of C-reactive protein and precalcitonin are increased.

Organisms may be cultured from blood, bone marrow and purulent exudates.

Diagnosis and differential diagnosis

Septicemia should be suspected in patients presenting with acute high fever, elevated white blood cell and neutrophil counts, even without specific infectious foci. The diagnosis can be confirmedy by using positive culture results.

Septicemia should be differentiated from typhoid, miliary tuberculosis, malignant histiocytosis and juvenile idiopathic arthritis.

Treatment

- General treatment: This includes bed rest, intensive nursing, reasonable nutrition, maintenance of water and electrolyte balance, vitamin supplementation and prevention of bedsores.
- Antimicrobial therapy: Combined treatment with two or three antibiotics should be administered early in the course of the disease.
- Complications: Complications should be prevented.

Bacillary Dysentery

Toxic type is a critical type of acute bacillary dysentery caused by *Shigella* infection. This condition is characterized by acute onset, high fever, recurrent seizures and rapid progression to shock and coma. This type of dysentery is more common in healthy children aged 2 to 7 years.

Etiology

Bacillus dysenteriae is a gram-negative bacillus belonging to the family Enterobacteria and genus Shigella. Four species of *Shigella* are responsible for bacillary dysentery: *S. dysenteriae* (serogroup A), *S. flexneri* (serogroup B), *S. boydii* (serogroup C) and *S. sonnei* (serogroup D).

Clinical manifestations

- Shock type: The main clinical manifestation is septic shock.
- Cerebral microcirculatory disturbance type: In early stage, the symptoms are mild, and include lethargy, vomiting, headache, hypertension and bradycardia. Severe cases present with coma, frequent or persistent convulsions, anisocoria, disappearance of pupillary light reflex, respiratory depth unevenness or even respiratory arrest.
- Pulmonary microcirculation type: This is known as respiratory distress syndrome, and characterized by progressive dyspnea.
- Mixed type: Severe cases are often complicated by disseminated intravascular coagulation, renal failure and even hemolytic uremic syndrome.

Investigations

- Routine stool examination: In the early stage, the findings of routine stool examination can normal. After the development of pus, microscopic stool examination shows abundant pus, red blood cells and phagocytes.
- Stool culture: *Shigella* can be found on stool culture.
- Routine blood tests: Leukocytosis with a shift to the left is seen on peripheral hemograms. The platelet count is significantly reduced in the patients with toxic bacillary dysentery complicated by disseminated intravascular coagulation.
- Immunological detection
- Specific nucleic acid detection: This includes nucleic acid hybridization and polymerase chain reaction.

Diagnosis and differential diagnosis

The diagnosis is suspected in healthy children aged 2-7 years who develop high fever, recurrent seizures, encephalopathy and/or shock in the summer or autumn. The observation of numerous pus cells or red blood cells on microscopic examination of stool samples provides preliminary confirmation.

Toxic bacillary dysentery should be differentiated from febrile convulsions, epidemic cerebrospinal meningitis and epidemic encephalitis B.

Treatment

- Antipyretic therapy and management of convulsions.
- Treatment of septic shock.
- Prevention and treatment of cerebral edema and respiratory failure.
- Antimicrobial therapy.

General Concepts of Tuberculosis

Tuberculosis is a common infectious disease caused by *Mycobacterium tuberculosis*. Tuberculosis may infect any part of the body, but most commonly occurs in the lungs (known as pulmonary tuberculosis). The main lesions include tuberculous nodules, tuberculous infiltration, caseation and tuberculous cavity.

Etiology

Mycobacterium tuberculosis is an aerobic, gram-positive and acid-fast bacillus.

Investigations

- Examination of the sputum, gastric juice, cerebrospinal fluid or serous cavity fluid for mycobacteria.
- Immunological and molecular biological tests: detection of specific antibody by ELISA and DNA detection by PCR.

- Imaging tests.
- Other auxiliary examinations include fiberoptic bronchoscopy, puncture smear of the peripheral lymph nodes and lung puncture biopsy.

Diagnosis

Tuberculosis should be diagnosed early on the basis of the symptoms and typical features on X-ray images, sputum analysis and skin tests.

Medical history

- Toxic symptoms: low-grade fever, night sweats, mild cough, loss of appetite, fatigue and weight loss.
- Vaccination history.
- History of exposure to tuberculosis patients.
- History of acute infectious diseases such as measles and HIV infection.
- Tuberculous allergic manifestations: erythema nodosum, phlyctenular conjunctivitis and PPD-positive reaction.

Tuberculin test

The results of the standard tuberculin test are interpreted by the average diameter of the induration as follows.

- <5 mm: -.
- 5-9 mm: +.
- 10-19 mm: ++.
- ≥20 mm: +++.
- Local induration with blisters, ulceration, lymphangitis and double ring reaction: ++++.

Treatment

- General treatment.
- Commonly used drugs for the treatment of tuberculosis have been listed in the following table (Table 10-1).
- Chemotherapy plans include the standard regimen (INH+RFP and/or EMB for 9-12 months), two-phase regimen (intensive treatment stage and consolidation therapy stage) and short-range regimens (2HRZ/4HR, 2SHRZ/4HR and 2EHRZ/4HR).

Table 10-1 Commonly used drugs for the treatment of tuberculosis in children

Drug	Dosage	Route of administration	Main side effects
INH	10mg (≤300mg/d)	Oral, intramuscular injection or intravenous drip	Liver toxicity, peripheral neuritis, allergy, rash and fever
RFP	10mg (≤450mg/d)	Oral	Liver toxicity, nausea, vomiting and flu-like symptoms
SM	20-30mg (≤0.75g/d)	Intramuscular injection	VIII nerve impairment, kidney toxicity, allergy, rash and fever
PZA	20-30mg (≤0.75g/d)	Oral	Liver toxicity, hyperuricemia, joint pain, allergy and fever
EMB	15-25mg	Oral	Rash, optic neuritis
ETH	10-15mg	Oral	Gastrointestinal reaction, Liver toxicity, peripheral neuritis, allergy

Prevention

Tuberculosis prevention and control efforts primarily rely on the vaccination of infants and the detection and appropriate treatment of active cases.

Primary Pulmonary Tuberculosis

Primary pulmonary tuberculosis is the commonest type of pulmonary tuberculosis. It is caused by the primary invasion of the lungs by *Mycobacterium tuberculosis*. It is also the main type of pulmonary tuberculosis in children. Primary pulmonary tuberculosis includes the primary complex and bronchial lymphoid tuberculosis.

Clinical Manifestations

The clinical manifestations vary from asymptomatic to the following symptoms.

- Low-grade fever, poor appetite, fatigue and night sweats.
- Dry cough and mild respiratory difficulty.
- Infants may have weight loss or growth retardation.
- Ocular herpes conjunctivitis, skin erythema nodosum and/or multiple transient arthritis.
- Few abnormalities are detected on physical examination.

Diagnosis and differential diagnosis

A complete medical evaluation for tuberculosis must include a medical history, physical examination, laboratory examinations, chest X-ray or CT scan, microbiological smears and cultures.

This disease should be differentiated from upper respiratory tract infections, bronchitis, whooping cough, rheumatic fever, typhoid, pneumonia, foreign body in bronchus and mediastinal mass.

Treatment

- Asymptomatic cases with primary pulmonary tuberculosis: The standard regimen consists of isoniazid (INH) + rifampicin (RFP) and/or ethambutol (EMB), for 9-12 months.
- Active primary pulmonary tuberculosis: A commonly used regimen is 2HRZ/4HR.

Acute Military Tuberculosis of the Lungs

Acute military tuberculosis of the lungs is also called acute hematogenous disseminated pulmonary tuberculosis, and is caused by the massive release of tubercle bacilli into the bloodstream. This condition is invariably a consequence of primary pulmonary tuberculosis, and most patients are children aged less than 3 years.

Clinical manifestations

- Acute onset of high fever, with chills and poor appetite.
- Cough, tachypnea and cyanosis.
- Fine, moist rales.
- More than 50% of patients develop tuberculous meningitis as a complication.

Diagnosis and differential diagnosis

The diagnosis is based on a history of contact with a tuberculosis patient, clinical manifestations, positive tuberculin test and chest X-ray findings. Patients suspected to have acute military tuberculosis of the lungs should undergo bacteriological examinations and serum tests for the detection of anti-*Mycobacterium tuberculosis* antibody.

The disease should be differentiated from typhoid, pneumonia, sepsis, acute bronchial pneumonia, Langerhans cell histiocytosis, sarcoidosis, pulmonary hemosiderosis and idiopathic interstitial lung disease.

Treatment

- General supportive therapy.
- Anti-tuberculosis drugs: A two-phase regimen of anti-tuberculosis chemotherapy, consisting of an intensive phase and a maintenance phase, is recommended.
- Corticosteroids: Patients with severe toxic symptoms and difficult breathing should be treated with prednisone at a dosage of 1-2 mg/(kg · d) for 1-2 months when sufficient anti-tuberculosis drugs have been administered.

Tuberculous Meningitis

Tuberculous meningitis is the most serious type of tuberculosis in children and often occurs within 1 year (usually 3-6 months) after the primary infection. It is the most serious complication in children and fatal without prompt and appropriate treatment.

Clinical manifestations

- Early stage (prodromal stage): This stage lasts for 1-2 weeks. The symptoms consist of personality changes, fever, loss of appetite, night sweats, vomiting and constipation.
- Mid-stage (meningeal irritation stage): This stage also lasts for 1-2 weeks. It is characterized by intracranial hypertension, signs of meningeal irritation, bulging of the anterior fontanel in young infants and cranial nerve dysfunction.
- Late stage (coma stage): This stage lasts for 1-3 weeks. Intracranial hypertension worsens in this stage, and there is loss of consciousness and coma. Some patients have atypical manifestations such as acute onset, rapid progression, severe signs due to brain parenchymal damage and cerebral tuberculoma.

Diagnosis and differential diagnosis

- Medical history: Exposure to patients with tuberculosis, absence of BCG vaccination
- Clinical manifestations
- CSF findings: Ground glass-like appearance, high protein level, dominant lymphocytes, simultaneous decrease in glucose and chloride levels and detection of tubercle bacilli in the CSF, which is the gold standard for the diagnosis of tuberculous meningitis.
- Other investigations: Chest X-ray imaging, brain CT or MRI, tuberculin test, serum PPD-IgG/IgM, CSF adenosine deaminase activity.

Differential diagnosis: The disease should be

differentiated from purulent meningitis, viral meningitis, cryptococcal meningitis and cerebral tumors.

Complications and sequelae

- Common complications: Hydrocephalus, brain injury, cerebral hemorrhage and cranial nerve disorder.
- Serious sequelae: Hydrocephalus, limb paralysis, mental retardation, blindness, aphasia, epilepsy and diabetes insipidus.

Treatment

- General treatment: Bed rest, nutrition and careful nursing.
- Anti-tuberculosis chemotherapy: Intensive phase (combination of INH, RFP, PZA and SM for 3-4 months), maintenance phase (INH + RFP and/or EMB for 9-12 months).
- Treatment for high intracranial pressure: 20% mannitol, diuretics, high and surgical intervention.
- Early use of corticosteroids is highly recommended.
- Symptomatic treatment.
- Follow-up: For 3-5 years after the completion of chemotherapy.

Prognosis

The prognosis of patients with tuberculous meningitis depends on early diagnosis and treatment, age of onset, pathological type and appropriate treatment.

Deep Mycosis

Deep mycosis is defined as the invasion of the deep tissues and organs, such as the lungs, liver and brain, by pathogenic fungi. Compared with superficial mycosis, deep mycosis is rare, but highly damaging. Common invasive fungal infections include:

Candidiasis

- Mucocutaneous type: This often occurs in newborns and small infants and is characterized by infection of the skin and mucous membranes with *Candida*. Thrush is the most common form.
- Gastrointestinal candidiasis: *Candida enteritis* is the most common culprit, and the symptoms consist of low-grade fever and diarrhea.
- Candida esophagitis: The symptoms include nausea, vomiting, refusal to eat food, dysphagia and sialorrhea.
- Respiratory candidiasis: This is characterized by chronic onset, low-grade fever, cough, colorless jelly-like sputum and moist rales.
- Urinary tract candidiasis: This manifests with frequent micturition, urgent urination, urinary pain and hematuria.
- Disseminated candidiasis and candidemia.

Cryptococcosis

- Cryptococcal meningitis: Chronic onset, fever, headache, nausea, vomiting, dizziness, followed by intracranial hypertension and cranial nerve disorders. Hemiplegic paralysis, ataxia, seizures and coma may occur in the advanced stage.
- Pulmonary cryptococcosis: Chronic onset, fever, fatigue, mild cough, night sweats and weight loss.
- Mucocutaneous cryptococcosis: Acneform eruptions, papules, nodules and granuloma.

Aspergillosis

- Pulmonary aspergillosis: Aspergillus bronchopneumonia presents with high or irregular fever, cough, polypnea and green purulent sputum in patients with acute onset, and with recurrent cough and hemoptysis in patients with chronic onset. The absence of symptoms or symptoms of the primary disease or fever, cough, polypnea and mucous purulent sputum and cavitary lesions with an air crescent on chest X-rays indicates the diagnosis of aspergilloma.
- Allergic aspergillosis: This is characterized by wheezing, cough, expectoration, fever and declined lung function.
- Disseminated aspergillosis: This presents with fever, systemic toxic symptoms and embolism.

Histoplasmosis

- Acute pulmonary histoplasmosis: Acute onset, fever, chills, cough, chest pain, dyspnea, moist rales and hepatosplenomegaly.
- Chronic pulmonary histoplasmosis: Fever, cough, night sweats, fatigue, weight loss, and pulmonary consolidation eventually leading to pulmonary fibrosis on chest X-ray examination.
- Disseminated histoplasmosis.

Ascariasis

Ascariasis is the most common parasitic disease in children. It is usually characterized by abdominal pain and intestinal obstruction caused by ascaris.

Clinical manifestations

- Visceral larva migrans: This manifests with cough, chest stuffiness and sputum with blood streaks. There are no obvious signs on lung auscultation, but chest X-ray imaging reveals infiltrates. The brain and other organs can be infected in severe cases.
- Ascaris adults: This manifests with loss of appetite, allotriophagia, abdominal pain, irritability, mental fatigue and urticaria. Patients with severe infection show malnutrition and growth retardation.

Complications

- Biliary ascariasis.
- Ascaris intestinal obstruction.
- Enterobrosis and peritonitis.

Treatment

- Mebendazole: >2 years, 100 mg bid.
- Piperazine citrate: 150 mg/(kg · d), qd × 2 d.
- Levamisole: 2-3 mg/(kg · d).
- Albendazole: >2 years, 400 mg at a time.

Enterobiasis

Enterobiasis is common seen in small children.

Clinical manifestations

- Itching in the anal area at night is the characteristic symptom.
- Dermatitis and secondary bacterial infections may occur.
- The systemic symptoms include nausea, vomiting, abdominal pain, diarrhea, loss of appetite, restlessness, irritability and night terrors.

Antiparasitic treatment

- Mebendazole: >2 years, 100 mg bid.
- Pyrvinium embonate: 5 mg/kg (<0. 25 g), repeated after 2-3 weeks.
- Pyrantel pamoate: 11 mg/kg (<1 g), repeated after 2 weeks.

Ancylostomiasis

Clinical manifestations

- Symptoms caused by hookworm larvae: Dermatitis and damage to various organs.
- Symptoms caused by adult hookworms: Anemia due to blood loss and digestive tract symptoms.
- Infantile hookworm disease.

Antiparasitic treatment

- Mebendazole: 100 mg at a time, bid × 3 d.
- Albendazole: 200 mg at a time.
- Pyrantel pamoate: 11 mg/kg (<1 g), qd × 2-3 d.
- Levamisole: 1. 5-2. 5mg/kg × 3 d.
- Combination therapy with levamisole and pyrantel pamoate.

(黑明燕　张慧琼)

第十一章 消化系统疾病

第一节 儿童消化系统解剖生理特点

(一) 口腔

正常足月新生儿已具有较完善的吸吮吞咽功能，而早产儿的吸吮吞咽功能均不够成熟。新生儿及婴幼儿口腔黏膜薄嫩，血管丰富，唾液腺发育不够发达，口腔黏膜干燥，因此易受损伤和细菌感染；生后3～4个月时唾液分泌开始增加，5～6个月时明显增多，但婴儿口腔较小，不能及时吞咽所分泌的全部唾液，常发生生理性流涎。<3个月婴儿唾液淀粉酶含量不足，不宜喂淀粉类食物。

(二) 食管

新生儿和婴儿的食管呈漏斗状，黏膜中腺体较少、弹力组织及肌层发育尚不发达；食管下端括约肌发育不成熟，控制能力差，易发生胃食管反流并出现呕吐，绝大多数在生后8～10个月时症状消失。婴儿吸奶时常吞咽过多空气，易发生溢奶。

(三) 胃

婴儿胃略呈水平位，当开始行走时才变为垂直。胃平滑肌发育尚未完善，易发生胃扩张。由于贲门括约肌发育较差和胃底部肌张力低，幽门括约肌发育较好，且自主神经调节功能较差，易发生幽门痉挛而出现呕吐。婴儿期盐酸和胃蛋白酶等各种消化酶分泌均较少，且酶活性较低，消化功能较差。胃排空时间随食物种类不同而异，三种营养素中糖类排空最快，脂肪最慢，水的排空时间为1.5～2小时，母乳2～3小时，牛乳3～4小时，早产儿胃排空更慢，易发生胃潴留。新生儿胃容量为30～60ml，1～3个月时90～150ml，1岁时250～300ml，5岁时为700～850ml，成人约为2000ml，故年龄愈小每日喂养的次数愈多。

(四) 肠

小儿肠管相对比成人长，一般为身长的5～7倍，或为坐高的10倍，有利于消化吸收；乙状结肠和直肠相对较长，是造成小儿习惯性便秘的原因之一。小儿肠黏膜肌层发育差，肠系膜柔软而长，系膜下组织松弛，尤其结肠无明显结肠带和脂肪垂，升结肠与后壁固定差，易发生肠扭转和肠套叠。肠系膜薄嫩，富有血管和淋巴管，通透性高，屏障功能较差，肠内毒素、消化不全产物和过敏原等可经肠黏膜进入体内，引起全身感染和变态反应性疾病。

(五) 肝

小儿肝细胞发育尚不完善，肝功能也不成熟，易受各种不利因素的影响，如缺氧、感染、药物中毒等均可使肝细胞发生肿胀、脂肪浸润、变性、坏死、纤维增生而肿大。但肝细胞再生能力强，且肝结缔组织发育差，不易发生肝硬化。婴儿时期胆汁分泌较少，故对脂肪的消化，吸收功能较差。

(六) 胰腺

胰腺分为内分泌和外分泌两部分，内分泌部分分泌胰岛素调节糖代谢；外分泌部分分泌胰腺液。出生后3～4个月时胰腺发育较快，出生后1年，胰腺外分泌部生长迅速，为出生时的3倍。胰液分泌量随年龄生长而增加，至成人每日可分泌1～2L。新生儿和小婴儿胰腺液内所含胰蛋白酶、胰脂肪酶和胰淀粉酶等消化酶活性不高，且易受炎热天气和各种疾病的影响而被抑制，容易发生消化不良。

(七) 肠道细菌

在母体内，胎儿肠道是无菌的，生后数小时细菌可经从空气、奶头等经口、鼻等进入至肠道，由于胃酸有灭菌作用、小肠蠕动较强，正常情况下胃和小肠上部几乎无菌，主要分布在结肠和直肠，这些细菌称为正常菌群。正常菌群的细菌种类和比例受食物成分影响，单纯母乳喂养儿以双歧杆菌占绝对优势，人工喂养和混合喂养儿肠内的大肠杆菌、嗜酸杆菌、双歧杆菌及肠球菌所占比例几乎相等。正常肠道菌群对侵入肠道的致病菌有一定的拮抗作用。婴幼儿肠道正常菌群脆弱，易受许多内外界因素影响而致菌群失调。

第二节 口　　炎

小儿口腔黏膜的炎症，简称口炎(stomatitis)。若病变限于局部如舌、齿龈、口角亦可称为舌炎、齿龈炎或口角炎等。本病多见于婴幼儿。可单独发生，亦可继发于急性感染、腹泻、营养不良、久病体弱和维生素缺乏症等全身疾病。可分为感染性口炎和非感染性口炎，感染常由病毒、真菌、细菌引起。目前以病毒及真菌感染所致的口炎常见。非感染性口炎包括创伤性口炎和过敏性口炎。

一、真菌性口炎

真菌性口炎又称鹅口疮(thrush);为白色念珠菌感染在黏膜表面形成白色斑膜的疾病。主要见于新生儿和婴幼儿,及患营养不良、腹泻病、或长期使用广谱抗生素或激素的患儿。新生儿多因哺乳时奶头不洁及污染的乳具感染。

(一)临床表现

可见口腔黏膜表面覆盖白色乳凝块样小点或小片状物,可逐渐融合成大片,边界清楚,不易擦去,强行剥离后局部黏膜潮红、粗糙、可有溢血,不痛,不流涎,一般不影响吃奶,无全身症状;重症则整个口腔均被白色斑膜覆盖,甚至可蔓延到咽、喉头、食管、气管、肺等处,可伴低热、拒食、吞咽困难。取白膜少许放玻片上加10%氢氧化钠一滴,在显微镜下可见真菌的菌丝和孢子。对反复发作的严重患儿,要考虑有无免疫缺陷。

(二)治疗

祛除诱因,一般不需口服抗真菌药物。可用2%碳酸氢钠溶液清洁口腔。或局部涂抹10万~20万U/ml制霉菌素鱼肝油混悬溶液,每日2~3次。亦可口服肠道微生态制剂,纠正肠道菌群失调,抑制真菌生长。

二、病毒性口腔炎

病毒性口腔炎中以疱疹性口腔炎(herpetic stomatitis)最常见,为单纯疱疹病毒Ⅰ型感染所致。多见于1~3岁小儿,发病无明显季节差异,从患者的唾液、皮肤病变和大小便中均能分离出病毒,具有传染性,通过飞沫和接触传染,可群体发病。

(一)临床表现

起病时发热可达38~40℃,伴头痛、全身不适等症状,1~2日后,齿龈、唇内、舌、颊黏膜等各部位口腔黏膜呈片状充血,后出现单个或成簇的小疱疹,直径约2mm,周围有红晕,水疱迅速破溃后形成溃疡,表面有黄白色纤维素性分泌物覆盖,多个溃疡可融合成不规则的大溃疡。患儿常由于疼痛剧烈,表现拒食、流涎、烦躁、颌下淋巴结肿大和有压痛。本病为自限性,体温在3~5日后恢复正常,病程约1~2周。局部淋巴结肿大可持续2~3周。

本病应与疱疹性咽峡炎鉴别,后者大都为柯萨奇病毒所引起,多发生于夏秋季。常骤起发热及咽痛,疱疹主要发生在咽部和软腭,有时见于舌但不累及齿龈和颊黏膜,此点与疱疹性口腔炎迥异。

(二)治疗

无特殊治疗,主要是对症治疗,减轻疼痛,促进溃疡愈合。局部可涂0.1%碘苷抑制病毒,亦可喷撒西瓜霜、锡类散等。疼痛严重者可在餐前用2%利多卡因涂抹局部。有继发感染时可用抗生素。

第三节 胃食管反流病

胃食管反流(gastroesophageal reflux,GER)是指胃内容物,包括从十二指肠流入胃的胆盐和胰酶等反流入食管,分为生理性和病理性两种。生理情况下,由于小婴儿发育不成熟或神经肌肉协调功能差,可出现反流,往往出现于餐时或餐后,又称"溢乳"。病理性反流是由于食管下端括约肌(lower esophageal sphincter,LES)的功能障碍和(或)与其功能有关的组织结构异常,以致LES压力低下而出现的反流,并引起一系列临床症状和并发症,即胃食管反流病(GERD)。

(一)病因和发病机制

1. 抗反流屏障功能低下 ①LES在静息状态下,保持一定的压力,并使下端食管关闭,当有吞咽时压力下降,通过食管蠕动推动食物进入胃内,然后压力又恢复到正常水平,并出现一个反应性的压力增高以防止食物反流。当胃内压和腹内压升高时,LES会发生反应性主动收缩使其压力超过增高的胃内压,起到抗反流作用。因某种因素使上述正常功能发生紊乱时,LES短暂性松弛即可使胃内容物反流入食管。②LES周围组织作用减弱,如缺少腹腔段食管,使腹内压增高时不能将其传导至LES,使其收缩达到抗反流的作用;小婴儿食管角(由食管和胃贲门形成的夹角,又称His角)较大(正常为30°~50°);膈肌食管裂孔钳夹作用减弱;膈食管韧带和食管下端黏膜瓣解剖结构存在器质性或功能性病变时,以及胃内压、腹内压增高等,均可破坏LES正常的抗反流功能。

2. 食管廓清能力降低 生理情况下,食管的蠕动、唾液的冲洗、对酸的中和作用、食物的重力和食管黏膜细胞分泌的碳酸氢盐等多种因素发挥食管廓清能力,包括清除反流物、缩短反流物和食管黏膜的接触时间。当食管蠕动减弱或消失,或出现病理性蠕动时,食管的廓清能力下降,反流物质在食管内停留时间延长,增加了对黏膜的损伤。

3. 食管黏膜的屏障功能破坏 屏障作用是由黏液层、细胞内的缓冲液、细胞代谢及血液供应共同构成。反流物中的某些物质,如胃酸、胃蛋白酶、十二指肠反流入胃的胆盐和胰酶使食管黏膜的屏障功能受损,引起食管黏膜炎症。

4. 胃、十二指肠功能失常 胃排空慢，使胃内容物及其压力增加，当胃内压增高超过 LES 压力时可使 LES 开放。胃容量增加又导致胃扩张，致使贲门食管段缩短，使其抗反流屏障功能降低。十二指肠病变时，幽门括约肌关闭不全则导致十二指肠胃反流。

（二）临床表现

胃食管反流病的主要临床表现为呕吐、食管炎及相关的呼吸道症状。随着直立体位时间延长和固体食物的增多，到 2 岁时 60% 患儿的症状可自行缓解，部分患儿症状可持续到 4 岁以后。

1. 呕吐 新生儿和婴幼儿以呕吐为主要表现。呕吐程度轻重不一，严重者呈喷射状。常常发生于睡眠、仰卧位及空腹时。呕吐物为胃内容物，有时含少量胆汁，也有表现为溢奶、反刍或吐泡沫。年长儿以反胃、反酸、嗳气等症状多见。

2. 反流性食管炎 婴幼儿症状不典型。年长儿童常见症状有烧灼感、咽下疼痛，食管炎严重者可发生糜烂或溃疡，出现呕血或黑便症状。严重的反流性食管炎可发生缺铁性贫血。

3. Barrette 食管 由于慢性 GER，食管下端的鳞状上皮被增生的柱状上皮所替代。其主要的并发症为食管溃疡、狭窄和腺癌。溃疡较深者可发生食管气管瘘。

4. 其他全身症状

（1）呼吸系统疾病：反流物直接或间接可引发反复呼吸道感染、吸入性肺炎、难治性哮喘、早产儿窒息或呼吸暂停，以及婴儿猝死综合征等。

（2）营养不良：见于 80% 左右的患儿，主要表现为体重不增和生长发育迟缓，贫血。

（3）精神神经症状。①Sandifer 综合征：是指病理性 GER 患儿呈现类似斜颈样的一种特殊“公鸡头样”的姿势。此为一种保护性机制，以期保持气道通畅或减轻酸反流所致的疼痛，同时伴有杵状指、蛋白丢失性肠病及贫血。②婴儿哭吵综合征：表现为易激惹、夜惊、进食时哭闹等。

（4）其他：如声音嘶哑、中耳炎、鼻窦炎、反复口腔溃疡、龋齿等。

（三）辅助检查

1. 食管钡餐造影 适用于任何年龄，方法简便易行，可观察食管的形态、动力状况、钡剂的反流和食管与胃连接部的组织结构做出判断，并能观察到食管裂孔疝等先天性疾患。但不如内镜检查敏感。

2. 食管内镜检查及黏膜活检 是一种安全可靠的方法，直视下有助于食管炎、食管狭窄、Barrette 食管的诊断和分级。

3. 食管动力功能检查 食管测压是测定动力功能的重要方法。应用低顺应性灌注导管系统和腔内微型传感器导管系统等测压设备，了解食管运动情况及 LES 功能。

4. 食管 pH 动态监测 24 小时连续监测食管下端 pH，可反映 GER 的发生频率、时间、反流物在食管内停留的状况，以及反流与起居活动、临床症状之间的关系，借助一些评分标准，有助于区分生理性和病理性反流，是目前最可靠的诊断方法。

5. 胃-食管同位素闪烁扫描 可了解食管运动功能，明确呼吸道症状与 GER 的关系。

（四）诊断和鉴别诊断

GERD 在不同年龄段临床表现复杂且缺乏特异性。凡临床发现不明原因反复呕吐、咽下困难、反复发作的慢性呼吸道感染、难治性哮喘、生长发育迟缓、营养不良、贫血、反复出现窒息、呼吸暂停等症状时都应考虑到本病的可能，再针对不同情况，选择必要的辅助检查以明确诊断。

诊断需与贲门失弛缓症鉴别，而以呕吐为主要表现的新生儿、小婴儿应排除其他消化道器质性病变，如肠旋转不良、先天性幽门肥厚性狭窄、肠梗阻、胃扭转等。

（五）治疗

对于诊断为 GER 的患儿，特别是有并发症或影响生长发育者必须及时进行治疗。

1. 体位治疗 是一种简单有效的治疗方法。新生儿和小婴儿的最好体位为前倾俯 30°。儿童在清醒状态下最有效体位为直立位和坐位，睡眠时保持右侧卧位，床头抬高 20~30cm，以促进胃排空，减少反流物误吸及反流频率。

2. 饮食疗法 少量多餐，以稠厚饮食为主。年长儿以高蛋白低脂肪饮食为主，睡前 2 小时不予进食，保持胃处于非充盈状态。避免食用如酸性饮料、高脂饮食、巧克力和辛辣食品等可降低 LES 张力和增加胃酸分泌的食物。

3. 药物治疗 包括三类，即促胃肠动力药、抗酸或抑酸药、黏膜保护剂。

（1）促胃肠动力药：能提高 LES 张力，增加食管和胃蠕动，提高食管廓清能力，促进胃排空，从而减少反流和反流物在食管内的停留时间。最常用药物为周围性多巴胺 D_2 受体抑制剂多潘立酮（吗丁林），每次 0.2~0.3 mg/kg，每日 3 次，饭前半小时及睡前口服。其次是通过乙酰胆碱起作用的药物莫沙必利（mosapride），是一种新型的全消化道促动力剂。

（2）抗酸和抑酸药：主要作用为抑制酸分泌、中和胃酸以减少反流物对食管黏膜的损伤，提高 LES 张力。①抑酸药：H_2受体拮抗剂：常用西咪替丁，常用剂量每日 10~20mg/（kg·d），分 3~4 次；雷尼替丁，常用剂量 3~5 mg/（kg·d），每晚 1 次口服或每 12 小时 1 次；质子泵抑制剂：奥美拉唑，剂量为 0.6~0.8 mg/（kg·d），清晨顿服；②中和胃酸药：如氢氧化铝，多用于年长儿。

(3) 黏膜保护剂:能保护食管黏膜免受盐酸、胆盐和胰蛋白酶等的侵蚀。如:硅酸铝盐(蒙脱石散),<1 岁 1g/次,1~3 岁 1.5 g/次,>3 岁 3 g/次。

4. 外科治疗 采用上述治疗后,大多数患儿症状能明显改善和痊愈。重症病例或有消化道出血等并发症者需要外科手术治疗。

第四节 胃炎和消化性溃疡

一、胃 炎

胃炎(gastritis)是指由各种外源性或内源性有害因子引起的胃黏膜或胃壁炎性改变的一种疾病。根据病程分急性和慢性两种,后者发病率高。根据病因分为原发性和继发性。

(一)病因和发病机制

1. 急性胃炎 多为继发性,病因包括外源性因素:误服毒性物质和腐蚀剂(如高锰酸钾等)、摄入被细菌及其毒素污染的食物、服用对胃黏膜有损害的药物(阿司匹林、激素等)、食物过敏、胃内异物;内源性因素:机体严重感染、休克、颅内损伤、严重烧伤、呼吸衰竭和其他危重疾病所致的应激反应,情绪波动、精神紧张和各种因素所引起的变态反应等。

2. 慢性胃炎 是有害因子长期反复作用于胃黏膜引起损伤的结果。小儿慢性胃炎中以浅表性胃炎最常见。病因迄今尚未完全明确,可能与下列因素有关。

(1) 感染:已证实幽门螺杆菌(Hp)感染是慢性胃炎的主要病因。

(2) 胆汁反流:胆盐刺激减低了胃黏膜对离子通透的屏障功能,使得胃液中氢离子得以反弥散进入胃黏膜引起炎症。

(3) 化学因素:阿司匹林等非甾体抗炎药及类固醇激素类药物。

(4) 物理因素:经常暴饮、暴食,饮浓茶、咖啡,或食用粗糙、过硬、过冷、过热、辛辣的食品,

(5) 精神神经因素:持续精神紧张、压力过大。

(6) 慢性病影响:如慢性肾炎、尿毒症、重症糖尿病、类风湿关节炎、系统性红斑狼疮等。

(7) 其他因素:如 X 线照射、胃窦内容物滞留、遗传、免疫、营养等因素均与发病有关。

(二)病理

1. 急性胃炎 胃黏膜上皮细胞变性、坏死,固有膜大量中性粒细胞浸润,无或极少有淋巴细胞、浆细胞,腺体细胞呈不同程度的变性坏死。

2. 慢性胃炎 浅表性胃炎见上皮细胞变性,小凹上皮细胞增生,固有膜炎症细胞主要为淋巴细胞、浆细胞浸润。萎缩性胃炎主要为固有腺体萎缩,肠腺化生及炎症细胞浸润。

(三)临床表现

1. 急性胃炎 起病急骤,表现为上腹饱胀、疼痛、嗳气、恶心及呕吐,轻者症状轻微,严重者可出现呕血、黑便、脱水、电解质及酸碱平衡紊乱。有感染者常伴有全身中毒症状。

2. 慢性胃炎 腹痛是常见就诊原因。表现为反复发作、无规律性。疼痛经常出现于进食过程中或餐后,多数位于上腹部、脐周,部分患儿部位不固定。常伴有腹胀、呃逆、反酸、恶心、呕吐等。胃黏膜糜烂出血者伴呕血、黑便。

(四)实验室检查

1. 胃镜检查 随着胃镜设备及技术的改进,小儿胃镜逐渐成为小儿慢性胃炎最有价值、安全、可靠的诊断手段,可直接观察胃黏膜病变及其程度,并可同时取病变部位组织进行幽门螺杆菌和病理学检查。

2. X 线钡餐造影 多数胃炎病变在黏膜表层,钡餐造影难有阳性发现。

3. Hp 检测

(1) 胃黏膜组织切片染色与培养:Hp 培养需在微氧环境下用特殊培养基进行,是最准确的诊断方法。

(2) 核素标记尿素呼吸试验:让患儿口服一定量同位素^{13}C或^{14}C标记的尿素,如果患儿消化道内含有 Hp,则 Hp 产生的尿素酶可将尿素分解产生CO_2,由肺呼出。通过测定呼出气体中^{13}C或^{14}C含量即可判断胃内 Hp 感染程度,其特异性和敏感性均达 90% 以上,^{13}C无放射性更适合小儿。

(3) 血清学检测抗 Hp 抗体:但即使是 IgM 抗体也可在清除了 Hp 几个月后仍保持阳性,限制了其诊断意义。亦可用 PCR 法检测血中 Hp 的 DNA。

(五)诊断和鉴别诊断

根据病史、体检、临床表现、胃镜和病理学检查,基本可以确诊。慢性胃炎诊断还要包括病因的诊断。引起小儿腹痛的病因很多,急性发作的腹痛必须注意与外科急腹症、肝、胆、胰、肠等腹内脏器的器质性疾病,以及腹型过敏性紫癜相鉴别。慢性反复发作性腹痛应与肠道寄生虫、肠痉挛等疾病鉴别。

1. 急性阑尾炎 病初也可表现为上腹部疼痛,需与急性胃炎相鉴别。但其腹痛逐渐转移至右下腹部,常伴发热、呕吐,麦氏点有固定压痛。结合血常规及腹部 B 超检查,鉴别一般不难。

2. 肠蛔虫症 腹痛位于脐周,不激烈,喜按揉,伴食欲缺乏或多食易饿,部分伴磨牙、荨麻疹,严重者可影响生长发育。常常有排虫史,大便检查可见虫卵,驱虫治疗效果较好。

3. 肠痉挛 可出现反复发作的阵发性腹痛,严重时伴恶心、呕吐,面色苍白,查体腹部无阳性体征,排便、排气后症状往往缓解。

(六) 治疗

1. 急性胃炎 治疗原则:去除病因,治疗原发病,对症支持治疗。

患儿应注意休息,避免服用一切刺激性食物和药物。重者及时纠正水、电解质紊乱,有上消化道出血者应卧床休息,监测生命体征。药物治疗可选择 H_2 受体拮抗剂或质子泵抑制剂,口服胃黏膜保护剂。

2. 慢性胃炎 治疗原则:去除病因,合理饮食,合理药物治疗。

药物治疗:黏膜保护剂如下。①如蒙脱石粉、麦滋林-S 颗粒剂等。②H_2受体拮抗剂或质子泵抑制剂,常用西咪替丁、雷尼替丁、奥美拉唑等。③胃肠动力药:常用吗丁林、西沙必利。④有 Hp 感染者应进行规范的抗 Hp 治疗(参见消化性溃疡治疗)。药物治疗时间视病情而定,一般为 4~8 周。

二、消化性溃疡

消化性溃疡是一种常见的消化道疾病,与酸性胃液相接触的任何部位都可发生溃疡,包括食管下段、胃、十二指肠、胃肠术后吻合口等处,但绝大多数位于胃和十二指肠,分别称胃溃疡和十二指肠溃疡。各年龄儿童均可发病。婴幼儿多为急性、继发性溃疡,常有明确的原发疾病,胃溃疡和十二指肠溃疡发病率相近;学龄前和学龄期儿多为慢性、原发性溃疡,以十二指肠溃疡多见,男孩多于女孩。

(一) 病因和发病机制

继发性消化性溃疡主要是因为各种急慢性全身疾病引起的胃、十二指肠黏膜损害,多为应激反应所致。而原发性消化性溃疡的病因与诸多因素有关,确切发病机制至今尚不明确,目前认为溃疡的形成是由于对胃和十二指肠黏膜有损害作用的攻击因子(胃酸、胃蛋白酶、药物、Hp 及精神因素等)与黏膜自身的防御因素(黏膜屏障、黏液-碳酸盐屏障、黏膜血流和酸碱平衡、黏膜上皮细胞整复功能、前列腺素、胃肠激素等)之间失去平衡的结果。

1. 胃酸和胃蛋白酶 胃酸和胃蛋白酶是消化性溃疡的主要原因。新生儿生后 1~2 日胃酸分泌高,与成人相同,10 日内下降,以后又逐渐增高,故生后 2~3 日可发生原发性溃疡。因胃酸分泌随年龄而增加,因此年长儿消化性溃疡的发病率较婴幼儿高。

2. 胃和十二指肠黏膜 决定胃黏膜抵抗损伤能力的因素包括黏膜血流、上皮细胞的再生、黏液分泌和黏膜屏障的完整性。在各种攻击因子的作用下,黏膜血循环及上皮细胞的分泌与更新受到影响,屏障功能受损,发生黏膜缺血、坏死而形成溃疡。

3. 幽门螺杆菌感染 小儿消化性溃疡 Hp 检出率为 52.6%~76.6%,Hp 被根除后溃疡的复发率即下降,说明 Hp 在溃疡病发病机制中起重要作用。

4. 遗传因素 消化性溃疡具有遗传素质的证据,20%~60% 患儿有家族史,可能与 Hp 感染的家族聚集倾向有关。O 型血的人十二指肠溃疡发病率较其他血型的人高;2/3 的十二指肠溃疡患者家族成员血清胃蛋白酶原升高。

5. 其他 精神因素、应激状态、饮食习惯不当如暴饮暴食,刺激性食物和药物等均可降低胃黏膜的防御能力,引起胃黏膜损伤。

(二) 病理

胃溃疡多发在胃窦与及胃窦-胃体交界的小弯侧,十二指肠溃疡好发于球部,偶尔位于球后以下的部位称球后溃疡。多为单发,也可多发。溃疡大小不等,深浅不一。胃镜下可见溃疡呈圆形、不规则圆形等,底部有灰白苔,周围黏膜充血水肿等。光镜下,溃疡基底分四层:表面覆盖一层由白细胞、红细胞和纤维渗出物形成的膜,第二层为纤维素样坏死,第三层为血管的炎性肉芽组织,第四层为纤维组织。

(三) 临床表现

消化性溃疡因发病年龄、发病原因及发病部位等不同,其临床症状和体征有较大差异,年龄愈小,症状愈不典型。

1. 新生儿 继发性溃疡多见,胃溃疡比十二指肠溃疡常见。发病原因有:早产儿、缺氧、脓毒血症、低血糖、呼吸窘迫综合征和中枢神经系统疾病等。常急性起病,表现为呕血、黑便、腹胀,或突然出现消化道出血和穿孔。

2. 婴儿期 继发性溃疡多见,胃溃疡和十二指肠溃疡发病率相当,发病急,首发症状可为消化道出血和穿孔。原发性以胃溃疡多见,表现为食欲差、呕吐、进食后啼哭、腹胀、生长发育迟缓,也可表现为呕血、黑便。

3. 幼儿期 胃和十二指肠溃疡发病率相等,常见进食后呕吐,间歇发作脐周及上腹部疼痛,烧灼感少见,食后减轻,夜间及清晨痛醒,可发生呕血、黑便甚至穿孔。

4. 学龄前及学龄期 以原发性十二指肠溃疡多见,主要表现为反复发作脐周及上腹部胀痛、烧灼感,饥饿时或夜间多发,可持续数分钟至数小时。严重者可出现呕血、便血、贫血。穿孔时疼痛剧烈并放射至背部或左右上腹部。大多数患儿以腹痛和消化道出血就诊。

(四) 实验室检查

1. 粪便隐血试验 素食 3 日后检查,阳性者提示可能有活动性溃疡。

2. 胃镜检查 是目前公认诊断溃疡病准确率最高的方法。不仅能准确诊断溃疡、估计病灶大小、溃疡周围炎症的轻重、溃疡表面有无血管暴露,而且可以评估药物治疗的效果,同时又可采取黏膜活检做病理组织学和细菌学检查,还可以在内镜下控制活动性出血。

3. 胃肠X线钡餐造影 虽然应用较广泛,但敏感性和特异性不高。

4. 幽门螺杆菌检测 参见胃炎部分。

(五) 诊断和鉴别诊断

由于儿童消化性溃疡的症状和体征不如成人典型,常易误诊和漏诊。出现:①剑突下有烧灼感或饥饿痛;②反复发作、进食后缓解的上腹痛,夜间及清晨症状明显,或与饮食有关的呕吐;③原因不明的呕血、便血者,或粪便隐血试验阳性的贫血患儿;④反复胃肠不适,且有溃疡病尤其是十二指肠溃疡家族史者等症状;均应警惕消化性溃疡病的可能性,及时进行上消化道内镜检查,尽早明确诊断。应与以下疾病相鉴别。

1. 腹痛 应与肠痉挛、蛔虫症、腹内脏器感染、结石等疾病鉴别。

2. 呕血 新生儿和小婴儿呕血可见于新生儿自然出血症、食管裂孔疝等;年长儿需与肝硬化致食管静脉曲张破裂及全身出血性疾病鉴别。

3. 便血 消化性溃疡出血多为柏油样便,鲜红色便常见于大量出血者。应与肛裂、肠套叠、梅克尔憩室、息肉、腹型过敏性紫癜及血液病所致出血鉴别。

(六) 治疗

目的是缓解和消除症状,促进溃疡愈合,防止复发,并预防并发症。

1. 一般治疗 应培养良好的生活习惯,饮食定时,避免过度疲劳及精神紧张,适当休息,避免食用刺激性、对胃黏膜有损害的食物和药物。急性出血时,应积极监护治疗,以防止失血性休克。禁食同时注意补充足够血容量,如失血严重时应及时输血。应积极进行消化道局部止血(如喷药、胃镜下硬化、电凝治疗)及全身止血。

2. 抑制胃酸治疗 ①H_2受体拮抗剂(H_2RI):可直接抑制组织胺、阻滞乙酰胆碱和胃泌素分泌,达到抑酸和加速溃疡愈合的目的。常用的药物有雷尼替丁,法莫替丁等。②质子泵抑制剂(PPI):常用奥美拉唑,剂量为0.6~0.8 mg/(kg·d),清晨顿服。疗程2~4周。③中和胃酸的抗酸剂:起缓解症状和促进溃疡愈合的作用。常用碳酸钙、氢氧化铝、氢氧化镁等。④胃泌素受体阻滞剂:如丙谷胺,主要用于溃疡病后期,作为其他制酸药停药后维持治疗,以防胃酸反跳。

3. 胃黏膜保护剂 ①硫糖铝,疗程4~8周。②铋剂类:如枸橼酸铋钾,本药有导致神经系统不可逆损害、急性肾衰竭等副作用,小儿应用应谨慎,严格掌握剂量和疗程,最好有血铋监测。③蒙脱石粉、麦滋林-S颗粒剂:亦有保护胃黏膜、促进溃疡愈合的作用。

4. 抗幽门螺杆菌治疗 有Hp感染的消化性溃疡,需用抗菌药物治疗。临床常用的药物:枸橼酸铋钾、阿莫西林(羟氨苄青霉素)、克拉霉素、甲硝唑等。由于Hp栖居部位环境的特殊性,不易被根除,单用一种药物不能取得较高的根治率,H_2RI和PPI与抗生素联用可提高抗生素活性。以下方案可供参考:PPI+上述抗生素中的2种,持续2周;枸橼酸铋钾4~6周+2种抗生素(羧氨苄青霉素4周、克拉霉素2周、甲硝唑2周、呋喃唑酮2周);枸橼酸铋钾4~6周+H_2RI 4~8周+上述2种抗生素2周。

初期治疗:H_2RI和黏膜保护剂作为首选药物,PPI用于年长儿及难治性溃疡;Hp感染同时正规抗Hp治疗。

维持治疗:抗酸药停用后可用麦滋林-S颗粒剂、丙谷胺维持治疗。对多次复发、症状持续不缓解、伴有并发症、合并高危因素如胃泌素分泌、持续口服非甾体抗炎药或Hp未能根治的患儿,可于H_2RI和PPI维持治疗。

5. 手术治疗 一般不需手术治疗。但如有以下情况,应根据个体情况考虑手术治疗:①溃疡合并穿孔;②难以控制的出血,失血量大,48小时内失血量超过血容量的30%;③有幽门完全梗阻,经胃肠减压等保守治疗72小时仍无改善;④慢性难治性疼痛。

第五节 先天性肥厚性幽门狭窄

案例 11-1

患儿,男,1个月,因"反复呕吐2周"入院。入院前2周患儿无明显诱因出现呕吐,常发生于进食后20分钟左右,呈喷射性,呕吐量较多,为带凝块奶汁,不含胆汁。体检:体温正常,营养中等,脱水征不明显,腹部可见胃蠕动波,右肋下可扪及橄榄大小、质地较硬的肿块,可以移动。

【思考题】

1. 本病例最有可能的诊断是什么?
2. 确定本病例诊断需要做哪些检查?
3. 如何系统性分析呕吐病因?

先天性肥厚性幽门狭窄(congenital hypertrophic pyloric stenosis)是由于幽门环肌肥厚增生使幽门管腔狭窄而引起的上消化道不完全梗阻性疾病。主要临床特点是呕吐、胃蠕动波和右上腹肿块。发病率为1/3000~1/1000,占消化道畸形的第三位。男女发病率之比约为5∶1。

（一）病因和发病机制

至今尚未完全清楚，一般认为与下列因素有关。

1. 遗传因素 本病为多基因遗传性疾病，父亲或母亲有本病史者，其子代发病率可分别是2.4%～5.5%和7%～19%，同卵双生儿可达22%。

2. 胃肠激素及其他生物活性物质紊乱 近年发现患儿幽门环肌中的脑啡肽、P物质和血管活性肠肽有不同程度的减少，幽门组织NO合成酶减少，肠间质细胞异常分布，患儿血清胃泌素和前列腺素水平增高等，这些变化导致幽门环肌持续收缩，从而发生狭窄。另外使用外源性前列腺素E维持动脉导管开放时也容易发生幽门狭窄。

3. 先天性幽门肌层发育异常 在胚胎4～6周幽门发育过程中，肌肉发育过度，致使幽门肌特别是环肌肥厚、增生而致梗阻。

（二）病理

幽门肌全层肌肉增生肥厚，以环肌更为显著。幽门明显增大呈橄榄形，颜色苍白而光滑，质地如硬橡皮。肿块随年龄逐渐增大。肥厚的肌层渐向胃壁移行，胃窦部界限不明显，因胃壁肌层与十二指肠肌层不延续，所以肥厚部突然终止于十二指肠起端，因胃强烈蠕动，使幽门管部分被推入十二指肠，使十二指肠黏膜反折呈子宫颈样。幽门管腔狭窄造成食物潴留，致使胃扩大，胃壁增厚，黏膜充血、水肿，可有炎症和溃疡。

（三）临床表现

典型症状和体征为无胆汁的喷射性呕吐、胃蠕动波和右上腹肿块。

1. 呕吐 为本病的主要症状，一般在出生后2～4周，少数于生后1周发病，也有迟至生后2～3月发病。呈喷射性呕吐，发生于喂奶后10～30分钟，自口鼻涌出；吐出物为带凝块的奶汁，不含胆汁，少数患儿因呕吐频繁，使胃黏膜毛细血管破裂出血，吐出物可为咖啡样物或血。患儿虽多次呕吐，但食欲亢进，有饥饿感，吃奶迅速有力。

2. 胃蠕动波及右上腹肿块 蠕动波从左季肋下向右上腹部移动，到幽门即消失。在喂奶时或呕吐前易见到，轻拍上腹部常可引出。用指端在右季肋下腹直肌外缘处轻轻向深部按扪，可触到橄榄大小、质地较硬的肿块，可以移动，可扪及包块为本病特征，具有诊断意义，临床检出率为60%～80%。

3. 消瘦、脱水及电解质紊乱 因反复呕吐，营养物质及水摄入不足，患儿体重不增或下降，逐渐出现营养不良、脱水、低氯低钾性碱中毒等，晚期脱水加重，组织缺氧，产生乳酸血症；肾功能损害时，酸性代谢产物潴留，可合并代谢性酸中毒。

（四）辅助检查

1. 腹部B超检查 超声下幽门肥厚肌层为一环形低回声区，相应的黏膜层为高密度回声，如果幽门肌厚度≥4mm、幽门管直径≥13mm、幽门管长度≥17mm，即可诊断为本病。

2. X线钡餐检查 透视下可见胃不同程度地扩张，蠕动增强，可有胃食道反流，钡剂通过幽门排出时间延长，管腔狭窄如线状，十二指肠球部压迹呈“蕈征”、“双肩征”等为诊断本病特有的X线征象。

3. 胃镜检查 可见幽门管呈菜花样狭窄，镜头不能通过幽门管，有胃潴留。

（五）诊断和鉴别诊断

凡具有典型的呕吐病史，无胆汁的喷射性呕吐，进行性加重，吐后觅食，应疑为本病。若于右上腹部扪及橄榄状肿块，通过超声协助即可确诊。对疑似病例应与下列疾病鉴别。

1. 幽门痉挛 发病较早，多在生后即出现间歇性不规则呕吐，非喷射性，量不多，无进行性加重，患儿一般状况较好，无明显脱水及营养不良，偶见胃蠕动波，但右上腹摸不到肿块，B超检查幽门肌层不肥厚。用阿托品、氯丙嗪等解痉镇静剂治疗，效果良好。

2. 胃食管反流 呕吐为非喷射性，呕吐物可含胆汁，采用体位疗法和稠厚食物喂养可减轻呕吐。腹部无阳性体征。X线钡餐检查和（或）食管24小时pH监测等可协助确诊。

3. 胃扭转 生后数周内出现呕吐，移动体位时呕吐加剧。X线钡餐检查可见：①食管与胃黏膜有交叉现象；②胃大弯位于小弯之上；③幽门窦的位置高于十二指肠球部；④双胃泡、双液平面；⑤食管腹段延长，且开口于胃下方。胃镜检查亦可达到诊断和治疗（胃镜下整复）的目的。

（六）治疗

确诊后应及早进行幽门环肌切开术，手术方法简便，效果良好。手术前应先纠正水电解质紊乱和贫血，改善全身状况。

第六节 肠套叠

案例11-2

患儿，男，6个月，因“阵发性哭闹、呕吐2日伴血便1日”入院。病程中阵发性哭闹，较剧烈，呕吐5～6次/日，为胃内容物，含有少许胆汁，解果酱样大便2次。无发热，无抽搐。体检：体温正常，一般情况可，有轻度脱水征，腹部扪及腊肠样块物，光滑，质韧，稍可移动。

【思考题】

1. 本病例最有可能的诊断是什么？
2. 确定本病例诊断需要做哪些检查？
3. 如何区分生理性哭闹和病理性哭闹？

肠套叠(intussusception)系指部分肠管及其肠系膜套入邻近肠腔所致的一种肠梗阻,在我国发病率较高,是婴幼儿肠梗阻的首位原因。男孩发病率多于女孩,约为4∶1。其常伴发胃肠炎和上呼吸道感染。

(一)病因和发病机制

肠套叠分原发和继发两种。婴幼儿肠套叠几乎均为原发性。目前认为的原因如下。①局部解剖因素:婴儿回盲部系膜尚未完全固定及活动度较大,当回肠蠕动发生异常时,即可牵拉肠壁形成套叠。②饮食改变和辅食刺激:婴幼儿期肠蠕动节律处于较大变化期,易发生肠蠕动紊乱。当外界因素如添加辅食、食物性质、环境气温的改变时,易诱发肠蠕动紊乱而引起肠套叠。③感染因素:病毒感染后可引起末段回肠集合淋巴结增生,局部肠壁增厚,甚至凸入肠腔,构成套叠起点,加之肠道受病毒感染后蠕动增强而导致肠套叠。④其他原因:肠管多有明显的器质性原因,如梅克尔憩室翻入回肠腔内,成为肠套叠的起点;肠息肉、肠肿瘤、肠重复畸形、腹型紫癜致肠壁肿胀增厚等均可牵引肠壁而发生肠套叠。

(二)病理

肠套叠多为近端肠管套入远端肠腔内,根据其套入部位不同分为如下几型。①回盲型:回盲瓣带领回肠末端进入升结肠,盲肠、阑尾也随着翻入结肠内,此型最常见,占总数的50%~60%;②回结型:回肠从距回盲瓣几厘米处起,套入回肠最末端进入结肠,约占30%;③回回结型:回肠先套入远端回肠内,然后整个再套入结肠内,约占10%;④小肠型:小肠套入小肠,少见;⑤结肠型:结肠套入结肠,少见;⑥多发型:回结肠套叠和小肠套叠合并存在。

肠套叠多为顺行性套叠,与肠蠕动方向相一致。套入部随着肠蠕动不断继续前进,该段肠管及其肠系膜也一并套入鞘内,颈部束紧不能自动退出。初期静脉回流受阻,组织充血水肿,静脉曲张,黏膜细胞分泌大量黏液,进入肠腔内,与血液及粪质混合成果酱样胶冻物排出,静脉回流障碍及供血不足,导致肠壁坏死并出现全身中毒症状,严重者可并发肠穿孔和腹膜炎。

(三)临床表现

1. 急性肠套叠

(1)腹痛:年长儿童诉阵发性剧烈绞痛,婴幼儿为哭闹不安,同时表现屈膝缩腹、面色苍白、拒食、出汗,持续数分钟或更长时间后腹痛缓解,安静或入睡,每次间歇10~20分钟。阵发性腹痛系由于肠系膜受牵拉和套叠鞘部强烈收缩所致。

(2)呕吐:初为乳汁,乳块和食物残渣,后可含胆汁,晚期可吐粪便样液体,说明存在肠梗阻。

(3)血便:出现症状的最初几小时大便可正常,以后大便少或无便。约85%病例在发病后6~12小时排出果酱样黏液血便,或直肠指检时发现血便,此为重要症状。

(4)腹部包块:一般多在升结肠、横结肠或降结肠处,于右上腹肋缘下或脐上可触及肿块,呈腊肠样,光滑不太软,可移动。晚期病例发生肠坏死或腹膜炎时,出现腹胀、腹腔积液、腹肌紧张和压痛,不易扪及肿块,有时腹部扪诊和直肠指检双合检查可触及肿块。

(5)全身情况:患儿在早期一般情况尚好,体温正常,无全身中毒症状。随着病程延长,病情加重,并发肠坏死或腹膜炎时,全身情况恶化,常有严重脱水、高热、嗜睡、昏迷及休克等中毒症状。

2. 慢性肠套叠 年龄愈大,发病过程愈缓慢。主要表现为阵发性腹痛,腹痛时上腹或脐周可触及肿块,不痛时腹部平坦、柔软、无包块,病程有时长达十余日。由于年长儿肠腔较宽阔,可无梗阻现象,肠管亦不易坏死。呕吐少见,便血发生较晚。

(四)辅助检查

1. 腹部B超检查 在套叠部位横断扫描可见“同心圆”或“靶环状”肿块图像,纵断扫描可见“套筒征”。

2. 空气灌肠 由肛门注入气体,在X线透视下可见杯口阴影,能清楚看见套叠头的块影,并可同时进行复位治疗。

3. 钡剂灌肠 可见套叠部位充盈缺损和钡剂前端的杯口影,以及钡剂进入鞘部与套入部之间呈现的线条状或弹簧状阴影。

4. 腹部CT检查 套叠肠管为类圆形、椭圆形、同心圆状多层分布的软组织肿块影,外壁光滑,密度均匀,内可见脂肪、肌层及黏膜等密度影,病灶以上的肠管过度充气,并可见液平面。

(五)诊断和鉴别诊断

对于婴幼儿不明原因阵发性哭闹或儿童阵发性腹痛,均应警惕该病,呕吐、便血和腹部扪及腊肠样肿块时可确诊。本病应与以下疾病鉴别。

1. 梅克尔憩室出血 大量血便,常为无痛性,亦可并发肠套叠。

2. 过敏性紫癜 患儿有阵发性腹痛,呕吐、便血,但常伴有出血性皮疹、关节肿痛,部分患儿有血尿或蛋白尿。该病由于肠功能紊乱和肠壁肿胀,亦可并发肠套叠。

3. 急性痢疾 夏季发病多。大便次数多,含黏液、脓血,里急后重,早期即伴有高热等感染中毒症状。粪便检查可见成堆脓细胞。但必须注意菌痢偶尔亦可引起肠套叠,两种疾病可同时存在或肠套叠继发于菌痢后。

4. 蛔虫性肠梗阻 婴儿少见,有阵发性腹痛,呕吐、无便血。腹部肿块呈条状,多在脐周及脐下。

(六)治疗

急性肠套叠是一种危及生命的急症,其复位是紧急的治疗措施,一旦确诊需立即进行。

1. 非手术疗法　主要采用灌肠疗法。

(1)适应证:原发性肠套叠,病程在48小时内,全身情况良好,腹部不胀,无明显脱水及电解质紊乱。

(2)方法:①空气灌肠;②钡剂灌肠复位;③B超监视下水压灌肠。

(3)灌肠复位成功的表现:①拔出肛管后排出大量带臭味的黏液血便和黄色粪水;②患儿很快入睡,不再哭闹及呕吐;③腹部平软,触不到原有的包块;④灌肠复位后给予0.5~1g活性炭口服,6~8小时后应有炭末排出。

2. 手术治疗　指征:①发病超过48~72小时或全身情况不良,有高热脱水、精神委靡及休克等中毒症状;②腹胀明显,在透视下肠腔可见多个液平,腹部有压痛肌紧张,怀疑有肠坏死或穿孔者;③复发三次以上,或疑有器质性病变者;④疑有小肠型套叠者;⑤空气灌肠未能复位且有复套征象。

第七节　先天性巨结肠

案例11-3

患儿,女,4个月,因"反复呕吐、腹胀伴便秘3个月"入院。入院前3月患儿出现呕吐,3~4次/日,呕吐物为胃内容物,有时含有少许胆汁,同时伴腹胀和便秘,大便4~5日解1次,较干结。无发热,无抽搐。体检:体温正常,一般情况尚可,神志清楚,前囟平软,无脱水征,双肺呼吸音清晰,腹部膨隆,软,肝肋下1cm,剑下2cm,质软,边锐,脾肋下1cm。肠鸣音增强,神经系统检查未见明显异常。

【思考题】

1. 总结该病例特点并做出初步诊断及诊断依据。

2. 确定本病例诊断需要做哪些检查?

3. 如何进行儿童呕吐性疾病的鉴别诊断?

先天性巨结肠(congenital megacolon)又称先天性无神经节细胞症(aganglionosis),是由于直肠或结肠远端的肠管持续痉挛,粪便淤滞在近端结肠,使该肠管肥厚、扩张。顽固性便秘和腹胀是其主要临床特点。其为小儿常见的先天性肠道畸形,发病率为1/5000~1/2000,男女之比为4∶1。

(一)病因和病理生理

目前认为是多基因遗传和环境因素共同作用的结果,其中RET基因(酪氨酸激酶受体基因)被认为是主要致病基因。在胎儿期缺血、毒素、病毒及细菌感染等因素导致神经节细胞萎缩、变性、坏死。基本病理变化是痉挛段肠壁肌间和黏膜下神经丛内缺乏神经节细胞,在形态学上可分为痉挛段、移行段和扩张段三部分。病变肠段由于神经节细胞的缺如和减少使其失去正常蠕动,常处于痉挛状态,形成功能性肠梗阻。

(二)临床表现

顽固性便秘和腹胀是主要临床表现。生后出现便秘时间与痉挛段长短有关,严重者在生后48小时内即出现无胎便或仅有少量胎便,可于生后2~3日出现低位肠梗阻症状。以后即有顽固性便秘,3~7日甚至1~2周排便一次。甚至发展成不灌肠不排便。腹胀可逐渐加重,可见肠型及蠕动波,肠鸣音增强,膈肌上升可引起呼吸困难。

由于功能性肠梗阻,可出现呕吐,量不多,呕吐物含少量胆汁,严重者可见粪便样液,加上长期腹胀、便秘等使患儿食欲下降,影响营养物质吸收,最后导致营养不良和发育迟缓。

直肠壶腹部空虚,直肠指检拔指后由于近端肠管内积存大量粪便,可排出恶臭气体及大便。

(三)并发症

1. 小肠结肠炎　为本病最常见并发症。可见于任何年龄尤其是新生儿。患儿出现高热、腹胀、呕吐、排出恶臭带血的稀便。重者炎症侵犯肌层,出现浆膜充血、水肿、增厚,导致渗出性腹膜炎。由于吐泻及扩张肠管内大量肠液的积存,迅速出现脱水和酸中毒,死亡率极高。

2. 肠穿孔　多见于新生儿,常见的穿孔部位为乙状结肠和盲肠。

3. 继发感染　如脓毒症、肺炎等。

(四)辅助检查

1. X线检查　是首选检查方法。①腹部立位平片:多显示低位不完全性肠梗阻。②钡剂灌肠检查:可显示典型的痉挛段、移行段和扩张段,痉挛段及其上方的扩张肠管,排钡功能差,24小时后仍有钡剂存留,如不及时灌肠洗出钡剂,可形成钡石。若扩张肠段黏膜皱襞变粗(锯齿状变化),提示伴有小肠结肠炎。

2. 肛管直肠测压检查　确诊率为76%~100%。测定肛门括约肌和直肠的反射性压力变化,患儿压力升高。2周内新生儿可出现假阴性,故不适用。

3. 直肠黏膜活检　用HE染色来判断是否有神经节细胞。组化方法测定患儿痉挛段肠管乙酰胆碱含量和胆碱酯酶活性,患儿两者均较正常儿高出5~6倍。

4. 直肠肌层活检　从直肠壁取全层肠壁组织活检,计数神经节细胞数量,患儿缺乏神经节细胞,而无髓鞘的神经纤维数量增加,形态增粗增大。

(五) 诊断和鉴别诊断

新生儿出生后胎粪排出延迟或不排胎粪，伴有腹胀、呕吐，婴幼儿有长期便秘和腹胀者，均应考虑本病并行相应检查，以明确诊断。

新生儿期本病应与胎粪塞综合征(胎粪便秘)和新生儿回肠或结肠闭锁等鉴别。婴幼儿时期应与下列疾病鉴别。

1. 特发性巨结肠 患儿直、结肠有正常的神经节细胞，该病与排便训练不当有关。2～3岁出现便秘，常伴肛门污便，便前常有腹痛。肛诊感觉除直肠扩张积便外，括约肌处于紧张状态，直肠肛门测压有正常阳性反射。

2. 继发性巨结肠 肛门、直肠末端有器质性病变，如先天性肛门狭窄、术后瘢痕狭窄或直肠外肿瘤压迫等，使排便不畅，粪便滞留，结肠继发性扩张。经肛诊可确诊。

3. 功能性便秘 是一种原因不明的慢性便秘，部分与少食纤维素有关，表现为排便次数少、排便费力、粪质较硬或呈球状、排便不尽感，有时需借助人工方式(手抠)来协助排便。诊断需钡剂灌肠或肠镜检查排出器质性疾病。

(六) 治疗

治疗方法包括胃肠减压、造瘘术及根治术等。

1. 胃肠减压 有肠梗阻表现的新生儿应立即放置鼻胃管，并置肛管行清洁灌肠，肛管插入深度要超过狭窄段，反复刺激排便，逐渐使积存的粪便排出。

2. 结肠造瘘术 如合并小肠结肠炎不能控制者，合并营养不良、高热、贫血、腹胀、不能耐受根治术者，保守治疗无效者，腹胀明显影响呼吸者，均应及时行结肠造瘘术。

3. 根治术 如患儿体重在3kg以上，全身情况良好即可行根治术。

第八节 腹 泻 病

案例 11-4

患儿，女，8个月，因"咳嗽、流涕6日伴腹泻、呕吐3日"入院。患儿6日前出现咳嗽，流涕，症状较轻，家长未予重视，3日前患儿出现腹泻，大便次数为7～8次/日，为蛋花水样便，量较多，无黏液脓血，伴呕吐3～4次/日，伴发热，体温为37.8～38℃，出现尿少，患儿以牛奶喂养为主，家长卫生习惯较差。既往无腹泻史。体检：体温38 ℃，体重10kg，精神差，哭时泪少，前囟、眼眶明显凹陷，唇干，腹软，皮肤弹性较差，肠鸣活跃。大便常规：黄色，稀便，白细胞数0～2/HP。

【思考题】

1. 最有可能的诊断是什么？需要做哪些相关检查？
2. 该病例需要与哪些疾病相鉴别？
3. 请制订24小时内的输液计划。

腹泻病(infantile diarrhea)是一组由多病原、多因素引起的以大便次数增多或大便性状改变为特点的消化道综合征。是我国婴幼儿最常见的疾病之一。6个月～2岁婴幼儿发病率高，1岁以内约占半数，是造成儿童营养不良、生长发育障碍甚至死亡的主要原因之一。

一、易 感 因 素

1. 消化系统特点 婴儿消化系统发育尚未成熟，胃酸和消化酶分泌少，酶活性偏低，对食物的耐受能力差，不能适应食物质和量的较大变化；婴幼儿水代谢旺盛，婴儿每日水的交换量占体内总液量的1/2(成人为1/7)，对缺水的耐受力差，失水时容易发生体液紊乱；小儿生长发育快，所需营养物质相对较多，且婴儿食物以液体为主，入量较多，胃肠道负担重。

2. 机体防御功能差 婴儿胃酸偏低，胃排空较快，对进入胃内的细菌杀灭能力较弱；血清免疫球蛋白(尤其是IgM、IgA)和胃肠道分泌型IgA均较低，免疫功能较差。肠黏膜的免疫防御反应及口服耐受(oral tolerance)机制均不完善。

3. 肠道菌群失调 正常肠道菌群(normal intestind microflora)对入侵的致病微生物有拮抗作用，新生儿生后尚未建立正常肠道菌群时、改变饮食使肠道内环境改变时、滥用广谱抗生素时，均可使肠道正常菌群平衡失调而患肠道感染。

4. 人工喂养 母乳中含有大量体液因子(SIgA、乳铁蛋白)、巨噬细胞、粒细胞、溶菌酶、溶酶体等，有很强的抗肠道感染作用。家畜乳中虽有某些上述成分，但在加热过程中被破坏，而且人工喂养的食物和食具极易受污染，故人工喂养儿肠道感染发生率明显高于母乳喂养儿。

二、病 因

(一) 感染因素

1. 病毒感染 寒冷季节的婴幼儿腹泻80%由病毒感染引起。病毒性肠炎主要病原为轮状病毒，属于呼肠病毒科RV属；杯状病毒科的诺如病毒属和札如病毒属；星状病毒；肠道病毒：包括柯萨奇病毒、埃可病毒、肠道腺病毒等。

2. 细菌感染(不包括法定传染病)

(1) 致腹泻大肠埃希菌:根据引起腹泻的大肠埃希菌不同致病毒性和发病机制,已知菌株可分为5大组。①致病性大肠埃希菌(enteropathogenic E. coli, EPEC):为最早发现的致腹泻大肠埃希菌。可引起肠黏膜微绒毛破坏,皱襞萎缩变平,黏膜充血、水肿而致腹泻,可累及全肠道;②产毒性大肠埃希菌(enterotoxigenic E. coli, ETEC):可产生不耐热肠毒素(labile toxin, LT)和耐热肠毒素(stable toxin, ST)而引起腹泻;③侵袭性大肠埃希菌(enteroinvasive E. coli, EIEC):可直接侵入肠黏膜引起肠上皮细胞炎症和坏死,引起痢疾样腹泻;④出血性大肠埃希菌(enterohemorrhagic E. coli, EGEC):可产生与志贺杆菌相似的肠毒素(vero毒素),引起肠黏膜坏死和肠液分泌,致出血性肠炎;⑤黏附-集聚性大肠埃希菌(enteroadherent-aggregativeE. coli, EAEC):以集聚方式黏附于下段小肠和结肠黏膜致病。

(2) 其他细菌:空肠弯曲菌(campylobacter jejuni),耶尔森菌(Yersinia),沙门菌(salmonella,主要为鼠伤寒和其他非伤寒、副伤寒沙门菌)、难辨梭状芽胞杆菌(clostridium difficile)、金黄色葡萄球菌(staphylococcalaureus)、铜绿假单胞菌(bacillus pyocyaneus)、变形杆菌(bacillus proteus)等均可引起腹泻。

3. 真菌 有念珠菌、曲霉菌、毛霉菌,婴儿以白色念珠菌(candida albicans)性肠炎多见。

4. 肠道外感染 如患中耳炎、上呼吸道感染、肺炎、泌尿系感染、皮肤感染或急性传染病时,由于发热、感染原释放的毒素、抗生素治疗、直肠局部激惹等作用而并发腹泻。

5. 抗生素相关性腹泻 肠道外感染时长期、大量地使用广谱抗生素可引起肠道菌群紊乱,肠道正常菌群减少,耐药性金黄色葡萄球菌、变形杆菌、铜绿假单胞菌、难辨梭状芽胞杆菌或白色念珠菌等可大量繁殖,引起药物较难控制的肠炎,称为抗生素相关性腹泻(antibiotic-associated diarrhea, AAD)。此外,部分抗生素可降低糖类的转运和乳糖酶水平而引起腹泻。

(二) 非感染因素

1. 饮食因素 ①喂养不当可引起腹泻,多为人工喂养儿,原因为:喂养不定时,饮食量不当,突然改变食物品种,过早喂给大量淀粉类或脂肪类食品;果汁,特别是含高果糖或山梨醇的果汁,可产生高渗性腹泻;肠道刺激物,如调料、富含纤维素的食物,也可引起腹泻;②过敏性腹泻,对牛奶蛋白或大豆蛋白等过敏而引起的腹泻;③原发性或继发性双糖酶(主要为乳糖酶)缺乏或活性降低,导致肠道对糖的消化吸收不良而引起的腹泻。

2. 气候因素 气候突然变化、腹部受凉,使肠蠕动增加;天气过热,消化液分泌减少或由于口渴饮奶过多等都可能诱发消化功能紊乱致腹泻。

三、发病机制

导致腹泻的机制有渗透性腹泻、分泌性腹泻,渗出性腹泻和肠道功能异常性腹泻。临床上不少腹泻疾病并非由单一机制引起,而是在多种机制参与下发生的。

渗透性腹泻,指肠腔内存在大量不能吸收的具有渗透活性的物质导致的腹泻,常见于病毒性肠炎。各种病毒侵入肠道后,在小肠绒毛顶端的柱状上皮细胞上复制,使细胞发生空泡变性和坏死,其微绒毛肿胀、排列紊乱和变短,受累的肠黏膜上皮细胞脱落,遗留不规则的裸露病变,致使小肠黏膜回吸收水分和电解质的能力受损,肠液在肠腔内大量积聚而引起腹泻。同时,发生病变的肠黏膜细胞分泌双糖酶不足且活性降低,使食物中糖类消化不全而积滞在肠腔内,并被细菌分解成小分子的短链有机酸,使肠液的渗透压增高。微绒毛破坏亦造成载体减少,上皮细胞钠转运功能障碍,水和电解质进一步丧失(图11-1)。

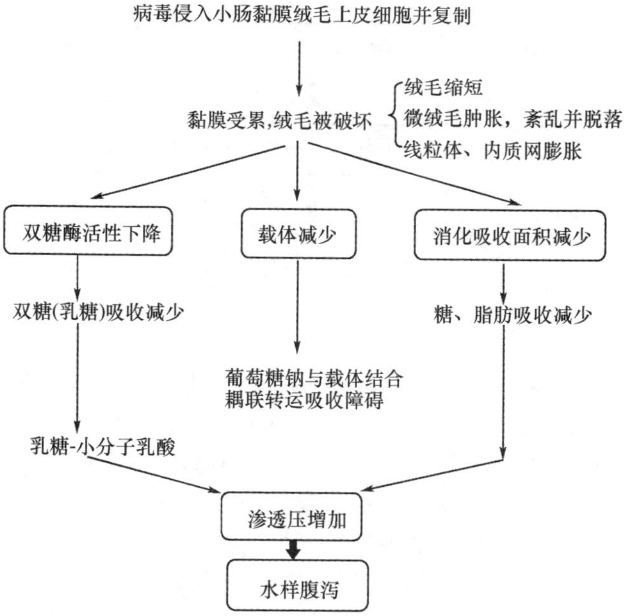

图11-1 病毒性肠炎的发病机制

分泌性腹泻,指肠腔内电解质分泌过多导致的腹泻,可见于肠毒素性肠炎。各种产生肠毒素的细菌可引起分泌性腹泻,如霍乱弧菌、产肠毒素性大肠埃希菌等。病原体侵入肠道后,一般仅在肠腔内繁殖,黏附在肠上皮细胞刷状缘,不侵入肠黏膜。细菌在肠腔释放2种肠毒素,即不耐热肠毒素(LT)和耐热肠毒素(ST),LT与小肠上皮细胞膜上的受体结合后激活腺苷酸环化酶,致使三磷酸腺苷(ATP)转变为环磷酸腺苷(cAMP),cAMP增多后即抑制小肠绒毛上皮细胞吸收 Na^+、Cl^-和水,并促进肠腺分泌 Cl^-;ST则通过激活鸟苷酸环化酶,使三磷酸鸟苷(GTP)转变为环磷酸鸟苷(cGMP),cGMP 增多后亦使肠上皮细胞减少对 Na^+ 和水的吸收、促进 Cl^- 分泌。两者均使小肠液总量增多,超过结肠的吸收限度而发生腹泻,排出大量水样便,导致患儿脱水和电解质紊乱(图 11-2)。

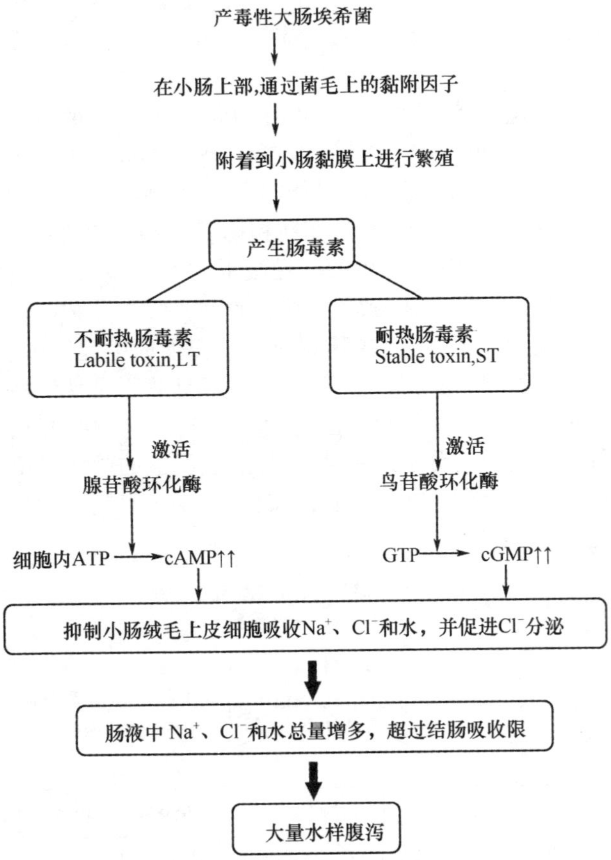

图 11-2 肠毒素引起的肠炎发病机制——以产毒性大肠埃希菌为例

渗出性腹泻,指炎症所致的液体大量渗出而导致的腹泻,常见于侵袭性肠炎。各种侵袭性细菌感染可引起渗出性腹泻,如志贺菌属、沙门菌属、侵袭性大肠埃希菌、空肠弯曲菌、耶尔森菌和金黄色葡萄球菌等均可直接侵袭小肠或结肠肠壁,使黏膜充血、水肿及炎症细胞浸润,引起渗出和溃疡等病变,此时可排出含有大量白细胞和红细胞的菌痢样粪便,并出现全身中毒症状。

肠道蠕动功能异常性腹泻,指肠道功能异常所导致的腹泻,常见于非感染性腹泻。当进食过量或食物成分不恰当时,食物不能被充分消化和吸收而积滞在小肠上部,使肠腔内酸度降低,有利于肠道下部的细菌上移和繁殖;食物发酵和腐败,分解产生的短链有机酸使肠腔内渗透压增高,腐败性毒性产物刺激肠壁,使肠蠕动增加导致腹泻,进而发生脱水、电解质紊乱和酸中毒(图 11-3)。

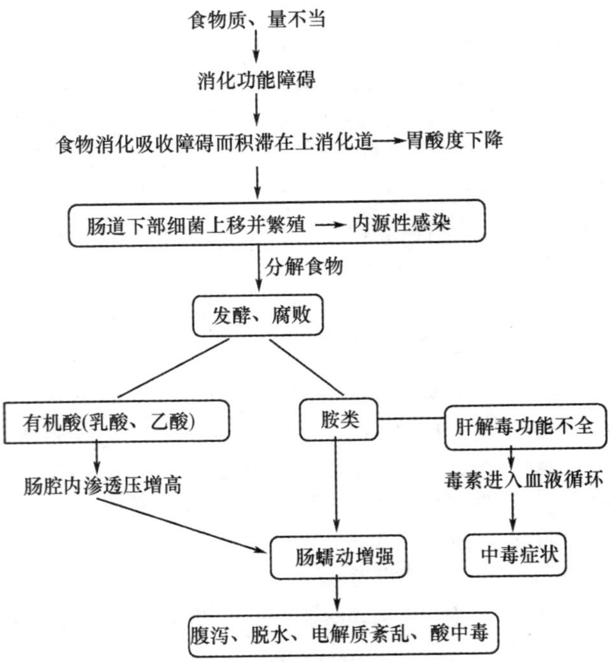

图 11-3 饮食不当引起腹泻的发生机制

四、临床表现

不同病因引起的腹泻常各具临床特点和不同临床过程。故在临床诊断中常包括病程、轻重及可能的病因。连续病程在 2 周以内的腹泻为急性腹泻,病程在 2 周~2 月的腹泻为迁延性腹泻,病程在 2 月以上的腹泻为慢性腹泻。

(一)急性腹泻

1. 轻型 常由饮食因素及肠道外感染引起。表现为食欲缺乏,偶有溢乳或呕吐,大便次数增多,但每次大便量不多,稀薄或带水,呈黄色或黄绿色,有酸味,常见白色或黄白色奶瓣和泡沫。无脱水及全身中毒症状,多在数日内痊愈。

2. 重型 多由肠道内感染引起。常急性起病,有较重的胃肠道症状,伴较明显的脱水、电解质紊乱和全身感染中毒症状,如发热或体温不升、精神烦躁或萎靡、嗜睡,甚至昏迷、休克。

(1)胃肠道症状:食欲低下,常有呕吐,严重者可吐咖啡色液体;腹泻频繁,大便每日 10 余次至数十次,多为黄色水样或蛋花样便,含有少量黏液,少数患儿也可有少量血便;

(2)水和电解质紊乱:由于吐泻丢失体液和摄入量不足,使体液总量尤其是细胞外液量减少,导致不同程度(轻、中、重)脱水,出现眼窝、囟门凹陷,尿少,泪少,皮肤黏膜干燥、弹性下降,甚至血容量不足引起末梢循环改变(表11-1)。同时,呕泻导致大量钾盐丢失,钾的摄入量不足等,从而导致患儿出现不同程度的低钾血症表现,如精神不振、无力、腹胀、心律失常、碱中毒等。此外,腹泻致镁、钙丢失,部分患儿输液后出现震颤、抽搐,应注意低钙血症和低镁血症。

(3)酸碱平衡紊乱:代谢性酸中毒常见。患儿可出现精神不振,口唇樱红,呼吸深大,呼出气凉有丙酮味等症状,但小婴儿症状可不典型。

表11-1 脱水程度及相应临床表现

	轻度	中度	重度
失水量	<50ml/kg	50~100ml/kg	100~120ml/kg
占体重比例	<5%	5%~10%	>10%
神志精神	精神稍差	萎靡	极萎靡
	略烦躁	烦躁	淡漠、昏睡昏迷
皮肤	皮肤略干	皮肤干燥苍白	皮肤发灰、发花
	弹性稍差	弹性较差	干燥、弹性极差
黏膜	唇黏膜略干	唇干燥	唇极干
前囟眼窝	稍凹	明显凹陷	深度凹陷
眼泪	有泪	泪少	无泪
尿量	稍少	明显减少	极少或无
末梢循环	正常	四肢稍凉	四肢厥冷、脉弱、休克

2. 几种常见类型肠炎的临床特点

(1)轮状病毒肠炎:是婴儿秋、冬季腹泻最常见的病原。呈散发或小流行,经粪-口传播,也可通过气溶胶形式经呼吸道感染而致病。潜伏期1~3日,多发生在6~24个月婴幼儿。起病急,常伴发热和上呼吸道感染症状,无明显感染中毒症状。病初1~2日常发生呕吐,随后出现腹泻。大便次数多、量多、水分多,呈黄色水样或蛋花样便,带少量黏液,无腥臭味。常并发脱水、酸中毒及电解质紊乱。轮状病毒感染亦可侵犯多个脏器,导致全身包括神经、呼吸、心脏、肝胆、血液等多系统病变,可出现无热惊厥、心肌损害、肺部炎症、肝胆损害等。本病为自限性疾病,数日后呕吐渐停,腹泻减轻,不喂乳类的患儿恢复更快,自然病程约3~8日,少数较长。大便镜检偶有少量白细胞,感染后1~3日即有大量病毒自大便中排出,最长可达6日。血清抗体一般在感染后3周上升。病毒较难分离,用电镜、ELISA法及核酸探针等技术有助于诊断。

(2)产毒性细菌引起的肠炎:多发生在夏季。潜伏期1~2日,起病较急。轻症仅大便次数稍增加,性状轻微改变。重症腹泻频繁,量多,呈水样或蛋花样便,可含有黏液,常发生脱水、电解质和酸碱平衡紊乱。镜检无白细胞。自然病程5~10日。

(3)侵袭性细菌(包括侵袭性大肠杆菌、空肠弯曲菌、耶尔森菌、鼠伤寒杆菌等)引起的肠炎:全年均可发病,多见于夏季。潜伏期长短不一。常引起志贺杆菌性痢疾样病变。起病急,高热甚至可以发生热惊厥。腹泻频繁,大便呈黏液状,带脓血,有腥臭味。常伴恶心、呕吐、腹痛和里急后重,可出现严重的中毒症状,如高热、意识改变,甚至感染性休克。大便镜检有大量白细胞及数量不等的红细胞。粪便细菌培养可找到相应的致病菌。

(4)出血性大肠埃希菌肠炎:大便次数增多,开始为黄色水样便,后转为血水便。大便镜检有大量红细胞,常无白细胞。个别病例可伴发溶血尿毒综合征和血小板减少性紫癜。

(5)抗生素相关性腹泻。①金黄色葡萄球菌肠炎:多继发于使用大量抗生素后,有时继发于慢性疾病。表现为发热、呕吐、腹泻、不同程度的中毒症状、脱水、电解质紊乱,甚至发生休克。典型大便为暗绿色,量多带黏液,少数为血便。大便镜检有大量脓细胞和成簇的G^+球菌,培养有葡萄球菌生长,凝固酶阳性;②假膜性小肠结肠炎:见于外科手术后、患有肠梗阻、肠套叠、巨结肠等病的体弱患者。几乎各种抗生素均可诱发本病。由难辨梭状芽胞杆菌引起,该菌大量繁殖,产生毒素A(肠毒素)和毒素B(细胞毒素)致病。表现为腹泻,轻症大便每日数次,停用抗生素后很快痊愈。重症频泻,黄绿色水样便,可有伪膜排出,为坏死毒素致肠黏膜坏死所形成的伪膜。黏膜下出血可引起大便带血,可出现脱水、电解质紊乱和酸中毒。伴有腹痛、腹胀和全身中毒症状,甚至发生休克。大便厌氧菌培养、组织培养法检测细胞毒素可协助确诊;③真菌性肠炎:多为白色念珠菌所致,2 岁以下婴儿多见。常并发于其他感染或肠道菌群失调时。常伴鹅口疮。大便次数增多,黄色稀便,泡沫较多,带黏液,有时可见豆腐渣样细块(菌落)。大便镜检有真菌孢子和菌丝,做大便真菌培养确诊。

(二) 迁延性和慢性腹泻

病因复杂,包括:①感染性腹泻,急性感染性腹泻多为一过性的,如宿主不能产生正常的免疫反应,反复接触感染原,或因感染严重损伤肠黏膜,则急性腹泻可转为慢性腹泻;②营养不良可以导致胃肠道消化功能下降,免疫力低下,从而增加腹泻的易感性;③长期滥用抗生素引起肠道菌群失调,使正常肠道菌群在消化道的积极作用不能发挥;④引起迁延性、慢性腹泻的其他原因为早产儿、人工喂养儿、佝偻病、双糖酶缺乏、肠道食物过敏等。

迁延性、慢性腹泻临床通常表现为消化功能紊乱和慢性营养不良。腹泻迁延不愈,或者时好时坏,食欲低下,生长发育迟缓,伴发贫血,多种维生素和微量元素缺乏,免疫功能低下,易发生呼吸道、消化道以及泌尿系感染,形成恶性循环。

五、诊断和鉴别诊断

1. 诊断 根据患儿大便性状改变(呈稀水便、糊状便、黏液脓血便等)或大便次数增多,即可作出腹泻病的初步诊断。完整诊断还包括病程诊断。此外,还需对患儿有无脱水和电解质紊乱进行评估,并对病情轻重进行分型。根据患儿粪便性状、粪便肉眼和镜下所见、发病季节、发病年龄及流行情况初步估计病因。急性水样便腹泻患儿多为病毒或产毒素性细菌感染,黏液脓性、脓血便者多为侵袭性细菌感染。有条件尽量进行大便培养及病毒等方面的检测。该类疾病在明确病因之前通常诊断为腹泻病,一旦病因比较明确,即按原发病进行诊断。

对于迁延性、慢性腹泻的病因诊断,必须详细询问病史,全面体格检查,正确选用有效的辅助检查,如①粪便常规、肠道菌群分析、大便酸度、还原糖和细菌培养;②十二指肠液检查,分析 pH、胰蛋白酶、糜蛋白酶、肠激酶及血清胰蛋白酶原,以判断蛋白质的消化吸收能力;测定十二指肠液的脂酶、胆盐浓度以了解脂肪的消化吸收状况;进行细菌培养和寄生虫卵的检测;③小肠黏膜活检以了解慢性腹泻病理生理变化。必要时还可做消化道造影或 CT 等影像学检查、结肠镜等检查以综合分析判断。

2. 鉴别诊断

(1) 生理性腹泻:多见于 6 个月以内婴儿,外观虚胖,常有湿疹,生后不久即出现腹泻,除大便次数增多外,无其他症状,食欲好,不影响生长发育。添加辅食后,大便即逐渐转为正常。

(2) 细菌性痢疾:常有流行病学病史,起病急,高热、腹痛、呕吐、腹泻,大便次数多,量少,排脓血便伴里急后重,大便镜检有较多脓细胞、红细胞和吞噬细胞。中毒性菌痢者可出现高热惊厥、嗜睡或昏迷,甚至休克等症状。粪便培养可确诊。

(3) 坏死性肠炎:中毒症状较严重,腹痛、腹胀、频繁呕吐、高热,大便暗红色糊状,腹部 X 线片示小肠局限性充气扩张,肠间隙增宽,肠壁积气等。

六、治　　疗

治疗原则:调整饮食,预防和纠正脱水,合理用药,加强护理,预防并发症。

(一) 急性腹泻的治疗

1. 饮食疗法 强调继续饮食,应根据个体消化吸收功能和平时的饮食习惯进行合理调整。母乳喂养婴儿继续哺乳,暂停辅食;人工喂养儿可喂以等量米汤、稀释的牛奶或其他代乳品。有严重呕吐者可暂时禁食 4~6 小时(不禁水),待好转后继续喂食,由少到多,由稀到稠。病毒性肠炎多有继发性双糖酶(主要是乳糖酶)缺乏,对疑似病例可暂停乳类喂养,改为豆制代乳品,或发酵奶,或去乳糖配方奶粉喂养。腹泻停止后逐渐恢复营养丰富的饮食。

2. 纠正水、电解质紊乱及酸碱失衡

(1) 口服补液:ORS 可用于腹泻时预防脱水及纠正轻、中度脱水。脱水纠正后,可将 ORS 用等量水稀释按病情需要随意口服。因 ORS 为 2/3 张液,故新生儿和有明显呕吐、腹胀、休克、心肾功能不全等患儿不宜采用口服补液。

(2) 静脉补液:适用于中度以上脱水、吐泻严重或腹胀的患儿。输用溶液的成分、量和滴注持续时间必须根据不同的脱水程度和性质决定,同时要注意个体化,结合年龄、营养状况、自身调节功能而灵活掌握(图 11-4)。具体参照第四章。

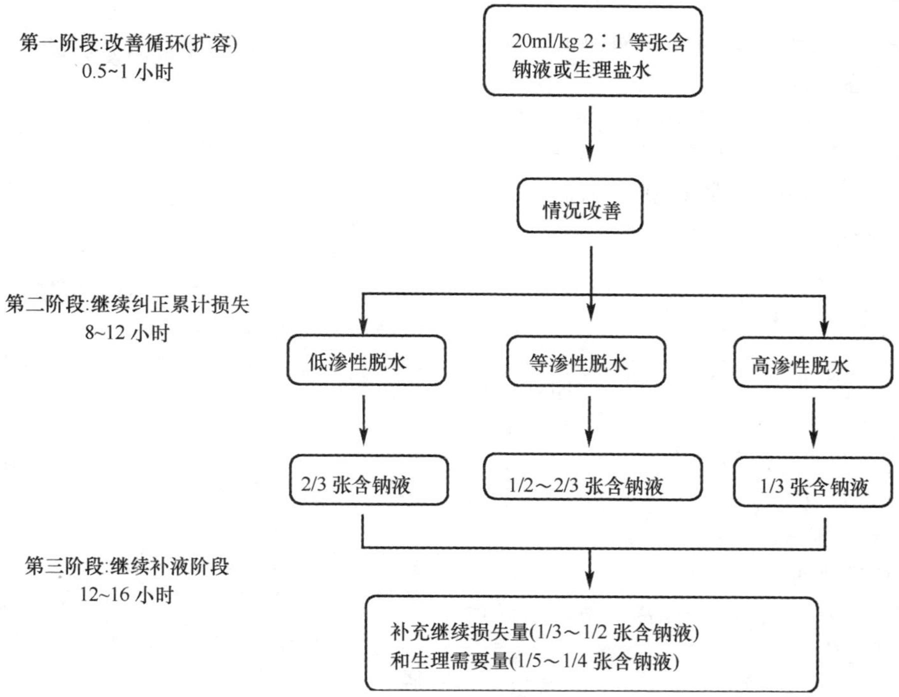

图 11-4　重度脱水时的静脉补液

3. 药物治疗

(1) 抗生素治疗:抗生素适用于细菌感染的患儿,临床指征如下。①有里急后重患儿;②黏液、脓血便患儿;③大便镜检白细胞增多;④大便 pH 7 以上。应根据临床特点,经验性选用抗菌药物,再根据大便细菌培养和药敏结果进行调整。大肠杆菌、空肠弯曲菌、耶尔森菌、鼠伤寒沙门菌所致感染常选用抗革兰阴性杆菌的抗生素及大环内酯类抗生素。金黄色葡萄球菌肠炎、伪膜性肠炎、真菌性肠炎应立即停用原使用的抗生素,根据症状可选用万古霉素、新青霉素、利福平、甲硝唑或抗真菌药物治疗。婴幼儿选用氨基糖苷类及其他副作用较为明显的抗生素时应慎重。

(2) 肠黏膜保护剂:能吸附和固定各种病原体和毒素,阻止病原微生物的攻击,加强肠黏膜屏障,维持肠细胞的吸收和分泌功能,能改善肠黏液的质和量,能有效地缩短病程,如蒙脱石粉。

(3) 微生态疗法:有助于恢复肠道正常菌群的生态平衡,抑制病原菌定植和侵袭,控制腹泻。常用双歧杆菌活菌制剂、嗜酸乳杆菌胶囊、枯草杆菌和肠球菌二联活菌颗粒等。

(4) 避免使用止泻剂,如洛哌丁醇,因为它抑制胃肠动力的作用,增加细菌繁殖和毒素的吸收,对于感染性腹泻有时是很危险的。

(二) 迁延性和慢性腹泻治疗

因迁延性、慢性腹泻常伴有营养不良和其他并发症,病情较为复杂,必须采取综合治疗措施。

1. 营养治疗　此类病儿多有营养障碍,继续喂养可促进疾病恢复,如肠黏膜损伤的修复、胰腺功能的恢复、微绒毛上皮细胞双糖酶的产生等,是必要的治疗措施。

(1) 提倡母乳喂养。人工喂养儿应调整饮食,<6 个月婴幼儿用牛奶加等量米汤或水稀释,或用发酵奶(即酸奶),也可用奶和谷类混合物。大于 6 个月的婴儿可用已习惯的平常饮食,保证足够热量。

(2) 双糖不耐受患儿由于有不同程度的原发性或继发性双糖酶缺乏,食用含双糖(包括蔗糖、乳糖、麦芽糖)的饮食可使腹泻加重,其中以乳糖不耐受最多见,治疗宜采用去双糖饮食,可用去乳糖代乳品或去乳糖配方奶粉等。

(3) 过敏性腹泻:在应用无双糖饮食后腹泻仍不改善时,需考虑对蛋白质过敏(如对牛奶或大豆蛋白过敏)的可能性,可用游离氨基酸或水解蛋白配方饮食。

(4) 要素饮食:是肠黏膜受损伤患儿最理想的食物,系由氨基酸、葡萄糖、中链三酰甘油、多种维生素和微量元素组合而成。应用时的浓度和量视患儿临床状态而定。

(5) 静脉营养:少数严重患儿不能耐受口服营养物质者,可采用静脉高营养。推荐方案为:脂肪乳剂每日 2~3g/kg,复方氨基酸每日 2~2.5g/kg,葡萄糖每日 12~15g/kg,电解质及多种微量元素适量,液体每日 120~150ml/kg,热量每日 50~90cal/kg。通过外周静脉输入,好转后改为口服。

2. 预防和治疗脱水,纠正电解质及酸碱平衡紊乱

3. 药物治疗

(1) 抗生素:仅用于分离出特异病原的感染患儿,并根据药物敏感试验选用。

(2) 补充微量元素和维生素:如锌、铁、烟酸、维生素 A、B、B_{12}、C 和叶酸等,有助于肠黏膜的修复。

(3) 应用微生态调节剂和肠黏膜保护剂。

4. 中医辨证论治 有一定的疗效。

七、预　　防

(1) 合理喂养,提倡母乳喂养,及时添加辅助食品,每次限一种,逐步增加,适时断奶。人工喂养者应根据具体情况选择合适的代乳品。

(2) 养成良好的卫生习惯和生活习惯:注意乳品的保存和奶具、食具、便器、玩具和设备的定期消毒;气候变化时,避免过热或受凉,居室要通风。

(3) 感染性腹泻患儿,应积极治疗,做好消毒隔离工作,防止交叉感染。

(4) 避免长期滥用广谱抗生素,对于因脓毒症、肺炎等肠道外感染必须使用抗生素,特别是广谱抗生素时,即使无消化道症状亦应加用微生态制剂,以防止难治性肠道菌群失调所致的腹泻。

第九节　婴儿肝炎综合征

案例 11-5

患儿,男,2^+个月,因"全身皮肤出现进行性黄染2^+个月"入院。患儿出生 4 日出现黄染,逐渐加重,无发热、咳嗽,偶伴呕吐,大便 3~5 次/日,为黄色或淡黄色稀便,小便颜色为深黄色。其母孕期 3 个月曾感冒 1 次,持续约 5 日,给予抗感冒药治疗痊愈。其家族史无特殊。体检:体温正常,一般情况尚可,神清,较消瘦,皮肤、巩膜黄染明显,腹部膨隆,肝脏肋下 5cm,剑突下 5cm,质地较硬,脾肋下 2cm,质地较韧。实验室检查:Hb 100g/L,WBC 12×10^9/L,N 35%,L 68%,血清总胆红素 189μmol/L,直接胆红素 154μmol/L,总蛋白 50 g/L,白蛋白 28 g/L,谷丙转氨酶 200U/L,谷草转氨酶 125U/L,血清谷氨酰胺转肽酶和碱性磷酸酶较正常值高。血清 CMV-IgM 和 CMV-IgG 均为阳性。

【思考题】

1. 总结该病例特点及可能的诊断。
2. 需进一步做哪些的检查?
3. 谈谈黄疸为主诉的诊断思维。

婴儿肝炎综合征(infantile hepatitis syndrome)系指一组于婴儿期(包括新生儿期)起病,具有黄疸、肝大、质地异常和肝功能损伤的临床综合征。

(一) 病因和发病机制

1. 感染 包括肝脏的原发性感染和全身感染累及肝脏。病毒感染以风疹病毒和巨细胞病毒常见,其他病毒亦可引起发病;细菌感染如金黄色葡萄球菌等可导致发病。近年来梅毒螺旋体及结核分枝杆菌等引起的肝炎综合征仍不容忽视。

2. 先天性代谢异常

(1) 糖类代谢异常:如遗传性果糖不耐受症、半乳糖血症、糖原贮积症等。其中与肝炎综合征相关的糖原贮积症主要有Ⅰ、Ⅲ、Ⅳ型(参见第七章第三节内容)。

(2) 氨基酸及蛋白质代谢异常:如遗传性酪氨酸血症、高蛋氨酸血症等,可以造成持续性肝脏损伤。

(3) 脂质代谢异常:系一组遗传性疾病,由于类脂质代谢过程中某些酶的缺陷,使原来能被该酶分解的某些类脂质沉积在单核-巨噬细胞系统及其他组织内,呈现充脂性组织细胞增殖,如戈谢病、尼曼-匹克病、Wolman 病等。

(4) 胆汁酸及胆红素代谢异常:如进行性家族性肝内胆汁淤积症(PFIC)、Citrin 缺乏致新生儿肝内胆汁淤积症(NICCD)、Zellweger 综合征(脑-肝-肾综合征)等。

(5) α_1-抗胰蛋白酶缺乏症:由于 α_1-抗胰蛋白酶缺乏,中和白细胞弹性蛋白凝固酶等抗蛋白酶作用减弱,使自体组织遭受破坏而致病。可造成肝细胞损伤,汇管区纤维化伴胆管增生及胆管发育不良等类型改变。

3. 胆道闭锁、胆管扩张和肝内胆管发育不良

(1) 先天性胆道闭锁:发生于胎儿后期、生后早期及新生儿期的一种进行性病变,由各种原因导致肝内和肝外胆管阻塞,使胆汁排泄通道梗阻,并逐步形成不同程度的胆道闭锁。目前认为围生期感染(特别是病毒感染)所致的炎症病变是导致本病的重要因素,因胆道炎症原因造成的胆道闭锁可占 80%,而因先天性胆管发育不良造成的胆道闭锁仅占 10%。

(2) 先天性胆管扩张症:又称先天性胆总管囊肿。胚胎时期胰胆分化异常,胆总管和胰管未能正常分离,胰液反流入胆管,胆总管远端狭窄,胆道内压力增高,oddi 括约肌神经肌肉功能失调。

(3) 先天性肝内胆管扩张症:又称 Caroli 病,为常染色体隐性遗传,以男性多见,一般以复发性胆管炎为主要特点,可伴有先天性肝纤维化、肝外胆管扩张或其他纤维囊性病。

(4) 其他疾病:Alagille 综合征、新生儿硬化性胆管炎、胆管狭窄、胆汁黏稠等。

4. 毒性作用 如药物作用、胃肠外营养相关性胆汁淤积(Parenteral nutrition-associated cholestasis,PNAC)等。

5. 其他 包括肝内占位病变、累及肝脏的全身恶性疾病，如朗格汉斯细胞组织增生症，嗜血细胞淋巴组织细胞增生症等；21-三体综合征等染色体异常疾病。

（二）病理

胆汁淤积、肝间质和门脉区有炎症细胞浸润，程度与病情轻重有关。轻者肝小叶结构正常，重者可紊乱失常，肝细胞点状或片状坏死，库普弗细胞和小胆管增生，病情进展，门脉周围可有纤维化。

（三）临床表现

主要表现为黄疸。往往因生理性黄疸持续不退或退而复现前来就诊。病史中母孕期可有感染（主要是孕早期病毒感染）、服用药物、早产、胎膜早破、胎儿宫内发育迟缓等病史。患儿生后可有口腔、呼吸道、消化道、泌尿道、皮肤及脐部等的感染，亦可伴有其他症状，如发热、呕吐、腹胀等，尿色呈黄色或深黄色，大便由黄转为淡黄。可并发眼干燥症、低钙抽搐、出血和腹泻。可有家族肝病史或遗传疾病史，体检有肝脾肿大，可伴有其他先天畸形（脐疝、腹股沟疝、先天性心脏病、幽门肥厚性狭窄等）和生长发育障碍等。重症者病程较长，可致肝硬化、肝衰竭。

（四）辅助检查

1. 血常规 细菌感染时白细胞增高，中性粒细胞增高伴核左移，巨细胞病毒感染时，可有单个核细胞增多、血小板减少、贫血、溶血等改变。

2. 肝功能 结合胆红素和非结合胆红素可有不同程度、不同比例的增高；谷丙转氨酶升高；甲胎蛋白持续增高提示肝细胞有破坏，再生增加；反映胆管性胆汁淤积的指标，如血清γ-谷氨酰转肽酶、碱性磷酸酶、5′-核苷酸酶等可增高，反映肝细胞合成功能的指标，如凝血因子、纤维蛋白原及血清白蛋白等可降低。

3. 病原学检查 病毒感染标志物、相应的病毒学、血清学检查。血培养、中段尿细菌培养等可提示相应的感染原。

4. 疑似遗传代谢、内分泌疾病时 可行血糖测定、尿糖层析，T_3、T_4、TSH、α_1-抗胰蛋白酶、尿有机酸测定，血液、尿液串联质谱氨基酸测定，血气分析，特异性酶学、染色体、基因检查等。

5. 影像学检查 肝、胆、脾B超、肝CT或肝胆磁共振胆管成像（MRCP）检查，可显示相应的畸形或占位病变。

6. 肝胆核素扫描 正常^{99m}Tc-EHIDA静脉注射后迅速被肝细胞摄取，在正常情况下，胆囊及肠道显影均不迟于60分钟。显影延迟提示胆道狭窄或部分阻塞，先天性胆道闭锁时肠道内始终无放射性出现。

7. 胆汁引流 可行动态持续十二指肠引流，行胆汁常规、细菌培养、胆红素及胆汁酸检查。

8. 肝活体组织病理检查 可经皮肝穿刺或腹腔镜检查获取活体组织标本。

（五）治疗

婴儿肝炎综合征在查明原因后，应按原发疾病的治疗原则进行治疗，但大多数病例在疾病早期病因较难确定，临床上往往以对症治疗为主。治疗原则为：利胆退黄，保肝、改善肝细胞功能和必要的支持疗法。

1. 利胆退黄 可应用苯巴比妥口服，具有改善与提高酶活力及促进胆汁排泄的作用。也可以用中药利胆治疗（茵陈、山栀、大黄等）。

2. 保肝、改善肝细胞功能 ATP、辅酶A有保护肝细胞促进肝细胞新陈代谢的作用，也可辅以B族维生素及维生素C。可用促进肝细胞增生的肝细胞生长因子、保肝解毒的葡醛内酯、促进肝解毒与合成功能的还原型谷胱甘肽、降酶作用显著的联苯双酯、甘草酸二铵等。

3. 其他处理 ①补充多种维生素，如维生素A、维生素D、维生素E和维生素K等；②强化中链脂肪酸的配方奶喂养；③低蛋白血症时可用白蛋白制剂；④凝血因子缺乏时可用凝血酶原复合物；⑤有感染时可选用抗生素、抗病毒制剂；⑥丙种球蛋白低下及反复感染时可用静脉丙种球蛋白；⑦疑诊Citrin缺乏致新生儿肝内胆汁淤积症时可给予去乳糖配方奶。

4. 胆汁分流术及肝移植 如疑为胆道闭锁或胆汁淤积，则应行胆汁分流术。肝硬化失代偿，则待条件允许时行肝移植术。

（何志旭）

Chapter XI Disorders of the Digestive System

Stomatitis

Stomatitis is defined as various infections of the oral mucosa. The disease is more common in infants and young children. Stomatitis can be divided into non-infectious stomatitis and infectious stomatitis, which is usually caused by viruses, bacteria and fungi.

Mycotic stomatitis

Mycotic stomatitisis, also called thrush, is usually caused by *Candida albicans* infection. It is characterized by whitish, velvety sores in the mouth and on the tongue. It occurs mainly in neonates, infants and children with malnutrition, diarrhea or long-term use of broad-spectrum antibiotics or steroids.

Treatments include eradication of predisposing factors, cleaning of the mouth with a solution of 2% sodium bicarbonate or a suspension of nystatin and cod-liver oil. Oral antifungal drugs are unnecessary.

Viral stomatitis

Herpetic stomatitisis the most common type of stomatitis in young children. It is caused by *herpes simplex virus 1*. Affected children have a high fever (up to 38-40℃), accompanied by headache and discomfort at the onset of herpetic stomatitis. In addition, the patients develop painful blisters on their inner lips, tongue, cheeks or the roof of the mouth.

Herpetic stomatitis should be differentiated from herpangina, which is mostly caused by *Coxsackie virus* and occurs more often in summer and autumn. The therapy is mainly symptomatic treatment.

Gastroesophageal Reflux Disease

Gastroesophageal reflux (GER) signifies the retrograde movement of gastric contents across the lower esophageal sphincter (LES) into the esophagus. Gastroesophageal reflux disease (GERD) occurs when the LES is weak or relaxes inappropriately, allowing the gastric contents to flow up into the esophagus, which can lead to a series of clinical symptoms and complications.

Etiology

The following factors can contribute to the development of GERD.

- Immature anti-reflux barrier function.
- Low esophageal clearance.
- Failure of the esophageal mucosal barrier.
- Gastric and duodenal disorders.

Clinical manifestations

- Gastroesophageal disorders: Vomiting, esophagitis and Barrette esophagus.
- Respiratory system disorders: Recurrent respiratory tract infection, aspiration pneumonia, refractory asthma, and even asphyxia or apnea.
- Malnutrition.
- Neuropsychiatric symptoms: Sandifer syndrome (neck contortions), and irritability, night terrors and crying when feeding in infants.
- Others symptoms: Hoarseness, otitis media, sinusitis, recurrent oral ulcers and dental caries.

Investigations

- Esophageal barium meal examination: This can be performed in children of any age, but has poor sensitivity and specificity.
- Esophagoscopy and biopsy: This is a safe and reliable method, which can be helpful for the diagnosis and classification of esophagitis, esophageal stenosis, and Barrette esophagus under direct vision.
- Esophageal manometry: Esophageal manometry can contribute to the understanding of esophageal motility and LES function.
- Esophageal pH monitoring: This is currently the most reliable method for the diagnosis of GERD.
- Isotope scintigraphy: This is useful to understand esophageal motility and clarify the relationship between respiratory symptoms and GER.

Diagnosis and differential diagnosis

GER should be suspected in children with unexplained

recurrent vomiting, difficulty swallowing, recurrent respiratory tract infections, chronic intractable asthma, growth retardation, malnutrition, anemia and repeated apnea.

The condition should be differentiated from achalasia of the cardia. In neonates and infants with vomiting, organic gastrointestinal diseases, such as intestinal malrotation, congenital hypertrophic pyloric stenosis, intestinal obstruction and gastric volvulus, should be excluded.

Treatment

- Positional therapy: Feeding in the upright, sitting position can minimize reflux. Left lateral position and head elevation during sleep can promote gastric emptying and reduce the frequency of regurgitation and the risk of aspiration.
- Dietary treatment: It is advisable to consume frequent but small meals a day.
- Pharmacotherapy: This can be divided into three categories, namely, prokinetic agents, anti-acid drugs and mucosal protective agents.
- Surgery: This is indicated if the reflux causes serious complications such as hemorrhage of the digestive tract.

Gastritis

Gastritis refers to a disease of the gastric mucosa that leads to gastric inflammation and is caused by a variety of endogenous or exogenous harmful factors.

Etiology

- Acute gastritis: This is usually secondary to severe infections, stress, drugs or chemicals and lasts for a short period of time.
- Chronic gastritis: This condition develops gradually and may last for an extended period of time. The etiology may be related to infection, bile reflux, chemical factors, physical factors, neuropsychiatric factors and other factors.

Clinical manifestations

Acute gastritis

- Abdominal burning.
- Abdominal pain, often in the upper region of the abdomen, which is called the epigastric area.
- Indigestion.
- Loss of appetite.
- Nausea with or without vomiting.
- Hematemesis, melena, dehydration, electrolyte and acid-base balance disorders in severe cases.

Chronic gastritis

- Upper abdominal pain.
- Abdominal distension.
- Acid regurgitation.
- Nausea and vomiting.
- Belching.
- Loss of appetite or weight loss.
- Gastric bleeding and/or black stools in extreme cases.

Investigations

- Gastroscopy.
- Upper gastrointestinal X-ray imaging.
- Detection of *Helicobacter pylori*.

Diagnosis and differential diagnosis

The diagnosis is based on the medical history, physical examination, clinical symptoms, endoscopy and pathology.

The acute abdominal pain associated with gastritis must be differentiated from organic diseases of the abdominal viscera and abdominal allergic purpura. Chronic recurrent abdominal pain should be differentiated from intestinal parasites and intestinal spasm.

Treatment

Acute gastritis

- The principles of therapy are removal of the causes, treatment of the primary disease and supportive treatment.
- H_2 receptor antagonists or proton pump inhibitors and oral mucosal protective agents can be administered.

Chronic gastritis

- Removal of the causes of the disease.
- Dietary treatment.
- Pharmacotherapy: This should be administered for a period of 6-8 weeks. The drugs include mucosal protective agents, H_2 receptor antagonists or proton pump inhibitors, prokinetic agents such as domperidone and cisapride, and antibiotics for anti-*Helicobacter pylori* therapy.

Peptic Ulcer

Peptic ulcers may occur at any age but are more common in school-aged children. Peptic ulcers are defined as deep mucosal lesions that disrupt the muscularis mucosa of the gastric or duodenal wall. Most ulcers occur in childhood and are secondary to an underlying illness. The incidence of gastric ulcer is similar to that of duodenal ulcer.

Etiology and pathogenesis

- Increased secretion of acid or pepsin is the main cause of peptic ulcers.
- Reduced mucosal protective mechanisms are also a contributory factor.
- *Helicobacter pylori* infection plays an important role in the pathogenesis of peptic ulcers.
- Genetic factors.
- Other important factors include mental factors, stress and improper eating habits, which can weaken the gastric mucosal defense and cause gastric mucosal injury.

Clinical manifestations

The presenting symptoms of peptic ulcer disease vary with the age of the patient, the etiology and site of lesion.

- Neonates: Peptic ulcers in neonates are secondary, and are usually more acute in onset. The majority of these are gastric ulcers. Gastric perforation can be the initial presentation.
- Infants: Gastric ulcers are more common in this period. Feeding difficulty, vomiting, crying episodes, hematemesis or melena are the common presentations.
- Toddlers: Gastric ulcers and duodenal ulcers are equally common in this period. Vomiting and intermittent episodes of umbilical and epigastric pain occur, but a burning sensation is rare. Hematemesis, melena and even perforation may occur.
- Pre-school and school-aged children: Primary duodenal ulcer is common in this age. The main manifestations are recurrent nausea, umbilical and epigastric pain and burning sensation. Patients with severe ulcers can develop hematemesis, hematochezia, anemia or even perforation.

Investigations

- Routine stool tests for occult blood and the detection of red blood cells.
- Gastroscopy, which is the most accurate diagnostic test for peptic disease.
- Upper gastrointestinal X-ray imaging, which is widely used but does not have high sensitivity and specificity.
- Detection of *Helicobacter pylori* .

Diagnosis

Because the symptoms and signs of peptic ulcers in children are atypical, this condition is often misdiagnosed. Symptoms such as nausea, recurrent vomiting, fullness, epigastric pain, and even hematemesis and hematochezia should alert one to the possibility of peptic ulcer disease. Gastroscopy can confirm the diagnosis.

Differential diagnosis

- Abdominal pain: Peptic ulcers in children with abdominal pain should be differentiated from intestinal cramps, abdominal infection, ascariasis and calculosis.
- Hematemesis: Hematemesis can occur in hemorrhagic disease of the newborn or hiatal hernia in neonates and infants. Hematemesis in older children should be differentiated from esophageal varices caused by cirrhosis and systemic hemorrhagic diseases.
- Hematochezia: Peptic ulcers in children with hematochezia should be differentiated from anal fissure, intussusception, Meckel diverticulum, polyps, abdominal allergic purpura and blood diseases.

Treatment

The objective of therapy is to alleviate and eliminate the symptoms, promote ulcer healing, prevent relapse and complications. The management of acute hemor-rhage includes serial monitoring of the pulse, blood pressure and hematocrit to ensure hemodynamic stability and avoid significant anemia.

Pharmacotherapy consists of H_2 receptor antagonists, proton pump inhibitors, neutralization of gastric acid, gastrin receptor antagonists, gastric mucosal protective agents and anti-*Helicobacter pylori* treatment. Surgical therapy may be required.

Congenital Hypertrophic Pyloric Stenosis

Congenital hypertrophic pyloric stenosis refers to the circular hypertrophy of the pyloric muscle, which leads to gastric outlet obstruction. The condition is characterized by vomiting, gastric peristaltic waves and right upper quadrant abdominal mass. The incidence of this condition is 1 in 1000 - 3000 births, with a 5 : 1 male predominance.

Etiology and pathogenesis

The cause of congenital hypertrophic pyloric stenosis is not known, but the following factors have been implicated.

- Genetic factors: The condition is a polygenic disease.
- Disorders of gastrointestinal hormones and other biologically active substances
- Congenital pyloric muscular dysplasia

Clinical manifestations

The typical symptoms and signs are projectile, non-bilious vomiting, gastric peristaltic waves and right upper quadrant abdominal mass.

- Vomiting usually develops 2 to 4 weeks after birth and is progressive. The vomitus is rarely bilious but may be blood-streaked.
- An abdominal mass, which is firm, movable and olive-shaped, can be palpated along the lateral border of the right upper quadrant of the abdomen.
- Weight loss, dehydration, electrolyte imbalance and malnutrition usually occur because of repeated vomiting, insufficient intake of nutrients and water.

Investigations

Ultrasonography, which is highly specific, shows a 2-4 cm pyloric mass. X-ray barium meal examination and gastroscopy are occasionally necessary.

Diagnosis and differential diagnosis

The diagnosis is suspected in patients with a typical history of vomiting. Ultrasonic examination can confirm the diagnosis.

Suspected cases should be differentiated from pyloric spasm, gastroesophageal reflux, improper feeding and gastric volvulus.

Treatment

Patients should be operated on as early as possible after the diagnosis is confirmed.

Intussusception

Intussusception occurs when a portion of the alimentary tract is telescoped into an adjacent segment. It is the most common cause of intestinal obstruction in infants and young children. Intussusception is often associated with gastroenteritis and upper respiratory tract infection.

Etiology

Intussusception is divided into primary and secondary types. Intussusception in infants is usually primary. The causes of intussusception include the following.

- Anatomical structure.
- A change in diet and food supplements.
- Infection.
- Others factors, such as Meckel diverticulum, intestinal polyps, intestinal tumors and duplication of the intestine.

Clinical manifestations

Acute intussusception

- Abdominal pain is characterized by sudden onset, paroxysmal and accompanied by screaming and drawing up of the knees.
- Vomiting occurs in most cases.
- Mucous, bloody stools occur in about 85% cases within 6-12h after the onset, and can be confirmed on rectal examination.
- A sausage-shaped mass is palpable in the upper, right abdomen.
- The children have no toxic symptoms in the early phase, but present with progressive severe dehydration, high fever, lethargy, coma and shock when intestinal necrosis or peritonitis occurs.

Chronic intussusception

- This usually develops in older children.
- The main clinical symptoms are paroxysmal abdominal pain and an abdominal mass, which can be palpated in the upper abdomen or umbilical region.
- Because the intestinal cavity in older children is wide, there may be no obstruction or necrosis of the intestines.

Investigations

- Abdominal ultrasound examination: The diagnostic

findings of intussusception on ultrasonography include a tubular mass in the longitudinal view and a doughnut-shaped mass on transverse images.

- Air enema: Air enema can also reset treatment in patients with intussusception.
- Barium enema: Barium enema demonstrates a filling defect or cupping in the head of the contrast media where its advance is obstructed by the intussusceptum.
- Abdominal CT examination: Abdominal CT examination demonstrates the so-called bowel-within-bowel configuration, in which the layers of the bowel are duplicated, forming concentric rings.

Diagnosis and differential diagnosis

The diagnosis is suspected in children with unexplained paroxysmal crying or abdominal pain. Vomiting, bloody stools and a palpable sausage-shaped abdominal mass can be helpful in the diagnosis of intussusception. Ultrasound examination can confirm the diagnosis.

This disease should be distinguished from Meckel diverticulum, Henoch-Schonlein purpura, acute dysentery and ascaris intestinal obstruction.

Treatment

Acute intussusception is a life-threatening emergency. Air enema is the first choice of treatment for patients in the early phase. Surgery is needed for the treatment of prolonged intussusception or its complications.

Congenital Megacolon

Congenital megacolon is a common congenital intestinal deformity in live-born infants, and is characterized by intractable constipation and abdominal distension. It results from an absence of ganglion cells in the mucosal and muscular layers of the colon, which leads to persistent spasm of the distal colon, hypertrophy and dilatation of the proximal colon.

Enterocolitis, intestinal perforation and secondary infection are common complications.

A barium enema can confirm the diagnosis.

Therapeutic strategies include gastrointestinal decompression, colostomy and radical operation. Children weighing above 3 kg with good general condition can undergo radical surgery.

Infantile Diarrhea

Infantile diarrhea is associated with gastroenteritis caused by multiple pathogens or multiple factors. It usually occurs in infants and young children, and is one of the main causes of malnutrition, growth retardation and even death.

Predisposing factors

- Immature digestive system and immune system.
- Imbalance of the intestinal flora.
- Artificial feeding.

Etiology

Infections

- Viral infection: Rotavirus.
- Bacterial infection: *Escherichia coli*.
- Fungal infection: *Candida albicans*.
- Extraintestinal infections.
- Antibiotics-associated diarrhea.

Noninfectious factors

- Dietary factors.
- Climatic factors.

Pathogenesis

The mechanisms leading to diarrhea include the following.

- Osmotic diarrhea, which is mainly caused by viral infections.
- Secretory diarrhea, mainly caused by enterotoxins.
- Exudative diarrhea, mainly caused by invasive bacteria.
- Diarrhea, caused by abnormal intestinal function.

Clinical manifestations

Diarrhea caused by different pathogens and courses has different clinical characteristics. Acute diarrhea refers to disease that has a continuous course lasting for 2 weeks. Persistent diarrhea is defined as diarrheal disease lasting for 2 weeks to 2 months, and chronic diarrhea lasts for more than 2 months.

Acute diarrhea

- Mild diarrhea: Patients with mild diarrhea exhibit anorexia, occasional galactorrhea or vomiting, but no dehydration or infectious toxic symptoms.
- Severe diarrhea: Patients with severe diarrhea present with acute onset, severe gastrointestinal symptoms ac-

companied by obvious dehydration, electrolyte disturbances and infectious toxic symptoms (Table 11-1).

Table 11-1 Clinical characteristics of several common types of enteritits

Etiology	Incubation period	Signs and symptoms	Duration of illness	Stool examination
Rota virus	1-3 days	Vomiting, fever, watery diarrhea, dehydration	3-8 days	No red and white blood cells
Enterotoxigenic bacteria	1-2 days	Diarrhea, dehydration	5-10 days	No white blood cells
Invasive bacteria		Fever, diarrhea, septic shock		Red and white blood cells
Enterohemorrhagic *E. coli*	1-8 days	Diarrhea with bloody stools, abdominal pain and vomiting	3-7 days	Only red blood cells

Antibiotic-triggered diarrhea

- *Staphylococcus aureus* enteritis: It is characterized by a rapid onset, fever, vomiting, diarrhea, different degrees of infectious toxic symptoms, dehydration, electrolyte disturbances and even shock. Routine stool tests reveal a large number of pus cells and clusters of gram-positive cocci. Stool culture is used to detect staphylococci.
- Pseudomembranous enterocolitis: The disease is caused by *Clostridium difficile*. The illness is characterized by diarrhea, fever, abdominal pain, abdominal distension and toxic symptoms. The detection of anaerobic bacteria on culture and cell toxin on tissue culture can be helpful in making the diagnosis.
- Fungal enteritis: It is often caused by *Candida albicans*. The clinical manifestations are diarrhea, with mucus in the stool. It is often accompanied by thrush. Stool cultures may grow fungi.

Persistent and chronic diarrhea

The main clinical symptoms are digestive disorders and chronic malnutrition.

Diagnosis

The diagnosis of infantile diarrhea is based on the prevailing season, history, clinical symptoms and characteristics of stool examination. The degree of dehydration, acidosis and electrolyte disorders should be evaluated simultaneously.

Differential diagnosis

Physiologic diarrhea

- Infants under the age of 6 months.
- No white or red blood cells in the stool.
- No dehydration, electrolyte and acid-base disorders.
- Normal development.
- Appropriate feeding can improve diarrhea.

Bacillary dysentery

- Characteristically associated with an epidemic.
- Severe toxic symptoms.
- Mucopurulent bloody stools.
- Stool culture can helpful for the diagnosis.

Necrotizing enteritis

- Severe toxic symptoms.
- Bloody stools, which looks like "red bean soup".
- Abdominal X-ray examination reveals localized dilation of the small intestine, widened intestinal gap and intestinal pneumatosis.

Treatment

Principles of therapy include a reasonable diet, the prevention and correction of dehydration and acidosis, and the prevention of complications.

Acute diarrhea

- Appropriate dietetic treatment.
- Correction of water, electrolyte and acid-base disorders.
- Oral rehydration therapy is used to prevent dehydration and correct mild-to-moderate dehydration in children with diarrhea.
- Intravenous rehydration therapy is necessary in patients with moderate-to-severe dehydration, vomiting and diarrhea or abdominal distension.
- Drug treatment includes antibiotic therapy, probiotics, intestinal mucosal protective agents such as montmorillonite powder, and avoidance of antidiarrheal agents.

Persistent and chronic diarrhea

Nutritional therapy

- Breast-feeding.
- Disaccharide-free diet in children with disaccharide intolerance (lactose intolerance).

- Amino acid-free or protein hydrolysate formula diet in children with allergic diarrhea.
- Essential foods.
- Intravenous nutrition in patients with severe diarrhea who are unable to tolerate oral nutrition.

Prevention and treatment of dehydration:

- Maintenance and correction of electrolyte and acid-base balance disorders

Drug therapy:

- Drug therapy includes anti-infectious drugs, trace elements and vitamin supplementation, probiotics and intestinal mucosal protective agents.

Infantile Hepatitis Syndrome

Infantile hepatitis syndrome occurs in young infants and is characterized by jaundice, hepatomegaly and abnormal liver function.

Etiology

- Infections, including primary infections of the liver and liver diseases associated with systemic infection.
- Congenital metabolic disorders.
- Biliary atresia, cholangiectasis and intrahepatic bile duct dysplasia.
- Toxicity.
- Other causes, including intrahepatic tumors, systemic malignant diseases and Down syndrome.

Clinical manifestations

- Jaundice is the main and obvious symptom. The level of conjugated bilirubin increases.
- Hepatosplenomegaly.
- Other manifestations associated with underlying systemic disorders.

Investigations

- Routine blood tests.
- Liver function tests show elevated alanine transaminase, gamma glutamyltranspeptidase, and conjugated and unconjugated bilirubin.
- Imaging examinations, including abdominal ultrasonography, CT or magnetic resonance cholangiopancreatography, which can demonstrate the corresponding deformity or lesions.
- Hepatobiliary scintigraphy.
- Specific tests for some causes.
- Liver biopsy.

Diagnosis

The diagnosis of infantile hepatitis syndrome canbe easily made on the basis of the clinical manifestations and findings of basic laboratory examinations. However, the etiological diagnosis is difficult, and should be confirmed by a series of specific investigations.

Treatment

- Improvement of enzyme activity and promotion of bile excretion.
- Improvement of hepatocyte function.
- Other measures: multivitamins, formula containing medium chain fatty acids, albumin, prothrombin complex, antibiotic and antiviral treatments, intravenous immunoglobulin and non-lactose-containing formulas in patients with citrin deficiency.
- Bile drainage and liver transplantation.

（张慧琼　谭建新）

第十二章 呼吸系统疾病

小儿呼吸道疾病包括上、下呼吸道急慢性炎症、呼吸道变态反应性疾病、胸膜疾病、呼吸道异物，先天畸形及肺部肿瘤等。其中急性呼吸道感染最为常见，约占儿科门诊的60%以上，北方地区则发病率更高。由于婴幼儿免疫功能尚不完全成熟，在住院患儿中，肺炎最多见，且仍是5岁以下儿童第一位的死亡原因。本章主要介绍小儿呼吸系统解剖生理特点，急性上、下呼吸道感染性疾病及支气管哮喘。

第一节 儿童呼吸系统解剖生理特点和检查方法

呼吸系统以环状软骨下缘为界分为上、下呼吸道。上呼吸道包括鼻、鼻窦、咽、咽鼓管、会厌及喉；下呼吸道包括气管、支气管、毛细支气管、呼吸性细支气管、肺泡管及肺泡。小儿呼吸系统的解剖生理特点与小儿时期易患呼吸道疾病密切相关。

（一）解剖特点

1. 上呼吸道 婴幼儿鼻腔相对狭窄，位置较低，无鼻毛，鼻黏膜柔嫩并富于血管，感染时黏膜肿胀，易造成堵塞，导致呼吸困难或张口呼吸。年幼儿鼻窦发育较差，上呼吸道感染时不容易发生鼻窦炎，上颌窦口较大，年长儿童急性鼻炎常累及上颌窦。鼻泪管短，开口接近于内眦部，且瓣膜发育不全，故鼻腔感染常易侵入结膜引起炎症。咽鼓管较宽，且直而短，呈水平位，故鼻咽炎时易致中耳炎。咽部较狭窄且垂直。扁桃体（腺样体）包括咽及腭扁桃体，前者6个月已发育，后者1岁末才逐渐增大，4~10岁发育达高峰，14~15岁则渐退化。严重的腺样体肥大是小儿阻塞性睡眠呼吸暂停综合征的重要原因。喉部呈漏斗形，喉腔较窄，声门狭小，软骨柔软，黏膜柔嫩而富有血管及淋巴组织，故轻微炎症即可引起声音嘶哑和呼吸困难。

2. 下呼吸道 婴幼儿的气管、支气管较成人短且较狭窄，黏膜柔嫩，血管丰富，软骨柔软，因缺乏弹力组织而支撑作用差，因黏液腺分泌不足而气道较干燥，因纤毛运动较差而清除能力差。故婴幼儿容易发生呼吸道感染，而一旦感染则易于发生充血、水肿，导致呼吸道阻塞。左主支气管细长，由气管向侧方伸出，而右主支气管短而粗，为气管直接延伸，故异物较易进入右主支气管。

肺泡数量较少，弹力纤维发育较差，血管丰富，间质发育旺盛，致肺含血量多而含气量少，易于感染。感染时易致黏液阻塞，引起间质炎症、肺气肿和肺不张等。

3. 胸廓 婴幼儿胸廓较短，前后径相对较长，呈桶状；肋骨呈水平位，膈肌位置较高，胸腔小而肺脏相对较大；呼吸肌发育差。因此，呼吸时，肺不能充分地扩张、通气和换气，易致缺氧和二氧化碳潴留而出现发绀。小儿纵隔体积相对较大，周围组织松软，在胸腔积液或气胸时易致纵隔移位。

（二）生理特点

1. 呼吸频率、节律及呼吸类型 小儿呼吸频率快，年龄越小，频率越快。新生儿40~44次/分，~1岁30次/分，~3岁24次/分，3~7岁22次/分，~14岁20次/分，~18岁16~18次。小儿呼吸中枢调节能力差，易出现节律不整，尤以早产儿、新生儿明显。婴幼儿呼吸肌发育不全，呈腹式呼吸。随年龄增长，膈肌和腹腔脏器下降，肋骨由水平位变为斜位，逐渐转化为胸腹式呼吸（混合式呼吸）。

2. 呼吸功能特点

（1）肺活量：小儿肺活量为50~70ml/kg。按单位体表面积计算，成人大于小儿3倍。呼吸功能储备较低，发生呼吸障碍时其代偿呼吸量最大不超过正常的2.5倍，而成人可达10倍，因此易发生呼吸衰竭。

（2）潮气量：年龄越小，潮气量越小；死腔/潮气量比大于成人。

（3）每分钟通气量和气体弥散量：前者按体表面积计算与成人相近；后者按单位肺容积计算与成人相近。

（4）气道阻力：由于气道管径细小，小儿气道阻力大于成人，气道管径随年龄逐渐增大，从而阻力随年龄而递减。

（三）呼吸道免疫特点

小儿呼吸道的非特异性和特异性免疫功能均较差，学龄儿童期接近成人。新生儿和婴幼儿咳嗽反射及纤毛运动功能差，难以有效清除吸入的尘埃和异物颗粒。肺泡吞噬细胞功能不足，婴幼儿辅助性T细胞功能暂时性低下，分泌型IgA、IgG，尤其是IgG_2亚类含量低微。此外，乳铁蛋白、溶菌酶、干扰素及补体等的数量和活性不足。上述特点是小儿易患呼吸道感染的原因。

（四）检查方法

1. 呼吸系统体格检查时的重要体征

（1）呼吸频率：呼吸困难的第一征象为呼吸频率增快。WHO儿童急性呼吸道感染防治规划特别强调呼吸增快是肺炎的主要表现，呼吸急促指：幼婴<2

月,呼吸≥60 次/分;2~12 个月,呼吸≥50 次/分;1~5 岁,呼吸≥40 次/分,>5 岁,呼吸 30 次/分。

(2) 发绀:肢端发绀为末梢性发绀,舌、黏膜的发绀为中心性发绀。中心性发绀较末梢性发绀发生晚,但更有意义。

(3) 吸气时胸廓软组织凹陷:上呼吸道梗阻或严重肺实变时,胸骨上、下,锁骨上窝及肋间隙软组织凹陷,称为"三凹征"。

(4) 听诊附加音:不固定的中、粗湿啰音常来自小支气管的分泌物;于吸气相,特别是深吸气末,听到固定不变的细湿啰音提示肺泡内存在分泌物,常见于各种肺炎;吸气喘鸣(inspiratory stridor)出现在吸气期,同时伴吸气延长,是上呼吸道梗阻的表现;呼气喘息(expiratory wheeze)出现在呼气期,同时伴呼气延长,是下呼吸道梗阻的表现;哮鸣音常于呼气相明显,提示细小支气管梗阻。

2. 血气分析 反映气体交换和血液的酸碱平衡状态,为诊断和治疗提供依据。小儿血气分析正常值见表 12-1。

当动脉血氧分压(PaO_2)<50mmHg(6.67kPa),动脉二氧化碳分压($PaCO_2$)>50mmHg(6.67kPa),动脉血氧饱和度(SaO_2)<85%时为呼吸衰竭。

表 12-1 小儿血液气体分析正常值

项目	新生儿	~2 岁	>2 岁
pH	7.35~7.45	7.35~7.45	7.35~7.45
PaO_2(kPa)	8~12	10.6~13.3	10.6~13.3
$PaCO_2$(kPa)	4.00~4.67	4.00~4.67	4.67~6.00
HCO_3^-(mmol/L)	20~22	20~22	22~24
BE(mmol/L)	-6~+2	-6~+2	-4~+2
SaO_2(%)	90~97	95~97	96~98

3. 肺脏影像学 胸部 X 线透视和摄片是最常用的检查。近年来 CT、高分辨 CT(HRCT)和数字化胸部 X 线摄片等技术使肺部疾病的诊断率大为提高。

4. 支气管镜检查 支气管镜有直镜和弯镜、纤维支气管镜和电子支气管镜之分。可在直视下观察气道的形态,钳取气管内异物,可进行支气管肺泡灌洗,了解肺泡灌洗液中细胞成分、形态和生物学特征,分析各种细胞因子和炎症介质。还可作活检或黏膜刷检,进行细胞和组织学检查。

第二节 急性上呼吸道感染

案例 12-1

患儿,男,5 岁,因"发热、流清鼻涕 2 日"来门诊就诊,不伴咳嗽。体查:精神好,结膜无充血,咽部充血,双侧咽扁桃体Ⅰ度增大,双肺呼吸音正常,心脏体征正常。

【思考题】

1. 流行性感冒与普通"感冒"如何鉴别?
2. 为鉴别病毒或细菌感染,常做哪些检查?

急性上呼吸道感染(acute upper respiratory infection,AURⅠ)系由各种病原体引起的上呼吸道炎症,简称上感,俗称"感冒",是小儿最常见的疾病。该病主要侵犯鼻、鼻咽和咽部,如上呼吸道某一局部炎症特别突出,即按该炎症处命名,如急性鼻炎、急性咽炎、急性扁桃体炎等。急性上呼吸道感染主要用于上呼吸道局部感染定位不确切者。

(一) 病因

各种病毒和细菌均可引起,但 90% 以上为病毒,主要有鼻病毒(RV)、呼吸道合胞病毒(RSV)、流感病毒(FluV)、副流感病毒(para FluV)、腺病毒(ADV)等。病毒感染后可继发细菌感染,最常见为溶血性链球菌,其次为肺炎链球菌、流感嗜血杆菌等,近年来肺炎支原体亦不少见。

(二) 临床表现

由于年龄大小、体质强弱及病变部位的不同,病情的缓急、轻重程度也不同。年长儿症状较轻,婴幼儿则较重。

1. 一般类型上感

(1) 症状:①局部症状包括鼻塞、流涕、喷嚏、干咳、咽部不适和咽痛等,多于 3~4 日内自然痊愈;②全身症状包括发热、烦躁不安、头痛、全身不适、乏力等。部分患儿有食欲缺乏、呕吐、腹泻、腹痛等消化道症状。腹痛多为脐周阵发性疼痛,无压痛,可能为肠痉挛所致。如腹痛持续存在,多为并发急性肠系膜淋巴结炎。

婴幼儿起病急,全身症状为主,局部症状较轻。多有发热,体温可高达 39~40℃,热程 2~3 天至 1 周左右,起病 1~2 日可因高热引起惊厥。年长儿以局部症状为主,全身症状较轻,可仅轻度发热。

(2) 体征:体检可见咽部充血,扁桃体肿大。有时可见下颌和颈部淋巴结肿大。肺部听诊一般正常。肠道病毒感染者可见不同形态的皮疹。

2. 流行性感冒 由流感病毒(包括 H1N1、H7N9)、副流感病毒引起。常有明显的流行病史,局部症状较轻,全身症状较重。常有高热、头痛、四肢肌肉酸痛等,病程较长。以学龄儿童发病多见。

3. 两种特殊类型上感

(1) 疱疹性咽峡炎(herpangina):由柯萨奇 A 组病毒所致,好发于夏秋季。起病急骤,临床表现为高热、咽痛、流涎、厌食、呕吐等。体检可发现咽部充血,在咽腭弓、软腭、悬雍垂的黏膜上可见数个至十数个

2~4mm大小灰白色的疱疹，周围有红晕，1~2日后破溃形成小溃疡，病程为1周左右。

（2）咽结合膜热（pharyngo-conjunctival fever）：以发热、咽炎、结膜炎为特征。由腺病毒3、7型所致，好发于春夏季，散发或发生小流行。临床表现为高热、咽痛、眼部刺痛，有时伴消化道症状。体检发现咽部充血明显，可见白色点块状分泌物，周边无红晕，易于剥离；一侧或双侧滤泡性眼结合膜炎，可伴球结合膜出血；颈及耳后淋巴结增大。病程1~2周。

（三）并发症

以婴幼儿多见，可引起中耳炎、鼻窦炎、咽后壁脓肿、扁桃体周围脓肿、颈淋巴结炎、喉炎、支气管炎及肺炎等。年长儿若患A组溶血性链球菌咽峡炎可引起急性肾小球肾炎和风湿热。

（四）实验室检查

病毒感染者白细胞计数正常或偏低，中性粒细胞减少，淋巴细胞计数相对增高。病毒分离和血清学检查可明确病原，近年来免疫荧光、免疫酶及分子生物学技术可做出早期诊断。

细菌感染者白细胞可增高，中性粒细胞增高，C-反应蛋白和降钙素原(PCT)增高。在使用抗菌药物前行咽拭子培养可发现致病菌。链球菌引起者于感染2~3周后抗链球菌溶血素O抗体(ASO)滴度可增高。

（五）诊断和鉴别诊断

根据临床表现一般不难诊断，但需与以下疾病鉴别。

1. 急性传染病早期 上感常为各种传染病的前驱症状，如麻疹、流行性脑脊髓膜炎、百日咳、猩红热等。鉴别时，传染病强调流行病史，另外如麻疹有较突出的卡他症状，并注意早期出现的口腔麻疹斑；流行性脑脊髓膜炎在早期应注意脑膜炎的症状和体征及出血性皮疹；百日咳有突出的刺激性咳嗽；猩红热有皮肤潮红等，并观察病情演变加以鉴别。

2. 急性阑尾炎 伴腹痛者应注意与急性阑尾炎鉴别。本病腹痛常先于发热，腹痛部位以右下腹为主，呈持续性，有固定压痛点、反跳痛及腹肌紧张、腰大肌试验阳性等体征，白细胞及中性粒细胞增高。

在排除上述疾病后，尚应对上呼吸道感染的病因进行鉴别：病毒性或细菌性感染，以便指导治疗。

（六）治疗

1. 一般治疗 病毒性上呼吸道感染多为自限性。主要为防止交叉感染及并发症，注意休息，保持良好的周围环境，多饮水和补充大量维生素C等。

2. 抗感染治疗

（1）抗病毒药物：病毒是大多数上呼吸道感染的病原菌，可试用利巴韦林，疗程3~5日。流行性感冒在病初可用奥司他韦治疗，疗程5日。

（2）抗生素：细菌性上呼吸道感染或病毒性上呼吸道感染继发细菌感染者可选用抗生素治疗，常选用青霉素类、头孢菌素类及大环内酯类抗生素。咽拭子培养阳性结果有助于指导抗菌治疗。若证实为链球菌感染，或既往有风湿热、肾炎病史者，青霉素疗程应为10~14日。

3. 对症治疗 高热可口服对乙酰氨基酚或布洛芬，亦可用冷敷、温湿敷或乙醇浴降温。发生高热惊厥者可予以镇静、止惊等处理。咽痛可含服咽喉片。中成药亦有较好的效果。

（七）预防

主要靠加强体格锻炼以增强抵抗力；提倡母乳喂养；防治佝偻病及营养不良；避免去人多拥挤的公共场所。

第三节 急性感染性喉炎

案例12-2

患儿，男，18个月，因“发热伴声嘶、犬吠样咳嗽1日，呼吸困难1小时”入院。

现病史：患儿于1日前受凉后出现发热，体温为38.5~39.5℃，伴声音嘶哑，咳嗽呈犬吠样，阵发性，有痰不易咳出。家长给予“阿莫西林、利巴韦林颗粒”及“小儿止咳糖浆”口服后疗效欠佳。1小时前，患儿突然出现呼吸困难，伴有哭闹不安，口周发绀，急来我院就诊。

体格检查：体温38.8℃，呼吸60次/分，脉搏150次/分，发育正常，神清，烦躁不安，哭声嘶哑，呼吸急促，鼻翼扇动。皮肤黏膜弹性可，浅表淋巴结未触及肿大。咽部充血，口周发绀，可见明显吸气三凹征，双肺可闻及喉传导音，心率150次/分，律齐，心音尚有力，未闻及病理性杂音，肝脾未触及。

【思考题】

1.“吸气三凹征”可见于哪些疾病？

2. 根据该病例特点，首先考虑什么疾病？

急性感染性喉炎（acute infectious laryngitis）是指喉部黏膜急性弥漫性炎症。以犬吠样咳嗽、声嘶、喉鸣、吸气性呼吸困难为主要临床特征。可发生于任何季节，常见于冬春季节。婴幼儿发病多见。

（一）病因和发病机制

急性感染性喉炎主要由病毒或细菌感染直接引起，常见的病毒为副流感病毒、流感病毒和腺病毒，常见的细菌为金黄色葡萄球菌、链球菌和肺炎链球菌。亦可并发于麻疹、百日咳和流感等急性传染病。

由于小儿喉部解剖特点，炎症时易充血、水肿而出现喉梗阻。吸气时，因为喉梗阻可产生很大的胸腔内负压，为克服这种负压，辅助呼吸肌均参与运动。

（二）临床表现

起病急、症状重。常见临床表现先有发热、犬吠样咳嗽、声嘶，后出现吸气性喉鸣和吸气三凹征。严重时可出现发绀、面色苍白、烦躁不安、心率加快。咽部充血，间接喉镜检查可见喉部、声带有不同程度的充血、水肿。一般白天症状轻，夜间入睡后加重，喉梗阻者若不及时抢救，可因吸气困难而窒息死亡。

按吸气性呼吸困难的轻重，将喉梗阻分为四度。Ⅰ度：患者仅于活动后出现吸气性喉鸣和呼吸困难，肺呼吸音及心率无改变；Ⅱ度：于安静时亦出现喉鸣和吸气性呼吸困难，肺部听诊可闻喉传导音或管状呼吸音，心率加快；Ⅲ度：除上述喉梗阻症状外，患儿因缺氧而出现烦躁不安，口唇及指趾发绀，双眼圆睁，惊恐万状，头面部出汗，肺部呼吸音明显降低，心率快，心音低钝；Ⅳ度：患儿渐显衰竭、昏睡状态，由于无力呼吸，三凹征可不明显，面色苍白发灰，肺部听诊呼吸音几乎消失，仅有气管传导音，心律不齐，心音钝、弱。

（三）诊断和鉴别诊断

根据急起犬吠样咳嗽、声嘶、喉鸣、吸气性呼吸困难等临床表现不难诊断。但应与下列疾病鉴别。

1. 白喉 咽喉部有不易拭去的白色假膜，可资鉴别。

2. 支气管异物 均为急性发病，以吸气性呼吸困难为突出表现。但支气管异物可有明确的异物吸入史，支气管镜和胸部CT有诊断价值。

另外，还应注意与喉痉挛、支气管内膜结核及肺炎鉴别。

（四）治疗

1. 一般治疗 保持呼吸道通畅，缺氧者予以吸氧，烦躁不安者宜用镇静剂，异丙嗪除镇静外还有减轻喉头水肿的作用；痰多者可止咳祛痰，必要时直接喉镜吸痰；不宜使用氯丙嗪和吗啡。

2. 控制感染 及时静脉输入足量抗生素，一般给予青霉素、大环内酯类或头孢菌素类等，严重者予两种以上抗生素。

3. 糖皮质激素 有抗炎和抑制变态反应等作用，能及时减轻喉头水肿，缓解喉梗阻。轻中度患者雾化吸入布地奈德悬液或雾化吸入肾上腺素均能明显减轻症状，或口服泼尼松；重症可静脉使用地塞米松。

4. 气管切开术 经上述处理仍有严重缺氧征象或有Ⅲ度以上喉梗阻者，应及时行气管切开术。

第四节 急性支气管炎

案例 12-3

患儿，男，2岁。因“咳嗽5日”来门诊就诊。患儿5日前出现流涕、咳嗽症状，不伴发热。咳嗽逐渐加重，白天明显。体查：一般情况可，咽部轻度充血，肺部听诊可闻少量吸气早中期痰鸣音和粗湿性啰音。心脏听诊正常。

【思考题】

1. 肺部听诊有哪些异常呼吸音？哪些与急性支气管炎有关？

2. 完善本病例诊断需要做哪些检查？

急性支气管炎（acute bronchitis）是儿童、特别是婴幼儿时期常见的呼吸道疾病。是一种指由各种致病原引起的支气管黏膜炎症，并因气管常同时受累，又称为急性气管支气管炎（acute tracheobronchitis），常继发于上呼吸道感染。

（一）病因

病原为各种病毒或细菌，或为混合感染。能引起上呼吸道感染的病原体都可引起支气管炎，而病毒为主要致病菌。常见病毒有呼吸道合胞病毒、流感病毒、副流感病毒、腺病毒、鼻病毒等，常见细菌有肺炎球菌、β溶血性链球菌A组、葡萄球菌等，肺炎支原体亦不少见。

免疫功能低下、特异性体质、营养障碍、佝偻病和支气管局部结构异常等均为本病的危险因素。

（二）临床表现

发病早期多为上呼吸道感染症状，之后以咳嗽为主要症状，开始为干咳，以后有痰。婴幼儿症状较重，常伴有发热、呕吐及腹泻等消化道症状。年长儿可诉头痛及胸痛。一般全身中毒症状不明显。体查双肺呼吸音粗糙，可有不固定散在的干啰音和粗中湿啰音，部分患者可闻及哮鸣音。咳嗽延续7~10日，有时持续2~3周。

婴幼儿期伴有喘息的支气管炎，如伴有湿疹或其他过敏史，可能是哮喘的早期表现。

1. 辅助检查 胸片显示正常，或肺纹理增粗。

2. 诊断和鉴别诊断 根据咳嗽、咳痰及肺部不固定粗湿性啰音或干性啰音，可诊断急性支气管炎。根据血常规、C-反应蛋白水平，以及特殊病原菌检查，可判断致病原。需与下列疾病鉴别。

（1）支气管肺炎：气促、肺部固定湿性啰音、胸片显示渗出性病灶等特征可与支气管炎鉴别。

（2）支气管哮喘：反复发作咳嗽、喘息的患儿，对吸入$β_2$受体激动剂敏感，应考虑支气管哮喘。

（3）支气管异物：支气管炎治疗效果不好，迁延不愈者，应反复追问可能的异物吸入病史，并行肺部CT检查或支气管镜检查。

3. 治疗

（1）一般治疗：经常变换体位，多饮水，使呼吸道分泌物易于咳出。

（2）控制感染：由于病原体多为病毒，一般不采用抗生素。怀疑有细菌感染者则可用青霉素类或头孢类，如系支原体感染，则应使用大环内酯类抗生素。

（3）对症治疗：一般不宜使用镇咳剂，以免抑制咳嗽反射，影响痰液排出。①化痰止咳：如氨溴素、愈创木酚甘油醚、N-乙酰半胱氨酸及一些中药制剂如复方甘草合剂等；痰液黏稠者可用10%氯化铵；高渗盐水雾化吸入有助于排痰；②止喘：对喘憋患者，可雾化吸入β_2受体激动剂或用氨茶碱口服或静脉给药。喘息严重者可短期使用糖皮质激素，如口服泼尼松3~5日；③抗过敏：使用抗过敏药物如富马酸酮替芬、马来酸氯苯吡胺和盐酸异丙嗪等。

第五节 毛细支气管炎

案例 12-4

患儿，男，5个月，因"发热2日，咳嗽伴喘憋1日"入院。患儿2日前因受凉后发热，最高体温38.5℃，在家给予退热药口服，体温短暂下降后有复升。1日前患儿出现咳嗽，有痰不易咳出，咳嗽剧烈时伴呕吐和口唇发绀。在家予"利巴韦林颗粒"及"小儿止咳糖浆"口服后疗效欠佳。咳嗽较前加重伴阵发性喘憋，烦躁不安，呼吸加快，遂来我院就诊。发病以来，食欲较前减退，大便小便减少。出生及生长发育史正常，无哮喘等过敏性家族史。

体格检查：体温38℃，呼吸68次/分，脉搏180次/分，体重7kg，身高58cm，头围42cm，发育正常。神清，烦躁不安，面色苍白，皮肤黏膜弹性可。呼吸急促，可见鼻翼扇动，口周轻度发绀，可见三凹征，咽红充血，双肺听诊吸气相延长，可闻及大量喘鸣音和少量粗啰音，心率180次/分，律齐，心音低钝，未闻及病理性杂音，腹部平软，肝肋下约2.5cm，边缘稍钝，质软，脾未触及，神经系统检查未见明显异常。

【思考题】

1. 呼气相喘鸣音常见于哪些疾病？

2. 归纳该病例特点并列出初步诊断及诊断依据。

毛细支气血管炎（bronchiolitis）是2岁以下婴幼儿特有的下呼吸道感染性疾病，以气促、三凹征和喘憋为主要临床特点。临床上较难发现未累及肺泡与肺泡间壁的纯粹毛细支气管炎，故国内认为是一种特殊类型的肺炎，有人称之为喘憋性肺炎。

（一）病因及流行病学

呼吸道合胞病毒（RSV）是主要病原菌，副流感病毒、某些腺病毒及肺炎支原体也可引起本病。最近发现人类偏肺病毒（human meta-pneumovirus，hMPV）也是引起毛细支气管炎的病原体。

RSV通过呼吸道分泌物传播，感染者是传染源，RSV可在儿童中广泛传播。毛细支气管炎仅见于2岁以下婴幼儿，发病高峰年龄在2~6个月。高危人群为早产儿、先天性心脏病及慢性肺疾病患儿。我国北方多见于冬季和初春，广东、广西多见于春夏或夏秋。

（二）病理变化及发病机制

病变主要侵犯直径70~300μm的毛细支气管，病理显示上皮细胞坏死和周围淋巴细胞浸润，黏液分泌增加，细胞破坏物及纤维素堵塞造成毛细支气管腔狭窄。炎症常同时波及肺泡、肺泡壁及肺间质。所以，毛细支气管炎可以出现通气和换气功能障碍。

毛细支气管炎的发病与免疫有关，细胞免疫功能失衡及细胞因子、IgE抗体的参与是主要因素。目前认为具有过敏体质（atopy）者，发生RSV或其他病毒感染时，更易于引起毛细支气管炎。

（三）临床表现

婴幼儿常在上感后2~3日出现持续性干咳和发作性喘憋。咳喘同时发生为本病特点。全身中毒症状一般较轻，可无热、低热、中度发热，少见高热。严重发作者，面色苍白、烦躁不安、口周和口唇发绀。体检发现呼吸浅而快，60~80次/分，甚至100次/分，伴鼻翼扇动和三凹征，双肺叩诊可呈过清音，听诊主要为哮鸣音，呼气相延长。呼吸困难可呈阵发性，间歇期呼气性喘鸣消失。在喘憋发作时往往听不到湿性啰音，当喘憋稍缓解，可有弥漫性细湿性啰音。同时，心率加快，可达150~200次/分，严重者出现心力衰竭。肝脾可由于肺气肿而推向肋缘下，因此可触及肝和脾。由于喘憋，PaO_2降低，$PaCO_2$升高，SaO_2降低而致呼吸衰竭。本病高峰期在呼吸困难发生后的48~72小时，病程一般为1~2周。

（四）辅助检查

1. 实验室检查 白细胞总数及分类大多在正常范围内。病情严重者血气分析多有代谢性酸中毒和呼吸性酸中毒。采集鼻咽拭子或分泌物，使用免疫荧光技术、免疫酶技术及分子生物学技术可明确病原。

2. X线胸部检查 常见肺纹理增粗，可见不同程度肺气肿或肺不张，部分患者有散在小实变。

（五）诊断与鉴别诊断

根据本病发生在小婴儿，具有典型的喘憋及喘鸣音，一般诊断不难，但须与以下疾病鉴别。

1. 儿童哮喘 婴儿的第一次感染性喘息发作，即为毛细支气管炎。若存在特发性皮炎等过敏体质，或有哮喘、过敏性鼻炎的家族史，应注意有发展成儿童哮喘的可能，若3次以上，则应考虑为儿童哮喘。

2. 粟粒型肺结核 有时呈发作性喘憋，但一般听不到啰音。可有结核中毒症状，结核菌素试验阳性，结合X线改变可以鉴别。

3. 其他疾病 如百日咳、充血性心力衰竭、喘息性支气管炎、心内膜弹力纤维增生症和异物吸入等均可发生喘息，应结合病史和体征及必要的检查作出鉴别。

（六）治疗

毛细支气管炎目前无特效治疗方法。轻症患者可在家治疗，注意观察；中重度患者的治疗主要为氧疗、控制喘憋、病原治疗及免疫疗法。

1. 氧疗 本病患儿因小气道梗阻及通气血流比例失调容易发生低氧血症，应密切观察及时发现。根据病情需要可采用不同方式吸氧，如鼻前庭导管给氧、面罩或氧气帐等，呼吸衰竭时及时正压通气。

2. 控制喘憋 中重症患儿可用沙丁胺醇压缩雾化吸入，在早期治疗效果较好。吸入型糖皮质激素（布地奈德）减轻气道炎症作用肯定。严重的喘憋发作或其他治疗不能控制者，琥珀酸氢化可的松5～10mg/(kg·d)或甲泼尼龙1～2mg/(kg·d)，数小时内静脉滴入。

3. 抗病原体药物治疗 如系病毒感染所致，可用三氮唑核苷静脉滴注或雾化吸入，但仍存在争议；亦可试用α-干扰素肌内注射，但其疗效均不肯定。怀疑支原体感染者可应用大环内酯类抗生素，有细菌感染者应用适当的抗生素。

4. 抗RSV单克隆抗体预防 抗RSV单克隆抗体(palivizumab)是被批准的用于预防RSV感染所引起的重型病例，适用于高危婴儿（早产儿、支气管肺发育不良、先天性心脏病、免疫缺陷病）和毛细支气管炎后反复喘息发作者。但容易导致RSV发生基因突变，而对该单克隆抗体产生抗药性。

5. 其他 保证液体摄入量、纠正酸中毒，并及时发现和处理呼吸衰竭及其他生命体征危象。

第六节 支气管肺炎

肺炎(pneumonia)是指不同病原体或其他因素所引起的肺部炎症。主要临床表现为发热、咳嗽、气促、呼吸困难和肺部固定湿性啰音。肺炎为婴儿时期重要的常见病，是我国住院小儿死亡的第一位原因，已经被我国卫生部列为儿科重点防治的四大疾病之一。

一、肺炎的分类

肺炎分类见表12-2，临床上无统一的分类方法。若病原体明确，则按病因分类，以利指导治疗，否则按病理等分类。

表12-2 肺炎分类

病理	分为支气管肺炎(小叶肺炎)、大叶肺炎、间质性肺炎
病因	感染性肺炎：病毒性肺炎、细菌性肺炎、真菌性肺炎、肺炎支原体肺炎等；非感染引起的肺炎：吸入性肺炎、坠积性肺炎、过敏性肺炎等
病程	病程<1个月者为急性；1～3个月者为迁延性；>3个月者为慢性
病情	轻症肺炎：以呼吸系统症状为主，无全身中毒症状 重症肺炎：有呼吸衰竭，或呼吸系统以外的其他系统受累，且全身中毒症状明显
临床表现	典型肺炎：系肺炎球菌、流感嗜血感杆菌、金黄色葡萄球菌、革兰阴性杆菌等引起 非典型肺炎：系由肺炎支原体、衣原体、军团菌、病毒等引起
感染地点	社区获得性肺炎(CAP)：指无明显免疫抑制的患儿在医院外或住院48小时内发生的感染性肺炎 院内获得性肺炎(HAP)：指住院48小时后发生的感染性肺炎，亦称医院内肺炎。

二、支气管肺炎

案例12-5

患儿，女，4岁。因“发热、咳嗽7日、气促3日”入院。体查：T 38.5℃，P 130次/分，R 60次/分，Wt 9kg。精神差，气促，鼻翼扇动，面色较苍白。咽部充血明显，三凹征阳性，双肺可闻及较多哮鸣音及中、小湿性啰音。心率130次/分，心律齐，心音可，未闻杂音。肝脾肋下未扪及。

【思考题】

1. 请列出该患儿呼吸困难的表现。

2. 为了明确诊断请列举必要的辅助检查及其临床意义。

支气管肺炎(bronchopneumonia)主要累及支气

管壁和肺泡。是小儿时期最常见的肺炎，2 岁以内儿童多发。一年四季均可发病，多发生于冬春寒冷季节及气候骤变时。此外有营养不良、维生素 D 缺乏性佝偻病、先天性心脏病等并存症及低出生体重儿、免疫缺陷者均易发生本病。

（一）病因

导致小儿肺炎的细菌以肺炎链球菌最为多见，金黄色葡萄球菌、流感嗜血杆菌、B 型流感杆菌、A 组或 B 组链球菌、大肠杆菌或副大肠杆菌亦较常见。不同年龄段小儿引起细菌性肺炎的致病菌可以不同，譬如在新生儿和婴幼儿中金黄色葡萄球菌肺炎发病率较高，婴幼儿社区获得性肺炎革兰阴性杆菌肺炎有增多趋势。

病毒感染在婴幼儿时期占有重要地位，是引起婴幼儿肺炎最常见的病原，尤其在婴幼儿社区获得性肺炎的起始阶段，一般随年龄的增长病毒感染的概率下降。除了常见的呼吸道合胞病毒、流感病毒、副流感病毒、腺病毒、鼻病毒、麻疹病毒、腮腺炎病毒、巨细胞病毒、EB 病毒、单纯疱疹病毒、水痘带状疱疹病毒及肠道病毒以外，临床出现一些新发现病毒、变异病毒造成社区获得性肺炎的可能，如人类偏肺病毒、冠状病毒、人禽流感病毒等。目前这些新发现病毒在我国的感染和流行情况及临床特征还不清楚，因此，早期做出病原学诊断、了解其在各地区的流行情况、及时诊治至关重要。

单纯性病毒感染可占小儿社区获得性肺炎病原的 14% ~ 35%，儿童社区获得性肺炎混合感染率为 8% ~ 40%，年龄越小，混合感染的概率越高。其中，细菌和病毒的混合感染占 3% ~ 30%，在临床应予以注意。

（二）病理

肺炎的病理变化以肺组织充血、水肿、炎性细胞浸润为主。肺泡内充满渗出物，经肺泡壁通道（kohn 孔）向周围组织蔓延，呈点片状炎症灶。若病变融合成片，可累及多个肺小叶或更广泛。当小支气管、毛细支气管发生炎症时，可导致管腔部分或完全阻塞引起肺气肿或肺不张。不同的病原造成的肺炎病理改变亦有不同：细菌性肺炎以肺实质受累为主；而病毒性肺炎则以间质受累为主，亦可累及肺泡。临床上支气管肺炎与间质性肺炎常同时并存。3 岁以下的婴幼儿呼吸道感染，常引起支气管肺炎，年长儿由于机体抵抗力逐渐加强，可能使病变局限在一个肺叶或者一个节段，因此临床上多见大叶性肺炎。

（三）病理生理

主要变化是由于支气管、肺泡炎症引起通气和换气障碍，导致缺氧和二氧化碳潴留，从而造成一系列病理生理改变（图 12-1）。

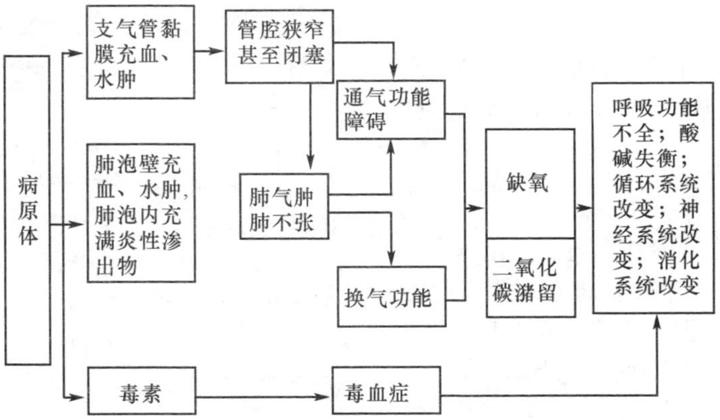

图 12-1 支气管肺炎的病理生理

1. 呼吸功能障碍 支气管由于黏膜炎症水肿导致支气管腔变窄 肺泡壁因充血水肿而增厚，肺泡腔内充满炎症分泌物，均影响通气与换气功能。由于通气和换气障碍，氧进入肺泡及氧自肺泡弥散至血液均发生障碍，血液含氧量下降，动脉血氧分压（PaO_2）和动脉血氧饱和度（SaO_2）均降低，致低氧血症。肺炎的早期，通常仅有缺氧，无明显二氧化碳潴留，炎症加重往往出现低氧血症和高碳酸血症。为代偿缺氧，呼吸和心率增快以增加每分钟通气量和改善通气血流比。随着病情的进展，换气功能严重障碍，在缺氧的基础上出现二氧化碳潴留，此时 PaO_2 和 SaO_2 下降，$PaCO_2$ 升高，当 $PaO_2<60mmHg$，$PaCO_2>50\ mmHg$，$SaO_2<85\%$ 时即为呼吸衰竭（Ⅱ型）。为增加呼吸做功，以吸进更多的氧，呼吸辅助肌也参加活动增加呼吸幅度，呼吸做功增加主要表现为鼻翼扇动和吸气三凹征。点头呼吸、呻吟、吸气性喘息和呼气时间延长是呼吸做功明显增加的体征。呻吟是由于不成熟的会厌关闭时伴有呼气末横膈收缩所致，可增加气道压力从而维持或增加功能残气量，出现呻吟说明患儿肺泡萎陷和肺容量不足，常见于肺水肿、肺不张或肺炎。

2. 循环系统 常见心肌炎、心力衰竭及微循环障碍。病原体和毒素侵袭心肌，引起心肌炎；缺氧使肺小动脉反射性收缩，肺动脉压力增高，使右心负荷增加。肺动脉高压和中毒性心肌炎是诱发心功能衰竭的主要原因。重症患儿常并发内毒素血症，出现微循环障碍、休克甚至弥散性血管内凝血。

3. 酸碱平衡失调及电解质紊乱 严重缺氧时，体内需氧代谢发生障碍，无氧酵解增加，酸性代谢产物增加，加上高热、进食少、脂肪分解等因素，常引起代谢性酸中毒，乳酸增高和高钾血症。同时由于二氧化碳排出受阻，可产生呼吸性酸中毒，因此，严重者存在不同程度的混合性酸中毒。缺氧、二氧化碳潴留和炎症介质增加导致肾小动脉痉挛而引起水钠潴留和肾功能不全，且重症肺炎缺氧时常有抗利尿激素（ADH）分泌增加，加上缺氧使细胞膜通透性改变、钠泵功能失调，使 Na^+ 进入细胞内，造成稀释性低钠血症。

4. 神经系统 严重肺炎缺氧和二氧化碳潴留使血与脑脊液 pH 降低，高碳酸血症使脑血管扩张、血流减慢、血管通透性增加，致使脑水肿、颅内压增加。严重缺氧使脑细胞无氧代谢增加，造成乳酸堆积、ATP 生成减少和 Na^+-K^+ 离子泵转运功能障碍，引起脑细胞内钠、水潴留，形成脑水肿。病原体毒素作用亦可引起脑水肿。

5. 消化系统 低氧血症和病原体毒素可使胃肠黏膜糜烂、出血、上皮细胞坏死脱落，导致黏膜屏障功能破坏，使胃肠功能紊乱，出现腹泻、呕吐，甚至发生中毒性肠麻痹及毛细血管通透性增高，可致消化道出血。

综上所述，重症肺炎除了累及呼吸功能外还会引起其他器官功能障碍，如循环、神经、消化、血液及内环境。

（四）临床表现

小儿肺炎起病多急骤，年龄越小病情变化越快，临床表现越不典型。小儿肺炎主要临床表现为发热、咳嗽、气促、肺部固定的中、小湿性啰音。重症肺炎由于严重的缺氧、二氧化碳潴留及毒血症，除累及呼吸系统外，还可发生循环、神经、消化和血液系统功能障碍。

1. 主要症状 ①咳嗽：病毒性和细菌性肺炎起初的症状表现往往为急性上呼吸道感染，如流涕和咳嗽。在早期为刺激性干咳，极期咳嗽反而减轻，恢复期咳嗽有痰，新生儿表现为口吐泡沫。年长儿可有寒战、咯血锈色痰或黄脓痰；②发热：热型不定，多为不规则发热，弛张热或稽留热。值得注意的是新生儿、重度营养不良患儿体温可不升或低于正常。在病毒性肺炎，发热是典型的表现，但体温通常低于细菌性肺炎；③气促：肺炎较常见的临床表现是呼吸急促。多在发热、咳嗽后出现气促、呼吸困难等表现；④患儿轻度缺氧时表现为烦躁及嗜睡，发生脑水肿时出现烦躁或嗜睡、意识障碍、惊厥、前囟隆起、球结膜水肿、瞳孔对光发射迟钝或消失，呼吸节律不齐甚至呼吸停止；⑤重症患儿累及消化系统可表现为食欲减退、呕吐和腹泻，发生中毒性肠麻痹时表现为严重腹胀、膈肌升高，加重了呼吸困难。听诊肠鸣音消失，重症患儿还可呕吐咖啡样物，大便潜血阳性或柏油样便；⑥全身症状：发生 DIC 时，可表现为血压下降、四肢凉、脉速而弱，皮肤、黏膜及胃肠道出血；⑦抗利尿激素异常分泌综合征（syndrome of inappropriate secretion of antidiuretic hormone，SIADH）：表现为全身性水肿，可凹陷性，血钠 ≤130mmol/L，血渗透压 <270mOsm/L，尿钠 ≥20mmol/L。血清抗利尿激素（ADH）分泌增加。若 ADH 不升高，可能为稀释性低钠血症。

2. 体征 ①呼吸增快：40～80 次/分，并可见鼻翼扇动和三凹征。②发绀：口周、鼻唇沟和指趾端发绀，轻症患儿可无发绀。③肺部啰音：肺部啰音取决于所处的肺炎阶段。早期病程中，可有满肺的呼吸音减弱，散在的喘鸣音、干啰音，以后可闻及较固定的中、小湿性啰音，以背部两侧下方及脊柱两旁较多，于深吸气末更为明显。随着肺炎的进展可能会出现一系列并发症，如胸腔积液、积脓或脓气胸，叩诊浊音及呼吸音减弱，出现实变体征（语颤增强，叩诊浊音，呼吸音减弱或有管状呼吸音）。④有气道阻塞或肺部疾病的患儿可表现为鼻扇和吸气三凹征。点头呼吸、呻吟、吸气性喘息和呼气时间延长是呼吸做功明显增加的体征。肺泡萎陷和肺容量不足患儿可出现呻吟，常见于肺水肿、肺不张或肺炎时，气管偏移通常出现在患侧。⑤心率增快：重症肺炎患儿可发生心肌炎，表现为面色苍白、心音低钝、严重者可闻奔马律。心力衰竭表现为心率增快、呼吸增快、呼吸困难、烦躁不安、面色苍灰、微循环障碍和肝增大，尿少或无尿。⑥腹胀：腹胀可能是因为吞下空气后胃扩张或肠梗阻。腹部疼痛常见在低位性肺炎。⑦其他肺外体征：在没有合并脑膜炎的情况下，颈强直也可能是突出的表现，尤其在右上叶炎症的患者中。

（五）并发症

早期合理治疗者并发症少见，若延误诊断或病原体致病力强者可引起并发症，特殊病原体也是出现并发症的原因之一，如金黄色葡萄球菌易引起脓胸、脓气胸、肺大泡等。在治疗过程中，中毒症状或呼吸困难突然加重，体温持续不退或退而复升，应考虑有并发症可能。

1. 脓胸（empyema） 常由金黄色葡萄球菌引起，革兰阴性杆菌次之。临床表现为：常表现为高热不退，呼吸困难加重；常累及单侧胸膜，患侧呼吸运动受限，语颤减弱，叩诊呈浊音，听诊呼吸音减弱，其上方有时可听到管状呼吸音。当积脓较多时，患侧肋间隙饱满，纵隔和气管向健侧移位。胸部 X 线（立位）示患侧肋膈角变钝，或呈反抛物线阴影。胸腔穿刺可抽出脓汁（图 12-2）。

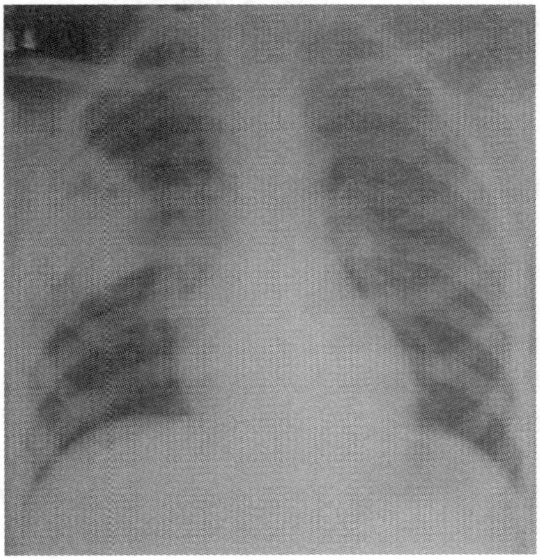

图 12-2 肺脓肿胸片
右肺脓肿可见气液平面

2. 脓气胸（pyopneumothorax） 肺脏边缘的脓肿破裂与肺泡或小支气管相通即造成脓气胸。表现为突然出现呼吸困难加剧、剧烈咳嗽、烦躁不安、面色发绀。胸部叩诊积液上方呈鼓音，听诊呼吸音减弱或消失。若支气管破裂处形成活瓣，气体只进不出，形成张力性气胸，可危及生命，必须积极抢救。立位 X 线检查可见液气面。

3. 肺大泡（pneumatocele） 多由金黄色葡萄球菌感染引起，由于细支气管因炎性肿胀狭窄，形成活瓣样部分阻塞，气体进的多，出的少或只进不出，肺泡扩大，破裂而形成肺大泡，可一个亦可多个。体积小者无症状，体积大者可引起呼吸困难。此外还可引起肺脓肿/化脓性心包炎、败血症等。

（六）辅助检查

1. 外周血检查

（1）白细胞检查：细菌性肺炎白细胞升高，中性粒细胞增多，并有核左移现象，胞质可有中毒颗粒。病毒性肺炎的白细胞大多正常或偏低，亦有少数升高者，时有淋巴细胞增高或出现变异淋巴细胞。

（2）C-反应蛋白（CRP）：细菌感染时血清 CRP 浓度上升，而非细菌感染时则上升不明显。

（3）降钙素原（PCT）：全身性细菌、真菌和寄生虫感染时，PCT 水平异常增高，增高的程度与感染的严重程度及预后相关。无菌性炎症和病毒感染时 PCT 正常或轻度增高。

2. 病原学检查

（1）细菌培养和涂片：采取气管吸取物、肺泡灌洗液、胸水、脓液和血标本作细菌培养和鉴定，同时进行药物敏感试验是明确细菌性致病菌最标准的方法。亦可作涂片染色镜检，进行初筛试验。

（2）其他检查：已用于临床的有对流免疫电泳法测定肺炎球菌多糖抗原和葡萄球菌磷壁酸抗体（滴度≥1∶4 为阳性，特异性高，准确率为 94.6%）。试管凝集试验对军团菌的诊断为目前首选的简易方法，双份血清抗体滴度 4 倍以上升高或单份血清抗体滴度≥1∶320 为阳性。鲎珠溶解物试验可检测革兰阴性菌内毒素。

（3）病毒学检查。① 病毒分离和血清学试验：取气管吸取物、肺泡灌洗液接种于敏感的细胞株，进行病毒分离是诊断病毒性病原体的金标准。于急性期和恢复期（14 日后）采取双份血清测定特异性 IgG 抗体水平，若抗体升高≥4 倍为阳性。②快速诊断：检测抗原，采取咽拭子、鼻咽分泌物、气管吸取物或肺泡灌洗液涂片，或快速培养后使用病毒特异性抗体（包括单克隆抗体）免疫荧光技术、免疫酶法或放射免疫法可发现特异性病毒抗原。检测抗体，血清中 IgM 特异性病毒抗体出现较早（最早 2~4 日即可出现），消失较快，若病毒特异性 IgM 抗体阳性说明是新近感染。分直接 ELISA-IgM 和 IgM 抗体捕获试验（MCA-IgM）。

（4）其他病原学检查

1）肺炎支原体（MP）：①冷凝集试验≥1∶64 有很大参考价值，该试验为非特异性，可作为过筛试验。②特异性诊断：包括 MP 分离培养或特异性 IgM 和 IgG 抗体测定。

2）衣原体：衣原体分为沙眼衣原体（CT）、肺炎衣原体（CP）和鹦鹉热衣原体。细胞培养用于诊断 CT 和 CP。直接免疫荧光或姬姆萨染色法可检查 CT。

3）真菌：真菌镜检是最简单也是很有价值的实验室诊断方法。但是阳性率较低；真菌培养是临床检查中的重要环节，培养出致病真菌是进一步鉴定菌种的前提条件；血清学方法检测血液循环中的抗原，常用的有下述 2 种：①β-D-1,3 葡聚糖（BDG）：是许多真菌细胞壁的主要成分，在循环血液中测得时则提示侵袭性真菌感染；②半乳甘露聚糖（GM）：可用于侵袭性曲霉病的临床诊断。由于 GM 量的多少与组织中真菌含量密切相关，因此检测 GM 还可以提示疾病的预后。

3. 胸部影像学检查 胸部 X 线或 CT 检查：细菌性肺炎可表现为肺叶或肺段实变、不规则浸润影、空洞和胸腔积液。葡萄球菌肺炎可引起肺组织坏死、肺气囊、肺脓肿和脓胸。革兰阴性杆菌肺炎常呈下叶支气管肺炎型，易形成多发性小脓腔。炎性浸润阴影的特点与病原菌有关。支原体肺炎肺门阴影增重较明显。病毒性肺炎多表现为间质病变。

4. 纤维支气管镜 经纤维支气管镜可以收集呼吸道分泌物做病原体涂片检查和培养，有助于诊断。同时，经纤维支气管镜可检查气道病变和发现气道畸形。

5. 其他检查 根据患者病情，需行血气分析，心电图，肝、肾功能，心肌酶谱，血清电解质等相关检查。

(七)诊断和鉴别诊断

1. 诊断 支气管肺炎的诊断通常依据有发热、咳嗽、气促等症状,肺部听到固定的中、细湿啰音或X线有肺炎的改变均可明确。

确诊肺炎后须根据肺部病灶范围、有无呼吸衰竭以及是否并发呼吸系统以外系统受累等情况,判断病情轻重,以指导治疗。病原体诊断是肺炎诊断的一个重要环节;但临床获取病原体证据往往比较困难,而且需要较长时间。但根据实验室相关检查和胸部影像学检查,以及不同年龄病原体特点,可进行经验性治疗(表12-3)。

表12-3 不同年龄段的常见病原体

年龄组	常见病原体
新生儿(<1个月)	细菌:大肠埃希杆菌、B族链球菌、其他革兰阴性杆菌、肺炎链球菌、流感嗜血杆菌 病毒:单纯疱疹病毒、巨细胞病毒
1~3个月	细菌:肺炎链球菌、大肠埃希杆菌、沙眼衣原体 病毒:呼吸道合胞病毒,副流感病毒1、2、3,流感病毒,腺病毒
4个月~5岁	细菌:肺炎链球菌、流感嗜血杆菌(b型) 肺炎支原体 肺炎衣原体 病毒:呼吸道合胞体病毒、其他呼吸道病毒(副流感病毒、流感病毒、腺病毒)
5岁~青少年	细菌:肺炎链球菌 肺炎支原体 肺炎衣原体

2. 鉴别诊断

(1)急性支气管炎:一般不发热或低热,全身状况好,以咳嗽为主要症状,肺部可闻及干、湿啰音,多不固定,随咳嗽而改变。X线示肺纹理增多、排列紊乱。若鉴别困难,呼吸困难,重症支气管炎不易鉴别,按肺炎处理。

(2)支气管异物:有异物吸入史,突然出现呛咳,可有肺不张和肺气肿,可鉴别。但有的病程迁延,有继发感染则类似肺炎或合并肺炎,需注意鉴别,完善胸部X线或胸部CT协助,必要时完善支气管镜协诊。

(3)肺结核:一般有结核接触史,结核中毒症状,肺部啰音不明显,结核菌素试验阳性,X线示肺部有结核病灶可鉴别。

(八)治疗

采用综合治疗,原则为控制炎症、改善通气功能、对症治疗、预防和治疗并发症。

1. 一般治疗及护理 室内空气要流通清晰,温度18~20℃,湿度60%为宜。保持呼吸道通畅,及时清理呼吸道分泌物,给予营养丰富的饮食,重症患儿进食困难者,可给予肠道外营养,加强营养,饮食富含蛋白质和维生素。经常变换体位,以减少肺部淤血,促进炎症吸收。注意隔离,以防交叉感染。

2. 抗感染治疗

(1)抗生素治疗:明确为细菌感染或病毒感染继发细菌感染者应使用抗生素。

原则:安全与有效是选择抗生素首要原则。临床应遵循以下原则:①在使用抗菌药物前应采集咽拭子、鼻咽分泌物或下呼吸道吸取物进行细菌培养和药物敏感试验,以便指导治疗。在未获培养结果前,可根据经验选择敏感的药物;经验选择抗生素应考虑能覆盖最常见的病原体。②选用的药物在肺组织中应有较高的浓度。③重症肺炎患儿宜静脉联合用药。④选择渗入下呼吸道浓度高的药物。⑤足量足疗程。

根据不同病原选择抗生素。①肺炎链球菌:青霉素敏感者首选青霉素或阿莫西林(羟氨苄青霉素);青霉素低度耐药者仍可首选青霉素,但剂量要加大,青霉素过敏者选用红霉素类;耐青霉素肺炎链球菌首选头孢曲松、头孢噻肟、万古霉素。②金黄色葡萄球菌:甲氧西林敏感者首选苯唑西林钠或氯唑西林钠,耐药者选用万古霉素或联用利福平。③流感嗜血杆菌:首选阿莫西林加克拉维酸(或加舒巴坦);备选第2~3代头孢菌素或新一代大环内酯类。④肠杆菌科细菌(大肠杆菌、肺炎克雷白杆菌、变形杆菌等):不产生超广谱β内酰胺酶菌首选头孢他啶、头孢哌酮、替卡西林/克拉维酸、哌拉西林/三唑巴坦等,产ESBLs菌首选亚胺培南、美罗培南、帕尼培南。产AmpC酶者可首选头孢吡肟。⑤肺炎支原体和衣原体:首选大环内酯类抗生素如红霉素、罗红霉素及阿奇霉素。<6个月患儿阿奇霉素的安全性和疗效未确定,须慎用;由于阿奇霉素严重的胃肠道反应和静脉制剂可能引起严重过敏反应,其在小儿的应用应注意控制。

用药时间:一般应持续至体温正常后5~7日,症状、体征消失后3日停药。支原体肺炎至少使用抗菌药物2~3周。葡萄球菌肺炎在体温正常后2~3周可停药,一般总疗程≥6周。通常,社区获得性细菌性肺炎患者在抗生素治疗48~96小时后临床症状(发热、咳嗽、呼吸急促、胸痛)改善。影像学的好转大大落后于临床的改善。

当患者使用抗生素治疗效果欠佳时,许多因素必须被考虑:①出现并发症,如脓胸;②细菌耐药;③非细菌性的病因如病毒、吸入异物或食品过敏;④支气管阻塞、支气管异物,或黏液栓形成;⑤存在难治性基础疾病,如免疫功能缺损、纤毛运动障碍、囊性纤维化、肺隔离症,或囊肿性腺瘤样畸形;⑥其他非传染性的原因(包括闭塞性细支气管炎、过敏性肺炎、嗜酸性肺炎、韦格纳肉芽肿病等)。

(2)抗病毒治疗:①三氮唑核苷(病毒唑),可滴鼻、雾化吸入、肌内注射和静脉滴注,肌内注射和静脉滴注的剂量为10mg/(kg·d),可抑制呼吸道合胞病毒病毒及腺病毒;②α-干扰素(interferon-α,IFN-α)分为人白细胞α-干扰素和基因工程α-干扰素,常用基因工程α-干扰素肌内注射,3~5日为一疗程,亦可雾化吸入。

3. 对症治疗

(1)氧疗:有缺氧表现,如烦躁、口周发绀/喘憋、面色苍灰时需吸氧,多用鼻前庭导管给氧,经湿化的氧气的流量为0.5~1L/min,氧浓度不超过40%。新生儿或婴幼儿可用面罩、头罩、鼻塞给氧,面罩给氧流量为2~4L/min,氧浓度为50%~60%,若无法改善缺氧,使用nCPAP或气管插管呼吸机辅助呼吸。

(2)气道管理:及时清除鼻痂、鼻腔分泌物和吸痰,以保持呼吸道通畅,改善通气功能。气道的湿化非常重要,有利于痰液的排出。雾化吸入有助于解除支气管痉挛和水肿。分泌物堆积于下呼吸道,经湿化和雾化仍不能排除,使呼吸衰竭加重时,应行气管插管以利于清除痰液。

(3)其他:高热患儿可用物理降温,如35%乙醇擦浴,冷敷,冰袋放在腋窝、腹股沟及头部;口服对乙酰氨基酚或布洛芬等。若伴烦躁不安可给予氯丙嗪、异丙嗪各0.5~1.0mg/(kg·次)肌内注射,或苯巴比妥5mg/kg一次肌内注射。

4. 纠正水、酸碱和电解质紊乱 应注意水和电解质的补充,纠正酸中毒和电解质紊乱,适当的液体补充还有助于气道的湿化。当血钠<120mmol/L,且有明显低血钠症症状时(SIADH),按3%氯化钠12ml/kg计算,可提高血钠10mmol/L,先给予1/2量于2~4小时由静脉滴注,必要时4小时后可重复一次。如果低钠血症是急性的,这些患者随后发生脱髓鞘病变的可能性不大;但如果慢性低钠血症患者应限制纠正速度和血钠上升幅度(<1mmol/L·h)。对于已有心血管疾病或累计循环系统功能的患者,预计到可能会发生容量负荷过剩,可以使用呋塞米治疗。

5. 腹胀的治疗 低钾血症者,应补充钾盐。中毒性肠麻痹时,应禁食和胃肠减压,亦可使用酚妥拉明(0.3~0.5mg/(kg·次)加5%葡萄糖20ml静脉滴注。

6. 糖皮质激素 使用指征为:①严重憋喘或呼吸衰竭;②全身中毒症状明显;③合并感染中毒性休克;④出现脑水肿。上述情况可短期应用激素。可用琥珀酸氢化可的松5~10mg/(kg·d)或用地塞米松0.1~0.3mg/(kg·d)加入瓶中静脉滴注。疗程3~5日。

7. 并发症及并存症的治疗

(1)发生感染中毒性休克、脑水肿和心肌炎者,应及时予以对症处理。

(2)脓胸和脓气胸者应及时进行穿刺引流,若脓液黏稠,经反复穿刺抽脓不畅或发生张力性气胸时,宜考虑胸腔闭式引流或手术治疗。

(3)对并存佝偻病、贫血、营养不良者,应给予相应治疗。

8. 生物制剂 转移因子或胸腺肽的确切疗效并不肯定。血浆和静脉注射用丙种球蛋白(IVIG)含有特异性抗体,如RSV-IgG抗体,可用于重症患儿。

三、几种不同病原体所致肺炎的特点

(一)腺病毒肺炎

腺病毒肺炎(adenovirus pneumonia)为腺病毒感染所致,是婴幼儿肺炎中最严重类型之一。腺病毒是DNA病毒,在细胞内繁殖,耐酸、耐温、耐脂溶剂的能力高。其共有49个血清型,3、7两型是主要病原体,其次为11、21型。

本病多见于6个月~2岁婴幼儿,但有新生儿腺病毒肺炎报道。在北方以冬春季节多发,在南方以秋季多发。主要病理改变是支气管和肺泡间质炎,严重者病灶互相融合,气管支气管上皮广泛坏死,引起支气管管腔阻塞。临床特点为起病急骤、高热持续时间长、中毒症状重、啰音出现较晚、X线改变较肺部体征出现早,易合并心肌炎和多器官衰竭。症状表现为:①发热,可达39℃以上,呈稽留高热或弛张热,热程长,可持续2~3周;②中毒症状重,面色苍白或发灰,精神不振,嗜睡与烦躁交替;③呼吸道症状,咳嗽频繁,呈阵发性喘憋,轻重不等的呼吸困难和发绀;④消化系统症状:腹泻、呕吐和消化道出血;⑤可因脑水肿而致嗜睡、昏迷或惊厥发作。体查发现:①肺部啰音出现较迟,多于高热3~7日后才出现,肺部病变融合时可出现实变体征;②肝脾增大,由于网状内皮系统反应较强所致;③麻疹样皮疹;④出现心率加速、心音低钝等心肌炎表现;亦可有脑膜刺激征等中枢神经系统体征。X线特点:四多三少两一致:即肺纹理多,肺气肿多,大病灶多,融合病灶多;圆形病灶少,肺大泡少,胸腔积液少;X线与临床表现一致(图12-3)。

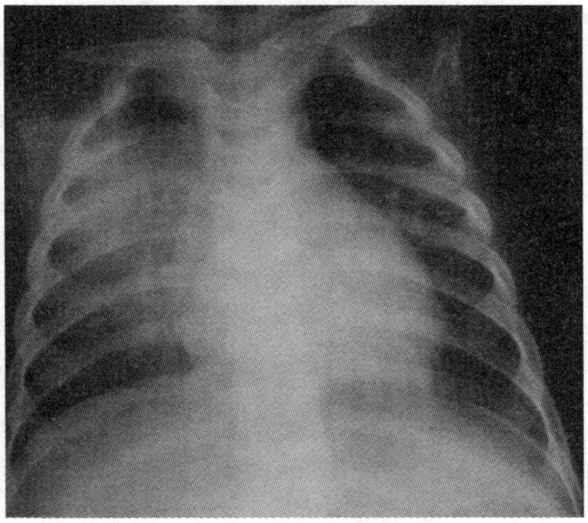

图12-3　腺病毒肺炎

两肺野边缘模糊的小片状阴影,右肺融合成大片状淡薄肺实变阴影,其中可见小蜂窝状透亮点

根据临床表现和流行病学依据可初步诊断腺病毒肺炎，但检查特异性 IgM 水平有重要诊断价值，而常规咽拭子病毒分离或双份血清抗体检测，只适应于回顾性诊断。目前多数腺病毒肺炎症状较轻，但病灶吸收较慢，需数周或数月。本病易继发细菌感染，表现为：持续高热不退，症状恶化或一度好转又恶化。胸部 X 线见病变增多或发现新的病灶。腺病毒肺炎远期并发症有闭塞性细支气管炎、支气管扩张及其他慢性阻塞性肺疾病。

案例 12-6

患儿，女，2 岁，因“高热、频发咳嗽 2 日、嗜睡 1 日”入院。

现病史：患儿于 2 日前无明显诱因出现发热，呈稽留热，体温最高 40.1°C。伴频发的连声咳嗽，喉中有痰，白色黏稠，不易咳出。在住地诊所给予“头孢类抗生素”输液治疗，具体用药不详，但无明显疗效，患儿仍高热，且近 1 日来患儿咳嗽较前加重，伴有呼吸急促，时有呼吸困难和阵发性喘憋。患儿精神委靡，出现嗜睡，恶心，呕吐 3 次，吐出胃内容物，非喷射性。发病以来患儿食欲差，小便偏少。

体格检查：体温 40.0℃，呼吸 54 次/分，脉搏 150 次/分，体重 12kg。嗜睡状态，面色苍白发灰，发育正常，营养好。咽部充血，扁桃体Ⅱ度肿大、充血。口周稍发绀，呼吸急促，可见明显吸气三凹征。双肺呼吸音粗，未闻及啰音。心率 150 次/分，心律齐，心音有力。腹稍胀，肝、脾未触及，肠鸣音可。无神经系统病理征。

【思考题】

1. 归纳该病例特点。为明确诊断应进一步做哪些检查？

2. 最可能的病原体是什么？依据是什么？

（二）金黄色葡萄球菌肺炎

金黄色葡萄球菌肺炎（staphylococcal aureus pneumonia）的病原体为金黄色葡萄球菌。葡萄球菌能产生多种酶，如溶血素、凝固酶、葡萄球菌激酶等，一般认为凝固酶与细菌毒性有一定关系，主要由呼吸道入侵或经血行播散入肺。新生儿、婴幼儿发病率高，儿童亦可发生。小儿免疫功能低下是金黄色葡萄球菌感染的重要易感因素，另由于滥用抗生素致耐药性金葡菌株明显增加，亦致感染增加。病理改变以肺组织广泛出血性坏死和多发性小脓肿形成为特点。病变发展迅速，易形成肺脓肿、脓胸、脓气胸、肺大疱、皮下气肿、纵隔气肿。炎症可迁徙至其他部位，形成化脓性心包炎、脑膜炎、肝脓肿、皮肤脓肿、骨髓炎和关节炎等。

临床特点为起病急、进展快、病情严重。发热多呈弛张热型或稽留热，早产儿和体弱儿有时可无发热或仅有低热。中毒症状明显，面色苍白，烦躁不安、呼吸和心率增快、咳嗽、呻吟、青紫等。重症者可发生休克。肺部体征出现较早，两肺散在中、细湿啰音，发生脓胸、脓气胸时，叩诊浊音，语颤和呼吸音减弱或消失。发生纵隔气肿时呼吸困难加重。可有各种类型皮疹，如荨麻疹或猩红热样皮疹等。

X 线检查：胸部 X 线可有小片状影，病变发展迅速，甚至数小时内可出现小脓肿、肺大疱或胸腔积液，因此在短期内应重复摄片。病变吸收较一般细菌性肺炎缓慢，重症病例在 2 个月时可能还未完全消失。

外周血白细胞多数明显增高，中性粒细胞增高伴核左移和中毒颗粒。婴幼儿和重症患者可出现外周血白细胞减少，但中性粒细胞百分比仍较高。C-反应蛋白明显增高，降钙素原增高。对气管咳出或经支气管镜吸出物及胸腔穿刺抽出液进行细菌培养阳性者有诊断意义。

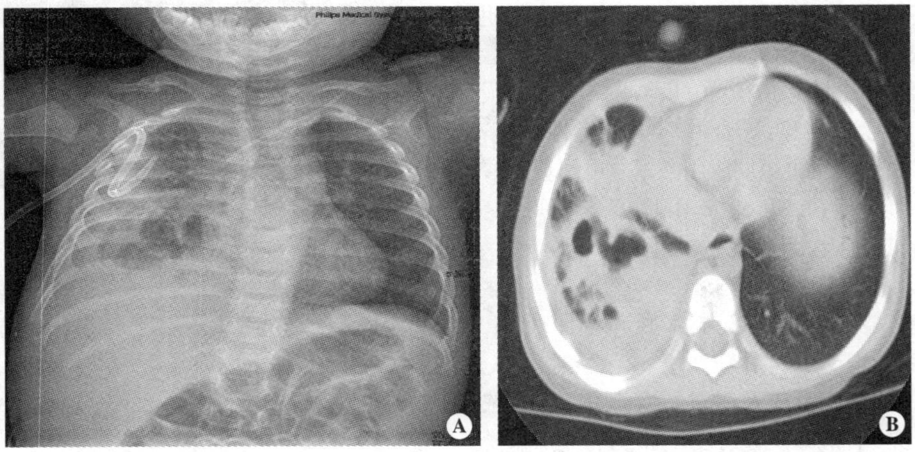

图 12-4　X 线胸片（A）和胸部 CT（B）提示右肺肺脓肿和胸腔积液

案例 12-7

患儿,女,3岁,因"发热咳嗽10日,加重伴气促5日"入院。查体:T 38°C,P 140次/分,R 50次/分,Wt 12kg,神清,精神反应较差,双肺呼吸运动不对称,右肺叩诊实音,左肺清音,右下肺呼吸音减弱,双中上肺可闻及散在中小水疱音。

血常规:WBC 10×10^9/L,N 74.3%,L 19.4%,Hb 112g/L。支原体抗体阴性,CRP 56mg/L 血沉:83mm/h,PCT 3.48ng/ml。胸片和CT(图12-4):①支气管肺炎并右下肺实变。②右侧胸腔积液。胸水检测:棕黄色,浑浊,李凡他实验(3+),WBC 3+,脓球2+。血培养:金黄色葡萄球菌,胸水培养:无细菌生长。

经胸腔闭式引流和万古霉素抗感染治疗,体温逐渐正常,但右肺仍存在脓腔,1个月后行右侧纤维板剥离术+右下肺局部切除术,右肺肺组织病理结果显示:慢性化脓性炎改变,纤维组织增生。

出院诊断:①金黄色葡萄球菌性肺炎并右下肺脓肿;②败血症。

(三)革兰阴性杆菌肺炎

革兰阴性杆菌肺炎(Gram-negative bacillary pneumonia,GNBP)目前有增多趋势,病原菌以流感嗜血杆菌和肺炎杆菌为多,新生儿时期易患大肠杆菌肺炎,由于大量使用抗生素、免疫抑制剂及院内感染等原因,肺炎克雷白杆菌肺炎和绿脓杆菌肺炎的发病率上升。病理改变以肺内浸润、实变、出血性坏死为主。临床特点是病情较重,治疗困难,预后较差。大多先有数日呼吸道感染症状,病情呈亚急性,但发热、精神萎靡、嗜睡、面色苍白等全身中毒症状明显,咳嗽、呼吸困难、口唇发绀,病重者甚至休克。肺部听诊可听到湿啰音,病变融合有实变体征。

肺部X线改变多种多样,如肺炎杆菌肺炎可为肺段或大叶性致密实变阴影,其边缘往往膨胀凸出;绿脓杆菌肺炎显示结节状浸润阴影及细小脓肿,后可融合成大脓肿;流感嗜血杆菌肺炎可呈粟粒状阴影。但基本改变为支气管肺炎征象,或呈一叶或多叶节段性或大叶性炎症阴影,易见胸腔积液。

外周血白细胞可不增高,但中性粒细胞增高并伴核左移和中毒颗粒,严重者出现血小板降低。C-反应蛋白明显增高,降钙素原增高。对气管咳出或经支气管镜吸出物及胸腔穿刺抽出液进行细菌培养阳性者有诊断意义。

案例 12-8

患儿,男,7个月,因"咳嗽、咳痰伴发热5日,腹痛1日"住院。查体:T 38.3°C,P 130次/分,R 30次/分,Wt 7.5kg. 精神一般,呼吸平稳,三凹征阴性,双肺呼吸音粗,未闻及干湿啰音,腹稍胀,右上腹压痛表现明显。血常规:WBC 25×10^9/L,N 61.2%,L 30%,Hb 94g/L,PLT 299×10^9/L,AB型。胸腹平片:①右下肺感染;②右侧少许胸水;C-反应蛋白43.4mg/L,降钙素原3.28ng/ml。

入院后给予抗感染治疗,仍发热,随后肺部听诊右肺呼吸音减弱,右肺少量湿性啰音。肺部CT检查(图12-5)示:①右侧中下肺炎;②右侧胸膜增厚、黏连,不除外少量胸腔积液。胸水检查示:咖啡色脓性物30ml。脓性分泌物培养:铜绿假单胞菌。用泰能抗感染治疗3周,体温正常,肺部听诊正常,复查肺部基本正常。

出院诊断:①铜绿假单胞菌性肺炎;②右下肺脓肿并胸腔积液。

(四)肺炎支原体肺炎

肺炎支原体肺炎(mycoplasma pneumoniae pneumonia)由肺炎支原体(MP)所致,它是一种介于细菌和病毒之间的非细胞内生长的最小微生物,含DNA和RNA,无细胞壁。主要经呼吸道传染,MP尖端吸附于纤毛上皮细胞受体上,损害上皮细胞,可引起慢性咳嗽。因为MP与人体某些组织存在部分共同抗原,故感染后可形成相应组织的自身抗体,导致多系统免疫损害。

本病是学龄儿童及青年常见的一种肺炎,婴幼儿亦不少见。本病全年均可发生。临床特点是咳嗽和发热,肺部体征不明显,与症状不符。咳嗽为本病突出的症状,一般于病后2~3日开始,初为干咳,后转为顽固性剧咳,常有黏稠痰液,偶带血丝,少数病例可类似百日咳样阵咳,可持续1~4周。可有发热,以年长儿童多见,热型不定,体温常达39℃左右,可持续1~3周,可伴有咽痛和肌肉酸痛。肺部体征多不明显,甚至全无。少数可听到干、湿啰音,但很快消失,故体征与剧咳及发热等临床表现不一致。婴幼儿起病急,病程长,病情较重,表现为呼吸困难、喘憋、喘鸣音较为突出。部分患儿可有溶血性贫血、脑膜炎、心肌炎、肾炎、吉兰-巴雷综合征等肺外表现,甚至以肺外临床表现为首发症状。

本病的肺部X线改变特点:①支气管肺炎的改变,常为单侧性,以右肺中下肺野多见;②间质性肺炎的改变,两肺呈弥漫性网状结节样阴影;③为均匀一致的片状阴影与大叶性肺炎改变相似者;④肺门阴影增浓和胸腔积液。X 线改变与体征不相符合是本病重要特点。

检查患者血清中支原体 IgM 抗体(1∶160)或两份血清显示倍增有诊断价值。大环内酯类抗生素治疗有效,疗程 2~3 周。

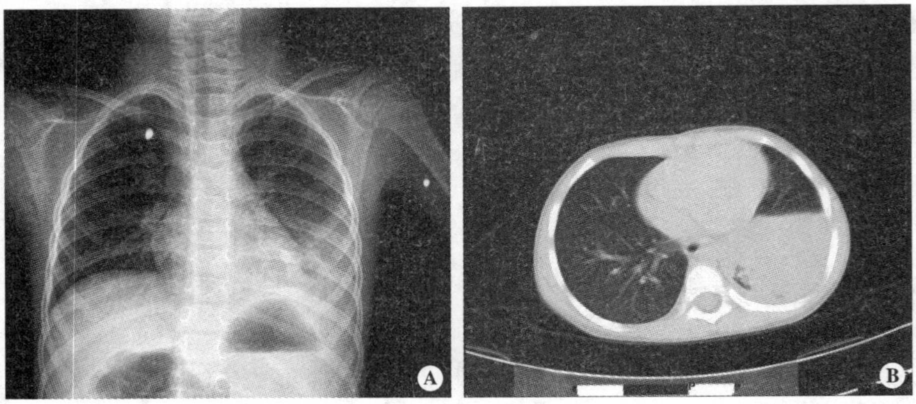

图 12-5 肺炎支原体肺炎

A. 左下肺野渗出性改变,而右肺野无病灶;B. 左中下肺野实变

案例 12-9

患儿,女,4 岁,因"发热 5 日"入院,伴咳嗽。入院查体一般情况好,呼吸促,无发绀。双肺呼吸音粗,无明显湿性啰音。周围血白细胞和中性粒细胞增高,CRP 增高,支原体 IgM 抗体阴性,入院第 3 日胸片(图 12-5A)考虑支气管肺炎,头孢菌素治疗无效,第 5 日的胸部 CT 片(图 12-5B)显示左肺实变病灶加重,但肺部仍无明显湿性啰音,而仍发热及全身中毒症状稍加重。入院第 7 日复查支原体 IgM 抗体 1∶320。以阿奇霉素和小剂量甲基强的松龙治疗,体温第 2 日即正常,咳嗽逐渐好转。

分析:①对于年长儿童,急性起病出现比较严重的刺激性咳嗽,且持续高热 5~7 日,不论有无肺部体征,均应肺部 X 线检查。②起病早期,血清支原体 IgM 抗体可为阴性,应注意复查,支原体 IgM 抗体由阴转阳有诊断意义。

(五)衣原体肺炎

衣原体肺炎(chlamydial pneumonia)是由衣原体引起的肺炎,有沙眼衣原体(CT)、肺炎衣原体(CP)、鹦鹉热衣原体和家畜衣原体,与人类关系密切的为 CT 和 CP。衣原体是一种介于细菌和病毒之间的微生物,寄生于细胞内,含有 DNA 和 RNA,有细胞膜。

沙眼衣原体是引起 6 个月内婴儿肺炎的重要病原,主要通过母婴垂直传播而感染。病理改变为间质性肺炎。起病缓慢,开始可有鼻塞、流涕等上感症状,多不发热或仅有低热,一般状态良好,半数患儿有结膜炎。后出现呼吸增快和频繁咳嗽,为具有特征性的明显的阵发性不连贯的咳嗽,一阵急促的咳嗽后继以一短促的吸气,但无百日咳样回声。阵咳可引起发绀和呕吐,亦可有呼吸暂停;肺部偶闻及干、湿啰音。X 线可显示双侧间质性或小片状浸润,双肺过度充气。也可急性发病,迅速加重,造成死亡。

肺炎衣原体主要引起学龄儿童肺炎,多为轻症,发病隐匿。早期多为上感症状,咽痛、声音嘶哑,最多见的症状是咳嗽,1~2 周后上感症状逐渐消退而咳嗽逐渐加重,并出现下呼吸道感染征象,如未经有效治疗,则咳嗽可持续 1~2 个月或更长。肺部偶闻干、湿啰音或哮鸣音。X 线可见到肺炎病灶,多为单侧下叶浸润,也可为双侧性病灶。

检查患者血清中衣原体 IgM 抗体有诊断意义。大环内酯类抗生素治疗有效,疗程 2~3 周。

(谭建新 黄宇戈)

第七节 支气管哮喘

案例 12-10

患儿,女,6 岁,因"咳嗽 2 日,气促 1 日"入院。病初为单声干咳,后转为阵发性咳,咯出白色黏液痰。咳嗽逐渐加重,今伴呼吸困难,不能仰卧。咳嗽激烈时伴腹痛。无发热,无胸痛,无恶心、呕吐及腹泻。排尿正常,胃纳差。既往有过数次同样发作,均住院"静脉输液"缓解。既往体健,按要求预防接种,年幼时有湿疹病史。否认长期慢性咳嗽患者接触史。

体查:T 36.5℃,P 112 次/分,R 42 次/分。发育尚可,营养中等,强迫坐位,痛苦面容,神志清楚。浅表淋巴结无肿大。口唇发绀,气管位置居中,胸廓对称,略呈桶状,双肺叩诊过清音,双肺听诊满布哮鸣音,以呼气相明显。心音较低,心律规则。腹肌紧张，无压痛和反跳痛。指、趾端发绀。

辅助检查。血常规：白细胞总数 8.8×10^9/L，中性粒细胞 60%，淋巴细胞 33%，单核细胞 2%，嗜酸粒细胞 5%。胸部 X 线片示：双肺纹理增强，透明度增高，纵隔居中，双侧肋膈角清楚，膈位低，膈顶平直，肋间隙增宽。肺功能检查：FEV_1 为 62% 预计值，吸入沙丁胺醇 15 分钟后，FEV_1 为 95% 预计值，SaO_2 为 91%。

【思考题】

1. 诊断其为支气管哮喘的依据有哪些？如何鉴别？

2. 确定诊断后，请制定住院期间和出院后的治疗方案。

支气管哮喘(简称哮喘)是儿童期最常见的慢性呼吸道疾病。哮喘是由多种细胞包括嗜酸粒细胞、肥大细胞、T 淋巴细胞和气道上皮细胞，以及炎症因子参与的气道慢性炎症性疾病，此种慢性炎症导致气道高反应性和可逆性气道阻塞，由此出现反复发作的喘息、呼吸困难、胸闷和咳嗽等临床表现。

哮喘发病率近年呈上升趋势。2000 年中国城区儿童哮喘患病率调查显示患病率为 1.97%，2 年现患率为 1.54%。70% ~ 80% 的儿童哮喘发病于 5 岁以前，50% 发病于 3 岁以前。为此，世界卫生组织(WHO)与美国国立卫生研究院心肺血液研究所制订了全球哮喘防治创议(Global Initiative for Asthma，GINA)方案，目前该方案已成为指导哮喘防治的重要指南。

(一) 哮喘危险因素

影响哮喘发生发展的因素非常复杂，主要为宿主因素和环境因素，前者与哮喘的发生有关，而后者则与哮喘的激发有关。

1. 宿主因素

(1) 遗传因素：哮喘具有明显的遗传倾向。父母具有哮喘和过敏性鼻炎等过敏体质增加了后代哮喘的可能性。多数哮喘患儿有婴儿湿疹、过敏性鼻炎等病史。研究显示哮喘为多基因疾病，100 多个基因与哮喘有关，哮喘的发生与促过敏、促炎症基因关系密切。

(2) 肥胖：肥胖儿童较正常体重儿童更容易发生哮喘，其发生哮喘时更难控制。这与肥胖影响肺功能以及神经、内分泌功能状态有关。

(3) 性别：男孩哮喘发病率高于女孩，14 岁以下的统计显示男孩哮喘是女孩的 2 倍。随年龄增大，该比率逐渐反转，至成年时，女性哮喘发病率高于男性。

2. 环境因素

(1) 过敏原：吸入和食入过敏原均可激发哮喘，如尘螨、动物毛屑及排泄物、蟑螂、真菌、花粉、牛奶、鱼虾、鸡蛋和花生等。

(2) 感染：据调查 95.2% 的哮喘患儿发作是由呼吸道病毒感染引起的，此外支原体、细菌也是重要诱因。

(3) 气候变化：气温、湿度及气压等变化，可以刺激气道，诱发哮喘发生。

(4) 运动：运动可引起哮喘儿童气流受限而激发哮喘，是哮喘常见的触发因素。与运动过度通气刺激肥大细胞、中性粒细胞释放炎症介质有关。

(5) 药物：阿司匹林及其他非甾体抗炎药可诱发哮喘的发生，与成人相比，该现象在儿童相对少见，但若发生，则终身存在。

此外，吸烟、情绪激动、鼻炎、胃食管反流等均可诱发哮喘发作。

(二) 发病机制

哮喘的发病机制极其复杂，仍不十分清楚，研究显示免疫紊乱是主要因素，其次神经、精神及内分泌因素均参与(图 12-6)。

1. 免疫因素 哮喘的本质即气道慢性炎症。无论病情轻重、病程长短，哮喘患者均存在不同程度的气道慢性炎症。研究表明，各种原因导致 Th_0 细胞向 Th_1 细胞分化障碍，而向 Th_2 细胞分化发育，导致 Th_1/Th_2 失平衡，而 Th_2 细胞促进 B 细胞产生大量 IgE 和分泌炎症细胞因子，刺激其他炎症细胞(嗜酸性粒细胞、肥大细胞、嗜碱性粒细胞等)和气道结构细胞(上皮细胞、内皮细胞等)产生一系列炎症介质(如白三烯、内皮素、前列腺素等)，最终诱发速发型(IgE 增高)变态反应和慢性气道炎症。近年报道 Th_{17} 细胞分化增高，产生 IL-17，参与重型和难治性哮喘。另有研究表明调节性 T 细胞在调节免疫失衡及维持耐受中发挥重要作用。

2. 神经精神因素 一些哮喘患儿哮喘发作受情绪影响，认为与神经功能有关。自主神经在支气管的分布非常广泛，包括胆碱神经、肾上腺素神经和非肾上腺素非胆碱(NANC)神经系统。哮喘患儿 β 肾上腺素受体功能低下，而迷走神经功能亢进，或伴有 α 肾上腺素神经反应性增强，引发支气管平滑肌收缩和腺体分泌增多，导致哮喘发作。NANC 神经系统分为抑制性 NANC 神经系统和兴奋性 NANC 神经系统，哮喘患儿后者占优势导致平滑肌收缩。

3. 内分泌因素 约 2/3 的儿童哮喘于青春期完全缓解，而在月经期、妊娠期及甲状腺功能亢进时症状加重，提示与内分泌功能有关，但具体机制不明。

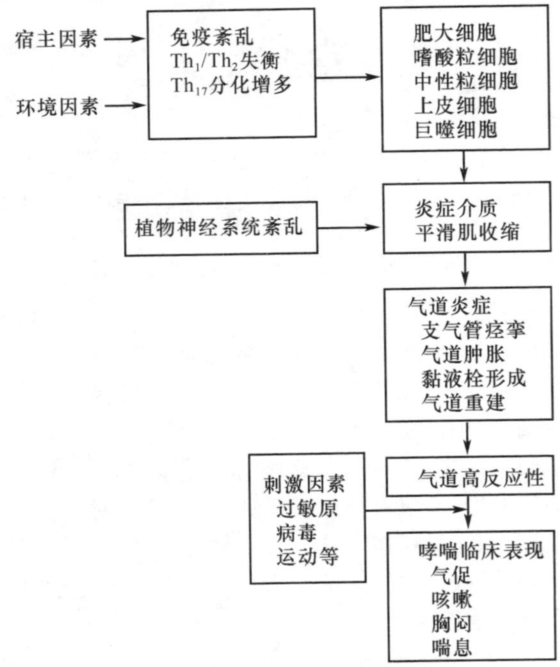

图 12-6 哮喘发病机制图

(三) 病理及病理生理

1. 病理

(1) 肉眼:哮喘死亡患儿的肺组织有明显的肺气肿,肺过度膨胀,气道内填满了由黏液、血清蛋白、炎症细胞、细胞碎片混合组成的黏液栓。

(2) 显微镜:支气管及毛细支气管的上皮细胞脱落、管壁嗜酸细胞和单核细胞广泛浸润、血管扩张及微血管渗漏、基膜增厚、平滑肌肥厚和增生、杯状细胞增加、黏膜下腺体增生。

2. 病理生理 可逆性气流受阻是哮喘病理生理改变的核心,气道管壁炎症、支气管痉挛、黏液栓形成和气道重塑是哮喘的主要病理生理学特征。

(1) 气道管壁炎症:支气管哮喘的气道炎症是特殊类型的慢性气道炎症,表现为肥大细胞的激活、嗜酸细胞浸润、活化 T 淋巴细胞浸润。抗原对气道刺激后 6~24 小时可发生气道直径减小,伴随或不伴随平滑肌收缩,为迟发性哮喘反应。

(2) 支气管痉挛:在慢性气道炎症、气道高反应性基础上许多刺激可引起急性支气管痉挛,即为速发型哮喘反应。这是 IgE 依赖型介质释放所致(I 型变态反应),其中包括肥大细胞释放的组胺、前列腺素和白三烯等。

(3) 黏液栓形成:黏液分泌增加,与伴随渗出的血清蛋白和细胞碎片构成浓缩的黏液栓。主要发生于迟发型哮喘,重症病例黏液栓广泛阻塞细小支气管,引起严重的呼吸困难,甚至呼吸衰竭。

(4) 气道重塑:慢性和反复的气道炎症可导致气道结构改变,表现为腺体增大、平滑肌肥大、基膜增厚、平滑肌增生和肥大等,最终导致不可逆气道狭窄。

气道高反应性(airway hyperresponsiveness, AHR)即在各种内、外源性刺激后,气道出现的一种高度敏感的状态,表现为支气管收缩过强。这在一定程度上反映了气道炎症的严重程度,是哮喘的基本特征之一。

(四) 临床表现

典型哮喘表现为咳嗽、阵发性喘息发作、胸闷和呼吸困难等,以夜间和清晨多见。非典型哮喘可仅有反复咳嗽。婴幼儿哮喘多为呼吸道病毒感染诱发,起病较缓慢;年长儿大多在接触过敏原或运动后发作,呈急性过程。可伴有流涕、鼻塞、打喷嚏等症状。严重哮喘发作时表现呼吸困难,烦躁不安、强迫坐位、恐惧不安、面色发青。发作间期可无症状。

体格检查可见气促、三凹征、肺部布满哮鸣音。部分患儿肺部可闻及粗湿啰音,在激烈咳嗽后或体位变化时可消失。重症患儿气道严重阻塞,呼吸困难加剧,呼吸音可减弱,哮鸣音可消失,称“闭锁肺”(silent lung),是哮喘最危险的体征。

若哮喘急剧严重发作,经合理应用拟交感神经药物仍不能在 24 小时内缓解,称作哮喘持续状态。随着病情加重,患儿可由呼吸严重困难的挣扎状态转为软弱、咳嗽无力、端坐呼吸、语言不连贯、大汗淋漓、血压下降、严重发绀,甚至昏迷或死亡。

(五) 辅助检查

1. 胸部 X 线检查 均应摄胸部 X 片以除外肺实质疾病、先天异常,直接或间接的异物征象。发作时胸片可正常,或肺气肿、支气管周围间质浸润及肺不张。偶尔可见气胸、纵隔气肿。高分辨率肺部 CT 可提示小气道阻塞征。

2. 变态反应状态的测试 过敏原皮肤点刺试验是诊断变态反应的重要手段,刺激用的过敏原选择主要根据病史及可能暴露的环境确定。临床上通常采用吸入性过敏原或者食物过敏原提取液进行测试。测试结果受患儿年龄、药物治疗及皮肤因素的影响。血清特异性的 IgE 测定对诊断很有价值,但血清总的 IgE 测定对哮喘的诊断价值有限。

3. 肺功能检查 肺功能检查主要用于 5 岁以上的儿童。主要检测第一秒用力呼气量(FEV_1)和呼气峰流速(PEF),测定气流受限及可逆性变化。

(1) 支气管激发试验:对于疑似哮喘患儿,第一秒用力呼气量(FEV_1)≥正常预计值 70% 时,通过吸入组胺或醋甲胆碱测定气道反应性,FEV_1 下降 12% 以上,有助于确诊哮喘。此法也常用作哮喘治疗过程中气道反应的评估。

(2) 支气管舒张试验:对于有喘息的疑似哮喘患

儿，FEV_1≤正常预计值70%时，选择吸入β_2-激动剂，测定气流受限的可逆性，FEV_1提高12%以上，有助于哮喘诊断。

（3）呼气峰流速（PEF）：指肺在最大充满状态下，用力呼吸时所产生的最大流速。呼气峰流速的日间变异率下降20%是诊断哮喘和反映哮喘严重程度的重要指标。

4. 其他 呼出气一氧化氮（FE_{NO}）浓度测定和诱导痰技术在儿童哮喘诊断和病情监测中发挥着一定的作用，但临床上应用尚少。

（六）诊断

1. 诊断标准 中华医学会儿科分会呼吸学组于2008年修订了我国"儿童支气管哮喘诊断与防治指南"。

（1）儿童哮喘诊断标准

1）反复发作喘息、咳嗽、气促、胸闷，多与接触变应原、冷空气、物理或化学性刺激、呼吸道感染以及运动等有关，常在夜间和（或）清晨发作或加剧。

2）发作时在双肺可闻及散在的或弥漫性，以呼吸相为主的哮鸣音，呼气相延长。

3）上述症状和体征经抗哮喘治疗有效或自行缓解。

4）除外其他疾病所引起的喘息、咳嗽、气促和胸闷。

5）表现不典型者（如无明显喘息或哮鸣音），应至少具备以下1项：

A. 支气管激发试验或运动激发试验阳性。

B. 证实存在可逆性气流受限。①支气管舒张试验阳性：吸入速效β_2受体激动剂后15分钟FEV_1增加≥12%；②抗哮喘治疗有效：使用支气管舒张剂和口服（或吸入）糖皮质激素1～2周后FEV_1增加≥12%。

C. PEF每日变异率（连续监测1～2周）≥20%。

符合1～4条或第4、5条者，可以诊断为哮喘。

（2）咳嗽变异型哮喘诊断标准

1）咳嗽持续>4周，常在夜间和（或）清晨发作或加剧，以干咳为主。

2）临床上无感染征象，或经较长时间抗生素治疗无效。

3）抗哮喘药物诊断性治疗有效。

4）排除其他原因引起的慢性咳嗽。

5）支气管激发试验阳性和（或）PEF每日变异率（连续监测1～2周≥20%）。

6）个人或一级、二级亲属有特应性疾病史，或变应原测试阳性。

以上1～4项为诊断的基本条件。

对于初次发作或不能诊断哮喘的婴幼儿喘息，可根据哮喘预测指数预测其发展为持续性哮喘的可能性。哮喘预测指数：在过去1年中喘息≥4次，具有1项主要危险因素或2项次要危险因素。主要危险因素包括：①父母有哮喘病史；②经医生诊断为特异性皮炎；③有吸入变应原致敏的依据。次要危险因素：①有食物变应原致敏的依据；②外周血嗜酸性粒细胞≥4%；③与感冒无关的喘息。若哮喘预测指数阳性，建议按哮喘规范治疗。

2. 哮喘的病情分期评价 哮喘是一种慢性疾病，根据患者就诊时状态，分为急性发作期（exacerbation）、慢性持续期（persistent）、和临床缓解期（remission）。急性发作期指患者出现不同程度的咳嗽、气促、喘息，甚至呼吸困难等临床表现。慢性持续期指患者虽没有急性发作时的典型症状，但在较长时间内总有不同频度和（或）不同程度的症状，如咳嗽、喘息和胸闷。可根据过去4周症状控制情况进行水平分级（表12-4），以评估经规范治疗的哮喘患儿是否达到哮喘治疗的目标及指导治疗方案的调整。临床缓解期指经过治疗或未经治疗症状和体征消失，肺功能（FEV_1或PEF）≥80%预计值，并维持3个月以上。

表12-4 儿童哮喘控制水平分级（2015年GINA指南意见）

症状控制	哮喘症状控制水平		
在过去4周内，患者是否：	控制良好	部分控制	未控制
·白天出现哮喘症状（持续几分钟）多于两次/周（5岁以下为一次） ·任何一次因哮喘而活动受限 ·需要使用缓解药物多于两次/周（5岁以下为一次） ·任何一次夜间因哮喘而醒来或咳嗽	均未出现	出现1～2项	出现3～4项

(七)鉴别诊断

1. 毛细支气管炎 多见于1岁以内婴儿,冬春季节好发。也有呼吸困难和喘鸣音,其病原体主要为呼吸道合胞病毒。难与初次发作的哮喘鉴别,需结合病史,及辅助检查综合判断。

2. 气管、支气管异物 常有呛咳史,以呼吸困难为主要表现。可有持久或间断的哮喘样呼吸困难,并随体位变换加重或减轻。常规X线透视可见纵隔摆动,胸部CT扫描及气道重建可发现异物位置。

3. 先天性喉喘鸣 因喉部发育不良导致喉软骨软化,在吸气时喉部组织陷入声门而发生呼吸困难和喘鸣,多于出生时或出生后数日即开始出现症状,俯卧位或者被抱起时症状有时可减轻甚至消失。喘鸣一般在6个月~2岁时消失。

此外,以喘息为主要症状的儿童哮喘还应注意与先天性呼吸系统畸形和先天性心血管疾病相鉴别。咳嗽变异型哮喘应注意与支气管炎、支气管内膜结核、鼻窦炎、胃食管反流和嗜酸粒细胞支气管炎等疾病相鉴别。

(八)治疗

哮喘的治疗目标:①达到并维持症状的控制;②维持正常活动,包括运动能力;③使肺功能水平尽量接近正常;④预防哮喘急性发作;⑤避免因哮喘药物治疗导致的不良反应;⑥预防哮喘导致的死亡。

哮喘治疗原则:哮喘控制治疗应越早越好。要坚持长期、持续、规范、个体化治疗原则。治疗包括:①急性发作期,快速缓解症状,如平喘、抗炎治疗;②慢性持续期和临床缓解期,防止症状加重和预防复发。如避免触发因素、抗炎、降低气道高反应性、防止气道重塑,并做好自我管理,注重药物治疗和非药物治疗相结合。

阶梯治疗方案:患儿治疗方案的确定,要根据平时病情轻重程度而定。由适合于初始病情严重程度的那一级方案开始,之后根据患儿对治疗的反应以及病情变化进行调整。每1~3个月审核一次治疗方案,若哮喘控制3个月以上时,可以逐步降级治疗。若未能控制,要立即升级治疗。在改变方案前,首先应该审核患儿的用药技术、是否遵循用药方案、如何避免变应原和其他触发因素等。此即支气管哮喘的阶梯治疗方案。

1. 哮喘急性发作期的治疗

(1) β_2受体激动剂:β_2受体激动剂是目前最有效、临床应用最广的支气管扩张剂。根据作用的快慢分为速效和缓慢起效两大类,根据维持时间的长短分为短效和长效两大类。吸入型速效β_2受体激动剂疗效可维持4~6小时,是缓解哮喘急性症状的首选药物。用氧驱动或空气压缩泵雾化吸入,严重发作者第1小时可每20分钟1次,以后根据病情每1~4小时重复吸入治疗。

(2) 糖皮质激素:对于轻中度哮喘急性发作可使用大剂量布地奈德雾化吸入,或口服泼尼松短程治疗,药物剂量:布地奈德剂量每次0.5~1mg,每6~8小时1次;口服泼尼松1~2mg/(kg·d)。重症患儿可静脉注射琥珀酸氢化可的松5~10mg/(kg·次),或甲泼尼龙1~2mg/(kg·次),根据病情可间隔4~8小时重复使用。

(3)抗胆碱药物:是哮喘急性发作联合治疗的组成部分,其临床安全性和有效性已确立。对β_2受体激动剂治疗反应不佳的重症者应尽早联合使用。吸入型抗胆碱药物,如异丙托溴铵舒张支气管的作用比β_2受体激动剂弱,起效也较慢,但长期使用不易产生耐药,不良反应少。

(4) 氨茶碱:短效茶碱能舒张支气管平滑肌,是常用的平喘药物,但不宜单独应用治疗哮喘。长期使用者最好检测茶碱的血药浓度。

2. 哮喘持续状态的治疗

(1) 氧疗:所有危重哮喘患儿均存在低氧血症,均需氧疗。吸入氧浓度以40%为宜,相当于4~5mL/min,维持PaO_2在0.92~0.95以上,吸入氧气浓度过高,会提高呼吸抑制风险。

(2) 补液、纠正酸中毒:可用1/5张含钠液纠正失水,防止痰液黏稠阻塞气道;酸中毒严重时,可少量使用碳酸氢钠,改善β受体对儿茶酚胺的反应性。

(3) 糖皮质激素静脉滴注:全身应用糖皮质激素作为儿童危重哮喘治疗的一线药物,应尽早使用。氢化可的松或琥珀酸氢化可的松每6小时静脉滴注1次,每次5~10 mg/kg;地塞米松每次0.25~0.75mg/kg。

(4) 支气管扩张剂:可用如下药物:①吸入型速效β_2受体激动剂;②氨茶碱静脉滴注:首次剂量4~6mg/kg,缓慢静脉滴注20~30分钟,继续维持治疗0.7~1mg/(kg·h);③肾上腺素皮下注射,药物剂量:每次皮下注射1:1000肾上腺素0.01ml/kg,儿童最大剂量不超过0.3ml。必要时可每20分钟使用1次,不能超过3次。

(5) 镇静剂:可用水合氯醛灌肠,慎用或者禁用其他镇静剂;在气管插管条件下,可用地西泮镇静,剂量每次为0.3~0.5 mg/kg。

(6) 硫酸镁:硫酸镁有助于危重哮喘症状的缓解,安全性良好。不良反应包括一过性面色潮红、恶心等,通常在药物输注时发生。

(7) 机械通气指征:①严重持续性的呼吸困难;②呼吸音减弱或几乎听不到呼吸音及哮鸣音;③因过度通气和呼吸机疲劳而胸廓运动受限;④意识障碍或抑制,甚至昏迷;⑤吸氧状态下发绀进行性加重;⑥$PaCO_2 \geqslant 8.6$ kPa($\geqslant$65mmHg)。

3. 哮喘慢性持续期的治疗

（1）糖皮质激素：是哮喘长期控制的首选药物，也是目前最有效的抗炎药物，可有效控制哮喘症状、减轻气道炎症和气道高反应性、改善肺功能、改善生活质量。但不能根治哮喘。吸入型糖皮质激素（ICS）直接作用于气道黏膜，局部抗炎作用强，全身不良反应少。主要药物有丙酸倍氯米松、布地奈德和丙酸氟替卡松。每3个月应评估病情，以决定升级治疗、维持目前治疗方案或降级治疗。

口服糖皮质激素仅适用于重症未控制的哮喘患者，尤其是糖皮质激素依赖性哮喘。为减少其不良反应，可采用隔日清晨顿服。但因长期口服糖皮质激素副作用大，尤其是正在生长发育的儿童，应选择最低有效剂量，并尽量避免长期使用。

（2）白三烯调节剂：白三烯调节剂是一类新的非激素类抗炎药，分为白三烯合成酶抑制剂和白三烯受体拮抗剂。该类药能抑制气道平滑肌中的白三烯活性，并预防和抑制白三烯导致的血管通透性增加、气道嗜酸粒细胞浸润和支气管痉挛。常用的白三烯受体拮抗剂包括孟鲁司特和扎鲁司特。可单独治疗轻型哮喘，或与ICS联合使用。

（3）长效β_2受体激动剂：目前主要用于经中等剂量吸入糖皮质激素仍无法完全控制的≥5岁儿童哮喘的联合治疗。药物包括沙美特罗和福莫特罗、班布特罗等。

（4）茶碱：茶碱可与糖皮质激素联合用于中重度哮喘的长期治疗，有助于哮喘控制、减少激素剂量。尤其适用于预防夜间哮喘发作和夜间咳嗽。最好用缓释（或控释）茶碱，以维持稳定的昼夜血药浓度。

（5）肥大细胞膜稳定剂：肥大细胞膜稳定剂色甘酸钠，常用于预防运动及其他刺激诱发的哮喘。

（6）联合治疗：对病情严重分级为重度持续和用ICS病情控制不佳的中度持续的哮喘提倡长期联合治疗，如ICS联合吸入型β_2受体激动剂、ICS联合白三烯调节剂和ICS联合缓释茶碱。

4. 特异性免疫治疗 对于已证明对变应原致敏的哮喘患者，在无法避免接触变应原和药物治疗症状控制不良时，可以考虑针对变应原的特异性免疫治疗，俗称“脱敏”。如皮下注射或舌下含服尘螨变应原提取物，治疗尘螨过敏性哮喘。应在良好环境控制和药物治疗的基础上，才考虑对确定变应原致敏的哮喘儿童进行脱敏治疗。一般不主张多种变应原同时脱敏治疗。脱敏治疗的疗程及远期疗效和安全性仍有待进一步研究。

（九）管理与教育

通过提高患者对疾病过程的认识，提高用药的依从性；理解吸入性治疗的价值，掌握药物吸入性装置的使用方法；避免危险因素，减少哮喘的发生；认识哮喘的危重状态，学会正确应对哮喘的急性发作。最终达到提高疗效、减少复发，提高生活质量的目的。

（十）预后

儿童哮喘的预后较成人好，学龄前儿童35%存在反复喘息，中重度哮喘并肺功能下降儿童很可能演变成成人期慢性持续性哮喘，而轻度哮喘且肺功能正常儿童将逐步改善。30%～60%的患儿可完全治愈。

（谭建新 郑贵浪）

Chapter XII Disorders of the Respiratory System

Respiratory tract infections are the most common infections in childhood, range from trivial to life-threatening illnesses. In out-patient clinic, six out of ten sick visits are due to respiratory tract infection. They are classified into upper respiratory tract infections (URTIs) and lower respiratory tract infections (LRTIs). The other common and important disease of this system is asthma. The reasons that respiratory tract infections are common and relatively easy to progress to critical, even life-threatening condition are immature immune system and undeveloped respiratory tract.

Upper Respiratory Tract Infection

The upper respiratory tract includes nose, throat, tonsils, pharynx, and sinuses, called the extrathoracic airways. Organisms including bacteria and virus affect upper respiratory tract, cause symptoms and signs, which are usually called as "common cold". There are some other specific terms related to the specific site, such as acute pharyngitis, tonsillitis and sinusitis.

Etiology

Of the organisms, 90% are viruses.

- Rhinovirus.
- Respiratory syncytial virus (RSV).
- Influenza virus.
- Parainfluenza virus.
- Adenovirus.

10% are bacteria.

- Group Aβ-haemolytic streptococcus.
- Pneumonia streptococcus.
- Haemophilus influenza.
- Mycoplasma.

Clinical manifestations

Patients usually present with fever, cough, sore throat, clear or mucopurulent nasal discharge, nasal congestion. Physical examination reveals pharyngeal erythema, tonsil swelling and exudates and lymphadenitis. Some may present with abdominal pain, malaise, fatigue, etc.

The clinical features of Herpangina infected with coxsakievirus include:

- High fever accompanied with sore throat, dysphagia, vomiting.
- Pharyngeal erythema.
- Soft palate mucosa versicular ulcers.

The clinical features of pharyngo-conjunctival fever infected with adenovirus include:

- Fever.
- Pharyngitis.
- Conjunctivitis, subconjunctival hemorrhage.

The clinical features of influenza infected with influenza viruses including H1N1, H7N9 are:

- Chills, fever, runny nose.
- Sore throat, muscle pains, headache.
- Fatigue and general discomfort.
- School-aged children are often affected.

Investigations

Virus infections show normal white blood cell count, or lymphocytosis.

Bacteria infections show elevated white blood cell count with dominance in neutrophile, increased C-reaction protein and procalcitonin (PCT).

Diagnosis

It is not very difficult to make a diagnosis according to the above clinical features. But it is difficult to distinguish viral from bacterial infection clinically. However, a purulent exudates, lymphadenopathy, and elevated white blood cell or neutrophilia suggest a bacterial cause.

Differential diagnosis

- Early manifestations of some infectious diseases, eg. Measles, meningitis.
- Acute appendicitis needs to be considered when a child presents with fever and abdominal pain.

Complications

- Retropharyngeal abscess.
- Peritonsillar abscess.
- Otitis media.

- Lymphadenitis of the neck.
- Post-streptococcal glomerulonephritis or rheumatic fever.
- Bronchitis and pneumonia.

Management

- Symptomatic treatment, eg. Paracetamol, fluids supplement.
- Antivirus drug: virazole.
- Antibiotics: penicillin or cephalosporins for pharyngitis and tonsillitis.

Acute Bronchitis

Acute bronchitis is an acute inflammation of trachea and bronchi caused by invasion of virus or bacteria. Virus is the most common pathogen.

Clinical manifestations

- Cough, dry at early stage, and may become productive later.
- Fever.
- Wheeze.
- scattered and unfixed coarse rales.

Investigations

The peripheral white blood cell count is normal or slightly elevated. Chest X-ray may be normal or may have increased bronchial markings.

Diagnosis

The diagnosis is easily made according to the typical clinical manifestations. Chest X-ray is necessary and important for distinguishing bronchitis from pneumonia and other lungs diseases.

Management.

- Symptomatic treatment.
- Antivirus drug: virazole.
- If bacteria infection is suspected, antibiotics may be considered.
- If mycoplasma is suspected, macrolide is of choice.

Pneumonia

Pneumonia is an inflammation of the parenchyma of the lungs. Most cases of pneumonia are caused by microorganisms, but a number of noninfectious causes sometimes need to be considered. Pneumonia is still a significant cause of mortality in childhood, especially in infant and toddler.

Classiffication

By Pathology
- Lobar pneumonia.
- Bronchopneumonia.
- Interstitial pneumonia.

By duration
- Acute pneumonia, shorter than one month.
- Prolonged pneumonia, one to three months.
- Chronic pneumonia, longer than three months.

By pathogens
- Virus pneumonia.
- Bacteria pneumonia
- Mycoplasma pneumonia.
- Chlamydial pneumonia.
- Fungus pneumonia.

Noninfectious pneumonia, e. g. aspirated pneumonia, eosinophilia pneumonia

Pathophysiology

Pathophysiological changes of pneumonia are characterized by hypoxia and carbon dioxide (CO_2) retension resulting from the inflammation of bronchiole and alveoli. (Fig. 12-1)

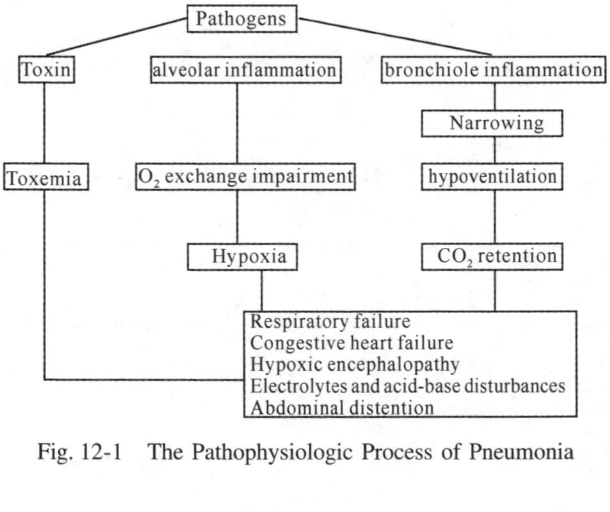

Fig. 12-1 The Pathophysiologic Process of Pneumonia

Common clinical manifestations

Clinical manifestations of pneumonia vary from mild to severe, which are related to pathogens infected, and the patients' age, immune status, accompanying diseases, etc. The followings are the common manifestations:

- Fever
- Cough

- Tachypnea
- Dyspnea: nasal flaring, retractions, cyanosis
- Fixed rales and/or wheeze

The followings are the manifestations of critically ill patients:

- Respiratory failure: dyspnea, cyanosis.
- Cardiovascular disturbances: tachycardia, dull heart sound, even gallop rhythm, hepatomegaly, edema.
- Neurological disturbances: disorder of consciousness, seizures, irregular respiratory rhythm, etc.
- Gastrointestinal disturbances: vomiting, abdominal distension, diarrhea.
- Electrolytes and acid-base disturbances (Table 12-1).

Table 12-1 Clinical manifestations of pneumonia infected by some specific pathogens

Pathogens	Essential features
Staphylococcus aureus	High morbidity (under age of 3 years) Acute onset and rapid progression High fever, evidence of respiratory distress Rales, decreased breath sounds Empyema, pneumatocele, pyopneumothorax Septic lesions outside thorax and toxic features
Gram-negative bacillus (Haemophilus influenzae, E. coli, Pneumonia bacillus)	Occur at any age Subacute onset and progression Severe general toxic symptoms Scattered rales Empyema, patchy infiltrates Poor prognosis
Respiratory syncytial virus	Common at the age of less than 1yr and in winter Mild fever, dyspnea Wheeze, scattered rales Small patchy infiltrates, hyperinflation Good prognosis
Adenovirus	Occur at the age of 6 months to 2 years Acute onset High fever, severe general toxic manifestations CXT shows infiltrates at early stage, rales occur lately
Mycoplasma pneumoniae	Common at school age. Dry cough, Few physical signs, or fine rales and wheeze CXT shows dense and patchy infiltrates. Cold hemagglutinins, positive MP-IgM

Investigations

The white blood cell counts are required. A markedly elevated neutrophil count usually indicates bacterial infection.

Blood or bronchial secretion culture is needed for bacteria determination. Serum antibody tests are needed for virus determination and *Mycoplasma Pneumoniae.*

Chest X-rays frequently show abnormal findings, e. g. perihilar streaking, increased interstitial markings, peribronchial cuffing, lobar consolidation, hyperinflation, patchy infiltrate, pleural effusion, empyema, pyopneumothorax, pneumatocele, etc.

Diagnosis and differential diagnosis

It is not difficult to make a diagnosis according to above clinical manifestations and laboratory findings and imagings. However it is sometimes very difficult to distinguish viral and bacterial infection, which is very important for treatment.

The following diseases should be differentiated from pneumonia.

Acute bronchitis

Acute bronchitis is characterized by cough, fever and unfixed rales or wheeze. Chest X-ray usually shows normal or slightly increased bronchial markings, which plays a key role in differentiation.

Aspiration pneumonia

Acute onset of coughing, wheezing or respiratory distress, or hypoxemia in a patient suggest aspiration pneumonia. It should also be suspected for children with recurrent or chronic pneumonia. A history of foreign body aspiration should be emphasized. Asymmetric physical findings such as decreased breath sounds on one side and deviation of bronchus are helpful in its diagnosis. Chest x-rays may reveal lobar consolidation or atelectasis and focal or generalized alveolar or interstitial infiltrates.

Asthma

Children with persistent cough or wheeze should be suspected for asthma when the antibiotic therapies do not work. Allergic features usually occur. Dilation of the bronchioles by β-receptor agonists is diagnostic.

Tuberculosis

Positive PPD test, exposure to patients with tuberculosis

and chest X-ray findings are critical for the diagnosis of tuberculosis.

Principles of treatment

- Symptomatic management.
- Oxygen therapy when needed.
- Antimicrobial therapy: Choose antibiotics by experience before identification of microorganisms. Erythromycin or azithromycin for mycoplasma infection. Penicillinase-resistant penicillin for staphylococcus aureus infection.
- Glucosteroids which is indicated in the following situations: Severe wheeze or respiratory failure, obvious general toxic symptoms accompanied with infective shock or cerebral edema.
- Supportive management: fluids and nutrients supplement.
- Pleural fluid drainage.

Bronchial Asthma

Asthma is a chronic condition characterized by airway hyperresponsiveness due to inflammation involving inflammatory cells and cytokines, such as mast cell, eosinophil, T lymphocyte, interleukins, etc. The characteristic clinical manifestation is recurrent episodes of airways narrowing associated with cough and wheeze.

Incidence

Asthma worldwide has increased in prevalence to become the most common chronic respiratory disorder of children. In China, the morbidity rate in children has increased rapidly in recent years. Asthma in children under 5 yr accounts for 70% - 80% of total number. It is twice as common in boys as girls.

Etiology

Asthma is a complex disorder caused by a combination of genetic predisposition and environmental factors. Its mechanism involves automatic, immunologic, infectious, endocrine, and psychologic factors.

In most children, asthma is one manifestation of atopy, an inherited disorder characterized by:

- Raised serum IgE levels.
- Eosinophilia.
- Eczema.
- Allergic rhinitis and conjunctivitis.

Environmental factors, which increase the risk of developing asthma, include:

- Smoking, parental smoking and maternal smoking in pregnancy.
- Exposure to allergens in pregnancy.
- Viral infection during pregnancy.

Predisposing factors, which can trigger the development of asthma, include:

- Viral agents(e. g. RSV, parainfluenza).
- Irritants such as dust, chemical gas, smoke, cold weather.
- Exquisite exercises.
- Food such as egg, shrimp, crab.
- Drugs.

Pathogenesis

See Fig. 12-2.

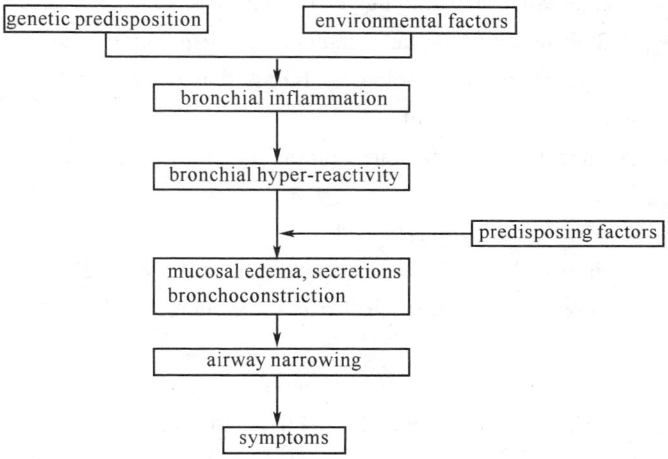

Fig. 12-2 Simple scheme of pathogenesis of asthma

Pathophysiology

It includes

- Swelling of the wall of bronchioles due to chronic inflammation.
- Spasm of bronchioles due to inflammation and hyperreactivity.
- Secretions forming mucus plug in bronchioles.
- Remodeling of the wall of bronchioles due to chronic and repetitive attacks of asthma.

Clinical manifestations

The most common symptoms are chronic intermittent coughing and expiratory wheezing. Respiratory symptoms usually be worse at night or in the morning. Older children may complaint shortness of breath and chest tightness; younger children are more likely to complaint nonfocal chest pain.

These symptoms are often induced by virus in

younger children; but induced by allergens or activity in older children.

The major signs of asthma are prolongation of the expiratory phase and wheezing by chest auscultation. Intercostal and suprasternal retractions, flaring of nostrils and accessory respiratory muscle use are signs of severe obstruction. Wheezes may not be heard because of poor air movement at critical condition which called "silent lung".

Severe condition of asthma, which called status asthmaticus is not relieved by administration of a short-acting inhaled β-agonist (SABA; e. g. albuterol) within 24 hours.

Investigations

- Plain chest radiographs show normal findings, aside from subtle and nonspecific hyperinflation. It can exclude abnormal findings of other diseases.
- Skin-pick test is the commonly used measure to test allergens. Specific serological IgE is diagnostic, but the total serum IgE is not.
- Lung function tests are helpful for children over age of 5 years.

  Airflow limitation: low FEV_1.

  Bronchodilator response: improvement in $FEV_1 \geqslant 12\%$.

  Bronchoprovocation challenges: worsening in $FEV_1 \leqslant 15\%$.

  Peak expiratory flow (PEF) monitoring.
- Exhaled nitric oxide (FE_{NO}) a marker of airway inflammation in allergy-associated asthma, has been thought to help with anti-inflammatory management and in confirming the diagnosis of asthma.

Diagnosis

Diagnostic criteria of childhood asthma

- Repetitive attack of wheezing, cough, shortness of breath, chest tightness.
- Prolongation of the expiratory phase and wheezing by chest auscultation.
- Above symptoms and signs can be relieved by bronchodilators or spontaneously.
- Exclusion of wheezing of other diseases.
- The followings should be considered for atypical childhood asthma:

  Positive challenge tests.

  Positive bronchodilator response.

  Response to steroids or other drugs for asthma.

  Abnormal daily variability of PEF.

Diagnostic criteria of cough variant asthma

- Cough lasts for more than 4 weeks, and worsens at night and in the morning.
- There is no infections and antibiotics do not work.
- The drugs treating asthma work.
- Other chronic coughs are excluded.
- Bronchodilator response test is positive.
- History of allergic conditions or positive skin-pick test.

Asthma Predictive Index for infant wheeze

Asthma of infant should be considered when more than four attacks of wheezing within one year plus one major risk factor or two minor risk factors (Table 12-2).

Table 12-2 Asthma predictive index for infant wheeze

Major risk factors	Minor risk factors
Parental asthma	Evidence for food allergens
Atopic dermatitis diagnosed by doctors	Eosinophilia of peripheral blood cell count ≥ 4%
Evidence for inhaled allergens	Wheezing not related to cold.

Differential diagnosis

Many childhood respiratory conditions can present with symptoms and signs similar to those of asthma. Besides asthma, other common causes of chronic, intermittent coughing include

- gastroesophageal reflux (GER).
- rhinosinusitis.
- eosinophilic bronchitis.
- endobronchial tuberculosis.

Besides asthma, other common causes of wheezing include

- virus induced brochiolitis.
- Bronchiolitis obliterans.
- foreign body aspiration.
- various malformation of respiratory and cardiovascular system.

Management

Principles of asthma pharmacotherapy

- For an exacerbation: relieve symptoms with anti-inflammatory medications and anti-spasm agents.
- For chronic persistent asthma: reduce hyperresponsiveness of airway and prevent remodelling with long-term anti-inflammatory medications, avoidance of any trigger and education.

Treatment of acute attacks or exacerbation (status asthmaticus)

A brief assessment of clinical symptoms and signs of asthma attack is very important before the management. Monitoring and recurrent assessment are necessary during the management. The therapy strategy is outlined in table 12-3.

Table 12-3 Therapy strategy of asthma

Drugs	Dosing for mild or moderate attack	Status asthmaticus
oxygen		Treat hypoxia with mask or nasal cannula. For extreme circumstance: Mechanical oxygen intervention is needed
Inhaled short-acting β-agonists: Albuterol nebulizer solution	2.5-5mg/dose twice or three times per day as needed	2.5-5mg/dose as often as every 20 min for 3 doses, then every 2-4hr as needed
Corticosteroids Budesonide by inhalation Prednisone: orally Prednisolone: intravenously	Prednisone: 1-2mg/kg.d bid or tid for 1-7days Budesonide: 0.5-1mg/dose every 6-8hr for 1-7 days	Intravenous prednisolone: 2-6mg/(kg · d) bid or tid for 1-7days
Anticholinergic agents: Ipratropium bromide by inhalation	Ipratropium+albuterol Ipratropium: 250-500mg/dose	
Injectable epinephrine		For extreme circumstance: 1 : 1000 solution 0.01ml/kg ip as often as every 20 minutes for less than 3 times
Short-acting theophylline Aminophylline	3-5mg/kg every 6-8 hr as needed	Continuous iv infusion: 3-5mg/kg loading dose, followed by 0.6-0.9mg/(kg · h) 3-5mg/kg every 6-8hr by iv infusion
Sedatives		Hydrochloride is the first choice if needed

Treatment of chronic persistent asthma

(1) Inhaled corticosteroid (ICS) is the first-line therapy in the management of chronic persistent asthma. Patients should start treatment at the step most appropriate to the initial severity. The severity should be reevaluated every 3 months before adjusting therapy.

(2) Leukotriene receptor antagonist (LRTA) is usually used for patients with mild to moderate severity. The commonly used agent is montelukast.

(3) Inhaled long-acting β-agonists including formoterol and salmeterol are used in combination with ICS.

(4) Sustained release tablet of theophylline is used in combination with ICS.

(5) The mast cell membrane stabilizer: Sodium cromoglycate is used for mild exercise-induced asthma or allergen-induced asthma.

(6) Combination therapy: combination therapy with an ICS plus any of the adjunctive therapies (long-acting β-agonists, leukotriene receptor antagonist, theophylline) is recommended for severe persistent asthma or uncontrolled asthma by ICS only.

Specific immunotherapy

Specific immunotherapy is administered in progressively higher doses in order to induce intolerance to specific allergen such as dust mite. It is only considered after strict environmental avoidance and pharmacologic intervention have failed to control asthma. The long-term clinical effects and safety are under investigated. Specific immunotherapy is recommended in combination with pharmacologic therapy.

Self-management and education

Self-management and education are critical to achieve the optimal goal of asthma and improve life quality.

- Avoid risk factors such as allergens, smoke, virus infections.
- Improving adherence: medication adherence plays a key role in the management of chronic persistent asthma.
- Operate the inhalation device correctly.
- Parents or children themselves can recognize the exacerbation of asthma and deal with it.

(谭建新)

第十三章 心血管系统疾病

第一节 儿童心血管系统的解剖生理特点

一、心脏的胚胎发育

胚胎早期22日左右由胚胎腹面两侧的原始基所形成的两个血管源性管状结构在胚胎中轴两侧向中线融合，形成原始心管。胎龄22~24日，由头至尾，形成了动脉干、心球、心室、心房与静脉窦等结构，与此同时心管发生扭曲旋转，心室的扩展和伸张较快，逐渐向腹面突出，原来处于心管前后两端的动脉干和静脉窦都位于心脏的前端。

心房和心室的最早划分是在房室交界的背面和腹面长出心内膜垫，两垫相互融合成为中间的分隔结构，使房室分隔开来。心房的左右之分起始于胚胎的第三周末，在心房腔的前背部长出一镰状隔，为第一房间隔，其下缘向心内膜垫生长，暂时未长合时所留孔道名第一房间孔。在第一房间孔未闭合前，第一房间隔的上部形成另一孔，名第二房间孔，这样使左右心房仍保持相通。至第五、六周，于第一房间隔右侧又长出一镰状隔，名第二房间隔，此隔在向心内膜垫延伸过程中，其游离缘留下一孔道，名卵圆孔，此孔与第一房间隔的第二房间孔上下相对。随着心脏继续成长，第一房间隔与第二房间隔渐渐接近而黏合，第二房间孔被第二房间隔完全掩盖，即卵圆孔处第一房间隔紧贴着作为此孔的幕帘，血流可由右侧推开幕帘流向左侧，反向时幕帘遮盖卵圆孔而阻止血液自左心房流向右心房（图13-1）。

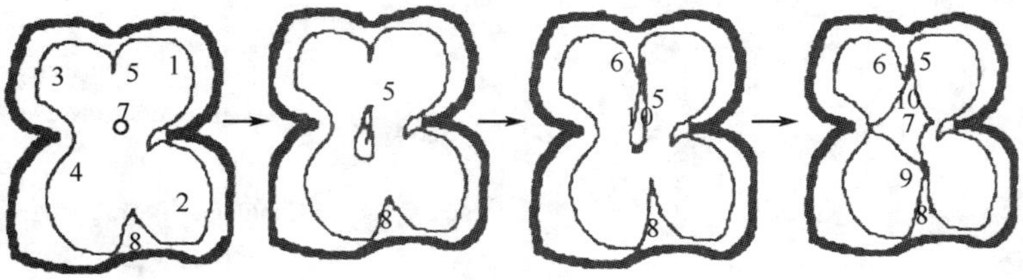

图13-1 胎儿房室间隔的发育

1. 左心房；2. 左心室；3. 右心房；4. 右心室；5. 第一房间隔；6. 第二房间隔；7. 心内膜垫；8. 室隔肌部；9. 室隔膜部；10. 卵圆孔

心室间隔的分隔形成有三个来源：①肌膈，由原始心室底壁向上生长，部分地将左右两室分开；②心内膜垫向下生长与肌膈相合，完成室间隔；③小部分为动脉总干及心球分化成主动脉与肺动脉时的中隔向下延伸的部分。后两部分形成室间隔的膜部。

原始的心脏出口是一根动脉总干，在总干的内层对侧各长出一纵嵴，两者在中央轴相连，将总干分为主动脉与肺动脉。由于该纵隔自总干分支处成螺旋形向心室生长，使肺动脉向前、向右旋转与右心室连接，主动脉向左、向后旋转与左心室连接。如该纵隔发育障碍，分隔发生偏差或扭转不全，则可造成主动脉骑跨或大动脉错位等畸形。

原始心脏于胚胎第2周开始形成，约于第4周起有循环作用，至第8周房室间隔已完全长成，即成为四腔心脏。先天性心脏畸形的形成主要就是在这一时期。

二、胎儿新生儿循环转换

胎儿血液循环中，因肺脏不存在有效的呼吸，故肺循环血量少，另外，动脉导管和卵圆孔参与胎儿循环（图13-2）。来自母体的氧合血自胎盘经脐静脉回流至胎儿，约50%的脐静脉血进入肝循环，其余部分绕过肝，经静脉导管入下腔静脉，与来自胎儿下半身氧合程度较低的下腔静脉血部分混合，共同流入右心房，并优先经卵圆孔进入左心房。此部分血随后进入左心室及升主动脉。氧合程度较低的胎儿上腔静脉血进入右心房，并优先经三尖瓣进入右心室。血液自右心室被射入肺动脉。由于肺动脉处于收缩状态，因此仅20%的右心室的血流进入肺。其主要部分经动脉导管直接进入降主动脉供应下半身，然后经两根脐动脉回流到胎盘。因此胎儿的上半身（包括冠状动脉、脑动脉及供应上肢的血管）只接受左心室供应的血液，而供应下半身的血液主要来自右心室，所以上半身动脉血氧分压高于下半身的动脉血氧。同时，右心室需克服体循环阻力，承担远较左心室多的容量负荷。

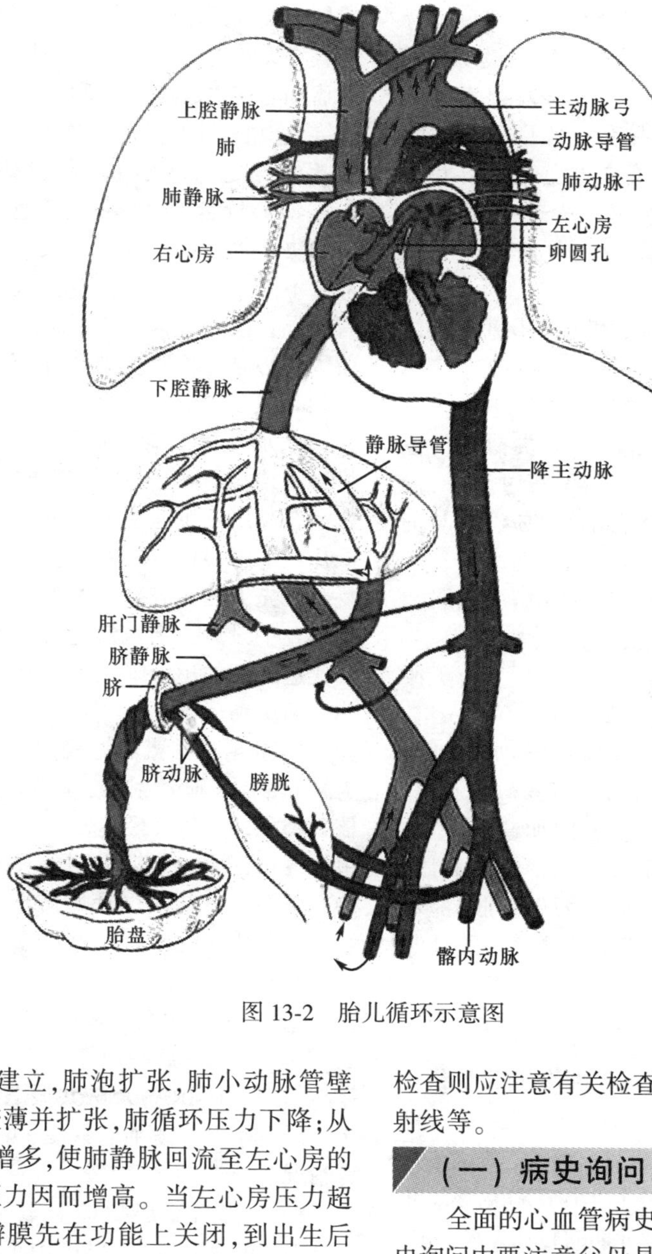

图 13-2　胎儿循环示意图

出生后呼吸立即建立，肺泡扩张，肺小动脉管壁肌层逐渐退化，管壁变薄并扩张，肺循环压力下降；从右心室流入肺的血液增多，使肺静脉回流至左心房的血量也增多，左心房压力因而增高。当左心房压力超过右心房时，卵圆孔瓣膜先在功能上关闭，到出生后5~7个月，解剖上大多闭合，形成卵圆窝。同时，自主呼吸的建立，血氧含量增高，动脉导管平滑肌受到刺激后收缩，另外，肺循环阻力降低和体循环阻力增高，动脉导管处逆转为左向右分流，高的 PaO_2 加上出生后体内前列腺素的减少，使动脉导管逐渐收缩、闭塞，最后血流停止，成为动脉韧带。足月儿约80%在生后24小时内形成功能性关闭。约80%婴儿于生后3个月、95%婴儿于生后一年形成解剖上关闭。若动脉导管持续未闭，可认为有畸形存在。脐血管在出生后即被切断，脐静脉在6~8周后完全闭锁，形成韧带。

第二节　儿童心血管系统疾病检查方法特点

对小儿心血管系统疾病的诊断，在病史采集、体格检查方面应注意小儿自身及疾病的特点，对于辅助检查则应注意有关检查是否对儿童发育有影响，如X射线等。

（一）病史询问

全面的心血管病史应从围产期情况开始，首先病史询问中要注意父母是否近亲婚配、家族成员有无先天性畸形，母孕早期有无病毒感染、放射线接触、有害药物应用史，同时询问有无家族遗传病史。如果症状出现于婴儿期，就必须注意症状最初发生的时间，从而提供心脏疾病的重要线索。反复的心功能不全、肺炎、生长发育迟缓及发绀是先心病患者最常见的就诊原因。合并心功能不全患儿在婴儿期出现喂养困难，如吸吮数口就停吸、大量出汗、呼吸浅促、鼻翼扇动等，年长儿活动耐量下降及蹲踞现象。左房或肺动脉扩张压迫喉返神经可引起患儿自幼声音嘶哑。儿童容易罹患呼吸道感染。有青紫者还要询问有无缺氧发作。对胸闷、心悸、心前区疼痛者应注意心律失常、心肌疾病。

（二）体格检查

1. 一般检查　评价生长发育，测量身高体重，因为许多先天性心脏病都常导致生长迟缓。注意特殊面容及全身合并畸形、精神状态、体位和呼吸频率。先天性心脏病可能是很多遗传综合征的一部分。青紫6个月~1年后,可出现杵状指(趾),发绀最易在甲床、口唇、舌和黏膜处被观察到。差异性发绀表现为下肢发绀而上肢红润(通常是右手),常见于主动脉缩窄或中断通过动脉导管产生右向左分流。皮肤黏膜瘀点是感染性心内膜炎血管栓塞的表现;注意颈动脉搏动,肝颈静脉回流征,肝脾大小、质地及有无触痛,下肢有无水肿。

2. 心脏检查 心脏的检查是诊断心脏疾患不可缺少的最重要的基本方法,尤其是对于先天性心脏病者更为重要,心脏的检查应以系统方式按以下顺序进行。

(1)视诊:包括心前区有无隆起,心尖搏动的位置、强弱及范围。儿童因为胸廓处于发育过程中,慢性心脏增大可致胸骨左缘心前区隆起,但应注意与佝偻病引起的鸡胸、或先天性胸廓畸形相鉴别。

(2)触诊:进一步确定心尖搏动的位置、强弱及范围,心前区有无抬举搏动感及震颤。

(3)叩诊:可粗略估计心脏的大小及位置有无改变。新生儿及婴儿主要叩诊心尖部。

(4)听诊:心脏检查中最重要的一环,听诊时应在环境及患儿均安静的状态下进行。听诊包括心率、节律,第一、二心音的强弱,有无分裂,附加音等。

3. 周围血管征 比较上、下肢动脉搏动及血压,如股动脉搏动减弱或消失,下肢血压低于上肢,提示主动脉缩窄。脉压增宽,伴有毛细血管搏动和股动脉枪击音,提示动脉导管未闭或主动脉瓣关闭不全等。

(三)辅助检查

1. 胸部X线检查 包括透视和摄片,可以提供包括心脏的大小和形态、肺血流情况、肺水肿及某些先天性综合征合并的肺部和胸廓畸形等信息。测量心脏大小最常用的方法是测量心胸比例,年长儿应小于50%,婴幼儿小于55%。对于婴儿来讲,因为婴儿期的心脏为水平位,从而可能使心胸比例超过50%而没有真正的心脏扩大。此外,婴儿期胸腺较大,不仅可与心底部重叠,还可与整个纵隔相重叠,从而掩盖真正的心脏轮廓。

2. 心电图 对心脏病的诊断有一定的帮助,能反映心脏位置,心房、心室有无肥厚及心脏传导系统的情况。在分析小儿心电图时应注意年龄的影响,年龄越小,心率愈快。在新生儿的心电图演变中,可反映出生后心脏解剖和血流动力学的改变。婴幼儿时期QRS综合波以右心室占优势,随着婴儿长大,左心室的优势逐渐明显。有些先天性心脏病有特征性的心电图,如房间隔缺损的V1导联常呈不完全性右束支阻滞。

3. 超声心动图 超声心动图技术是一种无创的检查技术,对结构性心脏病诊断有重要意义,急剧地减少了心导管等有创性检查的需要。超声心动图检查可用于分析先天性心脏病的结果、评估心腔内压力和狭窄瓣膜或血管处的压力阶差、测量心脏的收缩功能、明确缺损部位的血流方向、检查冠状动脉的完整性,以及探查有无心内膜炎引起的赘生物、有无心包积液、心脏肿瘤和心腔内血栓。包括以下几种:M型超声心动图、二维超声心动图、多普勒彩色血流成像、三维超声心动图、经食道超声心动图和胎儿超声心动图等。

4. 心导管检查 是先天性心脏病进一步明确诊断和决定手术前的一项重要检查方法之一。据检查部位不同分为右心导管、左心导管检查两种。临床上右心导管检查较常用。因超声心动图的快速发展,目前国内心导管检查主要用于复杂心脏畸形手术前检查和心脏介入治疗手段。

5. 心血管造影 心导管检查时,根据诊断需要将导管顶端送到选择的心腔或大血管,通过导管将造影剂在高压下迅速注入心脏和大血管,同时进行快速摄片或电影摄影,以明确心血管的解剖畸形,尤其对复杂性先天性心脏病及血管畸形,心血管造影仍是主要检查手段。数字减影造影技术(DSA)的发展及新一代造影剂的出现降低了心血管造影对人体的伤害,使诊断更精确。

6. 放射性核素心血管造影 常用的放射性核素为99m锝,静脉注射后,应用γ闪烁照相机将放射性核素释放的γ射线最终转换为点脉冲,所有的数据均由计算机记录、存储,并进行图像重组及分析。常用的心脏造影有初次循环心脏造影及平衡心脏血池造影。主要用于左向右分流及心功能检查。

7. 磁共振成像 磁共振成像(MRI)具有无电离辐射损伤、无造影剂、多剖面成像能力等特点,有多种技术选择,包括自旋回波技术(SE)、电影MRI、磁共振血管造影(MRA)及磁共振三维成像技术等。常用于诊断主动脉弓等血管病变,可很好地显示肺血管发育情况。

8. 计算机断层扫描 电子束计算机断层扫描(EBCT)和螺旋型CT已应用于心血管领域。对下列心脏疾病有较高的诊断价值:大血管及其分支的病变;心脏瓣膜、心包和血管壁钙化,心腔内血栓和肿块;心包缩窄、心肌病等。

第三节 常见先天性心脏病

一、先天性心脏病概述

先天性心脏病(congenital heart disease,CHD)是胎儿时期心脏及大血管发育异常所致的先天畸形,是小儿最常见的心脏病,先天性心脏病在活产儿中的发生率为6‰~10‰。在各类先天性心脏病中,以室间隔缺损最多,其次为房间隔缺损、动脉导管未闭和肺动脉瓣狭窄。法洛四联症则是存活的紫绀型先天性心脏病中最常见者。

近年来小儿先天性心脏病的诊治研究取得了很大进展，导管介入治疗先天性心脏病已部分取代了外科手术。心脏外科手术方面，婴儿重症及复杂类型的手术治疗取得很大发展。体外循环、深低温麻醉下心脏直视手术的发展及带瓣管道的使用不仅使大多数常见先天性心脏病根治手术效果大为提高，而且对某些复杂心脏畸形亦能在婴儿期、甚至新生儿期进行手术，因此先天性心脏病的预后已大为改观。

（一）病因和预防

在胎儿心脏发育阶段中，因各种因素使心脏某一部分发育停顿或异常，即可造成先天性心脏畸形。多数先天性心脏病的病因不明，但确定多种先天性心脏病的遗传学基础的研究正取得迅猛发展。多数先天性心脏病被认为是多因素性的，是遗传素质与环境刺激共同作用的结果

内在因素主要与遗传有关，包括①单基因突变：如马凡氏综合征。②染色体畸变：多伴有心外畸形，如21-三体综合征等。近年研究证明，房室间隔缺损和动脉干畸形等与第21号染色体长臂某些区带的过度复制和缺失有关。③多基因突变：大多数先天性心脏病都为此类。该类多为心血管畸形，不伴其他畸形。近年研究发现，第7、12、15和22号染色体上有与形成心血管畸形有关的基因。④先天性代谢紊乱：如糖原累积症等。⑤神经脊发育异常。

外在因素中较重要的为宫内感染，特别是母孕早期(2~8周)患病毒感染如风疹、流行性感冒、流行性腮腺炎和柯萨奇B3、B4病毒、巨细胞病毒、弓形虫感染等，其他如孕母缺乏叶酸，接触放射线，服用药物（抗癌药，抗癫痫药等），代谢性疾病（糖尿病、高钙血症、苯丙酮尿症等）宫内缺氧等均可能与发病有关。

加强孕妇的保健特别是在妊娠早期适量补充叶酸，积极预防风疹，流感等病毒性疾病，以及避免与发病有关的因素接触，对预防先天性心脏病具有积极的意义。

（二）分类

先天性心脏病的种类很多，且可有两种以上畸形并存，可根据左、右两侧及大血管之间有无分流分为三大类。

1. 左向右分流型（潜伏青紫型）　正常情况下由于体循环压力高于肺循环，故平时血液从左向右分流而不出现青紫。当剧哭、屏气或任何病理情况下致使肺动脉或右心室压力增高并超过左心压力时，则可使血液自右向左分流而出现暂时性青紫，如室间隔缺损、动脉导管未闭和房间隔缺损等。

2. 右向左分流型（青紫型）　某些原因（如右心室流出道狭窄）致使右心压力增高并超过左心，使血流经常从右向左分流时，或因大动脉起源异常，使大量静脉血流入体循环，均可出现持续性青紫，如法洛四联症和大动脉转位等。

3. 无分流型（无青紫型）　即心脏左、右两侧或动、静脉之间无异常通路或分流，如肺动脉狭窄和主动脉缩窄等。

二、房间隔缺损

案例 13-1

患儿，男，2个月，因“咳嗽2日、发现心脏杂音2个月”入院，体检：神志清楚，精神反应欠佳，咽稍红，呼吸尚平稳，双肺呼吸音粗，双肺底部可闻及少许细小水泡音，心前区无隆起，心音有力，心律整齐，胸骨左缘2~3肋间可闻及3/6收缩期吹风样杂音，P_2亢进并固定分裂，未触及震颤，末梢循环可，无杵状指（趾），神经系统无异常。

【思考题】

1. 房间隔缺损属于哪种类型的先天性心脏病？该类型的先心病还包括哪几种？

2. 房间隔缺损杂音产生的原理是什么？

（一）概述

房间隔缺损（atrial septal defect，ASD）是成人最常见的先天性心脏病，占先天性心脏病发病总数的5%~10%。根据胚胎发生的部位，可将缺损分为四个类型。缺损位于心内膜垫与房间隔交接处为原发孔型（或Ⅰ孔型）房间隔缺损，常合并二尖瓣前瓣裂或三尖瓣隔瓣裂。位于房间隔中央卵圆窝者为继发孔型（或Ⅱ孔型）房间隔缺损（图13-3）。位于上腔静脉或下腔静脉入口处者为静脉窦型房间隔缺损。位于冠状静脉窦上端与左心房间者为冠状静脉窦型房间隔缺损。其中单发的继发孔型房间隔缺损，占房间隔缺损的75%。女性较多见，男女比例为1∶2。

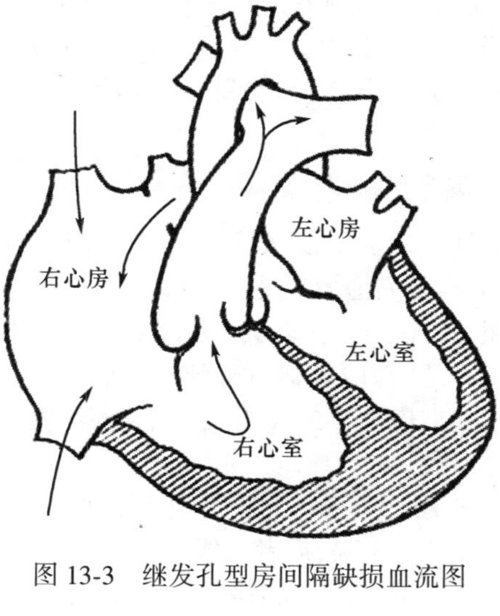

图13-3　继发孔型房间隔缺损血流图

（二）病理生理

刚出生或婴儿早期，因右心室壁仍较厚，顺应性较差，右心房的压力高于左心房，血流由右向左分流或无分流，可发生暂时性青紫。当体、肺循环压力对比转为正常后，青紫消失。随着年龄的增长，体循环压力逐渐增高，左心房压力超过右心房，血流方向为左向右，右心房、右心室及肺循环血流量增多，可引起右心房、右心室增大，肺循环充血；而左心室、主动脉及体循环血流量减少。肺循环充血的结果使患儿容易患肺炎，体循环血流量减少则引起全身供血不足，影响患儿的生长发育。如果缺损较大，产生大量左向右分流，肺动脉压力增高，日久可导致肺小动脉肌层及内膜增厚，管腔狭窄，出现双向分流，甚至右向左分流，出现持续性青紫。

（三）临床表现

房间隔缺损的症状随缺损大小而有区别。缺损小的可全无症状，仅在体检时发现胸骨左缘 2～3 肋间有收缩期杂音。缺损较大时分流量也大，导致体循环血流量减少而影响生长发育，表现为消瘦、乏力、多汗，活动后气急。并因肺循环血流量增多而易反复呼吸道感染，严重者早期发生心力衰竭。

分流量大的患儿出现心前区隆起，心尖搏动弥散，心浊音界扩大，触诊心前区有抬举冲动感，多无震颤。听诊大多数病例于胸骨左缘第二、三肋间可听到 2/6～3/6 级收缩期喷射性杂音，多较柔和，此因右心室排血量增多，导致右心室流出道相对狭窄所致。肺动脉瓣区第二心音亢进和固定分裂（分裂不受呼吸影响）。固定分裂是由于右心室容量固定增加（吸气时，胸腔负压增加，由上、下腔静脉回流至右心室血量增加，经过房间隔缺损的左向右分流量减少；呼气时，胸腔负压减小，由上、下腔静脉回流至右心室血量减少，经过房间隔缺损的左向右分流量增多），收缩期时间延迟，肺动脉瓣关闭晚于主动脉瓣所致。当肺循环血流量超过体循环达 1 倍以上时，则在胸骨左缘下方听到舒张早中期杂音，因三尖瓣相对狭窄所致。肺动脉高压明显扩张或有肺动脉高压者，可在肺动脉瓣区听到收缩期杂音。

（四）辅助检查

1. X 线表现 心脏大小可正常，或轻至中度增大，以右心房及右心室为主。肺动脉段突出，肺门血管影增粗，透视下可见肺动脉总干及分支随心脏搏动而一明一暗的“肺门舞蹈”征，肺野充血，主动脉影缩小。原发孔型房缺伴二尖瓣关闭不全者，则左心房、左心室亦增大。

2. 心电图 典型心电图表现为电轴右偏和不完全性右束支传导阻滞，后者可能为室上嵴肥厚和右心室扩张所致。可出现右心房和右心室肥大。P-R 间期可延长。原发孔型房缺的病例常见电轴左偏及左心室肥大。

3. 超声心动图 可显示房间隔缺损的位置及大小。婴幼儿多普勒彩色血流显像可以估测分流量的大小、右心室收缩压及肺动脉压力。动态三维超声心动图可以从左房侧或右房侧直接观察到缺损的整体形态，观察缺损与毗邻结构的立体关系及其随心动周期的动态变化，有助于给手术者提供直观信息。

4. 心导管检查 一般不需要做心导管检查。当合并肺动脉高压、肺动脉瓣狭窄或肺静脉异位引流时可行右心导管检查。右心导管检查时导管易通过缺损由右心房进入左心房，右心房血氧含量高于上、下腔静脉血氧含量，若上腔静脉血氧饱和度超过 85%，需考虑肺静脉异位引流，用导管探查异位引流的肺静脉。右心室和肺动脉压力往往正常或轻度增高，肺动脉阻力可正常。右上肺静脉造影可显示房间隔缺损的位置和大小。

（五）治疗

小型继发孔房间隔在 4 岁内 15% 的自然闭合率。房缺分流量较大（Qp/Qs，>1.5）的均需手术治疗，手术方式有两种：①体外循环下直视关闭缺损。一般可在 3～5 岁时进行。若有反复呼吸道感染、发生心力衰竭或合并肺动脉高压者应尽早手术治疗。②经皮心导管介入治疗。应用双面蘑菇伞（Amplatzer 装置）对房间隔缺损进行封堵治疗。适应证为：①继发孔型房缺；②年龄：通常≥2 岁，<2 岁伴有血流动力学意义的；③直径小于 36mm；④房缺边缘距肺静脉、腔静脉、冠状静脉窦口的距离大于 5mm；至房室瓣≥7mm；⑤房间隔直径>所选用封堵伞左房侧的直径。分流量较小的房间隔缺损（<4mm）不主张手术。但其是否会增加成年期脑卒中的危险，尚需进一步观察。

三、室间隔缺损

案例 13-2

患儿，男，1 个月，因“发现哭吵时口唇青紫 1 个月”入院，体查：神志清楚，精神反应可，咽不红，呼吸尚平稳，双肺呼吸音稍粗，双肺未闻及明显干、湿啰音，心前区无隆起，心音有力，心律整齐，胸骨左缘 3～4 肋间可闻及 3/6 收缩期喷射样杂音，广泛传导，未触及震颤，末梢循环可，无杵状指（趾），神经系统无异常。

【思考题】

1. 根据该病例特点，临床首先考虑什么疾病，该患儿哭吵时口唇为什么可见青紫？

2. 根据该疾病发生的部位，该疾病分为哪几种类型？

室间隔缺损(ventricular septul defect,VSD)是最常见的心脏畸形,约占先天性心脏病的50%。缺损可发生在室间隔的任何部位,但多数是膜周部的室间隔缺损。膜周部的室间隔缺损位于室间隔的后下方,三尖瓣隔瓣之前(图13-4)。位于室上嵴与圆锥乳头肌之间的缺损可能伴有法洛四联症的肺动脉瓣狭窄和其他表现。室上嵴之上的室间隔缺损较为少见,这种缺损位于肺动脉瓣下,可能累及主动脉窦,引起主动脉关闭不全。位于室间隔中部或心尖部的缺损为肌部室间隔缺损。

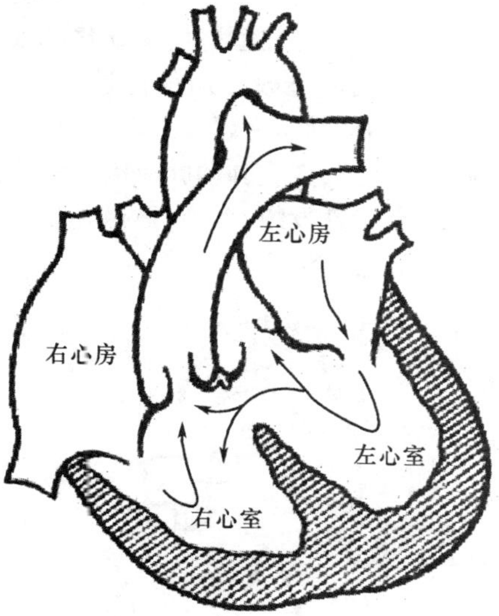

图13-4 室间隔缺损血流图

(一)病理生理

缺损的实际大小是决定左向右分流量的一个主要的因素,分流量的大小还取决于肺血管阻力与体循环血管阻力的相对水平。小型室间隔缺损(<0.5cm)被称为限制型室间隔缺损,右心室压力通常正常。左心室较高的压力促使左向右分流,但小缺损限制了分流量。大的非限制型室间隔缺损(>1.0cm),右心室压力可与左心室相等,分流的方向和大小取决于肺血管阻力与体循环血管阻力的比值。

大型的室间隔缺损患者出生之后,肺血管阻力可持续高于正常水平,左向右分流可能因此而受到限制。在出生几周内,随着肺动脉和肺小动脉的中层发生正常退化,肺血管阻力进行性下降,左向右的分流量就增大,最终形成大量的左向右分流,出现明显的临床表现。婴儿早期的多数患儿中,肺血管阻力仅有轻度增高,肺动脉高压主要由于大的肺血流量所致。有些大型室间隔缺损婴儿中,肺小动脉的中层永久不退化。由于肺血管长期处于高压和高流量状态下,肺血管开始发生梗阻性病变。当肺循环和体循环血管阻力之比接近1∶1时,出现双向分流,心力衰竭的体征减轻,但临床出现发绀,即艾森曼格(Eisenmenger)综合征。

(二)临床表现

室间隔缺损患者的临床表现因缺损大小及肺循环血流量和压力的不同而异。小的左向右分流和正常肺动脉压力的小缺损是最常见的。患儿常无症状,心脏缺损常在体检时发现。典型的表现为胸骨左缘下部闻及响亮、粗糙或吹风样的全收缩期杂音,并常伴震颤。在少数患者中,这一杂音在第二心音前结束,可能是由于收缩晚期时经缺损的分流停止所致。新生儿期心尖区短而粗糙的杂音,提示存在小的肌部室间隔缺损。在出生后的几日内可能听不到收缩期杂音,但在早产儿中,由于肺血管阻力下降较快,所以可能在早期就听到这一杂音。

肺血流量增多和肺动脉高压的大室间隔缺损中,婴儿早期就出现呼吸困难、喂养困难、生长发育落后、多汗、反复的肺部感染及心力衰竭。通常不出现青紫,但有时在感染或啼哭时出现肤色变暗。常见左心前区隆起,合并胸骨旁抬举感,心尖抬举性搏动和收缩期震颤。由于缺损部位没有明显的压力阶差,杂音没有小室间隔缺损粗糙,而类似吹风样杂音。此次在新生儿期更不易听到。由于肺动脉高压,肺动脉瓣区第二心音亢进。心尖区舒张中期低调的隆隆样杂音是由于通过二尖瓣的血流量增多所致。

(三)辅助检查

1. X线检查 小型室间隔缺损胸部X线检查无明显改变,或肺野轻度充血。中型缺损心影轻度到中度增大,左、右心室增大,以左心室增大为主,肺动脉段突出,肺野充血,主动脉结缩小。大型缺损心影中度以上增大,左、右心室增大,多以右心室增大为主,左心房也增大,肺动脉段明显突出,肺野明显充血。若为肺动脉主支增粗,肺远端血管影变细、减少,宛如枯萎的秃枝,而心影基本正常,应考虑艾森曼格综合征。

2. 心电图 小型缺损心电图可正常或表现为轻度左心室肥大;中型缺损主要为左心室舒张期负荷增加表现,V5、V6导联R波升高伴深Q波,T波直立高尖对称,以左心室肥厚为主;大型缺损为双心室肥厚或右心室肥厚。部分病例可见右束支传导阻滞及Ⅰ~Ⅱ度房室传导阻滞。症状严重、出现心力衰竭时,可伴有心肌劳损。

3. 超声心动图 主要显示左心房、左心室大小,右心室壁厚度,室间隔缺损位置、大小。彩色多普勒超声可显示收缩期五彩镶嵌的左向右分流束。估测右心室收缩压及肺动脉舒张压。

4. 心导管检查 一般评价肺动脉高压程度、计算肺血管阻力及体肺分流量,判定是否有梗阻型肺动脉高压或其他畸形。右心室血氧含量高于右心房容积1%,提示存在心室水平左向右分流。左心室长轴斜位造影可显示心腔形态、大小及心室水平分流束的起源、部位、时相、数目与大小,除外其他并发畸形等。

(四) 治疗

1. 婴儿期心力衰竭者 可用地高辛等强心药,必要时加用利尿剂和血管扩张药物。艾森曼格综合征为手术禁忌证,以改善症状、对症治疗为主,如使用波生坦等肺血管扩张药物。

2. 应用封堵器经皮心导管介入治疗 适应证:①膜周部 VSD,年龄:通常≥3 岁,对心脏有血液动力学影响的单纯性 VSD,VSD 上缘距主动脉右冠瓣≥2mm,无主动脉右冠瓣脱入 VSD 及主动脉瓣反流;②肌部缺损,通常≥5mm;③外科手术后残余分流。

3. 体外循环下直视修补术 小型室缺无血液动力学改变的可不手术;中等室缺在学龄前期适宜手术;大型室缺小儿在 6 个月内若有顽固心衰、反复肺炎、生长缓慢可即时手术;6 个月~2 岁若肺动脉压超过体循环压力的 50%应考虑手术;2 岁以后若肺循环血流量超过体循环血流量的 2 倍应手术。

四、动脉导管未闭

案例 13-3

患儿,女,1 岁 4 个月,因"体检发现心脏杂音 1 日"入院,体检:神志清楚,精神反应可,咽不红,呼吸尚平稳,双肺呼吸音稍粗,双肺未闻及明显干、湿啰音,心前区无隆起,心音有力,心律整齐,心界稍向左下扩大,胸骨左缘第 2 肋间可闻及连续性机械样杂音,向颈部传导,周围血管征阴性,神经系统无异常。

【思考题】

1. 根据该病例特点,临床首先考虑什么疾病?

2. 该疾病为什么会产生差异性发绀?

动脉导管未闭(patent ductus arteriosus,PDA)为小儿先天性心脏病常见类型之一,占先天性心脏病发病总数的 10%,女性较多见。根据未闭动脉导管的大小、长短和形态不一,可分为五型。①管型:导管长度多在 0.7~1cm 左右,直径粗细不等;②漏斗型:长度与管型相似,但其近主动脉端粗大,向肺动脉端逐渐变窄;③窗型:肺动脉与主动脉紧贴,两者之间为一孔道,直径往往较大;④瘤型:导管两端细,中间呈瘤样扩张;⑤铃型:导管两端粗,中间细。

(一) 病理生理

出生后动脉导管关闭与动脉导管的肌层厚度、体循环中氧分压及自主神经系统的化学解体(如激肽类)的释放等有关。未成熟儿动脉导管平滑肌发育不良,更由于其平滑肌对氧分压的反应低于成熟儿,故早产儿动脉导管未闭发病率高,占早产儿的 20%。动脉导管未闭引起的病理生理学改变主要是通过导管引起的分流。分流量的大小与导管的粗细及主、肺动脉的压差有关。由于主动脉在收缩期和舒张期的压力均超过肺动脉,因而通过未闭动脉导管的左向右分流的血液连续不断,使肺循环及左心房、左心室、升主动脉的血流量明显增加,左心负荷加重,其排血量达正常时的 2~4 倍,部分患者左心室搏出量的 70%可通过大型动脉导管进入肺动脉,导致左心房扩大,左心室肥厚扩大,甚至发生充血性心力衰竭。长期大量血流向肺循环的冲击,肺小动脉可有反应性痉挛,形成动力性肺动脉高压;继之管壁增厚硬化导致梗阻性肺动脉高压,此时右心室收缩期负荷过重,右心室肥厚甚至衰竭。当肺动脉压力超过主动脉压时,左向右分流明显减少或停止,产生肺动脉血流逆向分流入主动脉,患儿呈现差异性发绀,下半身青紫,左上肢有轻度青紫,右上肢正常(图 13-5)。

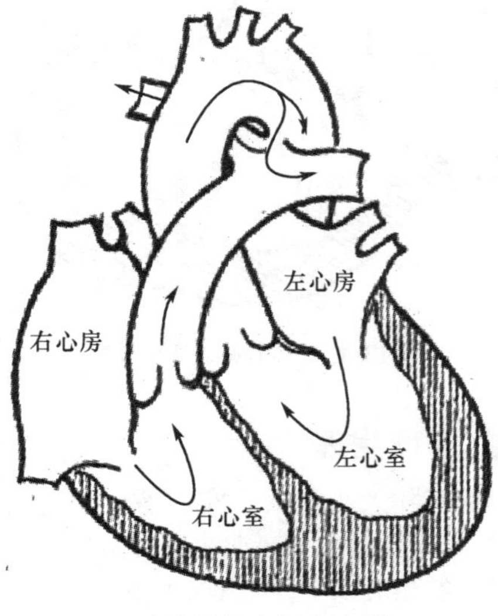

图 13-5 动脉导管未闭血流图

(二) 临床表现

动脉导管细小者临床上可无症状。导管粗大者可有体循环血量减少和肺循环血量增加的表现,如咳嗽、气急、喂养困难及生长发育落后等。胸骨左缘第二肋间闻及粗糙响亮的连续性机器样杂音,占整个收缩期与舒张期,于收缩末期最响,杂音向左锁骨下、颈部和背部传导,当肺血管阻力增高时,杂音的舒张期成分可能减弱或消失。分流量大者因相对性二尖瓣狭窄而在心尖部可闻及较短的舒张期杂音。肺动脉瓣区第二心音增强,婴幼儿期因肺动脉压力较高,主、肺动脉压力差在舒张期不显著,因而往往仅听到收缩期杂音,当合并肺动脉高压或心力衰竭时,多仅有收缩期杂音。由于舒张压降低,脉压增宽,并可出现周围血管体征,如水冲脉、指甲床毛细血管搏动等。当梗阻性肺动脉高压,肺动脉压力超过主动脉压时,左向右分流明显减少或停止,产生肺动脉血流逆向分流入主动脉,出现下半身青紫,左上肢有轻度青紫,右上肢正常。即所谓差异性发绀。

动脉导管未闭可并发支气管肺炎、充血性心力衰竭、感染性动脉炎、感染性心内膜炎等。

(三) 辅助检查

1. X 线检查 动脉导管细者心肺 X 线可无异常。分流量大者显示左心室、左心房增大。肺血增多,肺动脉段突出,肺门血管影增粗。合并肺动脉高压时,右心室亦增大,主动脉弓往往也增大,可呈漏斗征,这一特征与室间隔缺损不同,有鉴别意义。当婴儿有心力衰竭时,可见肺淤血表现,透视下左心室和主动脉搏动增强。肺动脉高压时,肺门处肺动脉总干明显增粗,而远端肺小动脉变细。

2. 心电图 分流量大者可有不同程度的左心室肥大,偶有左心房肥大,肺动脉压力显著增高者,左、右心室肥厚,严重者甚至仅见右心室肥厚。

3. 超声心动图 二维超声心动图可以直接探查到未闭合的动脉导管。彩色多普勒可见红色血流出自降主动脉,通过未闭导管沿肺动脉外侧壁向肺动脉瓣方向分流;重度肺动脉高压时,当肺动脉压超过主动脉时,可见蓝色血流自肺动脉经未闭导管进入降主动脉。

4. 心导管检查 当肺血管阻力增加或疑有其他合并畸形时需行心导管检查,血气分析肺动脉血氧含量较右心室为高。有时心导管可以从肺动脉通过未闭导管插入降主动脉。

5. 心血管造影 逆行主动脉造影对复杂病例的诊断及介入治疗有重要价值,在降主动脉注入造影剂可显示未闭的动脉导管,肺动脉可同时显影。

(四) 治疗

1. 药物治疗 主要适应于早产儿,且出现临床症状者,可药物关闭动脉导管。一般于生后 1 周内使用吲哚美辛或布洛芬。吲哚美辛 0.2mg/kg,共 3 次,间隔 12 小时,胃管鼻饲或静脉给药;布洛芬口服第 1 剂 10mg/kg,第 2、3 剂 5 mg/kg,间隔 24 小时。

2. 介入治疗 为目前治疗动脉导管的常用方法。选择弹簧圈(coil)、蘑菇伞(Amplatzer)等关闭动脉导管。适应证:左向右分流不合并需外科手术的心脏畸形的动脉导管未闭;动脉导管未闭最窄直径≥2.0mm;体重≥4kg。

3. 外科手术治疗 对于药物不能关闭,且不符合介入治疗适应证的患儿,可行外科手术治疗。手术方法分为动脉导管未闭结扎术和离断缝闭术。

对于动脉导管依赖性患者,如完全性大血管转位、肺动脉闭锁、三尖瓣闭锁、严重的肺动脉狭窄,对维持患婴生命至关重要,此时应该应用前列腺素 E2 以维持动脉导管开放。

五、肺动脉瓣狭窄

肺动脉瓣狭窄(pulmonary stenosis,PS)是一种常见的先天性心脏病,约有 20% 的先心病合并肺动脉瓣狭窄。

(一) 病理解剖

本病根据狭窄部位分为漏斗部、瓣膜、肺动脉干及肺动脉分支狭窄,单纯性肺动脉瓣狭窄约占先心病的 10%。肺动脉瓣狭窄根据病变累及的部位不同,分为两种类型。

1. 典型肺动脉瓣狭窄 肺动脉瓣三个瓣叶交界处互相融合,使瓣膜开放受限,瓣口狭窄;只有两个瓣叶的交界处融合为肺动脉瓣二瓣化畸形;瓣叶无交界处仅中心部留一小孔,为单瓣化畸形。瓣叶结构完整,瓣环正常,肺动脉干呈狭窄后扩张,有时可延伸到左肺动脉,但扩张的程度与狭窄的严重性并不完全成比例。

2. 发育不良型肺动脉瓣狭窄 肺动脉瓣叶形态不规则且明显增厚或呈结节状,瓣叶间无粘连,瓣叶启闭不灵活,瓣环发育不良,肺动脉干不扩张或发育不良。此病常有家族史,Noonan 综合征大多合并此病变。

肺动脉瓣狭窄的继发性改变为右心室向心性肥厚,狭窄严重者,心室腔小,心内膜下心肌可有缺血性改变。有继发性右心房增大,心房壁增厚,卵圆孔开放,或伴有房间隔缺损。

(二) 病理生理

胚胎 6~9 周,总动脉干分隔成主动脉和肺动脉,肺动脉瓣开始发育。在妊娠中晚期时瓣叶融合不良致肺动脉瓣狭窄。由于肺动脉瓣狭窄,右心室向肺动脉射血到瓣口狭窄受阻,右心室必须提高收缩压方能向肺动脉泵血,因而右心室压力升高,右心室肥厚,同时出现肺动脉窄后扩张。其收缩压提高的程度与狭窄的严重性成比例。因肺动脉压力降低,右心室与肺动脉之间出现不同程度的压力阶差。因室间隔无缺损,所以严重狭窄时右心室的压力高度可以超过左心室。右心室的血流进入肺脏虽有困难,但全身所有静脉血仍必须完全进入肺脏。如狭窄严重,右心室壁极度增厚使心肌供血不足,可导致右心衰竭(图 13-6)。胎儿期,若肺动脉瓣狭窄严重,右心室输出量大减,腔静脉血回右心房后大多通过卵圆孔或房间隔缺损流入左心房左心室,而右心室则偏小,从而导致右心室发育不良。临床上可出现发绀(图 13-6)。

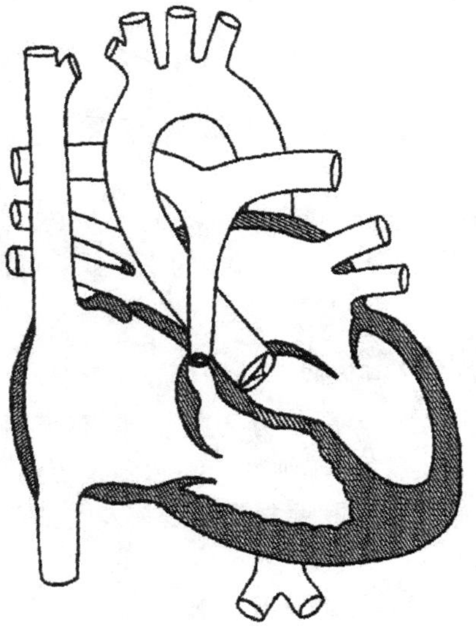

图 13-6 肺动脉瓣狭窄模式图

(三) 临床表现

肺动脉瓣狭窄的临床表现与瓣膜狭窄程度有关。轻度狭窄可完全无症状;中度狭窄在 2、3 岁内无症状,但年长后劳力时即感易疲乏及气促,甚至出现猝死;重症肺动脉瓣狭窄婴儿期即可发生发绀及右心衰竭,极重型肺动脉瓣狭窄新生儿可出现低氧血症及代谢性酸中毒。

心前区可较饱满;左侧胸骨旁可摸得右心室的抬举搏动,在心前区搏动弥散,甚至可延伸到腋前线。胸骨左缘第二、三肋间可及收缩期震颤并可向胸骨上窝及胸骨左缘下部传导;新生儿患者亦可无震颤。听诊时胸骨左缘上部有洪亮的 4 级以上喷射性收缩杂音,向左上胸、心前区、颈部、腋下及背面传导。第一心音正常,轻度和中度狭窄者可听到收缩早期喀喇音,狭窄越重,喀喇音出现越早,甚至与第一音相重,使第一音呈金属样的声音。喀喇音系由于增厚但仍具弹性的瓣膜在开始收缩时突然绷紧所致。第二心音分裂,分裂程度与狭窄严重程度成比例。多数病例肺动脉瓣区第二音不同程度减弱。

生长发育多正常,半数患儿面容硕圆,大多无青紫,面颊和指端可能暗红;狭窄严重者可有青紫,并有杵状指趾及红细胞增多,但有蹲踞者很少见。颈静脉有明显的搏动者提示狭窄严重,该收缩期前的搏动在肝区亦可扪及。

(四) 辅助检查

1. X 线检查 轻中度狭窄时心脏大小正常,重度狭窄时如心功能尚可,心脏仅轻度增大;如有心力衰竭,心脏则明显增大,主要为右心室和右心房扩大。狭窄后的肺动脉扩张为本病特征性的改变,有时扩张延伸到左肺动脉,但在婴儿期扩张多不明显。

2. 心电图 心电图将显示右心房扩大、P 波高耸。心电图还可显示右心室肥大电轴右偏,其程度依赖于狭窄的严重程度。右胸前导联将显示 R 波高耸,狭窄严重时出现 T 波倒置、ST 段压低。

3. 超声心动图 二维超声心动图可显示肺动脉瓣的厚度、收缩时的开启情况及狭窄后的扩张,更重要的是较可靠地估测肺动脉瓣狭窄的严重程度。

4. 心导管检查 右心室压力明显增高,可与体循环压力相等,而肺动脉压力明显降低,压力阶差 10~30mmHg 为轻度,30 ~ 60mmHg 为中度,大于 60mmHg 则为重度。心导管从肺动脉向右心室退出时的连续曲线显示明显的无过渡区的压力阶差。心导管术通常用于介入手术治疗时。

5. 心血管造影 右心室造影可见明显的“射流征”,同时可显示肺动脉瓣叶增厚和(或)发育不良及肺动脉总干的狭窄后扩张。

(五) 治疗

严重肺动脉瓣狭窄(右心室收缩压超过体循环压力)患儿应尽早接受球囊瓣膜成形术,如无该术适应证,则应接受外科瓣膜切开术。大多数严重肺动脉瓣狭窄伴有漏斗部狭窄,大多数患儿一旦肺动脉瓣狭窄解除,漏斗部肥厚将自行消退。轻度肺动脉瓣狭窄患儿的手术标准目前尚未确定,一般认为如右心室收缩压超过 50mmHg,则有可能导致心肌损害。因此可推荐行狭窄解除手术。球囊瓣膜成形术是大多数典型肺动脉狭窄患儿的首选治疗方法,目前国内专家共识阶差大于 40mmHg 则有介入治疗指征,且效果良好。对严重症者则应尽早介入治疗。

六、法洛四联症

案例 13-4

患儿,男,1 小时。因“生后全身皮肤黏膜发绀 1 小时”入院。患儿系第 4 胎第 2 产,孕 39 周剖宫产娩出,出生体重 4.3kg,生后即发现患儿全身皮肤黏膜发绀,呼吸急促、费力,入院体检:颜面、口周、四肢末梢可见明显发绀,呼吸急促,未吸氧状态下血氧饱和度波动在 70% 左右,肺部听诊未闻及啰音,心脏听诊心音尚有力,律齐,胸骨左缘二肋间可闻及连续性机器样杂音,腹部体检无明显异常。

【思考题】

1. 发绀型先天性心脏病有哪些,各有什么特点?
2. 需完善哪些检查协助诊断?
3. 明确诊断后需要哪些治疗措施?

法洛四联症(tetralogy of Fallot, TOF)是婴儿期后最常见的青紫型先天性心脏病,约占所有先天性心脏病的12%。1888年法国医生Etienne Fallot详细描述了该病的病理改变及临床表现,故而得名。法洛四联症由四种畸形组成(图13-7):①右心室流出道梗阻;②室间隔缺损;③主动脉骑跨;④右心室肥厚。以上四种畸形中室间隔缺损及右心室流出道狭窄是必须存在,右心室流出道狭窄是决定患儿的病理生理、病情严重程度及预后的主要因素。而且,狭窄可随时间推移逐渐加重。

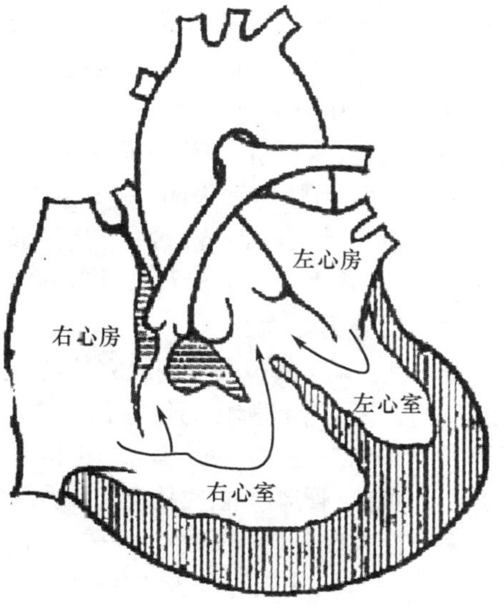

图13-7 法洛四联症模式图

(一)病理生理

右心室流出道的梗阻使右心室后负荷加重,引起右心室的代偿性肥厚。右心室流出道狭窄程度的不同,右心室肥厚程度及压力随之不同,心室水平可出现左向右、双向甚至右向左分流。肺动脉狭窄较轻者,可出现左向右分流,患者无青紫;肺动脉狭窄较重者,出现右向左分流,患者出现明显的青紫。临床症状出现的时间、发绀的严重性及右心室肥厚程度取决于肺动脉血流梗阻的程度。临床上的杂音由右心室流出道梗阻所致而非室间隔缺损。

由于主动脉骑跨于两心室之上,主动脉除接受左心室的血液外,还直接接受一部分来自右心室的静脉血,输送到全身各部,因而出现青紫;同时因肺动脉狭窄,肺循环进行气体交换的血流减少,更加重了青紫的程度。此外,由于进入肺动脉的血流减少,增粗的支气管动脉与肺血管之间形成侧支循环。

通常在3~6个月前,在动脉导管关闭前,肺循环血流量减少程度较轻,而且相对活动少,氧耗少,青紫可不明显,随着动脉导管的关闭和漏斗部狭窄的逐渐加重,青紫日益明显,并出现杵状指(趾)。由于缺氧,刺激骨髓代偿性产生过多的红细胞,血液黏稠度高,血流缓慢,可引起脑血栓,若为细菌性血栓,则易形成脑脓肿。

(二)临床表现

1. 青紫 为主要临床表现,其程度和出现的早晚与肺动脉狭窄程度有关。大多数患儿于出生后或1岁内出现青紫,多见于毛细血管丰富的浅表部位,如唇、指(趾)甲床、球结合膜等。因血氧含量下降,活动耐力差,稍一活动如啼哭、情绪激动、体力劳动、寒冷等,即可出现气急及青紫加重。

2. 蹲踞症状 每于行走、游戏时,常主动下蹲片刻。蹲踞时下肢屈曲,使静脉回心血量减少,减轻了心脏负荷,同时下肢动脉受压,体循环阻力增加,使右向左分流量减少,从而缺氧症状暂时得以缓解。不会行走的小婴儿,常喜欢大人抱起,双下肢屈曲状。

3. 杵状指(趾) 患儿长期处于缺氧环境中,可使指、趾端毛细血管扩张增生,局部软组织和骨组织也增生肥大,表现为指(趾)端膨大如鼓槌状。一般于发绀持续6个月以上出现。

4. 阵发性缺氧发作 多见于2~9个月的婴儿,此时侧支循环尚未形成,而活动量开始增大。发生的诱因为吃奶、哭闹、情绪激动、贫血、感染等。表现为突发的呼吸困难,严重者可引起突然昏厥、抽搐,甚至死亡。其原因是由于在肺动脉漏斗部狭窄的基础上,突然发生该处肌部痉挛,引起一时性肺动脉梗阻,使脑缺氧加重所致。年长儿常诉头痛、头昏。

患儿生长发育一般均较迟缓,智能发育亦可能稍落后于正常儿。心前区略隆起,胸骨左缘第2、3、4肋间可闻及2~3级粗糙喷射性收缩期杂音,此为肺动脉狭窄所致,一般无收缩期震颤。肺动脉第2音减弱。部分患儿可听到亢进的第2心音,乃由右跨的主动脉传来。狭窄极严重者或在呼吸困难发作时,可听不到杂音。有时可听到侧支循环的连续性杂音。

(三)辅助检查

1. 血液检查 周围血红细胞计数和血红蛋白浓度明显增高,红细胞压积也增高,血小板降低,凝血酶原时间延长。

2. X线检查 心脏大小一般正常或稍增大,典型者前后位心影呈"靴状",即心尖圆钝上翘,肺动脉段凹陷,上纵隔较宽,肺门血管影缩小,两侧肺纹理减少,透亮度增加,年长儿可因侧支循环形成,肺野呈网状纹理,25%的患儿可见到右位主动脉弓阴影。

3. 心电图 典型病例示电轴右偏,右心室肥大,狭窄严重者往往出现心肌劳损,可见右心房肥大。

4. 超声心动图 二维超声左心室长轴切面可见到主动脉内径增宽,骑跨于室间隔之上,室间隔中断,并可判断主动脉骑跨的程度;大动脉短轴切面可见到右心室流出道及肺动脉狭窄。此外,右心室、右心房内径增大,左心室内径缩小,彩色多普勒血流显像可见右心室直接将血液注入骑跨的主动脉内。

5. 心导管检查 右心室压力明显增高,可与体循环压力相等，而肺动脉压力明显降低，心导管从肺动脉向右心室退出时的连续曲线显示明显的压力阶差。可根据连续曲线的形态来判断狭窄的类型，心导管较容易从右心室进入主动脉或左心室，说明主动脉右跨与室间隔缺损的存在。导管不易进入肺动脉，说明肺动脉狭窄较重。股动脉血 SaO_2 降低，常小于89%，说明在右向左分流的存在。

6. 心血管造影 典型表现是造影剂注入右心室后可见到主动脉与肺动脉几乎同时显影。通过造影剂能见到室间隔缺损的位置，增粗的主动脉阴影，且位置偏前，稍偏右。了解肺动脉狭窄的部位和程度及肺动脉分支的形态。选择性左心室及主动脉造影可进一步了解左心室发育的情况及冠状动脉的走向。此外，通过造影可发现伴随的畸形，这对制订手术方案和估测预后至关重要。

（四）并发症

法洛四联症患儿易发生如下并发症：由红细胞增多引起的栓塞，尤以脑栓塞多见，2岁以上者可发生脑脓肿；细菌性心内膜炎多发生在右室漏斗部、肺动脉瓣或主动脉瓣。

（五）治疗

1. 一般护理 平时应经常饮水，预防感染，及时补液，防治脱水和并发症。婴幼儿则需特别注意护理，以免引起阵发性缺氧发作。

2. 缺氧发作的治疗 发作轻者使其取胸膝位即可缓解，重者应立即吸氧，首选给予普萘洛尔每次0.1mg/kg以减轻右心室流出道痉挛，或去氧肾上腺素每次0.05mg/kg静脉注射以增加体循环压力从而增加脑部血供。必要时也可皮下注射吗啡每次0.1～0.2mg/kg。经常有缺氧发作者，可口服普萘洛尔1～3mg/(kg·d)预防发作。平时应去除引起缺氧发作的诱因如贫血、感染，尽量保持患儿安静，经上述处理后仍不能有效控制发作者，应考虑急症外科手术修补。

3. 外科治疗 近年来外科手术不断的进展，本病根治术的死亡率在不断下降。如有条件情况下而肺动脉发育尚可时尽量争取在6～12个月时侧支循环尚未建立时行一期根治术。对重症患儿也宜先行姑息手术以增加肺动脉血供提高血氧，同时促进肺动脉发育，待年长后一般情况改善，肺血管发育好转后，再作根治术。目前常用的姑息手术有：锁骨下动脉-肺动脉吻合术（Blalock-Taussig 手术），上腔静脉-右肺动脉吻合术（Glenn 手术）等。

七、完全性大动脉转位

完全性大动脉转位（complete transposition of the great arteries，c-TGA）居发绀型先天性心脏病的第二位，占先天性心脏病总数的5%～7%。男女患病之比为(2～4)：1。母患有糖尿病的发病率较正常者高达11.4倍，妊娠初期使用过激素及抗惊厥药物者发病率较高。若不及时治疗，约90%的患者在1岁内死亡。

（一）病理解剖和病理生理

胚胎发育的5～7周，动脉干被一纵隔分成肺动脉和主动脉，随后纵隔的近端发生螺旋形扭转，使主动脉与左心室相连，肺动脉与右心室相连。若扭转不全或未呈螺旋形扭转，则形成主、肺动脉换位，主动脉位于右前方，与右心室相连，肺动脉位于左后方，与左心室相连。这样体、肺循环各自成为两个独立平行的循环。若其无通道，体循环的器官不能接受到足够的氧将产生渐进的酸中毒而无法生存。患者体、肺循环必须依靠心内交通（卵圆孔未闭、房间隔缺损、室间隔缺损）或心外交通（动脉导管未闭、侧支血管）进行血流混合。故其血流动力学改变取决于其伴同的其他畸形，根据是否合并室间隔缺损及肺动脉狭窄可将完全性大动脉转位分为三大类。

（1）完全性大动脉转位并室间隔完整：右心室负荷增加而扩大肥厚，随正常的肺血管阻力下降，左心室压力降低，室间隔常偏向左心室。两者仅靠未闭的卵圆孔或房间隔缺损及动脉导管沟通混合，故青紫、缺氧严重。

（2）完全性大动脉转位合并室间隔缺损：完全性大动脉转位伴室间隔缺损可使左右心血液沟通混合较多，使青紫减轻，但肺血流量增加可导致心力衰竭（图13-8）。

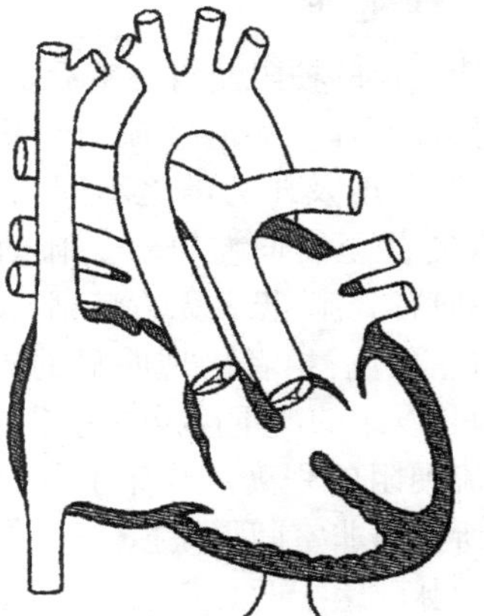

图13-8 完全性大动脉转位合并室间隔缺损

（3）完全性大动脉转位合并室间隔缺损及肺动脉狭窄：血流动力学改变类似法洛四联症。

（二）临床表现

1. 症状 发绀是主要临床表现。发绀多数出生时即存在，绝大多数始于1个月内。青紫的分布一般为全身性。青紫的严重程度与合并的异常通道有关。出生后3～4周婴儿出现喂养困难、多汗、气急、肝大等充血性心力衰竭表现。

2. 体征 早期出现杵状指、趾。30%～50%完全性大动脉转位及室间隔完整的婴儿，听不到心脏杂音，如合并动脉导管未闭，可在胸骨左缘第二肋间听到连续性杂音。合并室间隔缺损，可在胸骨左缘第三四肋间听到全收缩期杂音。合并肺动脉狭窄，可在胸骨左缘上缘听到收缩期喷射性杂音。杂音较响时，常伴有震颤。

(三) 辅助检查

1. X 线检查　出生后第 1 日，尤其是室间隔完整者，胸片可以表现为正常。随后 X 线检查高度提示本病的诊断，包括：①心影呈"蛋形"，心脏向两侧呈进行性增大；②主、肺动脉干呈前后位排列，大动脉阴影狭小；③大多数患者肺纹理增多，呈肺充血改变，若合并肺动脉狭窄者肺纹理减少。

2. 心电图　电轴右偏，右心室肥大，有时尚有右心房肥大。肺血流量明显增加时则可出现电轴正常或左偏，左右心室肥大等。

3. 超声心动图　对于诊断很有价值，若二维超声显示房室连接正常，心室大动脉连接不一致，则可建立诊断。主动脉常位于右前，发自右心室；肺动脉位于左后，发自左心室。彩色及频谱多普勒超声检查有助于心内分流方向、大小的判定及合并畸形的检出。

4. 心导管检查及心血管造影　心导管检查在这种畸形的诊断和治疗上均有重要的作用，如果完全性大动脉转位存在且两个心室均发育很好，则可行姑息性球囊导管房间隔造口术以扩大心房之间的交通（除非存在房间隔缺损）以期改善血氧饱和度。选择性心血管造影除显示畸形外尚可观察冠状动脉的型别。

(四) 治疗

内科诊断后首先纠正低氧血症和代谢性酸中毒等。如为动脉导管依赖型，可给予前列腺素 E1 静脉持续泵入（0.025～0.1μg/kg·min）促进动脉导管开放。大动脉转位本身就属于外科手术的适应证，主要根据其解剖条件、患者年龄、伴发的其他心内畸形来决定手术方法。

1. 姑息性手术　对于早期因各种原因导致不能接受根治手术患儿，采用球囊房隔成形术、肺动脉环缩术、体肺动脉分流术等手术方式，提高 SaO_2，使患儿存活至适合根治手术。

2. 根治性手术

（1）生理纠治术（Senning 或 Mustard 手术）：又叫心房内转位术，该手术可在生后 1～12 个月内进行，即用心包膜及心房壁在心房内建成板障，将体循环的静脉血导向二尖瓣口而入左心室，并将肺静脉的回流血导向三尖瓣口而入右心室，形成房室连接不一致及心室大血管连接不一致，以达到生理上的纠治。

（2）解剖纠正手术（switch 手术）：又叫动脉换位术，适用于各种类型的大动脉转位。室间隔完整的大动脉转位手术需在生后 2 周内进行，伴有足够大的室间隔缺损时则延至生后 2 月内。手术方式即为主动脉与肺动脉互换及冠状动脉再植，达到解剖关系上的纠正。

（李　涛）

第四节　病毒性心肌炎

案例 13-5

患儿，男，2 岁，因"发热 7 日，烦躁气促 6 小时"入院。

现病史：患儿于 7 日前受凉后出现发热，体温为 38.5～39.5℃，家长给予"阿莫西林、利巴韦林颗粒"及"小儿止咳糖浆"等口服后疗效欠佳。6 小时前，患儿突然出现烦躁气促，伴有哭闹不安，口周发绀，急来我院就诊。发病以来，患儿无恶心呕吐，无腹泻，食欲较前减退，大小便正常，否认异物吸入。否认药物过敏和食物过敏史。

体格检查：体温 38.8℃，呼吸 40 次/分，脉搏 170 次/分，发育正常，神清，烦躁不安，脉搏细弱，呼吸稍促，皮肤黏膜弹性可，浅表淋巴结未触及肿大。咽部充血，口周发绀，双肺呼吸音稍粗，心率 170 次/分，心律不齐，可闻及期前收缩，心音明显低钝，未闻及病理性杂音，肝肋下 3cm。

【思考题】

1. 根据该病例特点，首先考虑什么疾病？
2. 病毒性心肌炎的诊断标准？

病毒性心肌炎（viral myocarditis）是指各种病毒导致心肌的弥漫性或局灶性炎性病变。国内具体发病率尚不清楚，国外资料约 0.3%，但临床上能够发现的重症心肌炎很少，而轻度或亚临床病例的发病率可能更高。

(一) 病因

常见致病毒性心肌炎的病毒为柯萨奇病毒（coxsackie virus）（B 组和 A 组），柯萨奇病毒 B 组感染可导致新生儿期群体流行，其死亡率可高达 50% 以上。另外埃可病毒、脊髓灰质炎病毒、腺病毒、传染性肝炎病毒、流感和副流感病毒、麻疹病毒、单纯疱疹病毒及流行性腮腺炎病毒等亦可致病毒性心肌炎。

(二) 发病机制和病理

发病机制尚不完全清楚。可能为病毒的直接损害心肌细胞和触发人体自身免疫反应双重作用。急性期，病毒通过心肌细胞的相关受体侵入心肌细胞，在细胞内复制并直接损害心肌细胞，使其变性、坏死和溶解。另受病毒的刺激，激活细胞和体液免疫反应，机体产生细胞因子和抗心肌抗体等，促使机体免疫细胞向损害心肌组织选择地黏附、浸润和攻击。

病理表现为心肌间质炎性细胞浸润，心肌细胞变性坏死及晚期纤维化形成瘢痕。心包和传导系统可受累。病变范围因病情程度不同有很大差别。

（三）临床表现

1. 症状 表现轻重悬殊，与年龄和发病过程相关。部分患儿起病隐匿，可无症状，或呈亚临床症状。多在1~3周上呼吸道感染等病毒感染后出现乏力、食欲缺乏、胸闷来诊，重者活动受限、心悸、胸痛等症状，暴发型患者进展迅速，早期出现急性心力衰竭、严重心律失常、暴发性心源性休克，常于数小时或数日内死亡或猝死。另有部分患者表现为扩张型心肌病的慢性进程。新生儿患病则有病情重、进展快，常有多器官系统受累。常见高热、反应低下、呼吸困难和发绀，和神经、肝和肺的并发症。

2. 体征 心脏增大程度不一。轻者轻度增大，伴心动过速、心音低钝及奔马律，严重者可导致心力衰竭及晕厥等。而反复心力衰竭者，心脏明显扩大，肺部出现湿性啰音及肝脾肿大，呼吸急促和发绀等心力衰竭表现，暴发型患者可暴发心源性休克，表现为脉搏细弱，血压下降。

（四）辅助检查

1. 心电图 常QRS波低电压，心肌损害明显时可见T波下移甚至倒置、ST-T段改变，可见各种心律失常：包括各种期前收缩、室上性和室性心动过速、心房颤动和心室颤动、二度或三度房室传导阻滞（AV block）。但是心电图缺乏特异性，强调动态观察的重要性。

2. 心肌损害的血生化指标

（1）磷酸激酶（CPK）：在早期多有增高，磷酸激酶同工酶（CK-MB）及血清乳酸脱氢酶（SLDH）同工酶增高，在心肌炎早期诊断有提示意义。其中CK-MB主要来自心肌组织，对诊断意义较大。

（2）心肌肌钙蛋白（cTnⅠ或cTnT）：心肌肌钙蛋白在心肌损害早期血清浓度即升高，特异性更强，但敏感度不高。

3. 超声心动图检查 心腔扩大，以左心室扩大为主，射血分数和缩短分数降低，心排血量降低均提示心功能减退。可有心包积液。轻者超声心动图检查可正常。

4. 病毒学诊断 疾病早期可从咽拭子、咽冲洗液、粪便、血液中分离出病毒，但需结合血清抗体测定才更有意义。恢复期血清抗体滴度比急性期有4倍以上增高，病程早期血中特异性IgM抗体滴度在1∶128以上。利用聚合酶链反应或病毒核酸探针原位杂交，自血液或心肌组织中查到病毒核酸可作为某一型病毒存在的依据。

5. 心肌活体组织检查 仍被认为是心肌炎诊断的金标准，但由于取样部位的局限性，以及患者的依从性不高，应用仍有限。

（五）诊断

1. 临床诊断

（1）心功能不全、心源性休克或心脑综合征表现。

（2）影像学心脏扩大：X线、超声心动图检查具有表现之一。

（3）心电图改变：以R波为主的2个或2个以上主要导联（Ⅰ、Ⅱ、aVF、V_5导联）的ST-T改变持续4日以上伴动态变化，窦房、房室传导阻滞，完全性右或左束支传导阻滞，成联律、多型、多源、成对或并行期前收缩，非房室结及房室折返引起的异位心动过速，低电压（新生儿除外）及异常Q波。

（4）血清心肌受损依据：CK-MB升高或心肌肌钙蛋白（cTnⅠ或cTnT）阳性。

2. 病原学诊断

（1）确诊指标：自心脏组织（包括心内膜、心肌、心包及心包穿刺液）检查发现以下之一者可确诊：①分离到病毒；②病毒核酸探针检查阳性；③特异性病毒抗体阳性。

（2）参考依据：有心脏组织以外病毒相关检查阳性结合临床表现可考虑心肌炎由病毒引起。例如，①自粪便、咽拭子或血液中分离到病毒，且恢复期血清同型抗体滴度较第一份血清升高或降低4倍以上；②病程早期血中特异性IgM抗体阳性；③用病毒核酸探针自患儿血中查到病毒核酸。

3. 确诊依据 具备两项临床诊断依据可临床诊断。发病同时或发病前1~3周有病毒感染的证据支持诊断：①同时具备病原学确诊依据之一者可确诊为病毒性心肌炎；②具备病原学参考依据之一者，可临床诊断为病毒性心肌炎；③凡不具备确诊依据，应给予必要的治疗或随诊，根据病情变化，确诊或除外心肌炎。

应除外风湿性心肌炎、中毒性心肌炎、先天性心脏病、由风湿性疾病及代谢性疾病（如甲状腺功能亢进症）引起的心肌损害、原发性心肌病、原发性心内膜弹力纤维增生症、先天性房室传导阻滞、心脏自主神经功能异常、β受体亢进及药物引起的心电图改变。

（六）治疗

1. 休息 急性期强调卧床休息，以减轻心脏负荷和降低耗氧量，心脏扩大及并发心力衰竭者应延长卧床3~6个月，病情好转或心脏缩小后可逐步开始活动。

2. 药物治疗

（1）对于仍处于病毒血症阶段的早期患者，可选用抗病毒治疗，但疗效不确定。

（2）心肌营养：1，6二磷酸果糖及磷酸肌酸有益于改善心肌能量代谢，促进受损细胞的修复，同时可选用大剂量维生素C消除氧自由基、泛醌（CoQ_{10}）保护心肌、维生素E和维生素Bco等。此外中药还有生脉饮、黄芪口服液等。

（3）大剂量丙种球蛋白：通过结合病毒等免疫调节作用减轻心肌细胞损害。

（4）皮质激素：目前仍有争议。对重症患者合并心源性休克、致死性心律失常（三度房室传导阻滞、室性心动过速）、心肌活体组织检查证实慢性自身免疫性心肌炎症反应者应足量、早期应用。

（5）心律失常治疗：参见本章第六节。

（6）其他治疗：可根据病情联合应用利尿剂减轻循环血量，降低前负荷；洋地黄增加心肌正性肌力和血管活性药物改善心肌收缩力及改善前后负荷，应特别注意用洋地黄时饱和量应减少，并注意补充氯化钾，以避免洋地黄中毒。

（七）预后

预后与患病年龄、心肌病变的轻重、治疗及时与否和早期充分休息有关。新生儿患者预后不佳，第1周死亡率最高，能存活者可无后遗症。婴幼儿预后稍好，年长儿预后多数较好。如有传导阻滞或室性心动过速预后差。

第五节　心内膜弹力纤维增生症

案例 13-6

患儿，男，5个月，因“哭闹后晕厥6小时”入院。

现病史：患儿于6小时前哭闹时突然出现烦躁气促，口周发绀，随即出现晕厥，急来我院就诊。发病以来，患儿无恶心呕吐，无腹泻，食欲较前减退，大小便正常，否认异物吸入。否认药物过敏和食物过敏史。

体格检查：体温38.8℃，呼吸40次/分，脉搏170次/分，发育正常，神清，烦躁不安，脉搏细弱，呼吸稍促，皮肤黏膜弹性可，浅表淋巴结未触及肿大。咽部充血，口周发绀，双肺呼吸音稍粗，心率170次/分，心律齐，心音明显低钝，未闻及病理性杂音，肝肋下3cm。

【思考题】

1. 根据该病例特点，首先考虑什么疾病？
2. 心内膜弹力纤维增生症的B超表现？

心内膜弹力纤维增生症（endocardial fibroelastosis，EFE）是指因心内膜下弹力纤维及胶原纤维增生导致心脏扩大，心室壁和心内膜增厚，心室收缩和舒张功能下降等病理变化的疾病。1岁以内发病多见。

（一）病因

病因尚未完全明确，可能由病毒性心肌炎、心内膜供血不足及宫内缺氧等所致。

（二）临床表现

以充血性心力衰竭表现为主，根据症状的轻重及发病缓急可分为三型。

1. 暴发型　多见于6个月内的婴儿。起病急骤，表现典型的左心衰竭：呼吸困难、口唇发绀、面色苍白、烦躁不安、心动过速、心音减低，可闻及奔马律，肺部常闻及干、湿性啰音，肝大。少数出现心源性休克，甚至于数小时内猝死。

2. 急性型　起病较快，心力衰竭发展速度不如暴发型急剧。常并发支气管炎，肺部出现细湿啰音。部分患儿可发生脑栓塞。此型发病年龄同暴发型。如不及时治疗，多数死于心力衰竭。

3. 慢性型　以慢性心功能不全为表现，但进展缓慢。患儿生长发育落后。经适当治疗可获得缓解，存活至成年期，但仍反复发生心力衰竭而死亡。

（三）辅助检查

1. 心电图　多呈左心室肥大，少数表现为右心室肥大或左、右心室合并肥大，可同时出现ST段、T波改变及房室传导阻滞。

2. 超声心动图　左心房、左心室增大，左心室后壁和室间隔增厚，左心室内膜增厚。

3. X线检查　以左心室肥大为明显，透视下左心缘搏动多减弱。

（四）诊断

根据临床表现及辅助检查可明确诊断，其中心电图及超声心动图有重要价值。本病应与心肌病鉴别。

（五）治疗

主要使用洋地黄类药控制心力衰竭，一般反应较好。对暴发型和急性型应使用负荷疗法，对慢性型可使用地高辛，使用时间最少要2年左右。根据心脏大小决定停药时间。

在无禁忌证的情况下对慢性心力衰竭都应同时选用血管紧张素转换酶抑制剂、β受体拮抗剂、利尿剂等。可使用肾上腺皮质激素，通常用1年至1年半，由于激素长期使用副作用较大，因此疗程不宜过长。

合并肺部感染时，应给予抗生素治疗。

（六）预后

不治疗者预后差，大多于2岁前死亡。6个月以内发病病死率约为50%，6个月以后发病病死率约为30%。其预后决定于疾病严重程度和是否正确和长期治疗。

第六节　小儿心律失常

心肌细胞兴奋性、传导性和自律性等电生理发生改变后导致的频率和节律异常称为心律失常（cardiac arrhythmia）。儿童心律失常可以是先天性的，也可以是获得性的，后者如风湿热、心肌炎、毒物及毒素、药物或心脏手术后。其主要危险是由严重的心动过缓或心动过速导致的心搏出量降低，严重者可致晕厥或猝死。但大多数心律失常并无生命危险，如单纯房性、室性期前收缩可存在于正常儿童中，因此准确判断心律失常是否对生命构成威胁极其重要。

一、期 前 收 缩

期前收缩，俗称早搏，是由心脏异位兴奋灶发放的冲动所致，为小儿时期最常见的心律失常。根据异位起搏点位置，可分为房性、交界性及室性期前收缩，其中以室性期前收缩为多见。

（一）病因

常见于无器质性心脏病的小儿，多由疲劳、精神紧张、自主神经功能不稳定等因素诱发。但也见于器质性心脏病，如心肌炎、先天性心脏病或风湿性心脏病等。某些药物中毒（如拟交感胺类、洋地黄、奎尼丁）、缺氧、酸碱平衡失调、电解质紊乱（低血钾）、心导管检查、心脏手术等也可引起期前收缩。

（二）临床表现

多数小儿无自主症状，常于体检或因其他疾病就诊时发现。个别年长儿可诉心悸、胸闷及心前区不适。期前收缩的次数因人而异，即使同一患儿在不同时间亦可有较大出入。某些患儿于运动后心率增快时期前收缩减少，常提示无器质性心脏病，但若运动时期前收缩增加，则提示可能有器质性心脏病。

（三）辅助检查

为明确诊断，必须作心电图检查。各型期前收缩心电图的特征如下。

1. 房性期前收缩的心电图特征（图 13-9） ①P′波提前，可与前一心动的 T 波重叠；②P′-R 间期在正常范围；③期前收缩后代偿间歇不完全；④如伴有变形的 QRS 波则为心室内差异传导所致。

2. 交界性期前收缩的心电图特征（图 13-10） ①QRS 波提前，形态、时限与正常窦性基本相同；②期前收缩所产生的 QRS 波前或后有逆行 P′波，P′R<0.10 秒，有时 P′波可与 QRS 波重叠，而辨认不清；③代偿间歇往往不完全。

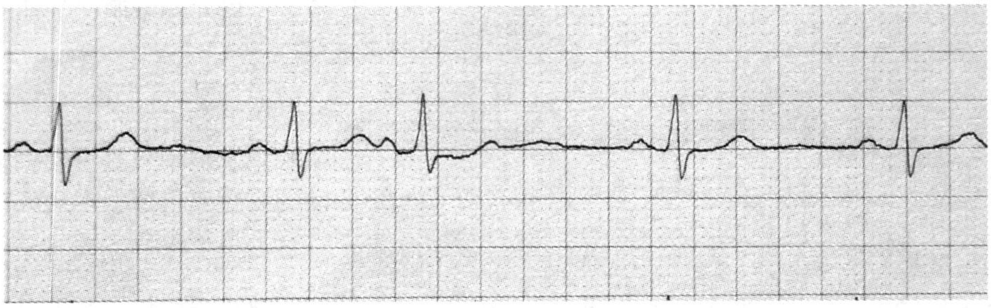

图 13-9 房性期前收缩

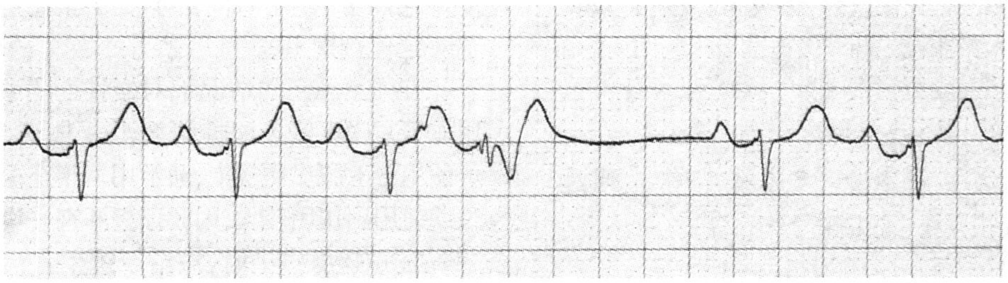

图 13-10 交界性期前收缩

3. 室性期前收缩的心电图特征（图 13-11） ①QRS波提前，其前无异位 P 波；②QRS 波宽大、畸形，T 波与主波方向相反；③期前收缩后多伴有完全代偿间歇。

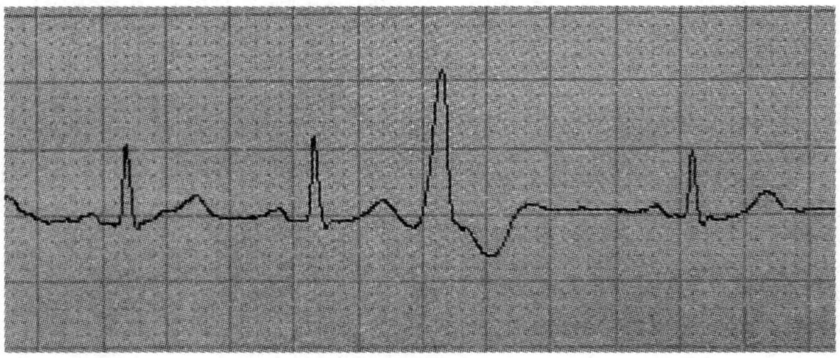

图 13-11 室性期前收缩

（四）诊断

期前收缩主要根据心电图诊断，期前收缩每分钟超过6次为频发，小于6次为偶发。根据相关检查明确前期收缩的病因。

（五）治疗

1. 前期收缩的治疗 一般认为，若期前收缩次数不多，无自觉症状，或期前收缩虽频发呈联律性，但形态一致，活动后减少或消失则无需用药治疗。有些患儿期前收缩可持续多年，但不少最终自行消退。若在器质性心脏病基础上出现的期前收缩，或有自觉症状、心电图上呈多源性者，则应予以抗心律失常的药物治疗。根据期前收缩的不同类型选用药物。可服用普罗帕酮（心律平）或普萘洛尔（心得安）、胺碘酮、洋地黄类等。

2. 病因治疗 针对各种原发病进行相应治疗。

二、阵发性室上性心动过速

阵发性室上性心动过速是儿科最常见的异位快速心律失常，是指异位激动在希氏束以上的心动过速。主要由折返机制造成，少数为自律性增高或平行心律。

（一）病因

多数患儿无器质性心脏疾患，感染、疲劳、精神紧张、过度换气等可诱发。也可发生于先天性心脏病、预激综合征、心肌炎、心内膜弹力纤维增生症等疾病基础上。另外，心脏手术时和手术后、心导管检查等可暂时诱发。

（二）临床表观

婴幼儿常突然烦躁不安，面色青灰，皮肤湿冷，呼吸增快，脉搏细弱，常伴有干咳，有时呕吐。年长儿可自诉心悸、心前区不适、头晕等。发作时心率突然增快在160～300次/分之间，多数在200次/分以上，一次发作可持续数秒钟至数日。发作中止时心率突然减慢，恢复正常。此外，听诊时第一心音强度完全一致，发作时心率较固定而规则等均为本病的特征。若发作持续24小时以上者，易引起心力衰竭。

（三）辅助检查

1. X线检查 取决于原来有无器质性心脏病变和心力衰竭。透视下可见心脏搏动减弱。

2. 心电图 为诊断的重要依据，P′波形态异常，往往较正常时小，常与前一心动的T波重叠，以致无法辨认。QRS波形态同窦性。发作持续时间较久者，可有暂时性ST段及T波改变（图13-12）。房室折返机制的患儿在发作间歇期表现为预激综合征。有时需与窦性心动过速及室性心动过速相鉴别。

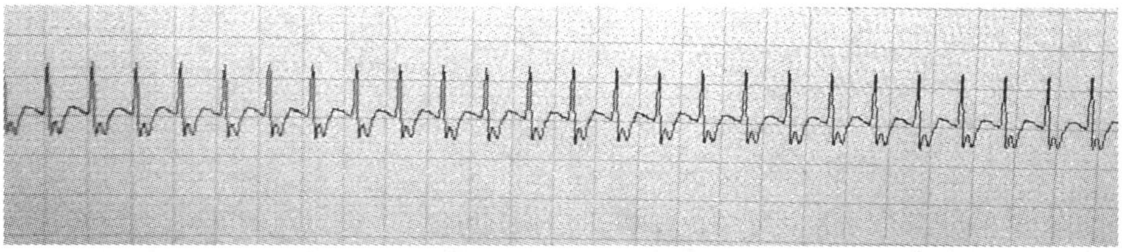

图13-12 阵发性室上性心动过速

（四）诊断

发作的突然起止常提示本病，常有多次的发作史。心律绝对规则、匀齐、心音强度一致，心率往往超出一般窦性范围是其典型特征，再结合上述心电图改变，诊断并不困难，但有时需与窦性心动过速及室性心动过速相鉴别。根据相关检查作出病因诊断。

（五）治疗

1. 兴奋迷走神经终止发作 对无器质性心脏病及无明显心力衰竭者可先用此方法。

（1）刺激咽部：用压舌板或手指刺激患儿咽部使之产生恶心、呕吐，或使患儿深吸气后屏气。

（2）压迫颈动脉窦法：以上方法无效时可试用此方法。在甲状软骨水平扪得颈动脉搏动，以大拇指向颈椎方向压迫，先压迫右侧，时间为10～20秒，如无效可用同样方法再试压左侧，但禁忌同时压迫两侧。一旦心律转为正常，便停止压迫。

（3）潜水反射法：可用于年长儿或婴儿。将5℃左右冷水毛巾敷于面部15秒左右。年长儿可令其吸气后屏气，将面部浸入5℃冷水，未终止者可停数分钟后重复。

2. 药物治疗 以上方法无效或虽有效但很快复发者，可考虑应用下列药物。

（1）洋地黄类药物：对病情较重，发作持续24小时以上，有心力衰竭者，宜首选洋地黄类药物。洋地黄中毒引起的室上性心动过速禁用此药。低钾、心肌炎、阵发性室上性心动过速伴房室传导阻滞或肾功能减退者慎用。

（2）β受体拮抗剂：可试用普萘洛尔，小儿静脉注射剂量为每次 0.05～0.15mg/kg，以 5% 葡萄糖溶液稀释后缓慢注射，不少于 5～10 分钟，必要时每 6～8 小时重复 1 次。重度房室传导阻滞，伴有哮喘及心力衰竭者禁用。

（3）选择性钙离子拮抗剂：能抑制钙离子进入细胞内，疗效显著。不良反应为血压下降，并具有明显负性肌力作用，加重房室传导阻滞。常用维拉帕米，剂量为每次 0.1mg/kg，静脉滴注或缓慢注射，不超过 1mg/分钟，1 岁内婴儿禁用。

（4）钠通道阻滞剂：可有效终止室上性心动过速，具有良好的效果，而且副作用较少见。常用普罗帕酮（心律平），1～1.5mg/kg，以等倍葡萄糖液稀释缓慢静脉注射，如无效 10～20 分钟后可重复用药，总量<5mg/kg。对部分用药后心动过速仍反复发作者，可于静脉注射上述剂量后持续静脉滴注，剂量为 4～7μg/（kg·min）。

（5）电学治疗：对个别药物疗效不佳者，尤其是血流动力学不稳定者，除洋地黄中毒外，可考虑直流电同步电击转律。有条件者，可用经食道心房调搏或经静脉右心房内调搏终止室上性心动过速发作。

（6）射频消融术（radiofrequency ablation）：药物治疗无效、发作频繁及逆传型房室折返型均可考虑应用此方法。

三、室性心动过速

室性心动过速是指起源于希氏束分叉处以下的 3～5 个以上宽大畸形 QRS 波组成的心动过速。

（一）病因

该病可由心脏手术、心导管检查、严重心肌炎、先天性心脏病、感染、缺氧及电解质紊乱等原因引起。但不少病例其病因不易确定。

（二）临床表现

临床表现与是否伴有严重原发疾病有明显关系。婴幼儿烦躁不安、面色苍白、呼吸急促。年长儿可主诉心悸、心前区疼痛，严重病例可有晕厥、休克、充血性心力衰竭等。听诊时心律增快，常在 150 次/分以上，节律整齐，心音可有强弱不等现象。

（三）辅助检查

心电图特征：①心室率常在 150～250 次/分，QRS 波宽大畸形，时限增宽；②T 波方向与 QRS 波主波相反，P 波与 QRS 波之间无固定关系；③QT 间期多正常，可伴有 QT 间期延长，多见于多形性室性心动过速（图 13-13）；④心房率较心室率缓慢，有时可见室性融合波或心室夺获。

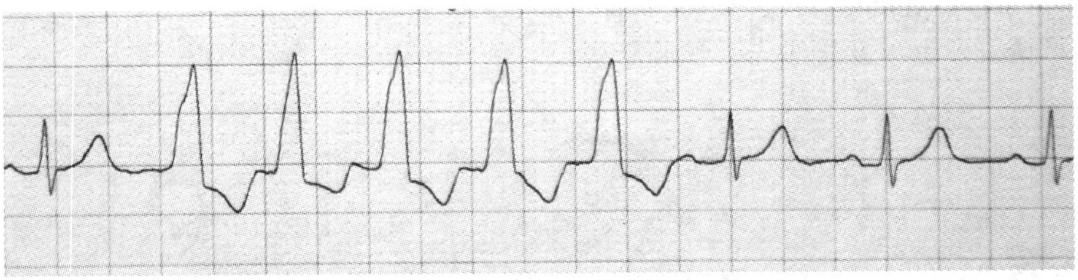

图 13-13　室性心动过速

（四）诊断

心电图是诊断室性心动过速的重要手段，但有时与室上性心动过速伴心室内差异传导的鉴别较困难。应综合临床病史、体格检查、超声心动图进行原发病的诊断。

（五）治疗

室性心动过速是一种严重的快速心律失常，可发展成为心室颤动，导致心脏性猝死。其治疗措施及预后与原发疾病有密切关系。

（1）药物治疗：常选用利多卡因 0.5～1.0mg/kg，静脉滴注或缓慢注射。必要时可每隔 10～30 分钟重复，总量不超过 5 mg/kg。此药能控制心动过速，但作用时间很短，剂量过大能引起惊厥、传导阻滞等毒性反应。无效时可普罗帕酮、胺碘酮和索他洛尔等。

（2）伴有血压下降或心力衰竭者　首选同步直流电击复律（1～2J/kg），转律后再用利多卡因维持。

四、房室传导阻滞

房室传导阻滞是指由房室传导系统某部位的不应期异常延长，激动自心房向心室传播过程中传导延缓或部分甚至全部不能下传所致。

（一）分类

临床上根据心电图特点将房室传导阻滞分为三度。

1. 一度房室传导阻滞　房室传导时间延长，心电图表现为 P-R 间期超过正常范围，但每个心房激动都能下传到心室（图 13-14）。

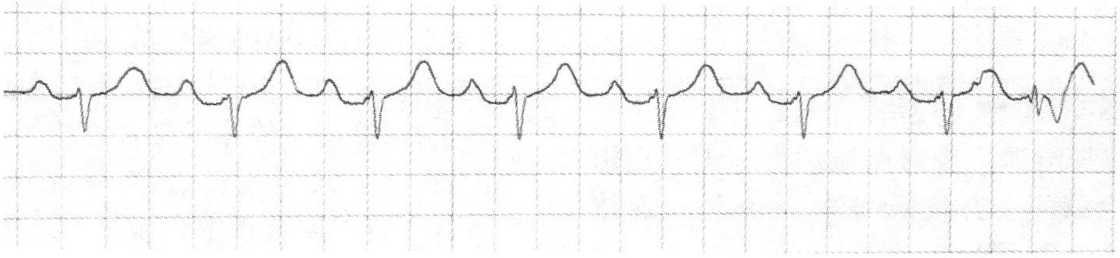

图 13-14　一度房室传导阻滞

2. 二度房室传导阻滞　窦房结的冲动不能全部传达心室，因而造成不同程度的漏搏。通常又可分为2型。

（1）莫氏Ⅰ型：又称文氏现象。特点是 P-R 间期逐步延长，最终 P 波后不出现 QRS 波，在 P-R 间期延长的同时，R-R 间期往往逐步缩短，且脱漏的前后两个 R 波的距离小于最短的 R-R 间期的 2 倍（图 13-15）。

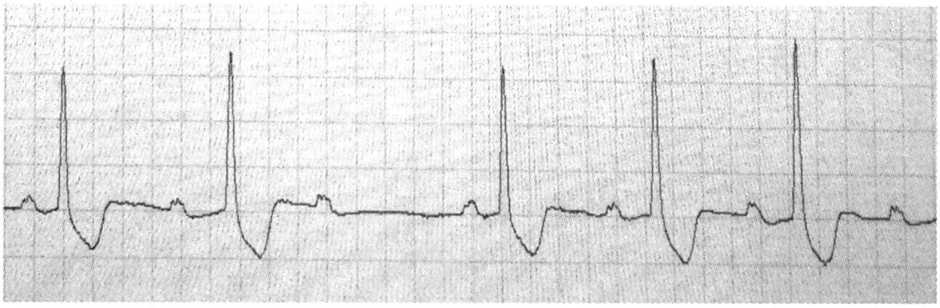

图 13-15　二度Ⅰ型房室传导阻滞

（2）莫氏Ⅱ型：特点为 P-R 间期固定不变，心房搏动部分不能下传到心室，发生间歇性心室脱漏，且常伴有 QRS 波的增宽（图 13-16）。

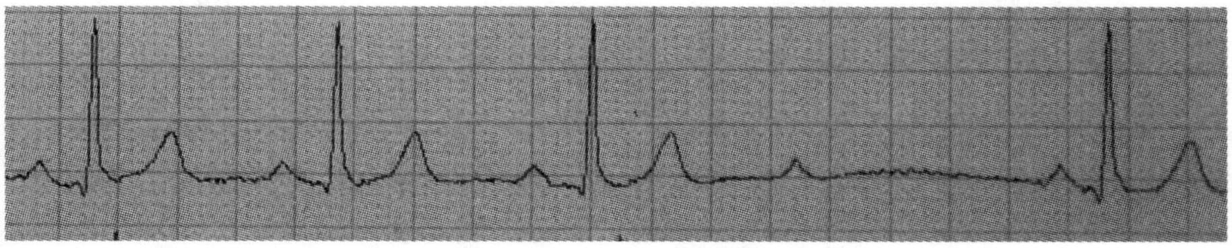

图 13-16　二度Ⅱ型房室传导阻滞

3. 三度房室传导阻滞　又称完全性房室传导阻滞，因有效不应期极度延长，使 P 波全部落在了有效不应期内，完全不能下传到心室，P 波与 QRS 波各自频率出现，即心房与心室各自独立活动，即房室分离现象。心室率较心房率慢（图 13-17）。

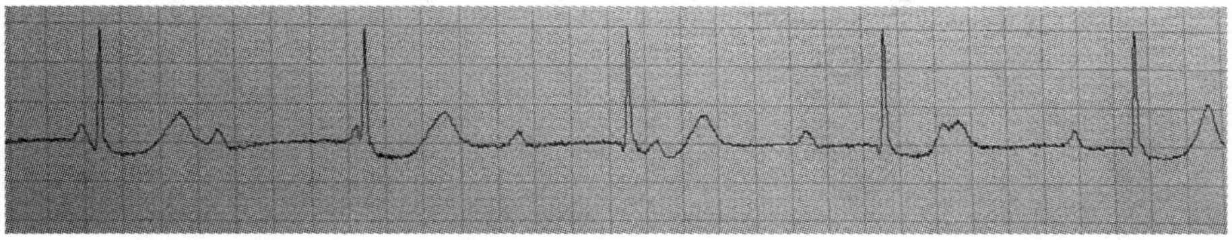

图 13-17　三度房室传导阻滞

（二）病因

一度房室传导阻滞在小儿中较常见。多数由急性风湿性心脏炎症或其他原因所致心肌炎引起，但也见于发热、肾炎、先天性心脏病及个别正常小儿。洋地黄化时也能延长 P-R 间期。部分正常儿静卧后 P-R 间期延长，直立或运动后可使 P-R 间期缩短至正常，表明 P-R 间期延长与迷走神经的张力过高有关。二度房室传导阻滞产生原因有风湿性心脏病、各种原因引起的心肌炎、严重缺氧、心脏手术后及先天性心脏病（尤其是大动脉转位）等。三度房室传导阻滞，病因可分获得性与先天性两种，前者以心脏手术引起的最为多见，其次为心肌炎、严重缺氧和电解质紊乱等；先天性房室传导阻滞中约 50% 患儿的心脏并无形态学改变,部分患儿合并先天性心脏病或心内膜弹力纤维增生症等。

(三) 临床表现

一度房室传导阻滞本身对血流动力学无不良影响。临床听诊除第一心音较低钝外,无其他特殊体征,诊断主要通过心电图检查。

二度房室传导阻滞和三度房室传导阻滞的临床表现取决于原有心脏病变及心室率的快慢。当心室率过缓时可引起胸闷、心悸,甚至产生眩晕和晕厥,严重的表现为阿-斯综合征发作,意识丧失,甚至发生死亡。听诊时除原有心脏疾病所产生的异常改变外,尚可发现心律不齐,心音强弱不一,脱漏搏动。莫氏Ⅰ型比Ⅱ型为常见,但后者的预后比较严重,容易发展为完全性房室传导阻滞。慢性起病时,可表现为慢性心力衰竭和心脏增大。

(四) 治疗

(1) 一度房室传导阻滞应着重病因治疗,基本上不需特殊治疗,预后较好。

(2) 二度房室传导阻滞的治疗应针对原发疾病。当心室率过缓、心脏搏出量减少时可用阿托品、异丙肾上腺治疗。预后与心脏的基本病变有关。

(3) 三度房室传导阻滞有心功能不全症状或阿-斯综合征表现者需积极治疗。可口服阿托品、麻黄碱,或异丙肾上腺素舌下含服提升心室率,重症者应用阿托品皮下或静脉注射,或异丙肾上腺素 1mg 溶于 5%~10% 葡萄糖溶液 250ml 中,持续静脉滴注,速度为 0.05~2μg/(kg · min),然后根据心室率调整速度。另外,积极治疗原发病,纠正缺氧与酸中毒可改善心脏传导功能,由心肌炎或手术暂时性损伤引起者,肾上腺皮质激素可消除局部水肿。

安装起搏器的指征为:反复发生阿-斯综合征,药物治疗无效或伴心力衰竭者。一般先安装临时起搏器,经临床治疗可望恢复正常,若观察 4 周左右仍未恢复,应考虑安装永久起搏器。

(林永文)

Chapter XIII Disorders of the Circulation System

Development of the Circulation

The heart and embryonic development

In an embryo of 22 days, the primitive heart tube is formed. Fetal circulation starts at the fourth week of gestational age. A four-chamber heart forms at the eighth week of gestational age. Congenital heart defects are formed mainly during this period.

Fetal circulation

- Nutrition and gas metabolism during the fetal period are exchanged between umbilical vessels and the placenta.
- The lungs do not provide gas exchange.
- The foramen ovale and ductus arteriosus are normal routes of fetal circulation.
- The right ventricle pumps blood into the pulmonary arteries and descending aorta through the ductus arteriosus.
- Blood is not fully oxygenated in the systemic circulation.

Transitional circulation

Pulmonary circulation resistance decreases, whereas systemic circulation resistance increases. Umbilical vessels are blocked, and the pressure drops. In the right ventricle, pulmonary blood flow is increased, as is pulmonary venous return to the left atrium. Spontaneous breathing is increased. The foramen ovale closes due to the pressure between the right atrium and left atrium. The ductus arteriosus closes due to the pressure between the pulmonary arteries and aorta and high arterial PaO_2.

Overview of Congenital Heart Disease

Etiology and prevention

The cause of most congenital heart defects is not known. Most cases of congenital heart disease are thought to be multifactorial and result from a combination of genetic predisposition and environmental stimuli.

Genetic predisposing factors

- Single-gene mutation: Examples include the Marfan syndrome.
- Chromosome aberration: Examples include trisomy 21-syndrome, 13, 15-trisomy syndrome, and trisomy 18-syndrome.
- Multiple gene mutations: Most congenital heart diseases are caused by multiple gene mutations.
- Congenital metabolic diseases: An example is glycogen storage disease.
- Neural crest abnormalities.

Environmental factors

- Viral infections in early pregnancy (e. g. rubella, Coxsackie-B virus).
- Others: Maternal deficiency of folic acid, exposure to radiation, taking medications (e. g. anticancer drugs, antiepileptic drugs), and metabolic diseases.

Classification

There are three categories according to whether there is a shunt between the left heart and right heart.

- Left-to-right shunt lesions (latent cyanotic) cause temporary cyanosis if the pressure of the right heart is higher than that of the left heart (e. g. ventricular septal defect, patent ductus arteriosus, atrial septal defect).
- Right-to-left shunt lesions (cyanotic) cause sustained cyanosis (e. g. tetralogy of Fallot).
- No shunt lesions (acyanotic): There is no shunt between the left and right heart and no cyanosis (e. g. pulmonary artery stenosis, coarctation of the aorta).

Atrial Septal Defect (ASD)

ASD is the most common form of congenital heart disease, and may account for 5% - 10% of cases of congenital heart disease. ASD can occur in any portion of the atrial septum. There are two types of ASD: secundum defect and ostium primum.

Clinical manifestations

A child with a small ASD is most often asymptomatic. Even an extremely large ASD rarely produces clinically evident heart failure in childhood. In younger children, subtle failure to thrive may present. In older children, varying degrees of exercise intolerance may be noted.

Examination of the chest may reveal a mild left precordial bulge. Upon auscultation, the second heart sound is split widely and fixed in its splitting during all phases of respiration. A systolic ejection murmur is heard, which is produced by the increased flow across the right ventricular outflow tract into the pulmonary artery, and not by low-pressure flow across the ASD.

Infective endocarditis is rare. Pulmonary hypertension is extremely uncommon.

Investigations

- Two-dimensional echocardiography: Locate and show the size of ASDs.
- Chest radiography: Show enlargement of the right atrium and right ventricle, and increases in pulmonary vascularity.
- Electrocardiography: Show volume overload in the right ventricle.
- Cardiac catheterization: Employed for the measurement of pulmonary pressure and pulmonary resistance.

Treatment

- Small-to-moderate-sized ASDs in ≈ 87% of children may close spontaneously.
- Surgery is advised for all symptomatic and asymptomatic patients.
- Interventional closure is applied for children with secundum ASD <36 mm.

Ventricular Septal Defect (VSD)

VSD is the most common cardiac malformation and accounts for 25% of cases of congenital heart disease. There are two types of VSD according to the position of the defect.

- Membranous: This is the most common type and occurs in a posteroinferior position, anterior to the septal leaflet of the tricuspid valve.
- Muscular type: This type occurs in the mid-portion or apical region of the ventricular septum.

Clinical manifestations

The clinical presentation of patients with a VSD varies according to the size of the defect as well as pulmonary blood flow and pulmonary pressure. Patients with a small defect are asymptomatic. Patients with a large defect present with dyspnea, feeding difficulties, poor growth, profuse perspiration, recurrent pulmonary infections, and cardiac failure in early infancy, and even infective endocarditis.

Eisenmenger syndrome: Cyanosis occurs if right ventricular pressure is higher than the left one, and the shunt becomes bidirectional due to secondary pulmonary hypertension.

Prominence of the left precordium is common upon inspection. A systolic thrill is palpable. A loud, harsh or blowing holosystolic murmur and increased second heart sound are heard over the lower left sternal border on auscultation. Percussion can show an enlarged heart edge.

Investigations

- Chest radiography: Enlargement of right and left ventricles, increase in pulmonary vasculature, and prominence of the pulmonary arteries.
- Electrocardiography: Left ventricular hypertrophy.
- Two-dimensional echocardiography: Location and size of defects, and pulmonary pressure.
- Cardiac catheterization: Specific measurement of pulmonary pressure and pulmonary resistance.

Treatment

- Symptomatic treatments: These include antibiotics for infections, as well as digoxin, diuretics, and vasoactive drugs for heart failure.
- A total of 30% − 50% of small defects close spontaneously, most frequently during the first 2 years of life.
- Surgery is advised for patients at any age with large defects in whom symptoms and failure to thrive cannot be controlled by medical intervention.
- Interventional closure is applied for children aged >3 years with suitable defects.

Patent Ductus Arteriosus (PDA)

PDA is a condition in which the ductus arteriosus

remains patent instead of closing soon after birth. It is seen most commonly in preterm infants during the neonatal period.

Clinical manifestations

A shunt develops between the aorta and pulmonary arteries. Clinical features include:

• Patients with a small PDA are asymptomatic.

• A large PDA results in dyspnea, feeding difficulties, heart failure, and infective endocarditis.

• Differential cyanosis: Eisenmenger syndrome occurs in patients with a large PDA.

• "Bounding" pulses: Wide pulse pressure.

• Murmur: Initially this is systolic. A classic murmur is a continuous "machinery" murmur with a thrill. It may be localized to the second left intercostal space or radiate down the left sternal border or to the left clavicle.

Investigations

• Electrocardiography: Left ventricular or biventricular hypertrophy.

• Chest radiography: Prominent pulmonary arteries with enlargement of the left atrium and left ventricle.

• Echocardiography: A ductal shunt can be confirmed.

Treatment

• Spontaneous closure of the ductus arteriosus after infancy is extremely rare.

• Irrespective of age, patients with PDA require surgical or catheter-based closure.

• Preterms with PDA may be treated with indomethacin <1 week after birth.

Pulmonary Stenosis (PS)

PS accounts for 10% of cases of congenital heart disease. PS includes valvular stenosis, subvalvular stenosis, and supravalvular stenosis.

Clinical manifestations

• Most cases are mild and asymptomatic.

• Right-heart failure and cyanosis occurs only in patients with severe stenosis.

• Widely split S_2, with soft pulmonary component (P_2).

• A systolic ejection murmur locates at the upper sternal border, radiating to the back.

• The thrill is palpable.

Investigations

• Electrocardiography: Right ventricular, accompanied by a tall, spiked P wave.

• Chest radiography: Prominence of the main pulmonary artery segment.

• Echocardiography: Severe deformity of the pulmonary valve and right ventricular hypertrophy.

Treatment

Balloon valvuloplasty is the initial treatment of choice for most patients.

Tetralogy of Fallot

Tetralogy of Fallot is the most common cyanotic congenital heart disease. The four components are: ① obstruction of right ventricular outflow (pulmonary stenosis); ② VSD; ③ dextroposition of the aorta with septal override; ④ right ventricular hypertrophy.

The degree of obstruction of pulmonary outflow determines the degree of cyanosis and age of first presentation.

Clinical manifestations

• Cyanosis.

• Clubbing of fingers and toes.

• Dyspnea.

• Squatting position.

• Paroxysmal hypercyanotic attacks.

• Growth and development may be delayed.

• A systolic thrill is felt along the left sternal border in the third and fourth parasternal spaces. The systolic murmur is usually loud and harsh; it may be transmitted widely but is most intense at the left sternal border.

Complications

Cerebral thromboses, cerebral abscess, and infective endocarditis.

Investigations

• Chest radiography: Normal heart size, some elevation of the cardiac apex, concavity in the region of the main pulmonary artery (boot-shaped heart), and diminished pulmonary vascularity.

• Electrocardiography: Right ventricular hypertrophy.

• Echocardiography: Establishes the diagnosis.

Treatment

• Simple care (e. g. protection from infection, dehydration and complications).

• Prevention or prompt treatment of dehydration.

• Surgical therapy.

Transposition of the Great Arteries (d-TGA or complete TGA)

d-TGA is the second most common type of cyanotic congenital heart disease, accounting for 5% – 7% of all cases of congenital heart disease. If not treated in time, ≈90% of patients die in the first year of life.

TGA is divided into three categories.

• Complete transposition of the great arteries and intact ventricular septum.

• Complete transposition of the great arteries with VSD.

• Complete transposition of great arteries with VSD and pulmonary stenosis.

Clinical manifestations

• Cyanosis usually occurs in the first month of life (even after birth).

• Heart murmur can be heard when accompanied with VSD and PDA.

• Clubbing of fingers and toes.

Investigations

• Chest radiography: "Egg-shaped" appearance is typical .

• Electrocardiography: Because the ECG of the newborn normally has RV. predominance, the EGC in d-TGA is of little help.

• Echocardiography: This can confirm the diagnosis.

Treatment

• Surgery is the only way to correct cardiac malformations.

• Prostaglandins are used for neonates presenting with cyanosis who are dependent upon the ductus arteriosus.

Viral Myocarditis

Myocarditis is characterized by infiltration of inflammatory cells, myocyte necrosis/degeneration and, finally, fibrosis. Viral myocarditis is the most common type in children. Coxsackie virus and other enteroviruses are the most common causative agents.

Clinical manifestations

Patients with viral myocarditis may be asymptomatic, and have non-specific prodromal symptoms. Moderate-to-severe cases have the following features.

• Chest pain, palpitation, and syncope.

• Congestive heart failure, cardiogenic shock, and sudden death.

• Various cardiac arrhythmias.

• Signs: Heart enlargement, tachycardia, gallop rhythm, distant heart sounds, weak pulses, and heart failure with pulmonary edema.

Investigations

• Heart enzymes: CPK isoenzymes, cardiac troponin I, and lactate dehydrogenase.

• Electrocardiography: Various cardiac arrhythmias, ST-segment and T-wave abnormalities.

• Chest radiography: Cardiomegaly, pulmonary vascular prominence, and overt pulmonary edema.

• Echocardiography: Diminished ventricular systolic function, cardiac-chamber enlargement, mitral insufficiency and, occasionally, evidence of pericardial infusion.

• Viral analyses: RNA or DNA by polymerase chain reaction, or antibody detected by enzyme-linked immunosorbent assay.

Diagnosis and differential diagnosis

Diagnostic criteria

• Heart failure and cardiogenic shock.

• Cardiomegaly.

• Arrhythmias.

• Elevated levels of CPK isoenzymes, and/or cardiac troponin I.

• Evidence of viral infections.

Differential diagnosis

• Rheumatic myocarditis.

• Toxic myocarditis.

• Idiopathic cardiomyopathies.

• Congenital heart diseases.

Treatment

- Primary therapy is supportive.
- Antiviral therapy.
- Amelioration of heart metabolism.
- Intravenous immunoglobulins.
- Corticosteroids.
- Inotropic agents for heart failure.
- Treatment of cardiac arrhythmias.

Endocardial Fibroelastosis(EFE)

EFE has been called "endocardial sclerosis". Children with EFE often have clinical manifestations within the first year. These patients are thought to be infected during pregnancy. Pathology reveals white, opaque fibroelastic thickening of the endocardium (usually in the left ventricle), which frequently obscures trabeculation of the inner surfaces of the cardiac chamber.

Clinical manifestations

- EFE occurs mainly in infants, usually younger than 6 months of age.
- Severe and repetitive congestive heart failure is often precipitated by respiratory infection.
- There are three types of EFE: fulminant, acute and chronic.

Investigations

- Radiography: Significant cardiac enlargement is shown.
- Electrocardiography: Left atrial and left ventricular hypertrophy, ST-segment and T-wave abnormalities.
- Echocardiography: Thick endocardium and a dilated, poorly functioning left ventricle.

Treatment

- Digoxin is the most effective agent.
- The prognosis is usually poor.

Pediatric Cardiac Arrhythmias

Premature beat

Extrasystoles ("premature beats") are produced by premature discharge of an ectopic focus that may be situated in the atrium, atrioventricular junction, or the ventricle, and are called "premature atrial contractions", "premature junctional contractions", or "premature ventricular contractions", respectively.

Clinical manifestations

Most of the patients with premature beats are asymptomatic.

Electrocardiography

Premature atrial and junctional contractions: The premature beat is preceded by a P wave, and the pause after it is not fully compensatory.

Premature ventricular contractions: The premature beat is wide and has a completely different morphology from that of the sinus beat. The premature beat is not preceded by a P wave, and the pause after it is fully compensatory.

Treatment

- Antiarrhythmic drugs are not needed for asymptomatic premature beats. Propafenone and amiodarone are the choices for some severe cases.
- The underlying diseases must be treated.

Superaventricular tachycardias(SVTs)

SVTs are the most common types of ectopic tachycardia. SVTs involve components of the conduction system within or above the bundle of His.

Clinical manifestations

SVTs are characterized by an abrupt onset and cessation. Attacks may last only a few seconds or may persist for hours. Heart rate is usually >160 beats/min (bpm) and occasionally may be as rapid as 300 bpm.

Most children may feel a rapid heart beat, or feel precordial discomfort if the attack is prolonged. Young infants or neonates usually present with heart failure if a SVT occurs.

On auscultation, the heart beat is fixed and regular, and the heart sound is normal.

Electrocardiography

Electrocardiography can confirm the diagnosis of SVT. The T wave is deformed by an inverted (presumably retrograde) P wave. QRS morphology is unchanged during the tachycardia.

Treatment

- Vagal stimulation, such as the Valsalva maneuver,

straining, breath-holding, drinking iced water, or adopting a particular posture, can be carried out.

- Drug treatment.
- Synchronized DC cardioversion if heart failure occurs.
- Radiofrequency ablation.

Ventricular tachycardia (VT)

VT is less common than SVT in pediatric patients. It is usually associated with underlying diseases such as myocarditis, hypoxia, or congenital heart diseases.

Clinical manifestations

- An VT attack has the same features of SVT. Patients with VT usually present with the clinical manifestations of the underlying disease.

Electrocardiography

VT can be confirmed by electrocardiography. Typical features are: a heart rate of 150-250 bpm; P wave is absent or atrioventricular dissociation; QRS duration is usually prolonged.

Treatment

- Drug treatment: Lidocaine (i. v.) and amiodarone (i. v.) are choices.
- DC cardioversion for hemodynamically unstable patients.
- Treatment of underlying diseases.

Atrioventricular (AV) block

AV block may be divided into three forms according to electrocardiography.

- **First-degree block**: P-R interval is prolonged, but all atrial impulses are conducted to the ventricle.
- **Second-degree block**: Wenckebach type (Mobitz type Ⅰ): P-P interval remains constant and P-R interval increases progressively until a P wave is not conducted. In Mobitz type Ⅱ, occasional atrial beats are not conducted to the ventricle. This conduction defect has more potential to cause syncope and may be progressive.
- **Complete AV block**: P waves and QRS complexes have no constant relationship. QRS duration may be prolonged, or may be normal if the heart beat is initiated high in the AV node or bundle of His.

Clinical manifestations

Clinical features are dependent upon ventricular heart beats and underlying diseases.

Treatment

- Isoproterenol, atropine, or epinephrine may be used to try to increase the heart rate temporarily.
- Pacemaker implantation should be considered for complete AV block with syncope.

（吴小川　谭建新）

第十四章 泌尿系统疾病

第一节 儿童泌尿系统解剖生理特点

一、解剖特点

1. 肾 新生儿两肾重量约为体重的1/125（成人为1/220）。足月儿肾长度为5cm（成人为11cm）。婴幼儿肾位置偏低，2岁前肾下极可低于髂嵴以下第4腰椎水平。婴儿肾相对较成人大，腹壁肌肉松弛，常较易扪及。

2. 输尿管和膀胱 新生儿输尿管壁的肌肉和弹力纤维发育较差，膀胱三角区的功能不成熟，是造成膀胱输尿管反流的解剖学基础。新生儿膀胱位置高，膀胱充盈时在耻骨联合上可扪及。

3. 尿道 新生女婴尿道长仅1cm（成人3～5cm），且外口暴露接近肛门，易受细菌污染；男婴尿道常有包茎，加上使用尿布，尿道口均易受污染。

二、生理特点

肾主要生理功能：肾小球滤过和肾小管重吸收、分泌及排泄。在胎龄36周时肾单位数量已达成人水平（每肾85万～100万），功能至1～1.5岁时达成人水平。

1. 胎儿肾功能 人胎于12周末，已能形成尿液。此时主要通过胎盘完成机体的排泄和调节内环境稳定，故无肾的胎儿仍可存活和发育。

2. 肾小球滤过率（GFR） 经肾小球滤过排泄体内代谢终产物如尿素、有机酸等；新生儿出生时肾小球滤过率平均约20ml/（min·1.73m²），为成人的1/4，早产儿更低，易水肿和肾功能不全。

肾小球滤过率低的原因：①新生儿肾皮质肾小球发育不良，滤过膜表面积及滤过量均较成人小；②心搏出量小、动脉血压低、肾灌注不足；③入球及出球小动脉阻力高；④肾小球毛细血管通透性低。

3. 肾小管重吸收及排泄功能 肾小管的功能是重吸收原尿中的水、电解质及营养物质，分泌 H^+、K^+ 及有机物质，排泄废物如尿素及有机酸等，参与尿的浓缩与稀释。新生儿葡萄糖肾阈低，易出现糖尿。新生儿排钠能力差，易发生钠潴留和水肿。低体重儿排钠较多，如输入不足可出现低钠血症。生后10日内的新生儿，排钾能力差，血钾偏高。

4. 浓缩和稀释功能 新生儿及幼婴由于髓袢短，尿素形成量少且抗利尿激素分泌不足，使浓缩尿液功能不足，在应激状态下保留水分的能力低于年长儿和成人。婴儿由尿中每排出1mmol溶质需水分1.4～2.4ml，而成人仅需0.7ml。脱水时幼婴尿渗透压最高不超过700mmol/L，而成人可达1400mmol/L，入量不足易诱发急性肾功能不全。

5. 酸碱平衡 调节机体水、电解质、酸碱平衡，维持内环境相对稳定。新生儿及婴幼儿易发生酸中毒，主要因为：①肾碳酸氢盐的肾阈低，保留 HCO_3^- 的能力差；②泌 NH_3 和泌 H^+ 的能力低，排酸较差；③尿中排磷酸盐量少，排可滴定酸能力受限。

6. 肾的内分泌功能 新生儿的肾已具有内分泌功能，其血浆肾素、血管紧张素和醛固酮均等于或高于成人，生后数周内逐渐降低。新生儿肾血流量低，因而前列腺素合成速率较低。由于胎儿血氧分压较低，故胚肾合成促红细胞生成素较多，生后随着血氧分压的增高，促红细胞生成素合成减少。婴儿血清1,25（OH）$_2$D$_3$水平高于儿童期。

三、小儿排尿及尿液特点

1. 排尿次数 93%新生儿在生后24小时内，99%在48小时内排尿。1周后排尿20～25次/日，1岁时15～16次/日，学龄期6～7次/日。

2. 排尿控制 正常排尿机制在婴儿期由脊髓反射完成，以后建立脑干-大脑皮层控制，至3岁已能控制排尿。

3. 每日尿量 新生儿尿量每小时<1.0 ml/kg为少尿，每小时<0.5 ml/kg为无尿。学龄儿童每日排尿量<400 ml，学龄前儿童<300ml，婴幼儿<200 ml时为少尿，每日尿量<50 ml为无尿。

4. 尿的性质

（1）尿色：生后头2～3日尿色深，有红褐色沉淀，此为尿酸盐结晶。正常尿液淡黄透明，有盐类结晶析出而变混，尿酸盐加热后可溶解，可与脓尿或乳糜尿鉴别。

（2）酸碱度：中性或弱酸性，pH多为5～8，一般波动在5.0～6.5。

（3）尿渗透压和尿比重：新生儿尿渗透压平均为240mmol/L，婴儿尿渗透压为50～600mmol/L，1岁后接近成人水平，儿童通常为500～800mmol/L。新生儿尿比重为1.006～1.008，随年龄增长逐渐增高，为1.003～1.030。

(4) 尿蛋白:正常含微量蛋白,通常≤100mg/d,定性为阴性。尿蛋白含量>150mg/d,定性为阳性。

(5) 尿细胞和管型:新鲜尿液离心后红细胞<3个/HP,白细胞<5个/HP,偶见透明管型。12小时尿细胞计数(addis count):红细胞<50万,白细胞<100万,管型<5000个为正常。

第二节 儿童肾小球疾病的临床分类

一、小儿肾小球疾病的临床分类

肾小球疾病是一组以肾小球受累为主,但病因、发病机制、病理改变及临床表现各不相同的多种疾病。目前以中华医学会儿科分会肾病学组于2000年11月修订的关于小儿肾小球疾病临床分类为标准。

(一)原发性肾小球疾病

1. 肾小球肾炎

(1) 急性肾小球肾炎(AGN):急性起病,多有前驱感染,以血尿为主,伴不同程度蛋白尿,可有水肿、高血压或肾功能不全,病程多在1年内。可分为急性链球菌感染后肾小球肾炎和非链球菌感染后肾小球肾炎。

(2) 急进性肾小球肾炎(RPGN):起病急,有尿改变(血尿、蛋白尿、管型尿)、高血压、水肿,并常有持续性少尿或无尿,进行性肾功能减退。若缺乏积极有效的治疗措施,预后差。

(3) 迁延性肾小球肾炎:有明确急性肾炎病史,血尿和(或)蛋白尿迁延达1年以上,或没有明确急性肾炎病史,但血尿和蛋白尿超过半年,不伴肾功能不全或高血压。

(4) 慢性肾小球肾炎:病程超过1年,或隐匿起病,有不同程度的肾功能不全或肾性高血压的肾小球肾炎。

2. 肾病综合征 无明确病因,以大量蛋白尿、低蛋白血症、高胆固醇血症及不同程度水肿为特征的临床综合征。

3. 孤立性血尿或蛋白尿 指仅有血尿或蛋白尿,而无其他临床症状,化验改变及肾功能改变者。

(1) 孤立性血尿:指肾小球源性血尿,分为持续性和再发性。

(2) 孤立性蛋白尿:分为体位性和非体位性。

(二)继发性肾小球疾病

多种全身性疾病可引发肾的继发损害,包括过敏性紫癜、系统性红斑狼疮、乙型肝炎、糖尿病、药物过敏、严重感染和中毒等,临床上可表现不同程度的血尿和蛋白尿,并出现其他相应改变。临床最常见的是紫癜性肾炎、狼疮性肾炎、乙肝病毒相关性肾炎。

(三)遗传性肾小球疾病

(1) 先天性肾病综合征(congenital nephritic syndrome)指生后3个月内发病,临床表现符合肾病综合征,可除外继发所致者(如TORCH或先天性梅毒等),分为如下两类。

1) 遗传性:芬兰型,法国型(弥漫性系膜硬化,DMS)。

2) 原发性:指生后早期发生的原发性肾病综合征。

(2) 遗传性进行性肾炎(Alport综合征)。

(3) 家族性再发性血尿(familiar recurrent hematuria)。

(4) 其他如甲-髌综合征。

二、肾小球疾病的病理分类

原发性肾小球疾病病理分型参照联合国世界卫生组织(WHO)1982年分类。

(1) 微小病变和轻微病变。

(2) 局灶-节段性病变:①局灶-节段性增生性肾炎;②局灶-节段性坏死性肾炎;③局灶-节段性肾小球硬化。

(3) 弥漫性肾小球肾炎。

1) 非增生性病变:膜性肾小球肾炎(膜性肾炎)。

2) 增生性肾小球肾炎。

3) 硬化性肾小球肾炎。

(4) IgA肾病。

(5) 未分类的其他肾小球肾炎。

第三节 急性肾小球肾炎

案例14-1

患儿,男,8岁,因“咽部疼痛、不适15日,颜面水肿2日”就诊。

现病史:患儿于15日前无明显诱因出现咽部疼痛、不适,伴发热、咳嗽,测体温38℃左右,无寒战、胸痛。曾自服维生素C、银翘片等一周,剂量不详,病情明显好转,体温降至36.5℃左右。近2日来,患者自觉晨起时颜面发紧,眼睑水肿,同时出现周身乏力、头晕、视物模糊、腰部钝痛、食欲减退,曾排肉眼血尿一次。偶有恶心,无呕吐、尿频、尿急、尿痛、尿量减少及烦渴,无多饮、多食、多尿、消瘦、长期低热、盗汗、皮疹、皮肤出血点、淤斑症状，未给予任何处置。为明确诊断与治疗，来我院就诊。

查体：体温 36.4℃，呼吸 21 次/分，脉搏 86 次/分，血压 180/105mmHg。急性病容，颜面及眼睑水肿，巩膜无黄染，咽部红肿充血，扁桃体无肿大，颈软，颈静脉无怒张。甲状腺无肿大。胸廓对称，肋间隙无变窄及增宽，双肺呼吸音清晰，心率 86 次/分，节律规整，心瓣膜听诊区未闻及病理性杂音。腹平软，肝脾未触及，无压痛及反跳痛，移动性浊音阴性。脊柱、四肢正常，双下肢呈轻度凹陷性水肿，生理反射存在，病理反射未引出。

辅助检查

1. 血常规：白细胞 9.2×10^9/L，中性杆状核粒细胞 7%，中性分叶核粒细胞 78%，淋巴细胞 15%，红细胞 430×10^{12}/L，血红蛋白 135g/ L。

2. 尿常规：蛋白++，潜血+++，红细胞满视野，白细胞 1~3/Hp，透明管型 1~3/HP。

3. 生化：血 BUN 9.8mmol/L、血 CO_2 CP 20.1mmol/L，CREA 178μmol/L，血钾 4.8mmol/L，血钠 142.3mmol/L。

4. 肝功能：AST 20U/L，ALP 78U/L，γ-GT 42U/L，LDH 128U/L，T-BIL 19.0μmol/L，D-BIL 6.5μmol/L，I-BIL 13.0μmol/L，总蛋白 73.1g/L，白蛋白 43.0g/L，球蛋白 30.1g/L，补体 C3 0.42g/L，抗“O” 1∶800。

【思考题】

1. 根据该病例特点，该病例应首先考虑诊断什么？

2. 诊断依据是什么？

急性肾小球肾炎（AGN）简称急性肾炎，是指一组病因不一，临床表现为急性起病，常有前驱感染，以血尿为主，伴不同程度蛋白尿，可有水肿、高血压或肾功能不全为特点的肾小球疾患。可分为急性链球菌感染后肾小球肾炎（APSGN）和非链球菌感染后肾小球肾炎。在小儿时期绝大多数为 APSGN。

本病为儿科最常见的肾小球疾病，居我国小儿泌尿系统疾病住院患儿的首位，但近年国内外流行病学资料显示发病率呈下降趋势。本病多见于儿童和青少年，以 5~14 岁多见，小于 2 岁少见，男性儿童多见，男女之比为 2∶1。

（一）病因

本病有多种病因，但绝大多数的病例属 A 组 β 溶血性链球菌感染后引起的免疫性肾小球肾炎。链球菌中仅部分“致肾炎菌株”感染后才引发肾炎，继发于呼吸道、咽部感染者常由 2、49、50、55、60 型引起；继发于皮肤感染者常由 1、3、4、12、25、49 型引起。急性咽炎后肾炎发生率为 10%~15%，脓皮病与猩红热后发生肾炎者为 1%~2%。

其他细菌、病毒及其他特殊病原体等均可导致急性肾炎。

（二）发病机制

目前认为所有致肾炎菌株均有共同的致肾炎抗原性，包括菌壁上的 M 蛋白内链球菌素和“肾炎菌株协同蛋白”。致病途径包括：①抗原抗体免疫复合物引起肾小球毛细血管炎症病变，包括循环免疫复合物和原位免疫复合物形成学说，这被认为是发病的主要机制；②某些链球菌株可通过神经氨酸苷酶的作用或其产物如唾液酸酶，与机体的免疫球蛋白（IgG）结合，改变其免疫原性，产生自身抗体和免疫复合物而致病；③链球菌抗原与肾小球基膜糖蛋白间具有交叉抗原性，可使少数病例呈现抗肾抗体型肾炎。

（三）病理和病理生理

大体观察双肾明显肿大，光镜下呈肾小球毛细血管程度不等的弥漫性增生性炎症及渗出性病变。肾小球增大、肿胀，内皮细胞和系膜细胞增生，早期还可见白细胞浸润。毛细血管腔狭窄甚或闭锁、塌陷。肾小球囊内可见红细胞、球囊上皮细胞增生。部分患者中可见到新月体。肾小管病变较轻，呈上皮细胞变性，间质水肿及炎症细胞浸润，电镜检查可见内皮细胞胞质肿胀呈连拱状改变，使内皮孔消失。在肾小球基膜上皮侧有散在的圆顶状电子致密物沉积，即本病特征性的“驼峰”，免疫荧光检查在急性期可见弥漫 IgG、C3 于肾小球基膜及系膜区颗粒状沉积。

急性肾小球肾炎的病理生理主要包括两个基本环节：①毛细血管腔的狭窄甚至闭塞，其导致肾小球滤过率下降，尿量减少，水、钠潴留，血容量增加，血压增高，水肿形成。同时机体代谢产物排泄减少可致氮质血症；②肾小球基底膜的免疫性损伤，其导致血尿和蛋白尿。

（四）临床表现

急性肾炎临床表现轻重不同，轻者仅诉眼睑水肿或血尿，重者可诉明显水肿、少尿及头晕等症状，并呈进行性发展，短期内出现肾功能不全。

1. 前驱感染　90%病例有链球菌的前驱感染病史，以呼吸道或皮肤感染为主，然后经 1~3 周无症状间歇期而急性起病。呼吸道感染见于病前约 10 日，皮肤感染见于病前约 20 日。

2. 典型表现　主要表现为水肿、少尿、血尿、血压高和程度不等的肾功能受累。

血尿是本病最主要的临床表现。50%～70%患者有肉眼血尿，持续1～2周即转镜下血尿。部分患者起病时即仅为镜下血尿。血尿的颜色与尿液的pH有关，pH高时，呈洗肉水样或鲜红色，pH低时，尿液呈烟灰色或棕色。蛋白尿程度不等，有20%可达肾病水平。

水肿和少尿均由肾小球滤过率下降引起，水肿为非凹陷性水肿，一般仅累及眼睑及颜面部，晨起明显，重者2～3日遍及全身。少尿一般不明显，尿量显著减少甚至无尿主要见于重症患者。

30%～80%病例有血压增高，主要因水、钠潴留，血容量过大所致。大部分患儿2～4周利尿消肿，血压也同时恢复正常。在急性期可伴全身非特异性症状，如乏力、头痛、食欲减退、腹痛、恶心、呕吐、腰痛等。

3. 严重表现 当患儿出现下列症状之一者即考虑严重病例，一般发生在起病2周之内。目前严重病例的发病率有下降趋势。

（1）严重循环充血：多见于病程一周内，由于少尿和水、钠潴留，血容量增加所致。表现为呼吸促、心率快、心尖部收缩期杂音、肺底啰音，严重者可出现端坐呼吸、烦躁、吐粉红色泡沫痰、心脏扩大、奔马律、肝大、水肿加剧。常与急性肾衰竭同时发生。

（2）高血压脑病：常发生于疾病早期，由于血压急剧增高时，患儿出现剧烈头痛、频繁呕吐、复视或一过性失明、嗜睡或烦躁，严重者突然出现惊厥、昏迷。高血压脑病的发生仍然是水、钠潴留，血容量增加所致。

（3）急性肾功能不全：急性肾炎早期相当一部分患儿有程度不同的尿量减少及氮质血症，严重者出现尿量显著减少，甚至无尿，同时有严重氮质血症、电解质紊乱（高钾、高磷、低钠血症、低钙血症）和代谢性酸中毒，一般持续3～5日，不超过10日，随后进入多尿期。

4. 非典型表现

（1）亚临床病例：无临床表现的病例，仅呈现血补体下降或轻度镜下血尿改变，或两者兼具，常因链球菌感染检查是发现并诊断。肾组织学检查有轻度局灶增生病变或弥漫性典型病变。

（2）肾外症状性急性肾炎：临床有临床链球菌感染，并出现水肿、高血压，甚至有严重循环充血及高血压脑病，但尿改变轻微或正常，而血中补体于6～8周内呈典型的下降继而恢复的过程。

（3）以肾病综合征表现的急性肾炎：水肿和蛋白尿突出，伴轻度高胆固醇血症和低白蛋白血症，临床表现似肾病综合征，可占小儿急性肾炎中5%，在成人中更为多见。恢复过程较典型表现者迟缓，少数进入慢性肾炎过程。

（五）实验室检查

1. 尿液检查 血尿几乎见于所有患儿，早期多为肉眼血尿，后转为镜下血尿。60%～85%患儿新鲜尿可检到红细胞管型。尿蛋白可在+～+++之间，且与血尿的程度相平行，疾病早期可见较多的白细胞和上皮细胞，一般于数日内消失。

2. 血常规检查 常见轻度贫血，与血容量增大，血液稀释有关。外周血白细胞一般轻度升高或正常。血沉增高。

3. 肾功能及血生化 明显少尿时血尿素氮和肌酐可升高。肾小管功能正常，尿浓缩功能受损。持续少尿无尿者，血肌酐升高，内生肌酐清除率降低，出现高血钾、低血钠。

4. 有关链球菌感染的细菌学免疫学检查 50%～80%患儿抗链球菌溶血素O（ASO），10～14日开始升高，3～5周达高峰，3～6个月恢复正常，前驱感染为皮肤感染者阳性率低于呼吸道感染者。皮肤前驱感染者则抗链球菌DNA酶（ADNAse-1）和抗透明质酸酶（AHase）滴度升高者较多。

5. 血补体测定 本病80%～90%的患者血清总补体和C3显著下降，94%的病例至第8周恢复正常。补体下降程度虽与疾病严重性及最终预后无关，但持续低下6～8周尚不恢复常提示为非链球菌感染后肾小球疾病。

（六）诊断及鉴别诊断

典型病例诊断不困难，在链球菌感染1～3周后出现血尿、水肿及高血压，结合尿检查、血清有链球菌感染的免疫学改变及动态的血补体变化即可确诊APSGN，肾穿刺活检只在考虑有急进性肾炎或临床、化验不典型或病情迁延者进行，以确定诊断。APSGN必须注意和以下疾病鉴别。

1. 其他病原体感染的肾小球肾炎 多种病原体可引起急性肾炎，可从原发感染灶及各自临床特点相区别。

2. 与表现为急性肾炎综合征的其他原发性肾小球疾病或全身性疾病鉴别 IgA肾病以血尿为主要症状，表现为反复发作性肉眼血尿，多在上呼吸道感染后24～48小时出现血尿，多无水肿、高血压、血补体C3正常。狼疮性肾炎、过敏性紫癜肾炎等，须依据全身其他表现进行区别，必要时确诊靠肾活检免疫病理诊断。

3. 慢性肾炎急性发作 无明显前期感染，除有肾炎症状外，常有贫血，肾功能异常，低比重尿或固定低比重尿，尿改变以蛋白增多为主。

4. 原发性肾病综合征 本病以蛋白尿和低蛋白血症为主要特点，未经治疗大多持续加重。肾活检病理有助于鉴别诊断。

（七）治疗

本病主要为对症治疗。治疗原则是纠正病理生理变化及生化异常，防治急性期并发症，保护肾功能，以利于恢复。

1. 急性期　需卧床2～3周，直到肉眼血尿消失，水肿减退，血压恢复正常，即可下床轻微活动。血沉正常可上学，但应避免重体力活动。尿沉渣细胞绝对计数正常后方可恢复体力活动。饮食方面，对有水肿高血压者应限盐及水。食盐以60mg/(kg·d)为宜。有氮质血症者应限蛋白，可给优质动物蛋白0.5g/(kg·d)。

2. 清除感染灶　有感染灶时用青霉素10～14日，过敏者改红霉素。

3. 利尿剂的应用　一般口服氢氯噻嗪1～2mg/(kg·d)，分2～3次口服。无效时需用呋塞米，口服剂量每次2～5mg/kg，注射剂量每次1～2mg/kg，每日1～2次，静脉注射剂量过大时可有一过性耳聋。

4. 降压　凡经休息、限盐、利尿而血压仍高者均应给予降压药。常选用硝苯地平，开始剂量为0.25mg/(kg·d)，最大剂量1mg/(kg·d)，分三次口服。近年亦常选用血管紧张素转换酶抑制剂，如卡托普利，初始剂量为0.3～0.5mg/(kg·d)，最大剂量5～6mg/(kg·d)，分3次口服，与硝苯地平交替使用降压效果更佳。

5. 高血压脑病的治疗　应选用速效高效降压药物以迅速降压，首选硝普钠，5～20mg加入5%葡萄糖液100ml中，以每分钟1μg/kg速度静脉滴注，视血压调整滴速或剂量，每分钟不宜超过8μg/kg。此药滴注时应注意密切监测血压，输液瓶、输液管等须避光，以免药物遇光分解。有惊厥者应及时止痉。有脑水肿者需脱水、供氧。

6. 严重循环充血的治疗　应严格限制水钠摄入量，积极利尿，对伴发肺水肿者还可应用硝普钠，上述保守治疗无效则可用腹膜透析或血液滤过治疗。

7. 急性肾衰竭的治疗　见急性肾衰竭节。

（八）预后和预防

急性肾炎在小儿一般预后好。急性期住院的患儿中除并发急性肾衰者外，几乎无死亡。95% APSGN病例能完全恢复，小于5%的病例可有持续尿异常。小儿APSGN虽然预后好，但仍应对之进行数年的随访观察。

防治感染是预防急性肾炎的根本。对急性扁桃体炎、猩红热及脓疱疹患儿应尽早、足疗程地用青霉素或其他敏感抗生素治疗。A组溶血性链球菌感染后1～3周内随时检查尿常规，以及时发现本病。

第四节　肾病综合征

案例 14-2

患儿，男，4岁，因“双眼睑水肿3日，加重伴尿少1日”入院。现病史：患儿3日前无明显诱因出现双眼睑水肿，晨起明显，能自行消退。1日前患儿双眼睑水肿加重，并出现颜面部水肿，伴有尿少，急来我院就诊。发病以来，患儿无畏寒发热，无咳嗽流涕，无头晕乏力，无心悸气短，无恶性呕吐，无腹泻。食欲较前减退，大便正常，尿量少，黄白色，有大量泡沫，无血尿。体格检查：体温36.8℃，呼吸21次/分，脉搏90次/分，血压86/56mmHg，体重17.2Kg。发育正常，神清，颜面及双眼睑凹陷性水肿，浅表淋巴结未触及肿大。口腔黏膜光滑，咽后壁无充血，扁桃体无肿大，未见脓性分泌物。心肺及腹部体征正常。双下肢轻度凹陷性水肿。

【思考题】

1. 列出水肿的常见病因。

2. 归纳该病例特点并列出初步诊断及诊断依据。

3. 本病例诊断需进一步完善哪些实验室检查。

肾病综合征(NS)是一组病因复杂，临床表现多样，具备大量蛋白尿、低白蛋白血症、高脂血症和明显水肿特点的临床综合征。

肾病综合征在儿童肾疾病中发病率仅次于急性肾炎。发病年龄多为学龄前儿童，3～5岁为发病高峰。按病因分为原发性、继发性和先天性三种类型。原发性肾病综合征(PNS)约占儿童时期肾病综合征总数的90%，本节主要叙述原发性肾病综合征。

（一）病因和发病机制

原发性肾病综合征的病因及发病机制目前尚不明确，但研究显示90%的肾病综合征与免疫失调密切相关，尤其是细胞免疫失调。近年来研究发现肾病综合征的发病具有遗传基础。国内报道糖皮质激素敏感肾病综合征患儿HLA-DR7抗原频率高达38%，频复发肾病综合征患儿则与HLA-DR9相关。此外，肾病综合征还有家族性表现，且绝大多数是同胞患病。流行病学调查还发现，黑色人种患肾病综合征表现重，对糖皮质激素反应差，提示其发病与人种和环境有关。

（二）病理

原发性肾病综合征可见于各种病理类型。儿童肾病综合征最主要的病理变化是微小病变型，约占77%；局灶性节段性肾小球硬化和系膜增生性肾小球肾炎次之，占5%～7.5%；其他如单纯系膜增生、增生性肾小球肾炎、局灶性球性硬化、膜性肾病的检出率均很低，不足3%。

(三) 病理生理

大量蛋白尿是肾病综合征最根本的变化，大量的蛋白从尿中丢失可引起以下病理生理改变。

1. 低蛋白血症 是肾病综合征的主要实验室特征。造成低蛋白血症的原因有：①血浆蛋白从尿中大量丢失是造成肾病综合征低蛋白血症的主要原因；②肝合成蛋白的速度和蛋白分解代谢率的改变也使血浆蛋白降低；③滤过的蛋白被肾小管重吸收分解也助于形成低蛋白血症；④少量蛋白质可从胃肠道丢失，但非低蛋白血症的主要原因。

2. 高脂血症 是肾病综合征的主要实验室特征。患儿血清总胆固醇、三酰甘油和低密度、极低密度脂蛋白增高，高密度脂蛋白多正常。低蛋白血症促进肝合成脂蛋白增加，大分子脂蛋白难以从肾排出而蓄积在体内是导致高脂血症的主要机制。

3. 水肿 是肾病综合征的主要临床表现。其发生与下列因素有关：①低蛋白血症降低血浆胶体渗透压，当血浆白蛋白低于25g/L时，液体将在细胞间质内滞留，低于15g/L则可有腹水或胸水形成；②血浆胶体渗透压降低使有效血循环量减少，血管收缩和肾素-血管紧张素-醛固酮系统激活，导致水、钠潴留；③低血容量使交感神经兴奋性增高，近端肾小管Na^+吸收增加；④某些肾内因子改变了肾小管管周体液平衡机制，使近曲小管Na^+吸收增加；⑤血浆抗利尿激素升高。

4. 其他 ①患儿体液免疫功能降低，与血清IgG和补体系统B/D因子从尿中大量丢失有关，也与T淋巴细胞抑制B淋巴细胞IgG合成转换有关；②患儿处于高凝状态，与抗凝血酶Ⅲ丢失，Ⅳ、Ⅴ、Ⅶ因子和纤维蛋白原增多有关；③钙代谢紊乱，由于钙结合蛋白降低，血清结合钙可以降低，当25(OH)D_3结合蛋白同时丢失时，游离钙也降低；④另一些结合蛋白降低，可使结合型甲状腺素(T_3、T_4)、血清铁、锌和铜微量元素降低，转铁蛋白减少则可发生低色素小细胞性贫血。

(四) 临床表现

肾病综合征一般起病隐匿，常无明显诱因。大约30%有病毒感染或细菌感染史，70%肾病复发与病毒感染有关。常见的临床症状如下。

1. 水肿 是本病的第一线索，开始于眼睑，以后逐渐遍及全身，可呈凹陷性，严重者可有腹水或胸腔积液。

2. 尿改变 多数患儿有尿量减少，泡沫尿。无并发症的患者无肉眼血尿，短暂的镜下血尿可见于大约15%患儿。

3. 其他 大多数患儿血压正常，约15%的患儿有轻度高血压，严重的高血压通常不支持微小病变型肾病综合征的诊断。一般肾功能正常，约30%病例因血容量减少而出现短暂肌酐清除率下降，急性肾衰竭少见。部分病例晚期可有肾小管功能障碍，出现低血磷性佝偻病、肾性糖尿、氨基酸尿和酸中毒等。

(五) 实验室检查

1. 尿液分析 ①尿常规检查尿蛋白定性多在3+以上，约15%有短暂显微镜下血尿，大多可见透明管型、颗粒管型和卵圆脂肪小体；②尿蛋白定量：24小时尿蛋白定量检查>40mg/(h·m^2)或>50mg/(kg·d)为肾病范畴的蛋白尿。尿蛋白/尿肌酐(mg/mg)，正常儿童上限为0.2，肾病≥2.0。

2. 血清蛋白、胆固醇和肾功能测定 ①血清白蛋白浓度<30g/L可诊断为肾病综合征的低白蛋白血症，由于肝合成增加，α_2、β球蛋白浓度增高，IgG降低，IgM、IgE可增加；②胆固醇>5.7μmol/L，三酰甘油、低密度脂蛋白和极低密度脂蛋白增高，高密度脂蛋白多正常；③血肌酐、尿素氮在肾炎型肾病综合征可升高，晚期可有肾小管功能损害。

3. 血清补体测定 微小病变型肾病综合征或单纯性肾病综合征患儿血清补体水平正常，肾炎性肾病综合征患儿补体可下降。

4. 感染依据的检查 对新诊断病例应进行血清学检查寻找链球菌感染的证据，及其他病原学的检查，如乙肝病毒感染等。

5. 系统性疾病的血清学检查 对新诊断的肾病患者需要检测抗核抗体(ANA)，抗-ds-DNA抗体，Smith抗体等。对有血尿、补体减少并有临床表现的患儿尤其重要。

6. 高凝状态和血栓形成的检查 多数原发性肾病综合征患儿都存在不同程度的高凝状态，血小板增多，血小板聚集率增加，血浆纤维蛋白原增加，尿纤维蛋白裂解产物(FDP)增高。对疑似血栓形成者可行彩色多普勒B型超声检查以明确诊断，有条件者可行数字减影血管造影(DSA)。

7. 经皮肾穿刺组织病理学检查 多数患儿不需要进行诊断性肾活体组织检查。肾病综合征活体组织检查的指征：①对糖皮质激素耐药或者频繁复发者；②对临床或实验室证据支持肾炎性肾病或继发性肾病综合征者。

(六) 诊断与鉴别诊断

1. 诊断标准 ①大量蛋白尿：1周内3次尿蛋白定性(+++)~(++++)，或随机、晨尿尿蛋白/肌酐(mg/mg)≥2.0；24小时尿蛋白定量≥50mg/kg；②低蛋白血症：血浆白蛋白<25g/L；③高脂血症：血浆总胆固醇>5.7mmol/L；④不同程度的水肿。以上四项中①和②为诊断的必要条件。

2. 临床分型 依临床表现分为两型。

(1) 单纯型肾病：只有上述表现者。

（2）肾炎型肾病：凡具有以下四项之一或多项者属于肾炎型肾病：①2周内分别3次以上离心尿检查RBC≥10个/HPF，并证实为肾小球源性血尿者；②反复或持续高血压，学龄儿童≥130/90mmHg，学龄前儿童≥120/80mmHg，并除外糖皮质激素等原因所致；③肾功能不全，并排除由于血容量不足等所致；④持续低补体血症。

3. 按糖皮质激素反应分类

（1）激素敏感型肾病：以泼尼松足量治疗≤8周尿蛋白转阴者。

（2）激素耐药型肾病：以泼尼松足量治疗8周尿蛋白仍阳性者。

（3）激素依赖型肾病：对激素敏感，但减量或停药1个月内复发，重复2次以上者。

【注】肾病复发与频复发（relaps and frequently relaps）：复发（包括反复）是指尿蛋白由阴转阳>2周，频复发是指肾病病程中半年内复发≥2次，或1年内复发≥3次。

原发性肾病综合征需与继发于全身性疾病的肾病综合征鉴别。部分非典型链球菌感染后肾炎、系统性红斑狼疮性肾炎、过敏性紫癜性肾炎、乙型肝炎病毒相关性肾炎及药源性肾炎等均可有肾病综合征样表现，临床上须排除继发性肾病综合征方可诊断为原发性肾病综合征。有条件的医疗单位应开展肾活体组织检查以明确病理诊断。

（七）并发症

1. 感染 肾病患儿极易罹患各种感染，以上呼吸道感染最多见，占50%以上。呼吸道感染中以病毒感染常见，细菌感染中以肺炎链球菌为主。此外患儿的医院内感染不容忽视，以呼吸道感染和泌尿道感染最多见，致病菌以条件致病菌为主。

2. 电解质紊乱和低血容量 常见的电解质紊乱有低钠、低钾及低钙血症。患儿不恰当长期禁用食盐或长期食用不含钠的食盐替代品，过多使用利尿剂及感染、呕吐、腹泻等因素均可致低钠血症。当肾病综合征患儿出现厌食、恶心、呕吐、倦怠、头晕、顽固进行性水肿、少尿、血压低、脉压减小时，应考虑低钠血症，积极监测血钠并及时处理，以免发生休克、抽搐、惊厥等低渗性脑病表现。此外由于低蛋白血症，血浆胶体渗透压下降、显著水肿而常有血容量不足，尤其在各种诱因引起低钠血症时易出现低血容量性休克。

3. 血栓形成 肾病综合征患儿血液呈高凝状态，易导致各种动静脉血栓形成。肾病综合征患儿血栓发生率为1.8%~5%，常见部位为肾静脉和周围动脉。①肾静脉血栓形成表现为突发腰痛、出现血尿或者血尿加重，少尿甚至发生肾衰竭；②下肢深静脉血栓形成则表现为下肢疼痛和两侧肢体不对称肿胀，不随体位改变而变化；③下肢疼痛伴有足背动脉搏动消失等症状应考虑下肢动脉血栓形成；④不明原因咳嗽、咯血或呼吸困难而无肺部阳性体征时要警惕肺栓塞，虽半数可无症状；⑤突发的偏瘫、面瘫、失语或神智改变等神经系统症状在排除高血压脑病、颅内感染性疾病时要考虑脑栓塞；⑥皮肤突发紫斑并迅速扩大或顽固性水肿也应引起注意。血栓缓慢形成者其临床症状多不明显。

4. 急性肾衰竭 5%微小病变型肾病可并发急性肾衰竭。当肾病综合征患儿临床上出现急性肾衰竭时，要考虑以下原因：①急性间质性肾炎；②严重肾间质水肿或大量蛋白管型致肾内梗阻；③在原病理基础上并发新月体形成；④血容量减少致肾前性氮质血症；⑤合并肾静脉血栓形成。

5. 肾小管功能障碍 除原有肾小球的基础病变可引起肾小管功能损害外，大量尿蛋白的重吸收也可导致肾小管功能损害，主要是近曲小管。临床上可出现肾性糖尿或者氨基酸尿，严重者呈Fanconi综合征。

6. 生长延迟 肾病患儿的生长延迟多见于频繁复发和接受长期大剂量糖皮质激素的病例，但其发生机制错综复杂。

（八）治疗

1. 一般治疗

（1）休息：水肿显著或大量蛋白尿，或严重高血压者均需卧床休息。病情缓解后逐渐增加活动量。在校儿童肾病活动期应休学。

（2）饮食：显著水肿和严重高血压时应短期限制水钠摄入，病情缓解后不必继续限盐。活动期病例供盐1~2g/d，蛋白质摄入1.5~2g/(kg·d)，以高生物价的动物蛋白为宜。在应用激素过程中应每日给予维生素D 400U及适量钙剂。

（3）防治感染：注意个人及生活环境卫生，不去人群拥挤场所，以减少感染的机会。

（4）利尿：对激素耐药或使用激素之前，水肿较重伴有尿少者可配合使用利尿剂，但需密切观察出入量、体重变化及电解质紊乱。

（5）对家属的教育：应让父母及患儿很好地了解肾病的有关知识，积极配合随访和治疗。

（6）心理治疗：肾病患儿多有内向、情绪不稳定性或神经质个性倾向，出现明显的焦急、抑郁、恐惧等心理障碍，应配合相应的心理治疗。

2. 初发病例的治疗

（1）激素治疗：可用于各种类型的肾病综合征。泼尼松2 mg/(kg·d)（按身高的标准体重计算），最大剂量60mg/d，分次口服。若4周内尿蛋白转阴，则自转阴后至少巩固2周方始减量，以后改为隔日2 mg/(kg·d)，早餐后顿服，继续用4周；以后每2~4周总量中减2.5~5mg，直至停药。疗程必须达6个月

（中程疗法）。开始治疗后4周尿蛋白未转阴者可继续服至尿蛋白转阴后2周，一般不超8周。以后再改隔日2 mg/(kg·d)，早餐后顿服，继续用4周；以后每2～4周减量1次，直至停药，总疗程9个月（长程疗法）。

（2）应用激素的注意事项：①初发肾病综合征的激素治疗须足量和足够疗程，足量和足够的疗程是初治的关键，可降低发病后1～2年复发率；②激素用量有性别和年龄的差异。初始的大剂量泼尼松对>4岁的男孩更有效，男孩最大剂量可用至80mg/d；③对<4岁的初发患儿，每日泼尼松60mg/m^2 4周，然后改为隔日60mg/ m^2 4周，以后每4周减10mg/m^2至停药，此种长隔日疗法比每日60mg/m^2 6周，然后改为隔日40mg/m^2 6周的方法更能减少患儿的复发率；④诱导缓解时采用甲泼尼龙冲击治疗3次后口服泼尼松治疗与口服泼尼松治疗相比，缓解率并无区别，因此不建议初治时采用甲泼尼龙冲击治疗。

3. 非频复发肾病综合征的治疗

（1）复发原因：积极寻找复发诱因，积极控制感染，少数患儿控制感染后可自发缓解。

（2）激素治疗：①重新诱导缓解，泼尼松每日60mg/m^2或2mg/(kg·d)，最大剂量80mg/d，分次或晨顿服，直至尿蛋白连续转阴3日后改40mg/m^2或1.5 mg/(kg·d)隔日晨顿服4周，然后用4周以上的时间逐渐减量；②在感染时增加激素维持量，患儿在巩固维持阶段患上呼吸道感染时改隔日口服激素治疗为同剂量每日口服，可降低复发率。

4. 频复发（FRNS）和激素依赖肾病（SDNS）的治疗

（1）激素的使用。①拖尾疗法：诱导缓解后泼尼松每4周减量0.25mg/kg，给予能维持缓解的最小有效激素量（0.5～0.25mg/kg），隔日口服，连用9～18个月。②在感染时增加激素维持量：患儿在隔日口服泼尼松0.5 mg/kg时出现上呼吸道感染，改隔日口服激素治疗，为同剂量每日口服，连用7日，可降低2年后的复发率。③改善肾上腺皮质功能：因肾上腺皮质功能减退患儿复发率显著增高，对这部分患儿可用氢化可的松7.5～15mg/d口服或促肾上腺皮质激素（ACTH）静脉滴注来预防复发。对SDNS患儿可予ACTH 0.4U/(kg·d)（总量不超过25 U）静脉滴注3～5日，然后激素减量，再用1次ACTH以防复发。每次激素减量均按上述处理，直至停用激素。④更换激素种类：去氟可特与相等剂量的泼尼松比较，能维持约66%的SDNS患儿缓解，而副作用无明显增加。

（2）免疫抑制剂治疗：对SDNS和FRDS患儿用药时，应考虑免疫抑制剂的不良反应、治疗的时间和费用、结合患儿的个体差异和对药物的耐受情况，由医生和患儿（或家属）共同选择，以避免药物的滥用和不良反应。可选用的免疫抑制剂如下：

1）环磷酰胺（CTX）：2～3mg/(kg·d)，分次口服8周，或8～12mg/(kg·d)静脉冲击疗法，每2周连用2日，总剂量≤200mg/kg，或每月1次静脉注射，500 mg/(m^2·次)，共6次。静脉每月1次冲击治疗，与口服治疗相比，两者有效率无差异，而且白细胞减少、脱发、感染等不良反应较口服法轻。治疗时患儿的年龄大于5.5岁效果较好。

2）环孢素A（CsA）：3～7mg/(kg·d)或100～150 mg/(m^2·d)，调整剂量使血药谷浓度维持在80～120mg/ml，疗程1～2年。每日较小剂量单次服用CsA治疗，可增加药物的峰浓度，对谷浓度无影响，能达到同样的治疗效果，同时可减少不良反应，并能增加患儿的依从性。

3）其他免疫抑制剂：有霉酚酸酯（MMF）、他克莫司（FK506）、利妥昔布（RTX）、长春新碱（VCR）、雷公藤总苷片等。

5. 激素耐药型肾病综合征（SRNS）的治疗

（1）在缺乏肾病理检查的情况下，Meta分析结果表明大剂最CTX（500～750mg/m^2）与泼尼松[1mg/(kg·d)]联合治疗效果最好，推荐采用激素序贯疗法与CTX冲击治疗。

（2）SRNS由于病理类型不同，对各种免疫抑制剂的治疗反应不同，其预后及自然病程有很大差别，因此明确SRNS患儿的病理类型非常必要。

1）病理类型为微小病变型：CTX为首选药物，静脉冲击治疗较口服效果佳。

2）病理类型为局灶性节段性肾小球硬化：目前认为25%～30%的儿童5年后进展至慢性肾衰竭，蛋白尿是其进展的重要因素，因此药物治疗旨在控制蛋白尿。CsA为目前首选药物，但FK506更为安全、有效，对经济条件许可的患儿推荐选用。

3）病理类型为系膜增生性肾小球肾炎：目前国内外尚缺乏有效的治疗方案，可参考选用静脉CTX冲击、CsA、TAC、TG等治疗。

4）病理类型为增生性肾小球肾炎：本型可进展为终末期的肾小球疾病，随访6～11年中有50%的患者进入终末期肾衰竭，20年则90%的患者进入终末期肾衰竭。可选用大剂量甲泼尼龙MP冲击、序贯泼尼松和CTX冲击，也可以考虑选用其他免疫抑制剂。

5）病理类型为膜性肾病：儿童原发性膜性肾病很少，是成人NS的最常见原因，目前尚缺乏治疗儿童的经验。

6. 抗凝及纤溶药物疗法 由于肾病往往存在高凝状态和纤溶障碍，易并发血栓形成，需加用抗凝和溶栓治疗。可选方案如下。

（1）肝素钠：1mg/(kg·d)，加入10%葡萄糖液50～100ml中静脉滴注，每日1次，2～4周为1疗程。

亦可选用低分子肝素。病情好转后改口服抗凝药维持治疗。

（2）尿激酶：有直接基膜纤溶酶溶解血栓的作用。一般剂量3万～6万U/d，加入10%葡萄糖液100～200ml中，静脉滴注，1～2周为1疗程。

（3）口服抗凝药：双嘧达莫，5～10mg/（kg·d），分3次饭后口服，6个月为1疗程。

7. 免疫调节剂　一般作为糖皮质激素辅助治疗，适用于常伴感染、频复发或糖皮质激素依赖者。左旋咪唑2.5mg/kg，隔日用药，疗程6个月。

8. 血管紧张素转化酶抑制剂（ACEI）及血管紧张素受体拮抗剂（ARB）　对改善肾小球局部血流动力学，减少尿蛋白，延缓肾小球硬化有良好作用。尤其适用于伴有高血压的肾病综合征。常用制剂有卡托普利、依那普利等。

9. 中药治疗　肾病综合征属中医"水肿"、"阴水"、"虚劳"的范畴。可根据辩证施治原则立方治疗。

（九）预后

肾病综合征的预后及转归与其病理变化和对糖皮质激素治疗反应关系密切。微小病变型预后最好，局灶节段性肾小球硬化预后最差。

第五节　乙型肝炎病毒相关性肾炎

案例14-3

患儿，女，5岁。因"眼睑水肿和体重增加2周"入院。既往史及家族史无特殊。尿常规提示：蛋白3+，畸形红细胞10～20/HP，红细胞管型；血清白蛋白19g/L，胆固醇为9.8mmol/L，ALT 72U/L；补体C3和C4降低，分别为0.61g/L和<0.1g/L；HBsAg（+）、HBeAb（-）和HBcAb（-）；按肾病综合征给予泼尼松60mg/m²治疗6周病情无改善，予以查乙肝DNA>2000Pg/ml，ds-DNA（-），ss-DNA（-），狼疮细胞（-），抗核抗体（-）；肾活检发现Ⅱ期膜性肾小球肾炎；肝活检呈局灶性小叶和门静脉炎症变化与轻度慢性肝炎一致。

【思考题】

1. 乙型肝炎病毒相关性肾炎的诊断要点？

2. 与狼疮性肾炎、特发性膜性肾病如何鉴别？

乙型肝炎病毒相关性肾炎（HBV-GN）简称乙肝肾炎，是指乙型肝炎病毒（hepatitis B virus，HBV）感染人体后通过免疫反应形成免疫复合物损伤肾小球或HBV直接侵袭肾组织引起的肾小球肾炎。临床表现为蛋白尿、血尿或肾病综合征，典型病理改变为膜性肾病。HBV感染伴肾小球肾炎的发病率为6.8%～20.0%，儿童多见。

（一）发病机制

HBV-GN的发病机制尚未完全明确，可能主要有四种方式致病。

1. HBV抗原-抗体复合物沉积于肾小球导致免疫损伤　包括两种致病形式。

（1）循环免疫复合物：HBV感染人体后，可能与体内的血清抗体在血循环中形成免疫复合物，沉积于肾小球毛细血管袢，激活补体造成免疫损伤。HBsAg与HBcAg的分子质量较大，且带有负电荷，因此它们形成的免疫复合物很难穿透肾小球基膜而进入上皮下，主要沉积于内皮下及系膜区引起系膜毛细血管性肾炎或系膜增生性肾炎。HBeAg分子质量小，其所形成的免疫复合物的分子质量也较小，HBeAg虽也带负电荷，但其抗HBeAb却带有强大的正电荷，因此，此种复合物可透过基膜沉积于上皮下而引起膜性肾病。

（2）原位免疫复合物：分子质量较小的HBeAg可以穿过基膜与先植入上皮下的HBeAb结合形成原位免疫复合物，沉积于肾小球上皮下而致病。

2. 病毒直接感染肾细胞　无论动物实验还是人体研究，均在肾组织中找到了HBV DNA，提示HBV有直接感染肾而致病的可能。

3. HBV感染导致自身抗体和细胞免疫损伤　HBV感染刺激机体产生多种自身抗体如抗DNA抗体，抗肾小管刷状缘抗体等。HBV感染靶细胞后引起细胞毒性T细胞对靶细胞免疫杀伤，改变靶细胞膜的抗原决定簇，引起自身免疫反应。

4. 免疫缺陷因素　患儿可能有免疫调节功能的缺陷，不能产生高效抗体以中和体内存在的抗原，容易转变为慢性HBsAg携带者。循环中存在的游离抗原和抗体有利于免疫复合物的形成。

（二）病理

病理表现主要为膜性肾病，其次为系膜毛细血管性肾炎、系膜增生性肾炎、局灶节段硬化性肾炎。HBV-GN大多数肾小球毛细血管壁呈弥漫性一致的增厚，银染色基膜见多数"钉突"，有时见系膜区轻度扩大，系膜细胞轻度增生，电镜下见增生的系膜细胞有插入。上皮下及膜内见大量团块状电子致密物沉积，基膜增厚。免疫组化法检测可见HBeAg和（或）HBsAg呈颗粒状沿肾小球毛细血管袢沉积，少数有间质及小管沉积，伴IgG（100%）、C3（75%）沉积，少数有IgA、IgM沉积。

（三）临床表现

起病年龄多为儿童及青少年，男性居多。临床表现多样，但多为隐性起病。所有患者均出现镜下血尿或蛋白尿，多在查尿时发现。部分患者可以肾病综合征起病。表现为肾病综合征者，伴有不同程度水肿，可有大量腹水。表现为系膜毛细血管性肾炎者，40%有血压升高，20%肾功能不全。表现为膜性肾病者，无血压升高和肾功能不全。

大多数无肝炎病史和肝炎的临床表现，部分患者可有肝增大或肝功能异常。

（四）实验室检查

蛋白尿明显，可伴不同程度镜下血尿和管型尿。表现为肾病综合征者，有大量蛋白尿和低蛋白血症。肾功能多数正常，部分系膜毛细血管性肾炎者可有肾功能不全。

几乎全部患者血 HBsAg 阳性，60%～80%病例 HBeAg 阳性。血清 C3、C4 降低，球蛋白增多，白蛋白减少，胆固醇轻度增高，谷丙转氨酶及谷草转氨酶可增高。有人认为球蛋白增多是 HBV-GN 的主要特征，血 IgG、IgA 增高，提示病变处于活动期。肾病理检查及免疫组化检查有确诊价值。

（五）诊断和鉴别诊断

2010 年中华医学会儿科学分会肾病学组修订的儿童乙型肝炎病毒相关性肾炎诊断治疗指南：确诊仍依赖肾活检。

1. 诊断要点 ①血清乙肝病毒标志物阳性：大多数为 HBsAg、HBeAg 和 HBcAb 同时阳性，少数为 HBsAg、HBeAb 和 HBcAb 同时阳性，个别血清 HBsAg 阴性但 HBV-DNA 阳性；②患肾病或肾炎并除外其他肾小球疾病：大多数表现为肾病综合征，少数表现为蛋白尿和血尿；③肾小球中有 1 种或多种 HBV 抗原沉积：大多有 HBsAg、HBcAg 或 HBeAg 在肾小球沉积；④肾病理改变：绝大多数为膜性肾病，少数为膜增生性肾炎和系膜增生性肾炎。

2. 确诊标准

（1）同时具备上述第①、②和③条依据。

（2）同时具备上述第①、②条依据，并且第④条依据中为膜性肾病。

（3）个别患者具备上述第②和③条依据，血清乙肝病毒标志物阴性也可确诊。

本病主要与狼疮性肾炎和特发性膜性肾病鉴别。

（六）治疗

目前尚无特效治疗，治疗原则与一般肾炎相同，合理的生活制度，恰当的营养，杜绝乙肝病毒再感染，定期的医疗随诊很重要。

表现为肾病综合征者，可用优质蛋白、低盐饮食，予以利尿剂或静脉补充白蛋白等非特异治疗。另可试用短程糖皮质激素治疗，可减轻或消除蛋白尿，但不宜单独使用。糖皮质激素可延迟体内中和抗体产生，延缓宿主清除 HBV 的能力，并有促进 HBV 在细胞内复制的潜在危险，使病理改变迁延不愈或加重。HBV-GN 不宜应用免疫抑制剂。

抗病毒治疗：①α-干扰素具有抗病毒作用，通过与细胞表面受体特异性结合阻断病毒的繁殖和复制，但不能进入宿主细胞直接杀灭病毒。可使用重组人类 α-干扰素（α-IFN）100 万～300 万 U 肌内注射，每周 3 次，6 个月为一疗程。主要副作用为发热、流感样症状、嗜睡和乏力，少数患者发生多形红斑。个别病例出现精神症状或原有神经症状加重，应及时减量或停药。②胸腺素 α 具有免疫调节作用，与 α-IFN 合用时 HBV 转阴率较单用 α-IFN 明显提高。

（七）预后

HBV-GN 的预后与病理类型有关。膜性肾病 50%可自然缓解，当血清 HBeAg 转阴而出现 HBeAb 时，尿和肝功能异常也相继改善。而病理表现为系膜毛细血管性肾炎者预后较差，可渐进至肾功能不全。

第六节　泌尿道感染

泌尿道感染（UTI）是由病原体直接侵入尿路，在尿液中生长繁殖，并侵犯尿路黏膜或组织而引起。按病原体侵袭的部位不同，分为肾盂肾炎、膀胱炎、尿道炎。由于小儿时期感染局限在尿路某一部位者较少，且临床上又难以准确定位，故常不加区别统称为泌尿道感染。

UTI 是小儿时期常见疾病之一，是继慢性肾炎之后，引起儿童期慢性肾功能不全的主要原因之一。1987 年全国 21 省市儿童尿过筛检查统计，UTI 占儿童泌尿系疾病的 12.5%。女性 UTI 的发病率高于男性，但新生儿或婴幼儿早期，男孩多于女孩。反复感染往往与先天异常有关。

（一）病因及发病机制

1. 致病菌 任何致病菌均可引起 UTI，但绝大多数为革兰阴性杆菌，80%～90%由肠道杆菌致病。在首发的原发性 UTI 病例中，最常见的是大肠杆菌，占 60%～80%；其次为变形杆菌、克雷白杆菌及副大肠杆菌等。少数为肠球菌和葡萄球菌等，偶有病毒、支原体或真菌。

2. 感染途径

（1）血源性感染：经血源途径侵袭尿路的致病菌主要是金黄色葡萄球菌，多发生在新生儿及小婴儿，常见于脓疱病、肺炎、败血症病程中。

（2）上行性感染：致病菌先从尿道周围区域扩展

上行进入膀胱，引起膀胱炎，膀胱内的致病菌再经输尿管移行至肾，引起肾盂肾炎，这是UTI最主要的途径。引起上行性感染的致病菌主要是大肠杆菌，其次是变形杆菌或其他肠杆菌。膀胱输尿管反流（VUR）是细菌上行性感染的直接通道。

（3）淋巴感染和直接蔓延：结肠内的细菌和盆腔感染可通过淋巴管感染肾，肾周围邻近器官和组织的感染也可直接蔓延。

3. 宿主因素　致病菌引起UTI发病机制错综复杂，是宿主内在因素与致病菌致病性相互作用的结果。

（1）宿主易感性：婴幼儿输尿管长而弯曲，管壁肌肉和弹力纤维发育不良，蠕动力差，容易扩张或受压及扭曲而导致梗阻，易发生尿流不畅或尿潴留而诱发感染；先天畸形和尿路梗阻更增加感染机会。

（2）尿道周围菌种的改变及尿液性状的变化，为致病菌入侵和繁殖创造了条件。细菌黏附于尿路上皮细胞（定植）是其在泌尿道增殖并引起UTI的先决条件。

（3）UTI患者分泌型IgA的产生存在缺陷，使尿中分泌型IgA浓度减低，增加发生UTI的机会。新生儿和小婴儿期尿布、尿道口常受细菌污染，且全身抵抗力和局部防卫能力均差，易致上行感染。

（4）糖尿病、高钙血症、高血压、慢性肾疾病、镰状细胞贫血及长期使用糖皮质激素或免疫抑制剂的患儿，其UTI的发病率增高。

（二）临床表现

UTI临床表现轻重不一。首先根据患儿有无临床症状，分为症状性泌尿道感染和无症状性菌尿。又根据起病分为急性及慢性两种。

1. 急性UTI　是指病程在6个月内者。年长儿与成人相似，年龄越小全身症状越明显，局部排尿刺激症状多较轻或易被忽视。

（1）新生儿期：多由血行感染所致。症状轻重不等，多以全身症状为主，如发热或体温不升、苍白、吃奶差、呕吐、腹泻、腹胀等非特异性表现。多数患儿可有生长发育停滞，体重增长缓慢或不增，伴有黄疸者较多见。部分患儿可有嗜睡、烦躁甚至惊厥等神经系统症状。但一般其局部排尿刺激症状多不明显，需提高对本病的警惕，对原因不明的发热应及早作尿常规检查及尿、血培养以明确诊断，30%的患儿血和尿培养出的致病菌一致。

（2）婴幼儿期：临床症状也不典型，仍以全身症状为主，如发热、呕吐、反复腹泻等。尿频、尿急、尿痛等局部排尿刺激症状随年龄增长逐渐明显。排尿时哭闹不安，尿布有臭味和顽固性尿布疹等均应联想到本病。

（3）儿童期：下尿路感染时全身症状也多不明显，以尿频、尿急、尿痛等尿路刺激症状为主要表现，有时可有终末血尿及遗尿。但上尿路感染时以发热、寒战、腹痛等全身症状突出，常伴有腰痛和肾区叩击痛，肋脊角压痛等，同时尿路刺激症状明显。部分患者可有血尿，但蛋白尿及水肿多不明显。一般无肾功能损害。如无彻底治疗、感染反复发作、尿路畸形或梗阻持续存在等都可导致急性转为慢性。

2. 慢性UTI　指病程6个月以上或反复发作持续一年以上者，常伴贫血、消瘦、生长迟缓、高血压甚至肾功能不全。反复发作可表现为间歇性发热、腰酸、乏力、消瘦、进行性贫血等。局部尿路刺激症状可无或间歇出现。脓尿及细菌尿可有或不明显。多合并VUR或先天性尿路畸形，B型超声波检查或静脉肾盂造影可见肾瘢痕或畸形。

3. 无症状性菌尿　指无任何尿路感染症状，只在常规的尿过筛检查中发现存在着有意义的菌尿。无症状性菌尿患儿常同时伴有尿路畸形和既往症状尿路感染史。多数为大肠杆菌感染。可见于各年龄组中，以学龄女孩常见。

（三）实验室检查

1. 尿常规检查及尿细胞计数　外阴清洗后再用1∶1000苯扎溴铵冲洗后（必要时耻骨上膀胱穿刺取尿），取中段尿离心沉渣中白细胞>10个/HPF，即应考虑UTI。肾盂肾炎患者有中等蛋白尿、白细胞管型尿及晨尿的比重和渗透压减低。部分患者可有血尿或终末血尿。1小时尿白细胞排泄率测定，白细胞数$>30\times10^4$/h为阳性，可怀疑尿路感染；$<20\times10^4$/h为阴性，可排除尿路感染。

2. 尿培养细菌学检查　是诊断UTI的重要依据。通常认为中段尿培养菌落数$\geq10^5$/ml可确诊。$10^4\sim10^5$/ml为可疑，$<10^4$/ml系污染。由于粪链球菌一个链含有32个细菌，一般认为菌落数在$10^3\sim10^4$/ml间即可诊断。通过耻骨上膀胱穿刺获取的尿培养，只要发现有细菌生长，即有诊断意义。至于伴有严重尿路刺激症状的女孩，如果尿中有较多白细胞，中段尿细菌定量培养$\geq10^2$/ml，且致病菌为大肠杆菌类或腐物寄生球菌等，也可诊断为UTI，临床高度怀疑UTI而尿普通细菌培养阴性的，应作L-型细菌和厌氧菌培养。

3. 尿液直接涂片法找细菌　油镜下用亚甲蓝或革兰染色新鲜尿标本，如每个视野都能找到一个细菌，表明尿内细菌数> 10^5/ml。如几个视野都找不到细菌，可以认为无菌尿存在。

4. 亚硝酸盐试纸条试验（Griess试验）　大肠杆菌、副大肠杆菌和克雷白杆菌能将尿中硝酸盐还原成亚硝酸盐，后者与试剂反应产生红色重氮磺胺盐，晨尿标本可提高其阳性率。产气、变形、绿脓和葡萄球菌为弱阳性,粪链球菌、结核菌阴性。此法简单、可靠,无假阳性,对反复尿感患者可自行检测,有利于早期诊断及时治疗。

(四)影像学检查

该检查目的在于:①检查泌尿系有无先天性或获得性畸形;②了解以前由于漏诊或治疗不当所引起的慢性肾损害或瘢痕进展情况;③辅助上尿路感染的诊断。

影像学检查的指征:①所有首次患尿路感染的新生儿;②任何年龄第一次患尿路感染的男孩;③所有再发性尿路感染者;④所有患上尿路感染者;⑤第一次感染时有高血压者;⑥第一次感染时,尽管经有力的抗菌治疗,感染仍未控制者;⑦由变形杆菌引起的尿路感染的女孩;⑧金黄色葡萄球菌或绿脓杆菌感染者。

常用的影像学检查有B型超声检查、静脉肾盂造影加断层摄片(检查肾瘢痕形成)、排泄性膀胱尿路造影(MCU检查VUR)、动态、静态肾核素造影、CT扫描等。同位素肾静态扫描(^{99m}Tc-DMSA)是诊断急性肾盂肾炎(APN)的金标准。

(五)诊断

完整的UTI的诊断除了评定泌尿系被细菌感染外,还应包括以下内容:①本次感染系初染、复发或再感;②确定致病菌的类型并做药敏试验;③有无尿路畸形如VUR、尿路梗阻等,如有VUR,还要进一步了解“反流”的严重程度和有无肾瘢痕形成;④感染的定位诊断,即上尿路感染或下尿路感染。

年长儿UTI症状与成人相似,尿路刺激症状明显,较易诊断。但对于婴幼儿、特别是新生儿,由于排尿刺激症状不明显或缺如,而常以全身表现较为突出,易致漏诊。故对病因不明的发热患儿都应反复作尿液检查,争取在用抗生素治疗前进行尿培养,菌落计数和药敏试验;凡具有真性菌尿者,即清洁中段尿定量培养菌落数≥10^5/ml或球菌≥10^3/ml,或耻骨上膀胱穿刺尿定性培养有细菌生长,即可确立诊断。

(六)鉴别诊断

1. 肾小球肾炎 早期也可有轻微的尿路刺激症状,尿常规红细胞增多明显,白细胞增多,多有蛋白尿和管型,水肿和高血压,尿培养阴性。

2. 肾结核 多见于年长儿,尿路刺激症状和脓尿,易误诊为UTI,既往结核病史,起病缓慢,常见低热、盗汗等结核中毒症状,PPD强阳性。静脉肾盂造影肾盏、肾盂结构破坏明显。尿沉渣中可找到结核杆菌,普通细菌尿培养阴性。

3. 急性尿道综合征 表现为尿频、尿急、尿痛、排尿困难等尿路刺激症状,夜间入睡后消失,清洁中段尿培养无细菌生长。鉴别依赖于多次尿培养结果。2~3个月自行消失。

4. 出血性膀胱炎 严重肉眼血尿(可伴血块)和尿痛、尿频、尿急、排尿困难、膀胱区压痛。尿内有大量红细胞,少量白细胞。细菌培养阴性,多由腺病毒感染所引起。B超膀胱壁增厚。

(七)治疗

治疗关键在于积极控制感染、防止复发、去除诱因、纠正先天或后天尿路结构异常,防止肾功能损害。

1. 一般处理 急性期需卧床休息,多饮水,促进细菌和细菌毒素及炎性分泌物排出,清洁外阴部。对高热、头痛、腰痛的患儿应给予解热镇痛剂缓解症状。对尿路刺激症状明显者,可用阿托品、山莨菪碱等抗胆碱药物治疗或口服碳酸氢钠碱化尿液,以减轻尿路刺激症状。

2. 抗菌药物治疗 选用抗生素的原则如下。①感染部位:对肾盂肾炎应选择血浓度高的药物,对膀胱炎应选择尿浓度高的药物。②感染途径:上行性感染,首选磺胺类药物治疗。如血源性感染,多选用青霉素类、氨基苷类或头孢菌素类单独或联合治疗。③根据尿培养及药敏试验结果,同时结合临床疗效选用抗生素。④药物在肾组织、尿液、血液中都应有较高的浓度。⑤选用的药物抗菌能力强,抗菌谱广,最好能用强效杀菌剂,且不易使细菌产生耐药菌株。⑥对肾功能损害小的药物。

(1) 症状性UTI的治疗:对单纯性UTI(下尿路感染),在进行尿细菌培养后,初治首选复方磺胺异噁唑(SMZCo),按SMZ 50mg/(kg·d),TMP 10mg/(kg·d)计算,分2次口服,连用7~10日。或选用呋喃妥因8~10mg/(kg·d),分3~4次口服,7~10日。待尿细菌培养结果出来后药敏试验结果选用抗菌药物。

对上尿路感染或有尿路畸形患儿,在进行尿细菌培养后,一般选用两种抗菌药物。新生儿和婴儿用氨苄西林75~100mg/(kg·d)静脉注射,加头孢噻肟钠50~100mg/(kg·d)静脉注射,连用10~14日;1岁后小儿用氨苄西林100~200mg/(kg·d)分3次静脉滴注,或用头孢噻肟钠,也可用头孢曲松钠50~75 mg/(kg·d)静脉缓慢滴注,疗程共10~14日。治疗开始后应连续3日送尿细菌培养,若24小时后尿培养阴转,表示所用药物有效,否则按尿培养药敏试验结果调整用药。停药1周后再作尿培养一次。

(2) 再发UTI的治疗:再发UTI有两种类型,即复发和再感染。复发是指原来感染的细菌未完全杀灭,在适宜的环境下细菌再度滋生繁殖。绝大多数患儿复发多在治疗后 1 个月内发生。再感染是指上次感染已治愈，本次是由不同细菌或菌株再次引发 UTI。再感染多见于女孩。多在停药后 6 个月内发生。

再发 UTI 的治疗在进行尿细菌培养后选用 2 种抗菌药物治疗，首选呋喃妥因或磺胺甲基异噁唑，疗程 10～14 日为宜，然后予以小剂量药物维持，以防再发。

(3) 无症状菌尿的治疗：单纯无症状菌尿一般无需治疗。但若合并尿路梗阻、VUR 或存在其他尿路畸形，或既往感染使肾留有陈旧性瘢痕者，则应积极选用上述抗菌药物治疗。疗程 7～14 日，继之给予小剂量抗菌药物预防，直至尿路畸形被矫治为止。

(4) UTI 的局部治疗：常采用膀胱内药液灌注治疗，主要治疗顽固性慢性膀胱炎经全身给药治疗无效者。灌注药液可根据致病菌特性或药敏试验结果选择。

3. 积极矫治尿路畸形 小儿 UTI 约半数可伴有各种诱因，特别在慢性或反复再发的尿感，多同时伴有尿路结构异常。其中以 VUR 最常见，其次是尿路梗阻和膀胱憩室。必须积极查找、尽早治疗，防止肾实质损害。

(八) 预后

急性 UTI 经合理抗菌治疗，多能迅速恢复。再发病例多伴有尿路畸形。因本病容易复发，且可无明显症状，定期随访非常重要。一般急性疗程结束后，每月随访 1 次共 3 个月，如无复发可认为治愈。反复发作者，每 3～6 个月复查 1 次共 2 年或更长。

第七节 肾小管酸中毒

案例 14-4

患儿，男，5 岁，G1P1，足月顺产，产后无窒息。生后不久出现多饮多尿，呈间歇性，无呕吐和便秘。6 个月时无明显诱因地出现四肢软瘫，伴声音嘶哑，多饮多尿加重，持续约半月缓解，以后每年均有 4～5 次类似发作，轻重及缓解时间不等。1 岁会走路，渐出现双下肢变形。

体查：身高 93cm，体重 15kg，四肢肌肉松弛，方颅，肋串珠，手、足镯，重度 X 形腿，肝、脾肋下 1cm。血液检查：CO_2CP 25.5mmol/L，BUN 2.97mmol/L，Na^+ 137.5mmol/L，K^+ 3.04mmol/L，Cl^- 107mmol/L，Ca^{2+} 2.17mmol/L，P^{3+} 0.75mmol/L，AKP 100U（布氏单位）；血气分析：pH 7.186，HCO_3^- 7.6mmol/L。尿 pH 7.0，比重 1.004，尿蛋白(-)，糖(-)，钙 4.6mmol/24h，磷 11mmol/24h。尺骨骨密度 0.163（正常值 0.542）。肾 B 超：双侧肾中度弥漫性改变。腕骨片：尺桡骨骨端膨大，呈杯口状，边缘毛糙，骨化中心 2 个。

【思考题】

1. 该病例的特点有哪些？

2. 根据病例特点，该病例诊断可能是什么？还需完善什么辅助检查？

肾小管酸中毒（renal tubular acidosis，RTA）是由于肾小管重吸收碳酸氢盐障碍和（或）排泌 H^+ 障碍所引起一系列病理生理改变。临床特征为：高氯血症性代谢性酸中毒、电解质紊乱、肾性骨病、尿液改变。临床上一般依发病部位及其病理生理变化分为远端 RTA（Ⅰ型）、近端 RTA（Ⅱ型）、混合型（兼有Ⅰ、Ⅱ型特点，又称Ⅲ型）、高钾型 RTA（Ⅳ型）。以Ⅰ型和Ⅱ型常见。

一、远端肾小管酸中毒

远端肾小管酸中毒（dRTA）（Ⅰ型）是由于远端肾小管排 H^+ 障碍，尿铵及可滴定酸排出减少所致。

(一) 病因

Ⅰ型 RTA 病因可分为原发性和继发性，原发者多为常染色体显性遗传，也有隐性遗传和特发病例。继发者可见于很多疾病，如①自身免疫病：特发性高 γ-球蛋白血症、系统性红斑狼疮等；②钙磷代谢性疾病：维生素 D 中毒、甲状旁腺功能亢进等；③肾小管间质疾病：慢性肾盂肾炎、梗阻性肾病等；④其他遗传性疾病：肝豆状核变性、珠蛋白生成障碍性贫血、特发性高尿钙血症等；⑤中毒：两性霉素 B、止痛药、甜味剂等中毒。

(二) 发病机制

由于原发性或继发性原因导致远端肾小管排泌 H^+ 障碍，此外肾小管 Na^+ 转运障碍不能维持管腔内的负电压，还可能有肾小管上皮细胞膜对 H^+ 的通透性增高，已排入管腔的 H^+ 扩散回细胞内，由于泌 H^+ 障碍而 H^+ 蓄积发生慢性酸中毒，体内 HCO_3^- 储备下降，血液中 Cl^- 代偿性增高，发生高氯性酸中毒，由于泌 H^+ 障碍，Na^+-H^+ 交换减少，必然导致 Na^+-K^+ 交换增加，

大量 K^+、Na^+ 被排出体外，造成低钾、低钠血症。由于 H^+ 的正平衡而使骨的缓冲系统释放出钙、磷，出现骨质脱钙、骨骼软化而变形，骨质游离出的钙可导致肾钙化或尿路结石。

（三）临床表现

原发性病例，在生后即可有临床表现。①先出现慢性酸中毒的表现：呼吸深快、厌食、恶心、呕吐、便秘、生长发育迟缓；②因低钾血症而出现肌张力低下或肌麻痹；③因肾性骨病表现如佝偻病、骨软化变形、骨折等；④因尿浓缩功能差而多饮多尿，常有肾结石或肾钙化。

（四）实验室检查

1. 血液生化检查 血浆 pH、HCO_3^- 或二氧化碳结合力降低；血氯升高，血钾、血钠降低，血钙和血磷偏低，阴离子间隙正常，血碱性磷酸酶（ALP）升高。

2. 尿液检查 尿比重低，尿 pH>6，尿钠、钾、钙、磷增加。

3. 肾功能检查 早期为肾小管功能降低。肾结石、肾钙化导致梗阻性肾病时，可出现肾小球滤过率下降，血肌酐和 BUN 升高。

4. X 线检查 骨骼显示骨密度普遍降低和佝偻病表现，可见陈旧性骨折。腹部平片可见泌尿系结石影和肾钙化。

二、近端肾小管酸中毒

近端肾小管酸中毒（pRTA）（Ⅱ型）是由于近端肾小管重吸收 HCO_3^- 功能障碍所致。

（一）病因

Ⅱ型 RTA 病因亦可分为原发性和继发性。①原发性病因不明，可为遗传性或散发性；②继发性者常继发于全身性疾病，除 HCO_3^- 障碍外还可伴各种肾小管功能异常。最多见于 Fanconi 综合征、半乳糖血症、胱氨酸尿症等及药物中毒（过期四环素、镉、铅、汞中毒等）。

（二）发病机制

Ⅱ型 RTA 肾小管 HCO_3^- 阈值一般为 15～18mmol/L，显著低于正常阈值（21～25mmol/L），

造成大量 HCO_3^- 由尿中丢失，此时患儿出现酸中毒而其尿液为碱性。但由于其远端肾小管泌 H^+ 功能正常，当患儿 HCO_3^- 下降至 5～18mmol/L 时，尿 HCO_3^- 丢失减少，而尿液酸化正常，故尿 pH 可低于 5.5。另尿中排出大量碳酸氢盐，远端肾小管 K^+-Na^+ 交换增多，可导致低血钾。

（三）临床表现

本型多见于男性。症状常始自 18 个月以内，主要表现为：①生长发育落后，但大多数无严重的骨骼畸形，肾结石、肾钙化少见。②酸中毒，表现为疲乏、软弱、厌食、恶心、呕吐、活动时气急等。许多患儿随着年龄增长而症状渐减，其生化异常为高血氯性代谢性酸中毒、尿中排 HCO_3^- 增高，在血浆 HCO_3^- 正常时，尿中排出>肾小球滤过的 15%；当血浆 HCO_3^- 低于肾阈时可使尿液 pH<5.5，肾排出可滴定酸和产 NH_4^+ 能力正常。

（四）实验室检查

1. 血液生化检查 血浆 pH、HCO_3^- 或二氧化碳结合力降低；血氯升高，血钾、血钠降低，血钙和血磷偏低，阴离子间隙正常。

2. 尿液检查 尿比重低；尿 pH 一般>6，当 HCO_3^- 下降至 16mmol/L 时，尿 pH<5.5。

三、RTA 的诊断与鉴别诊断

1. 诊断

（1）当有下列表现时提示可能为 RTA：①婴幼儿起病，有生长发育障碍；②代谢性酸中毒；③脱水和电解质紊乱，慢性肌无力，甚至周期性瘫痪、心律失常、烦渴、多饮、多尿。

（2）Ⅰ型者病程久者可有骨骼改变，表现为骨软化变形、骨折，又因尿钙高、尿枸橼酸少，磷酸钙在碱性尿中不易溶解，常有肾结石或肾钙化。

（3）为确定诊断最常用的辅助检查如下。

尿液检查：尿液 pH 一般高于 6.0，尿比重和渗透压低。Ⅱ型者当血浆 HCO_3^-<16mmol/L 时，尿液 pH 可低于 5.5。

血液生化、血气分析可见血浆二氧化碳结合力和 pH 下降，血氯升高，阴离子间隙正常，血钾多下降。一般肾小球滤过功能正常。

2. 鉴别诊断

（1）首先应除外小儿时期常见的因脱水、腹泻等引起的代谢性酸中毒。

（2）确定肾小管酸中毒类型，主要是区分Ⅰ、Ⅱ型（表 14-1）。

（3）根据病史、症状、体征及某些必要的化验明确为原发或继发性。

（4）与某些可引起类似症状的疾病相鉴别：如多饮多尿应与尿崩症相鉴别，骨骼改变与低磷抗 D 佝偻病鉴别，肾结石、肾钙化与原发性甲状旁腺功能亢进鉴别，低钾血症与家族性周期性麻痹鉴别。

表 14-1　Ⅰ型和Ⅱ型 RTA 鉴别

	Ⅰ型	Ⅱ型
基本发病机制	远端小管泌 H^+ 障碍	近端小管回收 HCO_3^- 障碍
尿 pH	当血浆 HCO_3^- < 16mmol/L 时，尿 pH 仍高于 5.8	当血浆 HCO_3^- < 16mmol/L 时，尿 pH 可低于 5.5
肾浓缩功能	下降，常多饮多尿	障碍不明显
肾小球滤过功能	后期下降	正常
肾钙化肾结石	有	无
骨骼改变	有	无
尿钙	增多	正常
HCO_3^- 肾阈*	正常	低(17~20mmol/L)
尿中 HCO_3^- 滤过分数**	<5%	>15%
氯化铵负荷试验***	尿 pH>5.5	尿 pH<5.5

*试验方法：口服或静脉滴注 $NaHCO_3$，逐渐加量，同时测尿 pH，当尿 pH>6.1 时，测得的血浆 HCO_3^- 即肾阈近似值。

**亦称碱负荷试验：从每日口服 $NaHCO_3$ 2~10mmol/kg 起，逐日增加剂量至酸中毒纠正，然后测定血和尿中 HCO_3^- 和肌酐，按下列公式 HCO_3^- 排出% =(尿 HCO_3^-/血 HCO_3^-)÷(尿 Cr/血 Cr)×100。主要用于诊断Ⅱ型者。

***亦称酸负荷试验：口服 NH_4Cl 0.1g/kg，1 小时内服完，3~8小时内收集血和尿液，测量血 HCO_3^- 和尿 pH，当血 HCO_3^- 降至 20mmol/L 以下时，尿 pH>6，即可诊断Ⅰ型 RTA。本负荷试验对明显酸中毒者不宜应用。

四、RTA 的治疗

1. 纠正酸中毒　儿童有 6%~15% 的碳酸氢盐从肾丢失，故可给予 2.5~7mmol/(kg·d)的碱性药物。常用口服 $NaHCO_3$ 或用 10% 枸橼酸钠钾口服液。一般自 3mmol/(kg·d)开始，每 2~4 日加量。一般以血气分析及尿钙排泄量调整碱性药用量，应控制尿钙<2mmol/(kg·d)为宜。

2. 纠正电解质紊乱　低钾血症可服 10% 枸橼酸钾 2mmol/(kg·d)，分次口服，并逐渐调整剂量。不宜用氯化钾，以免加重高氯血症。

3. Ⅰ型 RTA 肾性骨病的治疗　可用维生素 D 5 000~10 000U/d，或 1,25$(OH)_2D_3$ 0.25μg/d。需监测血药浓度及血钙、尿钙浓度及时调整剂量，防止高钙血症的发生。

4. 利尿剂　对于使用噻嗪类利尿剂可减少尿钙排泄，促进钙回吸收，防止钙在肾内沉积；对于Ⅱ型 RTA，使用噻嗪类利尿剂可减少尿 HCO_3^- 的排出，促进其重吸收。剂量为每日 1~3mg/kg，分 3 次口服。

五、预　　后

Ⅰ型 RTA 需早期诊断和长期治疗，可防止肾钙化和骨骼畸形形成，部分死于慢性肾衰竭。Ⅱ型 RTA 多随年龄增长而自行缓解。

第八节　血　　尿

案例 14-5

患者，男，7 岁，因"颜面水肿 15 日，血尿、进行性少尿 3 日"入院。患儿 15 日前晨起发现双眼睑水肿，尿色发红，3 日前，出现尿量进行性减少(具体不详)。患儿两月来有咽部不适，无用药物史，患病以来精神食欲稍差，大便正常，睡眠可，既往曾患气管炎、咽炎，无肾病史，出生发育史正常。

体格检查：T 36.9℃，P 90 次/分，R 24 次/分，BP 145/80mmHg，发育正常，营养中等，重病容，精神差，眼睑水肿，结膜稍苍白，巩膜无黄染。咽稍充血，扁桃体Ⅰ°~Ⅱ°肿大，未见脓性分泌物，黏膜无出血点。心肺无异常。腹稍膨隆，肝肋下 2cm，无压痛，脾未触及，移动性浊音(-)，肠鸣音存在。双下肢凹陷性水肿。

实验室检查：Hb 90g/L，RBC 3.0×10^{12}/L，网织红细胞比例 1.4%，WBC 2.1×10^9/L，中性粒细胞比例 82%，淋巴细胞比例 16%，单核细胞比例 2%，PLT 207×10^9/L，ESR 110mm/h，尿蛋白(++)，红细胞 10~12/HPF，白细胞 1~4/HPF，尿比重 1.010，24 小时尿蛋白定量 2.2g。血生化：尿素氮 36.7mmol/L，肌酐 546.6μmol/L，总蛋白 60.9g/L，白蛋白 35.4g/L，胆固醇 4.5mmol/L，补体 C3 0.45g/L，ASO 800U/L。

【思考题】

1. 如何进行血尿疾病的诊断。

2. 归纳该病例特点并列出初步诊断及诊断依据。

血尿是儿科泌尿系统疾病最常见的症状之一，根据尿红细胞的多少分为镜下血尿和肉眼血尿。镜下血尿的常用标准有：①离心尿沉渣高倍镜下 RBC>3个/HP；②尿沉渣红细胞计数>8×10^6/L。肉眼血尿的标准为尿红细胞>2.5×10^9/L。肉眼血尿的颜色还与尿液的酸碱度有关，酸性尿呈浓茶样或烟灰水样，中性或弱碱性尿颜色鲜红或呈洗肉水样。当尿液分析仪(试纸法)与镜检结果不一致时，诊断血尿应以镜检为准。

（一）病因

1. 泌尿系统疾病

（1）内科性疾病

1）原发性肾小球疾病：急性肾小球肾炎，急进性肾小球肾炎，慢性肾小球肾炎，局灶性肾炎，病毒性肾炎，遗传性肾炎，薄基膜肾病，IgA 肾病等。

2）继发性肾小球疾病：系统性红斑狼疮肾炎（LN），紫癜肾炎，乙型肝炎相关性肾炎，溶血尿毒综合征（HUS），肺出血肾炎综合征等。

3）药物：肾毒性药物如卡那霉素，庆大霉素，环磷酰胺等均可引起肾损害产生血尿。

4）感染：肾结核，肾盂肾炎，膀胱炎，尿道炎，结核，寄生虫，泌尿系统霉菌感染等。

（2）外科性疾病

1）外伤。

2）结石：容易引起血尿并继发感染，大块结石还可引起尿路梗阻甚至肾功能损害。

3）肿瘤：泌尿系统任何部位的恶性肿瘤或邻近器官的恶性肿瘤侵及泌尿道时均可引起血尿。

4）肾血管病变：肾静脉血栓形成，左肾静脉受压综合征（胡桃夹现象：该病是血管先天畸形引起走行于腹主动脉和肠系膜上动脉之间的左肾静脉受挤压，引起顽固性镜下血尿。右肾静脉径直注入下腔静脉，而左肾静脉须穿过腹主动脉与肠系膜上动脉所形成的夹角注入下腔静脉。正常时此角 45°～60°，若先天性此角过小或被肠系膜脂肪、肿大淋巴结、腹膜充填均可引起胡桃夹现象）。

5）畸形：肾血管畸形，先天性多囊肾，游走肾，肾下垂，肾盂积水等。

6）息肉、憩室、异物等。

2. 全身性疾病

（1）出血性疾病：DIC，血小板减少性紫癜，血友病，新生儿出血症，再生障碍性贫血，白血病，恶性组织细胞病等。

（2）感染性疾病：猩红热，伤寒，流行性出血热，传染性单核细胞增多症，丝虫病，感染性细菌性心内膜炎，暴发型流脑及肺炎支原体、结核杆菌、肝炎病毒、钩端螺旋体等所致感染后肾炎。

（3）结缔组织性疾病：系统性红斑狼疮，结节性多动脉炎，皮肌炎，风湿性肾炎，硬皮病。

（4）过敏性疾病：过敏性紫癜，饮食过敏如牛奶或菠萝过敏。

（5）心血管疾病：充血性心力衰竭，肾栓塞，肾静脉血栓形成。

（6）营养性疾病：维生素 C 缺乏症，维生素 K 缺乏症。

（7）其他疾病：如遗传性毛细血管扩张症，剧烈运动引起的一过性血尿，特发性高钙尿症等。

（二）发病机制

1. 肾小球缺血缺氧　因肾血管病变如肾小动脉硬化、肾静脉血栓形成，造成肾小球缺血缺氧，使肾小球滤过膜的通透性增加。

2. 免疫损伤致肾小球基底膜结构异常　由于抗原抗体免疫复合物沉着于肾小球基膜，激活补体造成基膜破坏和断裂。

3. 肾小球毛细血管腔内压增高　各种原因的肾淤血包括心力衰竭、左肾静脉受压综合征可使肾小球滤过率增加。

4. 出血性疾病致凝血机制障碍　造成包括血尿在内的全身广泛性出血。

5. 肾血管的损伤　肾有丰富的血管分布，很多疾病可使其血管完整性遭到破坏，如肾结石，肿瘤引起的溃疡和浸润。

6. 尿道黏膜的损伤　略。

（三）诊断与鉴别诊断

血尿的诊断首先明确是否为真性血尿，其次明确血尿的来源，最后明确血尿的可能病因。

1. 鉴别是否为真性血尿　假性血尿可见于：①大量摄入含人造色素（如苯胺）、食物（如蜂蜜、红辣椒、甜菜、番泻叶等）或药物（如大黄、利福平）等可引起红色尿；②血红蛋白尿或肌红蛋白尿可成酱油色或暗红色，见于血管内溶血；③血卟啉病及铅中毒时亦可出现红色尿液；④初生新生儿尿内之尿酸盐可使尿布呈红色；⑤血便或月经血污染。

2. 判断血尿来源　血尿确定后，判断血尿的来源及原发病因。

（1）尿三杯试验：第一杯红细胞增多为前尿道出血；第三杯红细胞增多则为膀胱基底部、前列腺、后尿道或精囊出血；三杯均有出血，则为膀胱颈以上部位出血。

（2）肉眼观察：暗红色或洗肉水样血尿多来源于肾实质，鲜红色或带有血凝块多来自下泌尿道，血块或混合黏膜样物质多来自于膀胱，滴血多来自尿道。

（3）肾小球性血尿：①尿沉渣红细胞形态以异形红细胞为主（>60%）并可见到红细胞管型和肾小管上皮细胞；②尿中红细胞平均体积测定 MCV<72fl 且呈小细胞分布，此法敏感性为 95%；③尿红细胞电泳为 20.64±1.72 秒；④尿中能发现含 IgG、T-H 蛋白的管型；⑤镜下血尿时，尿蛋白定量>500mg/24h；肉眼血尿时，尿蛋白>990mg/24h，或>660mg/L；⑥尿红细胞容积分布曲线呈两侧不对称，峰值明显前移，即峰值上的红细胞容积<静脉红细胞曲线峰值上的红细胞容积。

（4）非肾小球性血尿：①尿沉渣红细胞形态以均一形为主，变形红细胞<50%；②尿红细胞电泳为 27.27±1.66 秒；③尿红细胞容积分布曲线两侧对称，峰值无明显前移，其峰值上的红细胞容积略大于静脉

红细胞曲线峰值上的红细胞容积。

3. 肾小球性血尿的诊断

(1) 临床表现:①有前驱感染史,如皮肤及上呼吸道链球菌感染后出现血尿,首先要考虑急性链球菌感染后肾小球肾炎,其次为 IgA 肾病;②合并伴有水肿,高血压,尿液中发现管型和蛋白尿,应考虑原发性或继发性肾小球疾病,当伴有高度水肿和大量蛋白尿时应考虑肾病综合征;③伴有夜尿及尿中泡沫增多、眼睑水肿和显著贫血时应考虑慢性肾小球肾炎;④伴有感音神经性耳聋和眼部异常,应考虑 Alport 综合征;伴有四肢疼痛、感觉异常和少汗等,应考虑 Fabry 病;⑤伴有皮肤紫癜、关节肿痛、腹痛等,应考虑紫癜性肾炎,伴有反复咯血等肺出血时应想到肺出血-肾炎综合征;⑥有血尿家族史,应考虑薄基膜病。

(2) 实验室检查:①血 ASO 升高伴有补体 C3 及 CH50 备解素下降应考虑急性链球菌感染后肾炎;②血清补体持续性下降,考虑原发性膜增生性肾炎、狼疮性肾炎、慢性肾小球肾炎,伴 HBsAg(+)和/或 HBeAg(+),肾组织中有乙肝病毒抗原沉积,可诊断为乙肝病毒相关性肾炎;③血清多种自身抗体如 ANA、Anti-dsDNA、ANCA 等阳性应考虑狼疮性肾炎;④血清 IgA 增高,考虑 IgA 肾病;IgG、IgM、IgA 均增高,可考虑狼疮性肾炎、慢性肾炎;⑤尿蛋白成分以高分子蛋白尿为主,考虑急、慢性肾小球肾炎及肾病综合征;小分子蛋白尿为主,考虑间质性肾炎。

(3) 病理检查:肾病理检查的开展是肾病学发展过程中的一个飞跃。肾活检对血尿的病因诊断极为重要,目前,肾病理检查结果已经成为肾疾病诊断的金指标。最常见是 IgA 肾病、薄基膜病、轻微病变型肾病及局灶节段性肾小球硬化,免疫病理对诊断抗肾小球基膜肾小球肾炎、IgA 肾病、IgM 肾病、狼疮性肾炎、肝炎病毒相关性肾炎、Alport 综合征、轻链沉积病价值极大。

4. 非肾小球性血尿的诊断

(1) 临床表现:①伴有尿频、尿急、尿痛,应考虑泌尿道感染;伴有低热、盗汗、消瘦应考虑肾结核;②伴有皮肤粘膜出血应考虑出血性疾病,伴有出血、溶血、循环障碍及血栓症状,应考虑 DIC 或溶血尿毒综合征;③伴有肾绞痛或活动后腰痛应考虑肾结石,伴有肾区肿块应考虑肾肿瘤或肾静脉栓塞;④伴有外伤史应考虑泌尿系统外伤;⑤近期使用肾毒性药物,应考虑急性间质性肾炎;⑥无明显伴随症状时,应考虑左肾静脉受压综合征、特发性高钙尿症、肾微结石、肾盏乳头炎、肾小血管病及肾盂、尿路息肉、憩室。

(2) 实验室检测:①两次尿培养阳性,尿菌落计数 $>10^5$/ml,可诊断泌尿道感染;②尿培养检出结核杆菌,对诊断肾结核有重要价值;③儿童特发性高钙尿症也是非肾小球性血尿的常见原因,24 小时尿钙测定 >4mg/kg 或尿钙/尿肌酐 >0.2,即可诊断;④尿三杯试验阳性,尿中多混有血块。

(3) 影像学检查:①尿路 X 线片检查可及时发现泌尿系结石。对于尿酸结石,X 线检查阴性者可采用 B 超检查。②对于怀疑上尿路病变者,可行静脉肾盂造影(IVP),IVP 阴性而持续血尿者,应行 B 超或 CT 检查,以排除小的肾肿瘤、小结石、肾囊肿及肾静脉血栓形成。若仍阴性者,可行肾活检。③左肾静脉受压综合征是非肾小球性血尿的常见原因,彩色多普勒检查可以确诊。

(四) 治疗与预后

血尿的治疗,主要根据不同病因进行原发病治疗。

如果仅单纯镜下血尿,预后一般较好,不必用药,但需要每年一次(美国)或是 3~6 个月一次随访。总之,明确血尿病因诊断的意义远远大于对血尿的治疗。对于暂时无明确病因的血尿患儿,定期随访尤为重要。

(马　廉)

Chapter XIV Kidney & Urinary Tract

Classification of Glomerular Disease in Children

Primary glomerular diseases

Glomerulonephritis

- Acute glomerulonephritis(AGN).
- Rapidly progressive glomerulonephritis(RPGN).
- Persistent glomerulonephritis.
- Chronic glomerulonephritis.

Nephrotic syndrome(NS)

- Simple type of nephrotic syndrome.
- Nephritic type of nephrotic syndrome.
- Isolated hematuria or proteinuria.

Isolated hematuria: includes persistent and recurrent hematuria.

Isolated proteinuria: includes orthostatic and non-orthostatic proteinuria.

Secondary glomerular diseases

- Purpura nephritis.
- Lupus nephritis.
- HBV-associated glomerulonephritis.
- Others: nephritis and associated glomerulonephritis caused by poisoning or other types of systemic disease.

Hereditary glomerular diseases

- Congenital urine output syndrome.
- Progressive hereditary nephritis(Alport syndrome).
- Familiar recurrent hematuria.
- Others: for example, patellofemoral syndrome.

Classification of the pathology of glomerular diseases

- Minimal-change nephrotic syndrome(MCNS).
- Mesangial proliferation.
- Focal segmental glomerulosclerosis(FSGS).
- IgA nephropathy.

Acute Glomerulonephritis

Acute glomerulonephritis(AGN) is characterized by the sudden onset of gross hematuria, proteinuria, edema, and hypertension.

Etiology and pathogenesis

Group-A β-hemolytic streptococci are the main predisposing factors causing AGN, which is called acute post-streptococcal glomerulonephritis (APSGN). Common sites of infection are the upper respiratory tract, tonsils, and skin. Other types of bacteria, toxins, and viruses can also cause AGN.

APSGN is mediated by immune complexes.

Pathology

The kidneys appear to be enlarged symmetrically. Glomeruli appear to be enlarged, relatively blood-less and show diffuse proliferation of mesangial cells. Electron microscopy reveals electron-dense deposits ("humps") on the epithelial side of the GBM(glomerular basement membrane).

Pathophysiology

Two basic pathophysiologic changes are observed in APSGN.

- Narrowing of capillary vessels in the kidney, which leads to decreased filtration in glomeruli and reduced nephritis, fluid retention, and then hypertension and edema.
- Injury to the basement membrane of glomeruli, which leads to hematuria and proteinuria.

Clinical manifestations

APSGN is most common in children aged 5-12 years and uncommon before the age of 3 years.

Incubation: 1-3 weeks after infection by *group-A β-hemolytic streptococci*.

Typical case

Typical manifestations of acute nephritis are edema, reduced urinary output, hematuria and hypertension.

Severe cases

- Circulatory congestion: Paroxysmal or persistent dyspnea, orthopnea, moist rales audible in the base of the lungs, cardiac enlargement, gallop rhythm, and an enlarged liver.
- Hypertensive encephalopathy: Headache, vomiting, irritability, apathy, convulsions, and even temporary complete blindness.
- Acute renal failure: Oliguria (even anuria), azotemia, hyperkalemia and metabolic acidosis.

Atypical cases

- Asymptomatic acute nephritis: It may present with mild abnormalities of urine. Measurement of C_3 is helpful for the diagnosis.
- Acute nephritis with minimal urinary findings: Patient may have generalized edema, hypertension, even circulatory congestion, but no urinary abnormalities (or only minor abnormalities). Measurement of C_3 and kidney biopsy is needed for the diagnosis.
- Acute nephritis with severe proteinuria: Patient has massive proteinuria apart from the characteristics of acute nephritis.

Diagnosis

Urine is positive for blood and protein. Microscopy may reveal red blood cells (RBCs) and casts. Renal function should be evaluated by measuring plasma urea, electrolytes, and creatinine.

Abdominal radiography and ultrasound may be required to exclude other causes of hematuria.

The etiology is pursued with throat swabs, anti-streptolysin-O titers, complement C_3 levels, and erythrocyte sedimentation rate.

APSGN should be differentiated from acute nephritis caused by other pathogens.

Chronic renal failure, primary nephrotic syndrome, and systemic diseases associated with hematuria should be excluded carefully.

Treatment

- Bed rest for 2-3 weeks in the acute stage.
- Eradicate streptococci by penicillin for 10-14 days.
- Control of balance of fluids and electrolytes by monitoring intake and output.
- Use of diuretics and antihypertensive agents as required.

Prognosis

The prognosis of post-streptococcal nephritis is good. However, rarely, rapidly progressive glomerulonephritis with renal failure may occur (especially in nephritis due to other causes).

Nephrotic Syndrome

Nephrotic syndrome is characterized by large urinary losses of protein, hypoalbuminemia, hyperlipidemia and edema. Approximately 90% of children with nephrotic syndrome is the form of primary nephrotic syndrome. Nephrotic syndrome may also be secondary to systemic diseases such as systemic lupus erythematosus, Henoch-Schönlein purpura, and infections. Primary nephrotic syndrome is more common in boys than in girls (2 : 1) and appears most commonly between the ages of 3 years and 5 years.

Pathophysiology

- Large urinary losses of protein are the basic change of nephrotic syndrome that lead to the following changes.
- Hypoalbuminemia: Loss of urinary protein is the main cause of hypoproteinemia.
- Hyperlipidemia: Levels of total cholesterol, triglycerides, low-density lipoprotein, and very-high-density-lipoprotein (VLDL) are high in most cases.
- Marked edema: This is due to hypoalbuminemia, hypovolemia, and activation of the renin-angiotensin - aldosterone system.

Pathology

About 77% of patients show minimal-change disease (MCD) as characterized by normal renal histology; the remainder present with focal segmental glomerulosclerosis (FSGS) and mesangioproliferative glomerulonephritis (MesPGN). Membranoproliferative glomerulonephritis and membranous nephropathy are uncommon conditions in childhood.

Clinical manifestations

- Edema: Manifests as puffiness around the eyes and swelling of the feet and legs. In severe cases, gross scrotal edema, ascites and pleural effusions may occur.
- Urine changes: Reduced urine output and "frothiness" of the urine may be noticed.

• Others: Hypertension and acute renal failure are less common.

Complications

• Infection: Chief complication of nephrotic syndrome is infection.

• Electrolyte disturbance: Hyponatremia, hypokalemia and hypocalcemia are common.

• Thromboembolic events: Increased risk (1.8%-5%) of venous and arterial thromboses.

• Acute renal failure: About 5% patients with MCD may progress to acute renal failure.

Investigations

• Urinalyses: Reveal 3+ or 4+ proteinuria, or 50 mg/(kg · d) of urinary protein. Approximately 15% of patients show hematuria.

• Serum protein and cholesterol: Serum albumin <25 g/L; serum cholesterol >5.7 mmol/L.

• Complement analyses: Hypocomplementemia may occur in some cases.

• Hepatitis-B antigen, streptococcus, antinuclear antibody, dsDNA antibody, and Smith antibody should be tested to exclude other types of renal disease.

• Renal biopsy: Patients who relapse frequently and who are corticosteroid-resistant should be recommended for renal biopsy.

Diagnosis

Simple type of nephrotic syndrome is confirmed by proteinuria (3+ or 4+, or 50 mg/kg. day), hypoalbuminemia, hyperlipidemia, and edema. Proteinuria is the key evidence.

Nephritic type of nephrotic syndrome is confirmed by typical evidence plus one of the following.

• Hypertension.

• Elevated levels of blood urea, nitrogen (BUN) or creatinine.

• Hypocomplementemia.

• Hematuria.

Treatment

General treatment

Patients with marked edema or proteinuria should limit physical activities, as well as intake of sodium and water. Diuretics may be given to those with reduced urine output.

Corticosteroid therapy

Initial therapy of prednisone (medium and long-term therapy): Administered at 2 mg/(kg · d) for 4 weeks, followed by 2 mg/(kg · d) on alternate days for a further 4 weeks. The alternate-day dose is then tapered slowly and discontinued over the next 1-2 months.

Response to corticosteroid therapy.

• Corticosteroid-responsive: Urine is negative for protein after 8 weeks of corticosteroid therapy.

• Corticosteroid-resistant: Children who continue to have proteinuria (≥2+) after 8 weeks of corticosteroid therapy.

• Corticosteroid-dependent: A subset of patients relapse while on alternate-day corticosteroid therapy or within 28 days of completing a successful course of prednisone therapy.

• Relapses and frequent relapses: Relapse is considered to occur if urine is positive for protein again after 2 weeks of negative protein in urine. Patients who respond well to prednisone therapy but relapse ≥3 times in a 12-month period (or twice in 6 months) are termed "frequent relapsers".

Immunosuppressant drugs

Corticosteroid-dependent patients, frequent relapsers, and corticosteroid-resistant patients are candidates. Commonly used immunosuppressant drugs are cyclophosphamide and cyclosporine.

Anticoagulation therapy

Treated with heparin, dipyridamole or urokinase.

Angiotensin-converting enzyme inhibitors (ACEIs) and angiotensin receptor blockers (ARBs)

ACEIs and ARBs are being used increasingly to reduce the risk of proteinuria.

Prognosis

The course of disease and outcome is different in patients with different pathologic forms. Most children with corticosteroid-responsive nephrotic syndrome have repeated relapses which, in general, decrease in frequency as they grow. A child with corticosteroid-responsive nephrotic syndrome is unlikely to develop chronic kidney disease. Patients with "minimal change" histology have a better prognosis.

Hepatitis-B virus-Associated Glomerulonephritis

Hepatitis-B virus-associated glomerulonephritis (HBV-GN) is caused by chronic infection by the hepatitis-B virus (HBV). HBV can injure renal tissue by direct invasion or through immune complexes from the immune response. Typical manifestations are proteinuria, microscopic hematuria or nephrotic syndrome. Typical pathologic change is membranous nephropathy (MN).

Pathogenesis

Pathogenesis of HBV-GN is not known but hypotheses include.

- HBV antigen-antibody complexes that deposit in glomeruli to cause renal damage.
- HBV infects kidney cells and causes damage directly.
- HBV infection causes auto-antibody and injury to cellular immunity.
- Immunodeficiency.

Clinical manifestations

- Clinical features are varied. A total of 60% - 80% of patients with HBV-GN are hepatitis-Be antigen (HBeAg)-positive.
- The main clinical feature is microscopic hematuria or proteinuria. Manifestations are nephritis or nephrotic syndrome.
- Hepatomegaly or abnormal liver function may occur.

Diagnosis

The diagnosis is dependent on renal biopsy but some key evidences include.

- Positive serum HBV markers (e. g. HBsAg, HBeAg, HBcAb).
- Patients may suffer from nephritic syndrome or nephrotic syndrome. Some cases show isolated proteinuria or hematuria.
- HBV antigen deposits in glomeruli.
- Most patients show a pathologic change of membranous nephropathy. Others show membranoproliferative glomerulonephritis or mesangial proliferative glomerulonephritis.

The diagnosis of HBV-GN is confirmed if the patient presents with: the first three evidences shown above; or the first two evidences plus membranousnephropathy; or the second evidence plus the third evidence.

Treatment

- No specific treatment for HBV-GN.
- A diet with high levels of protein and low salt, as well as diuretics, and albumin. (i. v.), may be recommended for patients presenting with nephrotic syndrome.
- Short-term corticosteroid therapy might be used to alleviate proteinuria.
- Antiviral therapy: alpha interferon; thymosin alpha.

Pediatric Urinary-tract Infections

Urinary-tract infections (UTIs) are common in children, and include pyelonephritis, cystitis, and urethritis. Prevalence of UTIs varies with age. During the first year of life, the male is more susceptible but, beyond 1-2 years, there is a female preponderance.

Etiology and pathogenesis

The most common pathogen is *Escherichia coli* (accounts for ≈ 85% of UTIs in children). Routes of infection include ascending infections, hematogenous spread, lymphatic route.

Host risk factors include

- Anatomic deformities of the urinary tract in children.
- Lower production of secretary immunoglobulin (Ig) A in children.
- Changes of uropathogens and urine straits that provide opportunities for colonization and reproduction of pathogens in the urinary tract.
- Chronic diseases (e. g. diabetes mellitus, renal insufficiency) or patients undergoing corticosteroid therapy.

Clinical manifestations

Acute UTI

Duration of illness is <6 months.

Neonates

Hematogenous spread is the common route of infection. There are no specific symptoms in the urinary tract. Common symptoms are fever, poor diet, weight loss, jaundice, and vomiting. Urine analyses are necessary for neonates with fever of unknown cause.

Infants and toddlers

Symptoms are atypical. Fever may be the only manifestation. Symptoms such as dysuria, urgency, and frequency may occur in toddlers.

Children

Ascending infection is the common route. Infection of the lower urinary tract is characterized by urgency, frequency and dysuria, except for fever. Infection of the upper urinary tract not only causes urgency, frequency and dysuria, but also fever, chills, abdominal pain, and flank pain.

Chronic UTIs

- Duration of illness is >6 months.
- Irregular fever is accompanied by anemia, weight loss, and even renal insufficiency.
- Irregular urgency, frequency and dysuria.
- Anomalies of the urinary tract and vesicoureteral reflux are the main causes.
- "Asymptomatic bacteriuria" refers to a positive urine culture without any manifestations of infection. It is the most common in girls.

Diagnosis

The diagnosis includes:

- UTI may be suspected based on symptoms or findings on urinalyses, or both.
- Urine culture which shows >100 000 colonies of a single pathogen, or 10 000 colonies can confirm the diagnosis.
- Identification of primary infection or recurrent infection.
- Investigation of the urinary tract for abnormalities.
- Location of the focus of infection.

Treatment

- General treatment for symptoms such as fever, and flank pain.
- Antibiotic treatment with appropriate drugs and of appropriate duration.
- Identification and elimination of predisposing factors in a child with recurrent UTI.

Renal Tubular Acidosis

Renal tubular acidosis (RTA) is caused by impaired reabsorption of bicarbonate or impaired excretion of hydrogen ions (H^+). RTA is characterized by a normal anion gap (hyperchloremic) metabolic acidosis, electrolyte disorders, renal osteodystrophy, and urine disorders. There are four main types of RTA: proximal (type Ⅱ); classic distal (type Ⅰ); hyperkalemic (type Ⅳ); combined proximal and distal (type Ⅲ). Characteristics of type Ⅰ and type Ⅱ RTA are outlined in Table 14-1.

Table 14-1 Type Ⅰ and type Ⅱ RTA

	Type Ⅰ	Type Ⅱ
Pathogenesis	Impaired excretion of H^+ in distal renal tubules	Impaired reabsorption of bicarbonate in proximal renal tubules
Etiology	Primary or secondary	Primary or secondary
Clinical manifestations	Polyuria, tachypnea, anorexia, vomiting, hypotonia, constipation	Polyuria, anorexia, vomiting, tachypnea, hypotonia, constipation Growth failure in the first year of life
Investigations Biochemical Electrolytes in serum	Metabolic acidosis Hypokalemia, hyperchloremia	Metabolic acidosis Hypokalemia, hyperchloremia
Urine pH	If serum HCO_3^- <16 mmol/L, urine pH >5.8	If serum HCO_3^- <16 mmol/L, urine pH <5.5
Nephrocalcinosis	Yes	No
Skeletal changes	Renal osteodystrophy, rickets	No
Hypercalciuria	Yes	No

Treatment

Aim of RTA treatment is not only to correct biochemical abnormalities, but also to improve the growth of children and prevent the development of nephrocalcinosis and chronic kidney disease. Basis of therapy is to administer continually appropriate amounts of alkali in the form of bicarbonate or citrate.

Hematuria

Hematuria is defined as the presence of $\geqslant 3$ RBCs per high-power field or 8×10^6 RBCs per liter in centrifuged urine. It is commonly seen in children. There are two types of hematuria: microscopic and gross.

Etiology

- Kidney and upper-urinary-tract causes of hematuria.
- Primary glomerular diseases.
- Various infections of kidney.
- Structural anomalies, congenital anomalies, polycystic kidney disease.
- Trauma and tumors.
- Drugs- induced renal injury.
- Systemic diseases that can cause hematuria include hematologic diseases, rheumatic diseases, allergic diseases, systemic infections and others.

Diagnosis and differential diagnosis

- Step one: Evaluation of true hematuria.
- Step two: Differentiation of glomerular hematuria and extra-glomerular hematuria.
- Step three: Specific causes of glomerular hematuria or extra-glomerular hematuria.

Principles of treatment

- Treatment is dependent upon the primary causes of hematuria.
- Asymptomatic (isolated) hematuria, in general, does not require treatment.
- Patients with persistent microscopic hematuria should be monitored every 6-12 months for signs or symptoms indicative of progressive renal disease.

(贺谷雨　吴小川)

第十五章 造血系统疾病

第一节 儿童造血和血液特点

一、儿童造血特点

造血器官包括肝、脾、骨髓、胸腺和淋巴结等，在胚胎期和出生后的各个不同阶段，主要的造血器官各不相同。

（一）胚胎期造血

血细胞起源于卵黄囊的血岛，然后出现于肝、脾等髓外器官，最后转移至骨髓造血。因此，胚胎期造血可分为三个阶段：中胚叶造血期，是胎儿早期的主要造血部位；肝、脾造血期，是胎儿中期的主要造血部位；骨髓造血期，是胎儿后期的主要造血部位。但胚胎期造血的三个阶段不是截然分割的。

（二）生后造血

生后造血主要是骨髓造血，在特殊情况下可出现髓外造血。

1. 骨髓造血 为生后主要造血方式。骨髓可以分为红髓和黄髓两种：前者具有现实的造血能力，后者具有潜在的造血能力。婴儿期所有骨髓均为红髓，随着年龄的增长，部分红髓逐渐被黄髓所取代，儿童期（5~7岁前）红髓多、黄髓少，对于年长儿则是红髓少、黄髓多，但当需要造血增加时，它可转变为红髓，重新发挥造血功能，此时出现髓外造血。

2. 骨髓外造血 在正常情况下，骨髓外造血在出生后2个月以后就停止（除外淋巴细胞和巨噬细胞）。当婴幼儿遇到各种感染、溶血、贫血、骨髓异常细胞浸润等需要增加造血时，肝、脾和淋巴结可随时适应需要，恢复到胎儿时期的造血状态，出现肝、脾、淋巴结肿大。外周血常规出现有核红细胞和幼稚粒细胞。当除去病因后，又可恢复正常的骨髓造血状态。

二、儿童血液特点

（一）红细胞数和血红蛋白量及其变化规律

红细胞生成需要持续地供给氨基酸、铁、某些维生素和微量营养素等，并受红细胞生成素所调节。组织缺氧可刺激红细胞生成素的生成。

由于胎儿期处于相对缺氧状态，故红细胞数和血红蛋白量较高，出生时红细胞数为 $5.0\times10^{12}\sim7.0\times10^{12}$/L，血红蛋白量为150~220g/L；早产儿与足月儿基本相等，少数可稍低。生后6~12小时因进食较少和不显性失水，其红细胞数和血红蛋白量往往比出生时高些，此后才开始下降。出生后红细胞生成素合成减少，骨髓造血功能暂时性降低，网织红细胞在外周血液中的比例初生3日内为0.04~0.06，于生后4~7日迅速下降至0.003~0.01，3个月后回升，婴儿期后约与成人相同。胎儿红细胞寿命较短而致破坏较多（生理性溶血）；加之婴儿成长发育迅速，血容量迅速增加。以上因素使红细胞计数和血红蛋白浓度逐渐下降，至2~3月达到最低点，足月儿最低降至100~110g/L，早产儿最低70~90g/L，称为“生理性贫血”，呈现轻度贫血，是一个自限性过程，6个月大时恢复正常水平。该现象有利于确定病理性贫血的诊断标准。

（二）白细胞数和分类及其变化规律

初生时白细胞数为 $(15\sim20)\times10^9$/L，生后6~24小时可高达 $(21\sim28)\times10^9$/L，然后逐渐下降，一周时平均为 12×10^9/L，婴幼儿维持在 10×10^9/L 左右，8岁后接近成人 $(4\sim10)\times10^9$/L。

白细胞分类主要是中性粒细胞与淋巴细胞比例的变化，出生时中性粒细胞占0.60~0.65，淋巴细胞约占0.35；生后白细胞总数逐渐下降，中性粒细胞的比例也相应下降，出生后4~6日两者比例约相等；随着淋巴细胞比例上升，约占0.60，中性粒细胞约占0.30；至4~6岁时两者比例又相等；以后白细胞分类与成人相似。

（三）血小板数和凝血功能

出生时，血小板数与成人相似，$(150\sim250)\times10^9$/L。凝血因子水平出生时较低，凝血时间与凝血酶原时间较儿童长，3个月~1岁时达成人水平。

（四）血红蛋白种类及其变化规律

α、β、γ、δ、ε和ζ这6种多肽链构成血红蛋白分子，而不同的血红蛋白分子是由不同的多肽链组成的。胚胎期的血红蛋白为Gower1（$\zeta_2\varepsilon_2$）、Gower2（$\alpha_2\varepsilon_2$）和Portland（$\zeta_2\gamma_2$）；胎儿期的胎儿血红蛋白（HbF，$\alpha_2\gamma_2$）；成人血红蛋白为HbA（$\alpha_2\beta_2$）和HbA2（$\alpha_2\delta_2$）两种（表15-1）。

表 15-1　各年龄段的血红蛋白种类含量

	HbA%	HbF%	HbA_2%
6 个月	5～10	90	
出生时	30	70	1
3 个月～1 岁	95	5	2～3
2 岁～成人	95	2	2～3

（五）血容量

小儿血容量相对较成人多，新生儿血容量约占体重的 10%，儿童期占体重的 8%～10%，成人期占体重的 6%～8%。

第二节　儿童贫血概述

贫血是指外周血中的血红蛋白浓度、红细胞数或红细胞压积低于正常范围。它是一个常见的临床症状，而不是最终的或独立的疾病诊断。

临床上多以血红蛋白浓度和红细胞计数降低作为衡量有无贫血的标准，一般认为在平原地区，血红蛋白浓度在新生儿期<145g/L，1～4 月时<90g/L，4～6 个月时<100g/L，6 个月～6 岁<110g/L，6～14 岁<120g/L 者为贫血。上述数值是相对于正常血容量而言，红细胞数和血红蛋白浓度与血容量有关，会受脱水或水滞留的影响。另外，海拔每升高 1000m，相应诊断标准中血红蛋白升高 4%。

一、贫血的分类

（一）贫血程度分类

根据外周血血红蛋白浓度和红细胞计数可分为轻、中、重和极重四度：①血红蛋白在正常下限～90g/L，红细胞为（3～4）×10^{12}/L 为轻度；②血红蛋白在 60～90g/L，红细胞为（2～3）×10^{12}/L 为中度；③血红蛋白在 30～60g/L，红细胞为（1～2）×10^{12}/L 为重度；④血红蛋白<30g/L，红细胞低于 1×10^{12}/L 为极重度。新生儿血红蛋白浓度 120～144g/L 为轻度，90～120g/L 为中度，60～90g/L 为重度，<60g/L 为极重度。

（二）贫血病因分类

造成贫血的主要原因是红细胞的丢失或破坏的增加，以及产生速度明显的下降，主要病因见表 15-2。

（三）贫血时红细胞形态分类

根据平均红细胞容积（MCV）、红细胞数、红细胞平均血红蛋白（MCH）、红细胞平均血红蛋白浓度（MCHC）的结果而将贫血分为四类（表 15-3）。

表 15-2　贫血病因分类

病因分类	病种
红细胞生成减少	（1）生理性贫血 （2）造血物质缺乏：缺铁性贫血（铁缺乏）、巨幼细胞性贫血（维生素 B_{12}、叶酸缺乏）、维生素 C 缺乏、甲状腺素缺乏 （3）骨髓造血功能低下：单纯红细胞再生障碍、再生障碍性贫血、慢性感染、慢性肾衰竭等
红细胞破坏增多（溶血性贫血）	（1）红细胞内在的缺陷：①红细胞膜遗传学缺陷，遗传性球形红细胞增多症、遗传性椭圆细胞增多症、棘形细胞增多症；②红细胞酶缺乏，丙酮酸激酶缺乏、葡萄糖-6-磷酸脱氢酶缺乏、已糖激酶缺乏等；③血红蛋白异常，地中海贫血、血红蛋白病；④红细胞对补体过敏、阵发性睡眠性血红蛋白尿 （2）红细胞外在因素：①免疫性，新生儿溶血症、自身免疫性溶血性贫血、药物所致的免疫性溶血性贫血等；②非免疫性，如药物、化学、物理、毒素、感染性等因素
失血性贫血	（1）急性失血：出血性疾病、外伤 （2）慢性失血：钩虫病、肠道畸形、鲜牛乳过敏等

表 15-3　贫血的细胞形态学分类

	MCV（80～94fl）	MCH（28～32pg）	MCHC（32%～38%）	常见疾病
大细胞性	>94	>32	正常	巨幼红细胞性贫血、骨髓增生异常综合征等
正细胞性	正常	正常	正常	再生障碍性贫血、急性失血性贫血等
单纯小细胞性	<80	<28	正常	慢性感染性贫血
小细胞低色素性	<80	<28	<32	缺铁性贫血、地中海贫血等

（四）按贫血时骨髓增生状况分类

1. 增生性贫血　缺铁性贫血、溶血性贫血、急性失血性贫血、巨幼红细胞性贫血。

2. 增生不良性贫血　再生障碍性贫血。

二、临床表现

贫血的临床表现与贫血的病因、程度、贫血时血容量下降程度、发生贫血的速度等均有关。贫血发生缓慢者临床症状较轻，短期内血红蛋白迅速下降者，临床症状较重。

1. 一般表现 各种贫血体征，如皮肤黏膜苍白，粗糙缺乏光泽，溶血性贫血时还有黄染。

2. 造血器官反应 婴儿期由于骨髓几乎全是红髓，当造血需要增加时，则出现髓外造血表现。

3. 非血液系统表现 循环系统：失血性贫血时，主要是对低血容量的反应，表现为心率增快、脉搏加强、动脉压增高；非失血性贫血时则主要对组织缺氧的反应，长期贫血会导致贫血性心脏病。

呼吸系统：贫血时机体处于低氧及高二氧化碳状态，刺激呼吸中枢而引起，表现为呼吸加速。

消化系统：主要是贫血本身影响消化系统，胃肠蠕动及消化酶分泌功能均受影响。

神经系统：主要由贫血时导致脑缺氧所致，常表现为精神不振，注意力不集中等。

三、诊断要点

贫血是一种综合征，必须查找到病因，才能进行合理和有效的治疗。因此，详细询问病史、全面的体格检查和必要的实验室检查是贫血病因诊断的重要依据。

（一）病史

1. 发病年龄 可提供诊断线索，小儿时期的贫血多具有年龄的特点，不同年龄发生贫血的病因不同：出生后即有严重贫血的要考虑产前、产时或产后失血；出生后24小时内出血贫血伴有黄疸者，以新生儿溶血症可能性大；婴儿期发病者多考虑营养性贫血、遗传性溶血性贫血；儿童期发病者多考虑慢性出血性贫血、再生障碍性贫血等。

2. 病程经过和伴随症状 起病急、病程短者，提示急性溶血或失血；起病缓慢者，提示营养性贫血、慢性失血、慢性溶血等。伴有神经和精神症状如嗜睡、震颤等提示维生素 B_{12} 缺乏；伴有骨痛提示骨髓浸润性病变，肿瘤性疾病多伴有发热、肝脾及淋巴结肿大。

3. 喂养史 详细了解婴幼儿的喂养方法及饮食的质量对诊断与营养有关的缺铁性贫血和巨幼细胞性贫血有重要意义。

4. 过去史 询问有无寄生虫病特别是钩虫病史；询问其他系统疾病，如消化系统疾病、慢性肾病、慢性炎症性疾病如类风湿病等可引起贫血的有关疾病。还要询问有无服用对造血系统不良影响的药物如氯霉素、磺胺等。

5. 家族史 与遗传有关的贫血，如遗传性球形红细胞增多症、G-6-PD缺乏及地中海贫血等，家族（或近亲）中常有同样患者。

（二）体格检查

1. 生长发育 慢性贫血往往有生长发育障碍。

2. 营养状况 营养不良常伴有慢性贫血。

3. 皮肤、黏膜 皮肤和黏膜苍白的程度一般与贫血程度成正比。观察甲床、结合膜及唇黏膜的颜色比较可靠。长期慢性贫血者皮肤呈苍黄，甚至古铜色；反复输血皮肤常有色素沉着。如贫血伴有皮肤、黏膜出血点或瘀斑，要注意排除出血性疾病和白血病。伴有黄疸时提示溶血性贫血。

4. 指甲和毛发 缺铁性贫血的患儿指甲菲薄、脆弱，严重者扁平甚至呈匙状反甲。巨幼细胞性贫血头发细黄、干稀、无光泽，有时呈绒毛状。

5. 肝脾和淋巴结肿大 这是婴幼儿贫血常见的体征。肝脾轻度肿大多提示髓外造血；肝脾明显肿大且以脾大为主者，多提示遗传性溶血性贫血，贫血伴有明显淋巴结肿大者，应考虑造血系统恶性病变。

除上述病史与体检资料外，还应注意贫血对各系统的影响，如心脏扩大和心尖部收缩期杂音等，以及各系统可能的其他损害与贫血的因果关系。

（三）辅助检查

1. 血常规 红细胞计数和血红蛋白浓度可确定有无贫血及程度，MCV、MCH、MCHC可帮助判断形态分类，白细胞和血小板计数可协助诊断或初步排除造血系统其他疾病及感染性疾病所致的贫血。

2. 红细胞形态 仔细观察血涂片中红细胞大小、形态及染色情况，白细胞和血小板的质和量的改变，对贫血的病因诊断有提示作用。

3. 网织红细胞计数 可反映骨髓造血功能。

4. 骨髓检查 涂片检查可直接了解骨髓造血细胞生成的质和量的变化，对某些贫血的诊断具有决定性的意义。活检对白血病、转移瘤等骨髓病变具有诊断价值。

5. 血红蛋白分析检查 如血红蛋白电泳、包涵体生成试验等，对地中海贫血和异常血红蛋白病的诊断有重要意义。

6. 红细胞脆性试验 脆性增高见于遗传性球形红细胞增多症；降低则见于地中海贫血。

7. 特殊检查 抗人球蛋白试验可诊断自身免疫性溶血；血清铁等体内铁代谢检查，协助诊断缺铁性贫血；红细胞酶活力测定对先天性红细胞酶缺陷所致的溶血性贫血有诊断意义；基因分析方法对遗传性溶血性贫血不但有诊断意义，还有产前诊断价值。

四、治疗原则

1. 去除病因 去除贫血的原因是治疗贫血的根本方法，有些贫血在去除病因后，很快可以治愈。

2. 一般治疗　加强护理，预防感染，改善饮食质量和搭配等。

3. 药物治疗　针对贫血的病因，选择有效药物给予治疗，如铁剂治疗缺铁性贫血，维生素 B_{12} 和叶酸治疗巨幼红细胞贫血等。

4. 输血治疗　急性失血和急性溶血、血红蛋白低至 50～60g/L 者应立即输血或红细胞，并视其贫血发生的速度和程度加快输血速度。慢性贫血患者，输血不是急症治疗措施，不能在短期内治愈的慢性贫血，最好能维持血红蛋白在 75g/L 以上，以保证小儿正常生长发育，每次输红细胞量宜少，速度宜慢，尤其是心功能不全者。

5. 并发症治疗　婴幼儿贫血易患感染、营养不良、消化功能紊乱等，应及时治疗。

第三节　营养性贫血

一、缺铁性贫血

案例 15-1

患儿，男，10 个月，因“面色苍白 4 个月余”入院。患儿 4 个月前（即 6 个月大时）出现面色苍白，进行性加重，无发热及出血症状，出生后至今母乳喂养，未添加辅食。查体：一般情况可，皮肤黏膜无黄染及出血点；前囟平软，颜面及口唇稍苍白，肺部呼吸音粗，未闻及干、湿性啰音；心率 114 次/分，心律齐，心前区可闻及Ⅱ级柔和吹风样杂音；腹软，肝肋下 4cm，质软，脾肋下未及。

辅助检查：血常规显示小细胞低色素性贫血。铁代谢，血清铁及血清铁蛋白下降，总铁结合力升高。

【思考题】

1. 机体从缺铁到贫血经历几个时期？各时期的生化指标如何变化？

2. 口服铁剂治疗缺铁性贫血的剂量、常用制剂、注意事项。

缺铁性贫血（iron deficiency anemia，IDA）是由于体内储存铁缺乏，造成血红蛋白合成减少而导致的贫血。临床上以小细胞低色素性贫血、血清铁蛋白减少和铁剂治疗有效为特点。缺铁性贫血是小儿最常见的血液病之一，以 6 个月～2 岁发病率最高，严重危害小儿健康，是我国重点防治的小儿常见病之一。

（一）铁的代谢

1. 人体内铁的含量及其分布　正常人体内的含铁总量随着年龄、体重、性别和血红蛋白水平的不同而异。体内总铁量正常成人男性约为 50mg/kg，女性约为 35mg/kg，新生儿约为 75mg/kg。铁在小儿时期分布及含量见表 15-4。

表 15-4　小儿体内铁的分布

	铁（mg/kg）	占体内体含量（%）
血红蛋白	40.0	64.0
铁蛋白和含铁血黄素	20.0	32.0
肌红蛋白	2.0	3.2
酶	0.3	0.4
血浆铁	0.3	0.4
总量	62.6	100

2. 铁的来源

（1）红细胞释放的铁：占人体摄入量的 2/3，体内红细胞衰老或破坏所释放的血红蛋白铁几乎全部被再利用。

（2）从食物中摄取铁：占人体摄入量的 1/3。食物中的铁分为血红素铁和非血红素铁，前者吸收率高而后者吸收率较低。动物性食物含铁高且为血红素铁，吸收率达 10%～25%；母乳与牛乳含铁量均低，但母乳的铁吸收率比牛乳高 2～3 倍。植物性食物中的铁属非血红素铁而吸收率低（1.7%～7.9%）。

3. 铁的吸收　铁的吸收有两种形式：一种是游离铁；另一种是血红素铁。游离铁一般来自植物食物，原以 Fe^{3+} 的形式存在，在十二指肠和空肠上段转变为 Fe^{2+} 被吸收。维生素 C、稀盐酸、果糖及氨基酸等还原物质等使 Fe^{3+} 变成 Fe^{2+}，有利于铁的吸收；磷酸、草酸等可与铁形成不溶性铁酸盐，难于吸收；植物纤维、茶、咖啡、蛋、牛奶及抗酸药物等可抑制铁的吸收。

动物食物中的血红素铁在胃蛋白酶及胃酸作用下，血红素与珠蛋白分离，被肠黏膜直接吸收，吸收后的血红素在肠黏膜上皮细胞由血红素分解酶将铁释放出来。

4. 铁的转运　体内的铁有一部分与细胞内的去铁蛋白（apoferritin）结合，形成铁蛋白（ferritin）暂时保存在肠黏膜细胞中；另一部分与细胞质中载体蛋白结合后移出胞外进入血液，与血浆中的转铁蛋白（transferrin，Tf）结合，随血液循环将铁运送到需铁和储铁组织，供给机体利用，未被利用的部分则与去铁蛋白结合而形成铁蛋白，作为储存备用铁。红细胞破坏后释放出的铁，也同样通过与转铁蛋白结合后运送到骨髓等组织，被利用或储存。

正常的情况下，血浆中的转铁蛋白仅 1/3 与铁结合，此结合的铁称为血清铁（serum iron，SI）；其余 2/3 的转铁蛋白仍具有与铁结合的能力，在体外加入一定量的铁可使其成饱和状态，所加的铁量即为未饱和铁结合力。血清铁与未饱和铁结合力之和称之为血清总铁结合力（total iron binding capacity，TIBC）。血清铁在总铁结合力中所占的百分比称之为转铁蛋白饱和度(transferrin saturation,TS)。

5. 铁的利用与储存 铁到达骨髓造血组织后即进入幼红细胞,在线粒体中与原卟啉结合形成血红素,血红素与珠蛋白结合形成血红蛋白。此外,铁还在肌红蛋白的合成中和某些酶(如细胞色素C、单胺氧化酶、核糖核酸还原酶、琥珀酸脱氢酶等)中被利用。在体内未被利用的铁以铁蛋白及含铁血黄素的形式储存。在机体需要铁时,这两种铁均可被利用,通过还原酶的作用,使铁蛋白中的 Fe^{2+} 释放,然后被氧化酶氧化成 Fe^{3+},与转铁蛋白结合后被转运到需铁的组织。

6. 铁的排泄及需要量 正常情况下每日仅有极少量的铁排出体外。铁的排泄主要通过肠道,其他经肾和汗腺排出,表皮细胞脱落也失去极微量的铁。

小儿由于生长发育的需要,每日需摄入的铁量相对较成人为多。成熟儿自生后4个月~3岁每日约需铁1mg/kg;早产儿需铁较多,约为2mg/kg;各年龄小儿每日摄入总量不宜超过15mg。

7. 胎儿和儿童期铁代谢特点

(1) 胎儿期铁代谢特点:胎儿通过胎盘从母体摄取铁,一般认为,足月儿从母体所获得的铁足够其生后4~5月内之用;而未成熟儿从母体所获的铁较少,容易发生缺铁。

(2) 婴幼儿期铁代谢的特点:足月新生儿体内总铁约75mg/kg,其中储存铁为25%。出生后2个月由于"生理性溶血"释放的铁较多,随后是"生理性贫血"期造血相对较低下,加之从母体获取的铁一般能满足4个月之需,故婴儿早期不易发生缺铁。约4月龄以后,由于生长发育迅速,造血活跃,加之从母体获取的铁逐渐耗尽,因此对膳食铁的需要增加,而婴儿主食(人乳和牛乳)的铁含量极低,不能满足机体之需,故6个月~2岁的小儿缺铁性贫血发生率高。早产儿从母体获取铁少,且生长发育更迅速,可较早发生缺铁。

(3) 儿童期和青春期铁代谢特点:儿童期一般较少缺铁,此期缺铁的主要原因是偏食或者食物搭配不合理;青春期由于生长发育迅速而对铁的需要量增加,少女如月经过多造成铁的丢失也是此期缺铁的原因。

(二) 病因

1. 铁摄入量不足 这是缺铁性贫血的主要原因。人乳、牛乳、谷物中含铁量均低,如不及时添加含铁较多的辅食,容易发生缺铁性贫血。

2. 先天储铁不足 胎儿从母体获得的铁以妊娠最后3个月最多,故早产、双胎或多胎、胎儿失血和孕母严重缺铁等均可使胎儿储铁减少。

3. 生长发育因素 生长越快,对铁的需要量越大,因在体重增长时,其血容量随之增长,一个正常足月新生儿,其体内的铁储备约可供其体重增长1倍时应用。正常婴儿5个月时,其体重约为出生时的2倍,亦即足月儿在生后5个月内,一般不会发生缺铁性贫血;如在生后5个月内发现明显缺铁性贫血,一般不是营养因素所致。

4. 铁的吸收障碍 食物搭配不合理可影响铁的吸收。慢性腹泻不仅铁的吸收不良,而且铁的排泄也增加。

5. 铁的丢失过多 正常婴儿每日排泄铁量相对比成人多。长期慢性失血可致缺铁,如肠息肉、梅克尔憩室、膈疝、钩虫病等可致慢性失血。用不经加热处理的鲜牛奶喂养的婴儿可因对牛奶过敏而致肠出血。

(三) 发病机制

1. 缺铁对血液系统的影响 缺铁时血红素生成不足,进而血红蛋白合成也减少,导致新生的红细胞内血红蛋白含量不足,细胞质减少,细胞变小;而缺铁对细胞的分裂、增殖影响较小,故红细胞数量减少程度不如血红蛋白减少明显,从而形成小细胞低色素性贫血。

缺铁的病理生理通常包括以下3个阶段。①铁减少期(iron depletion,ID):此为缺铁的最早期,临床上无症状,但体内储存铁已减少,表现为骨髓细胞外铁减少,血清铁蛋白降低。②红细胞生成缺铁期(iron deficient erythropoiesis,IDE):此期亦称为无贫血缺铁期,储存铁严重减少甚至消失,铁代谢指标可全部异常,但仍未发生贫血。③缺铁性贫血期(iron deficiency anemia,IDA):此期出现小细胞低色素性贫血,还有一些非造血系统的症状。

2. 缺铁对其他系统的影响 缺铁可影响肌红蛋白的合成,并可使多种含铁酶(如细胞色素酶、单胺氧化酶、核糖核苷酸还原酶、琥珀酸脱氢酶等)的活性减低。由于这些含铁酶与生物氧化、组织呼吸、神经介质分解与合成有关,故铁缺乏时造成细胞功能紊乱,尤其是单胺氧化酶的活性降低,造成重要的神经介质如5-羟色胺、去甲肾上腺素、肾上腺素及多巴胺发生明显变化,不能正常发挥功能,因而产生一些非造血系统的表现,如表情淡漠、注意力难以集中、记忆力减退和智力减低、体力减弱、易疲劳等。缺铁还可引起组织器官的异常,如口腔黏膜异常角化、舌炎、胃酸分泌减少,脂肪吸收不良和反甲等。此外,缺铁还可引起细胞免疫功能降低,易患感染性疾病。

(四) 临床表现

发病缓慢,其临床表现随病情轻重而有不同。任何年龄均可发病,以6个月~2岁最多见。

1. 一般表现 皮肤黏膜逐渐苍白,舌苔光滑,舌有烧灼感,易患舌炎、胃炎;皮肤皱缩或微肿,毛发干枯。易疲乏,不爱活动。年长儿可诉头晕、眼前发黑、耳鸣等。

2. **髓外造血表现** 由于髓外造血，肝、脾可轻度肿大；年龄愈小、病程愈久、贫血愈重，肝脾肿大愈明显。

3. **非造血系统症状**

（1）消化系统症状：食欲减退，少数有异食癖（如嗜食泥土、墙皮、煤渣等）；可有呕吐、腹泻；可出现口腔炎、舌炎或舌乳头萎缩；重者可出现萎缩性胃炎或吸收不良综合征。

（2）神经系统症状：表现为烦躁不安或萎靡不振，精神不集中、记忆力减退，智力多数低于同龄儿。

（3）心血管系统症状：明显贫血时心率增快，严重者心脏扩大甚至发生心力衰竭。

（4）其他：因细胞免疫功能降低，常合并感染。可因上皮组织异常而出现反甲。

（五）实验室检查

1. **外周血象** Hb 降低比红细胞减少明显。红细胞呈小细胞低色素性改变。平均红细胞容积（MCV）<80fl，平均红细胞血红蛋白量（MCH）<27pg，平均红细胞血红蛋白浓度（MCHC）<310g/L。外周血涂片可见红细胞大小不等，以小细胞为主，中央淡染区扩大。网织红细胞数正常或轻度减少。白细胞和血小板一般无改变。

2. **骨髓象** 呈增生活跃，以中、晚幼红细胞增生为主。各期红细胞均较小，胞质少，染色偏蓝，显示胞质成熟程度落后于胞核。粒细胞和巨核细胞系一般无明显异常。

3. **有关铁代谢的检查**

（1）血清铁蛋白（serum ferritin，SF）：诊断缺铁 ID 期的敏感指标。其放射免疫法测定的正常值：<3 个月婴儿为 194～238μg/L，3 个月后为 18～91μg/L；低于 12μg/L，提示缺铁。由于感染、肿瘤、肝和心脏疾病时 SF 明显升高，故当缺铁合并这些疾病时其 SF 可不降低，此时测定红细胞内碱性铁蛋白有助诊断。

（2）红细胞游离原卟啉（free erythrocyte protoporphyrin，FEP）：红细胞内缺铁时 FEP 不能完全与铁结合成血红素，血红素减少又反馈性地使 FEP 合成增多，未被利用的 FEP 在红细胞内堆积，导致 FEP 增高，当 FEP>0.9μmol/L（500μg/dl）即提示细胞内缺铁。如 SF 降低、FEP 升高而未出现贫血，这是缺铁 IDE 期的典型表现。FEP 增高还见于铅中毒、慢性炎症和先天性原卟啉增多症。

（3）血清铁（SI）、总铁结合力（TIBC）和转铁蛋白饱和度（TS）：该三项检查反映血浆中铁含量，通常在 IDA 期才出现异常，即 SI 和 TS 降低，TIBC 升高。SI 正常值为 12.8～31.3μmol/L（75～175μg/dl），<9.0～10.7μmol/L（50～60μg/dl）有意义，但其生理变异大，并且在感染、恶性肿瘤、类风湿关节炎等疾病时也可降低。TIBC>62.7μmol/L（350μg/dl）有意义；其生理变异较小，在病毒性肝炎时可增高。TS<15% 有诊断意义。

4. **骨髓可染铁** 骨髓涂片用普鲁士蓝染色镜检，缺铁时细胞外铁减少（0-+），红细胞内铁粒细胞数<15%。

（六）诊断

根据病史，特别是喂养史、临床表现和血常规特点，一般可作出初步诊断。进一步作有关铁代谢的生化检查有确诊意义。必要时可作骨髓检查。用铁剂治疗有效可证实诊断。

地中海贫血、异常血红蛋白病、维生素 B_6 缺乏性贫血、铁粒幼红细胞性贫血等亦表现为小细胞低色素性贫血，应根据各病临床特点和实验室检查特征加以鉴别。

（七）治疗

主要原则为去除病因和补充铁剂。

1. **一般治疗** 加强护理，注意休息，避免感染，合理喂养，给予富含铁质的食物，注意饮食的合理搭配，以增加铁的吸收。

2. **病因治疗** 纠正不合理的饮食习惯和食物组成，如有慢性失血性疾病，如钩虫病、肠道畸形等，应予及时治疗。

3. **铁剂治疗** 尽量给予铁剂口服治疗。

（1）口服铁剂：应采用口服二价铁盐，利于铁的吸收。临床常用的口服铁剂有硫酸亚铁（含元素 20%）、富马酸亚铁（含元素铁 33%）、葡萄糖酸亚铁（含元素铁 12%）、琥珀酸亚铁（含元素铁 35%），多糖铁复合物（含元素铁 46%）等，口服铁剂的剂量为元素铁每日 2～6mg/kg，餐间服用，每日 2～3 次。一次量不应超过元素铁 1.5～2mg/kg；同时服用维生素 C，可增加铁的吸收。必要时可同时补充其他维生素和微量元素，如叶酸和维生素 B_{12}。

（2）注射铁剂：注射铁剂较容易发生不良反应，甚至可发生过敏性反应致死，故应慎用。其适应证是：①诊断肯定但口服铁剂后无治疗反应者；②口服后胃肠反应严重，虽改变制剂种类、剂量及给药时间仍无改善者；③由于胃肠疾病胃肠手术后不能应用口服铁剂或口服铁剂吸收不良者。常用注射铁剂有：山梨醇枸橼酸铁复合物，专供肌内注射用；右旋糖酐铁复合物，为氢氧化铁与右旋糖酐铁复合物，可供肌内注射或静脉注射；葡萄糖氧化铁，供静脉注射用。

（3）疗效标准：口服铁剂 12～24 小时后，细胞内含铁酶开始恢复，烦躁等精神症状减轻，食欲增加。网织红细胞于服药 3～4 日后开始上升，7～10 日达高峰，2～3 周后下降至正常。治疗 1～2 周后血红蛋白逐渐上升，通常于治疗 3～4 周达到正常。如 3 周内血红蛋白上升不足 20g/L，注意寻找原因。如治疗反应满意，血红蛋白恢复正常后再继续服用铁剂 6～8 周，以增加铁储存。

4. **输红细胞** 一般不必输红细胞，输注红细胞的适应证是：①贫血严重，尤其是发生心力衰竭者；②合并感染者；③急需外科手术者。贫血愈严重，每次输注量应愈少。Hb 在 30g/L 以下者，应采用等量换血方法；Hb 在 30～60g/L 者，每次可输注浓缩红细胞 4～6ml/kg；Hb 在 60g/L 以上者，不必输红细胞。

（八）预防

主要是做好卫生宣教工作，提倡母乳喂养，及时添加含铁丰富且铁吸收率高的辅助食品，如精肉、血、内脏、鱼等，并注意膳食合理搭配。婴儿如以鲜牛乳喂养，必须加热处理以减少牛奶过敏所致肠道失血。婴幼儿食品（谷类制品、牛奶制品等）应加入适量铁剂加以强化。对早产儿，尤其是非常低体重的早产儿宜自 2 个月左右给予铁剂预防。

二、营养性巨幼细胞贫血

案例 15-2

患儿，男，1 岁，因"面色苍黄，精神运动发育迟缓 1 个月余"入院。营养发育史：3～4 个月能抬头，8 个月能独坐，现 1 岁不能独站，不能扶走。面部表情呆滞，对逗笑反应较前倒退。单纯母乳喂养，未添加辅食，患儿母喜素食。查体：神志清，反应差，全身皮肤蜡黄，稍干燥、粗糙；面色苍黄，咽充血，无明显舌震颤；心肺查体无明显异常，腹软，肝肋下 3cm，脾轻度大，质软。四肢肌张力略低，肌肉略松弛，跟、膝腱反射活跃。辅助检查：血常规，WBC 3.7×10^9/L，N 32%，L 64%，M 4%，RBC 1.97×10^{12}/L，Hb 59g/L，MCV 107.2 fl，PLT 101×10^9/L。外周血红细胞形态：红细胞大小不等，易见变形红细胞及红细胞碎片。

【思考题】

1. 叶酸和维生素 B_{12} 缺乏与血细胞巨幼样改变的关系。
2. 叶酸与维生素 B_{12} 缺乏的营养性巨幼细胞贫血的临床表现有何差别？
3. 如何诊断营养性巨幼细胞贫血？

营养性巨幼细胞贫血（nutritional megaloblastic anemia，NMA）是由于维生素 B_{12} 和（或）叶酸缺乏所致的一种大细胞性贫血。临床上以贫血、神经精神症状、红细胞的胞体变大、骨髓中出现巨幼细胞、维生素 B_{12} 和（或）叶酸治疗有效为特点。

（一）病因

1. 摄入量不足 孕妇缺乏维生素 B_{12}，可致婴儿维生素 B_{12} 储存不足。单纯母乳喂养而未及时添加辅食的婴儿，尤其是乳母长期素食或患有维生素吸收障碍疾病者，可致维生素 B_{12} 及叶酸摄入不足。

2. 吸收和运输障碍 食物中维生素 B_{12} 的吸收是先与胃底部壁细胞分泌的糖蛋白结合成维生素 B_{12}-糖蛋白复合物后由末端回肠黏膜吸收，进入血循环后需与转钴蛋白（transcobalamin）结合，再运送到肝储存，此过程任何一个环节异常均可致维生素 B_{12} 缺乏。

3. 需要量增加 婴儿生长发育较快，对维生素 B_{12}、叶酸的需要量也增加，严重感染者维生素 B_{12} 的消耗量增加，如维生素 B_{12} 摄入量不足所需即可致缺乏。

（二）发病机制

体内叶酸经叶酸还原酶的还原作用和维生素 B_{12} 的催化作用后变成四氢叶酸，后者是 DNA 合成过程中必需的辅酶。因此，维生素 B_{12} 或叶酸缺乏，引起四氢叶酸减少，导致 DNA 合成减少。幼稚红细胞内的 DNA 合成减少使其分裂和增殖时间延长，导致细胞核的发育落后于胞质（血红蛋白的合成不受影响）的发育，使红细胞的胞体变大，形成巨幼红细胞。由于红细胞生成速度慢，加之异形的红细胞在骨髓内易被破坏，进入血循环的成熟红细胞寿命也较短，从而造成贫血。DNA 合成不足也可致粒细胞核成熟障碍，使其胞体增大，出现巨大幼稚粒细胞和中性粒细胞分叶过多现象。DNA 合成不足亦可使巨核细胞的核发育障碍而致核分叶过多。

脂肪代谢过程中，维生素 B_{12} 能促使甲基丙二酸转变成琥珀酸而参与三羧酸循环，此作用与神经髓鞘中脂蛋白形成有关，因而能保持含有髓鞘的神经纤维的功能完整性；当维生素 B_{12} 缺乏时，可导致中枢和外周神经髓鞘受损，因而出现神经精神症状。

维生素 B_{12} 缺乏还可使中性粒细胞和巨噬细胞吞噬细菌后的杀灭细菌作用减弱，使组织、血浆及尿液中甲基丙二酸堆积，后者是结核杆菌细胞壁成分的原料，过多时有利于结核杆菌生长，故维生素 B_{12} 缺乏者对结核杆菌易感性增高。

（三）临床表现

以 6 个月～2 岁多见，起病缓慢。

1. 一般表现 颜面多呈轻度水肿或虚胖面容，毛发纤细稀疏、色黄，严重者皮肤有出血点或瘀斑。

2. 贫血表现 皮肤常呈现蜡黄色，睑结膜、口唇、指甲等处苍白，偶有轻度黄疸，疲乏无力，常伴有肝脾肿大。

3. 精神神经症状 可出现烦躁不安、易怒等症状。维生素 B_{12} 缺乏者表现为表情呆滞、目光发直、对周围反应迟钝、嗜睡、不认亲人、少哭不笑，智力、动作发育落后甚至退步。重症病例可出现不规则性震颤，手足无意识运动，甚至抽搐、感觉异常、共济失调、踝阵挛和 Babinski 征阳性等。叶酸缺乏不发生神经系统症状，但可导致神经精神异常。

4. 消化系统症状 常出现较早，如厌食、恶心、呕吐、腹泻和舌炎等。

（四）实验室检查

1. 外周血常规 呈大细胞性贫血，MCV>94fl，MCH>32pg。血涂片可见红细胞大小不等，以大细胞为多，易见嗜多色性和嗜碱点彩红细胞，可见巨幼变的有核红细胞，中性粒细胞呈分叶过多现象。网织红细胞、白细胞、血小板计数常减少。

2. 骨髓象 增生明显活跃，以红细胞系增生为主，粒、红系统均出现巨幼变，表现为胞体变大、核染色质粗而松、副染色质明显。中性粒细胞的胞质空泡形成，核分叶过多。巨核细胞的核有过度分叶现象。

3. 血清维生素 B_{12} 和叶酸测定 血清维生素 B_{12} 正常值为 200~800ng/L，<100ng/L 为缺乏。血清叶酸水平正常值为 5~6μg/L，<3μg/L 为缺乏。

4. 其他 血清乳酸脱氢酶（LDH）水平明显升高。维生素 B_{12} 缺乏者血清胆红素水平中等程度升高，尿甲基丙二酸含量增高。

（五）诊断

根据临床表现、血常规和骨髓象可诊断为巨幼红细胞贫血。在此基础上，如精神神经症状明显，则考虑为维生素 B_{12} 缺乏所致。有条件时测定血清维生素 B_{12} 或叶酸水平可进一步协助确诊。

（六）治疗

1. 一般治疗 注意营养，及时添加辅食；加强护理，防止感染；震颤明显而不能进食者可用鼻饲数日。

2. 去除病因 对引起维生素 B_{12} 和叶酸缺乏的原因应予去除。

3. 维生素 B_{12} 和叶酸治疗 无论是维生素 B_{12} 缺乏还是兼有叶酸缺乏，主要用维生素 B_{12} 治疗，可同时使用叶酸、维生素 B_6 等。维生素 B_{12} 500~1000μg 一次肌内注射；或每次肌内注射 100μg，每周 2~3 次，连用数周，直至临床症状好转，血常规恢复正常为止。当有神经系统受累表现时，可予每日 1mg，连续肌内注射 2 周以上。用维生素 B_{12} 治疗后 6~7 小时骨髓内巨幼红细胞可转为正常幼红细胞；一般精神症状 2~4 日后好转；网织红细胞 2~4 日开始增加，6~7 日达高峰，两周后降至正常；精神神经症状恢复较慢。

叶酸口服剂量为 5mg，每日 3 次，连续数周至临床症状好转、血常规恢复正常为止。同时口服维生素 C 有助叶酸的吸收。服叶酸 1~2 日后食欲好转，骨髓中巨幼红细胞转为正常；2~4 日网织红细胞增加，4~7 日达高峰；2~6 周红细胞和血红蛋白恢复正常。因使用抗叶酸代谢药物而致病者，可用亚叶酸钙治疗。先天性叶酸吸收障碍者，口服叶酸剂量应增至每日 15~50mg 才有效。有精神神经症状者，应以维生素 B_{12} 治疗为主，如单用叶酸反而有加重症状的可能。

（七）预防

改善哺乳母亲的营养，婴儿应及时添加辅食，注意饮食均衡，及时治疗肠道疾病，注意合理应用抗叶酸代谢药物。

第四节 溶血性贫血

案例 15-3

患儿，男，9 岁。因"腹痛、面色苍黄、排浓茶样小便 2 日，加重半日"入院。发病前 3 日食蚕豆，既往及家族无类似病史。查体：贫血貌，全身皮肤、巩膜中度黄染，黏膜及甲床色苍白，肝脾无肿大。血常规：WBC $15.2×10^9$/L，NE $9.0×10^9$/L，RBC $2.62×10^{12}$/L，Hb 79g/L，PLT $367×10^9$/L，网织红细胞比率 8.6%；胆红素：T-Bil 217.3μmol/L，I-Bil 204μmol/L；尿常规：BIL+，BLD ±；肝肾心功能正常。G-6-PD 活性 0.85；红细胞脆性试验及 Coombs 试验均正常；冷凝集试验正常；血红蛋白电泳正常；外周血涂片红细胞形态提示红细胞大小不等。腹部 B 超肝脾不大。

【思考题】

1. 根据以上病例特点，如何确定是否存在溶血？
2. 如何鉴别血管内溶血和血管外溶血？
3. 如何确定溶血的类型及病因？

溶血性贫血是一种良性疾病，系指红细胞破坏加速，而骨髓造血功能代偿不足时发生的一类贫血。骨髓具有正常造血 6~8 倍的代偿能力，如果骨髓红细胞生成增加，足以代偿红细胞的生存期缩短，则不会发生贫血，这种状态称为"溶血"或代偿性溶血性疾病。溶血性贫血常伴有黄疸，称为"溶血性黄疸"。

一、遗传性球形红细胞增多症

遗传性球形红细胞增多症（hereditary spherocytosis，HS）是一种先天性红细胞膜骨架蛋白异常，导致膜表面积减少，红细胞变为球形而引起的遗传性溶血性贫血。临床特征为不同程度贫血、间发性黄疸、脾大、血中球形红细胞增多及红细胞渗透脆性增加。

（一）病因和发病机制

本病是由于调控红细胞膜蛋白的基因突变造成红细胞膜缺陷所致，大多数为常染色体显性遗传，少数为常染色体隐性遗传。正常红细胞膜由双层脂质和膜蛋白组成。基因突变造成多种膜蛋白（主要是膜骨架蛋白）单独或联合缺陷。缺陷导致红细胞膜的稳定性降低，易成块碎裂脱落，使细胞膜的面积减少，红细胞表面积与体积的比值减小，红细胞变成球形，红细胞变形能力下降，在血液循环中容易受机械损伤而破坏，被单核-巨噬细胞吞噬，发生血管外溶血。

（二）临床表现

贫血、黄疸、脾大是本病三大特征，且在慢性溶血性贫血的过程中易出现急性溶血发作。发病年龄越小，症状越重。

1. 贫血 婴儿和儿童患者贫血的程度差异较大，大多为轻至中度贫血。感染、劳累或情绪紧张等因素可诱发贫血危象。①溶血危象：表现为贫血和黄疸突然加重，伴有发热、寒战、呕吐，脾大显著并有疼痛；②再生障碍危象：较少见，症状重，可危及生命，表现为以红系造血受抑为主的骨髓造血功能暂时性抑制，出现严重贫血，可有不同程度的白细胞和血小板减少。主要由微小病毒（parvovirus）B19 感染引起，呈自限性，持续数日或 1~2 周后缓解。

2. 脾大 几乎所有患者有脾大，且随年龄增长而逐渐显著，溶血危象时肿大明显，脾的大小与疾病的严重程度无关。肝多为轻度肿大。

3. 黄疸 在疾病的慢性期，大部分患者有黄疸，呈间歇性，多为轻度，当出现溶血危象时黄疸可骤然明显。近半数患儿在新生儿期有高胆红素血症病史。

4. 其他表现 未行脾切除患者可并发色素性胆石症，10 岁以下发生率为 5%，发现胆结石最小年龄为 4~5 岁。长期贫血可因骨髓代偿造血而致骨骼改变，但程度一般较地中海贫血轻。偶见踝部溃疡。

（三）实验室检查

1. 外周血常规 贫血多为轻中度，发生危象时可呈重度；网织红细胞升高；MCV 和 MCH 正常。MCHC 可增加；白细胞及血小板多正常。外周血涂片发现细胞体积小，失去正常的双凹圆盘状而呈球形，色素深，中央淡染区消失的红细胞增多，一般超过 20%。仅少数不典型的患者其球形红细胞可不超过 5%。

2. 红细胞渗透脆性试验 是确诊本病的主要方法。绝大多数病例红细胞渗透脆性增加，0. 5% ~ 0. 75% 盐水开始溶血，0. 40% 完全溶血。24 小时孵育脆性试验则 100% 病例阳性。铁缺乏时红细胞渗透脆性可降低，当本病合并缺铁时，红细胞渗透脆性可能正常。

3. 其他 血清间接胆红素增高，结合珠蛋白降低，尿中尿胆原增加。骨髓象示红细胞系统明显增生，但有核红细胞形态无异常。红细胞自身溶血试验阳性，加入葡萄糖或 ATP 可以纠正。酸化甘油试验阳性。采用十二磺酸钠聚丙烯酰胺凝胶电泳或放射免疫法测定膜蛋白含量，有助于判断膜蛋白的缺陷。分子生物学方法可确定基因突变位点。

（四）诊断

根据贫血、黄疸、脾大等临床表现，球形红细胞增多，红细胞渗透脆性增加即可作出诊断；阳性家族史更有助于确诊。对于球形红细胞数量不多者，可作孵育后红细胞渗透脆性试验和自身溶血试验，如为阳性有诊断意义。极少数 HS 的诊断需要依赖红细胞膜蛋白分析或测定。自身免疫性溶血患者既有溶血的表现，球形红细胞亦明显增多，易与本病混淆，Coombs 试验阳性，肾上腺皮质激素治疗有效等可资鉴别。

（五）治疗

1. 一般治疗 注意防治感染，避免劳累和情绪紧张。适当补充叶酸。

2. 防治高胆红素血症

3. 输注红细胞 贫血轻者无需输红细胞，重度贫血或发生溶血危象时应输红细胞。发生再生障碍危象时除输红细胞外，必要时予输血小板。

4. 脾切除或大部分脾栓塞 是治疗遗传性球形红细胞增多症最有效的方法。手术应于 5 岁以后进行，因过早切脾可降低机体免疫功能，易发生严重感染。若反复出现再生障碍危象或重度溶血性贫血致生长发育迟缓，则手术年龄可提早。切脾时注意有无副脾，如有应同时切除。为防止术后感染，应在术前 1~2 周注射多价肺炎球菌疫苗，术后应用长效青霉素预防治疗 1 年。脾切除术后血小板数于短期内升高，如 PLT>800×10^9/L，应予抗血小板凝集药物如双嘧达莫等。据报道近年开展大部分脾栓塞治疗遗传性球形红细胞增多症，可以减轻免疫功能的下降，近期疗效良好，远期疗效有待进一步观察。

二、红细胞葡萄糖-6-磷酸脱氢酶缺乏症

红细胞葡萄糖-6-磷酸脱氢酶（G-6-PD）缺乏症是一种性连锁不完全显性遗传性溶血性疾病，是指红细胞 G-6-PD 活性降低和（或）酶性质改变导致以溶血为主要表现的疾病。本病分布遍及世界各地，高发地区为地中海沿岸国家、东印度、菲律宾、巴西和古巴等。在我国，此病主要见于长江流域及其以南各省，以云南、海南、广东、广西、福建、四川、江西、贵州等省（自治区）的发病率较高，北方地区较为少见。

（一）病因及发病机制

G-6-PD 缺乏症是由于调控 G-6-PD 的基因突变所致，呈 X 连锁不完全显性遗传。在正常的红细胞葡萄糖磷酸戊糖旁路代谢中，G-6-PD 是红细胞葡萄糖磷酸戊糖旁路代谢中所必需的脱氢酶，它使 6-磷酸葡萄糖释出 H^+，从而使辅酶Ⅱ（NADP）还原成还原型辅酶Ⅱ（NADPH）。NADPH 具有较强的抗氧化能力，能维持体内过氧化氢酶（Cat）的抗氧化活性，Cat 是过氧化氢（H_2O_2）还原成水的还原酶，并使细胞内的氧化性谷胱甘肽（GSSG）还原成还原型谷胱甘肽（GSH）。GSH 能维持血红蛋白及其他酶类中的巯基

免受氧化损害，保护红细胞。

G-6-PD 缺乏时，NADPH 生成不足，Cat 和 GSH 减少。因此，当机体受到氧化物侵害时，氧化作用产生的 H_2O_2 不能被及时还原成水，过多的 H_2O_2 作用于含巯基的血红蛋白、膜蛋白和酶蛋白，致血红蛋白和膜蛋白均发生氧化损伤。血红蛋白氧化成高铁血红蛋白（MHb），MHb 增加致红细胞内变性珠蛋白小体（Heinz body）的生成增加，红细胞膜变硬，通过脾时被破坏，导致溶血。溶血过程呈自限性，因新生的红细胞 G-6-PD 活性较高，对氧化剂药物有较强的“抵抗性”，当衰老红细胞酶活性过低而被破坏后，新生红细胞即代偿性增加，故不再发生溶血。蚕豆诱发溶血的机制未明，蚕豆浸液中含有多巴、多巴胺、蚕豆嘧啶类、异脲咪等类似氧化剂物质，可能与蚕豆病的发病有关，但很多 G-6-PD 缺乏者在进食蚕豆后并不一定发病，故认为还有其他因素参与，尚有待进一步研究。

（二）临床表现

本病有多种 G-6-PD 基因变异型，不同变异型产生不同程度酶活性，故临床表现不尽相同。根据诱发溶血的不同原因，可分为以下 5 种临床类型。

1. 蚕豆病 是由于进食干、鲜蚕豆或蚕豆制品后所致的急性溶血性贫血，常见于<10 岁小儿，男孩多见，常在蚕豆成熟季节流行，进食蚕豆或蚕豆制品（如粉丝）均可致病，母亲食蚕豆后哺乳可使婴儿发病。通常于进食蚕豆或其制品后 24~48 小时内发病，食蚕豆至发病的潜伏期愈短，症状愈重，表现为急性血管内溶血，轻者仅有轻度溶血，不伴有黄疸和血红蛋白尿。重者可在短期内出现溶血危象，出现畏寒、发热、恶心、呕吐、腰痛、腹痛及烦渴等。血红蛋白尿的出现提示溶血严重或溶血仍继续，尿色呈酱油色或血红色。极重型者病情发展迅速，有严重贫血、黄疸、明显血红蛋白尿、抽搐、神志不清、休克、急性肾衰竭等，不及时治疗，常于发病后 1~2 日死亡。溶血持续 1~2 日或 10 日左右，临床症状逐渐改善而自愈。

2. 药物性溶血 是由于服用某些具有氧化特性的药物而引起的急性溶血。此类药物包括：抗疟药（伯氨喹、奎宁等），镇痛退热药（阿司匹林、安替比林等），硝基呋喃类，磺胺类药，砜类药，萘苯胺，大剂量维生素 K，丙磺舒，川莲，腊梅花等。常于服药后 1~3 日出现急性血管内溶血。临床表现与蚕豆病相似。

3. G-6-PD 缺乏所致新生儿高胆红素血症 在 G-6-PD 缺乏症高发地区由 G-6-PD 缺乏引起的新生儿黄疸并不少见。感染、病理产、缺氧、给新生儿哺乳的母亲服用氧化剂药物，或新生儿穿戴有樟脑丸气味的衣服等均可诱发溶血。黄疸大多于出生 2~4 日后达高峰，贫血大多数为轻度或中度，重者可致胆红素脑病。

4. 感染诱发的溶血 感染可诱发 G-6-PD 缺乏者发生溶血，一般于感染后几日之内突然发生血管内溶血，程度大多较轻，黄疸多不显著，但有时也可严重溶血。

5. 先天性非球形细胞性溶血性贫血（CNSHA） 在无诱因情况下出现慢性溶血，常于婴儿期发病，表现为贫血、黄疸、脾大；可因感染或服药而诱发急性溶血。

（三）实验室检查

1. 外周血常规 急性溶血时红细胞数和血红蛋白量迅速下降，周围血中可见有核红细胞、多染性红细胞、红细胞碎片等。网织红细胞增加，白细胞数正常或增加，血小板正常。

2. 红细胞自溶试验 G-6-PD 缺乏者自溶性呈轻至中度增加，加入葡萄糖后可纠正溶血。

3. 红细胞 G-6-PD 缺乏的筛选试验 常用 3 种方法。

（1）高铁血红蛋白还原实验：正常还原率>0.75；中间型为 0.74~0.31；显著缺乏者<0.30。此试验简易，敏感性高，但特异性稍差，可出现假阳性。

（2）荧光斑点试验：正常 10 分钟内出现荧光；中间型者 10~30 分钟出现荧光；严重缺乏者 30 分钟仍不出现荧光。本试验敏感性和特异性均较高。

（3）硝基四氮唑蓝（NBT）纸片法：正常滤纸片呈紫蓝色，中间型呈淡蓝色，显著缺乏者呈红色。

4. 红细胞 G-6-PD 活性测定 这是特异性的直接诊断方法，正常值随测定方法而不同：

（1）世界卫生组织（WHO）推荐的 Zinkham 法为 12.1±2.09IU/2Hb。

（2）国际血液学标准化委员会（SICSH）推荐的 Clock 与 Mclean 法为 8.34±1.59U/gHb。

（3）NBT 定量法为 13.1~30.0BNT 单位。

（4）G-6-PD/6-PGD 值测定：可进一步提高杂合子检出率，正常成人值为 1.0~1.67，脐带血 1.1~2.3，低于此值为 G-6-PD 缺乏。

5. 变性珠蛋白小体生成试验 在溶血时阳性细胞>0.05；溶血停止时呈阴性。不稳定血红蛋白病患者此试验亦可为阳性。

（四）诊断

阳性家族史或过去病史均有助于临床诊断。病史中有急性溶血特征，并有食蚕豆或服药物史，或新生儿黄疸，或自幼即出现原因未明的慢性溶血者，均应考虑本病。结合实验室检查即可确诊。

（五）治疗

对急性溶血者，应去除诱因。在溶血期应供给足够水分，注意纠正电解质失衡，口服或静脉应用 $NaHCO_3$，使尿液保持碱性，以防止血红蛋白在肾小管内沉积。贫血较轻者不需要输血，去除诱因后溶血大多于1周内自行停止。贫血较重时，可输注G-6-PD正常的红细胞1～2次。应密切注意肾功能，如出现肾衰竭，应及时采取有效措施。

新生儿黄疸可用蓝光治疗，个别严重者应考虑换血疗法，以防止胆红素脑病的发生。

（六）预防

在G-6-PD缺乏症高发地区，应进行群体G-6-PD缺乏症的普查，可进行新生儿脐带血G-6-PD活性检测；已知为G-6-PD缺乏者应避免进食蚕豆及其制品，忌服有氧化作用的药物，并加强对各种感染的预防。

三、地中海贫血

地中海贫血又称海洋性贫血（thalassemia，简称地贫），是一组常染色体不完全显性遗传的溶血性贫血，是由于珠蛋白基因的缺陷使血红蛋白中的珠蛋白肽链有一种或几种合成减少或不能合成，导致血红蛋白的组成成分改变。本组疾病的临床症状轻重不一，多表现为慢性进行性溶血性贫血。本病以地中海沿岸国家和东南亚各国多见，我国长江以南各省均有报道，以广东、广西、海南、四川、重庆等省区发病率较高，在北方较为少见。

（一）病因和发病机制

本病是由于珠蛋白基因的缺失或点突变所致。组成珠蛋白的肽链有4种，即α、β、γ、δ链，分别有其相应的基因编码，这些基因的缺失或点突变可造成各种肽链的合成障碍，致使血红蛋白的组分改变。通常将地贫分为α、β、δβ和δ等4种类型，其中以α和β地中海贫血较为常见。

1. β地中海贫血 人β珠蛋白基因位于第11号染色体1区2节（11pl.2）。β地中海贫血（简称β地贫）的发生主要是由于基因的点突变，少数为基因缺失。基因缺失和有些点突变可致β链的生成完全受抑制，称为β^0地贫；有些点突变使β链的生成部分受抑制，则称为β^+地贫。

重型β地贫是β^0或β^+地贫的纯合子或β^0与β^+地贫双重杂合子，因β链生成完全或几乎完全受到抑制，以致含有β链的HbA合成减少或消失，而多余的α链则与γ链结合而成为HbF（$\alpha_2\gamma_2$），使HbF明显增加。由于HbF的氧亲和力高，致患者组织缺氧。过剩的α链沉积于幼红细胞和红细胞中，形成α链包涵体附着于红细胞膜上而使其变僵硬，在骨髓内大多被破坏而导致"无效造血"。部分含有包涵体的红细胞虽能成熟并被释放至外周血，但当它们通过微循环时就容易被破坏；这种包涵体还影响红细胞膜的通透性，从而导致红细胞的寿命缩短。由于以上原因，患儿在临床上呈慢性溶血性贫血。贫血和缺氧刺激红细胞生成素的分泌量增加，促使骨髓增加造血，因而引起骨骼的改变。贫血使肠道对铁的吸收增加，并且在治疗过程中的反复输血，使铁在组织中大量储存，导致含铁血黄素沉着症。

轻型地贫是β^0或β^+地贫的杂合子状态，β链的合成仅轻度减少，故其病理生理改变极轻微。

中间型β地贫是一些β^+地贫的双重杂合子和某些地贫的变异型的纯合子，或两种不同变异型珠蛋白生成障碍性贫血的双重杂合子状态，其病理生理改变介于重型和轻型之间。

2. α地中海贫血 人类α珠蛋白基因位于第16号染色体短臂末端（16pter-p13.3）。每条染色体各有2个α珠蛋白基因，一对染色体共有4个α珠蛋白基因。大多数α地中海贫血（简称α地贫）是由于α珠蛋白基因的缺失所致，少数由基因点突变造成。若仅是一条染色体上的一个α基因缺失或缺陷，则α链的合成部分受抑制，称为α^+地贫；若每一条染色体上的2个α基因均缺失或缺陷，则无α链合成，称为α^0地贫。

重型α地贫是α^0地贫的纯合子状态，其4个α珠蛋白基因均缺失或缺陷，以致完全无α链生成，因而含有α链的HbA、HbA_2和HbF的合成均减少。患者在胎儿期即发生大量γ链合成γ4（HbBart's）。Hb Bart's对氧的亲和力极高，造成组织缺氧而引起胎儿水肿综合征。

中间型α地贫是α^0和α^+地贫的杂合子状态，是由3个α珠蛋白基因缺失或缺陷所造成，患者仅能合成少量α链，其多余的β链即合成HbH（β4）。HbH对氧亲和力较高，又是一种不稳定血红蛋白，容易在红细胞内变性沉淀而形成包涵体，造成红细胞膜僵硬而使红细胞寿命缩短。

轻型α地贫是α^+地贫纯合子或α^0地贫杂合子状态，它仅有2个α珠蛋白基因缺失或缺陷，故有相当数量的α链合成，病理生理改变轻微。α静止型地贫是α^+地贫杂合子状态，它仅有一个α基因缺失或缺陷α链的合成略为减少，病理生理改变非常轻微。

（二）临床表现和实验室检查

1. β地贫 根据病情轻重的不同，分为以下3型。

（1）重型：又称Cooley贫血。患儿出生时无症状，至3～12个月开始发病，呈慢性进行性贫血，面色苍白，肝脾肿大，发育不良，常有轻度黄疸，症状随年龄增长而日益明显。由于骨髓代偿性增生导致骨骼变大、髓腔增宽，先发生于掌骨，以后为长骨和肋骨；1岁后颅骨改变明显，表现为头颅变大、额部隆起、颧高、鼻梁塌陷及眼距增宽，形成地贫特殊面容。患儿常并发支气管炎或肺炎。当并发含铁血黄素沉着症时，因过多的铁沉着于心肌和其他脏器如肝、胰、脑垂体等而引起该脏器损害的相应症状，其中最严重的是心力衰竭，它是贫血和铁沉着造成心肌损害的结果，是导致患儿死亡的重要原因之一。本病如不治疗，多于5岁前死亡。

（2）轻型：患者无症状或轻度贫血，脾不大或轻度大。病程经过良好，能存活至老年。本病易被忽略，多在重型患者家族调查时被发现。

（3）中间型：多于幼童期出现症状，其临床表现介于轻型和重型之间，中度贫血，脾轻或中度大，黄疸可有可无，骨骼改变较轻。

实验室检查：重型β地贫，外周血常规呈小细胞低色素性贫血，红细胞大小不等，中央浅染区扩大，出现异形、靶形、碎片红细胞和有核红细胞、点彩红细胞、嗜多染性红细胞、豪-周小体等；网织红细胞正常或增高。骨髓象呈红细胞系统增生明显活跃，以中、晚幼红细胞占多数，成熟红细胞改变与外周血相同。红细胞渗透脆性明显减低。HbF含量明显增高，大多>0.40，这是诊断重型β地贫的重要依据。颅骨X片可见颅骨内外板变薄，板障增宽，在骨皮质间出现垂直短发样骨刺。中间型β地贫，外周血常规和骨髓象的改变如重型，红细胞渗透脆性减低，HbF含量为0.40~0.80，HbA_2含量正常或增高。轻型β地贫，成熟红细胞轻度形态改变，红细胞渗透脆性正常或减低，血红蛋白电泳显示HbA_2含量增高（0.035~0.060），这是本型的特点。HbF含量正常。

2. α地贫

（1）静止型：患者无症状。红细胞形态正常，出生时脐带血中HbBart's含量为0.01~0.02，但3个月后即消失。

（2）轻型：患者无症状。红细胞形态有轻度改变，如大小不等、中央浅染、异形等；红细胞渗透脆性降低；变性珠蛋白小体阳性；HbA_2和HbF含量正常或稍低。患儿脐血HbBar's含量为0.034~0.140，于生后6个月时完全消失。

（3）中间型：又称血红蛋白H病。此型临床表现差异较大，出现贫血的时间和贫血轻重程度不一。大多在婴儿期以后逐渐出现贫血、疲乏无力、肝脾肿大、轻度黄疸；年龄较大患者可出现类似重型β地贫的特殊面容。合并呼吸道感染或服用氧化性药物、抗疟药物等可诱发急性溶血而加重贫血，甚至发生溶血危象。

（4）重型：又称HbBart's胎儿水肿综合征。胎儿常于30~40周时流产、死胎或娩出后半小时内死亡，胎儿呈重度贫血、黄疸、水肿、肝脾肿大、腹水、胸水。胎盘巨大且质脆。

实验室检查：中间型α地贫，外周血常规和骨髓象的改变类似重型β地贫；红细胞渗透脆性减低；变性珠蛋白小体阳性；HbA_2及HbF含量正常。出生时血液中含有约0.25 HbBart's及少量HbH；随年龄增长，HbH逐渐取代HbBart's，其含量为0.024~0.44。包涵体生成试验阳性。重型α地贫，外周血成熟红细胞形态改变如重型β地贫，有核红细胞和网织红细胞明显增高。血红蛋白中几乎全是HbBart's或同时有少量HbH，无HbA、HbA_2和HbF。

（三）诊断与鉴别诊断

根据临床特点和实验室检查，结合阳性家族史，一般可作出诊断。有条件时，可作基因诊断。本病须与下列疾病鉴别。

1. 缺铁性贫血　轻型地贫的临床表现和红细胞的形态改变与缺铁性贫血有相似之处，故易被误诊。但缺铁性贫血常有缺铁诱因，血清铁蛋白含量减低，骨髓外铁粒幼红细胞减少，红细胞游离原卟啉升高，铁剂治疗有效等可资鉴别。

2. 遗传性球形细胞增多症　见本节遗传性球形细胞增多症。

3. 传染性肝炎或肝硬化　因HbH病贫血较轻，还伴有肝脾肿大、黄疸，少数病例还可有肝功能损害，故易被误诊为黄疸型肝炎或肝硬化。但通过病史询问、家族调查及红细胞形态观察、血红蛋白电泳检查即可鉴别。

（四）治疗

轻型地贫无需特殊治疗。中间型和重型地贫应采取下列一种或数种方法给予治疗。

1. 一般治疗　注意休息和营养，积极预防感染。适当补充叶酸和维生素E。

2. 输血　此法在目前仍是重要治疗方法之一。少量输注法仅适用于中间型α和β地贫，不主张用于重型β地贫。对于重型β地贫应从早期开始给予中、高量输血，以使患儿生长发育接近正常和防止骨骼病变。其方法是：先反复输注浓缩红细胞，使患儿血红蛋白含量达120~150g/L；然后每隔2~4周输注浓缩红细胞10~15ml/kg，使血红蛋白含量维持在90~105g/L以上。但本法容易导致含铁血黄素沉着症，故应同时给予铁螯合剂治疗。

3. 铁螯合剂　常用去铁胺（deferoxamine），可以增加铁从尿液和粪便排出，但不能阻止胃肠道对铁的吸收。通常在规则输注红细胞1年或10~20单位（一个单位是200ml全血提取的红细胞）后进行铁负荷评估，如有铁超负荷（如SF>1000mg/L），则开始应用铁螯合剂。去铁胺每日25~50mg/kg，每晚1次连续皮下注射12小时，或加入等渗葡萄糖液中静脉滴注8~12小时；每周5~7日，长期应用。或加入红细胞悬液中缓慢输注。去铁胺副作用不大，偶见过敏反应，长期使用偶可致白内障和长骨发育障碍，剂量过大可引起视力和听觉减退。维生素C与螯合剂联合应用可加强去铁胺从尿中排铁的作用，剂量为200mg/d。

4. 脾切除　脾切除对血红蛋白H病和中间型β地贫的疗效较好，对重型β地贫效果差。脾切除可致免疫功能减弱，应在 5～6 岁以后施行并严格掌握适应证。

5. 造血干细胞移植 异基因造血干细胞移植是目前能根治重型 β 地贫的方法。如有 HLA 相配的造血干细胞供者，应作为治疗重型 β 地贫的首选方法。

6. 基因活化治疗 应用化学药物可增加 γ 基因表达或减少 α 基因表达，以改善 β 地贫的症状，已用于临床的药物有羟基脲、5-氮杂胞苷（5-AZC）、阿糖胞苷、白消安、异烟肼等，目前上述方案的疗效正在探索之中。

（五）预防

开展人群普查和遗传咨询、作好婚前指导以避免地贫基因携带者之间联姻，对预防本病有重要意义。采用基因分析法进行产前诊断，可在妊娠早期对重型 β 和 α 地贫胎儿作出诊断并及时中止妊娠，以避免胎儿水肿综合征的发生和重型 β 地贫患者出生，是目前预防本病行之有效的方法。

（马 廉）

第五节 出血性疾病

一、免疫性血小板减少症

案例 15-4

患儿，女，5 岁。因"皮肤瘀点、瘀斑 5 日，鼻出血 1 日"入院。患儿 5 日前无明显诱因出现全身皮肤散在瘀点、瘀斑，以双下肢分布较多，非对称性分布，无发热，无咳嗽，1 日前出现鼻腔出血，在急诊给予棉球填塞后收入院进一步治疗。体查：精神略疲倦，面色稍苍白，全身浅表淋巴结无肿大，心、肺无异常体征，肝、脾无肿大，全身皮肤散在瘀点、瘀斑，以双下肢分布较多，不高出皮肤表面，左小腿胫前有一 0.6cm×1cm 大小的瘀斑。实验室检查：血常规 WBC 7.8×10^9/L，N 32%，L 60%，M 8%，Hb 118g/L，PLT 15×10^9/L。

【思考题】

1. 出血性疾病常规分哪几类？
2. 该病例如何治疗？

免疫性血小板减少症（immune thrombocytopenia，ITP），既往又称特发性血小板减少性紫癜，是小儿最常见的出血性疾病。皮肤、黏膜自发性出血和血小板减少、束臂试验阳性、出血时间延长和血块收缩不良是其主要临床特征。各年龄均可发病，以 1～5 岁小儿多见，男女发病数无差异，春季发病数较高。

（一）病因与发病机制

发病前常有病毒感染史。由于病毒感染后使机体产生相应的抗体，这类抗体可与血小板膜发生交叉反应，使血小板受到损伤而被单核-巨噬细胞系统所清除；此外，在病毒感染后，体内形成的抗原-抗体复合物可附着于血小板表面，使血小板易被单核-巨噬细胞系统吞噬和破坏，导致血小板减少。患者血清中血小板相关抗体（PAIgG）含量多增高，且急性型比慢性型抗体量增加更为明显。而且，抗血小板抗体同样作用于骨髓中巨核细胞，导致巨核细胞成熟障碍，使血小板生成减少。

（二）临床表现

患儿以自发性皮肤和黏膜出血为突出表现，多为针尖大小的皮下出血点，或为瘀斑和紫癜，少见皮肤出血斑和血肿。皮疹分布不均，通常以四肢为多，在易于碰撞的部位更多见。可伴有鼻出血或齿龈出血，胃肠道大出血少见，偶见肉眼血尿。青春期女性患者可有月经过多。少数患者可有结膜下和视网膜出血。颅内出血少见，如一旦发生，则预后不良。出血严重者可致贫血，肝脾偶见轻度肿大，淋巴结不肿大。

常于发病前 1～3 周有急性病毒感染史，如上呼吸道感染、流行性腮腺炎、水痘、风疹、麻疹、传染性单核细胞增多症等，偶亦见于接种麻疹减毒活疫苗或接种结核菌素之后发生。部分患儿发疹前无任何症状。

80%～90% 的患儿于发病后 1～6 个月内痊愈，10%～20% 的患儿呈慢性病程。病死率为 0.5%～1%，主要致死原因为颅内出血。

（三）实验室检查

1. 外周血常规 血小板计数 $<100\times10^9$/L，出血轻重与血小板数多少有关，血小板 $<50\times10^9$/L 时可见自发性出血，$<20\times10^9$/L 时出血明显，$<10\times10^9$/L 时出血严重。慢性型者可见血小板大小不等，染色较浅。失血较多时可致贫血，白细胞数正常。出血时间延长，凝血时间正常，血块收缩不良。血清凝血酶原消耗不良。

2. 骨髓象 急性病例骨髓巨核细胞数增多或正常。慢性者巨核细胞显著增多，幼稚巨核细胞增多，核分叶减少，核-浆发育不平衡，产生血小板的巨核细胞明显减少，其胞质中有空泡形成、颗粒减少和胞质量少等现象。

3. 血小板抗体测定 主要是 PAIgG 增高，但 PAIgG 增高并非 ITP 的特异性改变，其他免疫性疾病亦可增高；如同时检测 PAIgM 和 PAIgA，以及测定结合在血小板表面的糖蛋白、血小板内的抗 GPⅡb/Ⅲa 自身抗体和 GPIb/Ⅸ 自身抗体等可提高临床诊断的敏感性和特异性。

4. 血小板寿命测定 经同位素 51Cr 或 111In 标

记血小板测定其寿命，发现患者血小板存活时间明显缩短，甚至只有数小时（正常为 8～10 日），一般不作为常规检查。

5. 其他　束臂试验阳性，慢性 ITP 患者的血小板黏附和聚集功能可以异常。

（四）诊断与鉴别诊断

根据病史、临床和实验室检查即可做出诊断。美国血液学会（ASH，2011）根据临床病程长短将本症分为 3 型。①新诊断的 ITP（newly diagnosed ITP）：确诊后<3 个月；②持续性 ITP（persistent ITP）：确诊后 3～12 个月；③慢性 ITP（chronic ITP）：确诊后>12 个月以上。以上分型不适用于继发性 ITP。ASH 还界定重型 ITP（severe ITP）：患者发病时需要紧急处理的出血症状或病程中新的出血症状必须应用提升血小板的药物治疗，包括增加原有药物的剂量；难治性 ITP（refractory ITP）：是指脾切除术后仍为重型 ITP 的患儿。

本症还需与下列疾病相鉴别。

1. 急性白血病　外周血白细胞不增高的急性白血病易与 ITP 相混淆，通过血涂片和骨髓检查见到白血病细胞即可确诊。

2. 再生障碍性贫血　患者表现为发热、贫血和出血，肝、脾和淋巴结不肿大，与 ITP 合并贫血者相似。但再障以“三系”减少为特征，骨髓造血功能减低，巨核细胞减少有助于诊断。

3. 过敏性紫癜　出现特征性的紫癜：对称分布，成批出现，多见于下肢和臀部；血小板数正常，易于鉴别。

4. 继发性血小板减少性紫癜　严重细菌感染和病毒血症均可引起血小板减少，化学药物、脾功能亢进、部分自身免疫性疾病（如系统性红斑狼疮等）、恶性肿瘤侵犯骨髓和某些溶血性贫血等均可导致血小板减少，应注意鉴别。

（五）治疗

1. 一般治疗　对于新诊断 ITP 病例：①患儿无出血或轻微出血（皮肤出血点或瘀斑）可暂行严密观察；②鼻出血持续 15 分钟或以上，应根据出血状况选择治疗方法。对于血小板计数稳定在 30×10^9/L 以上的持续性和慢性病例，要充分考虑激素和免疫抑制剂等治疗给患儿带来的风险。在急性出血期间以住院治疗为宜，尽量减少活动，同时积极预防及控制感染，避免服用影响血小板功能的药物（如阿司匹林等）。

2. 糖皮质激素　其主要药理作用是：降低毛细血管通透性；抑制血小板抗体产生；抑制单核-巨噬细胞系统破坏有抗体吸附的血小板。常用泼尼松，剂量为每日 1.5～2mg/kg，分 3 次口服。出血严重者可用冲击疗法：地塞米松每日 0.5～2mg/kg，或甲泼尼龙每日 20～30mg/kg，静脉滴注，连用 3 日，症状缓解后改服泼尼松。用药至血小板数回升至接近正常水平即可逐渐减量，疗程一般不超过 4 周。停药后如有复发，可再用泼尼松治疗。

3. 大剂量静脉丙种球蛋白　其主要作用是：①封闭巨噬细胞受体，抑制巨噬细胞对血小板的结合与吞噬；②在血小板上形成保护膜抑制血浆中的 IgG 或免疫复合物与血小板结合，从而使血小板避免被吞噬细胞所破坏；③抑制自身免疫反应，使抗血小板抗体减少。单独应用大剂量静脉丙种球蛋白的升血小板效果与激素相似，常用剂量为每日 0.4g/kg，连续 5 日静脉滴注；或每次 lg/kg 静脉滴注，必要时次日可再用 1 次；以后每 3～4 周 1 次；副作用少，偶有过敏反应。

4. 血小板输注　因患儿血循环中含有大量抗血小板抗体，输入血小板很快被破坏，故通常不主张输血小板；只有在发生颅内出血或急性内脏大出血、危及生命时才输注血小板，并需同时予以大剂量肾上腺皮质激素，以减少输入血小板破坏。

5. 脾切除　脾切除有效率约 70%，适用于病程超过一年，血小板持续<50×10^9/L（尤其是<20×10^9/L），有较严重的出血症状，内科治疗效果不好者，手术宜在 6 岁以后进行。10 岁以内发病的患者，其 5 年自然缓解机会较大，尽可能不作脾切除。术前必须作骨髓检查，巨核细胞数减少者不宜作脾切除。术前 PAIgG 极度增高者，脾切除的疗效亦较差。

6. 其他　对于难治性 ITP，可考虑采用免疫抑制剂或抗-D 免疫球蛋白、TPO 和 TPO 受体激动剂等治疗。

二、血　友　病

案例 15-5

患儿，男，3 岁，“因左膝关节肿痛 1 周”入院。患儿 1 周前不明原因出现左膝进行性肿胀、疼痛，伴面色苍白，除此之外无其他任何不适，既往常有磕碰处出现瘀斑，入院查体淋巴结、肝、脾无肿大，左膝关节肿胀明显，有压痛，活动障碍，皮温不高，入院实验室检查 APTT 56s，FⅧ：C 活性 2.6%，FⅨ：C 活性 88%，FⅪ：C 活性 90%。

【思考题】

血友病 A 的临床分度和Ⅷ因子浓缩剂的使用方法？

血友病（hemophilia）是一组遗传性凝血功能障碍的出血性疾病，包括：①血友病 A，即因子Ⅷ（又称抗血友病球蛋白，AHG）缺乏症；②血友病 B，即因子Ⅸ（又称血浆凝血活酶成分，PTC）缺乏症；③血友病 C，即因子Ⅺ（又称血浆凝血活酶前质，PTA）缺乏症。其发病率为（5～10）/10 万，以血友病 A 较为常见，血友病 B 次之，血友病 C 罕见。其共同特点为终身具有轻微创伤后出血倾向，重症患者没有明显外伤也可发生"自发性"出血。

（一）病因和发病机制

血友病A和B为X-连锁隐性遗传，由女性传递、男性发病。血友病C为常染色体不完全性隐性遗传，男女均可发病或传递疾病。

因子Ⅷ、Ⅸ、Ⅺ缺乏均可使凝血过程的第一阶段中的凝血活酶生成减少，引起血液凝固障碍，导致出血倾向。因子Ⅷ是血浆中的一种球蛋白（其抗原为Ⅷ:Ag，功能部分称为Ⅷ:C），它与vonWillebrand-Factor（vWF）以非共价形式结合成复合物存在于血浆中。vWF的功能主要有：①作为因子Ⅷ的载体而对因子Ⅷ起稳定作用；②参与血小板黏附和聚集功能。vWF缺乏时，可引起出血和因子Ⅷ缺乏。

因子Ⅸ是一种由肝合成的糖蛋白，在其合成过程中需要维生素K的参与。因子Ⅺ也是在肝内合成，在体外储存时其活性稳定，故给本病患者输适量储存血浆即可补充因子Ⅺ。

（二）临床表现

出血症状是本组疾病的主要表现，终身于轻微损伤或小手术后有长时间出血的倾向，血友病C的出血症状一般较轻。血友病A和B大多在2岁时发病，亦可在新生儿期即发病。

1. 皮肤、黏膜出血 易于受伤的皮下组织、口腔、齿龈黏膜为出血好发部位，幼儿亦常见于头部碰撞后出血和血肿。

2. 关节积血 是血友病最常见的临床表现之一，多见于膝关节，其次为踝、髋、肘、肩关节等处。关节出血可以分为3期。①急性期：关节腔内及周围组织出血，引起局部红肿、热痛和功能障碍。由于肌肉痉挛，关节多处于屈曲位置。②关节炎期：因反复出血、血液不能完全被吸收，刺激关节组织，形成慢性炎症，滑膜增厚。③后期：关节纤维化、强硬、畸形、肌肉萎缩、骨质破坏，导致功能丧失。膝关节反复出血，常引起膝屈曲、外翻、腓骨半脱位，形成特征性的血友病步态。

3. 肌肉出血和血肿 重型血友病A常发生肌肉出血和血肿，多发生在创伤或活动过久后，多见于用力的肌群。深部肌肉出血时可形成血肿，导致局部肿痛和活动受限，可引起局部缺血性损伤和纤维变性。在前臂可引起手挛缩，小腿可引起跟腱缩短，腰肌痉挛可引起下腹部疼痛。

4. 创伤或手术后出血 不同程度的创伤、小手术，如拔牙、扁桃体摘除、脓肿切开、肌内注射或针灸等，均可以引起严重的出血。

5. 其他部位的出血 如鼻出血、咯血、呕血、黑便、血便和血尿等；也可发生颅内出血，是最常见的致死原因之一。

血友病B的出血症状与血友病A相似，绝大多数患者为轻型。

血友病C较为少见，杂合子患儿无出血症状，只有纯合子者才有出血倾向。出血多发生于外伤或手术后，自发性出血少见。患儿的出血程度与因子Ⅺ的活性高低并不相关，有些患儿的因子Ⅺ活性虽>20%，却可有严重出血。本病患儿常合并Ⅴ、Ⅶ等其他因子缺乏。

（三）实验室检查

（1）血友病A、B和C实验室检查的共同特点是：①凝血时间延长（轻型者正常）；②凝血酶原消耗不良；③活化部分凝血活酶时间延长；④凝血活酶生成试验异常。出血时间、凝血酶原时间和血小板正常。

（2）当凝血酶原消耗试验和凝血活酶生成试验异常时，可进行纠正试验，其原理为：正常血浆经硫酸钡吸附后尚含有因子Ⅷ和Ⅺ，不含因子Ⅸ，正常血清含有因子Ⅸ和Ⅺ，不含因子Ⅷ；据此，如患者凝血酶原消耗时间和凝血活酶生成时间被硫酸钡吸附后的正常血浆所纠正，而不被正常血清纠正，则为血友病A；如以上两试验被正常血清所纠正而不被经硫酸钡吸附的正常血浆纠正，则为血友病B；若以上两试验可被正常血清和硫酸钡吸附正常血浆所纠正，则为血友病C。

（3）测定凝血因子：FⅧ:C、FⅨ:C和FⅪ:C的活性减少，有助于判断血友病的类型、病情的轻重以及指导治疗。正常新鲜血浆所含三种因子平均活性均为lu/ml（以100%表示）。其正常参考值：FⅧ:C 78%～128%，FⅨ:C 68%～128%，FⅪ:C 60%～128%。

（4）基因诊断：利用分子生物学技术，发现血友病患者基因突变位点和形式，并可于产前进行胎儿基因诊断。

（四）诊断和鉴别诊断

根据病史、出血症状和家族史，即可考虑为血友病，进一步确诊须作有关实验室检查。基因序列分析除可确诊本病外，尚可发现轻症患者和疾病携带者。

根据FⅧ:C或FⅨ:C活性水平的高低，将血友病A或血友病B分为重型（<1%）、中型（1%～5%），轻型（5%～25%）及亚临床型（25%～45%）4种临床类型。

血友病须与血管性血友病（vWD）鉴别，后者出血时间延长、阿司匹林耐量试验阳性、血小板黏附率降低、血小板对瑞斯托霉素无凝集反应、血浆Ⅷ:C减少或正常、血浆vWF减少或缺乏。此外，血管性血友病为常染色体显性遗传，家族调查亦有助于鉴别。

（五）治疗

1. 预防出血 自幼养成安静生活习惯，以减少和避免外伤出血，尽可能避免肌内注射，如因患外科疾病需作手术治疗，应注意在术前、术中和术后补充所缺乏的凝血因子。

2. 局部止血　对表面创伤、鼻或口腔出血可局部压迫止血，或用纤维蛋白泡沫、明胶海绵蘸组织凝血活酶或凝血酶敷于伤口处。早期关节出血者，应用夹板固定肢体，放于功能位置，亦可用局部冷敷，并用弹力绷带缠扎。关节出血停止、肿痛消失时，可作适当体疗，以防止关节畸形。

3. 替代疗法　本疗法的目的是将患者所缺乏的因子提高到止血水平。

（1）因子Ⅷ和因子Ⅸ制剂：传统上多用人血浆冻干浓缩制剂。为防止经血传播疾病，近年临床上已广泛应用基因重组人因子Ⅷ和因子Ⅸ制剂，进而大大地增加了治疗的安全性。因子Ⅷ的半衰期为 8～12 小时，需每 12 小时输注 1 次，每输入 1U/kg 可提高血浆因子Ⅷ活性约 2%。因子Ⅸ的半衰期为 18～24 小时，常 24 小时输注 1 次，每输入 1U/kg 可提高血浆因子Ⅸ活性约 1%。各种出血情况时因子Ⅷ和因子Ⅸ用量参见表 15-5。

表 15-5　因子Ⅷ和因子Ⅸ的剂量和使用方法

出血程度	因子Ⅷ	因子Ⅸ
早期轻度出血	10～15U/kg，q12h；共 1～3 次	15～30U/kg，qd，共 1～3 次
中度出血（明显关节出血，轻度创伤）	20U/kg，q12h，连用 2 日后可隔日应用，直至止血	30U/kg，qd，直至止血
重度出血（颅内出血、严重出血、严重创伤，大手术等）	首日每次 50U/kg，q12h，然后维持因子Ⅷ活性>50% 5～7 日，必要时再维持因子Ⅷ活性>30% 5～7 日	首日 80U/kg，以后维持因子Ⅳ活性>40% 5～7 日；必要时再维持因子Ⅳ活性>30% 5～7 日

（2）冷沉淀：通常由冰冻新鲜血浆 200ml 血浆制成，每袋容量为 20ml，含因子Ⅷ和因子ⅩⅢ各 80～100U、纤维蛋白原 250mg、一定量的 vWF 及其他沉淀物。用于血友病 A 和血管性血友病（vWD）等的治疗，要求与受血者 ABO 血型相同或相容。

（3）凝血酶原复合物：含有因子Ⅱ、Ⅶ、Ⅸ、Ⅹ，可用于血友病 B 的治疗。

（4）输血浆：血友病 A 患者需输给新鲜血浆或冰冻新鲜血浆，按 1ml 血浆含因子Ⅷ 1U 计算；血友病 B 患者可输储存 5 日以内血浆，一次输入量不宜过多，以每次 10ml/kg 为宜。因子Ⅺ浓缩剂，故血友病 C 患者输注 10～15ml/kg 血浆可使因子Ⅺ血浆水平达 20%～30%。

约 15% 血友病 A 患者经反复因子Ⅷ替代治疗后，血浆中会出现抗因子Ⅷ抗体，如输注常规剂量因子Ⅷ后无效者，常提示有因子Ⅷ抗体存在。对这些患者治疗方法是：①增加因子Ⅷ剂量达原剂量一倍以上，其中部分用于中和抗体，余下部分发挥止血作用；②活化因子Ⅶ（Ⅶa）或活化凝血酶原复合物，因Ⅶa 可直接与组织因子共同作用活化因子 X（Xa），从而促使凝血活酶的形成；③大剂量丙种球蛋白静脉输注；④免疫抑制剂，如环磷酰胺；⑤用链球菌蛋白 A 吸附抗体。

（5）预防性替代治疗：根据 1%～5% FⅧ的中型患儿很少发生自发性出血的事实，定期输注 FⅧ，维持血浆浓度>1%，从而阻止反复出血导致相关并发症，是重型患儿长期预防出血相关并发症及正常活动的主要手段。预防性治疗剂量策略多采用渐增性阶梯式方式：50μg/kg，每周 1 次；40μg/kg，每周 2 次；30μg/kg，每周 3 次。

4. 药物治疗

（1）1-脱氧-8-精氨酸加压素（DDAVP）：有提高血浆内因子Ⅷ活性和抗利尿作用，常用于治疗轻型血友病 A 患者，可减轻其出血症状，剂量为 0.2～0.3μg/kg。

（2）性激素：雄性化激素达那唑（danazol）和女性避孕药复方炔诺酮均有减少血友病 A 患者的出血作用，但其疗效均逊于替代疗法。

5. 基因治疗　正在进行动物实验和临床前期验证。

（六）预防

根据本组疾病的遗传方式，应对患者的家族成员进行筛查，以确定可能存在的其他患者和携带者。运用现代诊断技术对家族中的孕妇进行基因分析和产前诊断，如确定胎儿为血友病，可及时终止妊娠。除病情不稳定和 3 岁以下婴幼儿外，其他患者均可在医生指导下进行家庭治疗。患者及其家属应接受本病相关知识的培训，当发生出血时，应及时采取有效的治疗；对于重症患儿，亦可采取预防性治疗以预防血肿形成和关节畸形。

第六节　急性白血病

案例 15-6

患儿，男，2 岁，因"发热 15 日，皮肤瘀点、瘀斑 3 日"入院。患儿 15 日前受凉后出现发热，以中度热为主，间中有轻咳，面色稍苍白。门诊按

"上呼吸道感染"给予"头孢克肟颗粒、蓝芩口服液"等处理，体温可降至正常，但易反复。3日前出现全身皮肤散在的瘀点、瘀斑，面色苍白进行性加重，无牙龈出血，无鼻出血，现门诊收入院进一步治疗。发病以来，患儿无腹泻、呕吐，精神及食欲差，大小便正常。体查：体温38.0℃，呼吸32次/分，脉搏122次/分，精神一般，中度贫血貌，颈部、腋下及腹股沟淋巴结肿大，心、肺检查未见异常，腹软不胀，肝肋下3cm，脾肋下2cm，质中。

【思考题】

1. 该病例诊断需做哪些检查？

2. 该病例与再生障碍性贫血如何鉴别？

白血病(leukemia)是造血组织中某一血细胞系统过度增生、进入血流并浸润到各组织和器官，从而引起一系列临床表现的恶性血液病。据调查，我国<10岁小儿的白血病发生率为3/10万~4/10万，居儿童肿瘤发病率的首位。小儿白血病中90%以上为急性白血病，慢性白血病仅占3%~5%。

(一) 病因

病因目前尚未完全明了，可能与病毒感染、物理和化学因素、遗传素质等因素有关。多年研究已证明人类T细胞白血病病毒可引起T淋巴细胞白血病；接触放射性物质或者苯及其衍生物、氯霉素、保泰松、乙双吗啉和细胞毒药物者等均可诱发急性白血病；某些遗传性疾病的患儿中，如21-三体综合征、先天性睾丸发育不全症、Fanconi贫血、Bloom综合征及严重联合免疫缺陷病等，这些疾病患儿的白血病发病率比一般小儿明显增高。

(二) 发病机制

发病机制尚未完全明了，下列机制可能在白血病的发病中起重要作用。

1. 原癌基因的转化 当机体受到致癌因素的作用，参与调控细胞的增殖、分化和衰老死亡的原癌基因可发生突变、染色体重排或基因扩增，转化为肿瘤基因，从而导致白血病的发生。

2. 抑癌基因畸变 近年研究发现正常人体存在着抑癌基因，如RB、P53、P16、WT1等，当这些抑癌基因发生突变、缺失等变异时，失去其抑癌活性，造成癌细胞异常增殖而发病。

3. 细胞凋亡受抑 当细胞凋亡通路受到抑制或阻断时，细胞没有正常凋亡而继续增殖导致恶变。

4. 二次打击学说 即患儿具有两个明显的间隔或大或小的短暂接触窗，一个在子宫内(白血病可有染色体重排)；另一个在出生后，以致产生第二个遗传学改变，从而导致白血病细胞的全面爆发。

(三) 分类和分型

根据增生的白细胞种类的不同，可分为急性淋巴细胞白血病(急淋，ALL)和急性非淋巴细胞白血病(急非淋，ANLL)两大类，前者在小儿中发病率较高。目前，常采用MICM综合分型，即形态学(M)、免疫学(I)，细胞遗传学(C)和分子生物学(M)分型，更有利于指导治疗和提示预后。

1. 急性淋巴细胞白血病

(1) 形态学分型(FAB分型)：根据原淋巴细胞形态学的不同，分为3种类型。①L1型：以小细胞为主，其平均直径为6.6μm，核染色质均匀，核形规则；核仁很小，一个或无；胞质少，胞质空泡不明显。②L2型：以大细胞为主，大小不一，其平均直径为8.7μm，核染色质不均匀，核形不规则；核仁一个或多个，较大；胞质量中等，胞质空泡不定。③L3型以大细胞为主，细胞大小一致，核染色质细点状，均匀，核形规则；核仁一个或多个；胞质量中等，胞质空泡明显。上述3型中以L1型多见，占80%以上；L3型最少，占4%以下。

(2) 免疫学分型：应用单克隆抗体检测淋巴细胞表面抗原标记，T淋巴细胞标志是：CD1、CD3、CD5、CD7、CD8；B淋巴细胞标志是：CD10、CD19、CD20、CD21、CD22。一般可将急性淋巴细胞白血病分T、B两大系列。

1) T系急性淋巴细胞白血病(T-ALL)：具有阳性的T淋巴细胞标志。

2) B系急性淋巴细胞白血病(B-ALL)：占小儿ALL的80%~90%。此型又分为3种亚型：早期前B细胞型(early Pre B-ALL)、前B细胞型(Pre B-ALL)和成熟B细胞型(B-ALL)(表15-6)。

表15-6 B-ALL免疫分型

免疫分型	CD19	CD10	CD22	CD20	CyIgM	SmIg	HLA/-DR
早期前B细胞型(early Pre-B-ALL)	+	+	+	−/+	−	−	+
前B细胞型(Pre-B-ALL)	+	+	+	+	+	−	+
成熟B细胞型(B-ALL)	+	+/−	+	+	−	+	+

3) 伴有髓系标志的ALL(My+-ALL)(My^+-ALL)：本型具有淋巴系的形态学特征，以淋巴系特异抗原为主但伴有个别、次要的髓系特异抗原标志，如CD3、CD33、CD14等阳性。

(3) 细胞遗传学改变:急性淋巴细胞白血病的染色体畸变种类繁多,主要有:①染色体数目异常,如≤45条的低二倍体,或≥47条的高二倍体;②染色体核型异常,如12号和21号染色体易位,即t(12;21);t(9;22)及t(4:11)等。

(4) 分子生物学分型:ALL发生及演化中的特异基因主要如下。①免疫球蛋白重链(IgH)基因重排;②T淋巴细胞受体(TCR)基因片段重排,尤以γ、δ基因重排特异性高;③融合基因,如EFV6-CBFA2、BCR-ABL、MLL-AF4、TEL-AML、E2A-PBX1等。

(5) 临床分型:国内外一般按临床特点将儿童ALL分为3型,但不同地区的具体分型标准略有差别。

德国柏林-法兰克福-蒙斯特(Berlin-Frankfurt-Munster,BFM)的临床分型标准已广为人们所接受。

1) 标危型急性淋巴细胞白血病(SR-ALL):①泼尼松7日反应佳,第8日外周血幼稚细胞<1.0×10^9/L;②年龄≥1岁,<6岁;③WBC<20×10^9/L;④诱导化疗后+15日骨髓M_1(原淋+幼淋<5%)或M_2(原淋+幼淋为5%~25%);⑤诱导化疗33日骨髓M_1。

2) 中危型急性淋巴细胞白血病(IR-ALL):①泼尼松反应佳,第8日外周血幼稚细胞<1.0×10^9/L;②年龄<1岁,≥6岁;③WBC≥20×10^9/L;④诱导化疗后+15日骨髓M_1或M_2;⑤诱导化疗后+33日骨髓M_1;⑥T-ALL;⑦或符合SR标准,但诱导化疗后+15日骨髓M_3(原淋+幼淋为>25%),而诱导化疗后+33日骨髓M_1。

3) 高危型急性淋巴细胞白血病(HR-ALL):至少符合以下一点。①IR且诱导化疗后+15日骨髓M_3(非SR及诱寻化疗后+15日骨髓M_3);②泼尼松反应差,+8日外周血幼稚细胞≥1.0×10^9/L;③+33日骨髓M_2或M_3;④t(9:22)(BCR/ABL)或t(4:11)(MLL/AF4)异常;⑤诊断时有睾丸白血病,化疗33日评价未完全恢复者,应于诱导阶段结束时再评估(可疑者应行睾丸活检病理细胞学检查),证实诊断者按高危方案治疗;⑥诊断时有纵隔大肿块,化疗33日评价未完全恢复者,应于诱导阶段结束后1周内再行MRI/CT评估(可疑者应行肿块活检病理细胞学检查),证实诊断者按高危方案治理治疗;⑦诊断时已合并中枢神经系统白血病。

2. 急性非淋巴细胞白血病

(1) FAB分型

1) 原粒细胞白血病微分化型(M_0):骨髓中原粒细胞≥90%,无Auer小体。

2) 原粒细胞白血病未分化型(M_1):骨髓中原粒细胞≥90%,早幼粒细胞很少,中幼粒以下各阶段细胞极少见,可见Auer小体。

3) 原粒细胞白血病部分分化型(M_2):骨髓中原粒和早幼粒细胞共占50%以上,可见多少不一的中幼粒、晚幼粒和成熟粒细胞,可见Auer小体;M_{2b}型即以往命名的亚急性粒细胞白血病,骨髓中有较多的核、浆发育不平衡的中幼粒细胞。

4) 颗粒增多的早幼粒细胞白血病(M_3):骨髓中颗粒增多的异常早幼粒细胞占30%以上,胞质多少不一,胞质中的颗粒形态分为粗大密集和细小密集两类,据此又可分为两型,即粗颗粒型(M_{3a})和细颗粒型(M_{3b})。

5) 粒-单核细胞白血病(M_4):骨髓中幼稚的粒细胞和单核细胞同时增生,原始及幼稚粒细胞>20%;原始、幼稚单核和单核细胞≥20%;或原始、幼稚和成熟单核细胞>30%,原粒和早幼粒细胞>10%。除以上特点外,骨髓中异常嗜酸粒细胞增多。

6) 单核细胞白血病(M_5):骨髓中以原始、幼稚单核细胞为主。可分为两型:①未分化型,原始单核细胞为主,>80%;②部分分化型,骨髓中原始及幼稚单核细胞>30%,原始单核细胞<80%。

7) 红白血病(M_6):骨髓中有核红细胞>50%,以原始及早幼红细胞为主,且常有巨幼样变;原粒及早幼粒细胞>30%。外周血可见幼红及幼粒细胞;粒细胞中可见Auer小体。

8) 急性巨核细胞白血病(M_7):骨髓中原始巨核细胞>30%;外周血有原始巨核细胞。

(2) 免疫学分型:急性非淋巴细胞M_1~M_5型可有CD33、CD13、CD14、CD15、MPO(抗髓过氧化物酶)等髓系标志中的1项或多项阳性,也可有CD34阳性。其中CD14多见于单核细胞系,M_6可见血型糖蛋白A阳性,M_7可见血小板膜抗原Ⅱb/Ⅲa(GPⅡb/Ⅲa)阳性、(或)CD41、CD68阳性。

(3) 细胞遗传学改变。①染色体数目异常:以亚二倍体为主,超二倍体较少;②常见的核型改变有t(9;11)/MLL-AF9融合基因(常见于M_5)、t(8;21)/AML-ETO融合基因(M_{2b}的特异标志)、t(15;17)/PML-RARa融合基因(M_3的特异标志)。

(4) 临床分型:BFM协作组只分标危和高危。标危:FAB分型的M_3、M_4Eo、带Auer小体的M_1或M_2,同时以标准化疗方案诱导第15日骨髓原始细胞≤5%(M_3除外),其余归入高危。国际多个协作组建议:有下列预后良好核型者为标危:t(8;21)(q22;q22)ANLL1/ETO,t(15;17)(q22;q11-21)PML/RARa,t(9;11)(p22;q23)MLL/AF9,inv16(p13;q22)/t(16;16)(p13;q22)CBFβ/MYHII。

(四) 临床表现

各型急性白血病的临床表现基本相同,主要表现如下。

1. 起病　大多较急。早期症状有:面色苍白、精神不振、乏力、食欲低下,鼻出血或齿龈出血等;少数患儿以发热和类似风湿热的骨关节痛为首发症状。

2. 发热 多数患儿起病时有发热,热型不定,可低热、不规则发热、持续高热或弛张热,一般不伴寒战。发热原因之一是白血病性发热,多为低热且抗生素治疗无效;另一原因是感染,多为高热。

3. 贫血 出现较早,并随病情发展而加重,表现为苍白、虚弱无力、活动后气促等。

4. 出血 以皮肤和黏膜出血多见,表现为紫癜、瘀斑、鼻出血、齿龈出血,消化道出血,血尿。偶有颅内出血,为引起死亡的重要原因之一。

5. 白血病细胞浸润引起的症状和体征

(1) 肝、脾、淋巴结肿大:白血病细胞浸润而发生肝大、脾大,急性淋巴细胞白血病尤其显著。肿大的肝、脾质软,表面光滑,可有压痛。全身浅表淋巴结轻度肿大,但多局限于颈部、颌下、腋下和腹股沟等处,其肿大程度以急性淋巴细胞白血病较为显著。

(2) 骨和关节浸润:患儿骨、关节疼痛较为常见。约25%患儿以四肢长骨、肩、膝、腕、踝等关节疼痛为首发症状,其中部分患儿呈游走性关节痛,局部红肿现象多不明显,并常伴有胸骨压痛。骨和关节痛多见于急性淋巴细胞白血病。

(3) 中枢神经系统浸润:白血病细胞侵犯脑实质和(或)脑膜时即引起中枢神经系统白血病。可发生于病程中任何时候,但多见于化疗后缓解期。它是导致急性白血病复发的主要原因。

常见症状为:颅内压增高,出现头痛、呕吐、嗜睡、视乳头水肿等;浸润脑膜时,可出现脑膜刺激征;浸润脑神经核或神经根时,可引起脑神经麻痹;脊髓浸润可引起横贯性损害而致截瘫。此外,也可有惊厥,昏迷。检查脑脊液可以确诊:脑脊液色清或微浊,压力增高;细胞数$>10\times10^6$/L,蛋白>0.45g/L;将脑脊液离心沉淀作涂片检查可发现白血病细胞。

(4) 睾丸浸润:白血病细胞侵犯睾丸时即引起睾丸白血病,表现为局部肿大、触痛,阴囊皮肤可呈红黑色。由于化疗药物不易进入睾丸,在病情完全缓解时,该处白血病细胞仍存在,因而常成为导致白血病复发的另一重要原因。

(5) 绿色瘤:是急性粒细胞白血病的一种特殊类型,白血病细胞浸润眶骨、颅骨、胸骨、肋骨或肝、肾、肌肉等,在局部呈块状隆起而形成绿色瘤。绿色瘤偶由急性单核细胞白血病局部浸润形成。

(6) 其他器官浸润:少数患儿有皮肤浸润,表现为丘疹、斑疹、结节或肿块;心脏浸润可引起心脏扩大、传导阻滞、心包积液和心力衰竭等;消化系统浸润可引起食欲缺乏、腹痛、腹泻、出血等;肾浸润可引起肾大、蛋白尿、血尿、管型尿等;齿龈和口腔黏膜浸润可引起局部肿胀和口腔溃疡,这在急性单核细胞白血病较为常见。

(五) 实验室检查

1. 外周血常规 白细胞数增高者约占50%以上,其余正常或减少,血涂片发现幼稚细胞占多数。红细胞及血红蛋白均减少,大多为正细胞正血色素性贫血。网织红细胞数大多降低。血小板减少。

2. 骨髓象 骨髓检查是确立诊断和评定疗效的重要依据。典型的骨髓象为相应类型白血病的原始及幼稚细胞极度增生;幼红细胞和巨核细胞减少。但有少数患儿的骨髓表现为增生低下。

3. 组织化学染色 常用以下组织化学染色以协助鉴别细胞类型。

(1) 过氧化酶:在早幼阶段以后的粒细胞为阳性;幼稚及成熟单核细胞为弱阳性;淋巴细胞和浆细胞均为阴性。各类型分化较低的原始细胞均为阴性。

(2) 酸性磷酸酶:原始粒细胞大多为阴性,早幼粒以后各阶段粒细胞为阳性;原始淋巴细胞弱阳性,T细胞强阳性,B细胞阴性;原始和幼稚单核细胞强阳性。

(3) 碱性磷酸酶:此酶的活性在急性粒细胞白血病时积分极低或为0,在急性淋巴细胞白血病时积分增加,在急性单核细胞白血病时积分大多正常。

(4) 苏丹黑:此染色结果与过氧化物酶染色的结果相似:原始及早幼粒细胞阳性;原淋巴细胞阴性;原单核细胞弱阳性。

(5) 糖原:原始粒细胞为阴性,早幼粒细胞以后各阶段粒细胞为阳性;原始及幼稚淋巴细胞约半数为强阳性,余为阳性;原始及幼稚单核细胞多为阳性。

(6) 非特异性酯酶(萘酚酯NASDA):这是单核细胞的标记酶,幼稚单核细胞强阳性,原始粒细胞和早幼粒细胞以下各阶段细胞为阳性或弱阳性,原始淋巴细胞阴性或弱阳性。

(六) 诊断和鉴别诊断

典型病例根据临床表现、血常规和骨髓象的改变即可作出诊断。发病早期症状不典型,特别是白细胞数正常或减少者,其血涂片不易找到幼稚白细胞时,可使诊断发生困难。须与以下疾病鉴别。

1. 再生障碍性贫血 本病血常规呈全血细胞减少;肝、脾、淋巴结不肿大;骨髓有核细胞增生低下,无幼稚白细胞增生。

2. 传染性单核细胞增多症 本病肝、脾、淋巴结常肿大;白细胞数增高并出现异型淋巴细胞,易与急性淋巴细胞白血病混淆。

3. 风湿关节炎 有发热、关节疼痛症状者易与风湿关节炎混淆,须注意鉴别。

4. 类白血病反应 当机体出现感染、中毒和溶血等刺激因素,外周血出现幼稚白细胞或白细胞数明显增高。当原发疾病被控制后,血常规即恢复正常。此外,根据:血小板数多正常;白细胞中有中毒性改变,如中毒颗粒和空泡形成;中性粒细胞碱性磷酸酶积分显著增高等,可与白血病区别。

（七）治疗

急性白血病的治疗主要是以化疗为主的综合疗法，其原则是：早期诊断、早期治疗；应严格区分白血病类型，按照类型选用不同的化疗方案；药物剂量要足，早期予连续强烈化疗；要长期治疗，交替使用多种药物。同时要早期防治中枢神经系统白血病和睾丸白血病，注意支持疗法。持续完全缓解2~3年者方可停止治疗。

1. 支持疗法

（1）防治感染：在化疗阶段，保护性环境隔离对防止外源性感染具有较好效果。适当用抗生素预防细菌性感染，可减少感染性并发症。并发细菌性感染时，应根据不同致病菌和药敏试验结果选用有效的抗生素治疗。长期化疗常并发真菌感染，可选用抗真菌药物如制霉菌素、两性霉素B或氟康唑等治疗；并发病毒感染者可选用抗病毒药物如阿昔洛韦、更昔洛韦等治疗；怀疑并发卡氏囊虫肺炎者，应及早采用复方新诺明治疗。

（2）成分输血：明显贫血者可输红细胞；因血小板减少而致出血者，可输浓缩血小板。有条件时可酌情静脉输注丙种球蛋白。

（3）集落刺激因子：化疗期间如骨髓抑制明显者，可予以G-CSF、GM-CSF等集落刺激因子。

（4）高尿酸血症的防治：在化疗早期，由于大量白血病细胞破坏分解而引起高尿酸血症，导致尿酸结石梗阻、少尿或急性肾衰竭，故应注意水分补充、口服别嘌醇。

（5）其他：在治疗过程中，要增加营养。有发热、出血时应卧床休息。要注意口腔卫生，防止感染和黏膜糜烂。并发DIC时，及时予相应治疗。

2. 常用化疗药物 目的是杀灭白血病细胞，解除白血病细胞浸润引起的症状，使病情缓解，以至治愈。常用药物剂量、用法和作用参见表15-7。急性白血病的化疗通常按下述次序分阶段进行。

表15-7 小儿急性白血病化疗药物简介

药物	主要作用	给药途径	剂量和用法	毒性作用
泼尼松（Pred）	溶解淋巴细胞	口服	每日40~60mg/m^{2}分3次	类Cushing综合征，高血压，骨质稀疏
地塞米松（Dex）	同上	口服	每日6~10mg/m^{2}分3次	同上
环磷酰胺（CTX）	抑制DNA合成，使细胞停止在分裂期，阻止进入S期	口服 静脉注射	每日2~3mg/kg 每周1次，200~400mg/m^2	骨髓抑制，肝损害，口腔溃疡，脱发，出血性膀胱炎
甲氨蝶呤（MTX）	抗叶酸代谢物，抑制叶酸辅酶，抑制DNA的合成	口服、肌内注射或静脉鞘内注射	每周1次15~25mg/m^2	骨髓抑制，肝损害，口腔、胃肠道溃疡，恶心呕吐，巨幼红样变
巯基嘌呤（6MP）	~	口服	每周1次50~90mg/m^2	骨髓抑制，肝损害
阿糖胞苷（Ara-c）	抗嘧啶代谢，抑制DNA合成，作用于S期	静脉滴注或肌内注射鞘内注射	每日100~200mg/m^2，分两次，每次30mg/m^2，隔日或每周1次	骨髓抑制，脱发，口腔溃疡，恶心呕吐
长春新碱（VCR）	抑制DNA合成，阻滞细胞分裂	静脉注射	每周1次1.5~2mg/m^2	周围神经炎，脱发
柔红霉素（DNR）	抑制DNA和RNA的合成	静脉滴注	每日1次30~40mg/m^2，共2~4次	骨髓抑制，心脏损害，局部刺激，恶心、呕吐
多柔比星（ADM）	抑制DNA和RNA的合成	静脉注射	每日1次40mg/m^2，共3日	骨髓抑制，心脏毒性脱发，胃肠反应，
去甲氧柔红霉素（IDA）	抑制DNA合成	静脉滴注	每日1次10mg/m^2，共用2日	骨髓抑制，心脏毒性，肝损害，恶心、呕吐
门冬酰胺酶（L-Asp）	溶解淋巴细胞，分解细胞内、外门冬酰胺	静脉滴注	每日0.5万~1万U/m^2，隔日1次，共6~10次	过敏反应，肝损害、出血，胰腺炎，氮质血症、糖尿，低血浆蛋白
三尖杉酯碱（H）	抑制蛋白质合成，水解门冬酰胺	静脉滴注	每日1次4~6mg/m^2，共5~7日	骨髓抑制，心脏损害，恶心
依托泊苷（VPl6）	抑制DNA和RNA合成	静脉滴注	每日1次100~150mg/m^2，共用2~3日	骨髓抑制，肝肾损害，恶心，呕吐
替尼泊苷（VM26）	破坏DNA，阻断G0和M期	静脉滴注	同VPl6	同VPl6

注：剂量和用法随方案不同而异

3. 急性淋巴细胞性白血病的化疗

（1）诱导治疗：诱导缓解治疗是患儿能否长期无病生存的关键，需联合数种化疗药物，最大限度地杀灭白血病细胞，从而尽快达到完全缓解。不同治疗协作组的方案略有不同，但基本是采用 VDLDex 方案（长春新碱、柔红霉素、门冬酰胺酶、地塞米松）

（2）巩固治疗：小儿 ALL 达到完全缓解（CR）时，体内仍残存约达 10^8 个白血病细胞，这种状态称为微小残留病（MRD）。因此，有必要采用较强的巩固治疗。目前常用的方案是 CAM（环磷酰胺、阿糖胞苷、巯基嘌呤）。

（3）预防髓外白血病：由于大多数药物不能进入中枢神经系统、睾丸等部位，如果不积极预防髓外白血病，CNSL 在 3 年化疗期间的发生率可高达 50% 左右；TL 的发生率在男孩中亦可有 5%～30%。CNSL 和 TL 均会导致骨髓复发、治疗失败，因此有效的髓外白血病的预防是急性淋巴细胞白血病患儿获得长期生存的关键之一。

预防性治疗的常用方法如下。

1）三联鞘内注射法（IT）：常用 MTX、Ara-C、Dex 3 种药物联合鞘内注射，剂量见表 15-8。

表 15-8 不同年龄三联鞘注药物剂量（mg/次）

年龄（月）	MTX	Ara-c	Dex
<12	5	12	2
12～23	7.5	15	2
24～35	10	25	5
≥36	12.5	35	5

2）大剂量甲氨蝶呤-四氢叶酸钙（HDMTX-CF）疗法：每 10～14 日为 1 疗程。每疗程 MTX 剂量为 2～5g/m^2。其中 1/6 量（<500mg）作为突击量，在 30 分钟内快速静脉滴入，余量于 12～24 小时内匀速滴入；突击量 MTX 滴入后 0.5～2 小时内行三联鞘内注射 1 次；滴注 MTX36 小时后开始亚叶酸钙（CF）解救，剂量为每次 15mg/m^2，共 6～8 次。用 HDMXT 当日及后 3 日需水化和碱化治疗，每日液体总量 3000ml/m^2，5% 碳酸氢钠 3～5ml/kg 静脉滴注。在用 HDMTX 同时，每日口服 6-MP。SR 的 MTX 剂量为 2g/m^2，IR 根据不同的亚型采用 3～5g/m^2，BFM 国际协作组对 HR 则多药联合组成强烈巩固方案，包括 VCR、CTX、L-Asp、Ara-c、VPl6 等药物。

3）颅脑放射治疗：多用于>4 岁的 HR-ALL 患儿，凡诊断时白细胞数>100×10^9/L、有 t(9;22) 或 t(4;11) 核型异常、有 CNSL，或因种种原因不宜 HD-MTX-CF 治疗者，均应进行颅脑放射治疗。通常在完全缓解后 6 个月时进行，放射总剂量为 12Gy，分 15 次于 3 周内完成。同时每周鞘内注射 1 次。放疗第 3 周用 VDex 方案：VCR1.5mg/m^2 静脉注射 1 次；Dex 每日 8mg/m^2，口服 7 日。近年来，颅脑放疗后的远期副作用引起关注，故该方法治疗者越来越少。

（4）维持治疗和加强治疗：为了巩固疗效、达到长期缓解或治愈的目的，必须在上述疗程后进行维持治疗和加强治疗：对 ALL 一般主张用 6-MP+MTX 维持治疗，维持期间一些协作组定期用原诱导缓解方案或其他方案强化，也有一些协作组不强化，总疗程 2～3 年。

（5）中枢神经系统白血病（CNSL）的治疗：初诊时已发生 CNSL 者，照常进行诱导治疗，同时给予三联鞘内注射（表 15-2），第 1 周 3 次，第 2 和第 3 周各 2 次，第 4 周 1 次，共 8 次。一般在鞘内注射化疗 2～3 次后 CSF 常转为阴性。在完成诱导缓解、巩固、髓外白血病防治和早期强化后，作颅脑放射治疗，剂量同上。颅脑放疗后不再用 HDMTX-CF 治疗，但三联鞘内注射必须每 8 周 1 次，直到治疗终止。完全缓解后在维持巩固期发生 CNSL 者，BFM 协作组改用“复发”方案重新诱导治疗。

（6）睾丸白血病（TL）治疗：初诊时已发生 TL 者，先诱导治疗到完全缓解，双侧 TL 者作双侧睾丸放射治疗，总剂量为 24～30Gy，分 6～8 日完成；单侧者可行切除术，亦可作睾丸放射治疗；与此同时继续进行巩固、髓外白血病防治和早期强化治疗。在缓解维持治疗期发生 TL 者，按上法予以治疗，紧接着用 VDLDex 和 VPl6+Ara-C 方案各一疗程。

4. 急性非淋巴细胞性白血病的治疗

（1）诱导治疗：与 ALL 相比，ANLL 的诱导化疗难度更大，并发症较多，每个患者都必须经过骨髓抑制期才有可能完全缓解。

1）除 M_3 外，各型 ANLL 的诱导治疗常用的基本方案有 DA 方案（DNR 和 Ara-C）；或者 DEA 方案（DNR、Ara-C 和 VP16）。

2）M_3 者，主要选以下药物：全反式维 A 酸（AT-RA）、DNR、Ara-C、三氧化二砷（As_2O_3）。

（2）缓解后治疗：①巩固治疗，采用原有效的诱导方案治疗 1～2 疗程；②根治性强化治疗，采用含有大剂量 Ara-C 的化疗方案治疗，或造血干细胞移植。

5. 造血干细胞移植 不仅可提高患儿的长期生存率，而且还可能根治白血病。随着化疗效果的不断提高，目前造血干细胞移植多用于 ANLL 和部分 HR-ALL 患儿，一般在第 1 次化疗完全缓解后进行，其 5 年无病生存率为 50%～70%；SR-ALL 一般不采用此方法。

（八）预后

近十年来由于化疗的不断改进，急性淋巴细胞白血病已不再被认为是致死性疾病，5 年无病生存率达 70%～80%；急性非淋巴细胞白血病的初治完全缓解率亦已达 80%，5 年无病生存率为 40%～60%。

（陈日玲）

Chapter XV Hematological Disorders

Anemia

Anemia, defined as an abnormal blood hemoglobin (Hb) concentration, is the most common clinical syndrome affecting children.

Classification of anemia

Based on severity

- Mild: Hb, approximately 90 g/L.
- Moderate: Hb, 60-90 g/L.
- Severe: Hb, 30-60 g/L.
- Very severe: Hb, <30 g/L.

Based on etiology

- Inadequatered blood cell (RBC) production: iron deficiency anemia (IDA), vitamin B_{12} deficiency.
- Hemolytic anemia: enzymatic defects in RBCs, RBC destruction.
- RBC loss from causes such as bleeding.

Based on RBC morphology

- Megaloblastic anemia: vitamin B_{12} and/or folic acid deficiency.
- Microcytic anemia: iron deficiency, thalassemia.
- Normocytic anemia: bleeding.

Based on bone marrow proliferation

- Aplastic anemia: bone marrow hypoplasia.
- Hyperplastic anemia: bone marrow hyperplasia (hemolytic anemia, IDA).

Clinical manifestations

Pallor is the most important clinical sign that can be readily noted in the palms, palmar creases, nail beds, and/or conjunctivae.

Patients with severe anemia exhibit irritability, anorexia, and lethargy. Systolic flow murmurs are often present, with occasional tachypnea, tachycardia, and even high-output cardiac failure.

Diagnosis

Anemia is a syndrome, and an accurate diagnosis of the etiology is very important. The following essential steps should be followed before arriving at a diagnosis.

- Detailed history taking, including age, duration of illness, dietary habits, family history.
- Physical examination of the liver, spleen, and lymph nodes.
- Laboratory investigations, including blood analysis for Hb concentration, RBC morphology, and reticulocyte counts, Hb analysis, and bone marrow analysis.

Treatment

- RBC transfusion, if necessary.
- Treatment of the primary disease.

Iron Deficiency Anemia

IDA is a type of hypochromic microcytic anemia caused by inadequate iron stores in the body. It is the most widespread and common nutritional disorder in the world.

Pathogenesis

- Inadequate dietary intake of iron, which is the most common cause.
- Inadequate congenital iron reserves in preterm infants.
- Anemia during pregnancy.
- Rapid growth.
- Absorption disorders, such as chronic diarrhea.
- Iron loss due to chronic bleeding associated with conditions such as peptic ulcers, Meckel's diverticulum, polyps, hemangiomas, and inflammatory bowel disease.

Pathophysiology of IDA

IDA includes three stages.

- The first is the iron depletion stage, characterized by decreased iron reserves and serum ferritin levels without frank anemia.

• The second is the iron-deficient erythropoiesis stage, characterized by nearly disappeared iron reserves and serum ferritin levels without frank anemia.

• The third is the IDA stage, characterized by frank anemia.

Clinical manifestations

• Pallor in the palms, palmar creases, nail beds, and/or conjunctivae.

• Mild to moderate hepatomegaly and splenomegaly.

• Patients with mild IDA are asymptomatic, while those with severe IDA exhibit irritability, lethargy, fatigue, anorexia, and, occasionally, tachypnea and tachycardia or heart failure.

Investigations

• Blood analysis: Hb concentration, RBC morphology, reticulocyte counts.

• Bone marrow analysis: Hyperplasia of erythroid cells.

• Serum ferritin concentration, total-binding capacity, transferrin saturation, serum iron concentration, free erythrocyte protoporphyrin.

Diagnosis

• First step: Identification of anemia and its severity.

• Second step: Determination of RBC morphology, e.g. hypochromic microcytic, normochromic normocytic.

• Third step: Determination of the RBC production status according to reticulocyte counts.

• Fourth step: Identification of iron deficiency according to the findings of serum iron analysis, such as decreased serum ferritin, serum iron, and free erythrocyte protoporphyrin concentrations and increased total-binding capacity.

• Fifth step: Identification of causes, such as inadequate dietary intake of iron, rapid growth, chronic bleeding.

• Sixth step: Confirmation of diagnosis by a positive response to a therapeutic trial of iron.

Mediterranean anemia, a type of microcytic hypochromic anemia, should be ruled out.

Treatment

• Elimination of etiological factors.

• Iron supplements: Iron therapy results in an increased reticulocyte count within 3-5 days, which peaks between 5 and 7 days. The Hb concentration begins to increase after 1-2 weeks. Therapy should be continued for 3 months to allow the replenishment of tissue iron stores.

• Severe anemia (Hb < 60 g/L) with cardiac decompensation may require blood transfusion.

Megaloblastic Anemia

Megaloblastic anemia is a type of macrocytic anemia caused by the deficiency of vitamin B_{12}, folic acid, or both.

Pathogenesis

• Inadequate dietary intake of vitamin B_{12} and folic acid.

• Decreased absorption and metabolism disorders.

• Rapid growth leads to relatively low vitamin B_{12} and folic acid intake.

Clinical manifestations

Megaloblastic anemia predominantly affects children between 6 months and 2 years of age. The common clinical features are described below.

• As general symptoms, infants with megaloblastic anemia exhibit puffiness, mild facial swelling, and hair thinning. Blood spots or petechiae may develop on the skin of serious patients.

• As symptoms of anemia, infants exhibit pallor in the palpebral conjunctiva, oral mucosa, and finger nails, with occasional mild jaundice, fatigue, and liver and spleen enlargement.

• Neuropsychiatric symptoms include irritability and dysphoria. Patients with vitamin B_{12} deficiency exhibit paresthesia, weakness, and/or an unsteady gait, with decreased vibratory sensations and developmental delay and regression. Finally, digestion abnormalities, including anorexia, nausea, vomitting, and diarrhea, may occur.

Investigations

• Blood analysis: Peripheral blood smears show numerous macroovalocytes with anisocytosis and poikilocytosis. Reticular red cell, white cell, and platelet counts are generally decreased.

• Bone marrow analysis: Erythroid hyperplasia with large erythroid and myeloid precursors.

• Serum vitamin B_{12} and folic acid analyses: Serum vitamin B_{12} and folic acid deficiency can be confirmed when the respective concentrations are <100 ng/L and < 3μg/L.

Diagnosis

Megaloblastic anemia can be diagnosed on the basis of clinical findings, blood cell counts, and bone marrow examination findings. If neuropsychiatry symptoms are obvious, the cause may be vitamin B_{12} deficiency. Measurement of serum vitamin B_{12} and folic acid levels can further confirm the diagnosis.

Treatment

- Treatment of the etiology.
- Vitamin B_{12} or folic acid supplementation.

Hereditary Spherocytosis

Hereditary spherocytosis is the most common inherited abnormality of the red blood cell (RBC) membrane, leading to hemolysis and hemolytic anemia. It is usually characterized by anemia, jaundice, and splenomegaly.

Etiology and pathogenesis

Hereditary spherocytosis is usually transmitted as an autosomal dominant or, less commonly, an autosomal recessive disorder. RBCs assume a spherical shape because of the loss of membrane surface area without a proportional loss of cell volume. The decreased deformability of spherical RBCs impairs cell passage from the splenic cords to the splenic sinuses; these RBCs consequently undergo premature destruction in the spleen.

Clinical manifestations

The severity of symptoms varies in infants and children. Hereditory spherocytosis is a type of hemolytic anemia that ranges from mild to moderate in severity. Certain conditions such as infections and hypoxia can result in severe acute anemia, also known as hemolytic crisis, and aplastic crisis.

Patients exhibit mild to moderate or intermittent jaundice. Furthermore, splenomegaly occurs in all patients with hereditary spherocytosis, but it is not related to the severity of anemia. Gallstones and bone abnormalities may also occur.

Investigations

- Blood analysis: Decreased Hb concentration, increased spherocytes on peripheral blood smears (>20%), and increased reticulocyte counts.
- Osmotic fragility test: This can confirm the diagnosis.

Diagnosis

Diagnosis can be suggested on the basis of anemia, jaundice, and splenomegaly. Spherocytosis and increased osmotic fragility can confirm the diagnosis.

Treatment

- Prevention of hyperbilirubinemia.
- Transfusion of RBCs for severe anemia.
- Splenectomy is an effective alternative only recommended after the age of 5-6 years to avoid the increased risk of postsplenectomy sepsis in younger children.

Glucose-6-Phosphate Dehydrogenase (G-6PD) Deficiency

G-6PD deficiency is the most common enzymatic defect in RBCs that causes hemolytic anemia, which is an X-linked recessive disorder. Over 200 million individuals are affected worldwide. RBC destruction can be triggered by infections, severe stress, certain foods (such as fava beans), and certain drugs.

Clinical manifestations

There are two types of clinical syndromes, namely chronic nonspherocytic hemolytic anemia and episodic or induced hemolytic anemia.

Episodic or induced hemolytic anemia.

- Most individuals with G6PD deficiency are asymptomatic.
- The clinical manifestations are triggered by infection, drugs (primaquine, antimalarial drugs), or the ingestion of fava beans and hypoxia in the neonatal stage.
- Typical cases present acute onset of anemia, hemoglobinuria, and jaundice.

Congenital nonspherocytic hemolytic anemia (CNSHA).

Patients with CNSHA present with chronic hemolysis, which may worsen after the ingestion of oxidant drugs. The typical manifestations include anemia, jaundice, and splenomegaly.

Investigations

- Complete blood count and reticulocyte counts: decreased Hb and reticulocytosis.
- Morphological changes in erythrocytes (anisopoikilo-

cytosis, bite cells) during acute hemolysis.

- G6PD activity assay: This is a specific direct diagnostic method.
- Sequencing of the G6PD gene.

Diagnosis

The diagnosis is generally suspected when patients from certain ethnic groups develop anemia, jaundice, and symptoms of hemolysis in association with the above mentioned causes. The diagnosis is confirmed by decreased G6PD concentration in erythrocytes.

Treatment

- Elimination of the possible causes.
- Maintenance of alkaline urine by the consumption of oral sodium bicarbonates to prevent Hb deposition in the tubules.
- Blood transfusion for severe cases.

Thalassemia

Thalassemia, an inherited autosomal recessive blood disorder, refers to genetic disorders in globin chain production. Anemia is caused by the formation of abnormal Hb molecules.

Pathophysiology

There are four globin chains (α, β, γ and δ). Normal Hb comprises four protein chains, in which two α and two β globin chains are arranged in a hetero tetramer. Thalassemia patients present a deficiency of α or β globin genes with decreased α or β chain production; the respective conditions are known as α or β thalassemia. The severity of thalassemia depends on the degree of α or β globin gene deficiency.

Classification and manifestations

β thalassemia

There are three types of β thalassemia.

- The first is β thalassemia major, also known as Cooley's anemia, which primarily manifests at the age of 3-12 months. Progressive and severe hemolytic anemia, jaundice, dysplasia, marked hepatosplenomegaly, and thalassemic facies (maxilla hyperplasia, flat nasal bridge, frontal bossing) are the typical manifestations when untreated. Heart failure is the most common cause of death.
- The second is β thalassemia minor, which does not cause any symptoms or signs except mild anemia and small RBCs. It is often suspected on the basis of routine blood tests, such as a complete blood count, and can be confirmed through Hb electrophoresis. Treatment is generally not required.
- The third is β thalassemia intermedia, which results in mild to moderate anemia. Affected children exhibit mild to moderate splenomegaly, jaundice, and slight skeletal changes.

α thalassemia

With regard to α thalassemia, there are four types according to the deletions of one or more of globin genes. Silent carriers include patients with one α globin gene deletion. They are generally asymptomatic and exhibit normal RBC morphology.

- Patients with two α globin gene deletions are diagnosed with a thalassemia minor, characterized by microcytosis and hypochromia with normal or slightly decreased Hb concentrations.
- α thalassemia intermedia, also known as hemoglobin H disease, is characterized by three α globin gene deletions and mild to moderate anemia. Children with this type are hematologically normal at birth and gradually develop anemia, fatigue, hepatosplenomegaly, and mild jaundice after the infant period. Older patients may manifest facial features similar to those manifested by patients with β thalassemia major.
- The deletion of all four α globin genes caused a thalassemia major with profound anemia in the fetal stage, resulting in hydrops fetalis. It causes fetal death or death shortly after delivery.

Investigations

- Blood analysis: Decreased Hb concentration, microcytic hypochromic RBCs, increased reticulocyte counts, target cells.
- Hb electrophoresis: Patients with β thalassemia major show HbF, while those with α thalassemia major show HbH.
- Gene analysis

Diagnosis

Thalassemia is suspected when infants or children exhibit microcytic hypochromic anemia concurrent with hepatosplenomegaly and jaundice. Hb electrophoresis and gene analysis can confirm the diagnosis.

IDA should be ruled out.

Treatment

- Blood transfusion to achieve an Hb level of 95-105 g/L.
- Iron chelation treatment: The iron chelator deferasirox is used to remove the iron stores, if necessary.
- Splenectomy: Splenectomy is useful for patients with HbH disease and β thalassemia intermedia.
- Others: Bone marrow transplantation, oral chelating agents, and gene therapy.

Immune Thrombocytopenia (ITP)

ITP, also known as idiopathic thrombocytopenic purpura, is the most common cause of acute-onset thrombocytopenia in children. ITP is an autoimmune disease, characterized by the formation of antigen-antibody complexes or antibodies against the platelet glycoprotein complex. Approximately 50%-65% patients report a history of viral infection before the onset of thrombocytopenia.

Clinical manifestations

ITP occurs most frequently in children aged 1-5 years. Visible symptoms include the spontaneous formation of bruises (purpura) and petechiae (tiny bruises), particularly on the extremities. Moderate cases show epistaxis and menorrhagia. Severe cases show subarachnoid or intracerebral hemorrhage and gastrointestinal bleeding, which can prove to be fatal.

Approximately 80%-90% patients are cured within 6 months, while 10%-20% patients become chronic cases.

Investigations

- Blood analysis: The platelet count is markedly decreased (often $<100\times10^9/L$), with normal white blood and differential counts. The bleeding time is prolonged, accompanied by poor clot contraction.
- Bone marrow analysis: An increased number of megakaryocytes are observed, which may help in establishing an ITP diagnosis.
- Platelet antibody detection: Platelet-associated IgG or IgM or both may be detected on the platelets or in the serum.

Diagnosis and differential diagnosis

ITP can be diagnosed on the basis of any form of bleeding and thrombocytopenia. There are three types of ITP according to the American Society of Hematology criteria.

- Newly diagnosed ITP (<3 months).
- Persistent ITP (3-12 months).
- Chronic ITP (>12 months).

The differential diagnoses include acute leukemia, aplastic anemia, anaphylactoid purpura, and secondary thrombocytopenic purpura.

Treatment

- Oral or intravenous steroids form the basic therapy for ITP.
- Intravenous immunoglobulin is required for severe cases, together with steroids.
- Platelet transfusion is only required in the event of acute intracranial hemorrhage or life-threatening bleeding, together with a large dose of steroids.
- Splenectomy is performed for chronic ITP with a sustained low platelet concentration of $<50\times10^9/L$ and recurrent bleeding. Surgery should be performed in children >6 years of age.

Hemophilia

Hemophilia is a group of bleeding disorders caused by hereditary clotting factor deficiencies. It includes hemophilia A (factor VIII deficiency), hemophilia B (factor IX deficiency), and hemophilia C (factor XI deficiency). Hemophilia A is the most common, followed by hemophilia B.

Hemophilia A and B are X-linked recessive hereditary deficiencies. Hemophilia C is an autosomal recessive hereditary deficiency.

Clinical manifestations

The bleeding symptoms of hemophilia A and B are severe and usually occur at the age of 2 years or right after birth. Patients with hemophilia C show mild bleeding.

- Mucosal and skin bleeding.
- Hemarthrosis (joint hemorrhage) is a hallmark of hemophilic bleeding and may be induced by minor trauma.
- Muscular hemorrhage or hematoma.
- Prolonged or severe bleeding after trauma or surgery.

Investigations

- Laboratory screening test: activated partial thromboplastin time (APTT).

- Specific assays to test the coagulant activity of factors Ⅷ, Ⅸ, and Ⅺ, which can confirm the diagnosis.
- Gene analysis, which is particularly useful for atypical cases.

Diagnosis and differential diagnosis

Family history and bleeding symptoms are suggestive of hemophilia. Laboratory investigations can confirm the diagnosis.

von Willebrand disease should be ruled out first.

Treatment

Replacement therapy: In cases of mild to moderate bleeding, factor Ⅷ or factor Ⅸ concentrations must be raised to hemostatic levels, in the 35%-50% range. For life-threatening or major hemorrhages, the dose should aim to achieve 100% activity. Recombinant factors are widely used. In addition, fresh plasma, cold precipitation, and prothrombin complex concentrate are used.

Replacement prophylaxis: Transfusion of recombinant factors to achieve a level of >1%, at which less bleeding occurs.

Acute Leukemia

Leukemia is a group of malignancies of the hematopoietic system and is the most common childhood malignancy. Acute leukemia accounts for 90% cases of childhood leukemia.

Classification

There are two subtypes based on the malignant cells in the bone marrow: acute lymphoblastic leukemia (ALL), which is the most common leukemia affecting children, and acute nonlymphoblastic leukemia (ANLL).

Disease classification for the evaluation of prognosis and choice of appropriate therapy.

- Morphology (M), determined by bone marrow analysis.
- Immunophenotype (I), measured by cell membrane markers.
- Cytogenetic features (C).
- Molecular genetic features (M).

Clinical manifestations

The initial presentations of ALL and ANLL are generally nonspecific, such as anorexia, fatigue, malaise, and irritability. Fever is caused by leukemia or infections.

Anemia is the most common initial symptom. Bleeding includes epistaxis, mucosal and skin bleeding, intestinal bleeding, and intracranial hemorrhage.

Leukemiac cells can infiltrate various tissues and organs. The commonly involved organs include the liver, spleen, lymph nodes, and bones and joints, which exhibit tenderness and swelling. Furthermore, infiltration of the central nervous system (CNS) can result in cranial neuropathies, headaches, and seizures. Testicular infiltration and choloromas, which are observed in the orbit and epidural space, can also occur, with chloromas being a typical sign of acute myelogenous leukemia (AML).

Laboratory investigations

- Peripheral blood findings: Anemia, thrombocytopenia, leukemic cells, significantly increased or decreased total leukocyte count.
- Bone marrow: ALL is diagnosed when >25% of the bone marrow cells are a homogeneous population of lymphoblasts.
- Flow cytometry and special stains assist in the differentiation of leukemic cells.

Diagnosis and differential diagnosis

The diagnosis of ALL and ANLL can be confirmed on the basis of clinical manifestations and bone marrow evaluation . Further evaluation for prognosis and the choice of therapy depends on the immunophenotype, cytogenetic features, and molecular genetic features.

Aplastic anemia, infectious monocytosis, rheumatoid diseases, and leukemoid reactions should be carefully ruled out.

Treatment

General therapy

- Prevention and treatment of infections (including bacteria, virus, and fungi) at various stages of the disease.
- Transfusion of blood components.
- Administration of colony-stimulating factors (CSFs), such as granulocyte CSF and granulocyte macrophage CSF.
- Prevention of hyperuricemia during the early stage of chemotherapy.

Chemotherapy regimen for ALL

- Induction of remission: Initial therapy to eradicate the leukemic cells from the bone marrow.

- Consolidation and intensification: a 14-28-week course of multiagent therapy after remission. CNS therapy is simultaneously provided to prevent subsequent CNS relapse.
- Maintenance: Lasts for 2-3 years, depending on the protocol used.
- Stem cell transplantation is performed for high-risk cases of ALL and most ANLL cases.

（谭建新　张慧琼）

第十六章 神经肌肉系统疾病

第一节 癫 痫

案例 16-1

患儿，女，4 岁，因“反复抽搐 2 个月”入院。患儿于入睡或睡醒时，双眼睁开，凝视，双手上举伴抖动，双下肢屈曲，持续数分钟，每晚发作 1~2 次。患儿为足月顺产，有窒息史。无外伤史，无热性惊厥史，无癫痫家族病史。

体格检查：发育正常，神志清楚，对答自如，头颅无畸形，双瞳孔等大等圆，对光反射灵敏，眼球运动未见异常，双侧鼻唇沟对称。心肺腹部查体未见异常。四肢肌力、肌张力正常，双侧 Babinski 征阴性，脑膜刺激征均阴性。

【思考题】

1. 儿童抽搐的诊断思路？

2. 该病例的临床特点是什么？为明确诊断，需进行那些相关的检查？

癫痫（epilepsy）是一种慢性脑部疾病，其特点为大脑有持续存在的反复癫痫发作的易感性，以及由此引起的神经生物学、认知和社会心理学等方面的影响，至少有一次癫痫发作。易感性是指会引起反复癫痫发作的病理条件，如阳性家族史、脑电图痫样放电波、肿瘤等。而癫痫发作（seizures）是指脑部神经元异常过度放电引起的突然的、短暂的症状或体征，由于异常放电所累及的脑功能区域不同，临床发作时有多种表现，包括局灶性或全身性的运动、感觉异常，或行为认知、自主神经功能障碍等。

癫痫和癫痫发作是两个不同的概念，前者是指长期反复性发作的疾病过程。而后者通常指一次发作过程，是发作性皮质功能异常所引起的一组临床表现。而临床常用的惊厥（convulsion）是指伴有骨骼肌强烈收缩的癫痫发作。一些癫痫发作如典型失神、感觉性发作等，于发作过程中并不伴有骨骼肌收缩，因而属于非惊厥性的癫痫发作。因此，无论是惊厥性还是非惊厥性的癫痫发作，都是指一组临床表现，它们都是癫痫患者的基本临床表现。

癫痫是儿科临床常见神经系统疾病之一。据国内多次大样本调查，我国癫痫的年发病率约为 35/10 万人口，累计患病率为 4‰~7‰，其中 60% 的患者起源于小儿时期。而长期、反复或严重的癫痫发作会导致进一步脑损伤，甚至出现持久性神经精神障碍。但是，由于医学的发展，大多数癫痫患儿已能得到早期诊断及合理治疗，目前有 80% 以上的癫痫患儿发作得到满意控制，极大地延长了癫痫患儿的寿命，改善了其生活质量。

一、病 因

根据病因，小儿癫痫可分为三大类，包括如下几类。① 特发性癫痫：又称原发性癫痫，指脑内未能找到相关的结构和代谢异常，而与遗传因素密切相关的癫痫。② 症状性癫痫：又称继发性癫痫，是指有明确脑内器质性病变或代谢障碍的癫痫。③ 隐源性癫痫：虽未能证实有肯定的脑内病变或代谢异常，但临床特征提示很可能为症状性。

2010 年国际抗癫痫联盟（ILAE）提出用“遗传性”、“结构性/代谢性”和“未知的病因”三个术语代替特发性、症状性和隐源性。

1. 遗传因素 在癫痫的发病中起重要作用，包括单基因遗传、多基因遗传、染色体异常、线粒体脑病等。近年来依靠分子生物学技术，癫痫基因的研究取得了较大的进展，至少有 10 余种特发性癫痫或癫痫综合征的致病基因得到了克隆确定，其中大多数为单基因遗传，系病理基因致神经细胞膜的离子通道功能异常，降低了癫痫发作阈值而患病。

2. 脑内结构异常 先天或后天性脑损伤可产生异常放电的致痫灶，或降低了癫痫发作阈值，均可能是症状性癫痫的病因。例如，各种脑发育畸形、产伤或脑外伤后遗症、颅内感染、染色体病和先天性代谢病引起的脑发育障碍、脑变性和脱髓鞘性疾病、肿瘤等。

3. 诱发因素 很多内、外因素均可促发癫痫的临床发作，如女性青春期来临时癫痫发作加重、某些癫痫常好发于某一特定年龄阶段，有的癫痫则主要发生在睡眠或初醒时等。这说明年龄、内分泌、睡眠等与癫痫发作有一定关系。此外，感染、发热、饥饿、疲劳、睡眠不足、过度换气、预防接种等均可能成为某些癫痫的诱发因素。

二、临床分类

对癫痫进行正确分类有十分重要的临床意义。针对不同的癫痫发作类型及癫痫综合征，应选用不同的抗癫痫药物；而且分类对分析病因、估计患儿病情与预后均有重要价值。目前一直沿用国际抗癫痫联盟(ILAE)提出的两套分类系统:①癫痫发作的国际分类(1981年);②癫痫及癫痫综合征的国际分类(1989年)。随着对癫痫研究的不断深入,在2001年、2010年ILAE又分别对癫痫发作及癫痫综合征的分类提出了新的建议和补充。

1. 癫痫发作的分类 根据发作的临床表现和脑电图特征,即症状学分类,见表16-1。

表16-1 癫痫发作的国际分类(ILAE,1981年)

Ⅰ. 局灶性发作	Ⅱ. 全面性发作	Ⅲ. 不能分类的发作
单纯局灶性发作(不伴意识障碍)	强直-阵挛发作	(2010年称不能明确的分类)
运动性发作	强直性发作	
感觉性发作	失神发作	
自主神经性发作	典型失神	
精神症状性发作	不典型失神	
复杂局灶性发作(伴有意识障碍)	阵挛性发作	
单纯局灶性发作继发意识障碍	肌阵挛发作	
发作起始即有意识障碍	失张力发作	
局灶性发作继发全面性发作	婴儿痉挛	

2. 癫痫和癫痫综合征的分类 在癫痫这一大组疾病中,某些类型具有相同的症状及体征,可以确定为独立的疾病类型,称之为癫痫综合征。它们在发作类型、年龄、病因、脑电图、及转归等方面有各自独特的特点。为此,国际抗癫痫联盟于1989年以临床发作为基础,结合病因、年龄、预后等特点,提出了癫痫和癫痫综合征的分类,2001年又有许多新的补充,并总结确定了三十多种癫痫综合征,如West综合征、Lennox-Gastaut综合征等,本节仅介绍儿童期常见的癫痫综合征。

三、临 床 表 现

(一)常见癫痫发作类型的临床特点

1. 局灶性发作 大多数脑部有器质性病变。神经元异常放电起始于大脑的某一侧区域,临床发作限于放电对侧的身体部位。

(1)单纯局灶性发作:发作中无意识丧失,包括如下几种。①局灶性运动性发作:最常见,起源于中央前回。表现为面、颈或四肢某部分的强直或阵挛性抽动;或头、眼持续性同向偏斜的旋转性发作;或某种特殊的姿势发作;或发作先从口角开始,依次波及手、臂、躯干、下肢等的杰克逊发作(Jackson seizures)。严重的病例于发作后出现某一肢体的短暂麻痹,持续数分钟至数小时后消失,称为Todd麻痹。②局灶性感觉性发作:临床上少见,可表现为躯体感觉性发作,如针刺感、麻木感、本体和空间知觉异常等;或特殊感觉性发作,如闪光等视幻觉发作、如锣鼓声等声幻觉发作及嗅觉和味觉性发作等。③自主神经性发作:表现为头痛、腹痛、呕吐、出汗、面潮红、竖毛肌收缩等,多为其他发作形式的先兆或伴随症状。④精神症状性发作:表现为恐惧、暴怒、欣快等情感障碍;或陌生感、似曾相识感等记忆障碍;或视物变大或变小、幻觉、错觉等。

(2)复杂局灶性发作:伴有不同程度的意识障碍,可从单纯局灶性发作继发而来,或开始即有意识障碍伴精神行为异常。常见于颞叶和额叶癫痫发作。50%~75%的病例表现为自动症,如咂嘴、咀嚼、吞咽等口部动作或手无目的摸索、解衣扣或自言自语等。

(3)局灶性发作继发全面性发作:由单纯或复杂局灶性发作扩展为全面性发作。

2. 全面性发作 指神经元异常放电起始于两侧半球同步放电,运动症状呈双侧性,常伴有意识障碍。

(1)强直-阵挛发作(大发作):是临床最常见的发作类型之一,发作过程包括强直期(全身骨骼肌伸肌或屈肌强直性收缩,持续数秒至数十秒)、阵挛期(全身反复、短促的猛烈屈曲性抽动)及发作后状态(昏睡,醒后常伴有头痛、疲乏及自动症等)。发作期脑电图:全导10Hz以上的快活动(强直期),渐进入频率慢、波幅高的棘波或棘-慢复合波(阵挛期),继之出现电压低平及慢波。

(2)强直性发作:突发的全身肌肉强直收缩伴意识丧失,患儿固定于某种姿势,如头偏斜、睁眼、双上肢屈曲,或伸直、呼吸暂停、角弓反张等,持续5~20秒甚至更长。发作期EEG为低波幅10Hz以上的快活动或棘波节律,发作间期脑电图背景活动异常,伴多灶性棘-慢或多棘慢波爆发。

(3)失神发作。①典型失神发作:突然停止正在进行的活动,意识丧失但不摔倒,手中物品不落地,两眼凝视,持续数秒后意识恢复,发作后可继续原来的活动,对发作不能回忆。发作期脑电图有典型的全导同步 3Hz 棘-慢复合波。②不典型失神发作：与典型失神发作表现类似，但发作起止速度较缓慢，脑电图为 1.5~2.5Hz 的全导慢-棘慢复合波。多见于伴有广泛性脑损害的患儿。

（4）阵挛性发作：仅有肢体、躯干或面部肌肉呈节律性抽动而无强直发作。发作期脑电图为 10Hz 或 10Hz 以上的快活动及慢波，有时为棘-慢波。

（5）肌阵挛发作：发作突然、短暂、似触电状的骨骼肌收缩（秒），表现为突然点头、前倾或后仰及两臂快速抬起。

（6）失张力发作：全身或躯体某部分的肌张力突然、短暂性丧失，而引起姿势的改变，如头、肩或肢体突然下垂、屈髋屈膝或跌倒。发作期脑电图为多棘-慢复合波或低波幅快活动。

3. 不能明确的发作（2010 年 ILAE 提出） 癫痫性痉挛：最常见于婴儿痉挛，表现为点头、伸臂或屈肘、弯腰、踢腿或屈腿等动作，其肌肉收缩的整个过程为 1~3 秒，发作常成串出现。由于痉挛可在婴儿期后才发病，所以用癫痫性痉挛这一术语更恰当。是否应将痉挛分类为局灶性、全面性或两者兼有，目前尚不能确定。

（二）小儿时期常见的几种癫痫和癫痫综合征

详见表 16-2。

表 16-2 传统抗癫痫药物与抗癫痫新药

	药物	剂量（mg/kg・d）	有效浓度（μg/ml）	半衰期（小时）	主要不良反应
传统抗癫痫药物	丙戊酸（VPA）	15~40	50~100	6~16	食欲和体重增加、肝功损害
	卡马西平（CBZ）	10~30	4~12	8~20	头晕、皮疹、白细胞减少、肝功能损害
	苯妥英钠（PHT）	3~8	10~20	22	齿龈增生、共济失调、皮疹、白细胞减少
	苯巴比妥（PB）	3~5	20~40	4 日	多动、认知障碍、皮疹
	乙琥胺（ESM）	20~40	40~120	55	胃肠道反应、白细胞减少
	氯硝西泮（CZP）	0.01~0.2	20~80	20~30	嗜睡、共济失调、全身松软
	硝西泮（NZP）	0.2~1			同 CZP
	促肾上腺皮质（ACTH）	25~ 40 单位（4~6 周）		8~36	肾上腺皮质功能亢进
抗癫痫新药	托吡酯（TPM）	2~5		15	嗜睡、体重减低、少汗
	拉莫三嗪（LTG）	5~15（与 VPA 合用 1~5）	1.5~3.0	20~30	皮疹、嗜睡、头痛、共济失调、胃肠反应
	氨己烯酸（VGB）	40~80		5~6	嗜睡、精神压抑、视野缺失
	奥卡西平（OXC）	10~40		6~8	嗜睡、头痛、皮疹、共济失调
	左乙拉西坦（LEV）	8~10		6~8	嗜睡、头痛、胃纳差、易激惹
	唑尼沙胺（ZNS）	2~4		50~70	乏力、共济失调、肝功损害、白细胞减少

注：传统抗癫痫药物是指 1980 年以前研发的；抗癫痫新药是指 1980 年后研发的，两者在药效学上大致相似，但在药代学、不良反应药物相互作用等方面后者更有优势

（1）伴中央颞区棘波的儿童良性癫痫：最常见类型。2~14 岁发病，8~9 岁为高峰。呈特发性，30% 有遗传家族史。可能属常染色体显性遗传。发作多在刚入睡或睡醒前，呈局灶性发作，起始于口面部，如唾液增多、喉头发声、不能主动发声或言语及面部抽搐等，部分继发全身性强直-阵挛发作而伴意识丧失。脑电图示中央颞区棘波或棘慢复合波。预后大多良好，多在 12~16 岁前停止发作。

（2）婴儿痉挛（West 综合征）：多在 1 岁内起病，4~8 个月为高峰。呈症状性或隐源性。前者病前有宫内、围生期或生后脑损伤，后者无脑损伤病史，约占 20% 。表现为频繁的痉挛发作，可分为屈曲性（双臂前举，头和躯干前屈，似点头哈腰屈腿状）、伸展性（呈角弓反张状）和混合性三种形式，以混合性和屈曲性居多。痉挛成串出现，每串连续数次或数十次，可伴有婴儿哭叫，常于刚入睡和睡醒时加重。脑电图示特异性高峰节律。本症预后不良，可伴精神运动发育迟滞或倒退，80% 以上有智力低下。

（3）儿童失神癫痫：3~13 岁发病，5~9 岁女孩多见，与遗传密切相关，表现为频繁的失神发作，每日 10~100 次。每次发作数秒钟，不超过 30 秒，不跌倒，也无明显体位改变。发作后不能回忆，无头痛、嗜睡等发作后症状。脑电图为两侧对称同步的 3 Hz 棘-慢复合波爆发。药物易于控制，预后大多良好。

（4）Lennox-Gastaut 综合征（LGS）：1~14 岁发病，3~5 岁多见。呈症状性或隐源性，25% 以上有婴儿痉挛病史。发作频繁且形式多样，强直性发作最常见，其次为不典型失神及失张力发作，少见为肌阵挛、强直-阵挛发作等。脑电图为 1.5~2.5Hz 的慢棘慢波。是最常见的难治性癫痫综合征，多数智力、运动发育倒退，病死率达 4%~7%。

（5）全面性癫痫伴热性惊厥附加症（$GEFS^{+}$）：属

常染色体显性遗传病，其基因定位于 19q13.1 或 2q21-33q 上。有热性惊厥病史的儿童，如果 6 岁后仍有热性惊厥发作，或者出现不伴发热的全面性强直阵挛发作称之为热性惊厥附加症（FS^+）。如果在一个热性惊厥家系中，既有典型的热性惊厥，还有 FS^+，而且还出现了 FS^+伴失神，FS^+伴失张力，FS^+肌阵挛等，这样一个家族群体称之为 $GEFS^+$。该病预后良好，智能运动发育正常，大多在 25 岁前或儿童后期停止发作。

（三）癫痫持续状态

癫痫持续状态指一次癫痫发作持续 30 分钟以上，或频繁连续发作，发作间歇期意识没有完全恢复持续 30 分钟以上者。各种癫痫发作均可出现持续状态，但临床以强直-阵挛持续状态最常见。全身性发作的痫持续状态常伴有不同程度的意识、运动功能障碍，严重者还有脑水肿或颅内压增高的表现。即使积极抢救，病死率仍达 3.6%。同时，智力低下、瘫痪和更严重癫痫发作等神经后遗症发生率高达 9%～20%。突然停药、药物中毒或高热等是癫痫持续状态的常见诱因。

四、诊　　断

确立癫痫的诊断步骤：①确定是否为癫痫；②如是癫痫，进一步确定是哪种类型的癫痫发作或癫痫综合征；③尽可能寻找病因；④是否有特殊的诱发因素。诊断主要依靠详细的病史、全面的查体和必要的辅助检查。

1. 相关病史

（1）发作史：详细而准确的发作特点描述对诊断及鉴别诊断尤其重要。癫痫发作应具有发作性和反复性这一基本特征。

（2）提示与脑损伤相关的病史：如产伤窒息史、运动及智力发育落后、颅脑疾病与外伤史等。

（3）癫痫、精神病及遗传代谢病家族史。

2. 查体 尤其是与脑部疾病相关的阳性体征，如头围、运动及智力发育落后、瘫痪、锥体束征或各种神经皮肤综合征等。

3. 脑电图（EEG）检查 脑电图是诊断癫痫最重要的实验室检查，脑电图中发现有棘波、尖波、棘-慢复合波等异常癫痫发作性脑电波，不仅对癫痫的确诊，而且对临床发作分型和转归分析均有重要价值。但癫痫患儿发作间期的常规脑电图近 40%是正常的，需要做动态脑电图（AEEG）或录像脑电图（VEEG）等来确诊。

4. 影像学检查 当临床表现或脑电图提示为局灶性发作时，应作颅脑影像学检查如 CT、MRI，甚至应用单光子发射断层扫描（SPECT）、功能核磁共振（fMRI）、脑磁图（MEG）等功能影像学检查明确病因。

5. 其他实验室检查 根据需要可选做遗传代谢病筛查、基因分析、染色体检查、血生化及脑脊液检查等。完整的诊断内容要指明发作类型或癫痫综合征、病因及伴随的其他神经系统异常等，如癫痫（大发作、继发性、伴有智力低下）或伴中央颞区棘波灶的儿童良性癫痫等。

五、鉴 别 诊 断

小儿时期存在多种形式的发作性疾病，应注意与癫痫鉴别。

1. 晕厥 是暂时性脑供血不足而引起的一过性意识障碍。常见于较大儿童，多有明确病因和诱发因素，如持久站立，或从蹲位骤然起立，以及剧痛、劳累、阵发性心律不齐、家族性 QT 间期延长等。发作时先有眼前发黑、头晕、苍白、出汗、视觉障碍等，继而出现短暂意识丧失，偶有肢体强直或抽动，清醒后对意识障碍不能回忆，并有疲乏感。与癫痫不同，晕厥患者意识丧失和倒地均逐渐发生，脑电图正常，头竖直-平卧倾斜试验呈阳性反应。

2. 屏气发作 多见于 6～18 个月婴儿。典型表现为婴儿啼哭时立即出现呼吸暂停、青紫和肌张力低下。可有不超过 1 分钟的短暂意识丧失。本病明显以啼哭为诱因，意识丧失前先有呼吸暂停及青紫，脑电图无异常，随年龄增大发作逐渐减少，5 岁后不再发作。

3. 抽动障碍 抽动是指突发性不规则肌群重复而间断的异常收缩。临床表现多样，可表现为仅涉及一组肌肉的短暂抽动，如眨眼、头部抽动或耸肩等，或含糊不清的单音，如吸气、清喉、吸吮、尖叫声等，或多组肌群的协同动作，如腹肌抽动、撞击、踢腿、跳跃等。语声性抽动表现为秽亵性语言、自身或模仿他人用词的重复性语言等。抽动障碍需与癫痫肌阵挛发作鉴别。抽动障碍常为单侧肌群抽动，可伴有发声性抽动。患者能有意识地暂时控制其发作，睡眠中消失，脑电图不会有癫痫样放电波。

4. 睡眠障碍 包括发作性睡病、睡眠呼吸暂停、夜惊、梦游、梦魇等，多发生在睡眠期间或睡眠清醒转换期间，发作时意识多不清醒。由于很多的癫痫发作类型也容易在睡眠中发病，也表现一定的运动、意识障碍等，如睡眠中发生的强直-阵挛发作、某些额叶起源的发作，因此，睡眠障碍易被误诊为癫痫。睡眠障碍多出现于非快速眼动睡眠Ⅲ、Ⅳ期，而癫痫发作多出现于非快速眼动睡眠Ⅰ、Ⅱ期，睡眠脑电监测有助于区分。

5. 其他 癫痫还需与各种儿童行为问题如婴幼儿擦腿综合征等，以及维生素 D 缺乏性手足搐搦症等鉴别。

六、治　疗

癫痫治疗的目标：在少或无药物不良反应下，完全控制发作，尽量保持原有的生理、心理状态及生活能力。早期合理的治疗，能使90%以上患儿的癫痫发作得到完全或大部分控制。家长、学校及社会应树立信心，坚持正规治疗，提高治疗的依从性。

1. 病因治疗　某些症状性癫痫，应积极治疗病因，如颅内肿瘤、某些可治疗的遗传代谢病等。

2. 药物治疗　合理使用抗癫痫药物仍是目前治疗癫痫的主要手段。

(1) 药物治疗时机的选择：反复的癫痫发作将导致新的脑损伤，故癫痫诊断明确后应尽早进行规范的药物治疗。但治疗时机的选择不能一概而论，主要根据发病年龄、病因、发作类型、家族史、脑电图及影像学检查等综合因素来决定。

一般首次发作即开始治疗的指征：①发病年龄小，婴儿期起病，伴有神经系统症状及体征，如脑性瘫痪、精神运动发育迟滞等；②首次发作呈癫痫持续状态者；③某些癫痫综合征，如West综合征，Lennox-Gastaut综合征等；④患先天遗传代谢病或神经系统退行性病变者，如苯丙酮尿症、结节性硬化症等；⑤有癫痫家族史；⑥伴影像学CT、MRI有局灶性的异常或脑电图有肯定的癫痫样放电。

对于不存在以上风险，首次发作而症状不重，可暂不予用药，但应密切观察，若再次发作，即予给药治疗。对于发作频率低，持续时间短，发作间隔在1年以上，也不是必须用药的指征。而儿童良性癫痫有年龄自限性，是否予治疗需视发作频率而定。

(2) 抗癫病药物使用原则。抗癫痫药物分为：①广谱抗癫痫药，如丙戊酸、托吡酯(妥泰)、拉莫三嗪、左乙拉西坦(开蒲兰)、唑尼沙胺、苯巴比妥、氯硝西泮等，各种类型发作均可选用，多在全面性发作或分类不明时选用。苯巴比妥是新生儿惊厥首选药，但可导致儿童认知障碍及抑郁症，故不作为一线药物；②窄谱抗癫痫药，如卡马西平、奥卡西平、苯妥英钠等，多用于局灶性发作或特发性全面强直-阵挛发作。苯妥英钠尽管疗效确切，但由于其毒副反应明显，药物之间相互作用多，已经逐渐退出一线药物；③特殊药物，如促肾上腺皮质释放激素、氨己烯酸等用于婴儿痉挛症。

1) 合理选药：①根据发作类型或癫痫综合征选药(表16-3)；②某些抗癫痫药物可能使某些发作类型或癫痫综合征加重，应避免使用(表16-3)；③选药时应注意药物的不良反应，尤其对儿童神经系统发育及认知功能的影响。如苯巴比妥、苯妥英钠、氯硝西泮、托吡酯等(表16-3)。

表16-3　不同癫痫发作及癫痫综合征类型的药物选择

发作类型	一线药物	二线药物	可考虑的药物	可加重发作的药物
强直-阵挛	VAP	LEV、TPM	PHT、PB	
失神发作	VAP、LTG	TPM		CBZ、OXC、PB
肌阵挛发作	VAP、TPM	LEV、CZP、LTG		CBZ、OXC、PHT
强直发作	VAP	LEV、CZP、LTG、TPM	PB、PHT	CBZ、OXC
失张力发作	VAP、LTG	LEV、TPM、CZP	PB	CBZ、OXC
局灶性发作	CBZ、VAP、OXC、LTG	LEV、TPM、ZNS	PHT、PB	
婴儿痉挛	ACTH	CZP、VAP、TPM、LTG、VGB		CBZ、OXC
Lennox-Gastaut综合征	VAP、TPM、LTG	LEV、CZP		CBZ、OXC
伴中央颞区棘波的儿童良性癫痫	VAP、CBZ、LTG、OXC	LEV、TPM		

2) 单药或联合用药的选择：近3/4的病例仅用一种抗癫痫药物即能控制其发作，但经2~3种单药合理治疗无效，尤其多种发作类型或难治性癫痫的患儿，应考虑2~3种联合用药。但尽量联合应用抗癫痫机制不同的、具有药代动力学和药效学互补优势的、不良反应相互抵消或互不加重的药物。

3) 用药剂量个体化：从小剂量开始，依据疗效、患者依从性和血药浓度逐渐增加并调整剂量，达最大疗效或最大血药浓度时为止。一般经5个半衰期的服药时间可达该药的稳态血浓度。

4) 坚持长期规则用药：合理换药及停药。药物治疗3~5年以上完全无发作，结合脑电图改变，逐渐减药及停药。不同发作类型的疗程也不同，失神发作在停止发作2年可考虑停药，复杂性局灶性发作、LGS等则要停止发作后4~5年才考虑停药。婴幼儿期发病、不规则服药、脑电图持续异常及同时合并大脑功能障碍者，停药后易复发。青春期来临易致癫痫复发或加重，故要避免在这个年龄期减量与停药。

5) 定期复查：密切观察疗效与药物不良反应。除争取持续无临床发作外，至少每年应复查1次常规脑电图。针对所用药物主要副作用，定期监测血常规、肝肾功能。在用药初期、联合用药、病情反复或更换新药时，均应监测血药浓度。

3. 手术治疗　有20%~25%的患儿对各种抗癫痫药物治疗无效而被称为难治性癫痫，对其中有明确局灶性癫痫发作起源的难治性癫痫，可考虑手术治疗。例如，2/3颞叶病灶致癫痫难治而行病灶切除，术后约67.9%发作可完全停止，24%有不同程度改善。手术方式包括非颞叶皮质区病灶切除术、病变半球切除术，以及不切除癫痫灶的替代手术（如胼胝体切断术、立体定向射频毁损术、伽马刀术等）。

4. 其他方法　迷走神经刺激术（VNS）及生酮饮食对部分难治性癫痫有效。

5. 癫痫持续状态的处理原则

（1）尽快控制发作：立即静脉注射有效而足量的抗癫痫药物。首选苯二氮䓬类药物。常用地西泮（安定），每次剂量0.3~0.5mg/kg。与地西泮同类的有效药物还有劳拉西泮、氯硝西泮、咪达唑仑（咪唑安定）等。或选用10%水合氯醛0.5ml/kg，保留灌肠。此外，苯巴比妥、苯妥英钠、丙戊酸钠都属于抢救的第一线药物。如发作不能控制，可在备好气管插管及呼吸机的情况下用基础麻醉剂硫喷妥钠（详见第18章6节）。

（2）保持呼吸道通畅，吸氧，必要时人工机械通气。

（3）保护脑及其他重要脏器功能，防治并发症：①生命体征监测，重点注意呼吸循环衰竭或脑疝体征；②监测与纠正血气、血糖、血渗透压及血电解质异常；③防治脑水肿。

（4）发作停止后给予抗癫痫药物以防复发。

第二节　化脓性脑膜炎

案例16-2

患儿，男，5个月，发热5日，近2日吐奶，今晨突然出现双眼凝视、四肢抖动，于急诊收入院。无伴咳嗽，无腹泻。病后精神状态差，烦躁哭闹，吃奶少，大小便正常。患儿出生及生长发育史正常，混合喂养。生后已接种卡介苗。

体格检查：T 38.4℃，头围44cm，精神萎靡，皮肤黏膜无黄染。前囟饱满紧张，大小为1.5cm×1.5cm。瞳孔等大等圆，对光迟钝，咽充血，颈稍抵抗。呼吸40次/分，双肺未闻及啰音。四肢肌力正常，肌张力稍增高，双侧Babinski征阳性，Kernig征和Brudzinski征均阴性。

【思考题】

1. 该病例哪些临床表现支持颅内感染的诊断？

2. 为明确诊断需做哪些辅助检查？

化脓性脑膜炎（purulent meningitis），亦称细菌性脑膜炎，是由各种化脓性细菌引起的脑膜炎症，是小儿、尤其是婴幼儿时期常见的中枢神经系统感染性疾病。临床特征为急性发热、惊厥、意识障碍、颅内压增高、脑膜刺激征及脑脊液化脓性改变。近年来随着脑膜炎球菌及流感嗜血杆菌疫苗的接种和诊断、治疗水平不断发展，本病的发病率和病死率已明显下降。

（一）致病菌及入侵途径

许多化脓性细菌都能引起本病，但2/3以上患儿是由肺炎链球菌、脑膜炎双球菌、流感嗜血杆菌3种细菌引起。

不同年龄小儿致病菌不同：①新生儿及出生2~3个月以内小婴儿，以大肠杆菌和金黄色葡萄球菌为主，其次为其他革兰阴性杆菌如变形杆菌、绿脓杆菌或产气杆菌等；②出生2~3个月后的婴幼儿，主要为肺炎链球菌、流感嗜血杆菌和脑膜炎双球菌；③年长儿，多由脑膜炎双球菌、肺炎链球菌所致。

致病菌有多种途径侵入脑膜，最常见的是细菌随血流通过血-脑屏障抵达脑膜；其次，邻近组织器官感染（如中耳炎、乳突炎等）时细菌可直接扩散波及脑膜；此外与颅腔存在着直接通道（如颅底骨折、颅脑手术、皮肤窦道或脑脊膜膨出）时，细菌也可直接侵入脑膜。

（二）病理和病理生理

致病菌进入脑膜后，通过侧脑室脉络丛和脑膜播散至蛛网膜下隙及脑脊液中并大量繁殖。在细菌毒素和多种炎症相关细胞因子作用下，形成以软脑膜、蛛网膜和表层脑组织为主的炎症反应，病理改变表现为广泛性血管充血、大量中性粒细胞浸润和纤维蛋白渗出，伴有弥漫性血管源性和细胞毒性脑水肿。在早期或轻型病例，炎性渗出物主要在大脑顶部表面，晚期或严重时逐渐蔓延至脑室、脑实质、大脑基底部和脊髓表面等，形成脑室管膜炎、脑膜脑炎、脑积水、颅神经受损（视神经、动眼神经、面神经、听神经）。严重者可有血管壁坏死和灶性出血，或发生闭塞性小血管炎而致灶性脑梗死。

血管的通透性增加，使脑脊液中蛋白增加，由于葡萄糖的转运障碍和利用增加，使脑脊液中葡萄糖含量降低，甚至出现乳酸酸中毒。由于脊神经及神经根受炎症刺激可引起起脑膜刺激征。

（三）临床表现

绝大部分的化脓性脑膜炎患儿为5岁以下儿童，年龄越小，发病率越高，1岁以下病例占1/2~2/3。肺炎链球菌以冬、春季多见，春、秋季多为脑膜炎双球菌和流感嗜血杆菌。大多急性起病，部分患儿病前数日有上呼吸道或胃肠道感染病史。

临床表现取决患儿的年龄，年长儿表现较典型，而小婴儿和新生儿临床表现较隐匿,不典型。典型的临床表现可概括为以下几个方面。

(1) 感染中毒症状:患儿可出现高热、烦躁不安、疲乏无力、关节酸痛等中毒症状,脑膜炎双球菌感染常有皮肤瘀点、瘀斑,甚至休克。

(2) 急性脑功能障碍症状:进行性加重的意识障碍,随病情加重,逐渐从精神萎靡、嗜睡、昏睡、浅昏迷到深昏迷。近 1/3 的患儿有反复的全身或局灶性惊厥发作。

(3) 颅内压增高表现:包括头痛、呕吐、视乳头水肿,婴儿可有前囟饱满与张力增高、头围增大等。严重合并脑疝时,则有呼吸不规则、突然意识障碍加重及瞳孔不等大等体征。

(4) 脑膜刺激征:以颈项强直最常见,其他如 Kernig 征和 Brudzinski 征阳性。

年龄小于 3 个月的婴儿和新生儿化脓性脑膜炎表现多不典型,全身感染中毒症状重,有"四不"特点:①体温可高可低或不发热,甚至体温不升;②颅内压增高表现不明显,幼婴不会诉头痛,可能仅有吐奶、尖叫、皱眉、摇头、前囟饱满紧张或颅缝分离;③惊厥可不典型,如仅见面部、肢体局灶或多灶性抽动、局部或全身性肌阵挛,或呈眨眼、双眼凝视、激惹、呼吸不规则、屏气等各种不显性发作;④脑膜刺激征可不明显,与婴儿肌肉不发达,肌力弱及反应低下有关。

(四) 并发症

1. 硬脑膜下积液 是最常见的并发症,主要发生在 1 岁以内婴儿,而以流感嗜血杆菌、肺炎链球菌、脑膜炎球菌感染发生率高。凡经有效治疗 48~72 小时后体温不退或体温退而复升,应注意此证。

头颅透光检查、头颅彩超和 CT、MRI 扫描可协助诊断,但最后确诊仍依赖硬膜下穿刺术放出积液检查,同时也达到治疗目的。若硬膜下积液量大于 2ml,蛋白质定量大于 0.4g/L 可确诊。积液应送常规和细菌学检查,与硬膜下积脓鉴别。

2. 脑室管膜炎 多见于治疗不及时的革兰阴性杆菌感染的新生儿或小婴儿。若患儿在有效抗生素治疗下仍持续发热、惊厥频繁、意识障碍不改善、进行性加重的颈项强直甚至角弓反张,脑脊液始终无法正常,以及头颅 B 超、CT 或 MRI 检查脑室扩大,均需考虑本症。确诊依赖侧脑室穿刺取脑室内脑脊液检查显示异常。如脑室液 WBC $>50\times10^6$/L,蛋白>0.4g/L;或细菌培养(+)可确诊。

3. 脑积水 炎症渗出物粘连堵塞脑室内脑积液流出通道,可引起非交通性脑积水;炎症破坏蛛网膜颗粒,或颅内静脉窦栓塞致脑脊液重吸收障碍,造成交通性脑积水。患儿可出现头围进行性增大,颅缝分离,前囟扩大饱满、头颅破壶音和头皮静脉扩张。晚期出现落日眼,进行性智力减退和其他神经功能倒退。

4. 抗利尿激素异常分泌综合征 炎症刺激下丘脑和垂体后叶致抗利尿激素过量分泌,引起低钠血症和血浆低渗透压,可加剧脑水肿,致惊厥和意识障碍加重,或直接因低钠血症引起惊厥发作。

5. 各种神经功能障碍 如颅神经损害可引起神经性耳聋、失明等。脑实质受损可导致智力低下、癫痫和行为异常等。

(五) 实验室检查

1. 脑脊液检查 是确诊本病的重要依据(表 16-4)。应尽可能在使用抗生素治疗之前检查脑脊液。

2. 血常规 白细胞总数大多明显增高,可达 $(20\sim40)\times10^9$/L,以中性粒细胞为主,但在严重感染时可出现白细胞总数减少。

3. 血培养 所有疑似化脑的病例均应做血培养寻找致病菌。

4. 血清降钙素原 鉴别无菌性脑膜炎和细菌性脑膜炎的特异和敏感的检测指标之一,>0.5ng/ml 提示细菌感染。

5. 皮肤瘀斑、瘀点涂片 是发现脑膜炎双球菌重要而简便的方法。

6. 头颅影像学检查 是发现并发症的重要检查方法,头颅 MRI 较 CT 更能清晰地反映脑实质和脑膜炎症病变。

(六) 诊断和鉴别诊断

根据临床表现及脑脊液检查大多能及时诊断。头部 CT 或 MRI 检查对诊断及并发症的诊断有重要意义。对早期脑脊液不典型的患儿,必要时 24 小时后复查脑脊液。并与下列中枢神经系统感染鉴别。

1. 病毒性脑膜炎 临床表现与化脓性脑膜炎相似,全身感染中毒症状比化脓性脑膜炎轻,但病毒性脑膜炎容易同时累及脑实质,出现大脑实质损害体征。脑脊液有重要的鉴别价值。脑脊液中病毒特异性抗体和病毒分离有助诊断。

2. 结核性脑膜炎 呈亚急性起病,不规则发热 1~2 周才出现脑膜刺激征、惊厥或意识障碍等表现,或于昏迷前先有颅神经或肢体麻痹。具有结核接触史、有结核中毒症状、PPD 阳性或肺部等部位有结核病灶者支持该诊断。脑脊液检查可帮助鉴别。

3. 新型隐球菌性脑膜炎 病情进展较缓慢,以进行性颅压增高导致的剧烈头痛为主要表现。脑脊液改变与结核性脑膜炎相似,诊断有赖脑脊液墨汁染色和培养找到致病真菌。

另外,还应注意与热性惊厥、脑出血、脑脓肿、肿瘤性脑膜炎等鉴别。

表 16-4 常见中枢神经感染性疾病的脑脊液改变特点

	压力（mmH_2O）	常规分析			生化分析			其他
		外观	潘氏试验	白细胞（$\times10^6/L$）	蛋白（g/L）	糖（mmol/L）	氯化物（mmol/L）	
正常	50~80	清亮透明	-	0~10 婴儿： 0~20	0.2~0.4 新生儿： 0.2~1.2	2.8~4.5 婴儿： 3.9~5.0	117~127 婴儿： 110~122	
化脓性脑膜炎	增高	混浊	+~+++	数百~数千，中性粒细胞为主	增高或明显增高	明显降低	明显降低	涂片 Gram 染色和培养可发现致病菌
结核性脑膜炎	增高	微浊，毛玻璃样	+~+++	数十~数百，淋巴为主	增高或明显增高	明显降低	明显降低	涂片抗酸染色及培养可发现抗酸杆菌
病毒性脑炎	增高	清亮个别微浊	-~+	正常~数百，淋巴为主	正常或轻度增高	正常	正常	特异性抗体阳性，病毒分离可阳性
隐球菌性脑膜炎	增高或明显增高	微浊，毛玻璃样	+~+++	数十~数百，淋巴为主	增高或明显增高	明显降低	明显降低	涂片墨汁染色可发现致病菌

（七）治疗

1. 抗生素治疗

（1）抗生素使用原则：应力求用药 24 小时内杀灭脑脊液中的致病菌，故应选择对病原菌敏感且能较高浓度透过血-脑屏障的药物。急性期要静脉用药，做到早期联合用药、足剂量、足疗程用药。

（2）病原菌未明确前的初始治疗：应根据患儿年龄、可能感染原因选择抗生素。首先能快速在脑脊液中达到有效灭菌浓度的第三代头孢菌素，包括头孢噻肟，每次 50~100mg/kg，每日 3~4 次，或头孢曲松，每次 50mg/kg，q12h，或头孢他啶，每次 50mg/kg，每日 3~4 次。疗效不理想时可联合使用万古霉素，每次 15mg/kg，每日 4 次。对内酰胺类药物过敏的较大儿童，可考虑用氯霉素，每次 25mg/kg，每日 3~4 次。

（3）病原菌明确后的抗生素选择：应参照细菌药物敏感试验结果选用抗生素。

1）肺炎链球菌：绝大多数对青霉素耐药，故应按初始治疗的原则选择用药。如药敏试验提示致病菌对青霉素敏感者，可用青霉素，每次 7.5 万 U/kg，每日 4~6 次。

2）脑膜炎双球菌：目前大多数对青霉素依然敏感，故首先选用。少数耐青霉素者需选用第三代头孢菌素。

3）流感嗜血杆菌：对敏感菌株可选用氨苄西林，每次 75mg/kg，每日 4 次。耐药者选用第三代头孢菌素联合美罗培南，每次 40mg/kg，每日 3 次，或选用氯霉素。

4）大肠杆菌：选用第三代头孢菌素联合氨苄西林或美罗培南。

5）金黄色葡萄球菌：应参照药敏试验选用奈夫西林，每次 50mg/kg，每日 4 次。万古霉素或利福平，每次 10mg/kg，每日 2 次。革兰阴性杆菌者除考虑上述第三代头孢菌素外，可加用氨苄西林或氯霉素。

（4）抗生素疗程：用药 2~3 日后，临床症状好转，脑脊液检查细胞数下降，否则更换抗生素。对肺炎链球菌和流感嗜血杆菌脑膜炎，其疗程应是静脉滴注有效抗生素 10~14 日，脑膜炎双球菌者 7 日，金黄色葡萄球菌和革兰阴性杆菌脑膜炎应 21 日以上。若有并发症，应适当延长用药时间。

2. 肾上腺皮质激素的应用 细菌释放内毒素，促进细胞因子介导的炎症反应，加重脑水肿和中性粒细胞浸润。应用抗生素杀死细菌后内毒素释放更多，此时使用肾上腺皮质激素不仅可抑制炎症因子的产生，还可降低血管通透性，减轻脑水肿和颅内高压。通常用地塞米松，每次 0.15mg/kg，每日 4 次。一般连续用 2~4 日。注意新生儿非常规应用肾上腺皮质激素。

3. 对症和支持治疗

（1）严密监测生命征，包括体温、意识、瞳孔和呼吸节律改变等。

（2）及时处理颅内高压，预防脑疝的发生。一般用 20% 甘露醇每次 0.25~1.0 g/kg，相隔 4~8 小时用 1 次。

（3）控制惊厥发作。

（4）维持体内水、电解质和酸碱平衡。

4. 并发症的治疗

（1）硬膜下积液：少量积液无需处理。如积液量较大引起颅内压增高时，应行硬膜下穿刺放出积液，每日或隔日穿刺放液，每次放液量单侧不超过 15ml。

（2）脑室管膜炎：进行侧脑室穿刺引流，以缓解症状。同时，针对病原菌并结合用药安全性，选择适宜抗生素脑室内注入。

（3）脑积水：主要依赖手术治疗，包括正中孔粘连松解、导水管扩张和脑脊液分流术。

（4）抗利尿激素异常分泌综合征：控制液体量，对低钠血症症状严重者，适量补钠。

（八）预后

预后与早期诊断、及时、合理的抗生素和支持治疗密切相关。死亡率与病原菌（肺炎球菌脑膜炎死亡率最高）、年龄（<6 个月）、脑脊液中细菌量、治疗前惊厥持续时间（>4 日）、伴有昏迷或局灶性神经系统体征等相关。10%～20%可遗留听力丧失、智力倒退、反复惊厥、语言发育落后、视力障碍、行为异常等神经系统的严重后遗症。

第三节 病毒性脑炎

案例 16-3

患儿，男，10 岁，因“发热 3 日，抽搐、昏迷 12 小时”入院。患儿于 3 日前出现低热、伴流涕、咳嗽。次日体温升高至 38.5℃，口服“小儿退热散”体温无下降。12 小时前体温升高至 39.5℃，并出现烦躁不安，乱语，四肢抽搐，伴神志不清，持续 2～3 分钟后抽搐停止，抽后呼之不应，共反复发作 3 次。病程中无呕吐、无气促，大小便正常。患儿为足月顺产，出生史正常。无外伤及抽搐病史。无结核接触史。

体格检查：T 40℃，R 40 次/分，P 130 次/分。浅昏迷，发育正常，营养尚可，全身浅表淋巴结无肿大，双瞳孔等大等圆，直径 4mm，对光迟钝，鼻唇沟对称，咽部明显充血，颈无抵抗。心肺腹查体无异常。四肢肌张力增高。双膝腱反射亢进，双侧 Babinski 征阳性，Kernig 征阴性，Brudzinski 征阴性。

血常规：WBC 9.8×10^9/L，N 45%，L 55%，Hb 120g/L。

脑脊液：压力 50 滴/分，外观清，潘氏反应（+），WBC 150×106/L，N 22%，L 68%，蛋白 0.65 g/L，糖 3.7 mmol/L，氯化物 128mmol/L。涂片及培养未找到细菌。

【思考题】

1. 该病例最可能的诊断是什么？
2. 需与哪些疾病鉴别？鉴别的主要依据是什么？

病毒性脑炎（viral encephalitis）是指各种病毒引起的中枢神经系统感染。若病变主要影响大脑实质，称为病毒性脑炎；若脑实质及脑膜同时受累，称为病毒性脑膜脑炎；若单纯累及脑膜，则称为病毒性脑膜炎。该病病情轻重差异很大，轻者预后良好，大多呈自限性，重者可遗留后遗症甚至死亡。

（一）病因

目前仅能在 1/4～1/3 的病例中确定其致病病毒。其中，80%为肠道病毒（如柯萨奇病毒、埃可病毒、肠道病毒 71 等），其次为虫媒病毒、腺病毒、单纯疱疹病毒、腮腺炎病毒和其他病毒等。虽然目前在多数患者尚难确定其病原体，但从其临床和实验室资料，均能支持急性颅内病毒感染的诊断。

（二）发病机制

病毒入侵途径大多是通过血行播散，偶尔可沿嗅神经或其他神经通路蔓延（如单纯疱疹病毒、脊髓灰质炎病毒）。病毒经肠道（如肠道病毒）或呼吸道（如腺病毒和出疹性疾病）进入淋巴系统繁殖，然后经血流（虫媒病毒直接进入血流）感染颅外某些脏器，此时患者可有发热等全身症状。若病毒在定居脏器内进一步繁殖，在小儿机体免疫力较低、血-脑屏障功能不健全时即可能入侵脑或脑膜组织。因此，颅内急性病毒感染主要是大量病毒对脑组织的直接入侵和破坏。

（三）病理

脑实质和（或脑膜）广泛性充血、水肿，伴淋巴细胞和浆细胞浸润。可见炎症细胞在小血管周围呈袖套样分布，血管周围组织神经细胞变性、坏死和髓鞘崩解。病理改变大多弥漫分布，但也可在某些脑叶突出，呈相对局限倾向。如果脱髓鞘程度严重但仍保留神经元及轴索，代表病毒感染激发的机体免疫应答，常提示“感染后”或“过敏性”脑炎的病理学特点。不同病原引起的病变部位不同，如单纯疱疹病毒脑炎常侵犯颞叶皮质，虫媒病毒脑炎往往累及全脑，但以大脑皮质、间脑和中脑最为严重，脊髓、神经根和周围神经也有不同程度的受累。

（四）临床表现

1. 前驱感染症状 常有上呼吸道感染症状或胃肠道症状，如发热、头痛、恶心、呕吐、腹痛、肌痛等。

2. 神经系统症状体征

（1）颅内压增高：主要表现为头痛、呕吐、血压升高、心动过缓、婴儿前囟饱满等。严重时可出现呼吸不规则或瞳孔不等大等脑疝症状而危及生命。

（2）轻者无意识障碍，重者可出现嗜睡、昏睡、昏迷、深度昏迷，甚至去皮质状态等不同程度的意识障碍。

（3）惊厥发作：惊厥大多呈全身性，但也可有局灶性发作，严重者呈惊厥持续状态。

（4）病变主要累及额叶底部、颞叶边缘系统，患者则主要表现为躁狂、幻觉、失语，以及定向力、计算力与记忆力障碍等精神症状。伴有或无发热。多种病毒可引起此类表现，但由单纯疱疹病毒引起者最严重。

（5）局灶性症状体征：如肢体瘫痪、失语、颅神经障碍等。一侧大脑病变为主者，特别是有血管梗死时，可引起急性偏瘫；小脑受累时可出现共济失调；脑干受累时可出现交叉性瘫痪和中枢性呼吸衰竭；后组颅神经受累明显则出现吞咽困难，声音低微；自主神经受累可出现大小便功能障碍；基底神经节受累明显则出现手足徐动、扭转痉挛等。

（6）病理征及脑膜刺激征：病变累及锥体束时可出现病理征，累及脑膜时可出现脑膜刺激征。

3. 其他系统症状　如单纯疱疹病毒脑炎可伴有口唇或角膜疱疹，肠道病毒脑炎可伴有心肌炎和各种不同类型的皮疹，腮腺炎脑炎常伴有腮腺肿大等。

（五）辅助检查

1. 脑脊液检查　脑脊液特点见表16-4。

2. 病毒学检查　血清学检查病毒是目前常用且快速的方法，恢复期血清特异性抗体滴度高于急性期4倍以上有诊断价值；利用分子生物学技术检测脑脊液、咽分泌物或大便等标本中DNA或RNA序列，可确定病原；在脑脊液或脑组织中分离出病毒，具有确诊意义，但因耗时且条件高而不常用于临床。

3. 脑电图　病毒性脑炎的脑电图特征是弥漫性或局限性异常慢波背景活动，少数伴有棘波、棘-慢综合波。慢波背景活动只能提示异常脑功能，不能证实病毒感染性质。某些患者脑电图也可正常。

4. 头颅影像学检查　头颅CT和MRI可发现病变的部位、范围及性质，但在疾病早期或轻症病例多不能发现明显异常改变。磁共振较CT更有优势。

（六）诊断和鉴别诊断

本病诊断主要靠病毒感染病史、神经系统表现、脑脊液检查和病原学检查等。在临床上应注意和下列疾病进行鉴别。

1. 颅内其他病原感染　主要根据脑脊液外观、常规、生化和病原学检查，与化脓性、结核性、隐球菌脑膜炎鉴别。此外，合并硬膜下积液者支持婴儿化脓性脑膜炎。发现颅外结核病灶和皮肤PPD阳性等有助于结核性脑膜炎诊断。

2. Reye综合征　表现为急性弥漫性脑水肿和肝为主的内脏脂肪变性病理特征，又称脑病合并内脏脂肪变性。90%的病例有上呼吸道病毒感染的前驱症状。患儿可出现频繁呕吐、反复惊厥和进行性意识障碍，肝可有轻、中度肿大，肝功能显著异常但临床无明显黄疸表现。婴幼儿易有低血糖、高血氨。脑脊液检查除压力增高外无其他异常。周围血白细胞增高，以中性粒细胞为主。

临床上因急性脑病表现和脑脊液无明显异常使两病易相混淆，但依据Reye综合征有肝功能明显异常、起病后3～5日病情不再进展、血糖降低、血白细胞增高等特点，可与病毒性脑炎鉴别。

3. 其他　应根据头颅影像学检查除外脑血管病变、脑肿瘤及其他非感染性中枢神经系统疾病。结合全身感染除外中毒性脑病等。

（七）治疗

目前本病无特效治疗，主要采用下列治疗原则。急性期正确的支持与对症治疗，是保证病情顺利恢复、降低病死率和致残率的关键。

（1）维持水、电解质平衡，合理营养供给，保证足够热量，对营养状况不良者给予静脉营养剂或白蛋白。

（2）呼吸和心血管功能的监护与支持。

（3）控制脑水肿和颅内高压可酌情采用以下方法：①严格限制液体入量；②过度通气，将$PaCO_2$控制于20～25kPa；③静脉应用脱水剂，如甘露醇、呋塞米等。

（4）控制高热和惊厥发作　积极降温处理，可同时采用物理降温或药物降温。惊厥发作时可给予止惊剂如地西泮、苯巴比妥等。如止惊无效，可在控制性机械通气下给予肌肉松弛剂。

（5）抗病毒药物：单纯性疱疹病毒、水痘-带状疱疹病毒等病毒感染首选阿昔洛韦，每次5～10mg/kg，每日3次；巨细胞病毒感染首选更昔洛韦，每次5mg/kg，每日2次；利巴韦林可能对RNA病毒治疗有效，10mg/(kg·d)，每日1次。以上药物疗程10～14日，静脉滴注给药。其他药物如干扰素、静脉注射用丙种球蛋白、中药等对病毒也有抑制作用。

（6）肾上腺皮质激素的应用：急性期应用可抑制炎症反应，减轻脑水肿、降低颅内压，减缓病情发展。但仍存在争议。

（八）预后

本病病程大多2～3周。多数完全恢复，但少数遗留癫痫、肢体瘫痪、智力倒退、视力或听力残疾等后遗症。不良预后相关因素有：病变严重程度、病毒种类（如单纯疱疹病毒感染、肠道病毒71）、患者年龄（<2岁幼儿）等。

第四节 脑性瘫痪

案例 16-4

患儿,男,1岁2个月,因"抽搐1次"入院。表现为双眼凝视,面色及口唇发绀,持续约10分钟,呼之不应,缓解后精神好,无伴发热,无呕吐。无抽搐史,无外伤史。患儿为足月顺产出生,因脐带绕颈2周窒息抢救。人工喂养。5个月翻身,8个月开始抬头,现尚不会独坐,不会站立及行走。12个月会叫爸爸、妈妈。

体格检查:营养良好,神志清楚,头颅无畸形,前囟已闭。心肺腹部未见异常。双上肢肌张力增高,双手握拳状,双下肢肌张力稍降低,双侧Babinski征对称性阳性。

【思考题】

1. 归纳该病例的临床特点并提出需要哪些检查?

2. 分析抽搐的原因?

脑性瘫痪(cerebral palsy,简称脑瘫)是指各种原因造成的发育期胎儿或婴儿的非进行性脑损伤,临床特征为中枢性运动障碍和姿势异常。本病在临床上并不少见,在发达国家患病率为1‰~4‰,我国为2‰左右。

(一)病因

许多危险因素都与脑瘫的发生有关,主要包括如下因素。①早产相关性脑损伤:如脑白质软化、脑室出血等。②出生前脑损伤:宫内发育迟缓、宫内感染等。③出生时脑损伤:如缺氧缺血性脑病、颅内出血、产伤等。④出生后脑损伤:胆红素脑病、颅内感染、外伤等。⑤大脑发育异常:如脑发育畸形、遗传代谢性疾病等。

有的患儿可能是多种因素所造成的,约有1/3患儿目前难以确定病因。可能共存,对很多患儿却无法明确其具体原因。虽然近20年来产科和新生儿医疗保健有了极大发展,但脑瘫的发病率却未见下降。随着近年来对脑瘫病因的深入研究,目前认为胚胎早期阶段的发育异常,很可能就是导致早产、低出生体重和围生期出现缺氧缺血等的重要原因。胚胎早期的这种发育异常主要来自孕妇体内、外环境影响、遗传因素及孕期疾病引起妊娠早期胎盘羊膜炎症等。

(二)临床表现

1. 基本表现 非进行性运动发育异常是脑瘫患儿的临床特征,包括以下4种表现。

(1)运动发育落后和瘫痪肢体主动运动减少:患儿的抬头、坐、站立、独走等运动发育落后,手指的精细动作发育亦落后于同龄正常小儿。瘫痪肢体主动运动减少。

(2)肌张力异常:肌张力增高见于痉挛型;肌张力低下型则表现为瘫痪肢体松软,但仍可引出腱反射;而手足徐动型则出现变异性肌张力不全。

(3)姿势异常:患儿可出现多种肢体异常姿势,并影响其正常运动功能的发挥。异常姿势与异常肌张力和原始反射延迟消失有关。

(4)反射异常:痉挛型脑瘫患儿腱反射活跃,可引出踝阵挛和阳性Babinski征。脑瘫患儿还可表现多种原始反射消失延迟,保护性反射减弱等。

2. 临床类型

(1)按运动障碍性质分类

1)痉挛型:最常见,占全部病例的50%~60%。病变主要在锥体束,表现为肌张力增高,上肢肘、腕关节屈曲,拇指内收,手紧握拳状。下肢内收交叉呈剪刀腿和尖足。

2)手足徐动型:占脑瘫的20%。病变主要在锥体外系统,表现为不自主运动。

3)肌张力低下型:病变同时累及锥体系和锥体外系,表现为四肢肌张力低下,自主运动少,但腱反射存在。本型常为脑瘫的暂时阶段,以后大多转为痉挛型或手足徐动型。

4)强直型:为锥体外系受损所致,表现为全身肌张力显著增高、僵硬,常伴严重智力低下。

5)共济失调型:小脑性共济失调。

6)震颤型:表现为四肢的静止性震颤,与锥体外系相关。

7)混合型:以上某几种类型同时存在。

(2)按瘫痪累及部位分类:可分为四肢瘫(四肢和躯干均受累)、双瘫(也是四肢瘫,但双下肢相对较重)、截瘫(双下肢受累,上肢及躯干正常)、偏瘫、三肢瘫和单瘫等。

3. 伴随症状和疾病 脑瘫患儿除运动障碍外,常合并智力低下、听力和语言发育障碍,其他如视力障碍、激惹、小头畸形、癫痫等。有的伴随症状如流涎、关节脱位则与脑瘫自身的运动功能障碍相关。

(三)诊断及鉴别诊断

诊断主要依靠病史、体格检查及辅助检查。详细的病史及全面的查体可除外颅内进行性或退行性疾病。CT、MRI等神经影像学检查可以发现颅内结构有无异常。1/2~2/3的患儿可有异常,但头颅影像学阴性也不能排除脑瘫的诊断。脑电图可能正常,也可表现异常背景活动,伴有痫性放电波者应注意合并癫痫的可能性。

诊断脑瘫时需对脑瘫进行分类,并对伴随症状进行筛查。如智力低下、癫痫、语言听力障碍等做出判断,为本病的综合治疗创造条件。

诊断时需除外中枢神经系统退行性疾病、代谢异常(如氨基酸、有机酸、尿素、四氢叶酸代谢异常)、脊髓肿瘤及先天性肌营养不良等。

(四)治疗

1. 治疗原则

(1)早期干预:婴儿正处在运动系统发育阶段,早期治疗容易取得较好疗效。

(2)循序渐进促进小儿正常运动发育,抑制异常运动和姿势。

(3)综合治疗:除针对运动障碍治疗外,对并发的癫痫发作、语言障碍、听力障碍、行为异常等也需同时治疗。

(4)医师指导和家庭训练相结合:脑瘫的康复是一个长期的过程,许多治疗需要在家庭完成。医生和家长的相互配合,是保证患儿得到持之以恒的正确治疗的关键。

2. 主要治疗措施

(1)功能训练

1)体能运动训练:采用机械和物理学手段,针对各种大运动障碍和异常姿势进行治疗,特别是下肢功能的训练。常用 Vojta 和 Bobath 等方法,国内还采用上田法。

2)技能训练:主要训练上肢和手的精细运动,提高日常独立生活技能。

3)语言训练:包括发音、听力、语言和咀嚼吞咽功能的训练。有听力障碍尽早佩戴助听器以免影响语言发育。

(2)矫形器的应用:在功能训练时配合使用一些辅助器械和支具,有助于矫正小儿异常姿势、抑制异常反射。如行走矫形器等。

(3)针灸和按摩:针灸和肢体按摩对脑瘫患儿的康复也有帮助。

(4)手术治疗:主要用于痉挛型脑瘫,可矫正畸形,恢复或改善肌力与肌张力的平衡。

(5)其他:如高压氧、水疗、电疗、中药等,对功能训练起辅助作用。

(五)预后

运动发育落后的程度,颅内病变的严重程度,智力、感知觉等相关伴随症状的程度等都是影响脑瘫预后的重要因素。偏瘫患儿如不伴有其他异常,一般都能获得行走能力,智力正常的偏瘫患儿有望独立生活。躯干肌肌张力明显低下伴有病理反射或持久性强直姿势的患儿则预后差,多伴有智力异常。

第五节 吉兰-巴雷综合征

案例 16-5

患儿,男,6 岁,因"双下肢无力 5 日,声嘶、吞咽困难半天"入院。无伴发热,无呕吐,无抽搐。大小便正常。患儿病前 10 日有腹泻病史。否认有外伤史。生长发育史正常。体查:生命体征正常,神清,双侧鼻唇沟对称,咽反射存在。颈项强直,双上肢肌力、肌张力正常,双下肢肌力Ⅰ级,双下肢痛觉明显。膝腱反射及跟腱反射消失,双侧 Kernig 征阳性。脑脊液检查:WBC 10×10^6/L,葡萄糖 3.3mmol/L,蛋白质 0.9g/L,氯化物 125mmol/L。

【思考题】

1. 如何鉴别中枢性瘫痪和周围性瘫痪?

2. 指出脑脊液的特点及对诊断本病的临床意义。

3. 列出诊断及需要鉴别的疾病。

吉兰-巴雷综合征(guillain-barré syndrome, GBS),过去多译为吉兰-巴雷综合征,又称急性炎症性脱髓鞘性多神经根病,是目前我国和多数国家儿童最常见的急性周围神经病。由于目前认为该病是感染后的自身变态反应性疾病,故国外有人又称急性感染后多发性神经病。该病以肢体对称性弛缓性瘫痪为主要临床特征。病程自限,大多在数周内完全恢复,但严重者急性期可死于呼吸肌麻痹。

(一)病因及发病机制

吉兰-巴雷综合征的病因虽不完全明了,但近年的相关研究表明本病是一种急性免疫性周围神经病,并与遗传有关。例如,特异的 HLA 表型携带者,受到外来刺激(如感染)后引起的异常免疫反应,破坏神经元纤维,导致本病的发生。感染被认为是本病的主要诱发因素,空肠弯曲菌可能是最主要的前驱感染病原体,其次是巨细胞病毒。

(二)病理分类和特征

最主要的病理改变为周围神经的单核细胞浸润及阶段性脱髓鞘。淋巴细胞、巨噬细胞,严重时还可见多核细胞围绕于神经内膜及神经外膜的血管周围,形成血管鞘。尽管临床表现以运动症状为主,但在病理上,大多数病例感觉神经和运动神经同样受损。由于病原体和患者个体遗传因素的差异,周围神经可主要表现为髓鞘脱失或轴索变性,或两者皆有,从而形成不同特征的临床和病理类型。目前主要分为以下四种类型。

1. 急性炎症性脱髓鞘性多神经根神经病(AIDP) 免疫损伤的主要部位是周围神经运动和感觉原纤维的髓鞘,呈现多灶节段性髓鞘脱失,轴索相对完整。

2. 急性运动轴索型神经病(AMAN) 其主要病理是运动神经原纤维轴突的瓦勒(Wallerian)样变性,仅有轻微的髓鞘脱失或炎症反应,故髓鞘相对完整无损。此型与空肠弯曲菌感染的关系比较密切。

3. 急性运动感觉轴索型神经病(AMSAN) 以轴突 Wallerian 样变性为主,并累及运动和感觉神经元纤维,临床较少见,病情大多严重,恢复缓慢。

4. Miller-Fisher 综合征(MFS) 为一特殊亚型,主要表现为眼部肌肉麻痹、共济失调和腱反射消失三联征,无肢体瘫痪。

(三)临床表现

约 2/3 的吉兰-巴雷综合征患者在病前 6 周内有明确的上呼吸道或胃肠道前驱感染史。起病较急,也可呈亚急性起病。85% 的患儿于 1~2 周内病情达高峰,2~3 周后开始恢复。如不继发感染,体温一般不高。

1. 运动障碍 四肢尤其下肢的进行性弛缓性瘫痪是本病的最突出表现。两侧瘫痪基本对称,肢体瘫痪远端较近端重。一般先从下肢的远端开始,在数日或数周内逐渐向上发展,累及上肢及颅神经,但绝大多数的进行性加重不超过 3~4 周。少数可呈下行性发展。瘫痪呈弛缓性,腱反射减弱或消失。患儿肌力恢复的顺序呈下行性,与进展正好相反,最后下肢恢复。起病迅速者也可在起病 24 小时或稍长时间内出现严重肢体瘫痪和(或)呼吸肌麻痹,后者引起呼吸急促,声音微弱和发绀,7%~15% 患者需要辅助呼吸。

2. 颅神经麻痹 部分患儿可出现颅神经麻痹,呈对称或不对称性,最常见的是核下性面瘫,其次为展神经受累。当累及两侧Ⅸ、Ⅹ、Ⅻ 颅神经时,患儿可出现呛咳、声音低微、吞咽困难,易引起吸入性肺炎而加重呼吸困难,危及生命。

3. 感觉障碍 感觉障碍远不如运动障碍明显,且主观感觉障碍明显多于客观检查发现。主要表现为神经根痛和皮肤感觉过敏。患儿可述痛、麻、痒或其他不适的感觉,大多在数日内症状消失。部分患儿由于惧怕牵拉神经根加重疼痛,可有颈项强直,Kernig 征阳性。

4. 自主神经功能障碍 症状也较轻微,主要表现为出汗过多、肢体发凉、皮肤潮红、心率增快、血压不稳、便秘等自主神经症状。少数患儿可有一过性尿潴留,甚至也有心律不齐或心脏骤停等严重病例的报道。

(四)辅助检查

1. 脑脊液检查 80%~90% 的患儿脑脊液在起病后第 2 周出现蛋白-细胞分离现象,即脑脊液中蛋白含量增高而白细胞计数正常,第 3 周达高峰,之后渐下降。糖含量正常,细菌培养阴性。

2. 神经电生理检查 神经传导速度及肌电图检查对该病诊断价值较大,其电生理改变与该病的病理分型有关。

3. 脊髓磁共振 可能有助于对神经电生理检查未发现异常的患儿建立诊断,典型表现为神经根强化。

(五)诊断与鉴别诊断

根据患儿急性或亚急性起病,四肢尤其下肢的进行性、上行性、对称性的弛缓性瘫痪,伴有感觉障碍,但无伴有传导束型感觉缺失和持续性尿潴留者,均应想到本病的可能。若证实脑脊液蛋白-细胞分离和(或)神经传导功能异常,即可确立本病诊断。

但在病程早期或临床表现不典型者,需与脊髓灰质炎、急性横贯性脊髓炎、脊髓肿瘤、毒物或药物性周围神经病、重症肌无力及周期性瘫痪等鉴别。

(六)治疗

本病无特效治疗。但病程自限,如能安全渡过急性期,大多恢复良好,因此急性期细心护理和综合治疗非常重要。

1. 护理 因病情可快速进展,甚至 24 小时内出现呼吸机麻痹,因此严密观察呼吸情况,精细细致的护理尤为重要:保持呼吸道通畅,防止坠积性肺炎或褥疮;吞咽困难者要鼻饲;保证足量的水分、热量和电解质供应;尽早对瘫痪肌群康复训练,防止肌肉萎缩,促进恢复。

2. 呼吸肌麻痹的抢救 呼吸肌麻痹是本病死亡的主要原因。对出现呼吸衰竭,或因咳嗽无力及Ⅸ、Ⅹ、Ⅻ脑神经麻痹致咽喉分泌物积聚者,应及时作气管切开或插管,必要时使用机械辅助呼吸。

3. 静脉注射免疫球蛋白 对发展迅速或病情重者,可试用静脉注射大剂量免疫球蛋白。剂量为 400mg/(kg·d),连用 5 日。也有按 2g/kg 一次负荷剂量静脉滴注者。有效者 24~48 小时内可见病情不再进展。

4. 激素疗法 目前多数专家认为肾上腺皮质激素对本病治疗无效。也有人主张对危重患儿短期应用。

5. 其他 血浆置换能减轻病情,缩短瘫痪时间,减少并发症,疗效确切,但因价格昂贵限制了临床应用;补充 B 族维生素(B_1、B_{12})、ATP、辅酶 A、胞磷胆碱及神经生长因子等,以促进神经恢复;合并细菌感染者,应及时使用抗菌药物。

(七)预后

本病病程呈自限性。肌肉瘫痪停止进展后数周内,大多数患儿肌力逐渐复原,3~6 个月内完全恢复。但有 10%~15% 患儿遗留不同程度的肌无力,1.7%~5% 死于急性期呼吸肌麻痹。

第六节 重症肌无力

案例 16-6

患儿,女,7 岁,因"反复双眼睑下垂 6 个月,四肢无力 1 个月"入院。

患儿于6个月前出现双眼睑下垂，早晨轻，起床后症状逐渐加重。期间病情曾有好转。无伴发热，无抽搐。1个月前出现四肢无力，行走困难，双上肢抬举费力，活动后更明显。精神疲倦，懒言，无呛咳，无吞咽困难。

体查：双眼睑下垂，眼球活动不灵活，双瞳孔等大等圆，对光灵敏，双侧鼻唇沟对称，咽反射存在。颈软，心肺腹未见异常。双上肢肌力Ⅳ级，双下肢肌力Ⅲ级，四肢肌张力正常，无感觉障碍，膝腱反射及跟腱反射正常，双侧Kernig征阴性。

【思考题】

1. 肢体无力可见于哪些疾病？指出其临床诊断思路？

2. 为明确诊断需进行那些实验方法及检查？

重症肌无力（myasthenia gravis，MG）是免疫介导的神经肌肉接头处传递障碍的慢性疾病。临床主要表现为骨骼肌无力，其特点是疲劳时加重，休息或用胆碱酯酶抑制剂后症状减轻。

（一）病因和发病机制

重症肌无力的本质是自身免疫反应性损伤，其攻击的靶点是神经肌肉接头处突触后膜上的乙酰胆碱受体（Ach-R）。患者体液中存在抗Ach-R抗体，与乙酰胆碱（Ach）共同争夺Ach-R结合部位。同时，在补体C3和细胞因子参与下，直接破坏Ach-R和突触后膜，导致Ach-R数目减少，突触间隙增宽。因此，虽然突触前膜释放Ach囊泡和Ach的量依然正常，但因受抗Ach-R抗体的竞争，以及后膜上受体数目的减少，致Ach在重复冲动中与受体结合的概率越来越少，很快被突触间隙和终板膜上胆碱酯酶水解成乙酰与胆碱而灭活，或在增宽的间隙中弥散性流失，临床出现肌肉病态性易疲劳现象。

该病免疫学异常的病因迄今尚无定论。自身免疫性疾病多发生在遗传基础上，遗传可能是其内因。在外因中，多数认为与胸腺的慢性病毒感染有关，而且与人类白细胞抗原（HLA）类型相关。

（二）临床表现

根据发病年龄和临床特征，本病主要分为以下三型：①儿童期重症肌无力，为后天获得性，临床最常见；②新生儿暂时性重症肌无力；③先天性重症肌无力。

1. 儿童期重症肌无力　又称少年型重症肌无力，发病最小年龄为6个月，2~3岁是发病高峰，女孩多见。临床主要表现以下三种类型。

（1）眼肌型：最常见的类型。单纯眼外肌受累，多数见一侧或双侧眼睑下垂，其特征是晨轻暮重，反复用力作睁闭眼动作也可使症状加重。部分患儿同时有其他眼外肌如眼球外展、内收或上、下运动障碍，引起复视或斜视等。

（2）全身型：有一组以上肌群受累，主要累及四肢。轻者主要表现运动后四肢肌肉疲劳无力，严重者卧床难起，甚至呼吸肌无力而危及生命。

（3）脑干型：突出症状是吞咽困难、声音嘶哑等。主要表现为第Ⅸ、Ⅹ、Ⅻ脑神经所支配的咽喉肌群受累。

少数患儿兼有上述2~3种类型，或由1种类型逐渐发展为混合型。病程经过缓慢，其间可交替地完全缓解或复发，呼吸道感染常使病情加重。重症患者常死于呼吸肌麻痹及吸入性肺炎等并发症。合并胸腺瘤罕见，可伴发其他免疫性疾病、癫痫等。

2. 新生儿暂时性重症肌无力　重症肌无力母亲娩出的新生儿中，约1/7的婴儿因体内遗留母亲抗Ach-R抗体，可能暂时性出现全身肌肉无力，严重者需要机械呼吸或鼻饲。但随着婴儿体内的抗Ach-R抗体消失，肌力即可恢复正常。

3. 先天性重症肌无力　本型多有家族史，因遗传性Ach-R离子通道异常而患病，出生后全身肌无力和眼外肌受累，症状持续、不会自然缓解，胆碱酯酶抑制剂和血浆交换治疗均无效果。

4. 重症肌无力危象和胆碱能危象　重症肌无力危象，是指因患儿病情加重或治疗不当引起呼吸肌无力所致的严重呼吸功能不全状态。胆碱能危象除有明显肌无力外，还有抗胆碱酯酶药物过量的临床表现，如面色苍白、呕吐腹泻、心动过缓、瞳孔缩小、分泌物增多等。

（三）辅助检查

1. 药物诊断性试验　当临床表现怀疑本病时，依酚氯铵（腾喜龙）或新斯的明药物试验有助于诊断。

依酚氯铵是胆碱酯酶的短效抑制剂。正常人肌内注射依酚氯铵后，肌力并不改变，而重症肌无力患儿使用后，症状常有明显改善。儿童每次0.2mg/kg（最大不超过10mg），静脉注射或肌内注射，用药后1分钟即可见肌力明显改善，2~5分钟后作用消失。但由于顾忌心律失常副作用一般不用于婴儿。

新斯的明显效缓慢，但很少有心律失常不良反应。剂量每次0.04mg/kg，皮下或肌内注射，最大不超过1mg，最大作用在用药后15~40分钟。婴儿反应阴性者4小时后可加量至0.08mg/kg。为避免新斯的明引起的面色苍白、腹痛、腹泻、心率减慢、气管分泌物增多等毒蕈碱样不良反应，注射该药前可先肌内注射阿托品0.01mg/kg。

2. 肌电图检查　神经重复电刺激检查对诊断该病有重要价值。重复电刺激中反应电位波幅的快速降低，是较有诊断特异性的表现。本病周围神经传导速度多正常。

3. 血清抗 Ach-R 抗体检查 阳性有诊断价值，但阴性不能排除本病，并且抗体滴度的高低与疾病严重性无关。婴幼儿阳性率低，随年龄增加而增高。

4. 胸腺影像学检查 纵隔 CT 检查可发现胸腺增生及胸腺瘤，其检出率效果明显优于普通胸部 X 线检查。

（四）诊断与鉴别诊断

根据病史及肌无力晨轻暮重的特点，临床诊断不难。临床表现不典型时，可结合药物诊断性试验，肌电图检查以及抗 Ach-R 抗体等综合判断。

眼肌型及脑干型应与线粒体脑肌病及脑干病变（炎症、肿瘤）鉴别；全身型应与吉兰-巴雷综合征、急性多发性肌炎、周期性瘫痪及进行性肌营养不良等疾病鉴别。

（五）治疗

重症肌无力为慢性疾病过程，其间可有症状的缓解和复发。因此，对有症状者应长期服药治疗。

1. 胆碱酯酶抑制剂 是多数患儿的主要治疗药物。首选药物为溴吡斯的明，口服量每次新生儿 5mg，婴幼儿 10～15mg，年长儿 20～30mg，最大量每次不超过 60mg，每日 3～4 次。根据症状控制的需求和是否有毒蕈碱样不良反应发生，可适当增减每次剂量与间隔时间。

2. 糖皮质激素 首选泼尼松 1～2mg/（kg・d），每日或隔日清晨顿服，症状完全缓解后再维持 4～8 周，然后逐渐减量达到能够控制症状的最小剂量，总疗程 2 年，长期规则应用可明显降低复发率。要注意部分患者在糖皮质激素治疗最初 1～2 周可能有一过性肌无力加重，故最初使用时最好能短期住院观察。

3. 大剂量静脉注射丙种球蛋白（IVIG）和血浆置换疗法 部分患者有效，但两者价格均昂贵，且一次治疗维持时间短暂，需重复用药以巩固疗效，故主要试用于难治性重症肌无力或重症肌无力危象的抢救。IVIG 剂量按 400mg/（kg・d），连用 5 日。

4. 胸腺切除术 胸腺切除应慎重，但药物确实难以控制的病例可考虑应用。血清抗 Ach-R 抗体滴度增高和病程不足两年者常有更好疗效。

5. 肌无力危象的鉴别与抢救 肌无力危象包括两种类型，即重症肌无力危象和胆碱能危象。如遇不典型而难以鉴别的病例，可采用依酚氯铵 1mg 肌内注射来鉴别。如用药后症状减轻者，考虑重症肌无力危象，仍可继续应用抗胆碱酯酶药物。如用药后症状加重，则考虑胆碱能危象，应停用抗胆碱酯酶药物。

6. 其他 对于激素治疗无效或不能耐受，复发及胸腺切除术效果不佳者，可用免疫抑制剂如硫唑嘌呤、环胞素。此外，应禁用加重神经肌肉接头传递障碍的药物，如氨基苷类及大环内酯类抗生素、普鲁卡因胺、普萘洛尔、奎宁等。

（六）预后

大多数患者药物治疗有效。多数患儿经数月或数年可望自然缓解，但也有的持续到成年。眼肌型 10%～20% 可以自愈，20%～30% 始终局限于眼外肌，而其余的 50%～70% 中绝大多数可能在起病 3 年内发展为全身型重症肌无力。随着治疗技术的进步，目前死亡率已降至 5% 以下。

第七节 假肥大型肌营养不良

进行性肌营养不良是一组以进行性加重的对称性肌无力、肌萎缩为临床特征的遗传性肌肉变性疾病。假肥大型肌营养不良是进行性肌营养不良中最常见，也是小儿时期最常见、最严重的一种类型。Duchenne 和 Becker 肌营养不良（Duchenne/Becker muscular dystrophy，DMD/BMD）代表假肥大型肌营养不良的两种不同类型，DMD 发病率为 1/3600 活产男婴，BMD 仅为其 1/10。

（一）病因和发病机制

假肥大型肌营养不良是由于染色体 Xp21 上编码抗肌萎缩蛋白（dystrophin，Dp）的基因突变所致，一般是男性患病，女性携带突变基因。抗肌萎缩蛋白位于肌细胞膜脂质层中，对稳定细胞膜，防止细胞坏死、自溶起重要作用。DMD 患者肌细胞内抗肌萎缩蛋白几乎完全缺失，故临床症状严重；而 BMD 患者抗肌萎缩蛋白数量减少，预后相对良好，病程进展相对缓慢。由于该蛋白也部分地存在于心肌、脑细胞和周围神经结构中，故部分患者可合并心肌病变、智力低下或周围神经传导功能障碍。

（二）病理

显微镜下见肌纤维轻重不等的广泛变性坏死，间有深染肌纤维，束内纤维组织增生或脂肪充填，并见针对坏死肌纤维的反应性灶性单核细胞浸润。其中，DMD 的肌纤维坏死最为显著，而 BMD 的肌纤维坏死相对轻微。

（三）临床表现

男孩患病，女孩患病少见。当女孩携带突变基因且另一 X 染色体功能失活时则可发病。临床表现主要发生在学龄前和学龄期。

1. 进行性肌无力和运动功能倒退 患儿出生时或婴儿早期运动发育基本正常，个别有轻度运动发育迟滞，抬头不稳可能是肌力下降的最早临床征象。一般 3 岁后双下肢近端无力的症状开始明显，不能上楼、跳跃和奔跑，骨盆带肌无力逐渐加重，站立时腰椎过度前突，行走时骨盆及下肢左右摇摆呈“鸭步”步态。攀登起立征（Gower 征）是该病较为特征性的改变。由于骨盆带肌早期无力，在 3 岁后患儿即不能从仰卧位直接站立，必须先翻身成俯卧位，然后两脚分开，再双手撑地，继而一只手支撑到同侧小腿，并与另一手交替支撑于膝部和大腿上，使躯干从深鞠躬位逐渐竖直，最后成腰部前凸的站立姿势（图 16-1）。

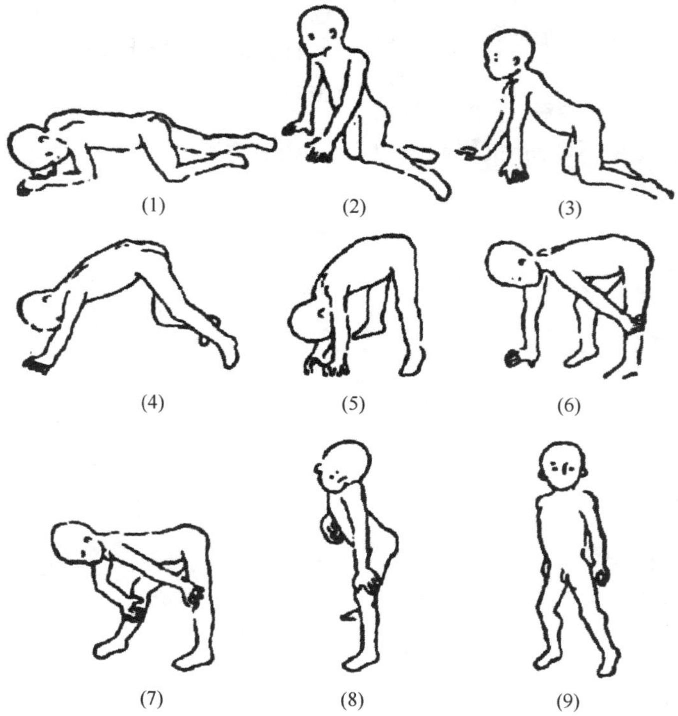

图 16-1　Gower 征的动作步骤示意图

2. 广泛肌萎缩和假性肌肥大　早期即有骨盆带和大腿部肌肉进行性萎缩，逐渐累及四肢近端肌肉及肩胛带肌等。但 90% 的病例因脂肪和胶原组织增生而出现腓肠肌、臀肌及三角肌等假性肥大，以腓肠肌最明显。当肩带肌肉萎缩后，举臂时肩胛骨内侧远离胸壁，形成“翼状肩胛”，自腋下抬举患儿躯体时，病儿两臂向上，有从检查者手中滑脱之势。脊柱肌肉萎缩可导致脊柱弯曲畸形。疾病后期发生肌肉挛缩，引起膝、腕关节或上臂屈曲畸形。

3. 心肌病变　50%～80% 患儿发生心律失常或者肌源性心力衰竭，但其严重度与骨骼肌无力并不一致。部分患儿在肌无力尚不明显时，死于严重的心肌病。但也有的患儿在肌无力已相当严重但心脏的收缩功能还相当完好。

4. 智力损害　几乎所有患儿均有不同程度智力损害，其中 20%～30% 患儿 IQ<70。多数出现学习障碍，部分出现反应迟钝、癫痫发作。智力损伤与肌无力严重程度不平行。

（四）实验室检查

1. 血清酶检查　在症状出现以前，甚至在新生儿期，血清磷酸肌酸激酶（CK）已显著增高，可高出正常数十甚至数百倍，但增高水平与疾病严重程度无关。乳酸脱氢酶、谷草转氨酶等也可出现非特异性的增高。

2. 肌电图和肌肉活体组织检查　肌电图呈典型肌病表现，周围神经传导速度正常。肌肉活体组织免疫组织化学染色可发现 Dp 缺失。

3. 遗传学检查　通过多重 PCR 等分子生物学技术，可发现抗肌萎缩基因的缺失和突变。

4. 心电图、彩色超声心动图　常需动态检查，以早期发现心脏病变。

（五）诊断与鉴别诊断

血清 CK 显著增高是诊断本病重要依据，再结合男性患儿、进行性肌肉无力和萎缩，腓肠肌假性肥大等典型临床表现，可有阳性家族史，临床诊断不难。个别诊断困难者，可考虑肌电图、肌肉病理检查及遗传学检查协助诊断。并与下列疾病鉴别。

1. 与其他类型肌营养不良鉴别　其他类型肌营养不良也具有进行性肌萎缩和肌力减退这一基本临床特征，需注意与本病鉴别。①Emery-Dreifuss 肌营养不良：该病罕见，表现为肩胛肌和心肌受累明显，但智能正常，无假性肥大，血清 CK 仅轻度增加。②面肩肱型肌营养不良：青少年期起病。面部肌肉最先受累，呈特征性肌病面容，以后逐渐波及肩胛带。③肢带型肌营养不良：青少年或成年期起病，主要累及骨盆带和肩带肌群，可有远端肌萎缩和假性肥大，很少有心肌、面部肌肉和智力受损者。

2. 少年型脊髓性肌萎缩　为染色体隐性或显现遗传，常在 2～7 岁间发病，是由于上运动神经元存活基因缺失而引起脊髓前角细胞变性。临床也表现为下肢近端肌无力，进展缓慢，血清 CK 不增高，肌电图为神经源性损害，鉴别不难。

3. 多发性肌炎 无遗传病史，起病较急，进展较快，常伴有肌痛或发热。血沉增快，肌肉活体组织检查可见炎性改变。

4. 重症肌无力 晚期可有肌萎缩，但根据肌无力有波动性，晨轻暮重，血清 CK 不增高，抗胆碱酯酶类药物试验阳性等可鉴别。

（六）治疗

迄今尚无特效治疗，以对症支持治疗为主。做好遗传咨询，通过家系调查、CK 测定、DNA 分析以及对已怀孕的基因携带者进行胎儿产前诊断，以正确开展生育指导。

（王 优）

Chapter XVI Disorders of the Neuromuscular System

Epilepsy

A seizure is a transient occurrence of signs and/or symptoms resulting from abnormal excessive or synchronous neuronal activity in the brain. Epilepsy is a disorder of the brain, characterized by an enduring predisposition to generate seizures and by the neurobiological, cognitive, psychological, and social consequences of this condition.

Epilepsy is a common neurological disease in children, with a morbidity of nearly 35 per 100 000 children in China.

Etiology

- Genetic factors are the most important factors for epilepsy, and many related genes have been cloned.
- Cerebellar abnormalities include congenital and acquired cerebral insult or injury, such as brain malformation, delivery injury, and cranial infections.
- Predisposing factors include fever, infections, and fatigue, among others.

Clinical classification

Partial seizures

- Simple partial seizures (motor, sensory, autonomic, psychic).
- Complex partial seizures.
- Secondary generalized seizures.

Generalized seizures

- Tonic-clonic.
- Tonic.
- Absence (typical, atypical).
- Clonic.
- Myoclonic.
- Atonic.
- Infantile spasms.

Epileptic syndrome

It is a disorder that manifests one or more specific seizure types and has a specific age of onset and a specific prognosis, such as West syndrome and Lennox-Gastaut syndrome.

Clinical manifestations

Simple partial seizures

Children with simple partial seizures are conscious. These can take the form of sensory seizures (auras), brief motor seizures, autonomic seizures, and psychic seizures. Brief motor seizures are the most common and include focal tonic, clonic, or atonic seizures. Jackson seizure and Todd's paralysis are the typical types.

Complex partial seizures

Various degrees of consciousness disorders occur in children with complex partial seizures. They usually last for 1-2 min and are often preceded by an aura, such as a rising abdominal feeling. Temporal lobe seizures and frontal lobe seizures are common types. Approximately 50%-75% patients present with automatisms.

Secondary generalized seizures

They generally start with simple or complex partial seizures and develop into generalized seizures.

Tonic-clonic seizures

These are the most common form of generalized seizures, usually beginning with loss of consciousness and including three phases: tonic, clonic and postictal. Typical electroencephalography (EEG) findings are observed in the tonic and clonic phases.

Tonic seizures

They are characterized by the sudden onset of tonic contractions with loss of consciousness.

Absence seizures

These include two forms: typical and atypical. Patients with typical absence seizures lose consciousness suddenly, and the seizures last for only a few seconds. Absence seizures do not have a postictal period, and the patients immediately resume their preseizure activities. Atypical absence seizures show the same features as typical absence seizures, although the former last for a longer time and generally occur in patients with diffuse brain injury.

Clonic seizures

Generalized clonic seizures usually show rhythmic contractions of the limbs, trunk, and facial muscles, with no tonic contraction.

Myoclonic seizures

Generalized myoclonic seizures involve sudden, transient contractions of skeletal muscles and present with sudden nodding of the head and flexion of the upper and, occasionally, lower extremities.

Atonic seizures

Generalized atonic seizures are characterized by sudden postural changes or falls due to sudden and transient loss of rigidity.

Status epilepticus

This is defined as continuous seizure activity or recurrent seizure activity lasting for > 30 min without restoration of consciousness. Febrile status epilepticus is the most common type of status epilepticus in children.

Common epileptic syndromes in children

Childhood benign epilepsy with central temporal spike waves.

- This is the most common type affecting children.
- It generally manifests between the ages of 2 and 14 years and is idiopathic.
- The seizures are partial or generalized tonic-clonic seizures.
- EEG shows spike waves or spike-and-slow mixed waves in the central temporal lobe.
- The prognosis is good.

Infantile spasms (West syndrome)

- Usually manifests in the first year of life.
- It is characterized by a triad of infantile spasms that usually occur in clusters, include the buckling type, stretching type, and mixed type.
- Hypsarrhythmia is a typical EEG finding. Developmental delay is observed.

Childhood absence epilepsy

- Usually manifests between the ages of 3 and 13 years.
- It is characterized by the repetitive onset of seizures lasting for several seconds with loss of consciousness.
- EEG shows 3Hz spike-and-slow wave discharges.
- The prognosis is good.

Lennox-Gastaut syndrome (LGS)

- Usually manifests between the ages of 1 and 14 years, and 25% patients develop preceding infantile spasms.
- Multiple seizure types: Tonic seizures, atypical absences, and myoclonic and tonic-clonic seizures.
- EEG shows 1.5-2.5Hz spike-and-slow wave discharges.
- It is the most common intractable seizure accompanied by mental retardation.

Generalized epilepsy with febrile seizures plus syndrome (GEFS$^+$).

- Febrile seizures that occur in children older than 6 years or are accompanied by generalized tonic-clonic seizures are called FS$^+$.
- The condition is inherited as an autosomal dominant trait.
- The prognosis is good, with normal development.

Diagnosis and differential diagnosis

A confirmed diagnosis is based on the following.

- A detailed history, including the characteristics of seizures, brain damage, and family history.
- Physical examination.
- EEG, which is most important to confirm a diagnosis, particularly continuous EEG or video EEG.
- Brain computed tomography (CT) and magnetic resonance imaging (MRI) are helpful for defining the possible causes of epilepsy.

Several disorders, such as syncope, Tourette's syndrome, sleep disturbances, and breath-holding spells, should be carefully excluded.

Treatment

Basic principles

- The child and parents need to be educated about the condition, prognosis, and nature.
- Appropriate drugs should be used depending on the type. Combined therapy with two or more drugs is used only when a single drug fails.
- Long-term therapy is necessary.
- Patients should be regularly monitored.

Commonly used antiepileptic drugs (AEDs) include the following: sodium valproate, carbamazepine, phenobarbitone, etc.

Treatment for status epilepticus

- Intravenous diazepam (0.3-0.5mg/kg · dose) is the first choice to control status epilepticus.
- Intravenous bolus of midazolam, pentobarbital, or thiopental is used for refractory status epilepticus.

Purulent Meningitis

Purulent meningitis (also called bacterial meningitis) is a common infection of the central nervous system (CNS) in children. It is characterized by fever, convulsions, impaired consciousness, increased intracranial pressure, meningeal irritation, and purulent cerebrospinal fluid (CSF).

Etiology

The most common pathogens are meningococci, pneumococci, and *Hemophilus influenza*. However, children of different ages are susceptible to different bacteria as mentioned below.

- Infants in the first 2 to 3 months of life: *Streptococcus pneumonia*, *Escherichia coli*.
- Older infants and toddlers: meningococci, pneumococci, and *H. influenza*.
- Older children: meningococci, pneumococci.

Manifestations

Purulent meningitis primarily occurs in the first 5 years of life, with approximately two-thirds of cases presenting in the first year of life. The onset is generally acute, with the following symptoms and signs:

Systemic toxic symptoms: Fever, which is the first symptom in most cases; loss of appetite; malaise; fatigue; hypotension; and various cutaneous signs, such as petechiae, purpura, or an erythematous macular rash.

Acute cerebral dysfunction: Impaired consciousness (including malaise, sleepiness, prolonged sleep, and coma) and convulsions.

Manifestations due to intracranial pressure (ICP): Headache, emesis, bulging fontanel, widening of the sutures, papilloedema, and signs of herniation.

Meningeal irritation: Back pain, positive Kernig's and Brudzinski's signs, nuchal rigidity.

Patients in the first 3 months of life show the highest incidence of bacterial meningitis with nonspecific features: fever may or may not be present, there is no obvious increase in ICP-induced manifestations such as headache and severe vomiting, mild vomiting and bulging fontanel may be observed, atypical convulsions may occur, and meningeal irritation is nonspecific or absent.

Investigations

- CSF evaluation: This is the most important diagnostic investigation.
- Complete blood count: Increased leukocytes with predominance of polymorphonuclear cells.
- Blood culture and CSF culture before antibiotic therapy.
- Brain CT and MRI are helpful in demonstrating the presence of brain abscess, subdural effusion, and meningeal inflammation.

Diagnosis and differential diagnosis

Typical manifestations suggest purulent meningitis, which can be confirmed by CSF evaluation. However, atypical cases should be differentiated from tuberculous meningitis, viral encephalopathy, and fungal meningitis.

Complications

- Subdural effusions are common in infants and are suspected when fever lasts for more than 72 h after effective antibiotic treatment. CT or MRI can confirm the presence of subdural effusions. CSF aspiration from the open fontanel can confirm the diagnosis when the protein level in the fluid is >0.4 g/L.

• Ventriculitis is common in neonates or early infants. It is confirmed by CSF aspiration from the lateral ventricule, which shows an increased leukocyte count [white blood cells (WBCs), >50 × 10^6/L], an increased protein level (>0.4 g/L), and bacteria.
• Syndrome of inappropriate secretion of the anti-diuretic hormone (SIADH) occurs in some patients with meningitis, resulting in hyponatremia and decreased serum osmolality.
• Hydrocephalus is caused by obstruction of the CSF circulation, resulting in increased ICP, a progressive increase in the head circumference, and bulging anterior fontanel.

Treatment

Antibiotic therapy

The initial choice of therapy should be based on the antibiotic susceptibilities of pneumococci, meningococci, and *H. influenza*.

General and supportive measures

• Intensive care for patients with severe meningitis.
• Treatment for high fever, seizures, and infective shock.
• Treatment for increased ICP and prevention of cerebral herniation.
• Corticosteroids for 2-4 days.

Viral Encephalitis

Viral encephalitis is an inflammation process of the brain tissue caused by a viral infection. Viral meningoencephalitis refers to the concurrent involvement of the meninges and brain tissue. Several different viruses can cause encephalitis, and most cases are mild and self-limited.

Clinical manifestations

The onset of illness is generally acute. There are some preceding nonspecific manifestations associated with viral infections, such as fever, sore throat, cough, diarrhea, and malaise.

Older children with viral encephalitis often present with headache, nausea, and vomiting, while infants present with irritability and lethargy. As the illness progresses, there may be mental dullness, stupor, and even convulsions.

Focal neurological signs may include flaccid paralysis, cranial nerve disorders, and ataxia, among others. Older children with meningoencephalitis may exhibit meningeal irritation (positive Kernig sign and Brudzinski sign, nuchal rigidity).

Investigations

• Electroencephalography (EEG) typically shows diffuse slow-wave activity.
• CSF analysis is important for differential diagnosis.
• Virus detection by serological study or polymerase chain reaction (PCR)
• Neuroimaging studies (CT, MRI) may show lesions of brain tissues (swelling of parenchyma).

Diagnosis and differential diagnosis

Diagnosis can be made on the basis of manifestations, CSF analysis, EEG, and neuroimaging studies.

Other nervous system infections should be ruled out. Reye's syndrome, which causes diffuse swelling of the brain parenchyma and liver damage, should also be ruled out.

Treatment

• Supportive treatment is administered for most cases of virus-caused encephalitis.
• Acyclovir is used for herpes simplex virus encephalitis.

Cerebral Palsy

Cerebral palsy is a nonprogressive disorder of movement and posture that originates from brain insult or injury before birth, during delivery, or in the perineonatal period. It occurs in approximately 0.2% of the population in China.

Etiology

• Premature related cerebral damage.
• Intrauterine cerebral damage: Intrauterine growth retardation, intrauterine infections.
• Cerebral damage at delivery: Asphyxia, hemorrhage, delivery injuries.
• Cerebral damage after birth: Intracranial infections, kernicterus, brain trauma.
• Cerebral developmental abnormalities: Hereditary diseases, brain malformations.

Clinical manifestations

Patients with cerebral palsy usually show some basic

manifestations such as retarded motor development and decreased active movement of the paralyzed limb, abnormal muscle tension, abnormal reflexes, and abnormal posture.

Clinical types

Spastic cerebral palsy is the most common form and accounts for approximately 50%-60% of all cases. It is characterized by increased muscle tone in the affected limbs. This disorder is further classified on the basis of the involved limbs.

- Monoplegia: One limb affected.
- Hemiplegia: Ipsilateral arm and leg affected.
- Paraplegia: Bilateral legs affected with arms unaffected.
- Quadriplegia: All limbs involved.

Ataxia is the second most common form of cerebral palsy, accounting for 20% of all cases. It is characterized by involuntary movements of the extremities or trunk due to extrapyramidal injury.

Other forms include the hypotonic type, athetosic type, rigid type, tremors, and the mixed type.

Diagnosis

Cerebral palsy is diagnosed by thorough history and physical examinations. Neuroimaging findings such as CT and MRI may be helpful in diagnosis and differentiation. However, normal CT and MRI cannot deny the diagnosis. EEG is usually normal.

Treatment

Early comprehensive rehabilitation is the basic principle.

Guillain-Barré Syndrome (GBS)

Guillain-Barré syndrome (GBS) is an acute inflammatory demyelinating polyneuropathy (AIDP), a disorder affecting the peripheral nervous system. Symmetrical weakness of the proximal and distal limbs is the most typical symptom. It can involve children of all ages. It is preceded by infections such as cytomegalovirus and *Campylobacter jejuni*.

Clinical manifestations

Guillain-Barré syndrome is characterized by subacute onset of illness and motor and sensory nerve disorders.

Movement disorders

Symmetrical flaccid paralysis usually begins in the lower extremities and progressively involves the trunk, upper limbs, and, finally, the bulbar muscles. Critically ill patients with respiratory muscle paralysis develop dyspnea and cyanosis.

Cranial nerve paralysis

Children with cranial nerve involvement show facial paralysis, bucking, low voice, and dysphagia.

Sensory disturbances

Nerve root pain and skin hypersensitivity are the primary manifestations, which mostly disappear within a few days.

Autonomic nervous dysfunction

The symptoms of autonomic nervous dysfunction are generally mild and primarily include sweating, constipation, transient urinary retention, slightly elevated blood pressure, and arrhythmia.

Investigations

CSF analysis—The dissociation between high CSF protein levels and the lack of a cellular response in patients with acute or subacute polyneuropathy is characteristic of Guillain-Barre syndrome.

Electromyography (EMG) and a nerve conduction study (NCS) may show prolonged distal latencies, slow conduction time, conduction block, and temporal dispersion of compound action potentials in demyelinating cases.

MRI shows thickening of the cauda equina and intrathecal nerve roots with gadolinium enhancement. It can also rule out some spinal cord diseases.

Diagnosis

The diagnosis of GBS usually depends on clinical findings such as progressive, relatively symmetrical, flaccid paralysis of two or more limbs due to neuropathy and laboratory findings such as typical CSF findings.

Poliomyelitis, acute transverse myelitis, spinal cord tumors, and peripheral neuritis should be ruled out.

Treatment

- Supportive treatment and nursing care are the cornerstones of successful management for acute patients.
- Ventilation is necessary for severe cases with respiratory muscle paralysis.

- Intravenous immunoglobulins (IVIG) therapy is recommended at a dosage of 400mg/kg · d for 5 consecutive days (once a day according to a total dose of 2 g/kg body weight).
- Plasmapheresis is recommended when IVIG is ineffective.
- Steroid and immunosuppressive drugs are another alternative, but their effectiveness is less predictable. Intravenous high-dose pulsed methylprednisolone is successful in some cases.

Prognosis

Guillain-Barré syndrome is a self-limiting disease. Approximately 80% patients show complete recovery within a few months to half a year, and approximately 10%-15% patients may develop sequelae with varying degrees of muscle weakness.

Myasthenia Gravis

Myasthenia gravis is a chronic progressive disease caused by immune-mediated neuromuscular blockade, wherein acetylcholine (ACh) receptors on postsynaptic muscle membranes decrease because of circulating receptor-binding antibodies. It is characterized by rapid weakness of striated muscles.

Clinical manifestations

Juvenile myasthenia gravis

It primarily develops in late infancy and childhood. The ocular type is the most common type and is characterized by extraocular muscle involvement, with ptosis being the earliest and constant sign. The brain stem type, as the name suggests, is characterized by brainstem involvement and dysphagia. The systemic type is characterized by weakness of the limb and girdle muscles and the distal hand muscles, without any sensory disorders.

Congenital myasthenia

This is a rare condition related to genetic abnormalities in the acetylcholine receptor protein. Patients with congenital myasthenia gravis present with weakness and ocular myopathy at birth and often respond poorly to therapy.

Transient neonatal myasthenia gravis

The condition occurs when the acetylcholine receptor antibody is transferred to the fetus through the placenta of a woman with myasthenia gravis. Neonatal transient myasthenia gravis may present a great threat to life, primarily because of systemic muscle weakness. With proper treatment, the symptoms usually begin to disappear within a few days to 2-3 weeks.

Myasthenic crisis and cholinergic crisis

Myasthenic crisis is defined as a state of respiratory failure due to progressive muscle fatigue. Cholinergic crisis is caused by anticholinesterase drug overdose, characterized by facial pallor, bradycardia, miosis, and vomiting.

Diagnosis

Myasthenia gravis is suspected when a child shows rapid muscle weakness, such as ptosis and dysphagia. The neostigmine test and EMG can confirm the diagnosis. However, neuritis and other muscle-related diseases should be ruled out.

Treatment

Myasthenia gravis is a chronic disease. Long-term medication to prevent muscle atrophy and aggravation of symptoms is necessary.

- Pyridostigmine bromide is the first choice of treatment.
- Steroid treatment: the first choice is prednisone. The total treatment course is ≥2 years.
- Thymectomy is recommended for patients who are difficult to control with medication.
- Intravenous gamma globulin infusion and plasmapheresis are effective in removing acetylcholine receptor antibodies from severely affected patients.

Pseudohypertrophic Muscular Dystrophy

Both Duchenne muscular dystrophy (DMD) and Becker muscular dystrophy (BMD) are two types of pseudohypertrophic muscular dystrophy, which is the most common type of progressive muscular dystrophy. It is inherited as an X-linked recessive trait that affects male children; female children are gene carriers..

Clinical manifestations

- Progressive weakness and motor function decay: Gowers sign is a typical feature.
- Enlargement of the calves (pseudohypertrophy) and wasting of the thigh muscles are classic features.

- Cardiomyopathy can occur in approximately 50%-80% patients. It manifests as arrhythmia and myocardial failure.
- Intellectual impairment includes learning disability, retarded development, and epilepsy.

Diagnosis

DMD or BMD are suspected when children present with progressive muscular dystrophy, calf enlargement, and elevated CK levels. Muscle biopsy and gene analysis can confirm the diagnosis.

Treatment

There is no effective treatment.

(谭建新)

第十七章 内分泌疾病

第一节 概 述

内分泌学是一门研究激素及其相关物质对生命活动进行联系和调控的生物医学,也是一门重要的生物医学。内分泌系统与神经系统、免疫系统共同协调,稳定生物整体功能,使机体保持代谢稳定、对环境变化适应等功能,既维护生物自身的生存,又维系种族的延续。由于内分泌功能与生长发育密切相关,其功能障碍常导致激素水平和功能异常、性分化和生长障碍,严重者影响智能体格发育,若不早期诊治,易造成残疾甚至夭折。

(一) 内分泌激素

内分泌系统的主要功能是在神经系统支配下和物质代谢反馈基础上释放激素,调节人体的生长发育、生殖、代谢、疾病和衰老等生命现象,维持机体内环境的相对稳定。人体主要内分泌腺包括:下丘脑、垂体、甲状腺、甲状旁腺、肾上腺、胰岛、性腺。经典的内分泌(endocrine)概念是指内分泌腺体释放激素。最初激素(hormone)是指内分泌器官产生、经血液循环运输到靶器官或组织发挥效应的微量化学物质。随着现代医学的发展,激素的概念也发生了延伸。细胞因子、生长因子、神经递质、神经肽等物质与经典的激素有许多共同的特征,如具有相似的作用模式、都可作为细胞间传递信号的信使、都具有高效性、都可参与机体的生长发育和代谢等,因此广义的激素范畴包括了这些化学物质。激素在广义上相当于化学信使的总称,是一种参与细胞内外联系的内源性信息分子和调控分子。

分泌激素不限于经典的内分泌器官,心血管、肝、胃肠道、皮肤、免疫等非经典内分泌器官也具有内分泌功能。如胃肠道可以分泌促胃液素、促胰液素,肾可以分泌肾素、促红细胞生成素,而分泌前列腺素及胰岛素样生长因子、表皮生长因子、神经生长因子等各种生长因子的细胞则广泛分布于全身组织中。

现知广义的激素既能以传统的内分泌方式起作用,也能直接弥散到邻近的细胞,以旁分泌(paracrine)的方式,或者对分泌细胞自身发生效应的自分泌(autocrine)方式发挥作用。激素还能以神经分泌(neurocrine)和神经内分泌(neuroendocrine)等方式发挥作用。在正常生理状态下,多种激素通过下丘脑-垂体-靶腺轴的正、负反馈机制和细胞间相互的调节而处于动态平衡状态,从而促进细胞的增殖、分化和凋亡,促进器官的成熟和胚胎发育。

按各类激素作用的受体不同,又可将其分为膜受体激素和核受体激素。膜受体激素是亲水性激素,不能自由透过脂性的细胞膜,其与细胞膜上特异性受体结合后,形成的配体-受体复合物,通过第二信使系统,将信号传至细胞内,进一步发挥效应。这类激素包括蛋白质或多肽类激素及前列腺素等。核受体激素是脂溶性激素,其可自由通过细胞膜,与细胞内的受体结合,完成配体-受体复合物的磷酸化等,改变基因转录活性,从而调节靶基因的表达,进而影响细胞的功能。非蛋白类激素多数为核受体激素,如类固醇激素。

(二) 内分泌疾病的病因

人体生长发育与内分泌功能有着密切联系,从胚胎形成至青春发育期,整个机体均处于动态生长、发育、成熟的过程,机体内分泌系统参与维系该程序的自稳机制。任何引起内分泌激素异常、受体的结构和功能异常的因素均可造成临床内分泌疾病。主要病因有遗传与环境两大因素。

1. 遗传因素 主要是指起因于基因突变的一些单基因遗传病。近年来随着分子生物学的发展,越来越多的单基因突变所致的内分泌疾病被发现,使得内分泌疾病的病种不断增加,包括肽类激素基因突变(生长激素、TSHB 亚基、LHB 亚基、甲状旁腺激素等)、激素膜受体基因突变、合成肾上腺糖皮质激素及盐皮质激素需要一系列的酶系的基因突变等。

2. 环境因素 许多环境因素可引起内分泌疾病。例如,环境中碘缺乏可引起地方性甲状腺肿和克汀病,高热量饮食及活动减少使肥胖和糖尿病的发病率迅速增高。

此外,还有些内分泌疾病,如 2 型糖尿病,是由于遗传因素和环境因素共同作用造成的。

(三) 内分泌疾病的诊断和治疗

过去内分泌疾病的诊断主要依赖内分泌激素的测定。近年来激素测定技术快速发展,各种精确测定法被广泛应用于各种激素的测定,如放射免疫分析法(RIA)、免疫放射计量法(IRMA)、放射受体分析法(RRA)、酶联免疫吸附法(ELISA)、荧光免疫法(FIA)和免疫化学发光法(ICL)等。此外建立了一系列具有临床诊断价值的动态试验(如激发试验或抑制试验等);影像学检查的不断更新,如 B 超、CT、SPECT 及 MRI 等内分泌腺的影像学检查等,大大提高了内分泌疾病的临床诊断(尤其对内分泌腺定位诊断)水平;随着临床细胞分子生物学技术不断深入发展,使某些单基因疾病获得了可靠的诊断,不仅更新了儿科内分泌疾病的临床诊断和治疗内容,并提出了新的理论和新的概念。

在治疗学方面,除了传统的甲状腺激素、糖皮质激素和盐皮质激素替代治疗外,多种促黄体生成素释放激素(LHRH)类似物的研发,可有效抑制垂体促性腺激素分泌,降低性激素水平,能更加有效治疗性早熟,更好地保障儿童的生长发育。重组人生长激素的问世不仅在生长激素缺乏引起的矮小症治疗方面取得了显著效果,并在非生长激素缺乏引起的矮小症方面也取得了一定疗效。用于治疗糖尿病的模拟进食后生理性快速胰岛素分泌的吸收特别迅速的胰岛素、模拟基础胰岛素分泌的吸收特别缓慢的胰岛素以及胰岛素泵的应用,提高了患者的生活质量。

第二节　生长激素缺乏症

案例 17-1

患儿,男,6 岁,因"身材矮小 4 年"入院。

病史:患儿 4 年前开始生长缓慢,较同龄儿明显矮小,每年身高增长不超过 4cm,无明显乏力、气短表现,智力与同龄儿无明显差异。饮食睡眠及大小便正常。因胎位不正足月剖宫产出生,出生体重 3.5kg,身长 55cm。母乳喂养,4 个月添加辅食,1 岁断奶,3 个月抬头,6 个月会坐,8 个月会爬,13 个月会走,1.5 岁会说话。现读小学 1 年级,成绩良好。父母体健,身高分别为 175cm、160cm,非近亲婚配,无家族性遗传病史。

体格检查:体重 19kg。身高 96.5cm,上部量 51.5cm,下部量 45cm,头围 51cm。营养良好,面容幼稚。头颅无畸形,毛发纤细柔软,皮下脂肪多。牙齿排列不齐。颈无抵抗,甲状腺不大,心肺腹未及异常。四肢肌张力正常,病理反射阴性。

辅助检查:甲功正常;肝肾功能及血脂、血糖、电解质正常;血 FSH 2.0U/L(0.26~3.0U/L),LH 0.2U/L(0.02~0.3U/L),T 7nmol/L(<10~35nmol/L),E2 33pmol/L(18~40pmol/L);血清 IGF-1、IGFBP3 降低;胰岛素、精氨酸激发试验:GH 激发峰值均<5μg/L。左腕部 X 线:可见 4 个骨化中心;头颅 MRI:未见异常。染色体检查:46,XY。

【思考题】

1. 试总结患儿的主要临床特点。
2. 最可能的诊断是什么?

小儿身高低于同种族、同年龄、同性别正常健康儿童平均身高的 2 个标准差(-2SD)以上,或者低于其生长曲线的第三百分位数,称为矮小症。垂体前叶分泌的生长激素(GH)对身高的影响起着十分重要的作用。在众多导致矮小的因素中,其中由于 GH 部分或完全缺乏、GH 分子结构异常所导致的身材矮小,称为生长激素缺乏症(growth hormone deficiency, GHD),又称垂体性侏儒症。GHD 是儿科临床常见的内分泌疾病之一,大多为散发性,少部分为家族性遗传。

(一) 病理生理和发病机制

1. GH 和下丘脑-GH-IGF 轴

(1) 生长激素(GH)的基因:GH 是由垂体前叶嗜酸粒细胞分泌的,GH 基因定位于第 17 号染色体长臂 q22~24 区带,由 5 个外显子和 4 个内含子组成;GH 含 191 个氨基酸,分子质量 22KD,属非糖基化蛋白质激素,半衰期为 15~30 分钟。

(2) GH 分泌和调节:GH 分泌一般呈脉冲式释放,昼夜波动大,在分泌低峰时,常难以测到,一般在夜间深睡眠的早期分泌最高。在血循环中,大约 50% 的 GH 与 GHBP 结合,以 GH-GHBP 复合物的形式存在。

(3) GH 的生理作用:GH 的生理作用非常广泛,既促进生长,也调节代谢。其主要作用是:①促进骨生长;②促进蛋白质合成;③促进脂肪降解;④对糖代谢作用复杂,能减少外周组织对葡萄糖的利用,亦降低细胞对胰岛素的敏感性;⑤促进水、矿物质代谢;⑥促进脑功能效应,增强心肌功能,提高免疫功能等作用。

(4) 胰岛素样生长因子(IGF-1):GH 可以直接作用于细胞发挥生物效应,但其大部分功能必须通过 IGF-1 介导。IGF-1 为肝对 GH 反应时产生的一种多肽,由 70 个氨基酸组成,基因定位于第 12 号染色体长臂,含有 6 个外显子和 5 个内含子。90% 的 IGF-1 与 IGFBP 结合,仅 1% 左右是游离的。GH 是调节血 IGF-1 和 IGFBP-3 浓度的主要因素,IGF-1 和 IGFBP-3 水平随 GH 分泌状态而改变,但其改变速度较慢。因此,血中 IGF-1 和 IGFBP-3 水平相对稳定,而且无明显脉冲式分泌和昼夜规律变化,能较好地反映内源性 GH 的分泌状态。

2. GH 缺乏的病因　根据下丘脑-GH-IGF 轴功能缺陷,病因可分为原发性或继发性 GHD、单纯性 GHD 或多种垂体激素缺乏。其主要病因如下。

(1) 原发性

1) 遗传:导致 GH 功能缺陷的有关致病基因见表 17-1,包括激素异常或者受体异常,也包括与垂体发育有关的基因缺陷。

表 17-1 导致 GH 功能缺陷的有关致病基因

基因	疾病
POU1F1	多发性垂体激素缺乏症
PROP-1	多发性垂体激素缺乏症
GHRH	GH 缺乏症
GHRH 受体	家族性单纯性 GHD
GH-N	家族性单纯性 GHD
GH 受体	GH 不敏感综合征(Laron 综合征)
IGF-1	IGF_1 缺乏症(对 GH 小敏感)
IGF-1 受体	对 IGF_1 不敏感症

2）特发性：下丘脑功能异常，神经递质-神经激素信号传导途径的缺陷。

3）发育异常：垂体不发育、发育不良、空蝶鞍、视中隔发育异常等。

（2）继发性

1）肿瘤：下丘脑、垂体或颅内其他肿瘤，如颅咽管瘤、神经纤维瘤、错构瘤等。

2）放射性损伤：下丘脑、垂体肿瘤放疗后。

3）头部创伤：产伤、手术损伤、颅底骨折等。

（二）临床表现

GHD 的部分患儿出生时有难产史、窒息史或者胎位不正，以臀位、足位产多见。出生时身长正常，出生后 5 个月起出现生长减慢，1～2 岁明显。随年龄的增长，生长缓慢程度也增加，体型较实际年龄幼稚，自幼食欲低下。典型者矮小，皮下脂肪相对较多，腹脂堆积，圆脸，前额略突出，小下颌，上下部量正常、肢体匀称，高音调声音。学龄期身高年增长率不足 5cm，严重者仅 2～3cm，身高偏离在正常均数-2SD 以下。患儿智力正常。出牙、换牙延迟及骨龄落后。青春发育大多延缓（与骨龄成熟程度有关）。

部分 GHD 患儿同时伴有一种或者多种其他垂体激素缺乏，这类患儿除生长迟缓外，还有其他症状：①伴有促性腺激素缺乏者，表现为青春发育延缓，男孩小阴茎、小睾丸，女孩乳房不发育，原发闭经；②伴有促甲状腺激素不足，则表现为甲状腺功能低下；③伴有 ACTH 缺乏，则常有皮肤色素沉着和严重的低血糖表现；④部分病例伴有多饮多尿，呈部分性尿崩症。

继发性 GHD 可发生于任何年龄，并伴有原发疾病的相应症状。

（三）辅助检查

1. GH 刺激试验 血清 GH 呈脉冲式分泌，半衰期较短，随机取血检测 GH 无诊断价值，不能区别正常人与 GH 缺乏症。临床多采用药物激发试验来判断垂体分泌 GH 状况（表 17-2），常用药物激发剂有胰岛素、精氨酸、左旋多巴、可乐定。由于各种药物激发 GH 反应途径不同，各种试验的敏感性、特异性亦有差异，故通常采用至少 2 种作用途径不同的药物进行激发试验才能作为判断的结果。GH 激发试验前需禁食 8 小时以上。一般认为两种试验若 GH 峰值均<5μg/L，为完全性 GH 缺乏症；GH 峰值为 5～10μg/L 为部分性 GH 缺乏；GH 峰值≥10μg/L 为正常反应。

表 17-2 GH 缺乏症诊断常用药物激发试验

	方法	峰值	机制
可乐定	4μg/kg 或 0.15mg/m^2 口服，服药后 0 分钟、30 分钟、60 分钟、90 分钟取血测定 GH	60～90 分钟	α-肾上腺能受体激动剂，刺激下丘脑 GHRH 释放
左旋多巴	10mg/kg 或 0.5g/1.73m^2，服药前后取血，时间同上	60～90 分钟	介导下丘脑神经递质上多巴胺能途径的兴奋，刺激下丘脑 GHRH 释放
精氨酸	0.5g/kg 静脉滴注，最大量 30g，30 分钟滴完，滴注前、30 分钟、60 分钟、90 分钟、120 分钟取血	60～90 分钟	通过 α-受体的介导作用抑制下丘脑生长激素抑制激素的分泌
胰岛素	胰岛素 0.05U/kg，生理盐水稀释后静脉注射，注射前、后 15 分钟、30 分钟、45 分钟、60 分钟取血	15～30 分钟	通过胰岛素诱导低血糖，刺激 GH 分泌。血糖降至基础值 50% 时为有效刺激

2. 胰岛素样生长因子（IGF-1）和 IGFBP-3 的测定 IGF-1 主要以蛋白结合的形式（IGFBPs）存在于血液循环中，其中以 IGFBP-3 为主（95% 以上）。IGFBP-3 有运送和调节 IGF-1 的功能，其合成也受 GH-IGF 轴的调控，因此 IGF-1 和 IGFBP-3 都是检测 GH-IGF 轴功能的指标。两者分泌模式与 GH 不同，呈非脉冲式分泌，较少日夜波动，血液循环中的水平比较稳定。目前认为，IGF-1、IGFBP-3 可作为 5 岁至青春发育期前儿童生长激素缺乏症的筛查检测，但该指标有一定的局限性。另外，IGF-1 测定还可检测 GH 治疗后的反应，并且具有一定的鉴别诊断意义。

3. X 线检查 常用左手腕掌趾骨片评定骨龄。骨龄落后于实际年龄 2 岁或以上。

4. 颅脑磁共振显像（MRI） MRI 可显示蝶鞍容积大小，垂体前、后叶大小，可诊断垂体不发育或发育不良，空蝶鞍、视中隔发育不良等，并且可发现颅咽管瘤、神经纤维瘤、错构瘤等肿瘤。

5. 染色体检查 对女性矮小伴青春期发育延迟者应常规作染色体检查，以排除染色体病，如 Turner 综合征等。

6. 其他　根据临床表现可选择性地检测血TSH、T_3、T_4、PRL、ACTH、皮质醇、LHRH激发试验等，以判断有无甲状腺激素、性腺激素等缺乏。

（四）诊断和鉴别诊断

根据匀称性身材矮小，生长缓慢及骨龄和生长激素检测，一般可作出GHD的诊断。再根据病史和相关检测诊断原发性或继发性GHD。但应与下列疾病鉴别。

1. 家族性矮小症　父母身高都矮，身高常在第三百分位数左右，但其年增长速率>5cm，骨龄与年龄相称，智能与性发育均正常，GH激发峰值≥10μg/L。

2. 体质性青春期延迟　属正常发育中的一种变异，较为常见。多见男孩。出生时及生后数年生长无异常，以后则逐年的身高增长及成熟缓慢，尤于青春发育前或即将进入青春发育期时，性发育出现可延迟数年。骨龄落后与性发育延迟相关，亦与身高平行。父母中大多有类似既往史。

3. 特发性矮身材　病因不明，出生时身长和体重正常；生长速率稍慢或正常，一般年生长率<5cm；两项GH激发试验的GH峰值≥10μg/L，IGF-1正常。骨龄正常或延迟。无明显的慢性器质性疾病，无染色体异常。

4. 先天性甲状腺功能减退症　该症除有生长发育落后、骨龄明显落后外，还有特殊面容、BMR低、智能低下。不典型时，可以检测甲状腺功能协助鉴别。

5. 其他　包括心、肝、肾等慢性疾病，长期营养不良，遗传代谢病（如黏多糖病、糖原累积症等），以及精神心理压抑等因素导致者，都应通过对病史、体检资料分析和必要的特殊检查予以鉴别。

（五）治疗

（1）对生长激素缺乏症的治疗主要采用基因重组人生长激素替代治疗。无论特发性或继发性GH缺乏性矮小症均可用GH治疗。开始治疗年龄越小，效果越好。但是对颅内肿瘤术后导致的继发性GHD患者需慎用，对恶性肿瘤或有潜在肿瘤恶变者及严重糖尿病患者禁用。

治疗剂量采用每日0.1U/kg，于每晚睡前半小时皮下注射，可选择在上臂、大腿前侧和腹壁、脐周等部位注射。少数患者在用GH治疗过程中可出现甲状腺激素水平下降，故须监测甲状腺功能，必要时予甲状腺激素补充治疗。

（2）蛋白同化类固醇药物可促进生长，但是该类药物可明显加速骨龄发育，加快骨骺融合，对最终身高无明显改善。

第三节　中枢性尿崩症

案例 17-2

患儿，女，5岁。因“多饮、多尿、烦渴7日”入院。

病史：患儿7日前开始出现多尿，每日尿量5000ml左右，尿色淡，无血尿及尿痛。口渴明显，饮水多，每日饮水量为5000~6000ml，尤以夜间明显。精神不振，少汗，食欲差，睡眠不宁，乏力少动，时有烦躁。系第1胎，足月顺产，无窒息史 出生体重3.5kg，身长53cm。母乳喂养，4个月添加辅食，1岁断奶，发育正常。无家族史和传染病史。

体格检查：脉搏105次/分，呼吸28次/分，体重17kg，身高110cm，头围50cm。发育正常，营养差，神志清，精神不振，呼吸促，全身皮肤干燥，弹性差，无皮疹，眼窝略凹陷，耳、鼻无畸形，口周无青紫，口唇干燥。颈无抵抗，心肺腹未见异常。病理反射阴性。

【思考题】

1. 最可能的诊断是什么？
2. 为明确诊断需行哪些检查？

尿崩症（diabetes insipidus，DI）是以患儿完全或部分丧失尿浓缩功能的一种临床综合征，临床主要表现为烦渴、多饮、多尿和排出低比重尿。造成尿崩症的病因很多，根据不同病因可将尿崩症分为三种类型：①中枢性尿崩症；②肾性尿崩症；③精神性烦渴症，其中以中枢性尿崩症较多见。

中枢性尿崩症是由于垂体抗利尿激素（antidiuretic hormone，ADH），即精氨酸加压素（arginine vasopressin，AVP）分泌不足或缺乏所引起。本章主要叙述中枢性尿崩症（CDI）。

（一）病因

CDI的病因大致可分为特发性、继发性（器质性）和遗传性（家族性）三种。

1. 特发性　因下丘脑视上核或室旁核神经元发育不全或退行性病变所致。多为散发，部分患儿与自身免疫反应有关。

2. 继发性（器质性）　任何侵犯下丘脑、垂体柄或神经垂体的病变都可发生尿崩症。

（1）肿瘤：由颅内肿瘤引起的患儿至少占30%，常见的有颅咽管瘤、垂体瘤、松果体瘤、神经胶质细胞瘤等。

（2）损伤：新生儿期的低氧血症、缺血缺氧性脑病均可在儿童期发生CDI。又如颅脑外伤、手术损伤及产伤等。

（3）感染：少数患儿可由脑炎、脑膜炎、寄生虫病等导致。

（4）其他：全身性疾病（白血病、结核病、组织细胞增生症等）、先天性脑畸形、药物等。

3. 遗传性（家族性）　遗传性（家族性）尿崩症较少见，仅占1%左右，与垂体加压素基因（AVP-NPⅡ）

有关。部分家族性单纯性尿崩症患者发现 AVP-NPⅡ基因有突变，有的呈现常染色体显性遗传，也有常染色体隐性遗传，大多为基因点突变，且突变类型及位点具有一定的异质性。

（二）发病机制

AVP 是由下丘脑视上核与室旁核内神经元细胞合成的一种 9 肽。AVP 的分泌受很多因素的影响，其中最重要的是细胞外液的渗透压和血容量。位于下丘脑视上核和渴觉中枢附近的渗透压感受器同时控制着 AVP 的分泌和饮水行为。

人体通过抗利尿激素的分泌保持血浆渗透压在 280～290mmol/L。正常人在脱水时，血浆渗透压升高，血容量下降，前者刺激位于视上核的渗透压感受器，使抗利尿激素分泌增加，尿量减少，后者则引起下丘脑渴感中枢兴奋，饮水量增加，使血浆渗透压恢复到正常状态。反之，体内水分过多时，血浆渗透压下降，血容量增加，抗利尿激素的分泌和口渴中枢的兴奋性均受到抑制，尿量增多，饮水停止，血浆渗透压恢复到正常。

尿崩症者，由于抗利尿激素的分泌不足或肾小管对抗利尿激素不反应，水分不能重吸收，因而大量排尿，口渴，兴奋口渴中枢，大量饮水，使血浆渗透压基本上能保持在正常渗透压的高限，多数尿崩症患者血浆渗透压略高于正常人。对于口渴中枢不成熟的早产儿、新生儿、婴幼儿虽大量排尿，但不能多饮，则出现持续性高钠血症，造成高渗脱水。

中枢性尿崩症（CDI）由 AVP 缺乏引起，下丘脑及垂体任何部位的病变均可引起尿崩症，其中因下丘脑视上核与室旁核内神经元发育不良或退行性病变引起的最多见，在以往报道中约占 50%。血浆 AVP 水平降低，导致尿渗透压降低、尿量增加。当合成 AVP 的神经元部分受损或仍有 10%～20% 分泌功能时，患儿可表现为部分性尿崩症。

（三）临床表现

本病自生后数月到少年时期任何年龄均可发病，多见于儿童期，可突然发病，也可呈渐进性。以烦渴、多饮和多尿为主要症状，并表现为较固定的低比重尿。婴幼儿患者烦渴时哭闹不安，不肯进食，但饮水后即可安静。如果喂水不足可发生体温升高、便秘、体重下降和高钠血症，脱水甚至惊厥和昏迷。

儿童期患者多尿或遗尿是最早被发现的症状，每日尿量多在 4L 以上，多者达 10L 以上（每天 300～400ml/kg 或每小时 400ml/m^2，或者每日 3000ml/m^2 以上）。儿童一般多喜饮冷水，即使在冬天也爱饮冷水，饮水量大致与尿量相等，如不饮水，烦渴难忍，但尿量不减少。因多饮、多尿可影响学习可睡眠，出现少汗、精神不振、食欲低下、体重不增和生长缓慢等症状。若能充分饮水，一般无其他症状。

颅内肿瘤引起的继发性尿崩症，除尿崩症外可有颅压增高表现，如头痛、呕吐、视力障碍等。

（四）辅助检查

1. 尿液检查 尿比重低，一般为 1.001～1.005（尿渗透压 50～200mmol/L），而尿蛋白、尿糖及其他均为阴性。

2. 血生化检查 血钠正常或稍高，血浆渗透压多正常或偏高。如有肾受累，可有不同程度的肾功能异常。血浆渗透压可用公式推算：渗透压＝2×（血钠＋血钾）＋血糖＋血尿素氮，计算单位均用 mmol/L。

3. 禁水试验 主要通过观察患儿在细胞外液渗透压增高时浓缩尿液的能力，从而鉴定尿崩症和精神性烦渴。于早晨 8 时开始，试验前先排空膀胱，测体重、尿量、尿比重及尿渗透压，测血钠和血浆渗透压。于 1 小时内给饮水 20ml/kg，随后禁饮 6～8 小时，每 1 小时收集一次尿，测尿量、尿比重及尿渗透压，共收集 6 次，试验结束时采血测血钠及血浆渗透压。

本试验过程中必须严加观察，如果患者体重已较原来下降 5%，脱水明显或血压明显下降，即使禁饮还不到 6 小时，也应立即停止试验。正常人禁水后不出现严重的脱水症状，血渗透压变化不大，尿量明显减少，尿比重可超过 1.015，尿渗透压超过 800mmol/L。若尿量无明显减少，比重＜1.010，尿渗透压＜280mmol/L，血浆渗透压＞300mmol/L，或尿渗透压低于血渗透压，为尿崩症；若尿比重最高达 1.015 以上，尿渗透压达 300mmol/L，或尿渗透压与血渗透压比率≥2，则提示 ADH 分泌量正常，可诊断为精神性烦渴症。

4. 加压素试验 禁水实验结束后，皮下注射垂体后叶素 5U（或精氨酸加压素 0.1U/kg），然后 2 小时内多次留尿，测定渗透压。如尿渗透压上升峰值超过给药前的 50%，则为完全性中枢性尿崩症；在 9%～50% 者为部分性尿崩症；肾性尿崩症小于 9%。

5. 血浆 AVP 定量 本病患者血 AVP 浓度降低（正常值约为 10U/ml），但由于检测方法的特异性和敏感性均不高，故分析结果须动态观察。直接检测血浆 AVP 浓度为尿崩症的鉴别诊断提供了新途径：中枢性尿崩症患者血浆 AVP 低于正常；而肾性尿崩症者血浆 AVP 浓度升高，但尿液仍不能浓缩而持续排出低渗尿；精神性烦渴症 AVP 分泌功能正常，但对病程久、病情重者可由于长期低渗状态，而使 AVP 分泌障碍。

6. 头颅 MRI 检查 了解下丘脑和垂体的形态改变，排除颅内肿瘤。部分患儿可见到垂体后叶高信号区消失，或垂体容量变小。

（五）诊断和鉴别诊断

中枢性尿崩症的诊断可依据临床烦渴、多饮、多尿，以及血、尿渗透压测定，禁水和加压素试验及血浆

AVP定量来确定，同时须与其他具有多尿症状的疾病相鉴别。

1. 高渗性利尿 如糖尿病、肾小管酸中毒等，根据尿比重、尿糖尿渗透压、尿pH及其他临床表现即可鉴别。

2. 继发性肾性多尿 慢性肾炎、慢性肾盂肾炎等病导致慢性肾功能减退时。

3. 精神忙烦渴症 又称精神性多饮。常有精神因素存在。多为渐进起病，多饮多尿症状逐渐加重，但夜间饮水较少，且有时症状出现缓解。患儿血清钠和渗透压均处于正常低限，由于患儿分泌AVP能力正常，因此，禁水试验较加压素试验更能使其尿渗透压增高。

4. 肾性尿崩症 肾性尿崩症是一种遗传性疾病，多为X连锁伴性隐性遗传，少数为常染色体显性遗传。是与抗利尿激素受体异常、抗利尿激素不能与肾小管受体结合、或肾小管本身缺陷等导致对抗利尿激素的敏感性低下或抵抗有关。

（六）治疗

对尿崩症者应积极寻找病因、肿瘤者应根据肿瘤的性质、部位决定外科手术或放疗方案。观察是否存在其他垂体激素缺乏，在药物治疗前，要供给充足的水分，尤其是新生儿和小婴儿，避免脱水及高钠血症，如有脱水、高钠血症发生时应缓慢给水，以免造成脑水肿。

1. 鞣酸加压素 即长效尿崩停，为猪脑垂体提取物经精制而成的油剂注射液，浓度5U/ml，使用前须稍加温并摇匀后抽取0.1～0.2ml行深部肌内注射，下次注射必须等待药物作用消失，多饮、多尿症状复现时再次给药。

2. 去氨加压素 即弥凝，精氨酸加压素，0.1mg/片，口服后作用时间可达8～12小时，宜从小剂量开始，小年龄儿可从更小量开始，常规剂量每次0.05mg开始，2次/日。副作用较小，少部分患者可出现头痛、恶心、胃不适等。用药期间应注意减少患儿的饮水量，以防止发生水中毒。

第四节 性早熟

案例17-3

患儿，女，6岁，因“乳房发育半年”入院。

病史：患儿半年前出现乳房发育，乳晕增大，触痛，无月经来潮。无头痛、呕吐，亦无多饮、多食、多尿、烦渴等症。精神状态良好，饮食及大小便无异常。既往健康，无外伤及手术史，无激素类药物及化妆品等接触史。系第1胎，第1产，足月顺产，无窒息。父母均健康，非近亲婚配，无家族性遗传病和传染病史。

体格检查：体重21kg，身高110cm，头围50cm。发育正常，营养良好，神志清，精神好，全身皮肤无皮疹，头颅无畸形，颈无抵抗，甲状腺无肿大，乳房呈芽胞状隆起，可触及乳腺腺体块伴轻微触痛，乳晕略增大（TannerB_2期），心肺腹无异常。女性外生殖器，大阴唇略增厚，无阴毛。四肢无畸形，无腋毛。

辅助检查：①FSH 4.1U/L，LH 5.0U/L，T 8nmol/L，E2 53pmol/L；② T_3 2.2nmol/L，T_4 141nmol/L，TSH<5μmol/L；③腕部X线：可见9个骨化中心；④颅脑MRI：未见异常；⑤超声：子宫、卵巢增大，可见>4mm的卵泡；⑥GnRH刺激试验：阳性（LH/FSH>0.7）。

【思考题】

1. 性早熟的定义。
2. 该患儿的诊断及依据。

性早熟（precocious puberty）是指女孩在8岁、男孩在9岁以前呈现第二性征。性发育开始的正常年龄在不同民族之间可有较大的差异，且近年研究显示儿童青春发育时间有提前趋势，但国际上目前仍多沿用以标准。本病女孩较多见，男女之比约为1∶4。

（一）病理生理

1. 下丘脑-垂体-性腺轴功能 人类生殖系统的发育和功能维持受下丘脑（促性腺激素释放激素，GnRH）-垂体（促性腺激素，Gn）-性腺（性激素）轴（HPG轴）的调控。

从婴儿期至青春前期，中枢神经系统内在的抑制机制和性激素的负反馈作用使下丘脑-垂体-性腺轴保持抑制状态。接近青春期时，中枢神经系统对下丘脑GnRH分泌的抑制作用去除，下丘脑对性激素负反馈的敏感阈逐步上调，即低水平的性激素不足以发挥抑制作用，从而使下丘脑GnRH冲动原激活。GnRH神经元可将来自下丘脑的青春发动的神经信号转换为GnRH信号以脉冲式释放，GnRH脉冲式释放的频率和幅度调控垂体Gn的释放。随着GnRH分泌频率和幅度的增多，刺激垂体黄体生成素（luteinizing hormone，LH）和卵泡刺激素（folliclestimulating hormone，FSH）分泌的频率和幅度也增加，随即性激素的分泌量亦增多，致使性激素水平升高，促进性征出现和性器官的发育。

2. 青春发育的分期 青春期是指从第二性征开始发育到完全成熟这一阶段。一般女孩青春发育首先表现为乳房发育，继而阴毛和外生殖器发育，出现月经来潮及腋毛发育。女孩从乳房增大到月经初潮平均历时2～2.5年。男孩青春发育首先表现为睾丸容积增大，继之阴茎增长增粗、出现阴毛和腋毛及声音低沉、胡须生长等，从睾丸增大到遗精出现平均历时3年。各种性征从开始出现至发育成熟一般需2~5年。正常青春发育进程可分为5期（Tanner分期法）：Ⅰ期是青春发育前期，Ⅱ、Ⅲ和Ⅳ期分别为青春发育早期、中期和晚期，Ⅴ期则是成人期。男女性征发育分期见表17-3、表17-4。

表17-3 男性性征发育分期

青春发育		阴茎长度(cm)	睾丸容积(ml)	阴囊	阴毛分布
分期	阶段				
P1	未发育	<2.5	1~3	幼儿型	无
P2	开始发育	2.5~3.5	4~7	皮松薄、发红	稀直，位于阴茎根部
P3	过渡状态	3.5~4.0	10~15	增大	增多卷曲
P4	过渡状态	4.0~4.5	16~20	继续增大、色深	似成人，薄，未到脐
P5	完全成熟	>4.5	20~25	成人型	成人型，菱形，厚浓密

表17-4 女性性征发育分期

青春发育		乳房		阴毛分布
分期	阶段	分期	乳房形态	
P1	未发育	B1	幼儿型	无
P2	开始发育	B2	乳房、乳头稍增大高起	稀少色淡，见于大阴唇内侧
P3	过渡状态	B3	乳头呈连续轮廓，较前增大	卷曲，蔓向阴阜，色略深，量多
P4	过渡状态	B4	乳晕在乳房上形成第二个突起	粗、卷曲、量多
P5	完全成熟	B5	成人型，完全成熟，小阜消失	成人倒三角形，达大腿内侧

（二）发病机制

儿童性早熟的发病机制较复杂，与神经内分泌功能密切相关。下丘脑GnRH脉冲频率与幅度增加是人体进入青春发育的重要标志，由于某些原因可使下丘脑-垂体-性腺轴提前兴奋，GnRH脉冲释放明显增强而致中枢性性早熟。此外，中枢神经系统的器质性病变也会直接扰乱GnRH脉冲发生器的调控机制而致病。环境（包括社会、经济、营养）等因素与环境雌激素污染问题可能与此也相关。

根据性早熟的发病机制和病因，可将之分为中枢性性早熟和外周性性早熟。

1. 中枢性性早熟 亦称完全性或真性性早熟，是指由于下丘脑-垂体-性腺轴功能提前激活，导致性腺发育及功能成熟，与正常青春发育成熟机制完全一致，并可具有一定的生育能力。中枢性性早熟主要包括继发于中枢神经系统各种器质性病变和特发性性早熟两大类。特发性性早熟是指经检查未发现患儿提前启动青春发育器质性病因的性早熟，此类型以女孩居多，亦是最常见病因；继发性性早熟以男孩居多，约占男孩性早熟的60%。

2. 外周性性早熟 亦称部分性或假性性早熟，是非受控于下丘脑-垂体-性腺轴功能所致的性发育，有性激素水平的升高，并促使第二性征提前发育，但无性腺发育。

儿童性早熟的主要病因见表17-5。

表17-5 常见性早熟的病因

中枢性性早熟	外周性性早熟
特发性	肾上腺疾病：肾上腺皮质增生症、肾上腺瘤、肾上腺癌等
下丘脑垂体病变：错构瘤、视交叉胶质瘤、星形胶质细胞瘤、神经母细胞瘤、松果体瘤等，感染、外伤、头颅化疗、放疗等	性腺肿瘤：卵巢颗粒细胞瘤、畸胎瘤、睾丸间质细胞瘤、自主功能性卵巢囊肿等
先天畸形：脑积水、蛛网膜囊肿、中隔-视中隔发育不全、鞍上囊肿等	外源性含激素摄入（食物、药物、美容用品等）
其他：原发性甲状腺功能减低症	其他：McCune-Albright综合征、肝母细胞瘤等

（三）临床表现

一般中枢性性早熟的第二性征的发育顺序与正常是一致的。女孩在8岁之前出现乳房发育，乳头、乳晕增大，大、小阴唇随后增大，色素沉着，阴毛、腋毛出现，阴道出现白色分泌物；阴道黏膜细胞出现雌激素依赖性改变，腹部B超见子宫、卵巢增大，卵巢滤泡增多，或可出现0.8~1.0cm大小的成熟滤泡，最后可有成熟性排卵和月经。

男孩在9岁之前出现睾丸增大(≥4ml容积),阴囊皮肤皱褶增加、变薄变黑,阴茎增长增粗;阴毛、腋毛、胡须生长;声音变低沉;遗精;体格肌肉发达。

此外,患儿生长加速,骨成熟加速,骨龄超过实际年龄,骨骺闭合早,使生长较早停止,导致成年身高较矮。如因颅内肿瘤所致者,早期颅内压迫症状不明显,晚期可有头痛、呕吐、视野缺损等颅压增高的神经系统症状和体征。

外周性性早熟临床表现有第二性征出现,但一般无性腺增大,与下丘脑-垂体-性腺轴的活动无关,而与内源性或者外源性性激素水平升高有关。

(四) 辅助检查

1. 内分泌激素检查　包括测定FSH、LH、E2、睾酮、17-羟孕酮基础值。如果第二性征已达青春中期程度时,血清促黄体生成素(LH)基础值可作为初筛,如>5.0U/L,即可确定其性腺轴已发动,不必再进行促性腺激素释放激素激发试验。

2. 促性腺激素释放激素(GnRH)刺激试验　亦称LHRH兴奋试验,其原理是通过GnRH刺激垂体LH和FSH分泌,对鉴别中枢性与外周性性早熟具有重要意义。一般采用静脉内注射LHRH(戈那瑞林),按2.5μg/kg(最大剂量≤100μg),于注射0分钟、30分钟、60分钟时采血检测血清LH和FSH。

正常青春期或真性性早熟者,LH峰值出现时间在15~30分钟,用放射免疫法测定时,LH峰值>12.0U/L、LH峰/FSH峰>0.6~1.0时可认为其性腺轴功能已经启动;用免疫化学发光法(ICMA)测定时,LH峰值>5.0U/L、LH峰/FSH峰>0.6可认为其性腺轴功能已经启动。

3. 骨龄测定　拍摄腕部X线正位片查阅骨龄,骨龄超过实际年龄一岁以上可视为提前,发育越早,则骨龄超前越多。

4. B超检查　盆腔B超检查女孩卵巢、子宫的发育情况;男孩注意睾丸、肾上腺皮质等部位。若盆腔B超显示卵巢内可见4个以上直径>4mm的卵泡,则提示青春期发育;若发现单个直径>9mm的卵泡,则为囊肿;若卵巢不大而子宫长度>3.5cm并见内膜增厚,则多为外源性雌激素作用。

5. 头颅MRI检查　对确诊中枢性性早熟的患儿应作头颅MRI检查,以排除颅内占位性病变。

(五) 诊断和鉴别诊断

性早熟首先应根据临床表现和相关检查诊断是中枢性性早熟抑或外周性性早熟,然后寻找病因。特发性性早熟是排除其他原因所致性早熟后诊断。对不典型者应与下列疾病鉴别。

1. 单纯性乳房早发育　是女孩不完全性性早熟的特殊表现,起病年龄小,常在2岁以前发病,乳腺仅轻度发育,可呈单侧或不对称,常呈现周期性变化。这类患儿生长正常,骨骼发育正常,血清E2和FSH基础值常轻度增高,GnRH兴奋试验中FSH峰值比正常儿童水平高。超声检查卵巢大小正常,个别可见到小滤泡。乳房早发育是一良性过程,但一小部分患者也可逐步演变为真性性早熟,故应重视随访,观察女孩乳房早发育的发展过程,注意与真性性早熟相鉴别。

2. 单纯性阴毛早发育　属不完全性性早熟的特殊类型,两性均可发病,但女孩比男孩多见。好发于6岁左右,阴毛发育进展很慢,最后出现腋毛,但无其他性征出现,无性腺发育,亦不发生男性化。患儿生长和骨龄正常或暂时轻度增速,常有家族史。可能与肾上腺网状带功能早现、过早分泌大量雄激素有关。

3. 月经早潮　单独发生月经而无其他性早熟表现,大多数女孩仅为1~3次阴道出血。青春发育年龄正常,促性腺激素正常,可能由于卵巢发生激活引起E2分泌,偶尔卵巢B超有时可发现滤泡囊肿。

(六) 治疗

本病治疗应依据病因而定,如肿瘤引起者应手术摘除或进行化疗或放疗,甲状腺功能减退者给予甲状腺激素补充治疗,先天性肾上腺皮质功能增生者采用皮质激素制剂治疗。

中枢性性早熟可采用重组基因工程合成的GnHR类似物进行治疗。其治疗目的是:①控制或减缓第二性征发育,延迟性成熟过程;②抑制性激素引起的骨成熟,防止骨骺早闭而致成人期矮身材;③同步进行适当的心理和行为指导,从而达到保证儿童理想生长发育的目的。

1. 促性腺激素释放激素类似物(GnRHa)　此类药物是将GnRH(10肽)分子结构中第6位甘氨酸换成D-色氨酸(达菲林和达必佳)、D-亮氨酸(抑那通)等的长效合成激素,竞争性抑制自身分泌的GnRH,减少垂体促性腺激素分泌。可按100~120μg/kg用药,每月肌注一次。治疗后垂体产生激素降调节,LH、FSH的分泌下降,E2亦随之分泌减少,性征退缩甚至恢复到青春期前水平,骨骼发育减慢。不良反应较少见,停药后青春期发育正常发生。青春早期治疗效果最佳。

2. 达那唑　一般不作为首选药物,有抗孕激素和雌激素作用,其作用于下丘脑-垂体-卵巢,抑制促性腺激素分泌,使体内雌激素水平下降,抑制性征发育同时有促进身高增长作用。副作用有时见声音粗、毛发增多、钠水潴留等。

第五节　先天性甲状腺功能减低症

案例17-4

患儿,男,3岁,因"生长发育落后2年"入院。

病史:患儿2年前开始生长发育落后于同龄

儿，动作迟缓，智力发育亦差，表情呆板、淡漠，不愿活动，怕冷，声音低哑。精神反应迟钝，食欲差，睡眠多，2~3日大便1次，小便正常。患儿生后因“巨大儿，新生儿高胆红素血症”住院治疗10日，黄疸持续2个月消退。系第1胎第1产，过期剖宫产，无窒息。出生体重4.3kg，身长55cm，头围35cm。生后母乳喂养，食欲差，6个月添加辅食，1.5岁断奶。4月抬头，8个月会坐，2岁会走。现语言不清，智力明显落后。

体格检查：体温36℃，脉搏68次/分，呼吸20次/分，血压75/50mmHg，体重13kg，身高84cm，上部量56cm，下部量27cm，头围50cm。发育落后，精神反应差，表情呆板、淡漠，眼睑黏液性水肿。呼吸缓慢，全身皮肤粗糙、苍黄，毛发稀少、枯黄，头大，眼睑水肿，眼距宽，鼻梁宽平，口唇厚，舌大宽厚，伸出口外，牙列不齐。颈短，心音低钝，律齐，心率68次/分，无杂音。腹部膨隆，可见脐疝，肠鸣音弱。四肢短小，肌张力偏低。

【思考题】

1. 该患儿最可能的诊断是什么？

2. 需做哪些检查明确诊断？

先天性甲状腺功能减低症（congenital hypothyroidism）简称先天性甲低，是由于甲状腺激素合成不足或其受体缺陷所致的一种疾病。先天性甲低是儿科最常见内分泌疾病之一。未经治疗的患儿常可导致生长障碍，智能落后。若通过新生儿筛查获得早期诊断和治疗，可获得良好的预后。散发性先天性甲低临床较常见，发生率为1/5000~1/3000。

（一）病理生理和发病机制

1. 甲状腺激素的代谢及功能

（1）甲状腺激素的代谢：碘经肠道吸收后以无机碘化物形式进入血液循环，通过甲状腺上皮细胞膜上碘泵浓集，进入细胞内。此时的碘化物是无机碘。在过氧化酶的作用下，碘化物氧化成活性碘，并与酪氨酸结合成单碘酪氨酸（MIT）及二碘酪氨酸（DIT）。两分子DIT缩合成一分子T_4，MIT、DIT各一分子缩合成一分子T_3。T_4与T_3均是甲状腺激素。酪氨酸的碘化及T_3、T_4的合成，均是在甲状腺球蛋白（TG）上进行的。TG经溶酶体的蛋白水解酶作用，释放出T_3、T_4，进入血液后，大部分和血浆蛋白质结合，约75%的T_4和TBG结合，少量与前白蛋白和白蛋白结合。仅0.03% T_4和0.3% T_3呈游离状态。T_3的活性比T_4强3~4倍，机体所需的T_3约80%是经T_4转化而来。

（2）甲状腺激素的分泌调节：甲状腺的功能受下丘脑、垂体前叶和血中T_3、T_4浓度的调节，三者组成一个反馈系统。下丘脑的神经分泌细胞产生促甲状腺激素释放激素（TRH），释放到垂体门脉系中，兴奋垂体前叶产生TSH，TSH再兴奋甲状腺分泌T_3、T_4。血中游离T_3、T_4过高时，抑制TSH的分泌，过低时TSH分泌增多，从而兴奋甲状腺的分泌。上述反馈系统使血中T_4、T_3保持动态平衡，以保证机体的正常物质代谢和生理活动。

（3）甲状腺素的生理作用：甲状腺素能加速体内细胞氧化反应的速度，从而释放热能；促进生长发育及组织分化；促进蛋白合成、糖原分解以及脂肪分解与利用；促进神经系统的发育，年幼时缺乏会严重影响脑的发育、分化与成熟；此外，甲状腺素对维生素的代谢，消化系统功能以及循环系统功能等方面发挥重要的生理作用。

2. 根据发病机制，先天性甲低的分类

（1）散发性先天性甲低：①甲状腺发育不良、发育不全或者异位，是造成先天性甲低最主要的原因，约占90%。甲状腺发育不良包括甲状腺缺如、发育不良、异位等，其中约1/3病例甲状腺可完全缺如。甲状腺异位为甲状腺在下移过程中停留在异常部位（如舌下至正常甲状腺部位），形成部分或完全丧失功能的异位甲状腺。②甲状腺激素合成障碍，是导致先天性甲低的第2位常见病因。多见于甲状腺激素的合成和分泌的各种酶缺陷所致。③促甲状腺素缺乏，亦称下丘脑-垂体性甲低，是由垂体分泌的TSH障碍而引起。④甲状腺或靶器官反应低下，为罕见病。⑤暂时性甲低：包括孕母甲亢在服用抗甲状腺药物或存在TSH受体阻断抗体，一般会在3个月内消失。

（2）地方性先天性甲低：主要发生在严重的地方性甲状腺肿流行地区，多见孕妇饮食缺碘，致使胎儿在胚胎期碘缺乏所致。随着我国碘化食盐的广泛使用，其发病率已明显下降，但在个别地区还可见到。

（二）临床表现

甲状腺功能减退症的症状出现的早晚及程度与残留的甲状腺组织多少及甲状腺功能低下的程度有关。先天性无甲状腺或酶缺陷者，在婴儿早期即可出现症状，甲状腺发育不良者常于生后3~6个月出现症状，偶有症状在数年之后才出现。主要临床特征为智能低下、生长发育迟缓和BMR降低。

1. 新生儿期 大多数症状轻微，或者缺如。可表现为：过期产、巨大儿、胎便排出延迟、皮肤粗糙、生理性黄疸延迟、嗜睡、少哭、哭声低下、纳呆、吸吮力差、体温低、便秘、前囟和后囟较大、腹胀、脐疝、心率缓慢、心音低钝等。该期症状和体征缺乏特异性，极易误诊为其他疾病。

2. 婴幼儿和儿童期 多因新生儿期未正规诊治，或出生后数月或1岁后因发育落后才首次就诊，此时甲状腺素缺乏严重，症状典型。

（1）特殊面容：头大，颈短，皮肤粗糙，毛发稀疏，面部黏液水肿，眼睑水肿，眼距宽，鼻梁低平，唇厚舌大，舌外伸，表情淡漠。

（2）神经系统功能障碍：运动发育障碍，如翻身、坐、立、行的时间均延迟。智能低下，表情淡漠、记忆力、注意力均下降。可有听力下降，感觉迟钝等。

（3）生长发育迟缓：身材矮小，表现躯体长，四肢短，上、下部量比值常>1.5，骨龄发育明显延迟。

（4）生理功能低下：精神差、安静少动、对周围事物反应少，纳差，腹胀，便秘，粪便干燥，胃酸减少，腹部膨隆，常有脐疝；脉搏细数，心音低钝，心脏扩大，可伴心包积液，胸腔积液，心电图呈低电压，PR 间期延长，传导阻滞等。

（5）其他：散发性先天性甲低因胎儿期缺乏碘，影响神经系统发育。可表现为：①"神经性"综合征，主要表现为共济失调、痉挛性瘫痪、聋哑、智能低下等；②"黏液水肿性"综合征，除智能、运动发育落后外，还伴黏液性水肿。

（三）辅助检查

1. 新生儿筛查　目前多采用出生后 2~3 日的新生儿干血滴纸片检测 TSH 浓度作为初筛，结果大于 15~20 mU/L 时，再检测血清 TSH、T_4确诊。该方法采集标本简便，被广泛采用。为防止新生儿筛查假阴性，低或极低出生体重儿可以在生后 2~4 周或体重超过 2500g 时重新采血测定甲状腺功能。

2. 甲状腺功能检查　对疑有甲低患儿，均应测定外周血 TSH、FT_4、FT_3。原发性甲低 TSH 升高、FT_3、FT_4浓度下降；继发于下丘脑-垂体原因的甲低，TSH 正常或者下降，FT_4、FT_3浓度下降。

3. TRH 刺激试验　若血清 TSH、T_4均低，可进一步做 TRH 刺激试验：静脉注射 TRH 7μg/kg，正常者在注射 20~30 分钟内出现 TSH 峰值，90 分钟后回至基础值。若未出现高峰，应考虑垂体病变；若 TSH 峰值甚高或出现时间延长，则提示下丘脑病变。

4. 甲状腺同位素显像（^{99m}Tc，^{123}I）　可判断甲状腺位置，大小，发育情况、占位性病变及摄碘功能。

5. 甲状腺 B 超　可了解甲状腺位置、占位性病变、大小及密度分布。

6. 骨龄测定　患儿骨骼生长和成熟均落后，常呈点状或不规则，以后逐渐增大融合成单一密度不均匀、边缘不规则的骨化中心。

（四）诊断和鉴别诊断

1. 诊断　根据患儿生理功能低下、特殊面容和体态、生长发育迟缓及智力低下等典型临床表现和甲状腺功能测定，先天性甲低的诊断不难确立。对于新生儿，由于缺少特异性的临床表现，应重视先天性甲低的筛查试验，对可疑的患儿，应进一步查甲状腺功能以明确诊断。

2. 鉴别诊断

（1）21-三体综合征：亦称先天愚型。该症智能低下、骨骼和运动发育均迟缓，有特殊面容：眼距宽、外眼角上斜、鼻梁低、舌外伸，关节松弛，皮肤和毛发正常，无黏液水肿，且常伴有其他先天性畸形。染色体核型分析呈 21-三体型。

（2）先天性巨结肠：患儿出生后即出现便秘，腹胀，可有脐疝，但其面容、精神反应和哭声等均正常，钡灌肠可见结肠痉挛与扩张，且血 T_3、T_4、TSH 检查均正常。

（3）佝偻病：患儿有动作发育迟缓、生长落后等表现。但面容、智能正常，皮肤正常，有佝偻病如肋骨串珠、方颅、鸡胸等特征，血生化及 X 线可鉴别。

（五）治疗

尽早确诊，尽早治疗，以避免对脑发育的损害。一旦确诊明确，应终身服用甲状腺制剂。对可疑暂时性甲低者，一般治疗 2 年后减药或停药 1 个月复查甲状腺功能，若功能正常，则可停药定期观察。

左旋甲状腺素钠（L-tyroxine，L-T_4）是治疗先天性甲低的最有效药物，肠道吸收完全。治疗剂量见表 17-6。用药应根据甲状腺功能及临床表现进行适当调整，应使：TSH 浓度正常，血 T_4正常或偏高值，以备部分 T_4转化为 T_3。新生儿甲低初始治疗剂量 10~15μg/（kg·d），每日一次口服，目的使 TSH 在 2 周内将至正常，使 FT_4 达到正常范围，以尽早纠正甲低状态。

表 17-6　先天性甲低的甲状腺素（L-T_4）替代治疗剂量表

年龄	每日（μg）	每日每千克重量（μg）
新生儿	37.5~50	10~15
3~12 个月	37.5~75	5~10
1~5 岁	75~100	5~6
6~12 岁	100~150	4~5
12 岁到成人	100~200	2~3

用药过程中，剂量合适时临床症状表现为：大便次数及性状逐渐正常，食欲好转，腹胀消失，心率维持在正常范围，智能及体格发育改善。药物过量时则可出现烦躁、多汗、消瘦、腹痛、腹泻、发热等。因此，治疗必须坚持个体化方案，定期随访，结合临床表现、智商、骨龄等方面，以及血 FT_4、TSH 浓度综合考虑，调整药物的剂量。

（六）预后

新生儿期确诊并立即开始正规治疗，预后良好；出生后 3 个月内开始治疗，预后尚可，智能绝大部分可达到正常；出生 6 个月后确定诊断和正规治疗，智能发育会受到严重影响，但生长状况可以改善。

第六节　先天性肾上腺皮质增生症

案例 17-5

患儿,男,6 岁,因"声音低沉、阴毛出现半年"入院。

病史:患儿半年前开始出现声音低沉,渐明显,面部出现痤疮,喉结明显,肌肉发育,家长发现患儿出现阴毛,同时阴茎及阴囊开始增大。无头痛呕吐,无腹胀、腹痛表现。无外伤及手术史。生长发育正常,智力与同龄儿相仿。无家族性遗传病史。

体格检查:血压 95/65mmHg,体重 18kg,身高 125cm,营养良好,毛发色黑浓密,面部可见痤疮,喉结出现,甲状腺无肿大。心率 122 次/分,律齐。脊柱四肢无畸形,阴毛出现,阴茎变粗,阴囊发育,睾丸直径 3.5cm。实验室检查提示尿游离皮质醇、17-羟孕酮增高。

【思考题】

1. 该患儿的最可能是什么病?
2. 为确立诊断,需进一步行哪些针对性检查?

先天性肾上腺皮质增生症(congenital adrenal hyperplasia,CAH)属常染色体隐性遗传性疾病。类固醇激素合成过程中某种酶的先天性缺陷,肾上腺皮质正常的合成功能完全或部分受阻,促肾上腺皮质激素(adrenocorticotropic hormone,ACTH)增加,导致肾上腺皮质增生并产生过多的中间代谢产物,从而引发疾病。临床主要表现包括肾上腺皮质功能不全、性腺发育异常、水盐代谢失衡。CAH 发病存在种族差异。典型的 CAH 发病率为 1/15 000~1/10 000,非典型的发病率约为典型的 10 倍。

(一)病理生理和发病机制

1. 解剖、生理特征　肾上腺由皮质和髓质组成,皮质分泌肾上腺皮质激素,髓质分泌儿茶酚胺激素。肾上腺皮质又可分为 3 个区带:①球状带,位于肾上腺皮质最外层,占皮质的 5%~10%,主要合成和分泌盐皮质激素;②束状带,位于中间层,约占皮质的 75%,是储存胆固醇的重要场所,主要合成糖皮质激素,如皮质醇及少量去氧皮质酮(DOC)、脱氧皮质醇(S)和皮质酮(B);③网状带,位于肾上腺皮质最内层,主要合成肾上腺雄激素。胆固醇是诸类肾上腺皮质激素的来源,经过一系列的酶促反应加工而成。

2. 病理生理　在生理情况下,下丘脑分泌的 CRH 和垂体分泌的 ACTH 能促进肾上腺皮质细胞增生、激素合成和分泌,当血中皮质醇达到一定浓度时,即通过反馈机制抑制 CRH 和 ACTH 的分泌。若在类固醇激素合成途径中任何一个酶发生缺陷时,都会使血中皮质醇浓度降低,由于负反馈作用刺激垂体 ACTH 分泌增加,刺激肾上腺皮质增生;同时酶缺陷导致前体中间代谢产物增多,经旁路代谢产生过多雄激素。由于醛固酮合成和分泌在常见类型的 CAH 中亦大多同时受到影响,故常引起血浆肾素活性(PRA)增高。

CAH 主要包括 21-羟化酶缺乏症(21-OHD)、11β-羟化酶缺乏症(11β-0HD)、3β-羟类固醇脱氢酶(3β-HSD)缺乏症、17a-羟化酶缺乏症(17a-OHD)、胆固醇碳链酶缺乏症(类脂性肾上腺增生症)等类型。其中 21-OHD 是最常见的 CAH,约占 CAH 总数的 90%以上。

3. 致病基因　CAH 是常染色体隐性遗传病,患者为纯合子,父母为杂合子,每生育一胎,1/4 的可能性为 CAH 纯合子患儿。CAH 的分子病理为相关基因的遗传突变,导致编码蛋白缺陷,故为单基因遗传病。

(二)临床表现

1. 21-OHD　根据酶缺乏程度不同,通常将其分为三种临床类型。

(1)失盐型(salt wasting,SW):本型是 21-羟化酶完全缺乏所致,占 21-OHD 患者总数约 75%。临床上除出现单纯男性化型的一系列临床表现外,还可因醛固酮严重缺乏导致低血钠、高血钾及血容量降低等失盐症状出现,如呕吐、腹泻、脱水、消瘦、呼吸困难及发绀等。如不及时诊治则导致血容量降低、血压下降、休克,循环功能衰竭。患儿常因诊断延误、治疗不及时死亡。

(2)单纯男性化型(simple virilizing,SV):本型约占 21-OHD 总数的 25%;,是由于 21-羟化酶不完全缺乏所致。患者不能正常合成 11 脱氧皮质醇、皮质醇、11 去氧皮质酮,致使其相应前体物质 17 羟孕酮、孕酮和脱氢异雄酮合成增多,促使男性化表型。同时由于患儿仍有残存的 21-羟化酶活力,能少量合成皮质醇和醛固酮,故无失盐症状。临床主要表现为雄激素增高的症状和体征。

男孩表现为假性性早熟,出生时可无临床症状,6 月龄后逐步出现性早熟征象,1~2 岁时更趋明显,表现为阴茎、阴囊增大,但睾丸大小与年龄相称,可早期出现阴毛、腋毛、胡须、痤疮、喉结、肌肉发达等。女孩在出生时即可出现不同程度的男性化体征:阴蒂肥大,类似男孩尿道下裂样改变;大阴唇似男孩的阴囊,但无睾丸;可有不同程度的阴唇融合。内生殖器为女性型,有卵巢、输卵管和子宫。患儿在 2~3 岁后可出现阴毛、腋毛。于青春期女性性征缺乏,无乳房发育和月经来潮。

无论女孩还是男孩,均出现体格发育过早过快,骨龄超出年龄,因骨骺融合过早,其最终身材矮小,但智能发育正常。由于ACTH增高,可有皮肤黏膜色素沉着。

(3)非典型型(nonclassic,NC):亦称轻型,是21-羟化酶轻微缺乏所引致的一种类型。症状轻微,临床表现各异,发病年龄不一。男孩早期出现阴毛、性早熟,生长加速、骨龄超前;女孩表现为初潮延迟、闭经、多毛症和不孕症等。

2. 11β-羟化酶缺乏症(11β-hydroxyrlase deficiency,11β-OHD) 占本病的5%~8%。典型病例因11β-OH缺乏而导致DOC增加,可使部分患儿出现高血钠、低血钾、碱中毒及高血容量,导致高血压症状;又因皮质醇合成减少引起肾上腺雄激素水平增高,出现类似21-羟化酶缺乏的高雄激素症状和体征。非典型型临床表现差异较大,大多血压正常,部分女孩可至青春发育期因多毛、痤疮和月经不规则而就诊,男孩有时仅表现为生长加速和阴毛早现,临床较难与21-OHD的非典型型患者区别。

3. 3β-羟类固醇脱氢酶缺乏症(3β-hydroxysteroid dehydrogenase,3β-HSD) 本型少见。典型病例在出生后即出现失盐和肾上腺皮质功能不全的症状,如厌食、呕吐、脱水、低血钠、高血钾及酸中毒等,严重者因循环衰竭而死亡。男性可有不同程度的外生殖器发育不良,如阴茎发育差、尿道下裂。女性则出现不同程度男性化。非典型病例出生时往往无异常,至青春发育期前后出现轻度雄激素增高体征,如女孩阴毛早现、多毛、痤疮、月经量少及多囊卵巢等。

4. 17α-羟化酶缺乏症(17-hydroxylase deficiency,17-OHD) 本型罕见。由于皮质醇和性激素合成受阻,而DOC和皮质酮分泌增多,导致临床发生低钾性碱中毒和高血压,女性青春期呈幼稚型性征和原发性闭经;男性则表现男性假两性畸形,外生殖器女性化,有乳房发育,但体检可见睾丸。各种类型CAH临床特征见表17-7。

表17-7 各种类型CAH临床特征

酶缺乏	盐代谢	临床类型
21-羟化酶(失盐型)	失盐	男性假性性早熟,女性假两性畸形
(单纯男性化型)	正常	同上
11β-羟化酶	高血压	同上
17-羟化酶	高血压	男性假两性畸形,女性性幼稚
3β-羟固醇脱氢酶	失盐	男、女性假两性畸形
类脂性肾上腺皮增生	失盐	男性假两性畸形、女性性幼稚
18-羟化酶	失盐	男、女性发育正常

(三)实验室检查

1. 生化检测

(1)尿液17-羟类固醇(17-OHCS)、17-酮类固醇(17-KS)、孕三醇测定:其中17-KS是反映肾上腺皮质分泌雄激素的重要指标,对本病的诊断优于17-OHCS,肾上腺皮质增生患者17-KS明显升高。

(2)血液17-羟孕酮(17-OHP)、肾素-血管紧张素原(PRA)、醛固酮(Aldo)等的测定:17-OHP可增高达正常的几十倍,是21-羟化酶缺乏症较可靠的诊断依据;所有患儿其血浆肾素、血管紧张素均有不同程度增高。

(3)血皮质醇、ACTH测定:典型失盐型CAH的皮质醇水平低于正常,单纯男性化型其水平可在正常范围或稍低于正常。血ACTH不同程度升高,部分患儿尤其是非典型者可正常。

(4)血电解质测定:可出现低血钠,血钾升高或降低,代谢性酸中毒、碱中毒等。

2. 其他检查

(1)染色体检查:外生殖器严重畸形时,可进行染色体分析,以鉴别性别。

(2)X线检查:拍摄左手腕掌骨指骨正位片,判断骨龄。

(3)CT或MRI检查:可发现双侧肾上腺增大。

(4)基因诊断:可对21-OHD的致病基因CYP21B或者其他相应致病基因进行DNA序列分析。基因诊断是遗传病诊断最可靠的方法。

(四)诊断和鉴别诊断

诊断需根据临床表现,结合相应的生化等检查,加以确定。①典型单纯男性化型患者无失盐及明显的糖皮质激素缺乏的症状,仅见雄激素增高的症状;②典型失盐型患儿在新生儿期即出现呕吐、腹泻、脱水和难以纠正的低血钠、高血钾和代谢性酸中毒,严重者出现循环衰竭征象;③非典型型者在儿童早期可无明显临床症状,以后逐渐出现多毛、痤疮、月经过少、闭经和生育能力障碍就诊。

对于女孩具有外阴呈两性畸形者,首先应考虑先天性肾上腺皮质增生。本病应争取早期诊断和及时治疗,症状出现前治疗可维持患儿的发育和生活。新生儿期失盐型患儿应与幽门狭窄、食道闭锁等症相鉴别;儿童期患儿应与性早熟、真两性畸形、肾上腺皮质肿瘤、性腺肿瘤等相鉴别。

(五)治疗

治疗目的:①补充生理需要量的糖皮质激素、盐皮质激素,维持机体正常的生理代谢;②抑制ACTH的分泌,从而减少肾上腺雄激素的过度分泌,阻止骨骺成熟加速,促进正常的生长发育。

1. 糖皮质激素 采用氢化可的松(HC)或醋酸可的松治疗,按每日10~20mg/m^{2}计算,总量一般分2~3次。新生儿开始治疗剂量宜大些,该类药物可替代肾上腺皮质醇的分泌不足,并抑制过多ACTH分泌,从而减少雄激素的分泌。糖皮质激素剂量仍应根据生长速率、骨成熟度、17-OHP、睾酮,ACTH 等指标综合分析调整。

2. 盐皮质激素 可协同糖皮质激素作用,使 ACTH 分泌进一步减少。一般口服 9α-氟氢可的松 0.05~0.1mg/d,失盐难纠正者可加大 9α-氟氢可的松至 0.2mg/d,每日饮食中加入 1~2g 盐。通过监测血钾、钠、氯调整激素用量。

3. 女性患者需终生糖皮质激素替代治疗。单纯男性化型的男性患者至成人期,已达到最终身高,可中断治疗。但遇到应激时应根据轻重程度适当补充一些糖皮质激素。失盐型者,无论男女均应终生治疗。对于伴有真性性早熟者,同时给 LHRH-a 治疗。

4. 外科治疗 男性患儿无须手术,女性假两性畸形患儿宜在 6 个月到 1 岁行阴蒂部分切除手术或矫形术。

(六) 预防

1. 新生儿筛查 主要对新生儿 21-OHD 筛查。运用干血滴纸片法,在生后 3 日足跟采血滴于特制滤纸片上,经 ELISA、荧光免疫等方法测定 17-OHP 浓度来早期筛查和诊断。

2. 产前诊断 因 CAH 是常染色体隐性遗传病,每生育一胎就有 1/4 概率为 CAH 患者。因此,对有家族史的孕妇应取羊水细胞或者取绒毛膜进行产前基因诊断。

第七节 儿童糖尿病

案例 17-6

患者,女,11 岁,因"多饮、多尿、多食、体重下降半月,呕吐、腹痛 2 日"入院。

病史:患者半月前出现尿频、多尿、烦渴、多饮、多食。尿量约 2500ml/d,无血尿,偶有尿痛。饮食较前明显增多,但体重下降约 5kg。伴乏力、疲倦、精神不振。近 2 日来,患儿出现呕吐 2~3 次/日,非喷射性,为胃内容物,伴腹痛,无腹泻,呼吸深长,关节疼痛,遂来诊。半月前有上呼吸道感染史,无家族性遗传病。

体格检查:颈无抵抗,气管居中,双肺呼吸音粗,无啰音。心音略低钝,心率 100 次/分,律齐,无杂音。腹平软,无压痛及反跳痛,肝脾不大,肠鸣音正常。

【思考题】

1. 结合以上病例资料,需补充哪些体格检查?

2. 明确诊断后,该如何治疗?

糖尿病(diabetes mellitus,DM)是由于胰岛素绝对或者相对缺乏而造成的糖、脂肪、蛋白质代谢紊乱症,分为原发性和继发性两类。糖尿病在北方较多见,可发生于任何年龄,高峰在学龄前期和青春期,婴幼儿期较少见。

儿童原发性糖尿病主要分为三大类:①1 型糖尿病:因胰岛 β 细胞破坏、胰岛素分泌绝对缺乏所造成,必须使用胰岛素治疗,故又称胰岛素依赖型糖尿病(IDDM),95% 儿童期糖尿病属此类型;②2 型糖尿病,由于胰岛 β 细胞分泌胰岛素不足或靶细胞对胰岛素不敏感(胰岛素抵抗)所致,亦称非胰岛素依赖型糖尿病(NIDDM),在儿童期发病者较少,但近年来有增加趋势;③青年成熟期发病型糖尿病(maturity-onset type diabetes of the young,MODY)是一种常染色体显性的单基因遗传病,属非胰岛素依赖型糖尿病,儿童极为罕见。

儿童继发性糖尿病大多由一些遗传综合征和其他内分泌疾病所致。本章主要叙述儿童期 1 型糖尿病。

(一) 发病机制

1 型糖尿病的确切机制尚不明确。目前认为,在遗传易感基因的基础上,由外界环境因素的作用引起的自身免疫反应,导致了胰岛 β 细胞损伤和破坏,当胰岛素分泌减少至正常的 10% 时,即出现临床症状。

1. 遗传易感性 目前已知该病为多基因遗传病,有多个基因与糖尿病的遗传易感性有关。根据同卵双胎的研究,1 型糖尿病的患病一致性为 50%,说明遗传因素在 1 型糖尿病的发病过程中起着重要的作用。目前研究最多的是 1 型糖尿病与人类白细胞抗原(HLA)的 D 区 Ⅱ 类抗原基因,后者位于第 6 号染色体短臂(6p21.3)。

2. 环境因素 环境因素与 1 型糖尿病的关系最为复杂,难以肯定。1 型糖尿病的发病与病毒感染(柯萨奇病毒、巨细胞病毒、EB 病毒等)、饮食中的某些成分(牛乳蛋白包括 BSA、α-酪蛋白等)有关。此外,年龄、出生体重、饮食习惯等也可能有一定影响。

3. 自身免疫 近年研究发现,90% 的 1 型糖尿病患者在诊断时血中有胰岛细胞自身抗体,可引起免疫细胞间的复杂作用,在补体和 T 淋巴细胞的协同作用下具有对胰岛细胞的毒性作用。如谷氨酸脱羧酶(GAD)自身抗体、胰岛素自身抗体(IAA)、酪氨酸磷酸化酶自身抗体(IA2)和胰岛细胞自身抗体(ICA)等。

(二) 病理生理

糖尿病患儿由于胰岛素分泌不足或缺如,使葡萄糖的利用(进入细胞)量减少,而增高的胰高血糖素、生长激素和皮质醇等却又促进肝糖原分解和葡萄糖异生,脂肪和蛋白质分解加速,造成血糖增高和细胞外液渗透压增高、细胞内液向细胞外转移。当血糖浓度超过肾阈值(10mmol/L 或 180mg/dl)时,即产生糖尿,导致渗透性利尿,临床出现多尿症状,每日丢失大量的水分和电解质，因而造成严重的电解质失衡和慢性脱水。由于机体的代偿，患儿出现渴感，饮水增多；又因为组织不能利用葡萄糖、能量不足而产生饥饿感，引起多食。胰岛素不足和胰岛素拮抗激素的增高也促进了脂肪分解，血中脂肪酸增高，肌肉和胰岛素依赖性组织即利用这类游离脂肪酸供能以弥补细胞内葡萄糖不足，而过多的游离脂肪酸在进入肝后则在胰高血糖素等生酮激素作用下加速氧化，导致乙酰乙酸、β-羟丁酸等酮体累积在各种体液中，形成酮症酸中毒。酮症酸中毒时氧利用减低，脑功能受损，CO_2严重潴留，呼吸中枢兴奋而出现不规则的呼吸深快，呼气中的丙酮产生特殊的烂苹果气味。

（三）临床表现

1型糖尿病起病多数较急骤，典型症状为“三多一少”，即多饮、多食、多尿和体重下降。婴幼儿多饮多尿不易发现，可很快发展为脱水和酸中毒。学龄儿童亦有因夜间遗尿而就诊者。在病史较长的年长儿中，消瘦、精神不振、倦怠乏力、体质显著下降颇为突出。约40%的患儿以酮症酸中毒为首发症状，表现为胃纳减退、恶心、呕吐、腹痛、关节肌肉疼痛、呼吸深快、呼气中带有酮味，神志萎靡、嗜睡、反应迟钝，严重者可出现昏迷。体格检查时除见体重减轻、消瘦外，通常无阳性体征。

病程较久，对糖尿病控制不良时可出现生长落后、智能发育迟缓、肝大，称为Mauriac综合征。晚期可出现蛋白尿、高血压等糖尿病肾病表现，最后致肾衰竭，还可出现白内障、视力障碍、视网膜病变，甚至双目失明。糖尿病治疗中常见的并发症如下。

1. 急性期并发症

（1）糖尿病酮症酸中毒：儿童时期糖尿病约有1/3以上发生酮症酸中毒，常易误诊为肺炎、败血症、急腹症或脑膜炎等。通常其血生化检查可见血糖高、酸中毒、电解质紊乱以及酮体增高。尿液检查可见尿糖及尿酮体阳性。

（2）低血糖：多因胰岛素用量过多或用药后未按时进食而引起。表现心悸、出汗、饥饿感、头晕或震颤等，严重者可致昏迷、惊厥，若不及时抢救可致死亡。反复低血糖发作可引起脑功能障碍。

（3）感染：各种病毒或细菌感染，或并发结核病，严重感染可发生中毒性休克，这与免疫功能障碍有关。

2. 慢性期并发症 若血糖长期控制不良，可出现慢性并发症，且常不可逆转。①生长障碍：表现为骨骼和关节异常，生长落后、矮小，年长儿性发育延迟和神经心理发育一定程度受损。②糖尿病视网膜病：是糖尿病微血管病变最常见的并发症，表现为视力障碍，白内障甚至失明。③糖尿病肾病：随病程延长其患病率增加，表现为水肿、蛋白尿及高血压等，但少见终末期肾病。肾衰竭亦是引起儿童期糖尿病死亡的原因之一。

（四）实验室检查

1. 尿液检测

（1）当糖尿病患者血糖超过肾阈值（8.9～10mmol/L），尿糖呈现阳性。

（2）糖尿病酮症酸中毒时，尿酮体阳性。

（3）尿微量白蛋白排泄率（UAE）：定量分析尿中白蛋白含量，正常人UAE<20μg/min（<30mg/24h）；若持续UAE>20μg/min，则应警惕糖尿病肾病。

2. 血糖 美国糖尿病学会2005年公布了糖尿病诊断标准，符合下列任意一项标准即可诊断为糖尿病。

（1）有典型糖尿病症状并且餐后任意时刻血糖水平≥11.1 mmol/L。

（2）空腹血糖（FPG）≥7.0 mmol/L。

（3）2小时口服葡萄糖耐量试验（OGTT）≥11.1 mmol/L。

3. 糖化血红蛋白（HbA_{1c}） HbA_{1c}是血中葡萄糖与血红蛋白非酶性结合而产生，其寿命周期与红细胞相同，反映过去2～3个月的血糖平均水平，正常人HbA_{1c}<7%。若糖尿病患儿HbA_{1c}<7.5%，为最理想的控制水平；HbA_{1c}若7.5%～9%提示病情控制一般；若HbA_{1c}>9%，表示血糖控制不理想。因此HbA_{1c}可作为患儿在以往2～3个月期间血糖控制程度的指标。

4. 葡萄糖耐量试验（OGTT） 1型糖尿病一般不需做OGTT，该检查适用于空腹血糖正常或正常高限，餐后血糖高于正常而尿糖偶尔阳性患儿。一般采用口服葡萄糖法：试验当日禁食，清晨按1.75g/kg口服葡萄糖（最大量75g），3～5分钟内服完；在口服0分钟、60分钟、120分钟分别采血测血糖浓度。正常人空腹血糖<6.7 mmol/L；60分钟和120分钟后血糖低于10.0 mmol/L和7.8 mmol/L；糖尿病患儿120分钟血糖>11.1 mmol/L。试验前应避免剧烈运动、精神紧张、停服氢氯噻嗪、水杨酸等影响糖代谢的药物。

5. 抗体测定 检测血液中的GAD、IAA、IA2和ICA抗体，主要用于糖尿病的分型。

（五）诊断和鉴别诊断

根据典型临床表现多饮多尿多食，体重下降，即“三多一少”，结合高血糖、糖尿和酮尿，1型糖尿病的诊断通常不难确定。对于不明原因脱水、酸中毒的患儿都应考虑本病的可能性，避免漏诊。

空腹血糖受损（IFG）：FPG为5.6～6.9 mmol/L；糖耐量受损（IGT）：口服1.75g/kg（最大量75g）葡萄糖后2小时血糖在7.8～11.0 mmol/L。IFG和IGT被称为“糖尿病前期”。本病应与下列情况相鉴别。

1. 肾性糖尿 指在血糖浓度正常或低于正常肾糖阈的情况下，由于近端肾小管重吸收葡萄糖功能减低所引起的糖尿的疾病。临床上分为原发性肾性糖尿和继发性肾性糖尿。常见于 Fanconi 综合征、肾小管酸中毒、胱氨酸尿症或重金属中毒等

2. 应激性高血糖症 应激性高血糖多见于高热、严重感染、手术、头部外伤后等患者,系由应激诱发的一过性高血糖,不能诊断为糖尿病,但应注意长期随访。

3. 其他发生酸中毒、昏迷的疾病 如尿毒症、感染性休克、颅内感染、重症肺炎等,结合病史和血糖等生化检查,鉴别诊断往往不难作出。

(六)治疗

糖尿病是终生内分泌代谢性疾病。儿童期的糖尿病须终生治疗,并强调综合治疗,主要包括 5 个方面:合理应用胰岛素;饮食管理;运动锻炼;自我血糖监测;糖尿病知识教育和心理支持。治疗目的是:①消除临床症状;②积极预防并及时防治糖尿病酮症酸中毒;③纠正代谢紊乱,防止肥胖;④促进患儿正常生长发育,保证其正常的生活活动;⑤早期诊断和治疗并发症。

1. 胰岛素治疗 胰岛素是 1 型糖尿病治疗的关键药物,治疗应坚持个体化方案。胰岛素的剂量、种类、注射方法与疗效密切相关。应结合患儿年龄、病程、生活方式如运动量、有无合并其他疾病等方面综合考量。

(1)胰岛素制剂和作用:目前所用的胰岛素主要为基因重组技术合成人胰岛素。从作用时间上分为短效、中效和长效三类。短、中效配合使用,每日 2 次注射方案在国内外均较普遍。各类制剂作用时间见表 17-8。

表 17-8 胰岛素的种类和作用时间

胰岛素种类	开始作用时间(小时)	作用最强时间(小时)	维持时间(小时)
短效(RI)	0.5	3~4	6~8
中效(NPH)	1.5~2	4~12	18~24
混合(短效+中效)	0.5	2~8	18~24

(2)胰岛素治疗方案:新诊患儿初始治疗或开始胰岛素治疗应选用短效胰岛素(RI),初始剂量应根据患儿体重计算,每天 0.5~1.0U/kg,分 4 次于早、中、晚餐前 30 分钟皮下注射,临睡前再注射一次。每日胰岛素总量的分配:早餐前 30%~40%、中餐前 20%~30%、晚餐前 30%、临睡前 10%。以后可过渡到短、中效胰岛素配合使用。

(3)胰岛素剂量的调整:当饮食和运动量固定时,血糖是胰岛素剂量调节的根据。用 RI 时应根据每餐后及下一餐前的血糖调节次日该餐前的胰岛素剂量。每次增加或减少胰岛素的剂量不宜过大,以 1~2 U 为宜。在非危重状态下每 2~3 日调整一次。

(4)胰岛素的注射方式:已有较大改进,如注射针、注射笔、无针喷射装置、胰岛素泵等,目前已经有较多青少年 1 型糖尿病患者采用胰岛素泵疗法。

(5)胰岛素治疗并发症:慢性胰岛素过量是指胰岛素(尤其是晚餐前中效胰岛素)慢性过量,凌晨 2~3 时易发生低血糖,然后在反调节激素作用下清晨出现高血糖,即低-高血糖反应,又称 Somogyi 反应。如清晨尿糖阴性或弱阳性,而尿酮体阳性,则提示夜间低血糖,应检测早晨 2~3 时血糖,并减少晚餐前或睡前胰岛素用量。低血糖时,应及时加餐或饮含糖饮料。

2. 饮食管理 营养管理的目的是使血糖能控制在要求达到的范围内,既要保证儿童正常生长,又避免肥胖,营养师应定期进行营养评估和指导。患者的饮食应基于个人口味和嗜好,且必须与胰岛素治疗同步进行。

热量需要:应满足儿童年龄、生长发育和日常生活的需要。每日总热量 kcal(千卡)= 1000+(年龄×80-100)。对年幼儿宜稍偏高。

(1)食物的成分:糖类 50%~55%,蛋白质 10%~15%、脂肪 30%。糖类成分应主要来自淀粉类,高纤维成分的食品有利于促进血糖控制,使食物的消化和吸收时间延长,血糖水平上升减慢。要限制食用蔗糖、精制糖,包括碳酸饮料,防止糖类吸收过快引起血糖的大幅波动。蛋白质宜选优质动物蛋白,多吃瘦肉、鱼,限制摄入蛋黄数。脂肪摄入应减少动物源性的食物脂肪,增加富含不饱和脂肪酸的植物油,不饱和脂肪与饱和脂肪的比例约为 1.2∶1.0。

(2)热量分配:全日热量分三大餐和三次点心,早餐为总热量的 2/10,午餐和晚餐各 3/10,上午和下午的餐间点心各 0.5/10,睡前点心为 1/10。大龄儿童可省略上午点心,而把这部分的热量加在午餐里。应强调根据患者的生活方式制定食谱,注重现实可行,鼓励父母或家庭的积极配合,使患者有较好的依从性。

3. 运动治疗 运动亦对糖尿病患儿至关重要,是儿童正常生长发育所必需的生活内容,不要限制糖尿病患儿参加任何形式的锻炼,包括竞技运动。运动应在血糖控制良好后才开始,并坚持每日固定时间运动,有利于热量摄入量和胰岛素用量的调节。如果运动不引起低血糖,则不必调节饮食和胰岛素剂量,运动可使肌肉对葡萄糖利用增加,血糖的调节得以改善。

4. 糖尿病的教育 由于糖尿病是慢性终生疾病,糖尿病的治疗不仅是使用和调整胰岛素,还包括对患者及其家人的教育,做到及时联络、定期随访。

糖尿病教育内容包括:①糖尿病的性质与危害;②糖尿病治疗目的和原则;③胰岛素注射技术及注意事项;④如何根据监测的血糖、尿糖调整胰岛素剂量;

⑤饮食治疗的重要性和如何制定食谱；⑥运动疗法的选择及注意事项；⑦如何监测血糖、尿糖、尿酮体和记录要求；⑧低血糖症的识别、预防和治疗；⑨足、皮肤、口腔的保健和护理；⑩糖尿病患者及其家庭成员的心理治疗。

5. 糖尿病监控 为使血糖得到良好控制，尽早防治并发症，必要的监测是必不可少的。其内容包括如下。①血糖测定：血糖监测包括家庭日常血糖监测和定期总体血糖监测。血糖监测记录有助于分析治疗效果，利于指导胰岛素剂量的调整，也有利于防止糖尿病的并发症。②糖化血红蛋白（HbA_{1c}）测定：应每3~4个月检测一次，可以反映血糖控制是否理想，指导胰岛素剂量调整。③尿微量白蛋白排泄率测定：一般每年检测1~2次，以监测早期糖尿病肾病的发生。同时严密观察血压，若发生高血压应予治疗。④并发症的监控：预防并发症，积极预防微血管继发损害所导致的肾功能不全、视网膜和心肌等病变。

6. 儿童糖尿病酮症酸中毒的治疗 酮症酸中毒仍然是儿童糖尿病急症死亡的主要原因，其中大多是死于脑水肿。治疗应针对高血糖、脱水、酸中毒、电解质紊乱和可能并存的感染等情况制订综合治疗方案。

（1）纠正脱水、酸中毒及电解质紊乱：按中度脱水计算输液量（80~100ml/kg），再加继续丢失量即为24小时的总液体量。开始先给生理盐水20ml/kg，脱水严重时可再加入20ml/kg，以后根据血钠决定给半张或1/3张不含糖的液体。前8小时输入总液量的1/2，余量在后16小时输入。补液的量与速度，以及液体张力的高低应结合临床具体问题具体分析，即须考虑脱水程度、循环状态、心脏功能、肾功能等综合判断。见排尿后即在液体中加入氯化钾溶液，一般按每日2~3 mmol/kg补给。

酮体和乳酸的过度堆积是酸中毒的发生的主要原因，补充水分和胰岛素后，通常可以矫正酸中毒。为了避免发生脑细胞酸中毒和高钠血症，对患儿不应常规补充碳酸氢钠。只有当血 $pH < 7.1$，$HCO_3^- <$ 12mmol/L 时才用碳酸氢钠纠正酸中毒。当血 $pH > 7.2$ 时，则不再补充碱性液。

（2）胰岛素应用：对于休克患儿，胰岛素的补充不宜过早过急。因胰岛素可导致血钾迅速进入细胞内，诱发严重心律失常。应在补液开始、休克逐渐恢复后方可使用。

临床上通常采用小剂量胰岛素持续静脉输入。儿童胰岛素用量为0.1U/（kg·h），加入生理盐水中输入，要检测血糖，防止血糖下降过快，使血糖维持在11.2~14.0mmol/L为宜。血糖骤降致血浆渗透压下降过快有增加脑水肿的风险。当血酮体正常时，停止静脉使用胰岛素，改为皮下注射；根据每日监测的血糖，调整胰岛素的用量。

（3）监测：每小时监测血糖一次，每2~4小时重复一次电解质、血糖、尿糖、血气分析，直至酸中毒纠正。

（谭举方）

Chapter XVII Endocrine disorders

Growth Hormone Deficiency

In children with growth hormone deficiency (GHD), height is 2 standard deviations below (−2SD) average height or the 3th percentile on growth charts, which is called short stature. GHD is characterized by decreased growth velocity due to partial or complete GHD.

Etiology

Primary GHD

- Hereditary GHD: Caused by hormone abnormalities or receptor abnormalities and gene defects associated with pituitary development.
- Idiopathic GHD: Hypothalamic dysfunction, defects in the neurotransmitter or neurohormonal signal transduction pathway.
- Dysplasia of the pituitary gland.

Secondary GHD

- Pituitary tumors and non-pituitary tumors.
- Radiation damage to the hypothalamus.
- Brain damage during birth injury, neurosurgery, fracture of skull base or other causes.

Clinical manifestations

- Slow growth rate 5 months after birth, or less than 5 cm each year at school age.
- Short stature: Height is less than average, 2SD below the mean.
- Retardation of bone age.
- Normal intelligence.
- Other clinical features associated with other pituitary hormone deficiencies or other primary diseases.

Investigations

- Determination of blood growth hormone level by provocative tests.
- Determination of blood Insulin-like growth factor 1 (IGF-1), Insulin-like growth factor binding protein-3 (IGFBP-3) level.
- Chromosomal analysis to exclude Turner syndrome and others.
- Brain MRI provides a detailed view of hypothalamic and pituitary anatomy.
- X-ray tests to determine bone age.
- It is necessary to examine other pituitary functions based on the clinical manifestations.

Diagnosis and differential diagnosis

GHD is suspected in children with short stature. The diagnosis of GHD is dependent on a slow growth rate, retardation of bone age and decreased growth hormone level in the blood (assessed by provocative tests). MRI is helpful for the diagnosis of secondary GHD.

Children with GHD should be differentiated from children with short stature of other causes, such as intrauterine growth retardation, familial short stature, constitutional puberty delay, idiopathic short stature and skeletal dysplasia.

Treatment

Human growth hormone replacement therapy.

Central Diabetes Insipidus

Diabetes insipidus (DI) manifests clinically with polydipsia and polyuria, and can result from vasopressin deficiency (central DI), vasopressin insensitivity at the level of the kidneys (nephrogenic DI) or psychogenic polydipsia. Central DI (CDI) is a rare hypothalamus-pituitary disease due to deficiency of arginine vasopressin (AVP), which is also known as antidiuretic hormone. The etiology of CDI can be divided into genetic, acquired and idiopathic CDI.

Clinical manifestations

- Excessive thirst.
- Polydipsia.
- Polyuria: Daily urine volume is more than 4 L in children.
- Low urine-specific gravity.

Investigations

- Urine tests: Urine-specific gravity is low, generally

1.001-1.005.

- Hypernatremia.
- MRI scan: To exclude intracranial tumors.
- Water deprivation test: A test for differentiating DI from psychogenic polydipsia.
- Quantitative analysis of serum AVP.

Diagnosis

The diagnosis of DI can be confirmed according to the manifestations, including thirst, polydipsia, polyuria and hypotonic urine accompanied by hypertonic serum. The diagnosis of CDI should be distinguished from other diseases with polyuria symptoms.

Treatment

- Specific therapy includes surgery, radiation and chemotherapy for specific causes.
- Vasopressin replacement therapy: Vasopressin tannate, minirin.

Precocious Puberty

Precocious puberty refers to the development of secondary sexual characteristics before the age of 8 years in girls or 9 years in boys. It is thought to be more common in girls than in boys.

Etiology

Precocious puberty can be divided into central precocious puberty and peripheral precocious puberty, according to the pathogenesis and etiology.

- Central precocious puberty: It's also called complete or true precocious puberty. The hypothalamic pituitary-gonadal axis is activated and leads to gonadal development and maturation.
- Peripheral precocious puberty: Sexual development is induced by sexual steroids from other organs such as the adrenal gland. Sexual characteristics develop, but the hypothalamic-pituitary-gonadal axis does not mature.

Clinical manifestations

Sexual development in girls usually starts before the age of 8 years with breast development, followed by pubic hair growth, external genital development and menarche. Sexual development in boys starts before the age of 9 years with testicular volume enlargement, followed by increases in penis size, pubic hair and armpit hair growth, deep voice and beard growth.

Children with precocious puberty usually have accelerated growth, but early cessation of growth.

Patients with intracranial tumors may experience headaches, vomiting and visual field defects.

Diagnosis and differential diagnosis

The diagnosis of precocious puberty is confirmed if the onset of secondary sexual characteristics occurs in girls before the age of 8 years and in boys before the age of 9 years. GnRH stimulation tests can be used to identify central and peripheral precocious puberty.

The diagnosis of idiopathic precocious puberty requires the exclusion of other causes, especially intracranial, adrenal, gonadal and hepatic tumors. Premature thelarche, premature pubarche, premature menarche and McCune-Albright syndrome should be differentiated.

Treatment

- Treatment depends on the cause.
- Drugs are used to reduce the rate of skeletal maturation in order to avoid early cessation of growth and a reduction in adult height.

Congenital Hypothyroidism

Congenital hypothyroidism results from deficient production of thyroid hormone at birth. It causes growth and intellectual retardation in children.

Classification and etiology

- Sporadic congenital hypothyroidism: The causes include developmental defects, an inborn error of thyroid hormone synthesis, congenital pituitary lesions and transient congenital hypothyroidism.
- Endemic congenital hypothyroidism: The cause is maternal iodide deficiency due to iodine deficiency in water, soil and food.

Clinical manifestations

Neonates appear asymptomatic at birth. The classical clinical features that develop in neonates and early infants include.

- Prolonged neonatal jaundice.
- Feeding problems.
- Constipation and abdominal distention.
- Coarse facies, large tongue and umbilical hernia.

Toddlers and children may present with the following

clinical characteristics.

- Special features: Puffy face, dull expression and hirsute forehead.
- Retardation of mental development.
- Growth retardation.
- Low physiological function: Feeding difficulties, constipation, cardiomegaly, amongst others.

Investigations

- Neonatal screening test.
- Thyroid function tests: Detection of peripheral blood thyroid-stimulating hormone (TSH), Free Thyroxine (FT4) and Free Triiodothyronine (FT3).
- Thyroid radioisotope scintigraphy.
- Thyroid gland ultrasonography.
- Bone age determination.

Diagnosis

Clinicians depend on neonatal screening tests for the diagnosis of congenital hypothyroidism. However, awareness of early symptoms and signs must be maintained because laboratory errors may occur. Thyroid radionuclide imaging, ultrasonic examination and determination of skeletal age are helpful in diagnosis.

Down syndrome, congenital megacolon and rickets should be excluded.

Treatment

Congenital hypothyroidism must be treated as early as possible to avoid retardation of physical and mental development. Levothyroxine given orally is the treatment of choice. It starts at a dosage of 10-15μg/kg per day in neonates and gradually increases.

The prognosis depends on early diagnosis and adequate treatment.

Congenital Adrenal Hyperplasia

Congenital adrenal hyperplasia (CAH) is a family of autosomal recessive disorders of cortisol biosynthesis. About 1 in 10,000 to 15,000 children are born with CAH. The main clinical features include adrenal insufficiency, gonadal dysplasia and electrolyte and water disturbances.

Etiology and pathogenesis

Five different enzyme defects in the biosynthetic pathways of adrenal corticosteroids have been described, but more than 90% of cases are caused by 21-hydroxylase deficiency. Other enzyme defects that less commonly result in CAH include 11β-hydroxylase deficiency, 3β-hydroxysteroid dehydrogenase deficiency, 17α-hydroxylase deficiency and congenital lipoid adrenal hyperplasia.

The deficiency in cortisol production causes an increased secretion of ACTH, which leads to adrenal hyperplasia and excessive production of androgens and aldosterone.

Clinical manifestations

21-hydroxylase deficiency

- Salt wasting form: Vomiting, dehydration, hyponatremia, hyperkalemia, pigmentation, ambiguous genitalia in females, postnatal virilization in males and females.
- Simple virilizing form: No salt wasting manifestation. The symptoms and signs of hyperandrogenism occur in patients.
- Nonclassic form: Also called light CAH. Pubic hair, precocious puberty, accelerated growth and advanced bone age occur in the early stages in boys. Girls have delayed menarche, amenorrhea, infertility and hirsutism.

11β-hydroxylase deficiency

Hypertension due to elevated levels of deoxycorticosterone, ambiguous genitalia in females, postnatal virilization in males and females.

3β-hydroxysteroid dehydrogenase

Vomiting, dehydration, hyponatremia, hyperkalemia, ambiguous genitalia in females, postnatal virilization in males and females

17-hydroxylase deficiency

Hypertension, male pseudohermaphroditism.

Diagnosis and differential diagnosis

Typical manifestations provide a clue to the diagnosis. Determination of serum steroids levels and genetic analysis can confirm the diagnosis.

Neonates with salt wasting should be distinguished from those with pyloric stenosis and esophageal atresia. Children with CAH should be distinguished from those with precocious puberty, true hermaphroditism, adrenal tumors and gonadal tumors.

Treatment

Early diagnosis and long-term treatment includes:

- Cortisol replacement to suppress ACTH and androgen overproduction.
- Mineralocorticoid replacement with fludrocortisone for cases with salt wasting.
- Surgical correction of female genital abnormalities.

Diabetes Mellitus

Diabetes mellitus is a group of disorders characterized by hyperglycemia caused by an absolute or relative deficiency in insulin. The classic symptoms of diabetes mellitus are weight loss, polyuria, polydipsia and polyphagia. There are three major types of diabetes.

Type 1 diabetes (insulin-dependent diabetes): The most common type of diabetes in children, which is caused by a deficiency in insulin secretion.

Type 2 diabetes: The most common type in adults, which results from insulin resistance with various degrees of β-cell impairment.

Maturity-onset type diabetes of the young: an autosomal dominant single gene disease.

Clinical manifestations

Type 1 diabetes may present in an individual at any age, but the most common age of onset is early adolescence. The classic symptoms are polydipsia, polyuria, polyphagia and weight loss. School-aged children may go to hospital because of nocturnal enuresis.

Acute complications include ketoacidosis, hypoglycemia and various infections. A considerable number of patients may present with acute ketoacidosis as the first symptom, which includes anorexia, nausea, emesis, abdominal discomfort, rapid deep breathing, breath with a fruity odor (acetone), diminished neurocognitive function and possible coma.

Chronic complications include physical and mental retardation, diabetic nephropathy and diabetic retinopathy.

Investigations

- Plasma glucose level for diabetes: A fasting plasma glucose level >7 mmol/L or a random plasma glucose level and oral glucose tolerance test >11.1 mmol/L.
- Glycosylated hemoglobin (HbA_{1c}): Reflecting the average blood glucose concentration during the preceding 3 months and used to evaluate the therapeutic situation.
- Urine examination: Glycosuria and ketonuria.

Diagnosis

Although some cases with diabetes are asymptomatic, the most important symptoms are polyuria, polydipsia, polyphagia and poor weight gain in any child. Hyperglycemia, glycosuria and ketonuria can be determined quickly and confirm the diagnosis.

The following are diagnostic criteria for diabetes mellitus.

- A fasting plasma glucose level ≥7.0 mmol/L (≥126mg/dl).
- A plasma glucose level taken randomly ≥11.1 mmol/L (≥200mg/dl).
- The level of plasma glucose 2 hours after an oral glucose load ≥11.1 mmol/L (≥200mg/dl).

Diabetes in children should be differentiated from renal diabetes and pseudo hyperglycemia.

Treatment

Children with type 1 diabetes need life-long treatment. Insulin therapy is the first choice.

Nutritional management

Nutrition management is of critical importance during childhood and adolescence, when appropriate energy intake is required to maintain levels of blood glucose in the required range and meet the needs for energy expenditure, growth and pubertal development.

Food components

50%-55% carbohydrate, 30% fat and 10%-15% protein. High fiber, complex carbohydrates provide sustained release of glucose and avoid rapid swings in blood glucose generated by refined carbohydrates.

Caloric allocation

The total daily calories (kcal) = 1000 + [age × 70 − 100]. It is divided into five parts (20% at breakfast, 30% at lunch, 30% at dinner, 10% for evening snacks and 10% for the mid-morning and mid-afternoon snack combined).

Exercise

Exercise is important for children with type 1 diabetes. Exercise fosters a sense of well-being, helps adjust the dose of insulin, promotes calorie intake and increases the utilization of glucose by muscles.

Diabetic ketoacidosis

- Correction of dehydration, acidosis and electrolyte disorders.
- Insulin therapy: Regular insulin is usually given intravenously at a rate of 0.1 U/(kg · h) to maintain levels of glucose at 11.2-14.0 mmol/L. Additional insulin is given subcutaneously to control blood glucose levels and achieve good glycemic control.

Monitoring

- Blood glucose concentration: The most important measurement for evaluating treatment and control.
- HbA_{1c}: Evaluate the control of blood glucose.
- Urine analysis: For ketones and glucose.
- Prevention of complications.

Education

Children and their families require an educational program including.

- A basic understanding of diabetes in lay language.
- Practical aspects of insulin injection and blood glucose monitoring.
- The influence of diet and exercise treatment.
- Recognition and treatment of hypoglycemia and ketoacidosis.

(张慧琼)

第十八章　儿童急救

第一节　儿童心肺复苏

心搏骤停一旦发生，如得不到即刻及时的抢救复苏，4~6 分钟后会造成患儿脑和其他人体重要器官组织的不可逆的损害，因此心搏骤停后的心肺复苏（cardiopulmonary resuscitation，CPR）必须在现场立即进行。

2010 年美国心脏学会（AHA）和国际复苏联盟（ILCOR）发布最新心肺复苏和心血管急救指南，由 2005 年的四个生存链改为五个链环来表达实施紧急生命支持的重要性：①立即识别心脏停搏并启动应急反应系统；②尽早实施心肺复苏，强调胸外按压；③快速除颤；④有效的高级生命支持；⑤综合的心脏骤停后治疗（图 18-1）。

图 18-1　生存链

一、心肺复苏技术

心肺复苏技术包括三个方面。

1. 基本生命支持（basic life support）　儿童基本生命支持包括预防心跳呼吸骤停、早期的心肺复苏（CPR）和迅速地启动紧急反应系统等技能。任何一个受过心肺复苏训练的医务人员或非医务人员都可以进行基本生命支持，它对患儿的最终恢复是至关重要的。当心跳呼吸停止或怀疑停止时，就要迅速启动紧急反应系统，同时需要迅速将患儿送到能给予进一步生命支持的医疗机构。

2. 高级生命支持（advanced life support）　为心肺复苏的第二阶段，专业的医护人员参与此时的抢救工作，并且常有明确的分工。他们要协调处理呼吸、胸外心脏按压、建立输液通路、辅助药物应用、除颤、监护及必要的记录。小儿心跳呼吸骤停后对人工通气或用氧有反应或需要高级生命支持的时间 <5 分钟，提示预后较好尤其神经系统损伤概率较低。

3. 心脏骤停后的综合管理　心脏骤停后的短期目标就是要维持全身有效的灌注，恢复代谢稳定及支持脏器系统功能以提高未受损神经的存活率。心脏骤停后的时期常常发生血流动力学不稳定及代谢异常。在这个时期每个脏器系统都是危险的，患者也很容易发生多器官功能障碍。一些减少继发性脑损伤的措施，如亚低温治疗，能改善存活率及神经学的康复率。

二、小儿心跳呼吸骤停病因

心肺复苏的措施一旦启动，就应该开始考虑心肺骤停的原因。引起小儿心肺骤停的原因很多，常见的原因包括窒息、严重心肺疾患、气管异物、喉梗阻、胃食管反流、药物中毒、过敏性疾病、各种侵入性操作和各种意外损伤等。心肺骤停难以预料，但是对其诱发因素应引起重视，以便在心肺骤停发生前进行必要的干预以避免其发生。高危因素包括如下几点。

（1）不稳定的循环状态，如失血性休克、难治性心力衰竭、频发的致命性心律失常、心肌炎和心肌病等。

（2）进展迅速的肺部疾病，如急性喉炎、哮喘持续状态、重症肺炎、急性呼吸窘迫综合征、张力性气胸等。

（3）神经系统疾病有急剧恶化时，如脑干损伤患儿因无足够的呼吸驱动以保证正常的通气。

另外，临床的一些操作对于有高危因素的患儿能加重或诱发心跳呼吸骤停，包括如下几种。

（1）气道的吸引：能引起缺氧、肺泡萎陷及反射性心动过缓；

（2）不适当的操作（如拍背吸痰、翻身等）可使更多的分泌物溢出，阻塞气道，也可使患儿产生心力衰竭。

（3）任何形式呼吸支持的改变：如降低吸入氧浓度、降低气道峰压、撤离 CPAP 或机械通气、拔除气管插管等。

（4）镇静剂的应用：如麻醉剂、镇静药和止咳药的应用所致的呼吸抑制。

（5）各种操作：如锁骨下静脉穿刺引起血气胸、腰穿导致颅内压改变，均可出现心搏骤停。

（6）迷走神经兴奋性增高：一些临床操作可引起迷走神经的兴奋性增高，如鼻胃管的放置、气管插管操作等。

此外，高危儿喂养时由于吞咽-呼吸的不协调也可引起误吸进而心跳呼吸骤停。应特别注意循环的失代偿表现，包括意识障碍、大动脉搏动减弱、毛细血管充盈时间延长、心动过缓或呼吸暂停等。有上述表现时应尽可能停止相关的操作，并给以适当的生命支持。

三、诊　　断

临床表现为突然意识丧失，或惊厥发作，无自主呼吸，面色苍灰或发绀，瞳孔散大和对光反射消失，大动脉（颈、桡、股动脉）搏动消失，听诊心音消失。如做心电图检查可见等电位线、电机械分离或心室颤动等。

心跳呼吸骤停的诊断不困难但是需要及时。一般在患儿突然意识丧失及大血管搏动消失即可诊断，不必反复触摸脉搏或听心音，以免延误抢救。

四、心肺复苏程序

这部分列出了在儿童心跳呼吸骤停急救规则中的清晰步骤和技能技巧，如果不止一个救援者时应该要同时合作执行（如同时开始心肺复苏和启动紧急反应系统）。2010 年小儿心肺复苏与心血管急救指南修订所作的更改主要包括：将“ABC”更改为“CAB”；心肺复苏从胸外按压开始；确认婴儿使用除颤仪的安全性、心肺复苏后处理等。

为促进我国心肺复苏培训的推广，中华医学会儿科学分会急诊学组、中华医学会急诊分会儿科学组和中国医师协会重症医学医师分会儿科专家委员会根据国际指南，提出我国进行小儿心肺复苏的基本流程（图 18-2）。

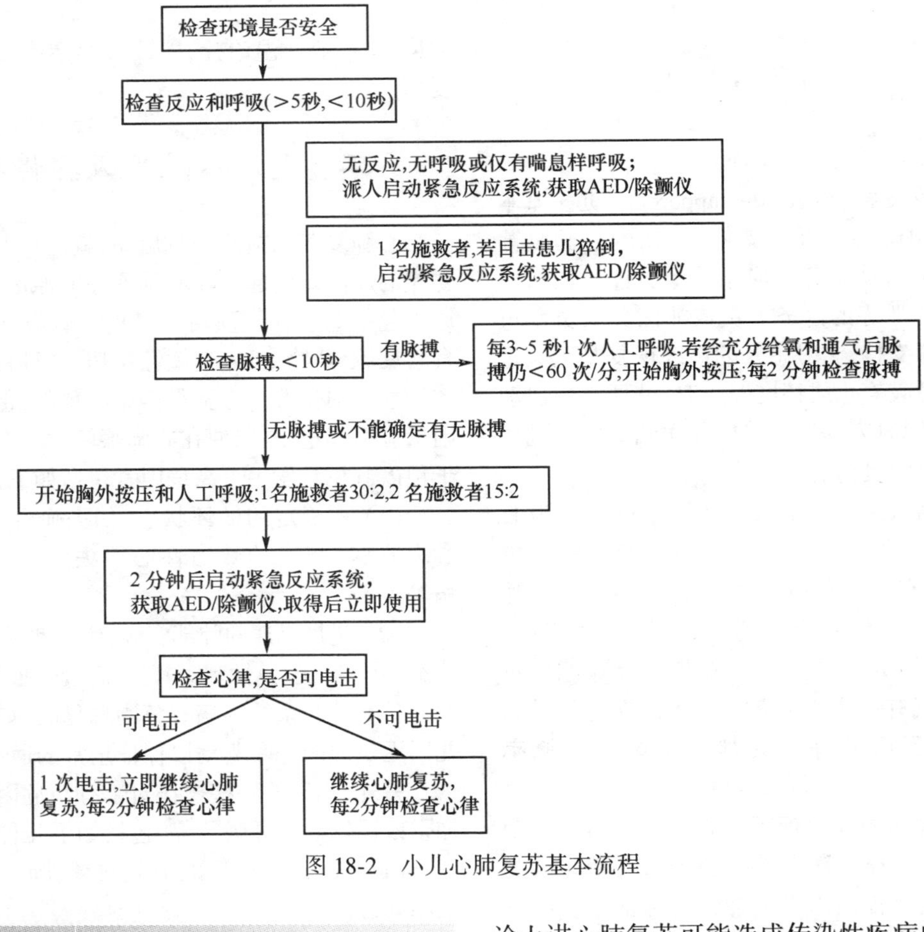

图 18-2　小儿心肺复苏基本流程

（一）检查环境是否安全

确认救援者和患者所在环境安全与否。尽管理论上讲心肺复苏可能造成传染性疾病的传播，但是这种风险对于施救者是非常低的。

（二）检查反应及呼吸

轻拍患儿双肩，并大声说话：“喂！你怎么了？”对于婴儿，轻拍足底。如患儿无反应，快速检查是否有呼吸。

如没有自主呼吸，或呼吸不规则，须大声呼救，并启动紧急反应系统，获得自动体外除颤仪（automatic external defibrillator，AED）或手动除颤仪，并准备开始进行心肺复苏。如果观察到患者有规则的呼吸，则不需要心肺复苏。如果儿童没有发现明显的创伤，取仰卧位，这样不仅可以保持通气良好，而且减少吸入的风险。

有时需要心肺复苏患者的喘息，可能误判为有呼吸。治疗这种好像没有呼吸的但有喘息的患者，尽早开始心肺复苏。

（三）启动紧急反应系统

院内复苏或多人在场时，应立即派人启动紧急反应系统并获取除颤/监护仪或 AED；院外单人复苏应首先进行 5 个回合心肺复苏后，再启动紧急反应系统。然而，目击心脏骤停时应首先启动紧急反应系统，并获得除颤仪，再回到患儿身边进行心肺复苏。

（四）评估脉搏

医疗人员可最多用 10 秒触摸脉搏（婴儿肱动脉，儿童颈动脉或股动脉），如 10 秒内无法确认触摸到脉搏，或脉搏明显缓慢（60 次/分），需开始胸外按压。非医疗人员可不评估脉搏。

（五）胸外按压

在心脏骤停时，有效的胸外按压可以使血液流向重要的脏器和增加自主循环恢复的可能性。如果婴儿和儿童没有反应或者是没有呼吸的，即给予 30 次的胸外按压。为了取得最好效果，胸外按压最好要在坚实的平面上施行。

以下是正确而有效的胸外按压要点。

（1）按压位置：婴儿胸外按压时，单人使用双指按压法，位于乳头连线下方，双人使用双手环抱法，拇指置于胸骨下 1/2 处（图 18-3）。儿童胸外按压时使用单手或双手按压法，掌根按压胸骨下半部分（图 18-4）。

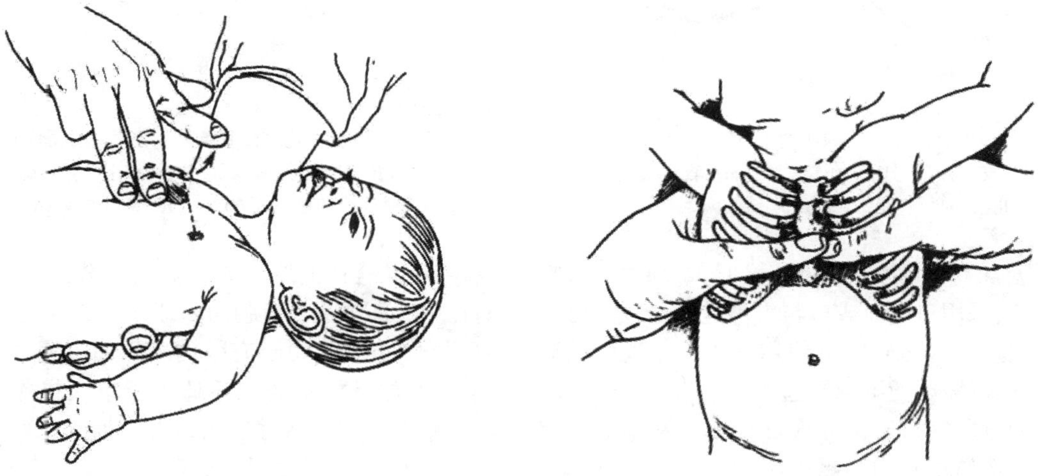

A　　B

图 18-3　婴儿胸外按压法

A. 双手指按法，两手指置于乳头连线下方按压胸骨；B. 双手环抱拇指按压法，两手掌及四手指托住两侧背部双手大拇指按压胸骨下 1/2 处

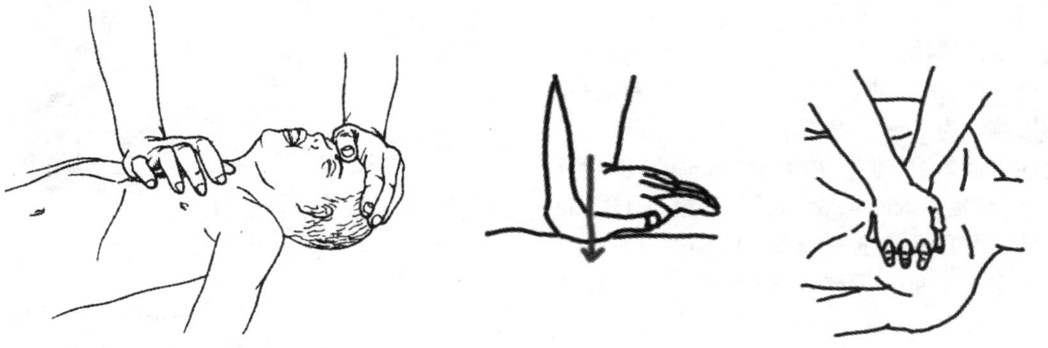

A　　B

图 18-4　儿童胸外按压法

A. 单手按压法——儿童，手掌根部置于胸骨下半段，手掌根的长轴与胸骨的长轴一致；B. 双手按压法——儿童，手掌根部重叠放在另一手背上，十指相扣，下面手的手指抬起，手掌根部垂直按压胸骨下半段

(2) 胸外按压有适当频率和深度——“快速按压”:按压的频率最少要达到 100 次/分;“按压有力”:要有明显的压力,幅度要达胸部前后直径的 1/3 或者在婴儿 1.5 英寸(4cm),对于儿童是 2 英寸(5cm)。

(3) 在每次的按压之后,要允许胸部完全的回弹,以使血液充分回流心脏。

(4) 由于胸外按压的质量会在数分钟内减退的,因此救援者应该大约每 2 分钟轮流交替,以防胸外按压者疲劳,降低按压的质量和胸外按压的频率。接替者转换应该尽可能的快,以减少胸外按压的中断时间。

(5) 要避免过度通气。

(6) 如果胸外按压者能很好地配合人工呼吸,对于婴儿和儿童而言,复苏的效果是最好的。

(六) 打开气道及人工通气

不怀疑存在头部或颈部损伤的患儿,采用“仰头-抬颏”法打开气道。怀疑可能存在头部或颈部外伤的患儿,采用“托颌”法打开气道,“托颌”法无法有效打开气道时,仍可使用“仰头-抬颏”法(图 18-5)。

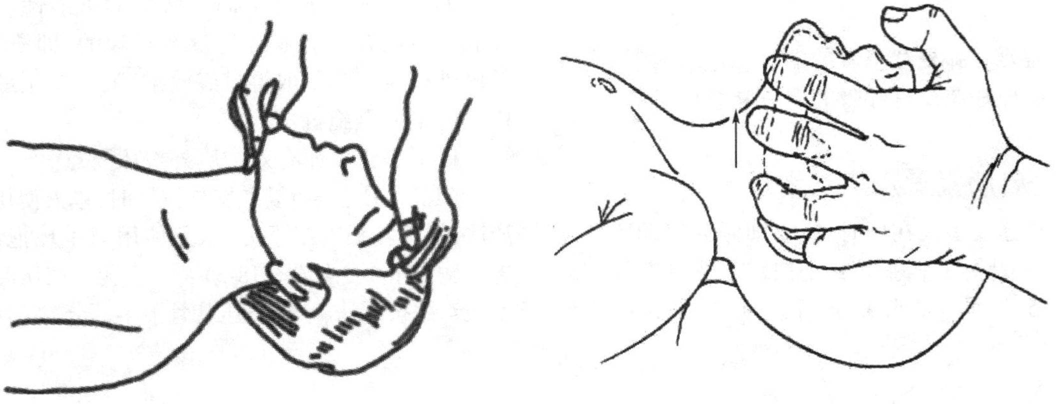

A　　　　B

图 18-5　开放气道的方法

A. 仰头抬颏法,用一只手的小鱼际(手掌外侧缘)部位置于患儿前额,另一只手的食指、中指置于下颏将下颌骨上提,使下颌角与耳垂的连线和地面垂直;注意手指不要压颏下软组织,以免阻塞气道;B. 托颌法,将双手放置在患儿头部两侧,握住下颌角向上托下颌,使头部后仰程度为下颌角与耳垂连线和地面成 60°(儿童)或 30°(婴儿)

患儿无自主呼吸或呼吸不正常时,予两次人工呼吸。在院外,采用口对口或口与口鼻进行通气。医疗人员在院内进行人工呼吸可使用气囊面罩通气。避免过度通气,仅需要使胸廓抬起的最小潮气量即可。

球囊面罩通气对于医务人员是一项基本的心肺复苏技能。选择正确的面罩大小,开放气道,有效通气和评估通气的效果是正确球囊面罩通气的关键。

对于婴儿和幼儿,使用自充气式球囊的容量最少要 450~500ml,对于较大的儿童或青少年,需要一个成人的自动充气的球囊(1200ml)以使胸廓扩张。

自充气式的球囊只是输送室内空气,除非可以获得补充的氧气;但即使有 10L/min 的氧气流量,输送的氧气浓度也只有 30%~80%,而且受到潮气量和最高吸气流量的影响。为了输送更高浓度的氧气,自动充气的球囊要连接储氧囊,维持 10~15L/min 的氧气流量到儿童的球囊(提供 65%~95%的氧)和最少 15L/min 氧气流量到成人的球囊(提供 90%~100%的氧)。

球囊面罩通气单人操作技术用拇指和示指固定面罩,形状如“C”,将 3、4 和 5 指放在患儿下颌处,形状如“E”,用这些手指沿下颌骨的骨性部分上抬下颌(E-C 手法)(图 18-6)。有效的球囊面罩通气需要确保面罩和患者的面部紧贴,面罩边缘可充气以尽可能减少死腔,合适面罩应完全盖住口鼻,但不会对眼睛有压力。面罩通气口朝向面部开放的气道,紧捏球囊直到胸廓起伏。由于有效的球囊面罩通气需要复杂的步骤,球囊面罩通气不适用于单人操作的心肺复苏。单人心肺复苏时应用口对口通气。两人操作的心肺复苏,球囊面罩通气更有效。

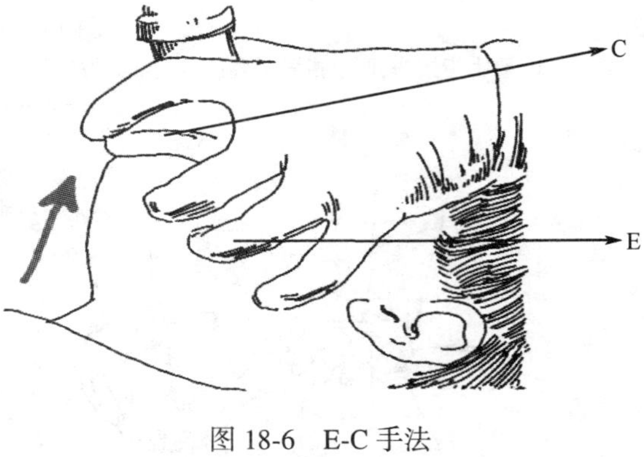

图 18-6　E-C 手法

当需要持久通气时,或面罩吸氧不能提供足够氧供时,就需要用气管内插管代替面罩通气。小于 8 岁的患儿用不带囊气管内插管,大于 8 岁的患儿用带囊插管。年龄>2 岁患儿插管内径的大小可用公式进行估算：内径(mm)=患儿年龄(岁)/4+4；6个月~1岁用3.5mm或4.0mm，1~2岁用4.0mm或4.5mm。年龄>2岁患儿插管深度(从插管远端至齿龈)=12+患儿年龄(岁)/2cm，有些插管上有声门线刻度可以指示插管的正确位置。插管后可继续进行皮囊加压通气，或连接人工呼吸机进行机械通气。

（七）胸外按压与人工通气的协调

未建立高级气道时，单人复苏：胸外按压通气比30∶2。双人复苏：胸外按压通气比15∶2。一般要求每2分钟两名施救者应交换职责，每次交换5秒内完成。

建立高级气道后(气管插管后)负责胸外按压的医护人员以每分钟不少于100次的频率进行不间断按压，负责通气者以每6~8秒给予1次人工呼吸的速度(8~10次/分)进行通气。两名施救者不再进行胸外按压与呼吸的配合。

当患儿无自主呼吸或呼吸衰竭，但存在大动脉搏动，且脉搏>60次/分时，无需给予胸外按压，可仅予呼吸支持，每3~5秒1次人工呼吸通气(12~20次/分)，每次呼吸时间持续1秒，并观察胸廓是否随人工呼吸而上抬。

（八）除颤

当患儿出现心搏骤停时，应立即进行心肺复苏，并连接监护仪或除颤仪，评价心电图节律。如为心室颤动/无脉室性心动过速，应尽快除颤，首剂2J/kg；2分钟后再评估心律，无效可加倍除颤剂量，最大不超过10J/kg，每次除颤后继续心肺复苏，尽可能缩短电击前后的胸外按压中断时间(<10秒)。

（九）建立和维持静脉通道

建立血管通路是使用药物、补充液体和获取血液标本之必须。建立周围静脉为首选，必要时可同时建立周围静脉和中心静脉通路。静脉通路不能建立(>90秒)时，应建立骨内通路。骨内通路适用于任何年龄，是一种安全、可靠，并能快速建立的给药途径。当静脉通路和骨内通路均未建立时，利多卡因、肾上腺素、阿托品、纳洛酮等脂溶性药物可经气管内途径给药。

（十）药物治疗

药物治疗的主要作用包括抗各种严重心律失常、快速补充液体、纠正休克、纠正电解质和酸碱失衡，维持心排血量和复苏后稳定等。常用药物及用法见表18-1。

表18-1　儿科复苏用药

药物	剂量	备注
腺苷	0.1mg/kg(最大6mg)第二剂量：0.2mg/kg(最大12mg)	监测心电图 迅速推注并冲洗
胺碘酮	5mg/kg IV/IO；可重复到最大剂量15mg/(kg·d) 最大单次剂量300mg	监测心电图及血压；根据情况调整速率，每次推注时间要超过20~60分。专家强烈推荐要在患者还有灌注心律前使用，当还使用其他延长QT间期的药物时要慎用
阿托品	0.02mg/kg IV/IO 0.04~0.06mg/kg ET* 如果需要时可以重复 最小剂量：0.1mg 最大剂量：0.5mg	大剂量可用于治疗有机磷中毒
氯化钙	20mg/kg IV/IO(0.2mL/kg) 最大单次剂量：2g	要缓慢使用
肾上腺素	0.01mg/kg(0.1mL/kg 1∶10 000)IV/IO 0.1mg/kg(0.1mL/kg 1∶1000)ET* 最大剂量：1mg IV/IO；2.5mg ET	可能每3~5分钟就需要重复
葡萄糖	0.5~1g/kg IV/IO	新生儿：5~10mL/kg(10%)婴幼儿及儿童：2~4mL/kg(25%) 青少年：1~2mL/kg(50%)
利多卡因	快速推注：1mg/kg IV/IO 缓慢输注：20~50mcg/kg/min	
硫酸镁	25~50mg/kg IV/IO超过10~20分，尖端扭转型室速则更快速一些 最大剂量：2g	
纳洛酮	<5y或≤20kg：0.1mg/kg IV/IO/ET* ≥5y或>20kg：2mg IV/IO/ET*	使用较低剂量以逆转呼吸抑制，剂量为1~5μg/(kg·min)，逐步调整
碳酸氢钠	1mEq/kg每个剂量缓慢地IV/IO	在有恰当的通气后

注：IV指静脉内注射；IO指骨内注射；ET指通过气管导管，*用5ml生理盐水冲洗并接着给予5次通气

五、复苏后的稳定

复苏后的稳定，即心搏骤停后的处理。复苏后处理的主要目标就是要保护神经系统的功能，预防缺血再灌注损伤，诊断及治疗致病原因，并通过治疗使患者恢复最佳的生理学状态。要反复多次评估患儿，因为病情还可能会继续恶化。

1. 呼吸系统 复苏后高氧血症在缺血再灌注后会增加氧化损伤。因此，复苏后阶段的一个目标就是要在维持足够氧输送的同时减少氧化损伤。即使用最低的吸气氧浓度以维持动脉血氧饱和度≥94%。除了保证足够灌注外，还应该保证足够氧供，包括代谢性酸中毒纠正、乳酸浓度降低、中心静脉血氧饱和度正常。

如果有显著的呼吸抑制表现（呼吸急促、伴有兴奋或精神反应变差的呼吸窘迫、低氧血症等）则要辅助通气。如果患者已行气管插管，要检查导管的位置、开放性及安全性。在院内，于机械通气后10~15分钟行动脉血气检查并根据结果适当调整通气参数。

2. 心血管系统 要监测心率、血压和尿量。监测静脉或动脉的血气分析及血清电解质、血糖、钙浓度。要做胸部X线检查以评价气管插管的位置、心脏的大小、肺的状态。

心脏功能衰竭及血管的不稳定通常会在心脏骤停的复苏后发生。除了一些脓毒症休克的病例，全身及肺血管的阻力往往在最初增加。在骤停后已确定或可疑心血管功能障碍的婴幼儿或儿童，使用血管活性药物以改善心肌功能及脏器灌注。所有的血管活性药物都要通过安全的静脉通路输注，儿茶酚胺类潜在的不良反应包括：局部缺血及溃疡、心动过速、房室性快速型心律失常、高血压、代谢改变（高糖血症、乳酸浓度增加及低钾血症）。

3. 神经系统 复苏后最主要的目标就是要保护脑功能。要通过以下的措施减少神经元继发损伤的危险。①避免过度通气或换气。换气过度没有益处，并可能由于减少了心输出量及脑灌注而损害神经系统。如果有即将出现脑疝的征象（如颅内压突然增高，两侧或一侧瞳孔扩大伴有对光反射减弱，心动过缓，高血压），短暂的过度通气可以用作姑息治疗。②亚低温疗法（32~34℃）可以考虑用于在心脏骤停复苏后持续昏迷的儿童，亚低温治疗是理想的方法。为预防寒战，可能需要镇静剂，如果有必要，还可以使用肌松药，但要认识到其可能会掩盖癫痫的活动。其他低温潜在的并发症包括心输出量降低、心律失常、胰腺炎、凝血功能障碍、血小板减少症、低磷血症、由于寒冷利尿所致的血容量不足、低钾血症及低镁血症。③如果有可能就持续体温监测，并用解热药及降温装置积极治疗发热（>38℃），因为发热不利于缺血后大脑损伤的恢复。④积极治疗缺血后的惊厥发作；寻找可纠正的代谢原因，如血糖过低或电解质失衡。

4. 肾脏系统 尿量减少（对于婴幼儿及儿童<每小时1ml/kg或青少年<30mL/小时）可能是由于肾前性的原因（如脱水、全身灌注不充分）、肾缺血损伤或联合因素所致。避免引起肾中毒的药物及调整需要通过肾脏排泄的药物剂量。

六、院 际 转 运

理想的复苏后处理最好要由经过训练的、危重症专业的儿科团队提供。在复苏过程中一旦有可能就要尽早联系这样的转运团队，并协调好转送的接收单位。转送团队的成员要经过训练以及有处理儿童危重病及损伤的经验，并由儿科紧急医疗或儿科危重病的医生监督。

（黄宇戈）

第二节 急 性 中 毒

案例 18-1

患儿，男，2岁，家住农村，和奶奶在家，奶奶突然发现患儿倒在地上神志不清、四肢抽搐，随即呼叫他人将患儿送我院抢救。医师接诊时检查：T 36.5℃，RR 40次/分，P 120次/分，BP 90/64mmHg。神志不清、四肢肌张力增高并反复抽动，双侧瞳孔等大，对光反射迟钝，心肺体查无特殊，皮肤无汗，右手指甲内可见饼干粉末。

【思考题】

1. 患儿急性发病，如何排查中毒？
2. 本例中毒的毒物哪种可能性最大？如何排毒和解毒？

毒物是一种在体内较少剂量即可引起结构损伤或功能紊乱的物质。当毒物接触人体或进人体内后，与体液和组织相互作用，破坏机体正常的生理功能，引起暂时或永久性的病理状态或死亡，这一过程称为中毒。小儿急性中毒多发生在5岁以下的儿童，是儿科急诊的常见疾病之一。婴幼儿时期常为误服药物中毒，而学龄前期主要为有毒物质中毒。

患儿的中毒与患儿周围环境相关。小儿可以接触到各种毒物，如有毒食物、有毒动植物、工农业的化学药品，医疗药物，生活中使用的消毒防腐剂、去污剂和杀虫剂等，都可能发生中毒或意外事故。造成小儿中毒的主要原因是由于好奇的天性，缺乏生活经验，不能辨别毒物。婴儿时期经常拿到东西就放入口中，使中毒的机会增多。

一、中毒的途径

1. 摄入中毒 最常见的中毒形式，发生率可高达90%以上。常见的中毒有食物中毒、药物误服、灭鼠药或农药中毒、有毒动植物中毒、灌肠时药物剂量过量等。毒物进入消化道后可经口腔黏膜、胃、小肠、结肠和直肠吸收，但小肠是主要吸收部位。

2. 经皮肤接触中毒 常见有穿着有农药污染的衣服等。由于小儿皮肤较薄，脂溶性毒物易于吸收；毒物也可经毛孔到达毛囊，通过皮脂腺、汗腺吸收。

3. 呼吸道吸入中毒 多见于气态或挥发性毒物的吸入，常见有一氧化碳中毒、有机磷吸入中毒等。由于肺泡表面积大，毛细血管丰富，进入的毒物易迅速吸收，这是气体中毒的特点。

4. 注入中毒 多为误注药物、虫咬伤、蜂蜇伤、动物咬伤等。如毒物或过量药物直接注入静脉，毒蛇咬伤等。

二、中毒机制

常见的中毒机制包括如下几种。

1. 干扰酶系统 毒物通过抑制酶系统，与辅酶或辅基反应或相竞争，夺取酶功能所必需的金属激活剂等。许多毒物或代谢产物是通过抑制酶的活性而产生毒性作用，如氰化物抑制细胞色素氧化酶、有机磷农药抑制胆碱酯酶等。

2. 抑制血红蛋白的携氧功能 如一氧化碳中毒使氧合血红蛋白形成碳氧血红蛋白、亚硝酸盐中毒形成高铁血红蛋白，使携氧功能丧失，从而抑制细胞呼吸和ATP的产生，造成机体的严重缺氧。

3. 作用于核酸 如烷化剂氮芥和环磷酰胺，使DNA烷化，形成交叉联结，影响其功能。

4. 直接化学性损伤 如强酸、强碱化学物质误服。

5. 变态反应 由抗原抗体作用在体内激发各种异常的免疫反应。

6. 麻醉作用 部分强亲脂性毒物如苯、汽油、煤油等有机溶剂及吸入性麻醉药可通过血-脑屏障蓄积于脑细胞膜而抑制脑细胞的功能。

7. 干扰细胞膜或细胞器的生理功能 某些毒物及代谢产物可破坏细胞膜、细胞器的组织结构，干扰细胞膜的离子运动、膜的兴奋性及细胞的能量代谢等而产生毒性作用，如河豚毒素、酚类、卤碳水化合物和一些重金属等。

8. 其他

三、毒物在人体内的分布与排泄

1. 毒物的分布 主要在体液和组织中，影响分布的因素有毒物与血浆蛋白的结合力、毒物与组织的亲和力等。亲脂性毒物容易透过血-脑屏障、胎盘，引起脑损伤和胎儿损伤。

2. 毒物的排泄 可经肾、肝脏或肠道排泄，部分毒物在肠内可被再吸收形成肠肝循环，导致从体内延缓排泄。其他排泄途径有经汗腺、唾液腺、乳汁排至体外，有害气体则经肺排出。

四、中毒的诊断

1. 病史 由于小儿不能自述，因此家属陈述病史非常重要。在急性中毒的诊断中，家长如能告知中毒毒物及经过，则诊断极易。否则诊断有时极为困难，容易误诊。

病史的询问内容应包括：发病经过，病前饮食内容，生活情况，活动范围，家长职业，环境中有无有毒物品，特别是杀虫剂、灭鼠药，家中常备药物，经常接触哪些人，玩伴小儿是否同时患病等。毒物的摄入时间常被忽视或难以确定，除对乙酰氨基酚、肠衣药物或缓释药物外，一般药物如在摄入后4小时仍无明显反应，则中毒可能性小或摄入量少。

临床症状与体征的诊断特异性低，小儿急性中毒首发症状多为呕吐、腹痛、腹泻、惊厥或意识障碍，严重者可出现多脏器功能衰竭。

2. 体格检查 注意各种毒物所致的中毒特征，如呼气、呕吐物与某种物质相关的特殊气味，如有机磷中毒；口唇甲床是否发绀或樱桃红；皮肤出汗情况；皮肤色泽；呼吸节律、瞳孔大小对光反射、心律失常等。同时还需检查衣服、皮肤及口袋中是否留有毒物，以便提供诊断线索。

3. 毒源调查及检查 现场检查需注意患儿周围是否留有剩余毒物，如有否敞开的药瓶或散落的药片、可疑的食物等，尽可能保留患者饮食、用具，以备鉴定。仔细查找呕吐物、胃液或粪便中有无毒物残渣及特殊气味；若症状符合某种中毒，而问不出中毒史时，可试用该种中毒的特效解毒药作为诊断性治疗。有条件时应采集患者呕吐物、血、尿、便或可疑的含毒物品进行毒物鉴定，这是诊断急性中毒的最可靠方法。

五、中毒的处理

发生急性中毒时，应立即处置，否则会失去抢救机会。在毒物性质未明时，按一般的中毒治疗原则抢救患儿。在一般情况下，以排除毒物为首要原则，尽量减少毒物对机体的损害；维持生命征的平稳；采取各种措施减少毒物的吸收，促进毒物的排泄。

（一）现场急救要保证生命征平稳

急救的方式与其他危重儿相似。保持呼吸道通畅，呼吸规律有力，血压正常。建立静脉输液通路，监测患儿的血氧饱和度、心率和心电图；对呼吸抑制或气道阻塞患儿应给予气管插管人工呼吸机应用；如明确是阿片类药物中毒所致的呼吸抑制，则可先用阿片类受体拮抗剂治疗，使呼吸恢复，必要时气管插管。

（二）毒物清除

根据中毒的途径、毒物种类及中毒时间采取相应的排毒方式。

1. 毒物清除 就是排除尚未吸收的毒物，大多数毒物经消化道或呼吸道很快被吸收，许多毒物可经皮肤吸收。一般来说，液体性药（毒）物在误服后30分钟内基本被吸收，而固体药（毒）物在误服后1～2小时内基本被吸收，故迅速采取措施减少毒物吸收可使中毒程度显著减轻。

（1）催吐：适用于年龄较大、神志清醒和合作的患儿。对口服中毒的患儿，神志清醒，无催吐禁忌证时，均可进行催吐。可用手指、筷子或压舌板刺激咽部引起反射性呕吐。一般在中毒后4～6小时内进行，催吐越早效果越好。有严重心脏病、食管静脉曲张、溃疡病、昏迷或惊厥患者、强酸或强碱中毒、汽油、煤油等中毒及6个月以下婴儿不能采用催吐。催吐要注意预防误吸、胃穿孔。

（2）洗胃：洗胃目的是清除未排出的毒物，一般在服毒4～6小时内最有效，即使超过6小时，由于部分毒物仍可滞留于胃内，故仍有洗胃必要。洗胃方法是经鼻或经口插入胃管后，用50ml注射器抽吸，直至洗出液清澈为止，首次抽出物送毒物鉴定。常用的洗胃液有温水、鞣酸、高锰酸钾（1∶10 000）、碳酸氢钠（2%～5%）、生理盐水或0.45%氯化钠溶液；洗胃禁忌的腐蚀性毒物中毒可用中和法，牛奶亦可起中和作用，同时可在胃内形成保护膜，减少刺激。可将活性炭加水，在洗胃后灌入或吞服，以迅速吸附毒物。若毒物进入肠内，洗胃无作用。

（3）导泻：可在药用炭应用后进行，使药用炭-毒物复合物排出速度加快。常用的泻药有25%硫酸镁，可口服或由胃管灌入。在较小的儿童，应注意脱水和电解质紊乱。苯巴比妥中毒不宜选用硫酸镁导泻，否则引起呼吸抑制加重。

（4）全肠灌洗：中毒时间稍久，毒物主要存留在小肠或大肠，又需尽快清除时，需作洗肠；对于一些缓慢吸收的毒物如铁中毒等较为有效。常用大量液体作高位连续灌洗（小儿用1500～3000ml），直至洗出液变清为止。洗肠液常用1%温盐水或清水，也可加入药用炭，全肠灌洗容易引起水、电解质紊乱。

（5）皮肤粘膜的毒物清除：接触毒物后应脱去衣服，用大量清水冲洗毒物接触部位，或用中和法即用弱酸，弱碱中和强碱、强酸；如用清水冲洗酸、碱等毒物应至少10分钟以上。

（6）对于吸入中毒，应将患儿移离现场，放置在通风良好、空气新鲜的环境，清理呼吸道分泌物，给氧气吸入。

（7）止血带应用：对于注射或有毒动物咬伤所致的中毒，在肢体近心端加止血带，阻止毒物经静脉或淋巴管弥散，止血带应每10～30分钟放松1次。

2. 促进已吸收毒物的排除

（1）利尿：大多数毒物经肾脏排泄，因此加强利尿是加速毒物排出的重要措施。静脉输注5%～10%葡萄糖溶液可以冲淡体内毒物浓度，增加尿量，促使排泄。患者病情较轻或没有静脉点滴条件时，可让其大量饮水。但如患者有脱水，应先纠正脱水。可应用利尿药，常用呋塞米1～2mg/kg静脉注射；20%甘露醇0.5～1g/kg，或25%山梨醇1～2g/kg静脉滴注。大量利尿时应注意适当补充钾盐。保证尿量为6～9ml/（kg·h）。在利尿期间应监测液体出入量、血清电解质等。当患儿苏醒、严重中毒症状减轻或药物浓度低于中毒水平时，则可停止利尿。

（2）碱化或酸化尿液：碱化尿液后可使弱酸如水杨酸和苯巴比妥清除率增加；降低尿pH使弱碱类排出增加的方法在临床上较少应用。常采用碳酸氢钠溶液1～2mmol/kg静脉滴注1～2小时，在此期间检查尿pH，滴注速度以维持尿pH7.5～8为标准。乙酰唑胺同时有利尿和使尿碱化作用。维生素C1～2g加于500ml溶液中静脉滴入亦可获得酸性尿。

（3）血液净化方法。①血液灌流法：是借助于体外循环使血液通过有吸附作用的装置（吸附罐）来清除血液中外源性或内源性毒物。吸附罐内装有一定量的表面包有高分子聚合半透膜的活性炭颗粒或树脂，其含有丰富的大小不等的空隙，使颗粒具有极大的表面积而起吸附作用。尤其适用于中大分子、脂溶性、与血浆蛋白牢固结合的毒物中毒。这些毒物通过透析不能析出，用血液灌流则有效，如有机磷农药、巴比妥类、安定类、抗抑郁药、洋地黄类、茶碱类、酚类等中毒。②透析疗法：透析疗法有多种，常用腹膜透析和血液透析。腹膜透析较简便易行但是效率低；血液透析（人工肾）是很好的透析方法，能代替部分肾脏功能，将血液中的有毒物质和身体的代谢废物排出。③持续肾脏替代治疗（CRRT），既可替代肾脏功能保持内环境稳定，又能清除中小分子量的毒物。④血浆置换：通过血浆置换清除患者血浆蛋白结合的毒物。⑤换血疗法：放出中毒者含有毒物的血液，输入健康供血者的血液作置换以排出已吸收的毒物。中毒不久，血液中毒物浓度极高时，可用换血疗法，但此法需血量极多，临床较少采用。目前临床选用的血液净化方法有效且常用的是血液灌流、CRRT和血浆置换。

（4）高压氧的应用：在高压氧情况下，血中氧溶解度增高，氧分压增高，促使氧更易于进入组织细胞中，从而纠正组织缺氧。可用于一氧化碳、硫化氢、氰化物、氨气等中毒。在一氧化碳中毒时，应用高压氧治疗，可以促使一氧化碳与血红蛋白分离。

（三）特异性解毒剂的应用

1. 砷、汞、金、锑、铋、铜、铬、镍、锌、钨中毒 二巯丙醇(BAL)：每次3～5mg/kg深部肌内注射，每4小时一次，常用5～10日为一疗程。

二巯基丙磺酸钠：每次5%溶液0.1ml/kg皮下或肌内注射，第一日3～4次，第二日2～3次，第三日以后每日1～2次，共用3～7日，总剂量30～50ml。

二巯基丁酸(DMSA)：10mg/kg，口服，每8小时一次，共5日，再以每12小时一次，共14日。

硫代硫酸钠：每次10～20mg/kg，配成5%～10%溶液，静脉注射或肌内注射，每日一次，3～5日。或10～20ml口服，每日两次(口服只能作用于胃肠道内未被吸收的毒物)

2. 有机磷化合物类 包括1605、1059、3911、敌百虫、敌敌畏、乐果、其他有机磷农药。

解磷定、氯磷定：每次15～30mg/kg(成人0.5～1g/次)，配成2.5%溶液静脉缓慢注射或静脉滴注，严重患儿2小时后可重复注射，并与阿托品同时应用，至肌肉颤动停止意识恢复。氯磷定可做肌内注射。

双复磷：成人0.25～0.75g/次，皮下、肌内或静脉注射均可，小儿酌减。

阿托品：严重中毒，首剂0.05～0.1mg/kg，静脉注射，以后每次0.05mg/kg，5～10分钟一次，至瞳孔开始散大，肺水肿消退，改为每次0.02～0.03mg/kg，皮下注射，15～30分钟一次，至意识恢复改为每次0.01～0.02mg/kg，30～60分钟一次。中度中毒：每次0.03～0.05mg/kg，15～30分钟一次。皮下注射，减量指征同上。轻度中毒每次0.02～0.03mg/kg，口服或皮下注射，必要时重复。以上治疗均为瞳孔散大后停药，严密观察24～48小时，必要时应再给药。同时合并应用解磷定比单用阿托品效果好，阿托品的剂量也可以减小。

3. 麻醉剂和镇静剂 包括阿片、吗啡、可待因、海洛因、哌替啶、美沙酮、水合氯醛、苯巴比妥、巴比妥、巴比妥钠、异戊巴比妥、司可巴比妥、硫喷妥钠。

纳洛酮：每次0.01mg/kg，静脉注射，如无效增至0.1mg/kg，可重复应用。可静脉维持。

烯丙吗啡：每次0.1mg/kg，静脉、皮下或肌内注射，需要时隔10～15分钟再注入一次。

4. 氟化物 氯化钙3%溶液10～20ml加等量的5%～25%葡萄糖溶液静脉缓慢注射。

5. 四氯化碳、草酸盐 葡萄糖酸钙10%溶液10～20ml加等量的5%～10%葡萄糖溶液静脉缓慢注射。

6. 阿托品、莨菪碱类、颠茄、曼陀罗 毛果芸香碱(匹罗卡品)：每次0.1/kg，皮下或肌内注射，15分钟一次，本品只能对抗阿托品类引起副交感神经作用，对中枢中毒症状无效，故应加用短作用的巴比妥类药物，如戊巴比妥钠或异戊巴比妥等。

水杨酸毒扁豆碱：重症患儿用0.5～2mg缓慢静脉注射，至少2～3分钟；如不见效，2～5分钟后再重复一次，一旦见效则停药。复发者缓慢减至最小剂量，每30～60分钟一次。能逆转阿托品类中毒引起的中枢神经系统及周围神经系统症状。

7. 氯丙嗪(冬眠灵)奋乃静 苯海拉明，每次1～2mg/kg，口服或肌内注射，只对抗肌肉震颤。

8. 苯丙胺 氯丙嗪，每次0.5～1mg/kg，6小时一次，若已用巴比妥类剂量应减少。

9. 异烟肼 维生素B_6，剂量等于异烟肼用量。

10. 鼠药(敌鼠) 维生素K_1，10mg/kg肌内注射，每日2～3次。

11. β受体拮抗剂、钙通道阻滞剂 高血糖素，首剂0.15mg/kg静脉应用，以0.05～0.1mg/kg·h静脉维持。

12. 阿司匹林 乙酰唑胺，每次5mg/kg，口服或肌内注射，必要时24小时内可重复2～3次。

碳酸氢钠，纠正脱水后仍有严重酸中毒，可用5%碳酸氢钠溶液每次6ml/kg，静脉滴入，以后必要时可重复一次，治疗开始后每半小时查尿一次，使尿保持为碱性，若变为酸性时，应静脉滴入1.4%碳酸氢钠溶液10ml/kg。

乳酸钠，用1/6mol浓度的乳酸钠溶液代替上述1.4%碳酸氢钠溶液亦可，但效果不如碳酸氢钠。

维生素K_1，20～50mg肌内注射，预防出血。

13. 氢氰酸及氰酸化合物 包括桃仁、杏仁、李仁、樱桃仁、琵琶仁、亚麻仁、木薯。

亚甲蓝，每次1%溶液每次10mg/kg，静脉缓慢注射，注射时观察口唇，至口唇变暗紫色即停止注射。(顺序：最好先注射亚硝酸钠，继之注射硫代硫酸钠，或先注射亚甲蓝，继之注射硫代硫酸钠，重复时剂量减半，注意血压下降时应给注射肾上腺素)

（四）其他对症治疗

及时处理各种中毒所致的严重症状，如惊厥、呼吸困难、循环衰竭等，若不及时治疗，随时可危及生命。在中毒原因不明或无特效治疗时，对症治疗尤为重要，以便帮助患儿度过危险期。

六、中毒的预防

(1)管理好药品：药品存放不当是造成药物中毒的主要原因。家长切勿擅自给小儿用药，更不可把成人药随便给小儿吃。不要将外用药物装入内服药瓶中。儿科医务人员开处方时，应认真计算不同年龄小儿用药量，切勿过量；药剂人员应细心核对药量和剂型,耐心向家长说明服用方法。家庭中一切药品皆应妥善存放,不让小儿随便取到。

(2) 农村或家庭日常用的灭虫、灭蚊、灭鼠剧毒药品,更要妥善处理,避免小儿接触。

(3) 做好识别有毒植物的宣传工作,教育小儿不要随便采食野生植物。

(4) 禁止小儿玩耍带毒性物质的用具(如装农药的小瓶等)。

(5) 普及相关预防中毒的健康知识教育。

第三节 气管内异物

案例 18-2

患儿,女,1 岁,因“阵发性咳嗽伴发绀半日”而入院。体查:精神可,无发热,反复阵发性剧烈咳嗽,伴唇周发绀,呼吸 50 次/分,三凹征阳性,右侧呼吸因减弱,右侧肺部少量干性啰音,无明显湿性啰音,其他检查正常。

【思考题】

1. 本病例考虑什么诊断? 还需采集哪些病史和体格检查?

2. 如何明确诊断?

儿童在各年龄均可见异物吸入,其中 5 岁以下儿童尤为常见。1/3 吸入的异物是坚果类,以花生居多。典型的喉气管异物表现为急性梗阻的症状,支气管异物所致症状相对较轻。

一、病 因

引发儿童气管内异物吸入的异物包括小食品,如花生仁、坚果、葡萄干、瓜子、玉米花或咀嚼粗糙的米饭、葡萄籽、生的胡萝卜和香肠等。其他在家中导致异物吸入的因素包括纽扣电池、别针、戒指、纽扣、硬币、塑料或金属小玩具和石头等。

二、流行病学

发生异物吸入的高发年龄是 6 个月~2 岁。虽然异物吸入可见于任何年龄,仍以 5 岁以下的小儿多发。小于 3 岁的儿童占异物吸入总病例数的 73%。

异物吸入的危险因素如下。

(1) 90%死于异物吸入的是小于 5 岁儿童,65%为婴儿。

(2) 易哭闹的儿童。

(3) 由于没有臼齿,使他们的咀嚼能力明显减弱。

(4) 婴儿和儿童喜欢把任何东西都放入嘴里。

(5) 家长有时给孩子他们没料到不能嚼烂的食品。

(6) 成人异物吸入常发生于吃饭时,而婴儿和儿童则可发生于吃饭或玩耍时,偶尔是由于父母兄姐照看不慎所致。

三、病 史

异物吸入史对诊断异物吸入尤为重要,但患儿监护人往往不能准确提供相关病史,且发生异物吸入后并不一定出现典型的临床表现,因此,有时诊断异物吸入较为困难。对于一般状态好的患儿突发呼吸困难,伴咳嗽、窒息、喉鸣或喘息都需要高度怀疑气管内异物吸入。

四、体格检查

1. 常见的症状体征 突然呛咳,烦躁不安或发绀;突发呼吸窘迫;异常呼吸音包括吸气性喉鸣、喘鸣和呼吸音减低。由于胸腔内压增高可出现面部出血点。

2. 喉部异物吸入 声嘶、吞咽困难、喉鸣、疼痛、失声(重度梗阻)、咯血、喘鸣伴吸入性呼吸困难及发绀。

3. 气管异物吸入 喉鸣、呛咳、声嘶、吸入性呼吸困难及发绀。

窒息见于 90% 气管异物吸入的患者,喉鸣见于 60%,喘息见于 50%。92% 儿童颈部软组织 X 线片可见前后及侧壁的异常表现,而胸片仅有 58% 有异常表现。

4. 支气管异物 咳嗽、喘息,局限性的胸廓膨隆,吸入异物的一侧肺呼吸音可减低,肺部叩诊呈浊音(肺部膨胀不全)或过清音(肺部代偿性肺气肿)。

五、处 理

治疗措施取决于患者是婴儿还是儿童及有无自主意识。解除异物吸入的流程如下。

(1) 进行最基本的评估和详尽的病史采集。

(2) 若出现异物吸入,将患儿摆在异物易于排出和便于吸引的体位,若为直接可视的固体物质,可令其张口,戴手套将异物取出。

(3) 若疑为异物吸入,但看不到异物,可采用海姆立克急救法。急救者首先以前腿弓,后腿登的姿势站稳,然后使患者坐在自己弓起的大腿上,并让其身体略前倾。然后将双臂分别从患者两腋下前伸并环抱患者。左手握拳,右手从前方握住左手手腕,使左拳虎口贴在患者胸部下方,肚脐上方的上腹部中央,形成“合围”之势,然后突然用力收紧双臂,用左拳虎口向患者上腹部内上方猛烈施压,迫使其上腹部下陷。这样由于腹部下陷,腹腔内容上移,迫使膈肌上升而挤压肺及支气管,这样每次冲击可以为气道提供一定的气量,从而将异物从气管内冲出。施压完毕后立即放松手臂,然后再重复操作,直到异物被排出。若需要保证气道通畅可插入鼻咽或口咽通气道。婴幼儿可使用胸部手指冲击法或背部拍击法。

(4)呼吸道异物是危及生命的急症,取出异物是唯一的治疗手段。根据异物的位置,可选择直接喉镜、支气管镜将异物取出,取出困难者可行开胸手术将异物取出。

(黄宇戈)

第四节　惊　厥

案例 18-3

患儿,男,10 个月,因"发热 2 小时,抽搐 10 分钟"被送入儿科急诊。体查:T 39.8℃,神志模糊,未见抽搐,瞳孔等大,对光反射正常,咽部充血,呼吸心脏检查正常。

【思考题】

1. 诊断、诊断依据是什么?
2. 治疗原则是什么?

惊厥是痫性发作的常见形式,主要表现为强直或阵挛等骨骼肌运动性发作为主要表现,常伴意识障碍。惊厥及其他形式的痫性发作也可在小儿许多急性疾病过程中出现,它们因急性原发病而出现,又随原发病结束而消失,因而此类惊厥不能诊断为癫痫。只有慢性的反复痫性发作才能诊断为癫痫。

一、特　点

小儿时期急性疾病中惊厥发作有以下特征。

(1)惊厥是儿科临床常见急症。儿童期发生率为 4%~6%,较成人高 10~15 倍。年龄越小发生率越高。

(2)易有频繁或严重发作,甚至惊厥持续状态。

(3)新生儿及婴儿常有不典型惊厥发作,如表现为面部、肢体局灶或多灶性抽动、局部或全身性肌阵挛,或表现为突发瞪眼、咀嚼、流涎、呼吸暂停、青紫等不显性发作。

(4)引起惊厥的病因众多复杂。

二、病因分类

(一)感染性病因

1. 颅内感染　如由细菌、病毒、寄生虫、真菌引起的脑膜炎或脑炎。常表现为反复而严重的惊厥发作,大多出现在疾病初期或极期,伴有不同程度的意识障碍和颅内压增高表现。脑脊液检查有助于诊断。

2. 颅外感染　非颅内感染性疾病引起的惊厥发作。

(1)热性惊厥:是儿科最常见的急性惊厥,见本节后文专述。

(2)感染性中毒性脑病:大多并发于败血症、重症肺炎、细菌性痢疾、百日咳等严重细菌性感染疾病,与感染和细菌毒素导致急性脑水肿有关。通常于原发病极期出现反复惊厥、意识障碍与颅内压增高症状。

(二)非感染性病因

1. 颅内疾病

(1)颅内出血:如产伤、颅脑外伤和脑血管畸形等各种原因引起的颅内出血。伤后立即起病,反复惊厥伴意识障碍和颅内压增高。急性期头颅 CT 有助于诊断。

(2)先天发育畸形:如颅脑发育异常、脑积水、神经皮肤综合征等。大多表现为反复发作,常伴有智力和运动发育落后。脑电图、头颅影像学检查有助于诊断。

(3)颅内占位性病变:如幕上、大脑半球的肿瘤、囊肿或血肿等。除反复惊厥发作外,伴颅内压增高和定位体征,病情进行性加重。头颅影像学检查有助于诊断。

2. 颅外(全身性)疾病

(1)缺氧缺血性脑病:如分娩或生后窒息、溺水、心肺严重疾病致脑缺氧等。窒息后立即起病,反复惊厥伴意识障碍和颅内压增高,头颅影像学检查对诊断起重要作用。

(2)代谢性疾病:包括如下几种:①水、电解质紊乱:重度脱水、水中毒、低血钙、低血镁、低血钠、高血钠和低血糖均可引起惊厥。患儿均有相应临床表现及其基础病因。血渗透压、电解质和血糖测定有助诊断,病因治疗能迅速控制惊厥发作。②肝性脑病:严重肝功能衰竭可伴意识障碍和惊厥。③遗传代谢性疾病:常见如苯丙酮尿症、半乳糖血症等,表现为进行性加重的惊厥或癫痫发作。④中毒:如杀鼠药、农药和中枢神经兴奋药中毒。大多有顽固惊厥发作伴意识障碍及肝、肾功能损伤。

三、急性期处理

急性期惊厥属于急症,需紧急处理如下:

(1)保持呼吸道通畅,立即将患儿的头转向一侧,清除口中分泌物,防止吸入和窒息。用外裹纱布的压舌板垫在上下臼齿之间,以防舌和颊的咬伤,同时有利于呼吸通畅。气道仍不畅者及早行气管插管。

(2) 尽快终止发作:首选地西泮 0.3~0.5mg/kg 缓慢静脉推注,(最大剂量≤10mg;婴幼儿≤2mg)或 10%水合氯醛 0.5ml/kg 保留灌肠,若未能建立静脉通路可以经鼻腔黏膜滴入给药(如地西泮、咪达唑仑等),惊厥未能控制或反复发作,按癫痫持续状态处理。

(3) 立即对患者进行心电、血压、呼吸、脑电图的监测,必要时行血气分析,生化全项检查,查找发病原因并治疗。

(4) 评估心肺功能,维持正常血压。

(5) 治疗并发症,抽搐时间长建议控制脑水肿,可适当应用 20%甘露醇每次 0.5~1mg/kg 静脉滴注,控制体温,物理降温或戴冰帽。

(6) 病因治疗。

四、热 性 惊 厥

(一) 定义及流行病学

热性惊厥(febrile seizures,FS)发病年龄为 3 个月~5 岁,体温在 38℃以上时突然出现惊厥,排除颅内感染和其他导致惊厥的器质性和代谢性疾病,既往没有无热惊厥病史,即可诊断为热性惊厥。热性惊厥的发作均与发热性疾病中体温骤然升高有关。由于有明显的诱发原因,国际抗癫痫联盟新近不主张把热性惊厥诊断为癫痫。

热性惊厥是小儿时期最常见的惊厥性疾病,儿童期患病率为 3%~4%,首次发作年龄多于生后 6 个月~3 岁,平均 18~22 个月。男孩稍多于女孩。首次热性惊厥后再次患病发热致惊厥复发率为 29%~55%,其危险因素包括:起病早(<6 个月);家族史阳性;长程热性惊厥易出现反复长程热性惊厥;发作时体温<38.5℃,绝大多数 5 岁后不再发作。

(二) 病因及发病机制

生物学机制不明,三大相关因素如下。

(1) 未成熟脑:髓鞘形成的过程,过多神经元消亡,突触间联系不完善。

(2) 发热:以病毒感染最多见,70%以上与上呼吸道感染有关。其他伴发于出疹性疾病,中耳炎,下呼吸道感染及疫苗接种或非感染性疾病。但不包括颅内感染和各种颅脑病变引起的急性惊厥。发热(肛温≥38.5℃)为触发因素。

(3) 遗传易感性:患儿常有热性惊厥家族史,对若干大的家系连锁分析提示常染色体显性遗传伴不同外显率的可能性,基因位点在 19p 和 8q13-21。

(三) 临床表现

单纯性热性惊厥(又称典型热性惊厥)多数呈全身性强直-阵挛性发作,少数也可有其他发作形式,如肌阵挛、失神等。持续数秒至 10 分钟,可伴有发作后短暂嗜睡。发作中,大多只有一次,个别有两次发作。约 50%的患儿会在今后发热时再次或多次热性惊厥发作,大多数(3/4)的再次发作发生在首次发作后 1 年内。

少数热性惊厥呈不典型经过,称复杂性热性惊厥。其主要特征包括:①一次惊厥发作持续 15 分钟以上;②24 小时内反复发作≥2 次;③局灶性发作;④反复频繁的发作,累计发作总数 5 次以上。单纯性热性惊厥与复杂性热性惊厥的主要区别见表 18-2。

表 18-2 单纯性与复杂性热性惊厥的鉴别要点

	单纯性热性惊厥	复杂性热性惊厥
发生率	在热性惊厥中约占 70%	在热性惊厥中约占 30%
起病年龄	6 个月至 5 岁	<6 个月,6 个月至 5 岁,大于 5 岁
惊厥发作形式	全身性发作	局限性或不对称
惊厥持续时间	短暂发作,大多数在 5~10 分钟内	长时间发作,≥15 分钟
惊厥发作次数	一次热程中仅有 1~2 次发作	24 小时内反复多次发作
热性惊厥复发次数	≤4 次	≥5 次
神经系统异常	阴性	阳性
惊厥持续状态	少有	较常见

若干因素使热性惊厥患儿发生癫痫的危险性增加,称为癫痫危险因素,主要包括:①复杂性热性惊厥;②直系亲属中癫痫病史;③首次热性惊厥前已有神经系统发育延迟或异常体征。具有其中 2~3 个危险因素者,7 岁时癫痫发生率平均达 9%以上,而无危险因素的热性惊厥不到 1%。

(四) 热性惊厥患儿发生癫痫的预警因素

预警因素包括如下方面:①发病前神经系统异常或发育迟缓;②复杂型热性惊厥;③父母或同胞癫痫病史。由热性惊厥发生癫痫者为 2%~10%(单纯型热性惊厥:2%;复杂型热性惊厥:4%~12%)。脑电图在癫痫危险性的预测上价值尚无定论,故对单纯性热性惊厥，一般无需作脑电图检查。但对复杂性热性惊厥患儿，若脑电图中新出现痫性波发放，则可能提示癫痫发生的危险性。

（五）热性惊厥的防治

1. 发作急性期处理 热性惊厥多短暂且为自限性，发作应送急诊。① 首先保持呼吸道通畅、吸氧、监护生命体征，建立静脉输液通路；②终止发作：惊厥持续>5 分钟进行止惊药物治疗。地西泮 0.3～0.5mg/kg 缓慢静脉推注（最大剂量≤10mg；婴幼儿≤2mg），或 10%水合氯醛 0.5ml/kg 保留灌肠；③ 对症治疗：退热药退热，物理降温，维持内环境稳定。

2. 热性惊厥的预防 预防的主要目标是针对长程热性惊厥或反复多次的热性惊厥。对发作次数少，非长程发作无须使用药物预防。使用抗癫痫药物预防可选择间歇预防法：如在每次发热开始即使用地西泮 1mg/（kg・d），分 3 次口服，连服 2～3 日；间歇预防无效者，可采用长期预防法：丙戊酸 10～20mg/（kg・d），分 2 次口服，或苯巴比妥 3～5mg/（kg・d），分 1～2 次口服，应用 1～2 年。已有证据表明卡马西平、苯妥英钠对热性惊厥预防无效，其他抗癫痫药尚无定论。

（黄宇戈）

第五节 充血性心力衰竭

案例 18-4

患儿，男，6 个月，因“咳嗽 3 日，气促、面色苍灰 1 日”而入院。体查：患婴烦躁不安，面色苍灰，鼻翼扇动，三凹征阳性，呼吸 60 次/分，肺部可闻及少量湿性啰音，心率 180 次/分，心音正常，心前区可闻及 4/6 级收缩期杂音，同时可扪及震颤。肝肋下 4cm，其他检查无明显异常。

【思考题】

1. 本例诊断及诊断依据？
2. 进一步需要做哪些检查？

充血性心力衰竭或称心功能不全，简称心衰，是指心脏工作能力（心肌收缩或舒张功能）下降，导致心排血量绝对或相对不足，不能满足全身组织代谢的需要的临床综合征。心力衰竭是儿童时期危重症之一，1 岁以内发病率最高。

一、病 因

1. 原发性心肌损害 病毒性心肌炎、川崎病、心肌病、心内膜弹力纤维增生症等。

2. 负荷过重

（1）压力（后）负荷：肺动脉瓣等流出道狭窄、肺动脉高压等。

（2）容量（前）负荷：先天性心脏病。尤其是左向右分流的先天性心脏病等、瓣膜反流等。

3. 其他 贫血、营养不良、心律失常、心脏负荷过重等均为儿童心力衰竭的诱因。

二、病 理 生 理

心脏功能从正常发展到心力衰竭，分为 2 阶段：第一阶段称为代偿期。为了增加做功，心脏代偿性出现心肌肥厚，同时心脏扩大和心率增快。第二阶段称为失代偿期，心率增快超过一定限度时，舒张期缩短，心排血量反而减少。心排血量通过代偿不能满足身体代谢需要时，即出现心力衰竭。

心力衰竭时因心脏功能下降，心排血量一般均比正常休息时的心排血量减少，故称为低输出量心力衰竭。而因甲状腺功能亢进、组织缺氧、严重贫血、动静脉瘘等引进的心力衰竭，体循环量增多，静脉回流量和心排血量高于正常，此类心力衰竭发生后，心排血量减少，但仍可超过正常休息时的心排血量，故称为高输出血量心力衰竭。

心室收缩期排血量减少，心室内残余血量增多。舒张期充盈压力增高，可同时出现组织缺氧及心房和静脉淤血。组织缺氧通过交感神经活性增加，引起皮肤内脏血管收缩，血液重新分布，以保证重要器官的血供。肾血管收缩后肾血流量减少，肾小球滤过率降低，肾素分泌增加，继而醛固酮分泌增多，使近端和远端肾曲小管对钠的再吸收增多，体内水钠潴留，引起血容量增多，组织间隙等处体液淤积。近年来对神经内分泌在心衰发生发展中的调节作用有了新的认识。心衰时心排出量减少，可通过交感神经激活肾素-血管紧张素-醛固酮系统，从而引起 β 受体-腺苷酸环化酶系统调节紊乱。使外周血管收缩，水钠潴留。以致加剧心室重塑，促进心衰恶化。

心室负荷过重可分为容量负荷过重和压力负荷过重。前者在轻度或中度时心肌代偿能力较后者好些。例如，房间隔缺损虽然有时分流量很大，但属舒张期负荷过重，在儿童期很少发生心力衰竭，肺动脉瓣狭窄属收缩期负荷过重，心衰出现更早些。主动脉瓣缩窄伴动脉导管未闭则兼有收缩和舒张期负荷过重，故在新生儿时期可致死。

三、临 床 表 现

年长儿心衰的症状与成人相似，主要表现为乏力、活动后气急、食欲减低、腹痛和咳嗽。安静时心率增快，呼吸浅表、增速，颈静脉怒张，肝增大、有压痛，肝颈反流试验阳性。病情较重者出现水肿，尿量明显减少，尚有端坐呼吸、肺底部可听到湿啰音等左心衰表现,并心脏听诊除原有疾病产生的心脏杂音和异常心音外,常可听到心尖区第一音减低和奔马律。

婴幼儿心衰的临床表现有一定特点。常见症状为呼吸快速、表浅、频率可达 50~100 次/分,喂养困难,体重增长缓慢,烦躁多汗,哭声低弱,肺部可闻及干啰音或哮鸣音。水肿首先见于颜面、眼睑等部位,严重时鼻唇三角区呈现青紫色。

四、诊　断

1. 临床诊断依据　急性充血性心力衰竭有以下表现:①安静时心率增快,婴儿>180 次/分,幼儿>160 次/分,不能用发热或缺氧解释者。②呼吸困难,青紫突然加重,安静时呼吸达 60 次/分以上。③肝大达肋下 3cm 以上,或在密切观察下短时间内较前增大,而不能以横膈下移等原因解释者。④心音明显低钝,或出现奔马律。⑤突然烦躁不安,面色苍白或发灰,而不能用原有疾病解释。⑥尿少、下肢水肿,除外营养不良,肾炎、维生素 B_1 缺乏等原因所造成者。

2. 其他检查　上述前四项为临床诊断的主要依据。尚可结合其他几项以及下列 1~2 项检查进行综合分析。

(1) 胸部 X 线检查:心影多呈普遍性扩大,搏动减弱,肺纹理增多,肺门或肺门附近阴影增加,肺部淤血。

(2) 心电图检查:不能表明有无心衰,但有助于病因诊断及指导洋地黄的应用。

(3) 超声心动图检查:可见心室和心房腔扩大,M 型超声心动图显示心室收缩时间期延长,射血分数降低。心脏舒张功能不全时,二维超声心动图对诊断和引起心衰的病因判断有帮助。

五、治疗原则与目的

治疗原则:应重视病因治疗。有先天性心脏病基础患者,及时行手术治疗;心肌病患者,内科治疗可使患者症状获得暂时的缓解;如心衰由甲状腺功能亢进、重度贫血或维生素 B_1 缺乏、病毒性或中毒性心肌炎等引起者需及时治疗原发疾病。强调充分的休息和睡眠,平卧或取半卧位。注意维持水、电解质、酸碱平衡。治疗应围绕着镇静、吸氧、强心、利尿、扩管五方面进行治疗。

1. 镇静　尽力避免患儿烦躁、哭闹,可减轻心脏负担,可适当应用镇静剂,苯巴比妥、吗啡(0.05mg/kg)皮下或肌内注射常能取得满意效果,但需警惕抑制呼吸。

2. 吸氧　供氧往往是需要的。通过吸氧提高血氧浓度,减轻心脏负担,改善组织缺氧状况。对于部分无基础疾病的急性心衰患儿可仅通过镇静吸氧控制心衰。

3. 强心

(1) 强心苷类药物:迄今为止洋地黄仍是儿科临床上广泛使用的强心药物之一。小儿时期常用的洋地黄制剂为地高辛,可口服和静脉注射,作用时间较快,排泄亦较迅速,因此剂量容易调节,药物中毒时处理也比较容易。地高辛口服吸收率更高。早产儿对洋地黄比足月儿敏感,后者又比婴儿敏感。婴儿的有效浓度为 2~3ng/ml,大年龄儿童为 0.5~2ng/ml。由于洋地黄的剂量和疗效的关系受到多种因素的影响,所以洋地黄的剂量要个体化。儿童常用剂量和用法见表 18-3。

表 18-3　洋地黄类药物的临床应用

洋地黄制剂	给药法	洋地黄化总量(mg/kg)	每日平均维持量	效力开始时间	效力最大时间
地高辛	口服	<2 岁 0.05~0.06	1/5 洋地黄化量,分 2 次	2 小时	4~8 小时
	静脉	>2 岁 0.03~0.05 (总量不超过 1.5mg)			
毛花苷 C(西地兰)	静脉	口服量的 1/2~2/3		10 分钟	1~2 小时
	静脉	<2 岁 0.03~0.04 >2 岁 0.02~0.03		15~30 分钟	

1) 洋地黄化法:如病情较重或不能口服者,可选用毛花苷 C 或地高辛静脉注射,首次给洋地黄化总量的 1/2,余量分两次,每隔 4~6 小时给予,多数患儿可于 8~12 小时内达到洋地黄化;能口服的患者开始给予口服地高辛,首次给洋地黄化总量的 1/3 或 1/2,余量分两次,每隔 6~8 小时给予。

2) 维持量:洋地黄化后 12 小时可开始给予维持量。维持量的疗程视病情而定:急性肾炎合并心衰者往往不需用维持量或仅需短期应用;短期难以去除病因者如心内膜弹力纤维增生症或风湿性心瓣膜病等,则应注意随患儿体重增长及时调整剂量,以维持小儿血清地高辛的有效浓度。

3) 使用洋地黄注意事项:用药前应了解患儿在 2~3 周内的洋地黄使用情况,以防药物过量引起中毒。各种病因引起的心肌炎患儿对洋地黄耐受性差,一般按常规剂量减去 1/3,且饱和时间不宜过快。未成熟儿和<2 周的新生儿因肝肾功能尚不完善,易引起中毒,洋地黄化剂量应偏小,可按婴儿剂量减少

1/3~1/2。钙剂对洋地黄有协同作用,故用洋地黄类药物时应避免用钙剂。此外,低血钾可促使洋地黄中毒,应予注意。

4）洋地黄毒性反应,心力衰竭愈重、心功能愈差者,其治疗量和中毒量愈接近,故易发生中毒。肝肾功能障碍、电解质紊乱、低钾、高钙、心肌炎和大剂量利尿之后的患儿均易发生洋地黄中毒。小儿洋地黄中毒最常见的表现为心律失常,如房室传导阻滞、室性早搏和阵发性心动过速等;其次为恶心、呕吐等胃肠道症状;神经系统症状,如嗜睡、头昏、色视等较少见。洋地黄中毒时应立即停用洋地黄和利尿剂,同时补充钾盐。

（2）非强心苷类正性肌力药物:临床上常联合一些非洋地黄类增强心肌收缩力的药物。

1）多巴胺:为以自然形态存在的儿茶酚胺,是合成去甲肾上腺素前体,可激动α、β受体。小剂量(2~5μg/(kg·min),以多巴受体激动为主)可增加肾灌注而促进利尿,稍大剂量可增强心肌收缩力;较大剂量则使小动脉收缩,增加心脏负荷。治疗心功能不全剂量应控制在5~10μg/(kg·min)。

2）多巴酚丁胺:为人工合成的β_1受体激动。剂量5~10μg/(kg·min)时可增加心排量而降低体循环阻力,适用于低心排及左心室舒张期充盈压增高。

3）异丙肾上腺素:为非选择性β受体激动剂,常用剂量为0.001~0.01μg/(kg·min)。

4）肾上腺素:为非选择性α、β受体激动,常用剂量为0.01~0.05μg/(kg·min)。

5）磷酸二酯酶抑制剂:有增强心肌收缩力作用和直接扩血管作用,对常规治疗效果差的低心排患者可选用。常用米力农,静脉注射:负荷量25~75μg/kg,5~10分钟缓慢静脉注射,以后每分钟0.25~1.0μg/kg维持。每日最大剂量不超过1.13mg/kg。

4. 利尿剂 钠、水潴留导致前负荷增加为心力衰竭的一个重要病理生理改变,故合理应用利尿剂为治疗心力衰竭的一项重要措施。

5. 血管扩张剂 近年来应用血管扩张剂治疗顽固性心衰取得一定疗效。小动脉的扩张使心脏后负荷降低,从而可能增加心搏出量,同时静脉的扩张使前负荷降低,心室充盈压下降,肺充血的症状亦可能得到缓解,对左心室舒张压增高的患者更为适用。

（1）血管紧张素转换酶抑制剂:通过血管紧张素转换酶的抑制,减少循环中血管紧张素Ⅱ的浓度发挥效应。同时改善左心室的收缩功能,防止心肌的重构,逆转心室肥厚,降低心衰患者的死亡率。儿科临床的中、长期疗效还有待观察。卡托普利(巯甲丙脯酸)剂量为每日0.4~0.5mg/kg,分2~4次口服,首剂0.5mg/kg,以后根据病情逐渐加量。依那普利(苯脂丙脯酸)剂量为每日0.05~0.1mg/kg,一次口服。

（2）硝普钠:扩张小动脉、静脉的血管平滑肌,作用强,起效快和持续时间短。硝普钠对急性心衰(尤其是急性左心衰、肺水肿)伴周围血管阻力明显增加者效果显著。应在动脉压力监护下进行。剂量为每分钟0.2μg/kg,以5%葡萄糖稀释后滴注,以后每隔5分钟,可每分钟增加0.1~0.2μg/kg,直到获得疗效或血压有所降低。最大剂量不超过每分钟3~5μg/kg。

（3）酚妥拉明(苄胺唑啉):α受体拮抗剂,以扩张小动脉为主,兼有扩张静脉的作用。剂量为每分钟2~6μg/kg,以5%葡萄糖稀释后静脉滴注。

（林永文）

第六节 急性呼吸衰竭

案例 18-5

病史:患儿,女,5岁。因“咳嗽、咳痰伴气促7日,加重1日”入院,起病无明显诱因,轻咳,有少量白色痰。不伴发热,主要气促为主。无特殊既往史和家族史,环境亦无特殊。体查:体温正常,心率130次/分,呼吸40~60次/分,三凹征阳性,无明显发绀,肺部体征无啰音,心脏无杂音,肝脾不大。

辅助检查:血常规为WBC 12×10^9/L,N 77%。心脏超声示中度肺动脉高压(52 mmHg)。胸部CT报告为广泛病变,炎症?

【思考题】

1. 为确定诊断,还需行哪些必要检查;治疗过程中如何评估病情变化。

2. 急性呼吸衰竭、重症肺炎和肺炎有什么区别与联系。

呼吸衰竭是指由各种原因导致的中枢性和(或)外周性的呼吸功能障碍,使动脉血氧分压降低(PaO_2)和(或)二氧化碳分压($PaCO_2$)增高的病理过程。

急性呼吸衰竭是儿科常见的危重症,是导致儿童心跳呼吸骤停的主要原因。而慢性呼吸衰竭在儿童少见。临床上,急性呼吸衰竭患儿主要表现为:呼吸窘迫,呼吸音减弱或者消失、吸气时辅助呼吸肌参与,三凹征明显,常伴意识状态的改变。

(一) 分型

一般以PaO_2低于60mmHg(8 kPa),$PaCO_2$高于50 mmHg(6.67 kPa)作为判断呼吸衰竭的标准。呼吸衰竭必定有PaO_2降低。根据$PaCO_2$是否升高,可将呼吸衰竭分为低氧血症型(Ⅰ型)和高碳酸血症型(Ⅱ型)。

1. Ⅰ型呼吸衰竭 又称低氧血症型呼吸衰竭、换气障碍型呼吸衰竭,缺氧而无二氧化碳潴留,PaO_2<

60mmHg，$PaCO_2$降低或正常；主要因肺实质病变引起。

2. Ⅱ型呼吸衰竭 又称通气功能衰竭，缺氧伴二氧化碳潴留，$PaO_2<60mmHg$，$PaCO_2>50mmHg$；基本病理改变是肺泡通气量不足。可由肺内和肺外原因引起。

（二）病因

急性呼吸衰竭根据病因不同，可分为中枢性呼吸衰竭和周围性呼吸衰竭，后者包括通气功能障碍和换气功能障碍。

（1）中枢性呼吸衰竭：神经系统病变，如脑水肿和颅内高压，均可引起中枢性呼吸衰竭。通常表现为呼吸频率降低，呼吸深度下降，最终引起肺泡通气不足致呼吸衰竭发生。

（2）周围性呼吸衰竭：①通气功能障碍，如急性喉炎、气道异物等；②肺实质病变：包括肺泡、肺循环等病变，如重症支气管肺炎、哮喘持续状态、气胸等。此外，呼吸肌和胸廓各部位的病变也可导致呼吸衰竭发生。

（三）病理生理学

缺氧与二氧化碳潴留是急性呼吸衰竭最基本的病理生理改变。

1. 通气功能障碍 肺通气是指通过呼吸运动使肺泡与外界气体交换的过程。从呼吸中枢至呼吸效应器官的任何部位发生病变，均可引起肺通气功能障碍，从而导致缺氧和二氧化碳潴留。包括：呼吸肌功能障碍，气道阻力增加，肺泡和胸廓顺应性下降，以及生理性死腔增加。临床上通常引起缺氧伴二氧化碳潴留。

2. 换气功能障碍 肺换气是指肺泡与血液之间的气体交换过程。包括通气血流比例失调和弥散功能障碍，后者常由肺泡膜面积减少、肺泡膜厚度增加及弥散时间缩短等原因引起。临床上通常引起缺氧，但不伴二氧化碳潴留。

（四）临床表现

1. 原发病的临床表现 如肺炎、脑炎等症状和体征。

2. 呼吸方面的临床表现 肺部疾病所致呼吸衰竭常有不同程度呼吸困难的表现：鼻翼扇动、三凹征、早期呼吸频率增加而晚期可减慢。由于儿童的胸廓顺应性好，吸气性凹陷特别明显。在新生儿及小婴儿，呼气时可出现呻吟，这是由于呼气时会厌关闭所致。呼吸泵衰竭早期无明显的呼吸窘迫表现，临床不易发现。

中枢性呼吸衰竭主要为呼吸节律、频率的改变，严重者伴有呼吸暂停。应特别指出，呼吸衰竭患儿呼吸方面表现可不明显。而类似呼吸困难也可由非呼吸方面原因引起，如严重代谢性酸中毒。单从临床表现难以对呼吸衰竭作出准确的诊断。

3. 其他重要脏器的功能异常 儿童急性呼吸衰竭引起的低氧血症、二氧化碳潴留，可导致重要脏器功能异常。

（1）心血管系统：缺氧早期心率增快，血压也可升高；严重者血压下降，可伴心律不齐。唇和甲床明显发绀是低氧血症体征，但贫血时可不明显。

（2）中枢神经系统：缺氧早期表现为烦躁不安，年长儿可有头痛。严重时可影响意识状态，甚至昏迷、抽搐，症状轻重与呼吸衰竭发生速度有关。

（3）消化系统：严重呼吸衰竭可出现肠麻痹，个别病例可有消化道溃疡、出血，甚至肝功能受损。

（4）血液系统：慢性呼吸衰竭可致红细胞增加，由于二氧化碳分压增高、氧离曲线右移，使红细胞携带的氧在外周更易释放。

（5）其他：呼吸衰竭可致肾脏排钠排水减少，缺氧可导致无氧代谢，乳酸产生增加，使血pH降低，导致代谢性酸中毒。

（五）诊断及病情评估

根据患儿原发病、发绀、呼吸困难、呼吸频率改变等临床表现，结合动脉血气分析，急性呼吸衰竭的诊断不难确定。除外心脏右向左分流影响，呼吸衰竭的血气诊断标准是：在海平面、标准大气压下，呼吸空气时，$PaO_2<60mmHg$，伴或不伴$PaCO_2>50$ mmHg。临床上，当患儿就诊时已经出现严重缺氧时，不必等待患儿只吸入空气（21% O_2）状态下的血气分析值，应立即纠正低氧血症。在这种吸氧治疗期间采血检测的血气分析可以根据氧合指数诊断呼吸衰竭。氧合指数的计算方法是动脉血氧分压除以吸入氧浓度，即PaO_2/FiO_2，其值小于300mmHg时，可以诊断呼吸衰竭。

动脉血气分析在诊断和评估急性呼吸衰竭中具有不可代替的重要价值。尽管如此，临床症状和体征对诊断和病情判断仍具有十分重要意义。另外，在急性呼吸衰竭诊断确立之时，还应积极查找呼吸衰竭的病因。针对不同病因的对因治疗，对呼吸衰竭的疗效和预后起着决定性作用。对于呼吸衰竭患儿在用氧条件下，单凭动脉血氧分压不能反映低氧程度和肺部病变的进展或好转，此时应采用其他评估指标。

1. 肺泡-动脉氧分压差（$A\text{-}aDO_2$） 基本原理：肺弥散功能正常时，肺泡分压（PAO_2）与动脉氧分压（PaO_2）的差值很小（小于10mmHg），当肺部疾病严重影响气体弥散或存在肺内或者肺外分流时，PAO_2与PaO_2的差值增大，差值越大，病情越严重。该指标能对呼吸衰竭的严重程度及变化作出定量的判断，可用于动态评估。计算公式：$PAO_2=713mmHg\times FiO_2-PaCO_2/0.8$。

2. 氧合指数 PaO_2/FiO_2 类似于 A-aDO_2,也可作为呼吸衰竭的严重程度的评估指标。该值越小,提示肺部疾病越严重。临床上将 $PaO_2/FiO_2<300$,诊断为急性肺损伤、呼吸衰竭;$PaO_2/FiO_2<200$,诊断为急性呼吸窘迫综合征(ARDS)。

3. 动脉血 $PaCO_2$ 一般不受吸入氧浓度的影响,可直接反映肺泡通气量的变化,该值显著降低常常提示需要机械辅助通气。

4. 血 pH 反映血液酸碱程度,结合 $PaCO_2$水平,判断是代谢性还是呼吸性酸碱平衡紊乱,在呼吸衰竭的临床评估中也十分重要。

(六) 治疗

呼吸衰竭的治疗目标是恢复正常的气体交换,同时使并发症减少到最低程度。

1. 一般治疗 包括将患儿置于舒适的体位,如俯卧位对需要呼吸支持患儿的通气有利。适当的营养支持、合理的液体平衡。维持心血管功能,强心剂对合并右心衰及肺水肿有帮助。针对高热、过度烦躁适当对症处理。

2. 原发病的治疗 应尽快治疗诱发呼吸衰竭的原发疾病,如先天性心脏病心力衰竭肺水肿所致的呼吸功能不全,应采用强心和利尿剂;对于肺部感染,选择合理的抗感染治疗等;对于呼吸道异物,应尽快取出异物;对喉梗阻,应尽快解除梗阻,恢复正常通气;对哮喘持续状态,应用抗炎、解除气道痉挛。

3. 呼吸管理

(1) 保持呼吸道通畅:呼吸道通畅对改善通气功能有重要作用。翻身拍背、用温雾化和湿雾化促进排痰;适当选择支气管扩张药物雾化吸入,解除支气管痉挛和水肿,改善通气功能。积痰引起的呼吸道梗阻常常是造成或加重呼吸衰竭的重要原因,临床上应该引起重视。

(2) 氧疗:发绀和呼吸困难是氧疗的临床指征。心率增快和烦躁不安是早期缺氧的重要表现,在排除缺氧以外其他原因后,可作为氧疗指征。医用氧气含水分少,氧疗时应对吸入氧进行充分湿化。常有的给氧方法如下。①鼻导管吸氧:氧流量儿童 1~2L/min,婴幼儿 0.5~1L/min,新生儿 0.3~0.5L/min,吸入氧浓度为 30%~40%;②面罩给氧:氧流量儿童3~5L/min,婴幼儿 2~4L/min,新生儿 1~2L/min,吸入氧浓度为 45%~60%;③头罩给氧:氧浓度可根据需要适当调节。严重缺氧伴二氧化碳潴留时,吸入氧浓度不宜过高,以免呼吸抑制。

(3) 经鼻持续气道正压(NCPAP):设备简单,操作容易,通常对患儿无创,效果明显优于普通氧疗方法。在肺实变、肺不张等肺泡不能进行有效气体交换时,进行 NCPAP 时,由于持续气流产生的气道正压,可使病变肺泡开放,增加减少了的功能残气量,减少肺泡液渗出,从而改善肺内分流,提高血氧。新生儿及婴幼儿肺炎、肺不张、胎粪吸入综合征、肺水肿等低氧血症用普通氧疗效果不好者,是应用 NCPAP 最主要的适应证。

(4) 机械通气:严重的呼吸衰竭患儿常常需要机械通气,机械通气已经成为目前治疗呼吸衰竭的主要手段。利用呼吸机产生的间歇正压,将气体送入肺内;借助肺的自然回缩完成呼气。呼吸机可以改善通气功能和换气功能,减少患儿呼吸肌做功。其适应证广泛,通常根据患儿有持续或进行性的气体交换障碍、呼吸暂停,以及呼吸衰竭严重影响其他脏器功能等综合考虑。相对的禁忌证包括张力性气胸、肺大泡等。常有的通气方式有:控制通气、辅助通气、间歇正压通气(IPPV)、呼气末正压(PEEP)、间歇指令通气(IMV)、同步间歇指令通气(SIMV)、压力支持通气(PSV)等。临床上需根据医疗机构实际条件、患儿自主呼吸情况、肺功能状态等具体病情适当选择机械通气的治疗模式。

4. 特殊的呼吸支持治疗 对重症呼吸衰竭,在常规呼吸支持治疗无效的情况下,可给予特殊的呼吸或生命支持。

(1) 高频通气:为机械通气的一种形式,是应用小于解剖死腔的潮气量,高通气频率进行通气。在某些情况下,高频通气效果明显优于常规呼吸机。近年来,高频通气越来越多地用于急性呼吸衰竭。高频通气包括高频喷射通气、高频气流阻断通气、高频震荡通气、高频正压通气。临床上常用的是高频振荡通气。

(2) 体外膜氧合(ECMO):简称膜肺,其本质是一种改良的人工心肺机,最核心的部分是膜肺和血泵,分别起人工肺和人工心的作用。ECMO 的原理是通过体外循环,将非氧合血引出体外,通过膜氧合器进行氧合,然后将氧合血回输体内。新生儿和小婴儿常规机械通气无效、危及生命的难治性呼吸衰竭并预计短时间能解决问题时考虑使用 ECMO。

(3) 其他:肺泡表面活性物质治疗 ARDS,可改善氧合和提高生存率;吸入 NO,有助于扩张肺血管,降低肺血管阻力,改善氧合;吸入氦气,有助于改善急性喉炎等引起气道异常所致的呼吸衰竭;液体通气,以全氟化碳液体进行气体交换或部分液体通气,能增加肺顺应性、改善氧合、降低二氧化碳分压。

(郑贵浪 谭建新)

第七节 感染性休克

案例 18-6

患儿,女,8 个月。因"发热、腹泻 2 日,意识障碍伴发绀 4 小时"入院。体查:T 40℃,HR 180 次/分,R 45 次/分,Wt 8.5kg,全身可见大理石样花纹，营养中等，浅昏迷，双侧瞳孔等大等圆，直径约 2.5mm，前囟平软，咽充血，颈软，无抵抗，双肺呼吸音粗，无啰音。心率 180 次/分，心律齐，心音低钝。四肢凉，脉搏细速，毛细血管再充盈时间超过 3 秒。

【思考题】

1. 感染性休克的临床分期。
2. 感染性休克患儿的治疗。

感染性休克指在感染的基础上，由致病微生物及其产物所引起的急性循环障碍，有效循环血量减少，组织血流灌注不足导致的综合征。

（一）病因

大多病原微生物的感染都可引发此病，尤以革兰阴性菌所致者最常见。常见病原菌为：痢疾杆菌、脑膜炎球菌、铜绿假单胞菌、大肠杆菌、克雷白杆菌、沙门菌属及变形杆菌等。革兰阴性细菌分泌内毒素，易导致内毒素休克，亦能引起感染性休克。该病常见于暴发型流行性脑膜炎、中毒型细菌性痢疾、革兰阴性杆菌败血症、大叶性肺炎、出血性坏死性肠炎等患儿。此外，有全身免疫功能缺陷者，长期使用免疫抑制剂，抗癌药物、放射治疗、放置静脉导管和导尿管等，极易诱发革兰阴性菌感染的感染性休克。

（二）发病机制

休克是外因（感染）、内因和医源性因素构成致病要素的作用下，机体发生由全身炎症反应综合征（SIRS）、严重败血症到多脏器功能不全综合征过程中的急性循环衰竭。

1. 微循环障碍 休克的发生发展过程中，微血管共经历三个阶段：痉挛、扩张和麻痹。有效循环血容量减少，回心血量降低，血压显著下降。进一步加重缺氧和酸中毒。

2. 免疫炎症反应失控 发生感染时，病原体刺激机体细胞（主要为血管内皮细胞、中性粒细胞及单核-巨噬细胞）产生促炎和抗炎介质，因促炎/抗炎平衡失调，产生 SIRS 或代偿性抗炎反应综合征（compensated anti-inflammatory response syndrome，CARS）。

3. 其他 如神经体液、内分泌机制等。

（三）临床表现

临床分期如下。

1. 休克代偿期 主要表现为脏器低灌注。患者神志尚清，但烦躁不安，面色、皮肤苍白，口唇、甲床稍发绀，肢体末端湿冷。呼吸、心率代偿性增快，血压正常或稍低。

2. 休克失代偿期 脏器低灌注进一步加重，患者意识不清，面色青灰，四肢厥冷，口唇、肢端明显发绀，皮肤毛细血管再充盈时间>3 秒，心音低钝，血压下降。

3. 休克不可逆期 血压显著下降，心音明显低钝，常合并肺水肿或 ARDS、DIC、肾衰竭、脑水肿和胃肠功能衰竭等多脏器功能衰竭。

（四）实验室检查

1. 外周血象 白细胞计数多升高，中性粒细胞增多，伴有核左移。血细胞压积及血红蛋白升高提示血液浓缩。

2. 病原学检测 抗菌治疗前应常规行血或其他体液、渗出液、脓液培养（含厌氧菌）并作药敏试验。

3. 尿常规和肾功能检查 发生肾衰竭时，尿比重由初期偏高转为低而固定（1.010 左右）；尿/血肌酐比>15，尿/血毫渗量之比<1.5；尿钠排泄量>40mmol/L。

4. 血液生化和血气分析 电解质测定：血钠偏低，血钾高低不一，与肾功能状况相关。血清酶的测定可反映组织脏器的受损情况。

5. 血液流变学及有关 DIC 的检查 发生 DIC 时，血小板计数进行性降低，凝血酶原时间、凝血活酶时间延长，纤维蛋白原减少，纤维蛋白降解产物增多；凝血酶时间延长，血浆鱼精蛋白副凝试验（3P 试验）阳性。

6. 其他 按需检查心电图、X 线检查等。

（五）诊断

中华急诊医学分会儿科组和中华儿科分会急诊组于 2006 年制订了儿科感染性休克（脓毒性休克）诊疗推荐方案。

1. 代偿期（早期） 临床表现符合下列 6 项中 3 项。

（1）意识改变：烦躁不安或精神不振。意识不清，甚至昏迷、惊厥。

（2）皮肤改变：皮肤花纹，面色苍白、发灰，唇周、肢端发绀，四肢发凉。如面色潮红，肢端温暖、皮肤干燥为暖休克。

（3）心率、脉搏：外周动脉脉弱，心率、脉搏增快。

（4）毛细血管再充盈时间≥3 秒（除外环境温度影响外）。

（5）尿量<1ml/（kg·h）。

（6）代谢性酸中毒（除外其他缺血缺氧及代谢因素）。

2. 失代偿期 代偿期的症状加重且血压下降，收缩压<该年龄组第 5 百分位或<该年龄组平均值减 2 个标准差。即：1～12 个月<70 mmHg，1～10 岁<70 mmHg+［2×年龄（岁）］，≥10 岁<90 mmHg。

3. 临床表现分型

（1）暖休克：为高动力性休克初期，临床表现为面色潮红、四肢温暖、脉搏无明显减弱，毛细血管再充盈时间无明显延长。此期易漏诊，很快可转为冷休克。失代偿表现为心率快，血压低，过度通气，中心静脉压高，心排出量低。

（2）冷休克：为低动力性休克，临床表现为皮肤苍白、花纹，四肢凉，脉搏快、细弱，毛细血管再充盈时间延长。儿科以冷休克为多。

（六）治疗

1. 液体复苏 充分液体复苏是最关键的措施。应快速建立2条静脉或骨髓输液通道。条件允许应置中心静脉导管。

（1）第1小时快速输液：常用0.9%氯化钠，首剂20ml/kg，10~20分钟静脉推注。根据心率、血压、脉搏、毛细血管再充盈时间等评估循环与组织灌注情况。如循环无显著改善，可予第2剂、第3剂，每次均为10~20ml/kg。总量最多达40~60ml/kg。第1小时输液不仅重视液体量，还仍重视心肺功能（如肺部啰音、奔马律、肝大、呼吸做功增加等）。视条件做中心静脉压监测。第1小时输液复苏不用含糖液，血糖应调整在正常范围，如有低血糖时，可用葡萄糖0.5~1g/kg纠正；如血糖大于200mg/dl时，用胰岛素0.05U/（kg·h），也称强化胰岛素治疗。

（2）继续、维持输液：由于感染性休克的液体丢失和持续低血容量可维持数日，应继续补液及维持补液。继续输液用1/2~2/3张液体，根据血电解质测定结果进行调整，6~8小时内输液速度为5~10ml/（kg·h）。维持输液用1/3张液体，24小时内输液速度为2~4ml/（kg·h），24小时后视情况做相应调整。在保证通气前提下，据血气分析结果予以碳酸氢钠，使pH达7.25。适当补充胶体液。一般不输血，如HCT<30%，酌情输红细胞悬液或鲜血，使Hb>100g/L。此阶段也应动态观察循环状况以评估液体量，及时调整输液治疗方案。

2. 血管活性药物 经过液体复苏休克仍未纠正，血压仍未升高或仍有明显脏器灌注不足表现者，可使用血管活性药物以升高血压、改善脏器灌注。

（1）多巴胺：5~10μg/（kg·min）持续静脉泵注，根据血压监测调整剂量大小，最多不宜超过20μg/（kg·min）。

（2）肾上腺素：冷休克或有多巴胺抵抗时首选，以0.05~2μg/（kg·min）持续静脉泵注。

（3）去甲肾上腺素：暖休克或有多巴胺抵抗时首选，以0.05~0.3μg/（kg·min）持续静脉泵注。因该药个体差异较大，用药遵循个体化原则。如有α受体敏感性下调，出现抵抗，可试用血管紧张素或精氨酸血管加压素。

（4）莨菪类药物：如阿托品、山莨菪碱（654-2）、东莨菪碱。

（5）正性肌力药物：伴心功能障碍，可使用正性肌力药物。常用多巴酚丁胺5~10μg/（kg·min）持续静脉泵注，观察血压值调整剂量，总量不宜超过20μg/（kg·min）。如有抵抗，可用肾上腺素。若有儿茶酚胺抵抗，可用磷酸二酯酶抑制剂氨力农、米力农。

（6）硝普钠：严重心功能障碍且外周阻力高的患儿，按需使用血管扩张剂，如硝普钠0.5~8μg/（kg·min），从小剂量开始，避光使用。用药期间应动态评估，适时调整方案。严禁突然停药，应逐渐减少剂量，如必要时，可小剂量维持数天。

3. 积极控制感染和清除病灶 未获得病原学结果前应联合使用广谱抗生素，同时保护肾功能并及时清创。

4. 肾上腺皮质激素 重症休克怀疑有肾上腺皮质功能低下、ARDS、长期使用肾上腺皮质激素或出现儿茶酚胺抵抗休克时可使用。主张小剂量、中疗程。氢化可的松3~5mg/（kg·d）或甲泼尼龙2~3mg/（kg·d），分2~3次给予。

5. 纠正凝血障碍 早期给予小剂量肝素5~10μg/kg皮下或静脉注射，每6小时1次。若明确有DIC，则按DIC常规治疗。

6. 其他治疗 保证供氧和通气。可应用NCPAP，必要时应积极气管插管及机械通气，防止呼吸肌疲劳。注意各脏器功能支持，维持内环境稳定。保证能量营养供给，注意监测血糖、血电解质。

（七）效果评价

治疗目标是维持正常心肺功能，恢复正常组织脏器的血流灌注及血压。①毛细血管再充盈时间<2秒；②外周及中央动脉搏动均正常；③四肢温暖；④意识状态良好；⑤血压正常；⑥尿量>1ml/（kg·h）。

（殷小成）

Chapter XVIII Pediatric Emergencies and Critical Care

Cardiopulmonary Resuscitation

Cardiopulmonary resuscitation (CPR) should be started immediately when cardiac arrest occurs. The 2010 CPR guidelines introduced five steps illustrating the importance of CPR.

- Rapid assessment of cardiac arrest and starting of emergency medical services.
- Start CPR immediately. Chest compression is the most important.
- Defibrillation.
- Effective advanced life support.
- Integrated post-cardiac arrest management.

Pediatric basic life support

Pediatric basic life support is essential to pre-hospital or in-hospital CPR. The procedure includes the following.

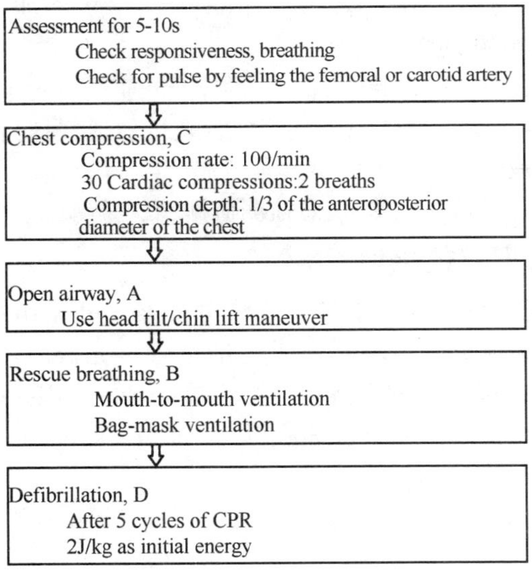

Fig. 18-1 Pediatric basic life support

Pediatric advanced life support

Pediatric advanced life support is accomplished in the hospital, and involves the use of the intravenous route, drugs, monitoring and other advanced management techniques to improve prognosis. The procedure includes the following components.

- Advanced airway ventilation: Intubation, oropharyngeal airway or laryngeal mask airway.
- Oxygen: $SaO_2 \geq 94\%$.
- Establishment and maintenance of intravenous access, and monitoring of blood pressure, heart rate and respiration.
- Drugs: Adrenaline (IV, 0.1ml/kg, repeated every 3-5 min, 1 : 10,000 solution), bicarbonate, atropine (IV, 0.02mg/kg, repeated every 5 min), glucose, etc.
- Other treatments: Management of hypotension, arrhythmia, increased intracranial pressure and abnormal blood glucose.

Integrated post-cardiac arrest care

Integrated post-cardiac arrest care includes the management of the patient after the return of spontaneous circulation, such as maintenance of blood perfusion and the function of important organs, identifying the cause(s) of cardiac arrest and controlling the body temperature.

Acute Poisoning

Most cases of acute poisoning develop in young children under 5 years of age. Toddlers are poisoned by accidental ingestion of toxic agents. Older children or adolescents may be poisoned by self-harm or inadvertently by others.

Poisoning routes and common poisoning agents

Poisoning by ingestion: This is the most common poisoning route. The common poisoning agents are toxic foods, drugs, raticides, pesticides, etc.

Poisoning by skin contact: This can occur after contact with some fat-soluble agents such as pesticides.

Poisoning by inhalation through the respiratory tract: This is caused by poisonous gasses or volatile poisons.

Poisoning by biting or stinging: This is caused due

to bites by animals, stings by bees, etc.

General treatment of poisoning

Prevention of absorption of toxic agents

- Emesis: This is indicated in older children who are conscious and cooperative.
- Gastric lavage: This is performed in patients who are unconscious or convulsing and have a poisonous substance in their stomach.
- Catharsis: 25% Magnesium is commonly used as a cathartic.
- Whole-gut lavage: This is indicated in patients with poisoning by sustained-release preparations.
- Removal of poisonous substances from the skin and mucous membranes.
- Stopping poisonous gas inhalation.
- Tourniquet: This is used in patients with snake or injection poisoning.

Enhancement of excretion

- Diuresis to enhance excretion from urine.
- Alkalinization of urine with sodium bicarbonate.
- Blood purification using dialysis, plasmapheresis, blood perfusion and/or exchange transfusion.
- Hyperbaric oxygen therapy for carbon monoxide poisoning, cyanide poisoning, etc.

Specific antidote

Some drugs and toxins have specific antidotes. The specific antidote should be used as early as possible.

Foreign bodies in the airway

Most victims of foreign body aspiration are older infants and toddlers. Children aged <5 years account for most cases. One-third of aspirated objects are nuts, particularly peanuts. Fragments of raw carrot, apple, dried beans, popcorn, and sunflower or watermelon seeds are also aspirated.

History of foreign body aspiration

Choking or coughing episodes accompanied by wheezing are highly suggestive of an airway foreign body. The toddler's parents should be questioned about whether the toddler eats nuts or other hard foods.

Physical examination

Violent paroxysms of coughing, choking, gagging and possibly airway obstruction occur immediately when the foreign body is aspirated.

In the larynx: Cause hoarseness, dysphagia and stridor.

In the trachea: Cause hoarseness, stridor, inspiratory distress and cyanosis.

In the bronchus: Cause paroxysmal coughing, wheezing and reduced breath sounds on the affected side.

Diagnosis and treatment

A diagnosis is made on the basis of a positive history of typical choking or coughing episodes and signs. Radiography and CT scanning are helpful. If there is a high index of suspicion, bronchoscopy should be performed despite negative imaging studies.

Haim Lidtke first aid should be used as a pre-hospital management promptly after foreign body aspiration. In hospital, airway foreign bodies are removed by endoscopy immediately after the diagnosis is made.

Convulsions

Convulsion is a common form of seizure, and is characterized by tonic, clonic motor activity. It is usually associated with some underlying disorders.

Etiology

- Infectious causes: Central nervous system infections, generalized infections, toxic encephalopathy.
- Non-infectious causes: Brain disorders such as brain tumor, cerebral bleeding, hypoxic-ischemic encephalopathy and metabolic disorders.

Febrile seizures

Febrile seizures are seizures that occur between the ages of 6 and 60 months in patients with a temperature of 38℃ or higher, without central nervous system infection or any metabolic imbalance.

- A simple febrile seizure is a primary generalized, usually tonic-clonic attack associated with fever, lasting for a maximum of 10 min and not recurring within a 24h period.
- A complex febrile seizure is prolonged (>10 min), focal and/or recurs within 24 h.
- Febrile status epilepticus, lasting for >30 min, is commonly seen.

Treatment

- Antipyretics.
- If the seizure lasts for >5 min, then acute treatment

with diazepam, lorazepam or midazolam is needed.

- Prophylaxis: Diazepam and phenobarbital are used to prevent the recurrence of seizures at the onset of fever.

Congestive heart failure

Heart failure is a clinical condition in which the heart cannot deliver an adequate cardiac output to meet the circulatory and metabolic needs of the body. It is one of the common emergent conditions in children.

Etiology

Congenital heart disease is the most common cause in young children. Acquired heart diseases such as viral myocarditis, Kawasaki disease, cardiomyopathy and endocardial fibroelastosis can cause congestive heart failure at any age.

Clinical manifestations

- Tachypnea and poor feeding.
- Increased sweating.
- Cardiomegaly, low heart sounds, gallop rhythm.
- Hepatomegaly.
- Poor growth.

Diagnosis

Clinical diagnosis is based on the following findings.

- The resting heart rate is >180 beats/min in infants and >160 beats/min in toddlers.
- Tachypnea and cyanosis occur, and the respiratory rate at rest is >60 beats/min.
- The liver is enlarged and is >3 cm below the right costal edge.
- Low heart sounds and gallop rhythm are detected.
- Restlessness and facial pallor are observed.
- Oliguria and edema are seen.

The following investigations can help to confirm the diagnosis and determine the underlying causes.

- Roentgenograms of the chest show cardiac enlargement.
- The electrocardiogram is the best tool for evaluating rhythm disorders as a potential cause of heart failure.
- Echocardiography can evaluate cardiac function and help diagnose the primary disease.

Treatment

General therapies include removal of the underlying cause(s) of heart failure, strict bed rest, oxygenation and salt restriction.

- Digitalis, a primary drug for the treatment of congestive heart failure, has an inotropic effect. The routine schedule consists of giving one-half of the total digitalizing dose initially, then one-quarter of the total digitalizing dose at 6 and 12 h of therapy. The total digitalizing dose of digoxin is 25-40 μg/kg in infants and children and 20-30 μg/kg in full-term neonates. Maintenance therapy is started using one-fourth of the total digitalizing dose per day. Other effective inotropic drugs include dopamine, epinephrine and dobutamine. Phosphodiesterase inhibitors (milrinone) can be used.
- Diuretics, including furosemide, thiazides and spironolactone, are almost always used in the treatment of congestive heart failure, either with or without digoxin.
- Afterload-reducing agents, including nitroprusside, angiotensin-converting enzyme inhibitors and phentolamine, are used to decrease systemic vascular resistance and thereby improve cardiac output.

Acute respiratory failure

Acute respiratory failure is defined as the inability of the respiratory system to deliver adequate amounts of oxygen or to remove carbon dioxide. It is the major cause of death in children.

Classification

- Type Ⅰ: PaO_2<60mmHg (8 kPa); normal $PaCO_2$.
- Type Ⅱ: PaO_2< 60mmHg (8 kPa); $PaCO_2$>50mmHg (6.67 kPa).

Etiology

- Central respiratory failure: This generally results from central nervous system disorders, which lead to a shallow and slow respiratory rhythm, and thus cause hypoventilation and hypoxia.
- Peripheral respiratory failure: This results from airway disorders, lung diseases and neuromuscular disorders.

Clinical manifestations

Manifestations of the underlying disease(s)

- Respiratory system: Wheezing, expiratory grunting, decreased or absent breath sounds, flaring of the alae nasi, retractions of the chest wall, tach pnea, bradypnea, apnea and cyanosis.
- Cerebral manifestations: Restlessness, irritability, headache, confusion, convulsions and coma.

- Cardiac manifestations: Bradycardia or excessive tachycardia, and hypotension or hypertension.
- Digestive system: Enteroparalysis, bleeding, liver function damage, etc.
- Laboratory findings: Low pH, lactic acidosis, metabolic acidosis.

Diagnosis

The diagnosis of respiratory failure is made on the basis of the clinical manifestations and the results of arterial blood gas analysis.

Treatment

- Treatment of the underlying disorder(s).
- Oxygen supplementation via a nasal cannula and simple mask.
- Continuous positive airway pressure.
- Mechanical ventilation.
- Other treatments include fluid therapy, inhalation of nitrogen oxide and extracorporeal membrane oxygenation.

Septic Shock

Septic shock is a clinical syndrome in which the needs of tissue perfusion cannot be met because of acute circulatory failure caused by infection with pathogenic microorganisms. Gram-negative bacteria are the most common pathogens responsible for septic shock.

Clinical manifestations

- Compensated shock (early shock): Increased heart rate and breath rate, normal blood pressure, normal consciousness with restlessness, pale face and cool extremities.
- Decompensated shock: Low blood pressure, low heart sounds, capillary filling time >3 s, unconsciousness and cyanosis.
- Irreversible shock: Extremely low blood pressure and low heart sounds, multiorgan dysfunction, including acute respiratory distress, renal failure and disseminated intravascular coagulation.

Investigations

- Peripheral blood analysis.
- Culture of the blood, bodily fluids or exudates for pathogenic organisms.
- Urine analysis and renal function analysis.
- Arterial blood gas analysis and blood biochemical analysis.
- Investigations for disseminated intravascular coagulation: Decreased platelet count, decreased fibrinogen, increased fibrin-degradation products, etc.

Diagnosis

Compensated septic shock

The presence of three of the following six items can confirm the diagnosis.

- Restlessness, mental confusion, or even coma.
- Cyanosis and cool extremities.
- Increased heart rate and weak pulse.
- Capillary filling time > 3 s.
- Urine < 1ml/kg · h.
- Metabolic acidosis.

Decompensated septic shock

The above clinical features progress. The blood pressure decreases.

- Systolic pressure < 50mmHg in infants aged 1-12 months.
- Systolic pressure < 70mmHg + [2 × age (years)] in children aged 1-10 years.
- Systolic pressure < 90mmHg in children aged >10 years.

Clinical types

- Hyperdynamic shock: Warm extremities, increased cardiac output with low blood pressure.
- Hypodynamic shock: Cool extremities, weak pulse, prolonged capillary refilling time. This type is common in children.

Treatment

- Fluid therapy: 20ml/kg colloid (normal saline) given as a bolus of up to 60ml/kg may be required.
- Vasoactive agents: Correction of low blood pressure and improvement of cardiac output may be required when blood pressure does not normalize after fluid therapy.
- Antibiotics.
- Steroids in very severe cases.
- Heparin is used to correct disturbances of blood coagulation.

(黄宇戈　谭建新)

附　录

附录一

1. 2005 年九市城区 7 岁以下儿童体格发育测量值($\bar{x}\pm s$)

年龄组	男										女									
	体重		身高		坐高		头围		胸围		体重		身高		坐高		头围		胸围	
	$\bar{X}$	S	$\bar{X}$	S	$\bar{X}$	S	$\bar{X}$	S	$\bar{X}$	S	$\bar{X}$	S	$\bar{X}$	S	$\bar{X}$	S	$\bar{X}$	S	$\bar{X}$	S
出生	3.33	0.39	50.4	1.7	33.5	1.6	34.5	1.2	32.9	1.5	3.24	0.39	49.7	1.7	33.2	1.6	34	1.2	32.6	1.5
1 个月~	5.11	0.65	56.8	2.4	37.8	1.9	38	1.3	37.5	1.9	4.73	0.58	55.6	2.2	37	1.9	37.2	1.3	36.6	1.8
2 个月~	6.27	0.73	60.5	2.3	40.2	1.8	39.7	1.3	39.9	1.9	5.75	0.68	59.1	2.3	39.2	1.8	38.8	1.2	38.8	1.8
3 个月~	7.17	0.78	63.3	2.2	41.7	1.8	41.2	1.4	41.5	1.9	6.56	0.73	62	2.1	40.7	1.8	40.2	1.3	40.3	1.9
4 个月~	7.76	0.86	65.7	2.3	42.8	1.8	42.2	1.3	42.4	2	7.16	0.78	64.2	2.2	41.9	1.7	41.2	1.2	41.4	2
5 个月~	8.32	0.95	67.8	2.4	44	1.9	43.3	1.3	43.3	2.1	7.65	0.84	66.2	2.3	42.8	1.8	42.1	1.3	42.1	2
6 个月~	8.75	1.03	69.8	2.6	44.8	2	44.2	1.4	43.9	2.1	8.13	0.93	68.1	2.4	43.9	1.9	43.1	1.3	42.9	2.1
8 个月~	9.35	1.04	72.6	2.6	46.2	2	45.3	1.3	44.9	2	8.74	0.99	71.1	2.6	45.3	1.9	44.1	1.3	43.9	1.9
10 个月~	9.92	1.09	75.5	2.6	47.5	2	46.1	1.3	45.7	2	9.28	1.01	73.8	2.8	46.4	1.9	44.9	1.3	44.6	2
12 个月~	10.49	1.15	78.3	2.9	48.8	2.1	46.8	1.3	46.6	2	9.8	1.05	76.8	2.8	47.8	2	45.5	1.3	45.4	1.9
15 个月~	11.04	1.23	81.4	3.2	50.2	2.3	47.3	1.3	47.3	2	10.43	1.14	80.2	3	49.4	2.1	46.2	1.4	46.2	2
18 个月~	11.65	1.31	84	3.2	51.5	2.3	47.8	1.3	48.1	2	11.01	1.18	82.9	3.1	50.6	2.2	46.7	1.3	47	2
21 个月~	12.39	1.39	87.3	3.5	52.9	2.4	48.3	1.3	48.9	2	11.77	1.3	86	3.3	52.1	2.4	47.2	1.4	47.8	2
2.0 岁~	13.19	1.48	91.2	3.8	54.7	2.5	48.7	1.4	49.6	2.1	12.6	1.48	89.9	3.8	54	2.5	47.6	1.4	48.5	2.1
2.5 岁~	14.28	1.64	95.4	3.9	56.7	2.5	49.3	1.3	50.7	2.2	13.73	1.63	94.3	3.8	56	2.4	48.3	1.3	49.6	2.2
3.0 岁~	15.31	17.5	98.9	3.8	57.8	2.3	49.8	1.3	51.5	2.3	14.8	1.69	97.6	3.8	56.8	2.3	48.8	1.3	50.5	2.2
3.5 岁~	16.33	1.97	102.4	4	59.2	2.4	50.2	1.3	52.5	2.4	15.84	1.86	101.3	3.8	58.4	2.2	49.2	1.3	51.3	2.4
4.0 岁~	17.37	2.03	106	4.1	60.7	2.3	50.5	1.3	53.4	2.5	16.84	2.02	104.9	4.1	59.9	2.3	49.5	1.3	52.1	2.4
4.5 岁~	18.55	2.27	109.5	4.4	62.2	2.4	50.8	1.3	54.4	2.6	18.01	2.22	108.7	4.3	61.5	2.4	49.9	1.2	53	2.6
5.0 岁~	19.9	2.61	113.1	4.4	63.7	2.4	51.1	1.3	55.5	2.8	18.93	2.45	111.7	4.4	62.7	2.4	50.1	1.3	53.7	2.8
5.5 岁~	21.16	2.82	116.4	4.5	65.1	2.5	51.4	1.3	56.6	3	20.27	2.73	115.4	4.5	64.4	2.4	50.4	1.3	54.8	3
6.0~7.0 岁	22.51	3.21	120	4.8	66.6	2.5	51.7	1.3	57.6	3.3	21.55	2.94	118.9	4.7	65.8	2.4	50.7	1.3	55.7	3.1

2. 2005 年九市郊区 7 岁以下儿童体格发育测量值($\bar{x}\pm s$)

年龄组	男										女									
	体重		身高		坐高		头围		胸围		体重		身高		坐高		头围		胸围	
	$\bar{X}$	S	$\bar{X}$	S	$\bar{X}$	S	$\bar{X}$	S	$\bar{X}$	S	$\bar{X}$	S	$\bar{X}$	S	$\bar{X}$	S	$\bar{X}$	S	$\bar{X}$	S
出生	3.32	0.4	50.4	1.8	33.5	1.7	34.3	1.3	32.8	1.5	3.19	0.39	49.8	1.7	33	1.7	33.7	1.3	32.4	1.6
1 个月~	5.12	0.73	56.6	2.5	37.7	1.9	38	1.4	37.4	2	4.79	0.61	55.6	2.2	36.9	1.8	37.2	1.2	36.6	1.8
2 个月~	6.29	0.75	60.5	2.4	40.1	1.8	39.8	1.3	39.8	2	5.75	0.72	59	2.4	38.9	1.9	38.8	1.3	38.7	1.9
3 个月~	7.08	0.82	63	2.3	41.5	1.9	41.1	1.4	41.3	2.1	6.51	0.76	61.7	2.2	40.5	1.8	40.1	1.2	40.2	2
4 个月~	7.63	0.89	65	2.3	42.5	1.9	42.2	1.3	42.2	2.1	7.08	0.83	63.6	2.3	41.5	1.8	41.2	1.3	41.1	2
5 个月~	8.15	0.93	67	2.2	43.5	1.8	43.2	1.2	42.9	2.1	7.54	0.91	65.5	2.4	42.5	1.9	42.1	1.3	41.8	2.1

续表

年龄组	男										女									
	体重		身高		坐高		头围		胸围		体重		身高		坐高		头围		胸围	
	$\bar{X}$	S	$\bar{X}$	S	$\bar{X}$	S	$\bar{X}$	S	$\bar{X}$	S	$\bar{X}$	S	$\bar{X}$	S	$\bar{X}$	S	$\bar{X}$	S	$\bar{X}$	S
6 个月～	8.57	1.01	69.2	2.5	44.6	1.9	44.2	1.3	43.7	2.1	7.98	0.94	67.6	2.5	43.5	1.8	43.1	1.3	42.6	2.1
8 个月～	9.18	1.07	72.1	2.6	45.9	1.8	45.2	1.3	44.5	2.1	8.54	1.05	70.5	2.7	44.9	1.9	44	1.3	43.5	2.2
10 个月～	9.65	1.1	74.7	2.8	47.2	2.1	46	1.3	45.3	2.1	9	1.04	73.2	2.7	46.1	1.9	44.7	1.3	44.2	2
12 个月～	10.11	1.15	77.5	2.8	48.4	2.1	46.4	1.3	46.2	2	9.44	1.12	75.8	2.9	47.3	2.1	45.2	1.3	44.9	2
15 个月～	10.59	1.2	80.2	3.1	49.7	2.1	46.9	1.3	46.9	2.1	9.97	1.13	78.9	3.1	48.8	2.1	45.8	1.3	45.8	2
18 个月～	11.21	1.25	82.8	3.2	51	2.2	47.5	1.2	47.8	2	10.63	1.2	81.7	3.3	50.2	2.2	46.4	1.3	46.7	2.2
21 个月～	11.82	1.36	85.8	3.4	52.5	2.2	47.9	1.3	48.3	2.1	11.21	1.27	84.4	3.3	51.5	2.2	46.8	1.3	47.3	2.1
2.0 岁～	12.65	1.43	89.5	3.8	54.1	2.3	48.4	1.3	49.2	2.2	12.04	1.38	88.2	3.7	53.2	2.3	47.3	1.3	48.1	2.2
2.5 岁～	13.81	1.6	93.7	3.8	55.9	2.3	49	1.3	50.3	2.3	13.18	1.52	92.5	3.7	55	2.3	47.9	1.3	49.1	2.2
3.0 岁～	14.65	1.65	97.2	3.9	57	2.3	49.3	1.3	50.9	2.2	14.22	1.66	96.2	3.9	56.2	2.2	48.3	1.3	50	2.2
3.5 岁～	15.51	1.77	100.5	4	58.4	2.2	49.7	1.3	51.7	2.3	15.09	1.82	99.5	4.2	57.6	2.3	48.8	1.3	50.7	2.3
4.0 岁～	16.49	1.95	104	4.4	59.8	2.4	50.1	1.3	52.5	2.3	15.99	1.89	103.1	4.1	59.1	2.3	49	1.2	51.4	2.4
4.5 岁～	17.46	2.17	107.4	4.3	61.3	2.4	50.3	1.3	53.4	2.5	16.84	2.07	106.2	4.5	60.4	2.4	49.4	1.3	52.1	2.4
5.0 岁～	18.46	2.32	110.7	4.6	62.7	2.4	50.6	1.3	54.2	2.6	17.85	2.35	109.7	4.6	61.9	2.5	49.6	1.4	52.8	2.6
5.5 岁～	19.58	2.72	113.6	4.7	63.9	2.6	50.9	1.4	55	2.8	18.83	2.49	112.7	4.7	63.2	2.5	49.9	1.3	53.6	2.7
6.0～7.0 岁	20.79	2.89	117.4	5	65.5	2.6	51.1	1.4	56	2.9	20.11	2.87	116.5	5	64.7	2.6	50.1	1.4	54.5	3

注:摘自中华儿科杂志,2007,45(8):609

附　录　二

1. 能量和蛋白质的 RNIs 及脂肪供能比

年龄(岁)	能量 RNI/kcal		蛋白质 RNI/g		脂肪占能量百分比(%)
	男	女	男	女	
0～ 0.5～	95kcal/kg		1.5～3g/(kg·d)		45～50 35～40
1～	1100	1050	35	35	
2～	1200	1150	40	40	30～35
3～	1350	1300	45	45	
4～	1450	1400	50	50	
5～	1600	1500	55	55	
6～	1700	1600	55	55	
7～	1800	1700	60	60	25～30
8～	1900	1800	65	65	
9～	2000	1900	65	65	
10～	2100	2000	70	65	
11～	2400	2200	75	75	
14～17	2900	2400	80	80	25～30

2. 几种常量和微量元素的 RNIs 或 AIs

年龄(岁)	钙 AI/mg	铁 AI/mg		碘 RNI/μg	锌 RNI/mg	
0~	300	0.3		50	1.5	
0.5~	400	10		50	8	
1~	600	12		50	9	
4~	800	12		90	12	
7~	800	12		90	13.5	
		男	女		男	女
11~	1000	16	18	120	18	15
14~	1000	20	25	150	19	15.5
18~	800	15	20	150	15	11.5

3. 脂溶性和水溶性维生素的 RNIs 或 AIs

年龄(岁)	维生素 A		维生素 D	维生素 E	维生素 B_1		维生素 B_2		维生素 B_{12}	维生素 C	叶酸	烟酸	
	RNI/μgRE		RNI/μg	AI/mg α-TE*	RNI/mg		RNI/mg		AI/μg	RNI/mg	RNI/μgDFE	RNI/mgNE	
0~	400(AI)		10	3	0.2(AI)		0.4(AI)		0.4	40	65(AI)	2(AI)	
0.5~	400(AI)		10	3	0.3(AI)		0.5(AI)		0.5	50	80(AI)	3(AI)	
1~	500		10	4	0.6		0.6		0.9	60	150	6	
4~	600		10	5	0.7		0.7		1.2	70	200	7	
7~	700		10	7	0.9		1		1.2	80	200	9	
11~	700		5	10	1.2		1.2		1.8	90	300	12	
	男	女			男	女	男	女				男	女
14~	800	700	5	14	1.5	1.2	1.5	1.2	2.4	100	400	15	12
18~	800	700	5	14	1.4	1.3	1.4	1.2	2.4	100	400	14	13

注:RNI,推荐摄入量;AI,适宜摄入量;α-TE* =α-生育酚当量;DFE,膳食叶酸当量;NE,烟酸当量;凡表中数字缺如之处表示未制订该参考值;摘自中国营养学会,中国居民膳食营养素参考摄入量. 北京:中国轻工业出版社,2000

附 录 三

脑脊液测定正常值 mg/L

项目	年龄	正常值	
		法定单位	旧制单位
总量	新生儿	5ml	
	儿童	100~150ml	
压力	新生儿	0.29~0.78kPa	30~80mmH_2O
	儿童	0.69~196kPa	70~200mmH_2O
细胞数	新生儿	(0~34)×10^6/L	0~34/mm^3
	极低体重儿	(0~44)×10^6/L	0~44/mm^3
	婴儿	(0~20)×10^6/L	0~20/mm^3
	儿童	(0~10)×10^6/L	0~10/mm^3
蛋白质总量	新生儿	0.2~1.2g/L	20~120mg/dl
	极低体重儿	0.45~2.27g/L	45~227mg/dl
	儿童	0.2~0.4g/L	20~40mg/dl
糖	婴儿	3.9~5.0mmol/L	70~90mg/dl
	儿童	2.8~4.5mmol/L	50~80mg/dl
氯化物	婴儿	110~122mmol/L	650~720mg/dl
	儿童	117~127mmol/L	690~750mg/dl
比重		1.005~1.009	

附 录 四

血液一般检测正常值

项目	年龄	正常值	
		法定单位	旧制单位
红细胞	新生儿	$(5.2 \sim 6.4) \times 10^{12}/L$	$(5.2 \sim 6.4) \times 10^{9}/mm^{3}$
	婴儿	$(4.0 \sim 4.3) \times 10^{12}/L$	$(4.0 \sim 4.3) \times 10^{9}/mm^{3}$
	儿童	$(4.0 \sim 4.5) \times 10^{12}/L$	$(4.0 \sim 4.5) \times 10^{9}/mm^{3}$
血红蛋白	新生儿	180~190g/L	18~19g/dl
	婴儿	110~120g/L	11~12g/dl
	儿童	120~140g/L	12~14g/dl
细胞压积	1 天	0.48~0.69	48%~69%
	2 天	0.48~0.75	48%~75%
	3 天	0.44~0.72	44%~72%
	~2 个月	0.28~0.42	28%~42%
	6~12 岁	0.35~0.45	35%~45%
白细胞	新生儿	$20 \times 10^{9}/L$	$20\,000/mm^{3}$
	婴儿	$(11 \sim 12) \times 10^{9}/L$	$11\,000 \sim 12\,000/mm^{3}$
	儿童	$(8 \sim 10) \times 10^{9}/L$	$8000 \sim 10\,000/mm^{3}$
白细胞分类			
中性粒细胞比例	新生儿~婴儿	0.31~0.40	31%~40%
	儿童	0.50~0.70	50%~70%
淋巴细胞比例	新生儿~婴儿	0.40~0.60	40%~60%
	儿童	0.20~0.40	20%~40%
单核细胞比例	2~7 天	0.12	12%
	其后	0.01~0.08	1%~8%
嗜酸性粒细胞比例		0.005~0.05	0.5%~5%
嗜碱性粒细胞比例		0~0.0075	0%~0.75%
嗜酸性粒细胞数目		$(50 \sim 300) \times 10^{6}/L$	$50 \sim 300/mm^{3}$
网织红细胞比例	新生儿	0.03~0.06	3%~6%
	儿童	0.005~0.015	0.5%~1.5%
血小板		$(100 \sim 300) \times 10^{9}/L$	$(100 \sim 300) \times 10^{3}/mm^{3}$
HbA		>0.95	>95%
HbA_2		<0.02	<2%
HbF	1 天	0.63~0.92	63%~92%
	5 天	0.65~0.88	65%~88%
	3 周	0.55~0.85	55%~85%
	6~9 周	0.31~0.75	31%~75%
	3~4 个月	<0.02~0.59	<2%~59%
	6 个月	<0.02~0.09	<2%~9%

附 录 五

心电图各波的正常值

	时限(秒)	振幅(mV)	方向	心电位	电轴	钟向转向
P 波	0.05~0.09(0.07)	<0.25	Ⅰ、Ⅱ、aVF、V_5~V_6 直立,aVR 倒置			
PR 间期	0.08~0.12(新生儿)					
	0.08~0.14(1 岁)					
	0.01~0.16(5 岁)					
	0.10~0.18(12 岁)					
QRS 波群	0.05~0.1	$R_{I+II+III}$>1.5	QRS 波群决定心电图电轴,钟向转动新生儿;50% V_1 呈 Rs 型,V_5 呈 rS 型	中间位:	正常:	顺钟向:
				aVL、aVF 呈 qR 型	Ⅱ、Ⅲ主波向上	V_1~V_5 呈 rS 型
					右偏:	aVR 呈 QR 型
					Ⅰ主波向下,Ⅲ主波向上	逆钟向:
					左偏:	V_3~V_6 呈 qR 型
					Ⅰ主波向上,Ⅲ主波向下	
		R_I+R_{II}<3.0	50% V_1 ~ V_5 均呈 Rs 型	横位:	新生儿:+ 30° ~ +180°	
				aVL 呈 qR 型		
				aVF 呈 rS 型		
		R_{II}+R_{III}<4.5		垂直位:		
				aVL 呈 rS 型		
				aVF 呈 qR 型		
		R_{aVF}<2.0(横位)				
		R_{aVF}<2.5(直立位)				
		R_{V5}+S_{V1}<4.5				
		R_{V1}<1.0				
		0.2<S_{V1}<1.5				
		R_{V1}+S_{V5}<1.5(3~5 岁后)				
		R_{V1}<2.5				
		R_{V5}<1.5(新生儿)				
ST 段		胸导联抬高<0.25				
		其余导联抬高<0.15				
		下降<0.05				
T 波			Ⅰ、Ⅱ、aVF、V_5~V_6 直立,aVR 倒置			
			新生儿:			
			<3~4 天 V_1 可直立,V_5 直立、倒置、低平			
			>3~4 天 V_1 倒置,V_5 直立			
U 波	0.1~0.3	0.05 以下,V_3 可达到 0.2~0.3	与 T 波一致			
QT 间期	0.21~0.38					